회사에서 바로 통하는

엑셀
실무 데이터 분석

한빛미디어

저자_ 최준선(edu001@empal.com)

현재 마이크로소프트사의 엑셀 MVP로, 엑셀 강의 및 기업 업무 컨설팅과 집필 활동을 활발히 하고 있으며 네이버 엑셀 대표 카페인 '엑셀..하루에 하나씩(http://cafe.naver.com/excelmaster)'에서 체계적인 교육 프로그램인 '엑셀 마스터 과정'을 운영하고 있습니다.

주요 저서로는『엑셀 함수&수식 바이블』(한빛미디어, 2015),『엑셀 2013 바이블』(한빛미디어, 2013),『회사통 엑셀 2010 함수 이해&활용』(한빛미디어, 2012),『엑셀 매크로&VBA 바이블』(한빛미디어, 2012),『엑셀 2010 바이블』(한빛미디어, 2011),『엑셀 2007 함수의 기술』(멘토르, 2009) 등이 있습니다.

회사에서 바로 통하는 엑셀 실무 데이터 분석

초판 1쇄 발행 2012년 11월 23일
초판 6쇄 발행 2019년 06월 14일

지은이 최준선 / **펴낸이** 김태헌
펴낸곳 한빛미디어(주) / **주소** 서울시 서대문구 연희로2길 62 한빛미디어(주) IT출판사업부
전화 02-325-5544 / **팩스** 02-336-7124
등록 1999년 6월 24일 제25100-2017-000058호 / **ISBN** 978-89-7914-980-7 13000

총괄 전태호 / **책임편집** 배윤미 / **기획** 박정수 / **편집** 앤미디어 / **진행** 배윤미
디자인 김연정 / **일러스트** 김세중
영업 김형진, 김진불, 조유미 / **마케팅** 송경석, 김나예, 이행은 / **제작** 박성우, 김정우

이 책에 대한 의견이나 오탈자 및 잘못된 내용에 대한 수정 정보는 한빛미디어(주)의 홈페이지나 아래 이메일로 알려주십시오. 잘못된 책은 구입하신 서점에서 교환해 드립니다. 책값은 뒤표지에 표시되어 있습니다.
한빛미디어 홈페이지 www.hanbit.co.kr / **이메일** question@hanbit.co.kr

Published by HANBIT Media, Inc. Printed in Korea
Copyright © 2012 최준선 & HANBIT Media, Inc.
이 책의 저작권은 최준선과 한빛미디어(주)에 있습니다.
저작권법에 의해 보호를 받는 저작물이므로 무단 복제 및 무단 전재를 금합니다.

지금 하지 않으면 할 수 없는 일이 있습니다.
책으로 펴내고 싶은 아이디어나 원고를 메일(writer@hanbit.co.kr)로 보내주세요.
한빛미디어(주)는 여러분의 소중한 경험과 지식을 기다리고 있습니다.

머리말

데이터 분석이 필요한 이유
사용자가 진행하는 대부분의 업무는 디지털화된 데이터로 이루어지며, 해당 데이터는 회사의 메인 데이터베이스나 엑셀에 쌓여 있습니다. 방대한 데이터를 있는 그대로 확인한다면 업무 진행 상황을 파악하기가 쉽지 않을 것입니다. 데이터의 의미를 올바로 이해하면서 업무를 제대로 하려면 반드시 데이터를 시계열(연, 분기, 월 등)이나 특정 기준(부서, 고객 등)에 맞게 요약하는 작업이 필요합니다.

데이터 분석(통계)은 개인적인 추론보다 수학적 모델을 사용해 현재의 상황을 객관적이며 논리적으로 설명하고 이를 통해 미래를 예측하기 위해 사용하는 기술로, 요약된 데이터의 의미를 설명하고 사용자의 업무를 뒷받침할 수 있는 최고의 방법론입니다.

데이터를 관리하고 분석하기 위한 최고의 활용서
이 책은 엑셀을 사용하여 효율적으로 데이터 분석 업무를 할 수 있도록 3개의 파트로 구성하였습니다. Part 1에서는 분석 업무에 가장 중요한 데이터 관리 방법에 대해 설명합니다. Part 2에서는 데이터를 손쉽게 집계하고 이를 시각적으로 표현하는 방법과 분석 업무 입문에 해당하는 기술 통계 기법을 설명합니다. Part 3에서는 집계된 데이터의 의미를 분석하고 이를 통해 미래를 예측할 수 있는 다양한 방법을 설명합니다.

분석 업무 초보자들도 데이터 분석을 쉽게 이해할 수 있도록 전문적인 용어를 최대한 배제하고 원리와 계산 방법을 자세하게 설명해 독자가 스스로 데이터를 관리하고 분석할 수 있도록 구성하였습니다.

카페를 통해 문제 해결 방법에 대한 조언을 얻으세요
사용자마다 맡은 업무가 다르고 해결해야 할 문제도 다르기 때문에 책의 내용을 적용하려고 해도 잘 안 되는 경우가 있을 것입니다. 혼자라면 어렵겠지만, 여럿이 함께 고민한다면 문제를 보다 쉽게 해결할 수 있습니다. 필자가 운영하는 카페 '엑셀..하루에 하나씩(http://cafe.naver.com/excelmaster)'에 방문하여 다른 많은 회원들과 함께 풀리지 않는 문제를 고민하고 해결 방법에 대한 조언을 얻으세요.

인사말
필자는 개인적으로 엑셀을 가장 엑셀답게 쓸 수 있도록 해 주는 부분이 바로 이 책에서 설명하는 데이터 분석, 통계 업무라고 생각합니다. 책을 구입하신 독자들 역시 이런 점을 잘 이해하고 있을 것입니다. 이 책을 통해 데이터 분석 업무에 많은 도움과 성과를 얻게 되길 바랍니다. 이 책을 출간하기까지 많은 도움을 주신 한빛미디어 출판사 관계자분들께 감사의 인사를 전합니다. 그리고 책을 집필하는 동안 잘 놀아 주지 못한 딸 하나와 하얀이에게 고맙다는 말과 계속해서 건강하게 자라 주길 기대한다는 말도 함께 전합니다.

2012.11. 최준선

이 책의 구성

이 책은 엑셀을 사용해서 데이터를 분석하고 예측하는 방법을 체계적으로 설명하고 있습니다. 실무에서 자주 부딪히는 문제들을 질문-답변 형식으로 구성하여 빠르게 찾아 적용할 수 있도록 하였고 저자의 실무 노하우를 Tip과 Note로 알차게 담았습니다.

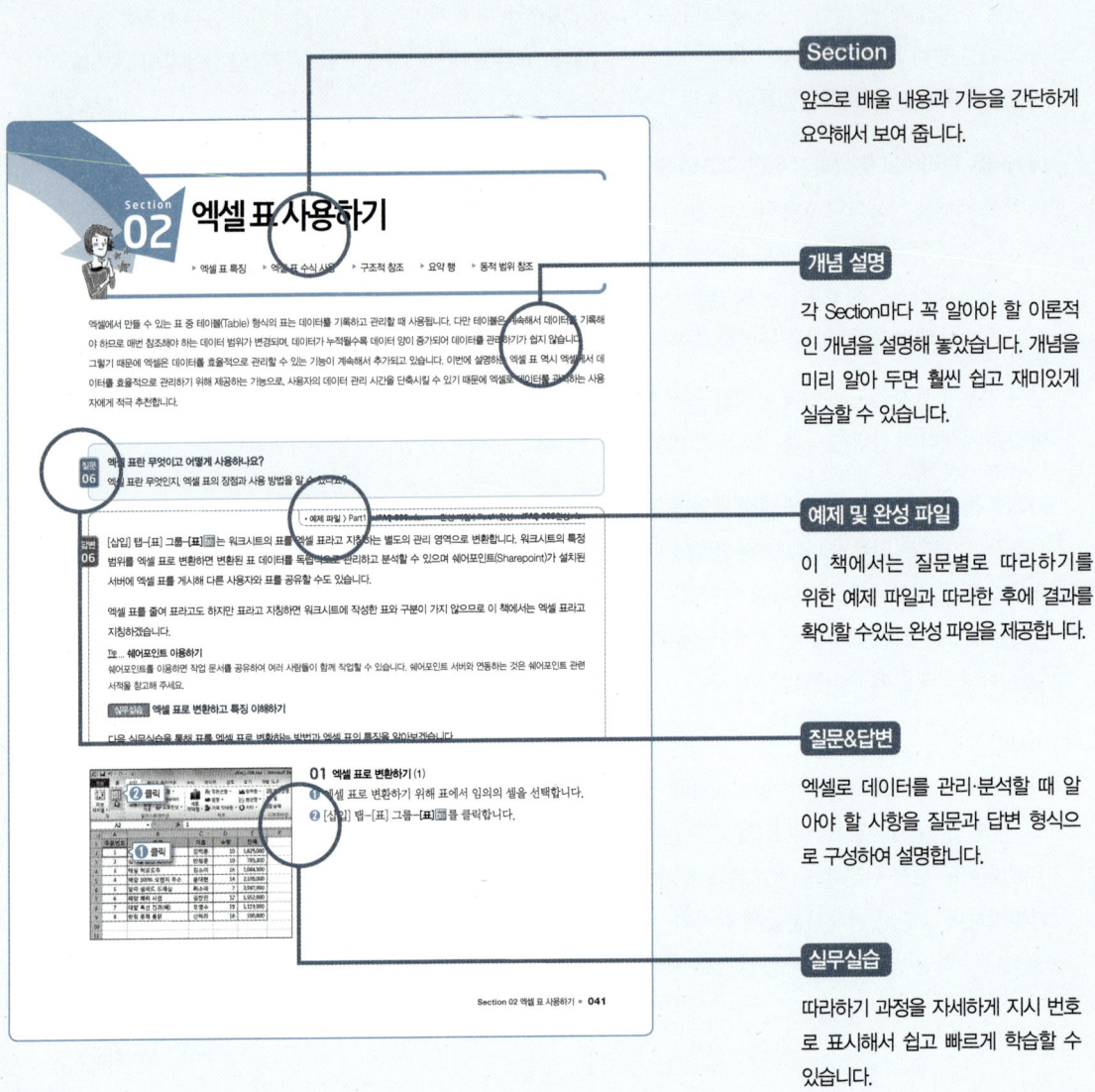

Section
앞으로 배울 내용과 기능을 간단하게 요약해서 보여 줍니다.

개념 설명
각 Section마다 꼭 알아야 할 이론적인 개념을 설명해 놓았습니다. 개념을 미리 알아 두면 훨씬 쉽고 재미있게 실습할 수 있습니다.

예제 및 완성 파일
이 책에서는 질문별로 따라하기를 위한 예제 파일과 따라한 후에 결과를 확인할 수있는 완성 파일을 제공합니다.

질문&답변
엑셀로 데이터를 관리·분석할 때 알아야 할 사항을 질문과 답변 형식으로 구성하여 설명합니다.

실무실습
따라하기 과정을 자세하게 지시 번호로 표시해서 쉽고 빠르게 학습할 수 있습니다.

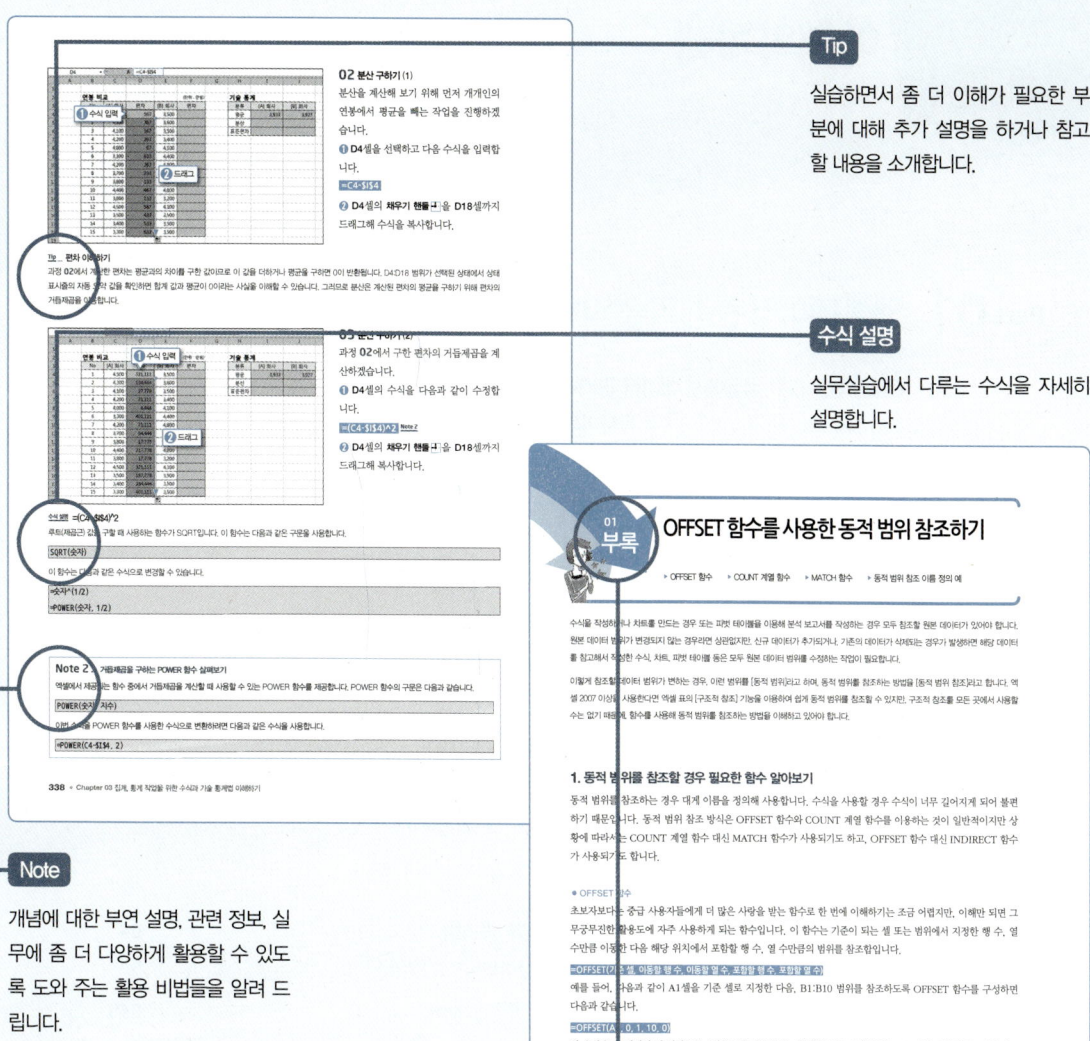

Tip
실습하면서 좀 더 이해가 필요한 부분에 대해 추가 설명을 하거나 참고할 내용을 소개합니다.

수식 설명
실무실습에서 다루는 수식을 자세히 설명합니다.

Note
개념에 대한 부연 설명, 관련 정보, 실무에 좀 더 다양하게 활용할 수 있도록 도와 주는 활용 비법들을 알려 드립니다.

부록
OFFSET 함수를 사용한 동적 범위 참조 방법과 해 찾기를 활용하는 방법을 책 맨 뒤에 있는 부록을 통해 소개합니다.

실습 예제
이 책에 사용된 모든 실습 예제는 한빛미디어 웹 사이트(www.hanbit.co.kr/media)에서 다운로드할 수 있습니다.

웹 사이트 오른쪽에서 [자료실] 버튼을 클릭합니다. 도서명(회사에서 바로 통하는 엑셀 실무 데이터 분석)을 입력하고 [도서 검색] 버튼을 클릭합니다. 입력한 도서가 나타나면 제목을 클릭한 후 [다운로드] 버튼을 클릭합니다. 본문 예제 소스가 다운로드됩니다.

예제 파일은 실무실습을 진행할 때마다 사용하므로 컴퓨터에 복사해 두고 활용합니다.

이 책의 차례

Part 01 엑셀 데이터 관리 기술 익히기

Chapter 01 엑셀에서 데이터 관리하기 014

Section 01 표 구분하고 사용 목적 이해하기   016

- **[질문 01]** 엑셀로 데이터를 관리할 때 좋은 방법이 있나요?   016
  - [실무실습] 데이터 관리를 돕는 표 종류 살펴보기
- **[질문 02]** 데이블을 조건별로 구분하여 관리하면 안 되나요?   019
  - [실무실습] 분리된 데이터 통합하고 피벗 테이블로 집계하기
- **[질문 03]** 여러 시트로 나뉜 테이블 표를 쉽게 합치는 방법이 있나요?   023
  - [실무실습] 매크로 수정하여 여러 시트 테이블 표 합치기
- **[질문 04]** 테이블 표를 구성할 때 주의할 점이 있나요?   027
  - [실무실습] 데이터 관리를 위한 테이블 표 구성하기
- **[질문 05]** 데이터를 테이블에 좀 더 쉽게 입력하는 방법이 있나요?   038
  - [실무실습] 레코드 관리 명령 추가하고 데이터 입력하기

Section 02 엑셀 표 사용하기   041

- **[질문 06]** 엑셀 표란 무엇이고 어떻게 사용하나요?   041
  - [실무실습] 엑셀 표로 변환하고 특징 이해하기
- **[질문 07]** 엑셀 표에서 수식을 어떻게 사용하나요?   046
  - [실무실습] 계산된 열 만들고 구조적 참조 특징 이해하기
- **[질문 08]** 엑셀 표의 구조적 참조를 다른 표에서도 사용할 수 있나요?   049
  - [실무실습] 일반 표에서 구조적 참조 사용하기
- **[질문 09]** 표 데이터를 요약하고 집계하는 요약 행은 어떻게 사용하나요?   051
  - [실무실습] 요약 행 추가하고 자동 필터와 연계하기
- **[질문 10]** 구조적 참조를 사용하지 않고 동적으로 변하는 범위를 참조할 수 있나요?   055
  - [실무실습] 동적 범위를 참조하는 이름 정의하여 집계하기

Section 03 유효성 검사를 이용한 데이터 관리하기   058

- **[질문 11]** 셀에 잘못된 값이 입력되지 않게 할 수 있나요?   058
  - [실무실습] 유효성 검사로 입력 값 제한하고 메시지 표시하기
- **[질문 12]** 입력 날짜를 제한할 수 있나요?   063
  - [실무실습] 조건에 맞는 날짜만 입력되도록 하기
- **[질문 13]** 셀에 입력하는 문자 개수를 지정할 수 있나요?   065
  - [실무실습] 텍스트 길이 제한하기

[질문 14] 입력 값을 목록에서 선택하게 만들 수 있나요?　　　　　　　　　　　　**067**
[실무실습] 목록 지정하여 입력 값을 목록에서 선택하게 만들기

[질문 15] 유효성 검사로 여러 개의 목록을 연동할 수 없나요?　　　　　　　　　　**072**
[실무실습] 선택한 목록에 맞는 하위 목록만 표시하기

[질문 16] 표에 중복된 값을 입력하지 못하게 하려면 어떻게 하나요?　　　　　　　**077**
[실무실습] 유효성 검사와 COUNTIF 수식으로 중복 값 제한하기

[질문 17] 중복 조건이 여러 열에 나뉜 경우에는 어떻게 하나요?　　　　　　　　　**079**
[실무실습] 여러 열의 중복 조건 참고하기

[질문 18] 유효성 검사의 조건을 변경하거나 삭제하려면 어떻게 하나요?　　　　　　**083**
[실무실습] 유효성 검사 범위 수정하기

Section 04　조건부 서식으로 데이터 시각화하기　　　　　　　　　　　　　　　**085**

[질문 19] 표가 한눈에 구분되도록 시각적으로 표현할 수 있나요?　　　　　　　　　**085**
[실무실습] 색조로 분포와 변화를 시각적으로 표현하기

[질문 20] 집계된 값이 입력된 셀에 그래프를 표시할 수 있나요?　　　　　　　　　**088**
[실무실습] 데이터 막대로 값과 그래프를 함께 표시하기

[질문 21] 주식시세표와 같이 등락을 아이콘 방식으로 표시할 수 있나요?　　　　　　**091**
[실무실습] 아이콘 집합을 이용해 증감을 아이콘으로 표시하기

[질문 22] 상위 실적 N개에 원하는 서식을 자동으로 표시할 수 있나요?　　　　　　**094**
[실무실습] 상위 실적 N개에 원하는 서식 지정하기

[질문 23] 중복된 값에 원하는 서식을 지정할 수 있나요?　　　　　　　　　　　　**097**
[실무실습] 중복된 값에 서식 지정하기

[질문 24] 평균 이상 또는 이하인 데이터만 따로 표시할 수 있나요?　　　　　　　　**100**
[실무실습] 평균 이상 또는 이하인 데이터만 따로 표시하기

[질문 25] 여러 개의 조건부 서식을 함께 적용할 수 있나요?　　　　　　　　　　　**102**
[실무실습] 여러 개의 조건부 서식 함께 적용하기

[질문 26] 조건부 서식이 설정된 범위와 규칙을 확인할 수 있나요?　　　　　　　　**107**
[실무실습] 조건부 서식이 설정된 범위와 규칙 확인하기

Chapter 02　외부 데이터 가져오기　　　　　　　　　　　　　　　　　　　**109**

Section 01　외부 엑셀 파일에서 데이터 가져오기　　　　　　　　　　　　　　**110**

[질문 27] 다른 파일의 표를 현재 파일로 가져올 수 있나요?　　　　　　　　　　　**110**
[실무실습] 외부 파일의 표를 현재 파일로 가져오기

[질문 28] 워크시트에 표가 여러 개 있을 때 원하는 표만 가져올 수 있나요?　　　　**114**
[실무실습] 표 범위 이름 지정하여 원하는 표만 가져오기

[질문 29] 표 전체가 아닌 조건에 맞는 데이터만 선별해 가져올 수 있나요?　　　　　**118**
[실무실습] 쿼리로 조건에 맞는 데이터만 가져오기

Section 02　텍스트 파일 가져오기　　　　　　　　　　　　　　　　　　　　　**121**

[질문 30] 텍스트 파일을 엑셀로 가져오는 쉬운 방법이 있나요?　　　　　　　　　　**121**
[실무실습] 구분 기호와 마법사를 이용하여 텍스트 쉽게 가져오기

[질문 31] 구분 기호가 없는 텍스트 파일은 어떻게 가져오나요? … **125**
[실무실습] 열 너비를 이용해 텍스트 가져오기

[질문 32] 여러 개의 텍스트 파일에서 필요한 데이터만 취합해 가져올 수 있나요? … **127**
[실무실습] ODBC 연결 만들어 표 연결하고 필요한 데이터 가져오기

Section 03 액세스 데이터 가져오기 … **134**

[질문 33] 액세스 데이터베이스의 데이터를 가져올 수 있나요? … **134**
[실무실습] 액세스 데이터베이스에서 필요한 데이터 가져오기

[질문 34] 액세스 데이터베이스의 여러 테이블에서 데이터를 연결해 가져올 수 있나요? … **138**
[실무실습] 액세스 데이터베이스 관계와 구성 확인하고 여러 테이블에서 연결해 가져오기

Section 04 웹 데이터 가져오기 … **143**

[질문 35] 웹 페이지의 데이터를 엑셀로 가져올 수 있나요? … **143**
[실무실습] 웹 쿼리로 웹 페이지의 표 데이터 가져오기

[질문 36] 고정된 페이지가 아닌 조건을 지정해 조회한 결과를 가져올 수 있나요? … **147**
[실무실습] 매크로 기록기로 주소가 변경되는 웹 페이지 데이터 가져오기

[질문 37] 웹 쿼리 기능을 이용할 때 테이블을 선택할 수 없는 경우에는 어떻게 하나요? … **154**
[실무실습] 특정 테이블을 지정해 가져오기

Part 02 데이터 집계&분석 실무 익히기

Chapter 01 피벗 테이블로 보고서 만들기 … **159**

Section 01 피벗 테이블 보고서 이해하기 … **160**

[질문 38] 피벗 테이블 보고서는 어떻게 사용하나요? … **160**
[실무실습] 피벗 테이블 보고서 사용하기

[질문 39] 데이터베이스에 바로 접속해서 피벗 테이블 보고서를 만들 수 있나요? … **166**
[실무실습] 데이터베이스 연결하여 피벗 테이블 보고서 구성하기

[질문 40] 피벗 테이블로 여러 개의 집계표를 합칠 수 있나요? … **170**
[실무실습] 피벗 테이블 보고서로 여러 개 집계표 요약하기

[질문 41] 엑셀 2003처럼 피벗 테이블 영역에서 직접 보고서를 구성할 수 있나요? … **175**
[실무실습] 보고서를 구성하는 다양한 방법 알아보기

[질문 42] 피벗 테이블 보고서에 삽입된 필드와 항목을 숨기고 표시하려면 어떻게 하나요? … **180**
[실무실습] 피벗 테이블 보고서의 필드 및 항목을 숨기고 표시하기

[질문 43] 피벗 테이블로 조건별 상위 데이터를 N개만 뽑아 나열할 수 있나요? … **184**
[실무실습] 피벗 테이블 보고서에서 상위 N개만 표시하기

[질문 44] 보고서 필터 영역에 삽입한 필드의 선택 값을 확인할 수 있나요? … **187**
[실무실습] 슬라이서를 이용해 피벗 테이블 보고서 구성하기

[질문 45] 피벗 테이블 보고서에 원본 표 수정 사항을 바로 반영할 수 없나요? … **191**
[실무실습] 엑셀 표와 이벤트 연계해 피벗 테이블 단점 해결하기

Section 02 그룹 필드 이용해 보고서 구성하기 — 197

- [질문 46] 연, 분기, 월별로 피벗 테이블 보고서를 집계하는 쉬운 방법이 있나요? **197**
- [실무실습] 날짜 값을 갖는 필드를 그룹 필드로 묶어 관리하기
- [질문 47] 원본 표에 없는 필드가 피벗 테이블 보고서에 있는 경우는 무엇인가요? **204**
- [실무실습] 항목을 직접 선택해 만드는 그룹 필드 사용하기
- [질문 48] 단가별 분석 보고서를 만들기 위해 가격대별로 판매실적을 집계할 수 있나요? **206**
- [실무실습] 숫자 값을 갖는 필드의 그룹 필드 만들기
- [질문 49] 비활성화된 [그룹 필드] 명령을 활성화할 수 있나요? **210**
- [실무실습] [그룹 필드] 명령을 사용하지 못할 경우 해결하기

Section 03 계산 필드와 계산 항목 만들어 보고서 구성하기 — 214

- [질문 50] 거래처별 판매실적을 피벗으로 정리할 경우 부가세를 계산해 넣을 수 있나요? **214**
- [실무실습] 계산 필드 만들고 사용하기
- [질문 51] 구분 열의 입출고 항목으로 재고를 계산할 수 있나요? **217**
- [실무실습] 계산 항목을 사용해 재고 계산하기
- [질문 52] 피벗 테이블 보고서의 총합계 열을 맨 앞에 표시할 수 있나요? **222**
- [실무실습] 계산 항목으로 총합계 열 위치 변경하기
- [질문 53] 피벗 테이블의 계산 필드나 항목의 계산식을 빠르게 확인할 수 있나요? **225**
- [실무실습] 수식 보고서와 계산 필드 사용하기

Section 04 값 표시 형식을 이용해 보고서 구성하기 — 230

- [질문 54] 피벗 테이블 보고서의 집계 값의 비율을 표시할 수 있나요? **230**
- [실무실습] 값 표시 형식으로 비율 표시하기
- [질문 55] 피벗 테이블 보고서에서 증감률을 표시할 수 있나요? **235**
- [실무실습] 피벗 테이블 보고서에 증감률 표시하기
- [질문 56] 피벗 테이블 보고서에서 누계를 집계할 수 있나요? **240**
- [실무실습] 피벗 테이블 보고서에 누계와 누계 비율 표시하기
- [질문 57] 피벗 테이블 보고서로 순위를 집계할 수 있나요? **243**
- [실무실습] 피벗 테이블 보고서에 순위 표시하기

Section 05 기타 유용한 피벗 테이블 보고서 기법 익히기 — 245

- [질문 58] 고객 업체와의 거래 기간, 거래 횟수 등을 정리하는 보고서를 만들 수 있나요? **245**
- [실무실습] 다양한 형식으로 요약하여 집계하기
- [질문 59] 피벗 테이블에서 중복되지 않은 항목을 셀 수 있나요? **249**
- [실무실습] 피벗 테이블에서 중복되지 않은 건수 세기
- [질문 60] 목표 대비 달성률을 피벗 테이블 보고서로 집계할 수 있나요? **253**
- [실무실습] 여러 표 데이터를 하나의 피벗 테이블 보고서에서 분석하기
- [질문 61] 값 영역에 등급 같은 텍스트를 표시할 수 있는 방법이 있나요? **256**
- [실무실습] 피벗 테이블 보고서의 값 영역에 텍스트 표시하기
- [질문 62] 피벗 차트를 사용하는 좋은 방법이 있나요? **261**
- [실무실습] 피벗 차트 사용하기

Chapter 02 차트를 이용해 보고서 시각화하기 ... 265

Section 01 차트 바르게 사용하기 — 266

[질문 63] 실적을 비교할 경우 어떤 차트를 사용하면 좋나요? — **266**
[실무실습] 세로 막대형 차트 구성하기

[질문 64] 실적을 분야별로 비교하려면 어떤 차트를 사용하나요? — **272**
[실무실습] 가로 막대형 차트 구성하기

[질문 65] 긴 기간의 데이터 추이를 표시할 때 어떤 차트가 좋나요? — **278**
[실무실습] 꺾은선형 차트 구성하기

[질문 66] 영업사원별 실적을 한눈에 보기 좋게 표시하려면 어떤 차트를 사용하나요? — **282**
[실무실습] 원형 차트와 도넛형 차트 구성하기

[질문 67] 2가지 항목의 연관성을 설명하고자 할 때 차트를 활용할 수 있나요? — **289**
[실무실습] 분산형 차트 구성하기

[질문 68] 적은 공간에 차트를 효율적으로 표시할 수 있는 방법이 있나요? — **293**
[실무실습] 스파크라인 구성하기

[질문 69] 스파크라인의 승패는 언제 사용하나요? — **298**
[실무실습] 승패 스파크라인 구성하기

Section 02 실무에 적합한 차트 구성하기 — 300

[질문 70] 차트에 그림을 이용하여 꾸밀 수 있나요? — **300**
[실무실습] 차트에 그림 넣기

[질문 71] 긴 막대그래프를 잘라 표시할 수 없나요? — **308**
[실무실습] 로그 차트 구성하기

[질문 72] 단위 차가 큰 계열을 동시에 표시할 수 있나요? — **311**
[실무실습] 이중 축 혼합형 차트 구성하기

[질문 73] 차트 서식을 저장하여 사용할 수 있나요? — **314**
[실무실습] 차트 서식 파일 사용하기

Chapter 03 집계, 통계 작업을 위한 수식과 기술 통계법 이해하기 ... 317

Section 01 실무에서 자주 사용하는 계산식 이해하기 — 318

[질문 74] 비율은 수식을 이용해 어떻게 계산하나요? — **318**
[실무실습] 비율을 계산하는 수식 만들기

[질문 75] 할인율이나 증감률 등은 어떻게 계산하나요? — **323**
[실무실습] 할인율이나 증감률 계산하기

[질문 76] 비율을 계산할 때 음수가 포함된 경우에는 어떻게 하나요? — **325**
[실무실습] 음수가 포함된 비율 계산하기

[질문 77] 평균 비율은 어떻게 계산하나요? — **328**
[실무실습] 평균 성장률 계산하기

Section 02 기술 통계법을 이용한 데이터 이해하기 — 331

[질문 78] 모집단과 표본은 무엇인가요? — **331**
[실무실습] 집계와 통계의 차이 구분하기

[질문 79] 평균 이외에 데이터를 대표할 수 있는 것으로는 무엇이 있나요? **333**
[실무실습] 대표값을 이용해 데이터 이해하기

[질문 80] 입사 가능 회사의 동일 직급 연봉을 안다면, 이것으로 어떤 정보를 알 수 있나요? **337**
[실무실습] 산포도 구하고 데이터 이해하기

[질문 81] 분산, 표준 편차와 같은 산포도를 좀 더 시각적으로 표시할 수 있나요? **341**
[실무실습] 산포도 차트 구성하기

[질문 82] 데이터를 보다 잘 이해하기 위해 구간별로 데이터 건수를 셀 수 있나요? **344**
[실무실습] 도수 분포표 구하기

[질문 83] 도수 분포표를 이용해 히스토그램 차트를 만들 수 있나요? **348**
[실무실습] 히스토그램 차트 구성하기

[질문 84] 한번에 기술 통계 값을 얻을 수 있나요? **352**
[실무실습] 분석 도구 추가 기능 설치하고 사용하기

Part 03 데이터 분석 & 예측 실무 익히기

Chapter 01 고객 및 제품 분류 기법 사용하기 357

Section 01 ABC 분석 기법 사용하기 358

[질문 85] ABC 분석을 위해 필요한 데이터는 어떤 것들이고 무엇을 집계해야 하나요? **358**
[실무실습] ABC 분석을 하기 위해 데이터 집계하기

[질문 86] A, B, C 등급은 어떻게 부여하나요? **362**
[실무실습] A, B, C 등급 부여하기

[질문 87] ABC 분석으로 등급을 지정한 표를 차트로 표시할 수 있나요? **366**
[실무실습] 파레토 차트 구성하기

[질문 88] ABC 분석 결과를 어떻게 이해해야 하나요? **372**

Section 02 RFM 분석을 이용해 고객 분류하기 373

[질문 89] RFM 분석을 위해서는 어떤 데이터가 있어야 하고 집계는 어떻게 해야 하나요? **373**
[실무실습] RFM 분석을 위해 집계표 구성하기

[질문 90] 집계한 데이터를 어떻게 분류하고 등급을 나눌 수 있나요? **378**
[실무실습] 분석 항목별로 점수를 부여할 구간 정리하기

[질문 91] R, F, M별 점수를 통해 고객을 어떻게 분류해야 하나요? **385**
[실무실습] 고객 등급 부여하기

Chapter 02 회귀 분석으로 데이터 예측 기법 사용하기 389

Section 01 회귀 분석 입문을 위한 추세선 이용하기 390

[질문 92] 과거 실적을 집계한 표에 다음 분기의 판매량을 예측할 수 있나요? **390**
[실무실습] 추세선 선택과 미래 값 예측하기

[질문 93] 추세선 선택을 위한 가이드라인이 있나요? **396**
[실무실습] 결정계수를 참고해 올바른 추세선 선택하기

[질문 94] 추세선의 결정계수 값을 높일 수 있나요? **401**
[실무실습] 추세선의 결정계수 값 높이기

[질문 95] 추세선으로 예측된 구간의 값은 어떻게 계산하나요? **404**
[실무실습] 회귀 방정식으로 추세선의 미래 구간 계산하기

Section 02 산점도로 두 변수 사이의 상관관계 설명하기 **409**

[질문 96] 광고 효과를 분석할 때 매출과 연관성이 높은 항목을 어떻게 선별하나요? **409**
[실무실습] 산점도 차트로 광고 효과 분석하기

[질문 97] 연관성 있는 항목을 좀 더 자세하게 분석할 수 있나요? **413**
[실무실습] RSQ 함수로 결정계수 값 계산하기

[질문 98] 하나의 산점도 차트에서 계열을 나눠 표시할 수 있나요? **417**
[실무실습] 산점도 차트에서 계열 구분해 표시하기

Section 03 보간법을 이용해 점 사이 값 계산하기 **421**

[질문 99] 핑고횟수와 매출이 연관성이 있을 때 이벤트 횟수로 매출을 계산할 수 있나요? **421**
[실무실습] 선형 보간법으로 X0 값 계산하기

[질문 100] 보간법을 이용할 때 두 점을 선형이 아닌 곡선으로 연결할 수 있나요? **428**
[실무실습] 2차 다항식 보간법 이용하기

Chapter 03 고급 회귀 분석 및 시나리오 기법 사용하기 **431**

Section 01 일정 주기를 반복하는 데이터 예측하기 **432**

[질문 101] 일정 주기를 반복하는 데이터는 어떻게 예측하나요? **432**
[실무실습] 일정 주기를 반복하는 데이터 예측하기

[질문 102] 월별 지수를 어떻게 계산하고 반영하나요? **439**
[실무실습] 월별 지수(계절 지수) 계산하기

[질문 103] 선형과 지수 추세를 확인한 후 예측은 어떻게 하나요? **443**
[실무실습] 추세로 미래 값 예측하기

[질문 104] 더미변수를 사용하는 방법이 있다고 합니다. 더미변수가 무엇인가요? **447**
[실무실습] 더미변수 사용하기

[질문 105] 더미변수로 구한 추세 값에서 추세를 선택하는 방법은 이전과 동일한가요? **451**
[실무실습] 더미변수로 미래 값 예측하기

Section 02 목표 달성을 위한 다중 회귀 분석으로 데이터 예측하기 **454**

[질문 106] 매출에 영향을 끼치는 변수를 어떻게 수집하나요? **454**
[실무실습] 매출에 영향을 끼치는 내부 변수 집계하기

[질문 107] 피벗 테이블 보고서와 외부에 집계한 데이터로 매출을 예측할 수 없나요? **462**
[실무실습] 상관관계 분석으로 예측에 필요한 변수 선별하기

[질문 108] 정리된 변수로 매출을 예측하면 안 되나요? **469**
[실무실습] 변수의 모형 구성하고 조정 결정계수 확인하기

[질문 109] 선택된 모형으로 어떻게 매출을 예측할 수 있나요? **478**
[실무실습] 다중 회귀 분석을 이용해 매출 예측하기

Section 03   목표 달성을 위한 시나리오 설계하기 **481**

[질문 110] 예측된 결과와 목표가 다릅니다. 목표를 어떻게 수정하나요? **481**
[실무실습] 목표값 찾기로 계획 수정하기

[질문 111] 매출 목표를 달성하기 위해 계획을 수정할 필요가 있는 경우에는 어떻게 하나요? **487**
[실무실습] 해 찾기로 계획 수정하기

[질문 112] 목표를 달성하기 위한 시나리오를 필요에 따라 선택하는 방법이 있나요? **492**
[실무실습] 시나리오 선택에 따른 계획 확인하기

[질문 113] 시나리오를 자동으로 등록할 수는 없나요? **498**
[실무실습] 해 찾기로 시나리오 등록하고 사용하기

[질문 114] 등록된 시나리오를 보기 좋게 정리하려면 어떻게 해야 하나요? **507**
[실무실습] 등록된 시나리오로 요약 보고서 만들기

부록 **509**

부록 1 OFFSET 함수를 사용한 동적 범위 참조하기 **510**
부록 2 해 찾기 제대로 활용하기 **513**

찾아보기 **517**

Part 1.
엑셀 데이터 관리 기술 익히기

엑셀은 대표적인 표 계산 프로그램(스프레드시트)으로 주로 수치 계산을 통한 데이터 집계 및 분석 업무에 최적화되어 있습니다. 업무에 필요한 데이터는 엑셀에서 관리하거나 외부 프로그램의 데이터를 가져와 사용하는 것이 일반적이지만 엑셀은 데이터를 관리하기에 적합한 프로그램이 아니기 때문에 엑셀로 데이터를 관리할 경우 데이터 관리 방법에 대해 먼저 학습해야 합니다.
Part 1에서는 엑셀로 데이터를 관리할 때 필요한 표 관리 기술 및 외부 데이터를 가져와 사용하는 방법을 설명합니다.

Chapter 1.
엑셀에서 데이터 관리하기

데이터를 관리하기 위해서는 데이터베이스 관리 프로그램(SQL Server, Oracle, DB2, 액세스 등)을 사용하는 것이 가장 좋지만, 데이터베이스 프로그램을 배울 경우 시간이 많이 걸리며, 학습 비용도 만만치 않습니다. 엑셀로 데이터를 관리하는 경우라도 데이터 관리에 필요한 사항을 제대로 학습하지 않고 데이터를 관리한다면 업무 자체가 복잡해지거나 제대로 업무가 자동화되지 않는 문제가 발생합니다.
엑셀로 데이터를 관리할 때 알아야 하는 사항을 문답 형식으로 살펴보겠습니다.

Chapter 1에서는 다음과 같은 내용에 대해 설명합니다.
- **Section 01** 표 구분하고 사용 목적 이해하기
- **Section 02** 엑셀 표 사용하기
- **Section 03** 유효성 검사를 이용한 데이터 관리하기
- **Section 04** 조건부 서식으로 데이터 시각화하기

Section 01 표 구분하고 사용 목적 이해하기

▶ 표 구분 ▶ 피벗 테이블 ▶ 매크로 ▶ 데이터 관리를 위한 표 정리 ▶ 레코드 관리

엑셀의 워크시트에서는 다양한 형태의 표를 만들 수 있습니다. 사용자가 만드는 표는 크게 테이블(Table) 표, 크로스 탭(Cross-Tab) 표, 서식(Template) 표로 나뉩니다.

각각의 표는 사용자 업무 목적에 맞게 사용되어야 하며, 용도에 맞지 않다면 그 기능을 제대로 사용할 수 없어 오히려 업무를 가중시키게 됩니다. 그러므로 표 형식을 이해하고 목적에 맞게 표를 구성할 수 있어야 보다 효율적으로 업무를 할 수 있습니다.

 질문 01 엑셀로 데이터를 관리할 때 좋은 방법이 있나요?
엑셀에서 데이터를 어떤 식으로 관리해야 하는지 모르겠습니다. 엑셀로 데이터를 관리할 때 좋은 방법이 있을까요?

• 예제 파일 〉 Part1 : xlFAQ-001.xlsx

 답변 01 데이터를 어떻게 관리해야 좋은지에 대한 정답은 데이터 유형에 따라 달라질 수 있지만, 데이터를 관리하는 목적이 업무를 좀 더 손쉽게 할 수 있도록 만드는 것이기 때문에 공통적으로 적용할 수 있는 답이 있습니다. 그것은 바로 표를 사용하는 것입니다. 표를 목적에 따라 적절하게 구성할 수 있다면 업무를 보다 효율적으로 진행할 수 있습니다.

엑셀에서 만들 수 있는 표는 다음과 같은 3가지 형식이 있습니다.

● 테이블(Table) 표

테이블 표는 액세스 같은 데이터베이스 프로그램에서 주로 만드는 기본적인 표입니다.
첫 번째 행은 각 열의 제목이 입력되며, 일반적으로 제목을 머리글이라고 하고 열의 제목이므로 열 머리글이라고 합니다. 두 번째 행부터 실제 데이터가 기록됩니다.

첫 번째 행은 각 열의 제목이 입력됩니다. 제목을 머리글이라고 하며, 열 제목이므로 열 머리글입니다.

두 번째 행부터 실제 데이터가 기록됩니다.

● 크로스 탭(Cross-Tab) 표

크로스 탭 표는 테이블 형식의 표를 요약 및 집계할 때 만들어지는 표로, 엑셀에서 가장 많이 사용하며 엑셀을 이용해 잘 다룰 수 있는 표이기도 합니다.

첫 번째 행은 열 머리글이고, 첫 번째 열은 행 머리글이며, 행 머리글과 열 머리글이 교차하는 위치에 두 머리글을 이용하여 집계된 값이 표시됩니다.

[첫 번째 행은 열 머리글입니다.]
[열 머리글과 행 머리글이 교차하는 위치에 두 머리글 항목으로 집계된 숫자 값이 표시됩니다.]
[첫 번째 열은 행 머리글입니다.]

● 서식(Template) 표

서식 표는 인쇄 목적으로 만들어지는 표로, 일반적으로 워드프로세서 프로그램에서 작성하는 대부분의 표가 서식 표입니다. 서식 표는 특별한 구성이 없으며 병합 기능을 사용할 수 있고 데이터를 필요한 위치에 표시할 수 있습니다.

Tip... 병합 기능 사용하기
[홈] 탭-[맞춤] 그룹에서 병합 기능을 사용할 수 있습니다.

실무실습 데이터 관리를 돕는 표 종류 살펴보기

다음 실무실습에서 표의 종류를 살펴보겠습니다.

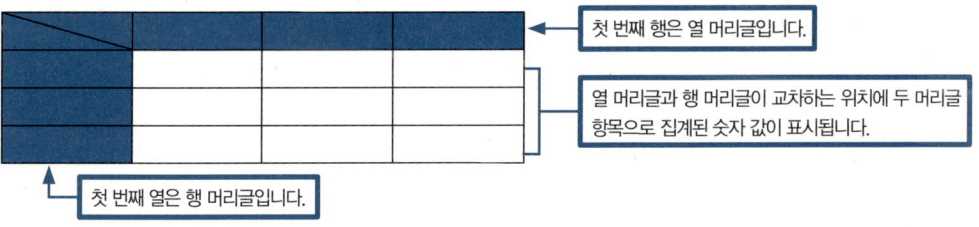

01 테이블 표 확인하기

예제 파일을 열면 표시되는 [table] 시트의 표는 테이블 표로, A1:H1 범위는 각 열의 제목으로 열 머리글이며, A2:H15 범위는 실제 데이터입니다.

테이블 표는 보통 데이터를 기록하고 보관하는 목적으로 사용되며, 테이블 표를 관리할 때 가장 주의해야 할 것은 병합 기능을 사용하지 않아야 한다는 것입니다.

Tip... 병합을 사용하지 않는 이유 알아보기
표를 병합하면, 엑셀의 기능 중 데이터 관리 기능(예를 들면 엑셀 표, 정렬, 필터 등)이 제대로 동작하지 않습니다.

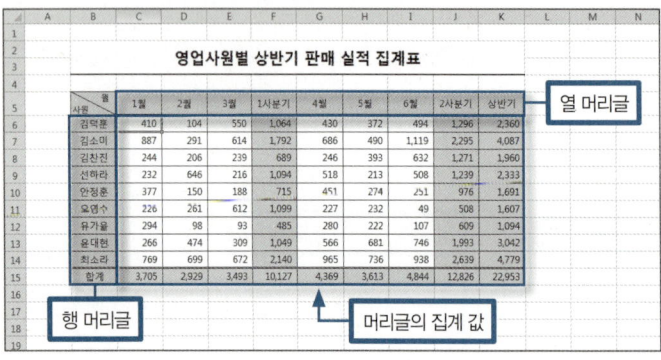

02 크로스 탭 표 확인하기

[cross-tab] 시트 탭을 선택합니다.

[cross-tab] 시트의 표는 크로스 탭 표로, C5:K5 범위는 열 머리글이고, B6:B15 범위는 행 머리글이며, C6:K15 범위에는 각 머리글이 교차하는 위치에 집계 값이 있습니다.

예를 들어 C6셀의 값은 B6셀과 C5셀의 집계된 결과를 의미합니다.

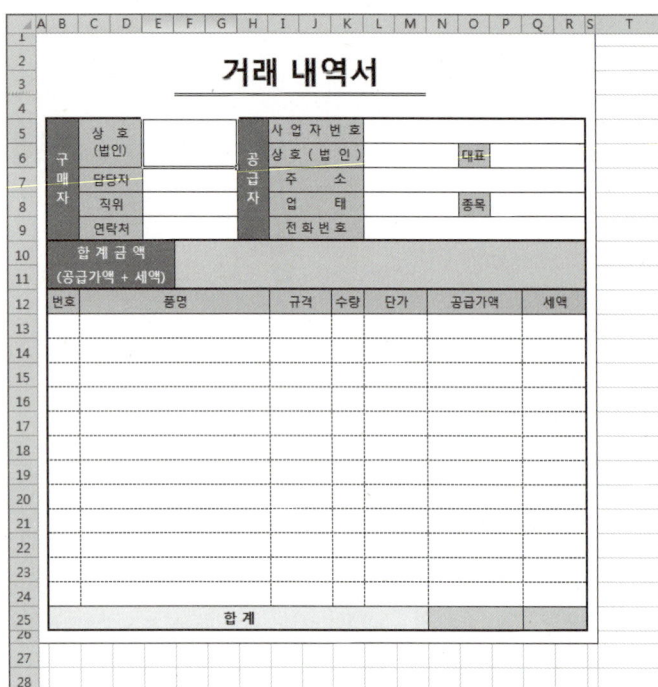

03 서식 표 확인하기

[template] 시트 탭을 선택하여 시트를 표시합니다.

[template] 시트의 표는 서식 표로, 데이터 관리 목적이 아닌 테이블 표의 데이터를 보기 좋게 나열하기 위해 사용하므로 구성이 자유롭습니다. 필요한 경우 병합 기능을 사용할 수 있습니다.

질문 02 테이블을 조건별로 구분하여 관리하면 안 되나요?

테이블 표를 조건별(일별, 월별, 부서별 등 다양한 조건)로 관리할 때 데이터가 많아지니 집계하기 불편합니다. 데이터를 통합해야 할까요?

• 예제 파일 〉 Part1 : xlFAQ-002.xlsx   • 완성 파일 〉 Part1\완성 : xlFAQ-002완성.xlsx

답변 02 테이블 표를 다루는 경우 데이터가 늘어난다고 해서 일별 또는 월별 등 조건별로 데이터를 구분하는 것은 하지 말아야 할 대표적인 작업입니다. 하나의 시트에서 누적 관리해야 엑셀에서 제공하는 기능을 이용하여 손쉽게 원하는 결과를 얻을 수 있습니다.

실무실습 분리된 데이터 통합하고 피벗 테이블로 집계하기

다음 실무실습에서 조건별로 구분하여 분리된 데이터를 통합해 보겠습니다.

01 예제 확인하기

각 시트에는 [1월]부터 [6월]까지 각 월별로 판매된 내역이 정리되어 있습니다. 6개의 시트에 나눠 기록된 표를 통합하여 상반기 영업사원의 매출 실적을 집계해 보겠습니다.

시트 탭에서 [워크시트 삽입(Shift+F11)] 탭을 클릭합니다.

Tip... 떨어진 데이터를 표시하는 [나누기] 기능 살펴보기

떨어진 데이터를 보여 주기 위해 화면에서는 나누기 기능([보기] 탭-[창] 그룹-[나누기])을 사용하여 필요할 경우 분리하여 표시하였습니다.

02 테이블 통합하기 (1)

❶ 삽입된 시트 이름을 더블 클릭하고 **판매대장**으로 변경합니다.

❷ 시트 탭에서 [1월] 탭을 선택하고 ❸ A1셀을 선택한 다음, ❹ Ctrl+A를 눌러 표 전체 범위(**A1:J66**)를 선택합니다.

❺ [홈] 탭-[클립보드] 그룹-[**복사**]를 클릭해 복사합니다.

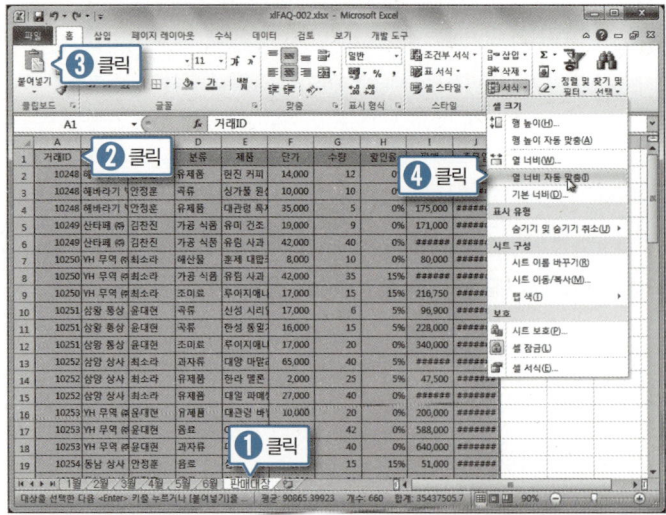

03 테이블 통합하기 (2)

❶ [판매대장] 시트 탭을 선택하고 ❷ A1 셀을 선택합니다.

❸ Ctrl + V 또는 Enter를 누르거나 [홈] 탭-[클립보드] 그룹-[**붙여넣기**]를 클릭합니다.

❹ 열 너비가 자동으로 맞춰지지 않으므로 직접 열 너비를 조정하기 위해 [홈] 탭-[셀] 그룹-[서식]-[**열 너비 자동 맞춤**]을 클릭해 열 너비를 자동 조정합니다.

Tip ... 열 너비 좀 더 쉽게 조정하기

표가 붙여 넣어진 전체 열인 **A:J**열을 선택하고, 열과 열 주소 사이의 열 구분선을 마우스로 더블 클릭해도 열 너비를 자동 조정할 수 있습니다.

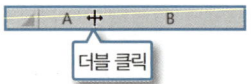

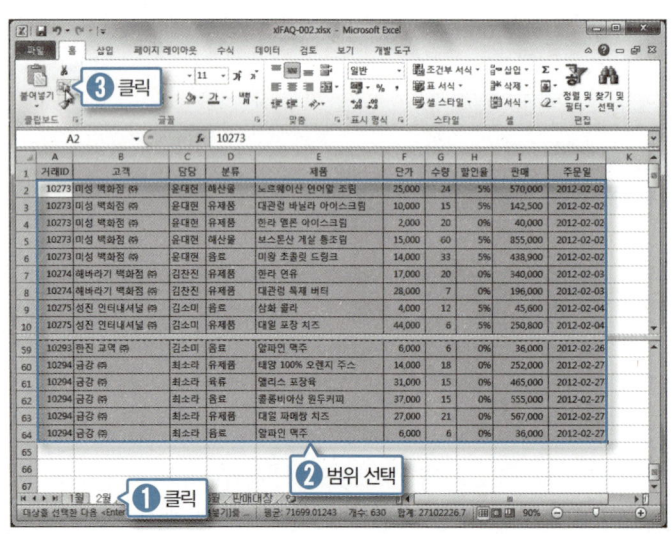

04 테이블 통합하기 (3)

❶ 다른 시트의 데이터도 복사하기 위해 [**2월**] 시트 탭을 선택합니다.

❷ A2:J64 범위를 선택합니다.

❸ [홈] 탭-[클립보드] 그룹-[**복사**]를 클릭합니다.

Tip ... 두 번째 표부터는 머리글을 제외하고 복사하는 이유 알아보기

1행은 표의 열 머리글이 입력되어 있으며, [1월] 시트의 표를 복사할 때 이미 열 머리글을 복사했으므로 [2월] 시트부터는 데이터만 복사해 붙여야 합니다.

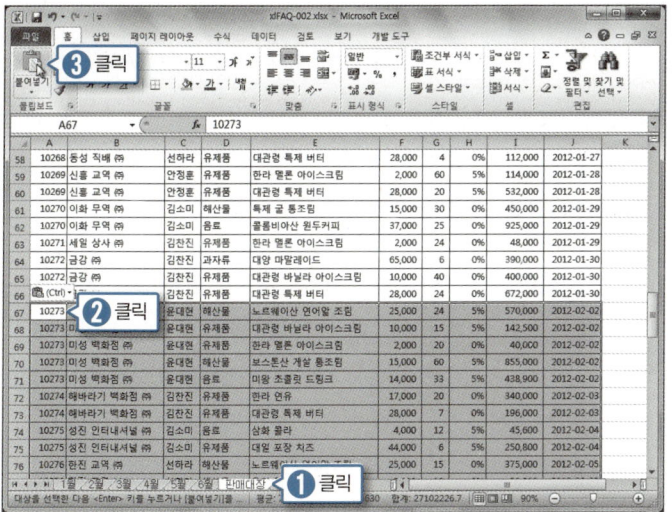

05 테이블 통합하기 (4)

❶ [판매대장] 시트 탭을 선택합니다.

❷ 표 아래 첫 번째 빈 셀인 A67셀을 선택합니다.

❸ [홈] 탭-[클립보드] 그룹-[붙여넣기]를 클릭합니다.

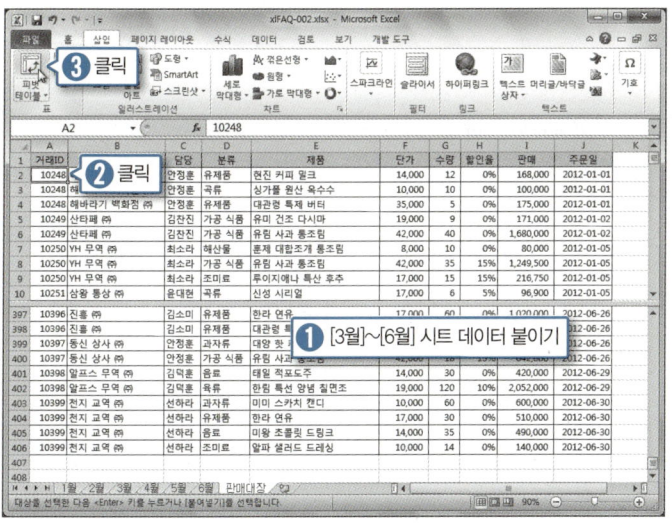

06 크로스 탭 표로 집계하기 (1)

❶ [3월]부터 [6월] 시트의 데이터를 모두 복사해 붙입니다.

[판매대장] 시트의 표 전체 범위 주소가 A1:J406 범위이면 제대로 작업한 것입니다.

피벗 테이블을 이용해 영업사원별 월별 집계표를 만들겠습니다.

❷ A2셀을 선택하고 ❸ [삽입] 탭-[표] 그룹-[피벗 테이블]을 클릭합니다.

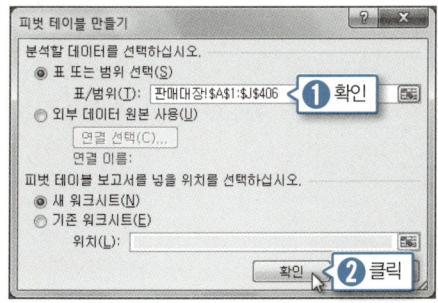

07 크로스 탭 표로 집계하기 (2)

❶ 피벗 테이블 만들기 대화상자가 표시되면 표 또는 범위 선택 옵션에서 표/범위란이 판매대장!$A$1:$J$406인지 확인합니다.

❷ [확인]을 클릭합니다.

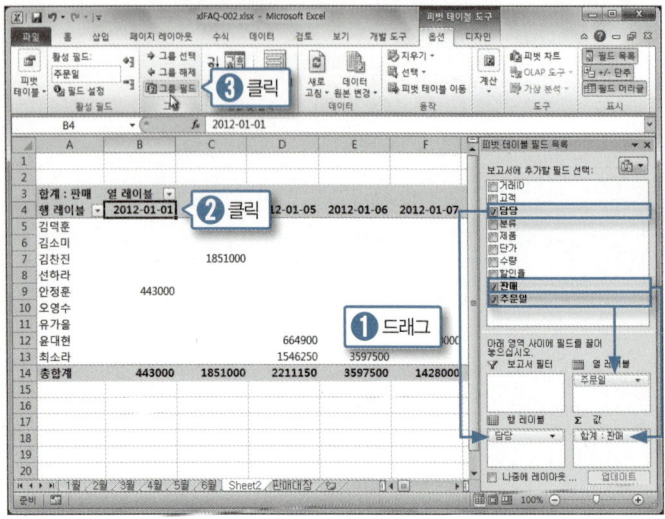

08 크로스 탭 표로 집계하기 (3)

❶ 피벗 테이블 보고서를 구성하기 위해 피벗 테이블 필드 목록 창에서 **담당** 필드를 행 레이블 영역, **주문일** 필드를 열 레이블 영역, **판매** 필드를 값 영역으로 드래그합니다.

❷ 4행에 표시되는 날짜 값을 월로 설정하기 위해 **B4**셀을 선택하고 ❸ [옵션] 탭-[그룹] 그룹-[**그룹 필드**]를 클릭합니다.

Tip ... 피벗 테이블 사용하기
피벗 테이블 보고서를 사용하는 방법은 Part 2 〉 Chapter 1에서 자세하게 설명합니다. 이번 과정에서는 데이터를 통합해 놓았을 때, 피벗 테이블을 이용해 쉽게 데이터를 합칠 수 있다는 점만 기억합니다.

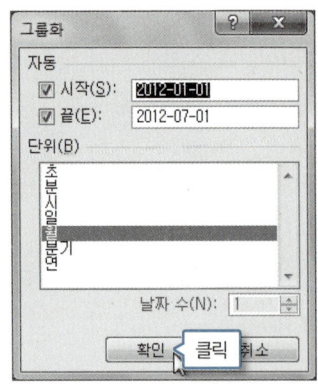

09 크로스 탭 표로 집계하기 (4)

그룹화 대화상자가 표시되면 단위 목록에서 **월**만 선택한 상태로 [**확인**]을 클릭합니다.

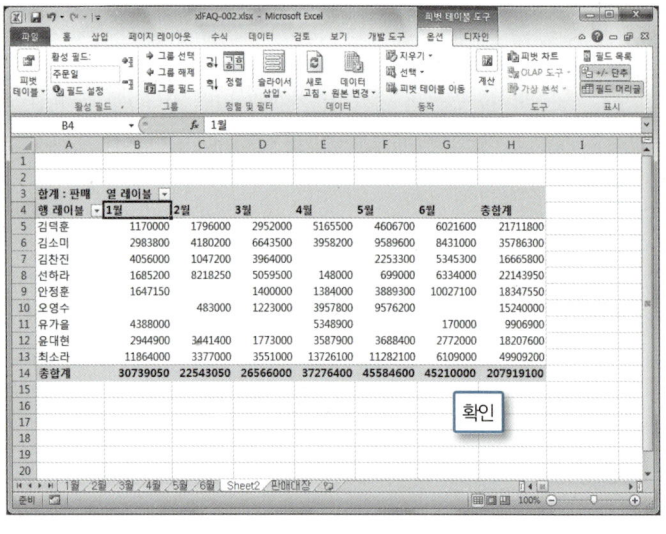

10 크로스 탭 표로 집계하기 (5)

날짜 값이 월별로 묶여 나타납니다.
담당자별 월 매출 집계표를 손쉽게 구할 수 있는 것을 확인하고 실무실습을 마칩니다.

질문 03 여러 시트로 나뉜 테이블 표를 쉽게 합치는 방법이 있나요?

여러 시트로 나뉜 테이블 표를 합칠 때 복사와 붙여넣기를 이용하니 힘들고 불편합니다. 이런 작업을 좀 더 쉽게 할 수 있는 방법이 있나요?

• 예제 파일 〉 Part1 : xlFAQ-003.xlsm

답변 03 엑셀에서는 여러 시트로 나뉜 테이블을 합치는 명령이 없지만 매크로를 이용하면 여러 시트로 나뉜 테이블을 합칠 수 있습니다.

VBA 언어를 학습하지 않고 매크로를 사용하기는 어렵지만 개발된 매크로의 일부분을 수정해 사용하는 정도라면 일반 사용자도 어렵지 않게 사용할 수 있습니다.

실무실습 매크로 수정하여 여러 시트 테이블 표 합치기

다음 실무실습에서 매크로를 수정하여 표를 합쳐 보겠습니다.

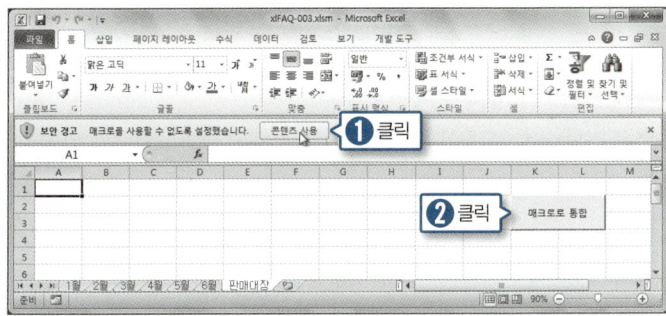

01 매크로 콘텐츠 사용하기

❶ 매크로를 사용하기 위해 보안 경고 메시지 줄에서 **[콘텐츠 사용]**을 클릭합니다.

❷ [판매대장] 시트의 K2:L3 범위에 있는 **[매크로 통합]**을 클릭합니다.

Tip … 매크로 사용하기
[콘텐츠 사용]을 클릭해야 매크로를 사용할 수 있습니다.

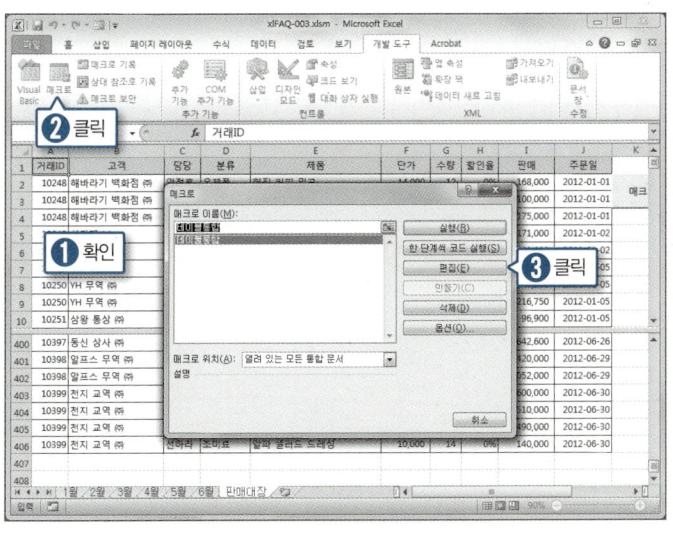

02 매크로로 각 시트 테이블 통합해 보기

❶ 순식간에 통합 작업이 끝나는 것을 확인할 수 있습니다.

❷ 매크로를 다른 파일에서 사용할 수 있도록 하기 위해 [개발 도구] 탭-[코드] 그룹-**[매크로]** 를 클릭합니다.

❸ 매크로 대화상자가 표시되면 목록에서 **테이블통합**을 선택한 다음 **[편집]**을 클릭합니다.

Tip … [개발 도구] 탭 표시하기
[개발 도구] 탭은 기본 설정에서는 표시되지 않습니다. [개발 도구] 탭은 Excel 옵션 대화상자의 [리본 사용자 지정] 범주에서 추가할 수 있고 [개발 도구] 탭을 추가하지 않고도 Alt + F8 을 눌러 매크로 대화상자를 표시할 수 있습니다.

03 매크로 표시하기

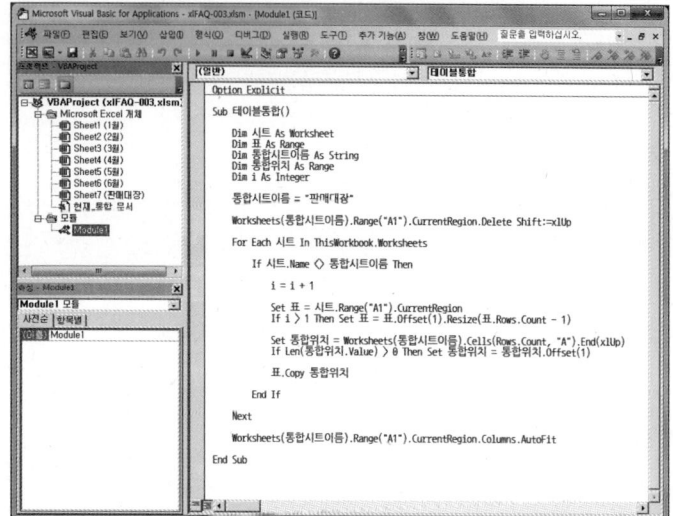

비주얼 베이직 편집기에 코드가 표시됩니다.

04 매크로를 다른 파일에서 사용하기 위해 수정하기

다른 테이블을 통합하면서 매크로를 사용할 경우 일부분을 수정해야 합니다.

ⓐ 전체 파일에서 통합할 시트의 이름을 저장합니다. 예를 들어 통합할 시트 이름을 [통합]이라고 했다면 이 부분을 다음과 같이 수정해 사용합니다.

```
통합시트이름 = "통합"
```

ⓑ 통합할 시트의 불필요한 데이터를 삭제하는 명령으로, 통합 시트에서 데이터를 기록할 첫 번째 셀 주소만 변경합니다. 예제에서는 A1셀부터 데이터를 기록하는 것으로 처리합니다. 기존 데이터를 바꾸지 않는다면 이 부분은 수정하지 않아도 됩니다.

ⓒ 각 시트에서 데이터가 입력된 전체 범위를 표 변수에 할당합니다. 예제에서는 A1셀부터 값이 입력되는 것으로 인식하며, 위치가 다르다면 수정해야 합니다. 예를 들어 B2셀부터 데이터가 기록되어 있다면 코드는 다음과 같이 수정되어야 합니다.

```
Set 표 = 시트.Range("B2").CurrentRegion
```

ⓓ 전체 통합된 워크시트의 열 너비를 자동 조정합니다. 예제에서는 셀 주소를 변경한 경우 같은 셀 위치로 변경해야 합니다.

```
Sub 테이블통합()

    Dim 시트 As Worksheet
    Dim 표 As Range
    Dim 통합시트이름 As String
    Dim 통합위치 As Range
    Dim i As Integer

    통합시트이름 = "판매대장"  ⓐ

    Worksheets(통합시트이름).Range("A1").CurrentRegion.Delete Shift:=xlUp  ⓑ

    For Each 시트 In ThisWorkbook.Worksheets

        If 시트.Name <> 통합시트이름 Then

            i = i + 1

            Set 표 = 시트.Range("A1").CurrentRegion  ⓒ
            If i > 1 Then Set 표 = 표.Offset(1).Resize(표.Rows.Count - 1)

            Set 통합위치 = Worksheets(통합시트이름).Cells(Rows.Count, "A").End(xlUp)
            If Len(통합위치.Value) > 0 Then Set 통합위치 = 통합위치.Offset(1)

            표.Copy 통합위치

        End If

    Next

    Worksheets(통합시트이름).Range("A1").CurrentRegion.Columns.AutoFit  ⓓ

End Sub
```

05 비주얼 베이직 편집기 표시하기

수정한 매크로를 사용하려면 코드를 복사하고 매크로를 사용할 파일을 연 다음 Alt + F11을 눌러 비주얼 베이직 편집기를 표시합니다.

[삽입] 탭-[모듈] 메뉴를 클릭합니다.

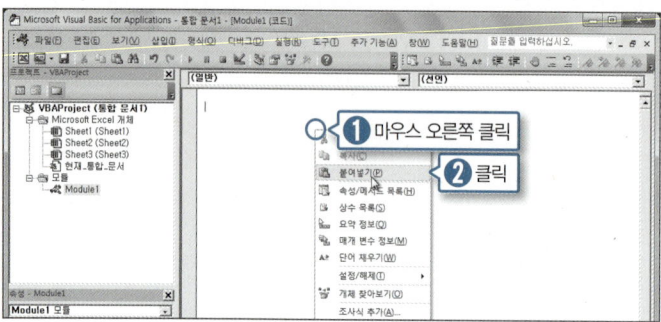

06 수정한 매크로 붙여넣기

❶ 표시되는 모듈 창을 마우스 오른쪽 버튼으로 누릅니다.

❷ [붙여넣기] 메뉴를 클릭하여 복사한 코드를 붙인 다음 비주얼 베이직 편집기를 닫습니다.

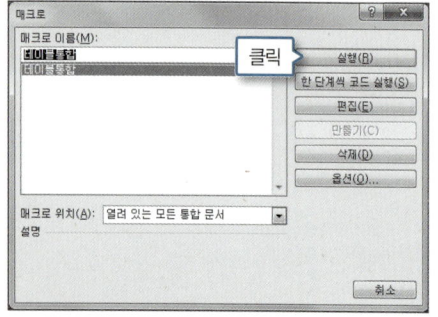

07 수정한 매크로 사용하기

Alt + F8을 눌러 매크로 대화상자가 표시되면 **테이블통합**을 선택하고 **[실행]**을 클릭합니다.

Tip ... 매크로 문제 해결하기

매크로를 수정할 때 문제가 있다면 저자가 운영하는 카페 [엑셀_하루에 하나씩(http://cafe.naver.com/excelmaster)]의 [질문/답변(Q & A)] 게시판에 질문을 올리세요. 매크로에 대해 제대로 학습하려면 한빛미디어의 [엑셀 매크로&VBA 바이블]을 참고하세요.

질문 04. 테이블 표를 구성할 때 주의할 점이 있나요?

데이터 관리 업무를 위해 일반 표와는 다르게 테이블 표를 구성할 때 꼭 알아야 하는 사항이 있나요?

• 예제 파일 〉 Part1 : xlFAQ-004.xlsx • 완성 파일 〉 Part1\완성 : xlFAQ-004완성.xlsx

답변 04.

테이블 표는 데이터베이스에서 만드는 표로, 데이터 관리를 효율적으로 하기 위해서는 표 구성에 주의할 필요가 있습니다. 데이터베이스 모델링에서 설명하는 테이블 설계 방법을 모두 이해할 필요는 없지만, 엑셀에서 데이터 관리에 필요한 몇 가지는 반드시 이해하고 있는 것이 좋습니다.

실무실습 | 데이터 관리를 위한 테이블 표 구성하기

다음 실무실습에서 테이블 표를 설계하는 방법과 잘못된 부분을 해결하는 방법을 익힐 수 있습니다.

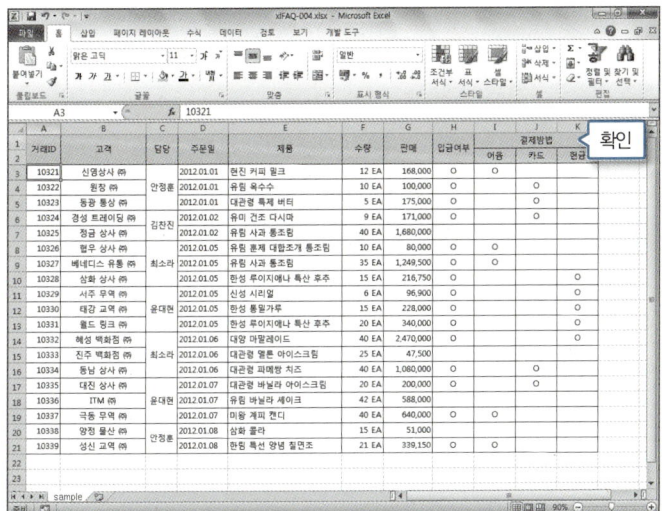

01 예제 확인하기

예제 파일 표는 테이블 표라고 지칭하기에는 여러 가지 문제점이 있습니다.

테이블 표는 머리글이 한 행에만 입력되어야 하므로 I1:K1 범위처럼 상위 레벨의 머리글이 있으면 안 됩니다. 이 문제를 해결하려면 병합을 해제하고 한 행만 사용하도록 구성해야 합니다.

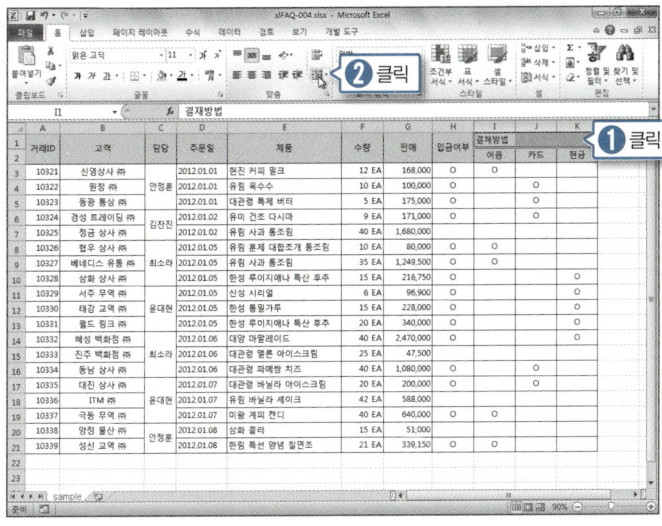

02 머리글 정리하기 (1)

❶ I1:K1 범위를 선택합니다.

❷ [홈] 탭-[맞춤] 그룹-[**병합하고 가운데 맞춤**]을 클릭해 병합을 해제합니다.

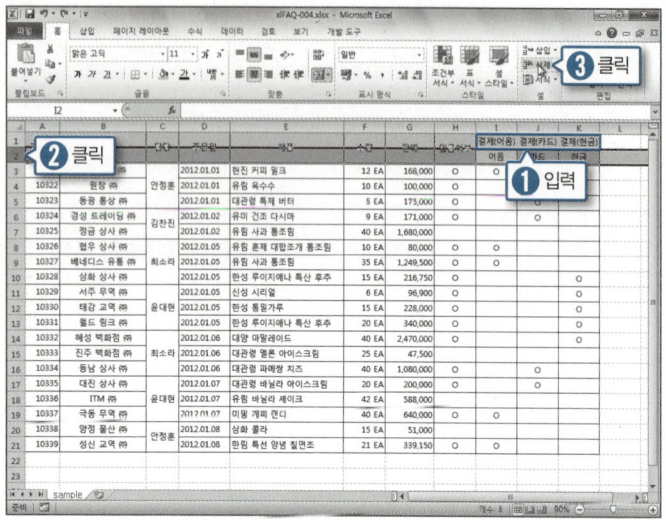

03 머리글 정리하기 (2)

병합을 해제한 셀의 값을 변경하겠습니다. ❶ I1셀에 **결제(어음)**, J1셀에 **결제(카드)**, K1셀에 **결제(현금)**을 입력합니다.

❷ 행 주소에서 **2행 머리글**을 클릭해 선택하고 ❸ [홈] 탭-[셀] 그룹-[**삭제**]를 클릭합니다.

Tip ... 2행을 삭제하는 이유 알아보기
A1:A2 범위와 같이 위아래 셀을 병합한 경우, 병합한 셀 값은 첫 번째 셀인 A1셀에 저장됩니다. 그러므로 병합을 해제하는 가장 간단한 방법은 아래 행을 삭제하는 것입니다. 과정 **02**에서 I1:K1 범위의 병합을 해제하고 머리글을 입력했으므로 2행을 삭제하면 머리글이 1행에 모두 정리됩니다.

04 표에서 병합 해제하기 (1)

C열은 병합 기능을 이용하고 있습니다. 병합된 셀은 첫 번째 셀에만 값이 입력되고 나머지는 입력하지 않은 것과 동일하므로 병합을 해제하겠습니다.

❶ C2:C20 범위를 선택하고 ❷ [홈] 탭-[맞춤] 그룹-[**병합하고 가운데 맞춤**]을 클릭합니다. ❸ C2:C20 범위가 선택된 상태로 [홈] 탭-[편집] 그룹-[찾기 및 선택]-[**이동 옵션**]을 클릭합니다.

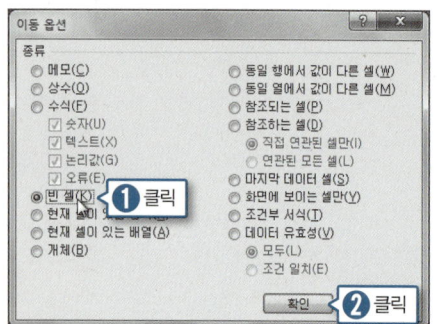

05 표에서 병합 해제하기 (2)

❶ 이동 옵션 대화상자가 표시되면 종류 옵션에서 **빈 셀**을 선택합니다.
❷ [**확인**]을 클릭합니다.

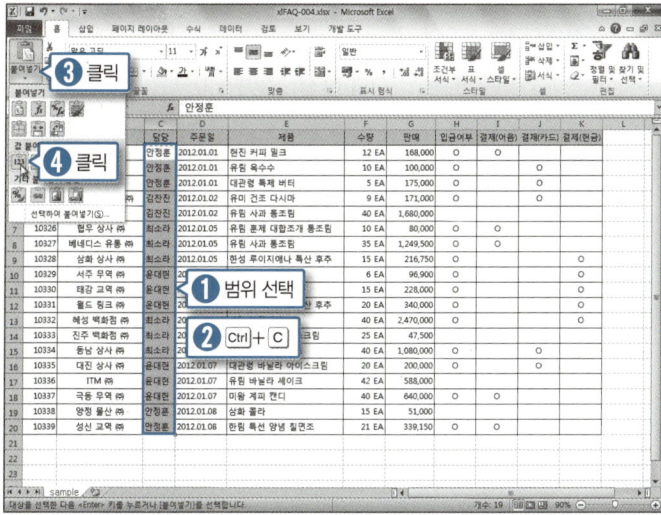

06 표에서 병합 해제하기 (3)

C2:C20 범위에서 빈 셀만 선택됩니다. 이때 바로 수식 입력줄에 =를 입력하고 첫 번째 셀인 C2셀을 참조하기 위해 C2를 입력한 다음 Ctrl + Enter 를 눌러 수식을 한번에 입력합니다. **Note 1**

07 표에서 병합 해제하기 (4)

한번에 값이 채워지지만 이 결과는 수식에 의한 것이므로 값을 변경해야 합니다.

❶ C2:C20 범위를 선택합니다. ❷ Ctrl + C 를 눌러 복사합니다. ❸ [홈] 탭-[클립보드] 그룹-[붙여넣기]의 **옵션** 단추를 클릭합니다.

❹ [값]을 클릭하여 수식을 값으로 변경해 동일한 위치에 붙입니다.

Note 1 ... 입력 키 알아보기

셀에 값을 입력할 때, 키를 이용하여 다양한 범위나 형식으로 입력할 수 있습니다.

키	설명
Enter	선택한 셀에 값 또는 수식을 입력합니다.
Ctrl + Enter	선택한 범위에 입력한 값 또는 수식을 복사합니다.
Alt + Enter	선택한 셀에 값 또는 수식을 입력할 때 다음 줄로 입력 위치를 변경합니다.
Ctrl + Shift + Enter	선택한 셀 또는 범위에 수식을 배열 수식으로 입력합니다. 예를 들어 범위를 지정한 다음 ={1, 2, 3 ⋯}을 입력하면 지정한 범위의 각 셀에 배열 값이 하나씩 입력됩니다. 열로 구분하려면 콤마(,), 행으로 구분하려면 세미콜론(;)을 이용하여 배열 값을 지정합니다.

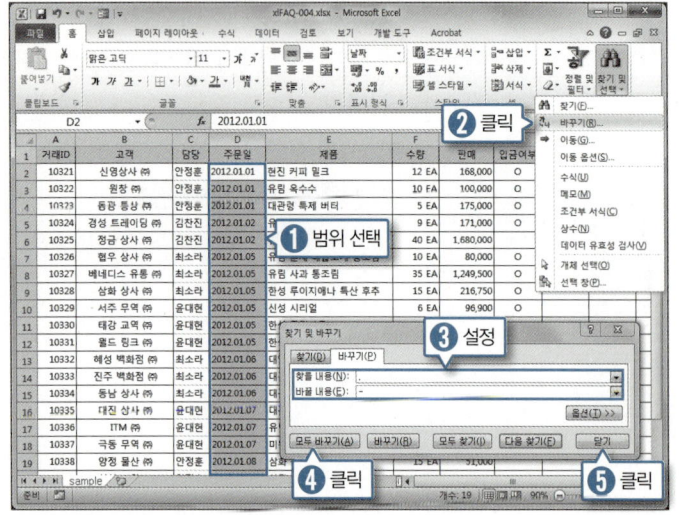

08 날짜 변환하기

엑셀은 yyyy-mm-dd 형식을 날짜로 인식하기 때문에 D2:D20 범위를 변경해야 합니다.

❶ D2:D20 범위를 선택하고 ❷ [홈] 탭-[편집] 그룹-[찾기 및 선택]-[바꾸기]를 클릭합니다. ❸ 찾을 내용란을 ., 바꿀 내용란을 -로 지정한 다음 ❹ [모두 바꾸기]를 클릭합니다. ❺ 대화상자에서 [확인]을 클릭하고 [닫기]를 클릭합니다.

Tip... 바꾸기를 이용하여 데이터 변환하기
바꾸기 기능은 찾은 값을 수정하기 때문에 예제와 같이 잘못 입력한 데이터 형식을 변환할 때 효과적입니다.

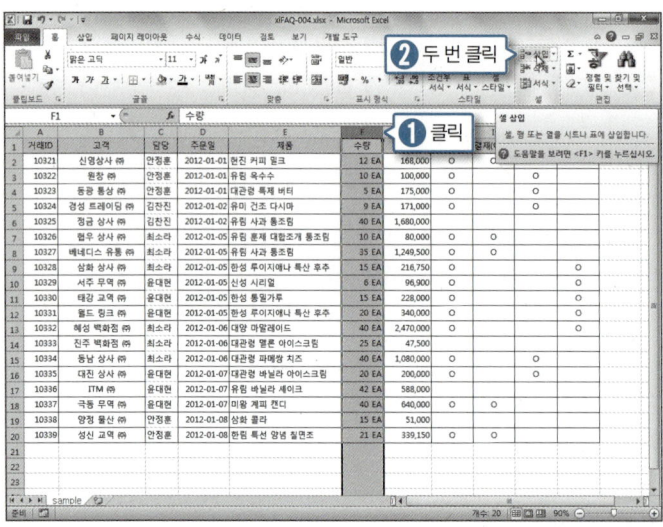

09 열 분리하기 (1)

E열을 브랜드와 제품으로 나눠 입력하겠습니다.

❶ E열 오른쪽에 빈 열을 2개 삽입하기 위해 F열 머리글을 선택하여 F열 전체를 선택합니다.
❷ [홈] 탭-[셀] 그룹-[삽입]을 두 번 클릭합니다.

Tip... 값을 분리하는 이유 알아보기
E열은 제품의 브랜드 이름(앞 단어)과 제품명으로 구성되어 있습니다. 예를 들어 E2셀의 현진 커피 밀크에서 현진은 브랜드 이름이고, 제품명은 커피 밀크입니다. 이렇게 의미가 다른 두 값이 하나의 셀에 입력되면 브랜드별 집계 작업이 필요할 때마다 제품 열을 분리해서 작업해야 합니다. 그러나 열을 분리하는 것은 쉬운 작업이 아니므로 가급적 열을 세분화해서 데이터를 기록하는 것이 좋습니다.

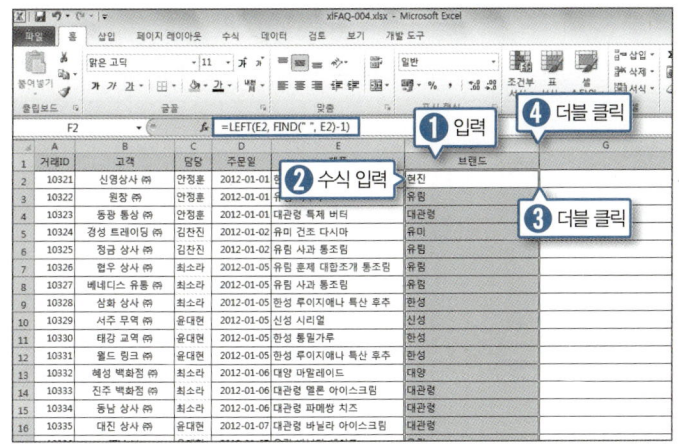

10 열 분리하기 (2)

❶ E열에서 브랜드 이름을 잘라 첫 번째 빈 열인 F열에 넣기 위해 F1셀에 **브랜드**, ❷ F2셀에 다음 함수를 입력합니다.
=LEFT(E2, FIND(" ", E2)-1)

❸ F2셀을 선택하고 **채우기 핸들**을 더블 클릭해 수식을 복사해 사용합니다.

❹ F열과 G열의 경계를 더블 클릭하여 열 너비를 조절합니다.

수식 설명 =LEFT(E2, FIND(" ", E2)-1)

FIND 함수로 E열에서 첫 번째 공백(" ") 위치를 찾아 바로 이전(-1)까지 LEFT 함수로 잘라내는 수식입니다.

E열의 제품 값에서 브랜드인 첫 번째 단어를 자르기 위해서는 첫 번째 공백 위치를 파악해야 합니다. 이때 사용하는 함수가 FIND 함수입니다. FIND 함수는 전체 문자열 중에서 특정 문자(열)가 몇 번째 위치에 있는지 알려 주는 역할을 하는 함수로, 다음과 같은 구문을 사용합니다.

FIND(찾을 문자(열), 전체 문자열)

그러므로 예제에서 사용된 FIND(" ", E2)는 E2셀의 값에서 첫 번째 공백(" ") 위치를 찾습니다.

FIND 함수로 공백의 위치를 파악했다면 공백 이전까지 잘라내면 되며, 이때 LEFT 함수를 사용합니다.

LEFT 함수는 전체 문자열 왼쪽부터 지정된 문자 개수만큼 잘라내는 함수로, 구문은 다음과 같습니다.

LEFT(전체 문자열, 잘라낼 문자 개수)

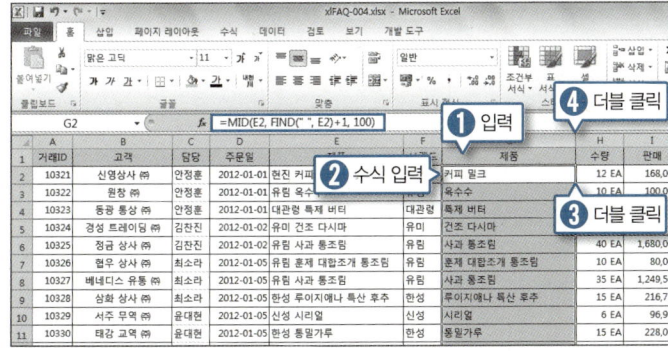

11 열 분리하기 (3)

❶ E열의 브랜드 이름을 제외한 나머지 값을 G열에 넣기 위해 G1셀에 **제품**, ❷ G2셀에 다음 함수를 입력합니다.
=MID(E2, FIND(" ", E2)+1, 100)

❸ G2셀을 선택하고 **채우기 핸들**을 더블 클릭해 수식을 복사해 사용합니다.

❹ G열과 H열의 경계를 더블 클릭합니다.

수식 설명 =MID(E2, FIND(" ", E2)+1, 100)

과정 **10**과 유사한 수식으로 E열에서 첫 번째 공백(" ") 뒷부분을 잘라내는 수식입니다. 전체 문자열에서 특정 문자 뒷부분을 잘라낼 때는 MID 함수를 사용합니다. MID 함수는 전체 문자열의 시작 위치에서 지정된 문자 개수만큼 잘라낼 때 사용하는 함수로, 구문은 다음과 같습니다.

MID(전체 문자열, 시작 위치, 잘라낼 문자 개수)

이전 수식을 통해 FIND(" ", E2) 부분이 첫 번째 공백 위치를 반환한다는 것을 알았으므로 이번 과정 수식이 MID 함수 안에서 FIND 함수를 사용해 특정 문자 다음(+1)부터 지정된 문자 개수(100)만큼을 잘라낸다는 사실을 유추할 수 있습니다.

그런데 왜 100개를 자르는지에 대한 이해가 쉽지는 않을 것입니다. E열에서 첫 번째 공백 다음에 자를 문자 개수가 셀마다 다르기 때문에 이런 경우 MID 함수의 세 번째 인수 값을 크게 잡으면 해당 문자 개수만큼 있는 경우 해당 문자 개수만큼 잘라내고, 잘라낼 문자 개수보다 작다면 있는 값만 자르게 됩니다.

MID 함수의 세 번째 인수를 이번 수식처럼 크게 사용하는 방법은 열을 구분할 때 자주 사용하는 수식 패턴이므로 잘 알아 두기 바랍니다.

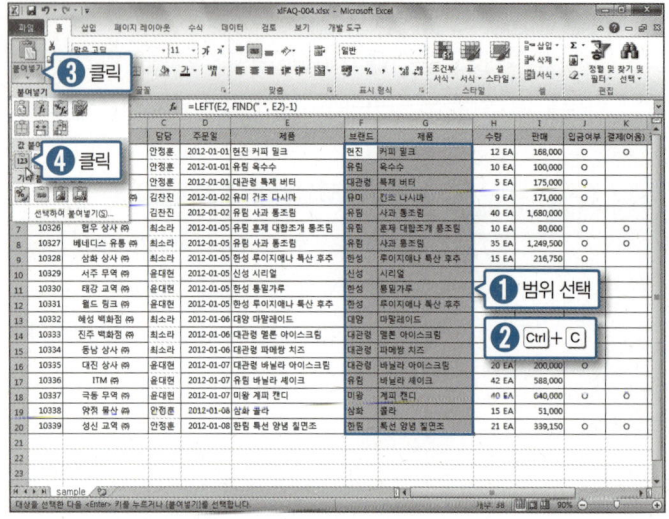

12 열 분리하기 (4)

제품을 F열의 브랜드와 G열의 제품으로 나누었으니 E열은 불필요하므로 삭제해야 합니다. 그 전에 F:G열의 수식을 값으로 변경해야 합니다.

❶ F2:G20 범위를 선택합니다.
❷ Ctrl + C 를 눌러 복사한 다음 ❸ [홈] 탭-[클립보드] 그룹-[붙여넣기]의 옵션 단추를 클릭하고 ❹ [값]을 클릭해 수식을 값으로 변경합니다.

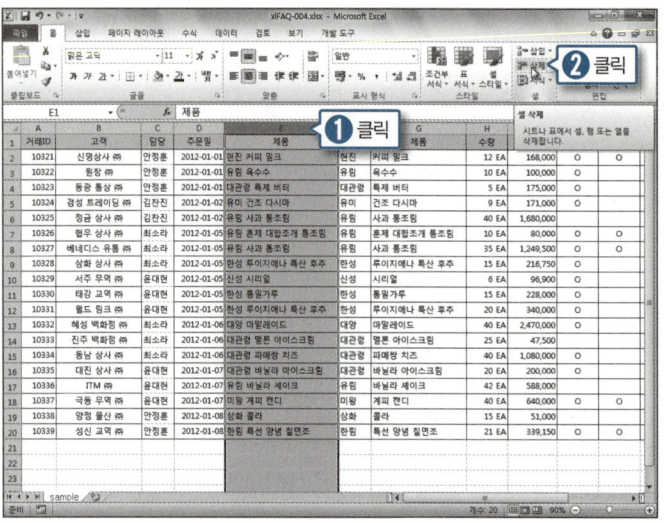

13 열 분리하기 (5)

E열을 삭제하겠습니다.

❶ E열 머리글을 클릭해 열 전체를 선택하고 ❷ [홈] 탭-[셀] 그룹-[삭제]를 클릭합니다.

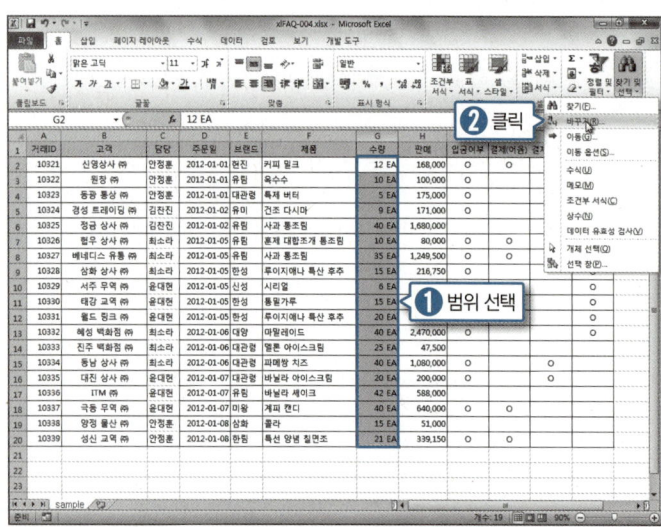

14 숫자와 텍스트가 혼용된 경우 처리하기 (1)

G열의 수량을 살펴보면 숫자가 단위(EA)와 함께 입력되어 있는 것을 확인할 수 있습니다. 이렇게 여러 데이터 형식이 혼합되면 값을 집계하기 어렵기 때문에 숫자만 남기고 단위를 삭제해야 합니다.

❶ G2:G20 범위를 선택하고 ❷ [홈] 탭-[편집] 그룹-[찾기 및 선택]-[바꾸기]를 클릭합니다.

15 숫자와 텍스트가 혼용된 경우 처리하기 (2)

❶ 찾기 및 바꾸기 대화상자가 표시되면 찾을 내용란에 한 칸 띄고 **EA**를 입력한 다음 바꿀 내용란은 비웁니다.

❷ [**모두 바꾸기**]를 클릭합니다. 바꾸기 기능을 이용할 때 바꿀 내용란을 비우면 찾을 내용란에 입력된 값이 지워집니다.

Tip... 공백을 입력하는 이유 알아보기

찾기 및 바꾸기 대화상자의 찾을 내용란에 값을 입력할 때 EA 앞에 공백(" ")을 하나 입력하는 이유는 G열에 입력된 값에 12 EA와 같이 숫자와 단위 (EA) 사이에 공백이 입력되어 있기 때문입니다.

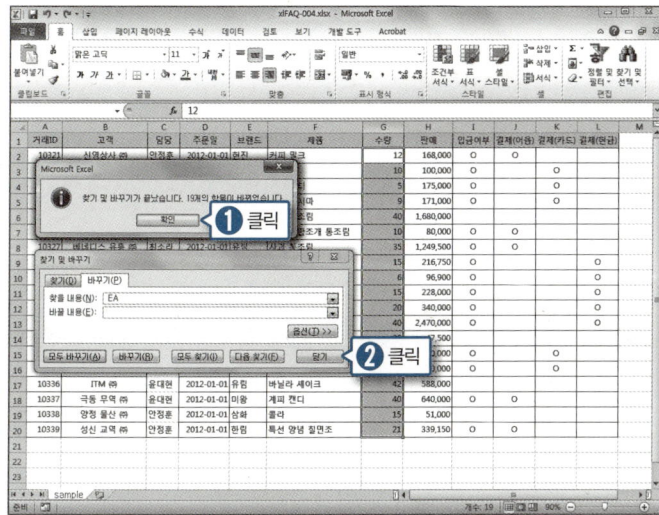

16 숫자와 텍스트가 혼용된 경우 처리하기 (3)

❶ 찾기 및 바꾸기가 끝났다는 메시지 대화상자가 표시되면 [**확인**]을 클릭합니다.

❷ [**닫기**]를 클릭하여 찾기 및 바꾸기 대화상자를 닫습니다.

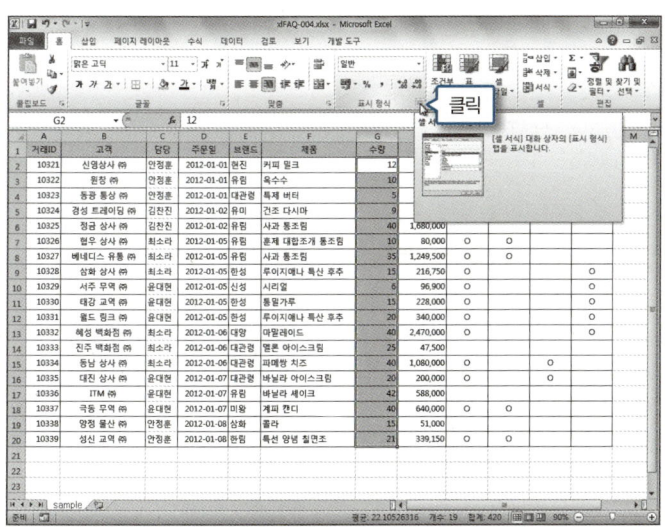

17 숫자와 텍스트가 혼용된 경우 처리하기 (4)

과정 **14~16**을 통해 숫자 값만 남기는 것은 성공했지만 단위(EA)가 없습니다. 단위를 반드시 표시해야 한다면 셀 서식을 이용하는 것이 좋습니다.

G2:G20 범위가 선택된 상태에서 [홈] 탭-[**표시 형식**] 그룹의 대화상자 표시 단추 를 클릭합니다.

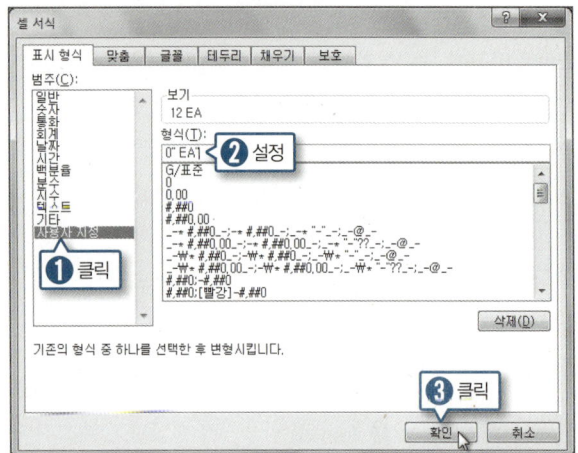

18 숫자와 텍스트가 혼용된 경우 처리하기 (5)

❶ 셀 서식 대화상자가 표시되면 범주 목록에서 **사용자 지정**을 클릭합니다.

❷ 형식란을 **0" EA"**로 지정합니다. Note 2

❸ [확인]을 클릭합니다.

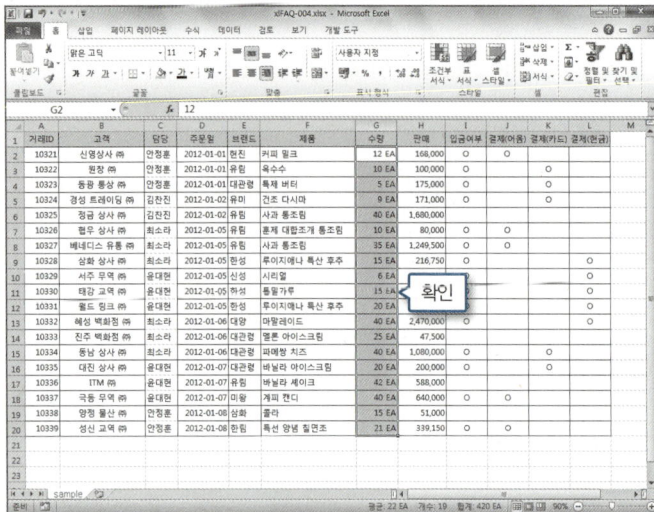

19 숫자와 텍스트가 혼용된 경우 처리하기 (6)

값을 고치기 전인 과정 14와 동일한 화면을 확인할 수 있습니다. 하지만 이 값은 숫자 형식으로, SUM 함수 등을 사용해 범위 값을 집계해 보면 이전과는 달리 집계 결과가 제대로 표시되는 것을 확인할 수 있습니다.

Note 2 ... 사용자 지정 서식 코드 사용하기

셀 서식 대화상자의 형식란에는 숫자를 의미하는 서식 코드를 사용할 수 있습니다. 예제에서 사용한 0" EA"는 선택된 범위의 숫자 값을 있는 그대로 표시하면서 뒤에 한 칸 띄고 EA라는 텍스트 문자를 표시하라는 의미입니다. 참고로 셀 서식 기능은 실제 셀 값을 바꾸는 것이 아니고 셀에 표시되는 문자만 변경하는 것이므로 EA 문자는 셀에 저장되지 않습니다.

서식 코드	설명
0	숫자 서식 코드로, 사용한 개수만큼의 숫자를 표시합니다. 입력된 숫자 개수보다 많은 서식 코드를 사용하면 해당 위치에 0이 표시됩니다. 예를 들어 셀에 입력된 값이 1234이고, 서식 코드를 00000으로 지정하면 01234가 표시됩니다. 대신 입력된 숫자보다 적은 수의 서식 코드를 사용할 경우 입력된 값이 그대로 표시됩니다.
#	숫자 서식 코드로 0과 유사하지만, 불필요한 0을 표시하지 않습니다. 예를 들어 셀에 0을 입력하고, 서식 코드를 #으로 지정하면 셀에 아무런 값도 표시되지 않습니다.
?	숫자 서식 코드로 0과 유사하지만, 셀에 입력된 값보다 많은 서식 코드를 사용하면 해당 위치에 공백(" ")이 표시됩니다. 예를 들어 셀에 입력된 값이 1234일 때, 서식 코드를 ?????로 지정하면 숫자 바로 앞에 공백이 하나 삽입됩니다.

20 O, X 표시 처리하기 (1)

J:L열은 숫자로 입금된 금액을 기록하고, 입금 총액이 H열의 판매금액과 같은지 여부를 판단해 입금여부를 표시해 보겠습니다. Note 3

❶ J:L열의 O 문자를 숫자로 바꾸기 위해 M2셀에 다음 함수를 입력합니다.
=IF(J2="O", $H2, 0)

❷ M2셀의 **채우기 핸들**을 O2셀까지 드래그한 뒤 이어서 O20셀까지 드래그 합니다.

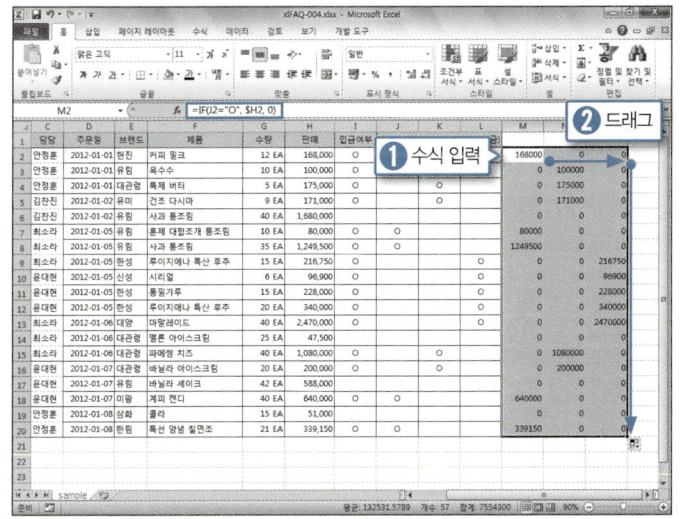

수식 설명 =IF(J2="O", $H2, 0)
IF 함수를 사용한 수식입니다. IF 함수는 첫 번째 인수인 조건식의 결과(TRUE, FALSE)에 따라, 조건식의 결과가 TRUE일 때는 두 번째 인수 값을 반환하고, FALSE일 때는 세 번째 인수 값을 반환합니다. IF 함수의 구문은 다음과 같습니다.

IF(조건식, 참일 때 반환할 값, 거짓일 때 반환할 값)

이번 수식은 J2="O"의 결과가 TRUE인지 FALSE인지를 판단해, TRUE인 경우에는 H2셀의 값을, FALSE인 경우에는 0을 반환하라는 의미입니다. 이것을 좀 더 풀어 설명하면, J2셀에 O 문자가 입력됐다면 어음으로 결제한 것을 의미하므로, 수식을 사용한 M2셀에 H2셀의 판매 금액을 표시하라는 의미입니다. 이렇게 하면 J2:L20 범위의 O 문자 입력 여부에 맞는 판매 금액을 해당 위치에 표시할 수 있습니다.

이 수식은 열 방향(O2셀)과 행 방향(O20셀)으로 각각 복사하므로 참조하는 셀 주소(J2, H2)의 참조 방식을 다르게 지정해야 합니다. J2셀은 복사되는 위치로 열과 행 주소가 각각 변경돼야 하므로 상대 참조로 지정하고, H2셀은 열 방향으로 복사할 때는 변경되지 않다가 행 방향으로 복사할 때 주소가 변경되어야 하므로 $H2와 같은 혼합 참조 방식으로 참조합니다.

Note 3 ... O 또는 X로 기록하는 방법을 바꾸는 이유 알아보기

엑셀에서 제공하는 다양한 집계 기능 중 가장 대표적인 기능이 피벗 테이블입니다. 피벗 테이블을 이용해 예제의 표를 데이터로 하여 입금여부별 판매 금액을 집계하면 다음과 같은 결과를 얻을 수 있습니다.

	A	B	C
1			
2			
3	행 레이블	합계 : 판매	
4		2366500	
5	O	7554300	
6	총합계	9920800	
7			
8			

▲ O로 기록하여 알아보기 어렵게 표시된 피벗 테이블

만약 I열의 입금여부를 입금, 미입금과 같이 분명한 단어로 구분해서 입력했다면 피벗 테이블로 집계할 때 보다 정확한 결과 보고서를 얻을 수 있습니다.

	A	B	C
1			
2			
3	행 레이블	합계 : 판매	
4	입금	7554300	
5	미입금	2366500	
6	총합계	9920800	
7			
8			

▲ 분명한 단어로 구분하여 알아보기 쉽게 표시된 피벗 테이블

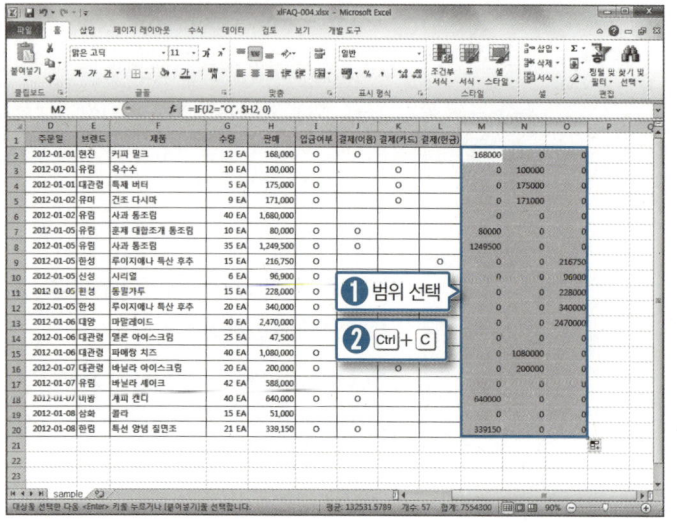

21 O, X 표시 처리하기 (2)

과정 20의 수식을 값으로 복사해 J:L열에 붙여 넣겠습니다.

❶ M2:O20 범위를 선택합니다. ❷ Ctrl+C 글쇠를 눌러 복사합니다.

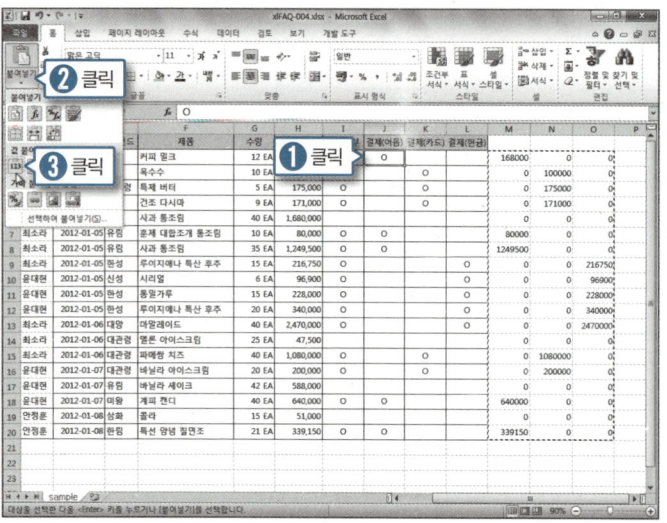

22 O, X 표시 처리하기 (3)

❶ J2셀을 선택합니다.

❷ [홈] 탭-[클립보드] 그룹-[붙여넣기]의 옵션 단추를 클릭하고 ❸ [값]을 클릭합니다.

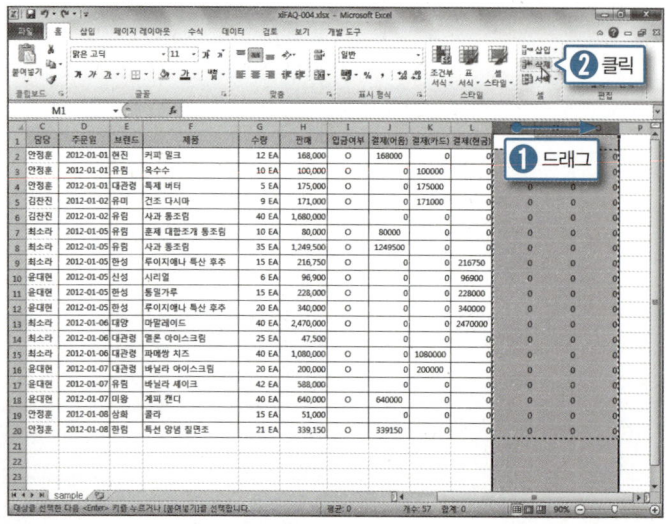

23 O, X 표시 처리하기 (4)

❶ M:O열 머리글을 드래그하여 선택합니다.

❷ [홈] 탭-[셀] 그룹-[삭제]를 클릭합니다.

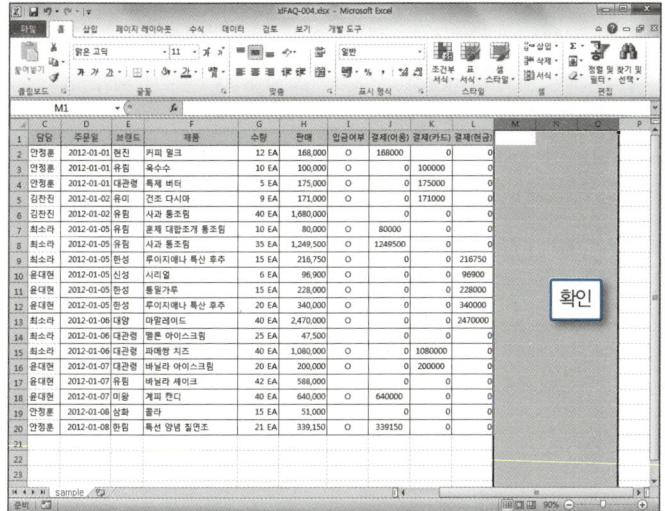

24 O, X 표시 처리하기 (5)

M:O열 내용이 삭제됩니다.

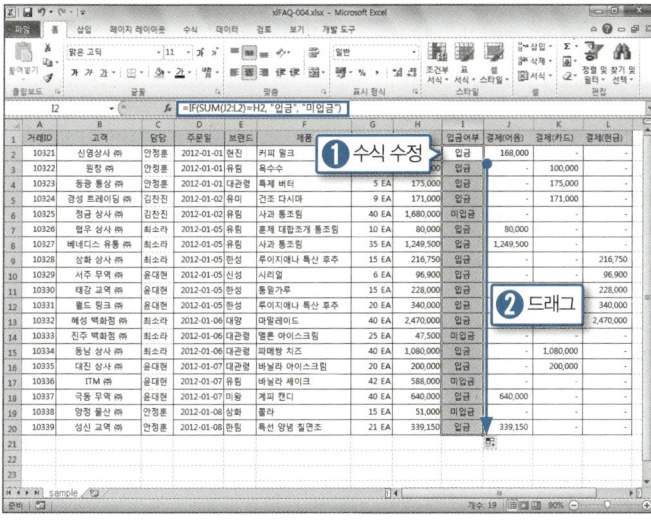

25 O, X 표시 처리하기 (6)

❶ I2셀을 다음과 같이 수정합니다.

=IF(SUM(J2:L2)=H2, "입금", "미입금")

❷ I2셀을 선택하고 **채우기 핸들** 을 I20 셀까지 드래그하여 수식을 복사합니다.

Note 4

Tip ... 통화 기호 없애기
예제에서는 I2:L20 범위의 셀 서식을 통화 기호 없는 회계로 바꾸어 주었습니다.

수식 설명 =IF(SUM(J2:L2)=H2, "입금", "미입금")
35쪽에서 사용했던 IF 함수와 동일한 수식으로 J2:L2 범위의 합계 금액이 H2셀하고 동일하면 입금을 표시하고, 동일하지 않으면 미입금을 표시합니다.
엑셀에서는 수식 안에 텍스트 형식의 값을 입력할 때 반드시 큰 따옴표(")로 묶어 표시해야 하며, 수식에서 사용된 큰 따옴표는 셀에는 표시되지 않습니다.

Note 4 ... 기타 조심할 사항 알아보기

데이터 관리에 테이블 표를 사용하기 위해서는 이번 실무실습에서 언급한 부분 외에도 다양한 사항을 신경 써야 합니다. 기타 조심할 사항을 알아보겠습니다.

〔1〕 가능하면 데이터를 입력하거나 수정하는 날짜와 시간을 함께 기록합니다.

데이터를 집계할 때 가장 많이 사용하는 유형이 바로 시계열(연, 반기, 분기, 월, 주 등)로 집계하는 작업입니다. 그렇기 때문에 테이블에 날짜 값을 갖는 열이 있어야 시계열 집계 보고서를 만들기가 편리합니다.

〔2〕 데이터를 연, 분기, 월, 업체별, 제품별 등 조건별 시트(또는 파일)로 나누지 않고, 같은 데이터는 하나의 표에 기록합니다. 데이터를 나눠 기록하게 되면, 나중에 한번에 집계 보고서를 만들 때 불편합니다.

〔3〕 데이터 입력을 최소화할 수 있도록 계산해서 얻을 수 있는 값은 수식을 사용하도록 구성합니다.

예를 들어, 주민등록번호 등을 입력하면 성별이나 나이 등을 계산해 얻을 수 있습니다. 이런 값들을 일일이 입력해야 한다면 입력 작업이 너무 많아져서 불편할 것입니다.

질문 05
데이터를 테이블에 좀 더 쉽게 입력하는 방법이 있나요?

엑셀로 데이터를 관리할 때 테이블을 사용하는 것이 좋지만 테이블에 데이터를 입력하는 것이 쉽지 않습니다. 데이터를 테이블에 좀 더 쉽게 입력할 수 있는 방법이 있나요?

• 예제 파일 〉 Part1 : xlFAQ-005.xlsx • 완성 파일 : Part1\완성 : xlFAQ-005완성.xlsx

답변 05
테이블은 아래로 계속해서 누적되는 특성을 갖기 때문에 데이터 입력 작업을 하려면 매번 새로 데이터를 입력할 위치로 이동해서 하나씩 값을 입력해야 하므로 쉽지 않습니다. 이런 경우 엑셀에서 제공하는 [레코드 관리] 기능을 이용하면 입력 폼을 사용해 데이터를 입력할 수 있어 편리합니다. 참고로 레코드 관리는 엑셀 2007 이상에서는 숨겨져 있기 때문에 사용하려면 먼저 해당 명령을 등록해야 합니다.

실무실습 레코드 관리 명령 추가하고 데이터 입력하기

다음 실무실습에서 레코드 관리 기능을 이용해 데이터를 입력해 보겠습니다.

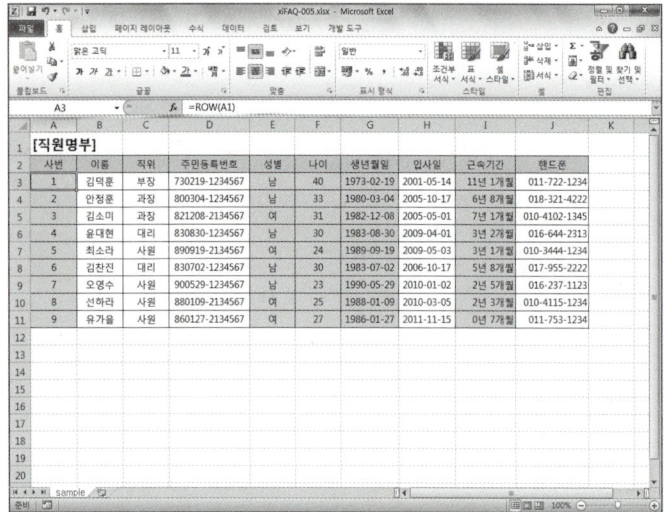

01 데이터 확인하기

직원명부 표에 데이터를 1,000건 입력해야 한다면 표의 열이 10개이기 때문에 총 10,000번의 데이터 입력 작업을 진행해야 합니다. 이런 작업은 매우 비효율적이기 때문에 수식과 레코드 관리 기능을 이용해 좀 더 효율적으로 입력하는 방법을 설명하겠습니다.

Tip 나이와 근속기간이 그림과 다른 이유 알아보기
나이와 근속기간은 수식을 이용해 표시하는 것이기 때문에 예제를 실행하는 날짜에 따라 다르게 표시됩니다.
수식에 대한 별도의 설명은 생략합니다. 이번 예제는 수식을 사용하는 열의 경우 데이터 입력이 어떻게 효율화될 수 있는지 확인하는 것에 집중해 주세요.

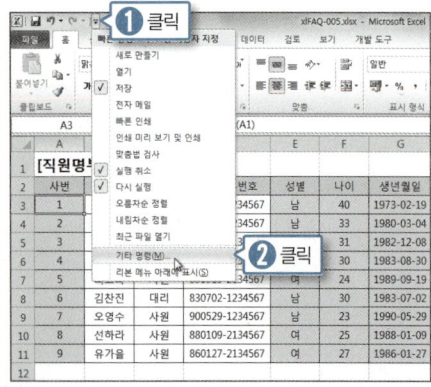

02 빠른 실행에 레코드 관리 명령 추가하기 (1)

일반 사용자의 경우 데이터를 입력할 때 표에 직접 입력하는 방법보다는 입력 폼을 이용하는 방법을 좀 더 선호합니다.

엑셀에서 폼을 사용하려면 레코드 관리 기능을 사용해야 하지만 실행 명령이 숨겨져 있기 때문에 명령을 먼저 등록해야 합니다.

❶ **빠른 실행 도구 모음 확장** 단추를 클릭합니다.

❷ **[기타 명령]** 메뉴를 선택합니다.

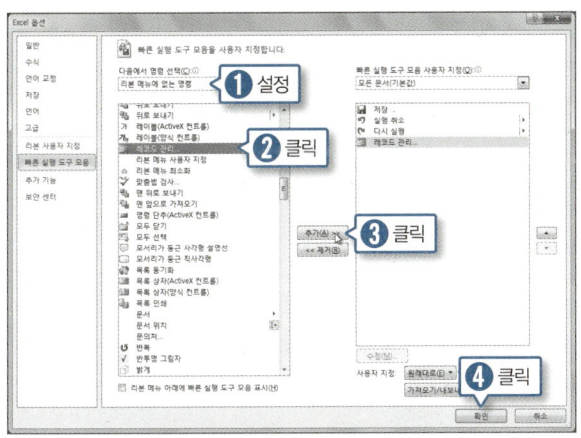

03 빠른 실행에 레코드 관리 명령 추가하기 (2)

❶ Excel 옵션 대화상자가 표시되면 다음에서 명령 선택 목록에서 **리본 메뉴에 없는 명령**을 선택합니다.

❷ 명령 목록에서 **레코드 관리**를 선택합니다.

❸ [추가]를 클릭합니다.

❹ [확인]을 클릭하여 Excel 옵션 대화상자를 닫습니다.

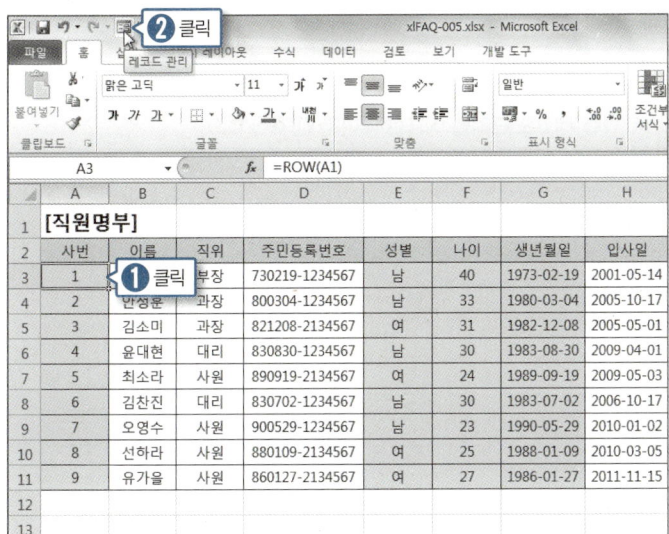

04 레코드 관리를 이용한 데이터 입력하기 (1)

새로운 직원 데이터를 추가해 보겠습니다.

❶ 데이터를 추가할 표 범위의 셀을 하나 선택합니다. 예제에서는 **A3**셀을 선택했습니다.

❷ 빠른 실행 도구 모음에서 [**레코드 관리**]를 클릭합니다. Note 5

Note 5 ... 빠른 실행 도구 모음 이해하기

빠른 실행 도구 모음에 리본 메뉴 명령이나 빠르게 실행하려는 명령을 등록해 사용할 수 있습니다. 빠른 실행 도구 모음의 명령은 Alt 와 1, 2, 3, … 과 같은 일련번호를 사용하는 단축키가 할당되므로 빠르게 실행하려면 Alt + 1, Alt + 2 와 같은 단축키를 사용하면 됩니다.

예를 들어 저장 명령은 Alt + 1 을 누르면 되고, 예제에서 레코드 관리 명령은 네 번째 명령이므로 Alt + 4 를 눌러 빠르게 실행할 수 있습니다.

빠른 실행 도구 모음에 등록된 명령을 더 이상 사용하지 않을 때는 ❶ 마우스 오른쪽 버튼으로 누르고 ❷ [**빠른 실행 도구 모음에서 제거**] 메뉴를 선택해 삭제합니다.

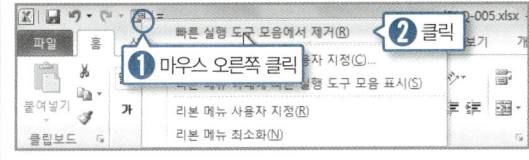

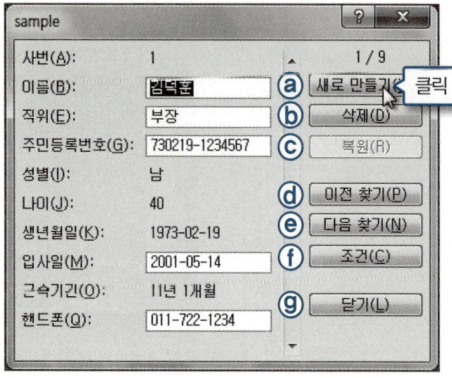

05 레코드 관리를 이용한 데이터 입력하기 (2)

레코드 관리 폼이 표시됩니다. 수식이 입력된 열은 제외하고 나머지 열에 입력 텍스트 상자가 제공되는 것을 확인할 수 있습니다. 새 직원 데이터를 입력하기 위해 [새로 만들기]를 클릭합니다.

Tip … 레코드 관리 폼 살펴보기

ⓐ **새로 만들기** : 새 데이터를 추가합니다.

ⓑ **삭제** : 현재 데이터를 삭제합니다.

ⓒ **복원** : 수정 데이터를 표의 값으로 복원합니다.

ⓓ **이전 찾기** : [조건]을 클릭하여 입력한 조건의 이전 데이터(현재 데이터의 위쪽)를 찾습니다.

ⓔ **다음 찾기** : [조건]을 클릭하여 입력한 조건의 다음 데이터(현재 데이터의 아래쪽)를 찾습니다.

ⓕ **조건** : 찾으려는 조건을 입력합니다.

ⓖ **닫기** : 폼을 닫습니다.

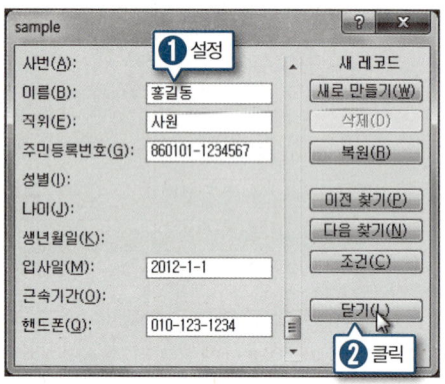

06 레코드 관리를 이용한 데이터 입력하기 (3)

❶ 빈 입력 폼이 표시되면 자신의 값을 입력해 봅니다.

❷ [닫기]를 클릭하여 폼을 닫습니다.

만약 여러 데이터를 계속 입력하고 싶다면 [새로 만들기]를 클릭하면 됩니다.

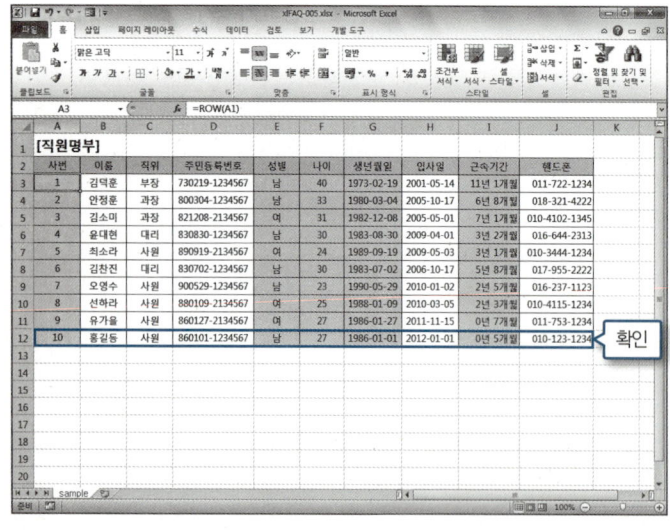

07 테이블 확인하기

직원명부 표에 이전 행 서식과 수식이 그대로 복사되어 입력한 데이터가 새로 저장되는 것을 확인할 수 있습니다.

Section 02 엑셀 표 사용하기

▶ 엑셀 표 특징   ▶ 엑셀 표 수식 사용   ▶ 구조적 참조   ▶ 요약 행   ▶ 동적 범위 참조

엑셀에서 만들 수 있는 표 중 테이블(Table) 형식의 표는 데이터를 기록하고 관리할 때 사용됩니다. 다만 테이블은 계속해서 데이터를 기록해야 하므로 매번 참조해야 하는 데이터 범위가 변경되며, 데이터가 누적될수록 데이터 양이 증가되어 데이터를 관리하기가 쉽지 않습니다.

그렇기 때문에 엑셀은 데이터를 효율적으로 관리할 수 있는 기능이 계속해서 추가되고 있습니다. 이번에 설명하는 엑셀 표 역시 엑셀에서 데이터를 효율적으로 관리하기 위해 제공하는 기능으로, 사용자의 데이터 관리 시간을 단축시킬 수 있기 때문에 엑셀로 데이터를 관리하는 사용자에게 적극 추천합니다.

질문 06 엑셀 표란 무엇이고 어떻게 사용하나요?
엑셀 표란 무엇인지, 엑셀 표의 장점과 사용 방법을 알 수 있나요?

• 예제 파일 〉 Part1 〉 **xlFAQ-006.xlsx**   • 완성 파일 〉 Part1\완성 〉 **xlFAQ-006완성.xlsx**

답변 06
[삽입] 탭─[표] 그룹─[**표**] 는 워크시트의 표를 엑셀 표라고 지칭하는 별도의 관리 영역으로 변환합니다. 워크시트의 특정 범위를 엑셀 표로 변환하면 변환된 표 데이터를 독립적으로 관리하고 분석할 수 있으며 쉐어포인트(Sharepoint)가 설치된 서버에 엑셀 표를 게시해 다른 사용자와 표를 공유할 수도 있습니다.

엑셀 표를 줄여 표라고도 하지만 표라고 지칭하면 워크시트에 작성한 표와 구분이 가지 않으므로 이 책에서는 엑셀 표라고 지칭하겠습니다.

Tip ... 쉐어포인트 이용하기
쉐어포인트를 이용하면 작업 문서를 공유하여 여러 사람들이 함께 작업할 수 있습니다. 쉐어포인트 서버와 연동하는 것은 쉐어포인트 관련 서적을 참고해 주세요.

실무실습 엑셀 표로 변환하고 특징 이해하기

다음 실무실습을 통해 표를 엑셀 표로 변환하는 방법과 엑셀 표의 특징을 알아보겠습니다.

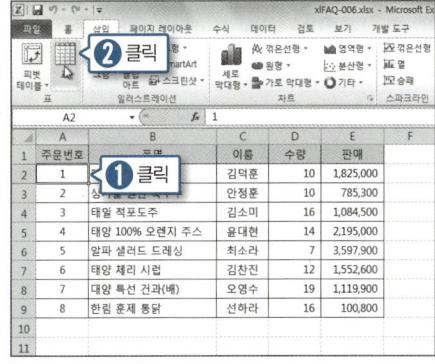

01 엑셀 표로 변환하기 (1)

❶ 엑셀 표로 변환하기 위해 표에서 임의의 셀을 선택합니다.

❷ [삽입] 탭─[표] 그룹─[**표**] 를 클릭합니다.

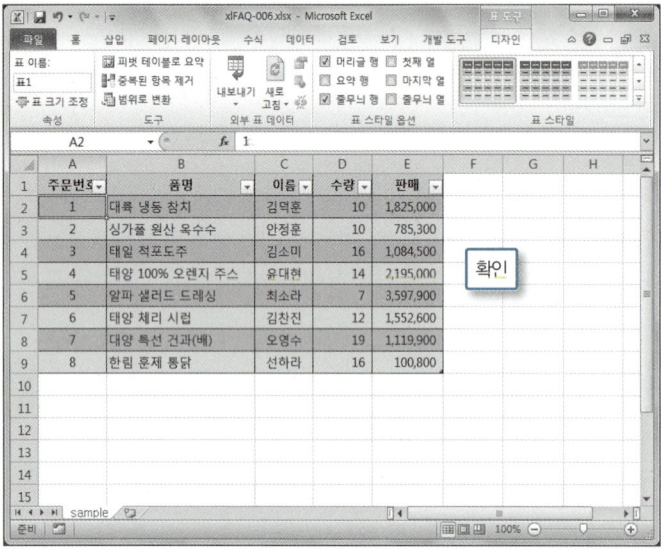

02 엑셀 표로 변환하기 (2)

표 만들기 대화상자가 표시됩니다.

❶ 표로 변환할 데이터 범위 주소가 정확히 =$A$1:$E$9인지 확인합니다.

❷ [확인]을 클릭합니다. Note 6

03 엑셀 표 특징 이해하기

엑셀 표로 변환이 완료되면 표 범위에 새 스타일이 자동으로 적용된 것과 표에 자동 필터가 적용되면서 [디자인] 확장 탭이 표시되는 것을 확인합니다.

Note 6 … 머리글 포함 알아보기

표 만들기 대화상자의 **머리글 포함** 옵션은, 엑셀 표로 변환할 표의 첫 번째 행에 입력된 값이 머리글인지를 묻는 옵션입니다. 예제에서 A1:E1 범위에는 각 열의 제목이 입력되어 있으며 이 값을 머리글이라고 합니다.

머리글이 있는 표를 엑셀 표로 변환할 때 이 옵션을 체크하지 않으면 표의 머리글이 없다고 판단하여 열1, 열2, …와 같은 새 머리글 행을 삽입합니다.

▲ 머리글이 있는 표에서 머리글 포함 옵션에 체크하지 않아 새 머리글 행이 삽입된 모습

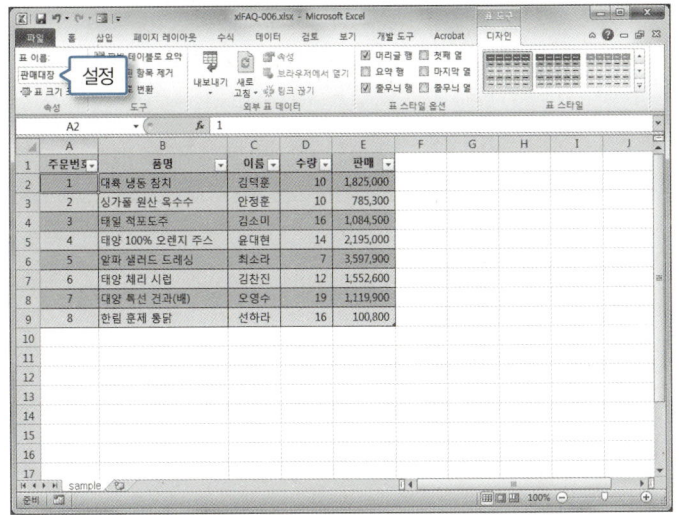

04 표 이름 정의하기

표 이름을 변경하겠습니다.

[디자인] 탭-[속성] 그룹-**[표 이름]**란을 **판매대장**으로 지정합니다.

Tip ... 엑셀 표 이름을 변경하는 이유 알아보기

엑셀 표는 구조적 참조라는 기능을 이용해 표 데이터 범위를 빠르게 참조할 수가 있으며, 기본적으로 부여되는 표1, 표2, …와 같은 이름 대신, 사용자가 알기 쉬운 이름을 부여해 사용하는 것이 좋습니다.

엑셀 표 이름은 반드시 영어나 한글로 시작되어야 하며, 띄어쓰기 대신 밑줄(_)이나 마침표(.)를 단어와 단어 사이에 사용할 수 있습니다. 그리고 A1처럼 셀 주소로 할당된 문자를 표 이름으로 정의할 수 없습니다.

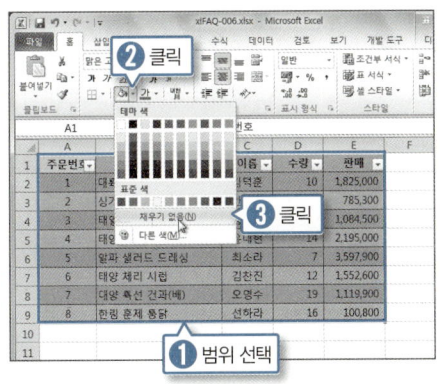

05 엑셀 표 스타일 깔끔하게 적용하기 (1)

엑셀 표 스타일을 깔끔하게 정리하기 위해 기존 표의 배경색을 지우겠습니다.

❶ 엑셀 표 전체인 **A1:E9** 범위를 선택합니다.

❷ [홈] 탭-[글꼴] 그룹-[채우기 색] 의 **옵션** 단추를 클릭합니다.

❸ **[채우기 없음]**을 선택합니다.

Tip ... 기존 표 스타일을 지우는 이유 알아보기

엑셀 표 스타일은 기존 표 서식에 겹쳐 표시됩니다. 기존 표에 적용된 스타일(배경색과 테두리 선)은 그대로 유지되기 때문에 엑셀 표 스타일과 혼합되어 서식이 깔끔하게 적용되지 않은 경우가 많습니다. 이런 이유로 엑셀 표 스타일만 나타내기 위해 기존 표에 적용된 서식을 삭제하는 것이 좋습니다.

06 엑셀 표 스타일 깔끔하게 적용하기 (2)

❶ A1:E9 범위가 그대로 유지된 상태에서 [홈] 탭-[글꼴] 그룹-[테두리]의 **옵션** 단추를 클릭합니다.

❷ **[테두리 없음]**을 클릭합니다.

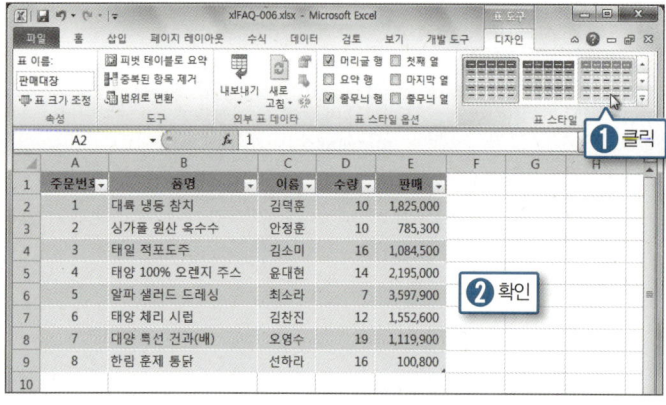

07 엑셀 표 스타일 깔끔하게 적용하기 (3)

❶ [디자인] 탭-[표 스타일] 그룹에서 원하는 표 스타일을 선택해 봅니다.

❷ 해당 표 스타일이 깔끔하게 A1:E9 범위에 적용되는 것을 확인할 수 있습니다.

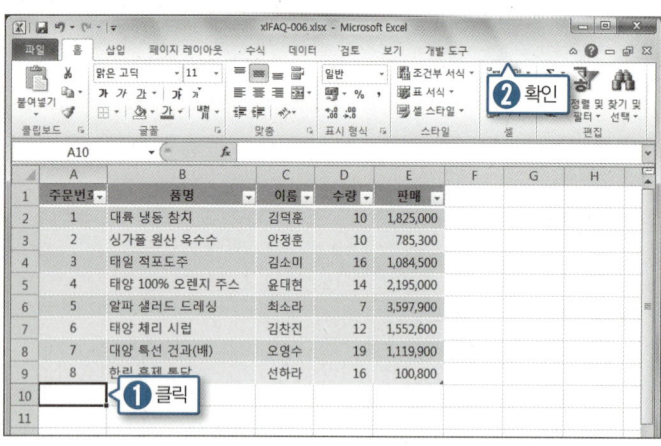

08 엑셀 표의 확장 이해하기 (1)

엑셀 표는 스스로 범위를 확장하는 특성을 갖습니다. 이 특성을 이용하면 업무를 자동화하는 경우 많은 도움을 얻을 수 있습니다.

❶ 실제 범위가 확장되는지 확인하기 위해 A10셀을 선택합니다.

❷ 엑셀 표의 확장 탭인 [디자인] 탭이 표시되지 않는 것을 확인할 수 있습니다.

Note 7

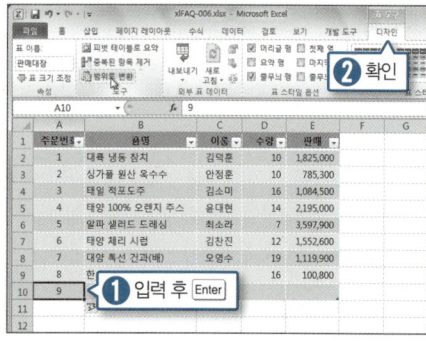

09 엑셀 표의 확장 이해하기 (2)

❶ A10셀에 숫자 9를 입력하고 Enter 를 누릅니다.

❷ 표 스타일이 자동으로 확장되어 값이 입력된 10행에 엑셀 표 스타일이 적용되며 리본 메뉴에 [디자인] 탭이 표시되는 것을 확인할 수 있습니다.

Tip ... 엑셀 표의 확장 이해하기

엑셀 표는 표 아래쪽과 오른쪽에 이어서 값을 입력하면 표 범위를 스스로 확장하는 특성을 갖습니다. F1셀에 값을 입력해 오른쪽으로도 엑셀 표가 확장되는지 확인하세요.

Note 7 ... 엑셀 표인지 확인하는 방법 알아보기

엑셀 표는 크게 다음과 같은 방법으로 확인할 수 있습니다.

〔1〕엑셀 표인 경우 표 내부 범위를 선택했을 때 리본 메뉴에 확장 탭인 [디자인] 탭이 표시됩니다.

〔2〕엑셀 표 스타일이 적용됐는지 여부를 확인합니다.

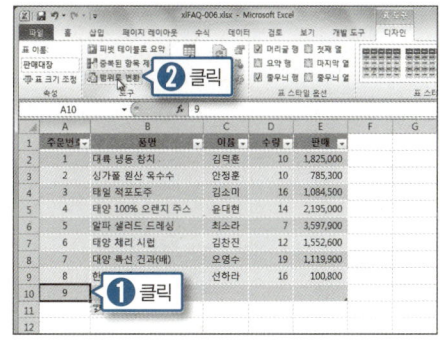

10 엑셀 표를 일반 범위로 변환하기 (1)

엑셀 표를 다시 원래대로 복원해 보겠습니다.

❶ 엑셀 표의 셀을 하나 선택한 상태에서 ❷ [디자인] 탭-[도구] 그룹-[**범위로 변환**] 을 클릭합니다.

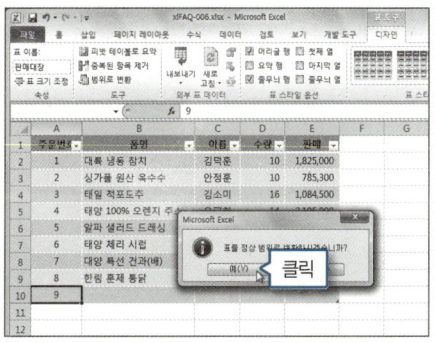

11 엑셀 표를 일반 범위로 변환하기 (2)

정상 범위로 변환하겠는지를 묻는 메시지 대화상자가 표시됩니다. [예]를 클릭합니다.

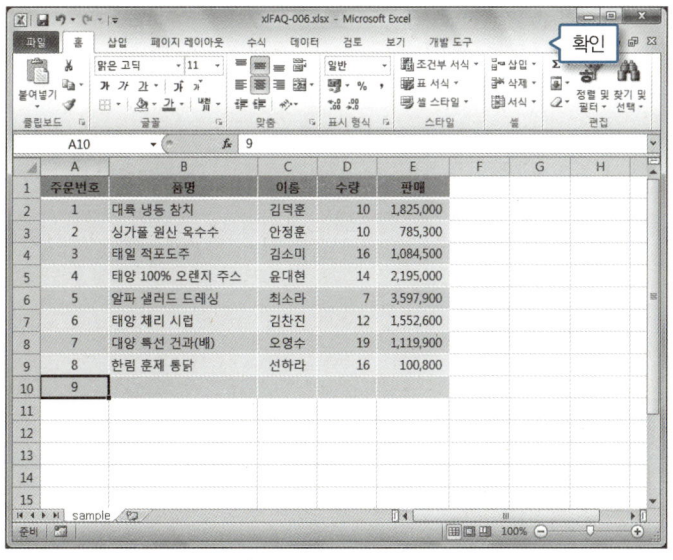

12 엑셀 표를 일반 범위로 변환하기 (3)

원래 범위로 변환됩니다. 엑셀 표를 일반 표로 다시 변환해도 엑셀 표 스타일은 그대로입니다. 이 표가 일반 표인지 엑셀 표인지 확인하려면 표 내부의 셀이 선택된 상태에서 [디자인] 탭이 나타나는지 확인하면 됩니다.

화면에서는 A10셀이 선택된 상태에서 [디자인] 탭이 나타나지 않으므로 일반 표라는 것을 알 수 있습니다.

질문 07 엑셀 표에서 수식을 어떻게 사용하나요?

일반 표를 엑셀 표로 변환하는 경우 수식을 사용하는 방법이 일반 표와는 다릅니다. 엑셀 표에서 수식을 어떻게 사용하나요?

• 예제 파일 〉 Part1 : xlFAQ-007.xlsx   • 완성 파일 〉 Part1\완성 : xlFAQ-007완성.xlsx

답변 07

엑셀 표에서 수식을 사용하는 열을 [계산된 열]이라고 합니다. 계산된 열은 일반 표와 다르게 첫 번째 셀에 수식을 입력하면 전체 열에 자동으로 수식이 복사되며 아래쪽에 데이터가 추가될 때 수식이 자동으로 복사되는 특징을 갖습니다.

계산된 열에 사용되는 수식에서 다른 열의 셀을 참조할 때 A1과 같은 셀 주소를 사용할 수도 있고, 참조할 값이 입력된 열 머리글을 대괄호([ ])와 함께 사용할 수 있습니다. 이렇게 열 머리글을 이용해 참조하는 방법을 [구조적 참조]라고 하며 엑셀 표에서만 사용할 수 있습니다.

실무실습 계산된 열 만들고 구조적 참조 특징 이해하기

다음 실무실습을 통해 엑셀 표의 계산된 열과 구조적 참조를 사용하는 방법을 알아보겠습니다.

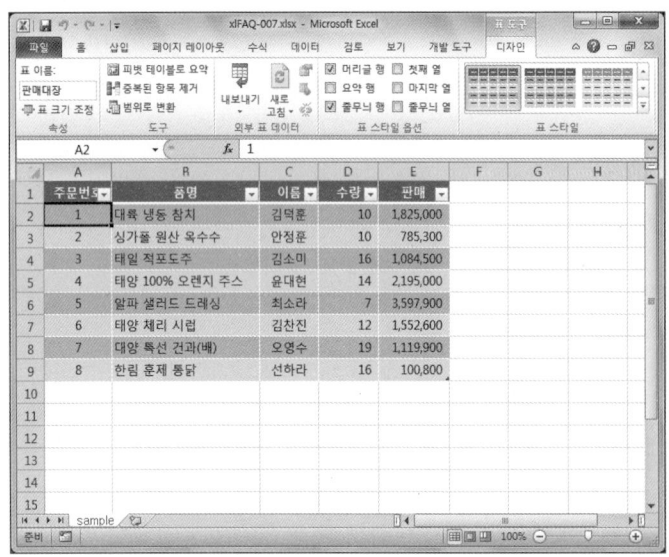

01 데이터 확인하기
엑셀 표의 D열과 E열의 수량과 판매 값을 가지고 단가를 계산하겠습니다.
단가는 판매 열의 값을 수량 열의 값으로 나누면 됩니다.

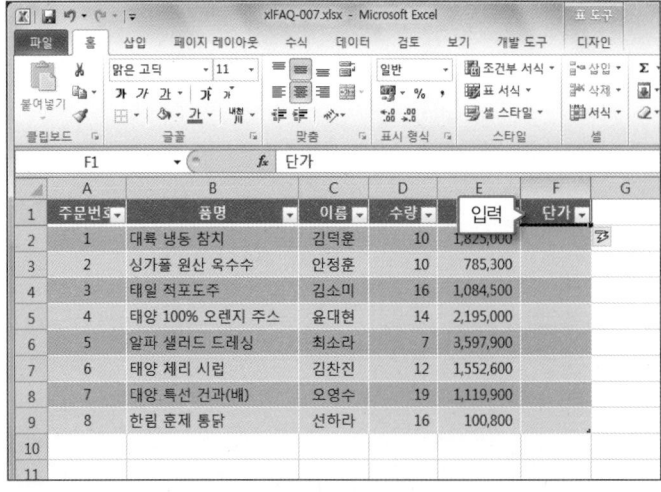

02 열 추가하기 (1)
엑셀 표에 새 열을 추가하기 위해 **F1**셀 열 머리글에 **단가**를 입력합니다.
엑셀 표가 확장되면서 F열에 단가 열이 만들어집니다.

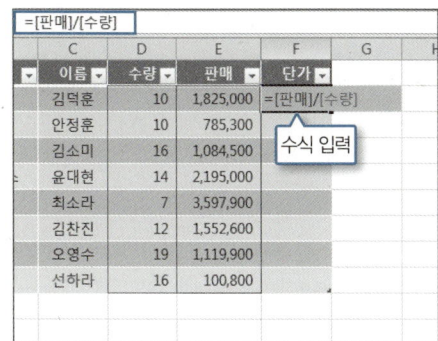

03 열 추가하기 (2)

단가는 판매된 금액을 수량으로 나누면 됩니다. 수식에서 범위를 참조할 때 엑셀 표에서 사용할 수 있는 구조적 참조를 이용하겠습니다.

F2셀에 다음 수식을 입력하고 Enter 를 누릅니다. Note 8

=[판매]/[수량]

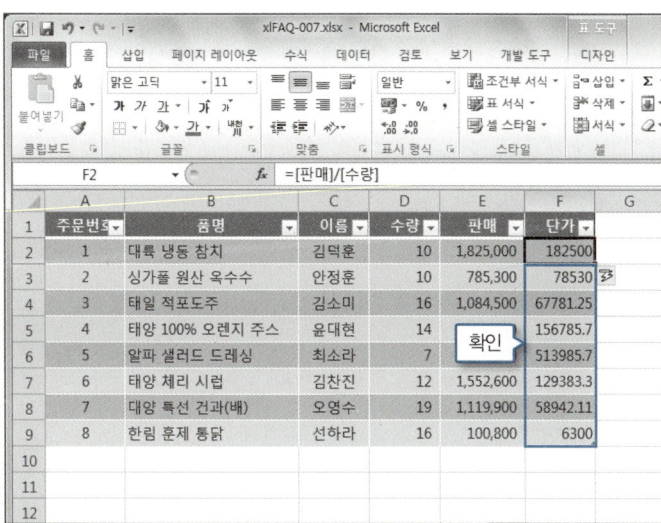

04 열 추가하기 (3)

수식을 입력하면 전체 열에 수식이 자동으로 복사됩니다.

이것은 엑셀 표의 특징으로 이와 같이 하나의 수식을 공통으로 사용하는 열을 [계산된 열]이라고 합니다. Note 9

Note 8 … 수식과 엑셀 표의 구조적 참조 이해하기

대괄호([ ]) 안에 참조할 표의 열 머리글을 입력할 때 표의 구조를 사용한다고 해서 [구조적 참조]라고 합니다. 예제에서 사용한 =[판매]/[수량]은 셀 주소를 사용하는 =$E$2:$E$9/$D$2:$D$9 수식과 동일합니다. 즉, 엑셀 표에서 다른 열을 참조할 때 구조적 참조를 사용하면 해당 열의 데이터 범위를 참조할 수 있습니다. 이 수식은 기존의 수식처럼 =E2/D2로 변경할 수 있습니다.

열 머리글 앞에 @ 기호를 넣어 =[@판매]/[@수량]으로 수식을 만들면 셀을 하나씩 참조할 수도 있습니다. [@판매]와 같이 @ 기호를 사용하는 문법은 엑셀 2010에서 처음 제공한 것으로, [판매]와 같은 문법과는 다르게 셀을 하나만 참조하므로 효율적입니다. 이 파일을 엑셀 2007 버전에서 사용할 경우 구조적 참조 구문은 판매대장[[#이 행],[판매]]와 같이 변경됩니다.

Note 9 … 계산된 열에 수식 개별 입력하기

엑셀 표의 계산된 열에는 첫 번째 셀에 수식을 입력하면 전체 열에 해당 수식이 자동으로 복사됩니다. 만약 개별적으로 수식을 작성하려면 아래와 같이 ❶ 자동 고침 옵션 단추를 클릭하고 ❷ [계산된 열 실행 취소] 메뉴를 선택한 다음 해당 셀에 다른 수식을 입력하면 됩니다.

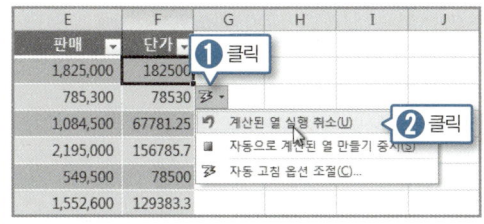

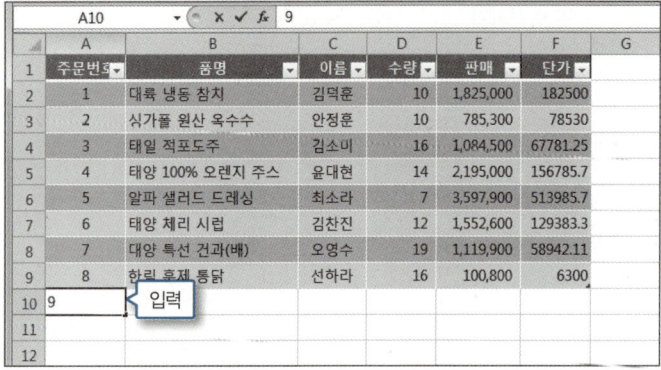

05 계산된 열 특징 확인하기 (1)

계산된 열은 엑셀 표가 확장되면 자동으로 수식이 복사됩니다.

이런 특징을 확인하기 위해 **A10**셀에 새 주문번호를 입력합니다. 9를 입력해도 되고, 다른 값을 입력해도 됩니다. 예제에서는 **9**를 입력했습니다.

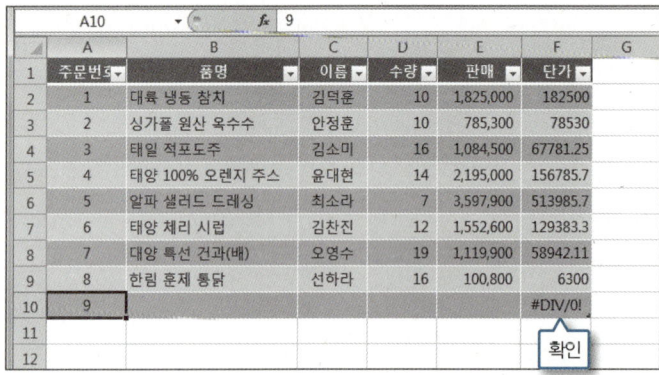

06 계산된 열 특징 확인하기 (2)

엑셀 표가 자동으로 확장되면서 **F10**셀에도 수식이 자동으로 복사됩니다. Note 10

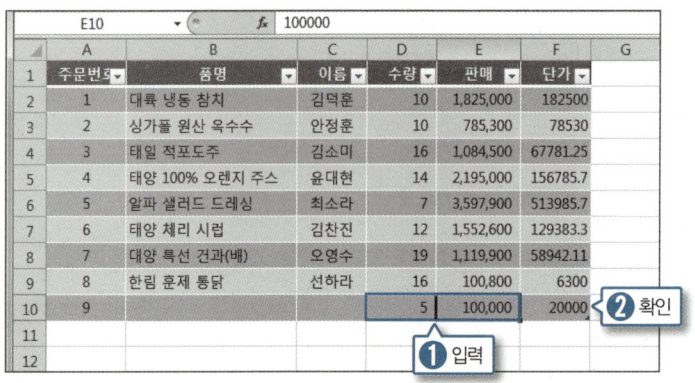

07 계산된 열 특징 확인하기 (3)

❶ **D10**셀과 **E10**셀에 수량과 판매 값을 입력해 봅니다.

❷ **F10**셀에 단가가 제대로 계산되는 것을 확인할 수 있습니다.

Note 10 ... F10셀에 #DIV/0! 오류가 발생하는 이유 알아보기

#DIV/0! 오류는 나눗셈 연산의 분모가 0인 경우에 발생합니다. F열의 수식은 =[판매]/[수량]이므로 F10셀의 수식은 =E10/D10입니다.

그런데 E10셀이나 D10셀에는 아무런 값도 입력되어 있지 않으므로 참조한 결과는 0이 되어 수식은 =0/0이 되기 때문에 #DIV/0! 오류가 발생하는 것입니다.

이런 오류가 발생되지 않도록 하려면 F2셀의 수식을 **=IFERROR([판매]/[수량], 0)**과 같이 수정하면 됩니다.

IFERROR 함수는 수식 오류가 발생할 경우, 반환할 새 값을 지정할 수 있으므로 예제와 같은 수식을 작성할 때 유리합니다. 참고로 IFERROR 함수의 구문은 다음과 같습니다.

IFERROR(계산식, 오류가 발생할 때 반환할 값)

질문 08 엑셀 표의 구조적 참조를 다른 표에서도 사용할 수 있나요?

엑셀 표의 구조적 참조는 편리하지만 해당 표 내부에서만 사용할 수 있는 것 같습니다. 다른 표에서 엑셀 표의 구조적 참조 방식을 사용할 수 있나요?

• 예제 파일 〉 Part1 : **xlFAQ-008.xlsx**　　• 완성 파일 〉 Part1\완성 : **xlFAQ-008완성.xlsx**

답변 08 엑셀 표의 구조적 참조는 표 내부에서 다른 열 데이터를 참조하는 방법과 표 외부에서 엑셀 표 내부의 열 데이터를 참조하는 방법을 사용할 수 있으며, 후자는 엑셀 표 이름을 열 머리글과 함께 사용해야 합니다. 그러므로 다른 표에서 엑셀 표의 특정 범위를 참조하려면 다음과 같은 구문을 사용합니다.

표 이름[열 머리글]

이러한 수식을 사용하면 엑셀 표가 자동으로 확장되는 특성을 이용해 동적으로 변화하는 데이터 범위를 완벽하게 참조할 수가 있기 때문에 업무가 보다 편리해집니다.

실무실습 일반 표에서 구조적 참조 사용하기

다음 실무실습을 통해 일반 표에서 엑셀 표 데이터를 참조하는 구조적 참조 작성 방법을 알아보겠습니다.

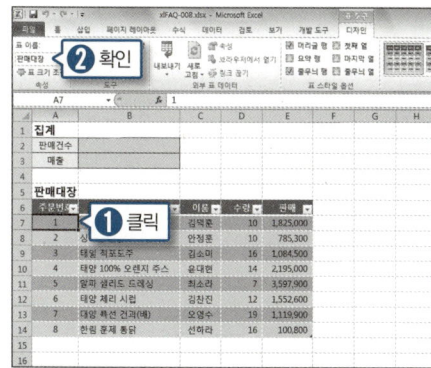

01 표 이름 확인하기

엑셀 표의 구조적 참조 방식을 이용하여 A6:E14 범위의 엑셀 표 데이터를 B2:B3 범위에 집계해 보겠습니다.

먼저 엑셀 표의 이름을 확인해야 합니다.

❶ 엑셀 표 내부의 셀을 선택합니다. 예제에서는 **A7**셀을 선택하였습니다.

❷ [디자인] 탭–[속성] 그룹–**[표 이름]**란을 확인합니다. 엑셀 표 이름이 **판매대장**인 것을 확인할 수 있습니다.

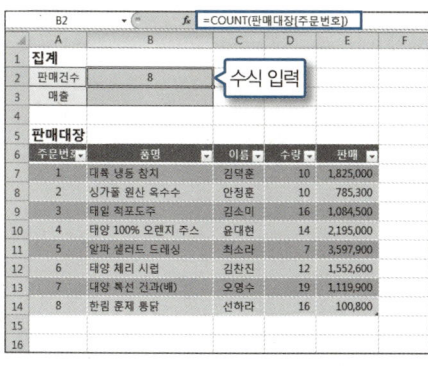

02 판매 건수 집계하기

표 이름을 확인했으므로 엑셀 표 데이터를 집계하겠습니다.

B2셀을 선택하고 다음 함수를 입력해 판매 건수를 계산합니다.

=COUNT(판매대장[주문번호])

수식 설명 =COUNT(판매대장[주문번호])

판매대장 엑셀 표의 A7:A14 범위인 주문번호 열은 1~8까지의 숫자가 입력되어 있으므로 이 열의 숫자 값이 몇 개 있는지 세면 B2셀의 판매 건수를 집계할 수 있습니다. 예제에서 사용한 COUNT 함수는 인수로 전달한 범위의 숫자 값 개수를 세는 함수입니다. 수식에서 사용한 다음과 같은 구조적 참조 구문의 의미만 이해하면 수식 전체를 이해할 수 있습니다.

판매대장[주문번호]

위 구조적 참조 구문은 판매대장 엑셀 표에서 주문번호 열의 데이터 범위 즉, A7:A14 범위를 의미합니다. 그러므로 이 수식은 =COUNT(A7:A14)와 같은 수식이며, 열 데이터 범위를 빠르게 참조하기 위해 구조적 참조를 사용합니다.

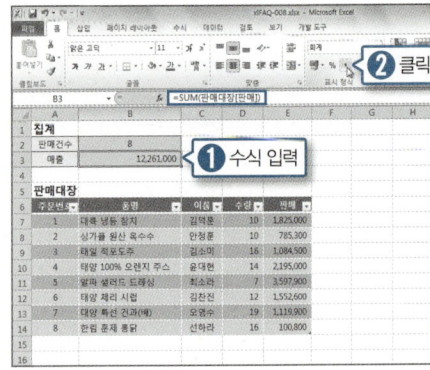

03 매출 집계하기

매출을 집계하는 수식 역시 같은 방법을 사용합니다.

❶ B3셀을 선택하고 다음 함수를 입력합니다.

=SUM(판매대장[판매])

❷ B3셀이 선택된 상태로 [홈] 탭-[표시 형식] 그룹-[**쉼표 스타일**]을 클릭하여 B3셀의 값에 천 단위 구분 기호를 표시합니다.

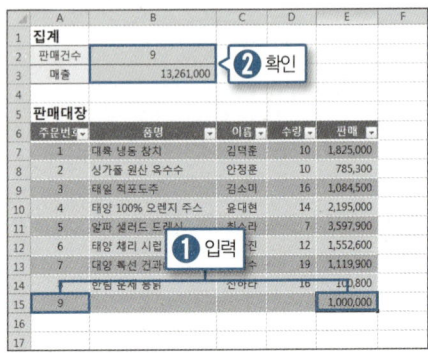

04 구조적 참조 이해하기

❶ 구조적 참조의 장점을 이해하기 위해 A15셀에 9, E15셀에 1,000,000을 각각 입력합니다.

❷ B2:B3 범위의 집계 값이 변경되는 것을 확인합니다. Note 11

Note 11 … 엑셀 표의 구조적 참조를 이용한 동적 범위 참조 알아보기

엑셀 표의 구조적 참조는 열 데이터 범위를 빠르게 참조할 수 있도록 해 줍니다. 이런 특징은 엑셀 표가 자동으로 범위를 확장해 가는 특성과 맞물려 동적으로 범위를 참조하는 것과 동일한 효과를 줍니다. 예제에서 A15셀, E15셀에 값을 입력하면 엑셀 표가 자동으로 확장되면서 B2:B3 범위의 집계 값이 자동으로 증가하는 것을 확인할 수 있습니다.

참조할 데이터 범위가 데이터 입력 여부에 따라 변화할 때, 이런 범위를 참조하기 위해 =SUM(A1:A10000)이나 =SUM(A:A)같은 수식을 사용해 본 적이 있을 겁니다. 이러한 수식들은 매우 불합리한 수식으로 실제 데이터가 10건만 있더라도, 인수로 전달한 셀 값을 모두 더하게 되어 엑셀 파일의 계산 속도를 떨어뜨리는 원인이 됩니다.

그러므로 집계 작업을 할 때 엑셀 표의 구조적 참조 방식을 이용한다면 매우 효과적으로 작업 대상 범위만 함수에 전달할 수 있고 데이터가 추가됨에 따라 집계 결과가 자동으로 변화되는 것을 확인할 수 있습니다.

질문 09 표 데이터를 요약하고 집계하는 요약 행은 어떻게 사용하나요?

엑셀 표에는 부분합 기능과 같이 전체 표 데이터를 요약할 수 있는 [요약 행] 기능이 있습니다. 요약 행을 어떻게 사용하는 것인지 자세한 사용 방법을 알 수 있나요?

• 예제 파일 〉 Part1 : **xlFAQ-009.xlsx**   • 완성 파일 〉 Part1\완성 : **xlFAQ-009완성.xlsx**

답변 09 엑셀 표는 각 열 별로 데이터를 집계할 수 있는 요약 행 기능을 제공합니다. 요약 행을 사용하면 엑셀 표 아랫부분에 새 행이 추가됩니다. 추가한 행의 각 셀에는 여러 집계 함수를 선택할 수 있는 목록이 제공되어 선택된 집계 함수에 의한 집계 값을 자동으로 돌려받을 수 있습니다.

실무실습 요약 행 추가하고 자동 필터와 연계하기

다음 실무실습을 통해 엑셀 표의 요약 행을 알아보겠습니다.

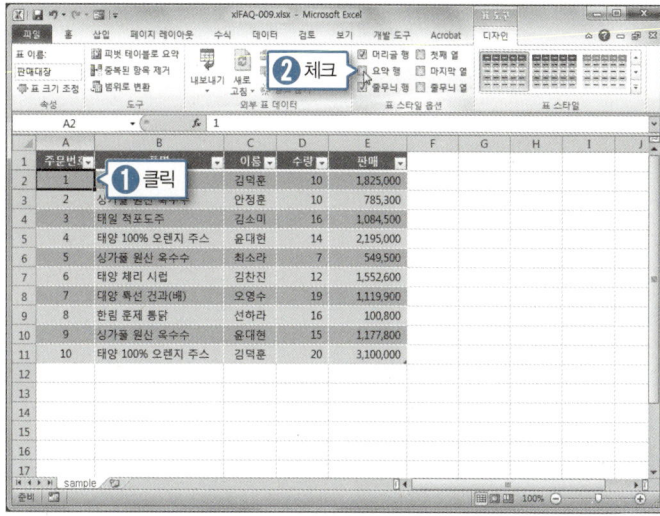

01 요약 행 추가하기

엑셀 표에 요약 행을 추가하고 집계 작업을 통해 요약 행에 집계된 결과가 엑셀 표의 자동 필터와 어떻게 연계되는지 확인해 보겠습니다.

❶ 요약 행을 추가하기 위해 엑셀 표 내부 임의의 셀을 선택합니다.

❷ [디자인] 탭-[표 스타일 옵션] 그룹-[**요약 행**]에 체크합니다.

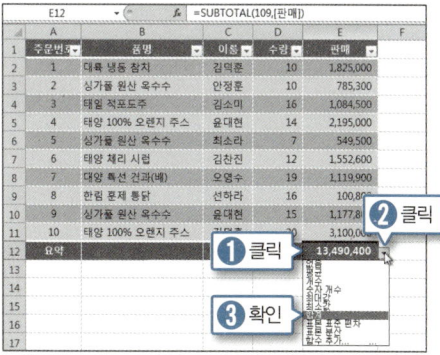

02 요약 행에서 선택할 수 있는 함수 확인하기

엑셀 표 아랫부분에 요약 행이 표시됩니다.

❶ 요약 행 중에서 **E12**셀을 선택합니다.

❷ **옵션** 단추를 클릭합니다.

❸ 요약 행에서 사용할 수 있는 집계 함수들이 목록에 표시됩니다. E12셀의 경우에는 [합계] 집계 함수가 선택되어 판매 열의 합계가 E12셀에 표시됩니다.

03 요약 행에서 선택할 수 있는 함수 사용하기

수량 열의 평균을 요약 행에 표시해 보겠습니다.

❶ **D12셀**을 선택합니다.

❷ **옵션** 단추 ▼를 클릭한 다음 ❸ **[평균]**을 선택합니다.

❹ D12셀의 수식 입력줄을 확인하면 SUBTOTAL 함수가 사용 되는 것을 확인할 수 있습니다. Note 12

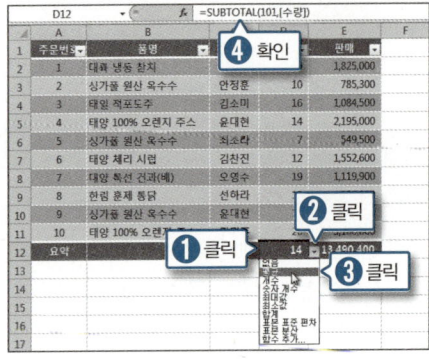

Note 12 ... SUBTOTAL 함수 살펴보기

SUBTOTAL 함수는 대표적인 집계 함수 중의 하나로 평균, 개수, 합계 등의 여러 집계 작업을 하나의 함수에서 처리할 수 있고, 숨겨진 데이터를 제외하고 화면에 표시된 데이터 범위만 집계할 수 있습니다.

SUBTOTAL 함수의 구문은 다음과 같습니다.

SUBTOTAL(함수 번호, 집계 범위)

다음은 SUBTOTAL 함수의 함수 번호에 대한 설명입니다.

예를 들어 A1:A10 범위의 합계를 구할 때, 자동 필터에 의해 화면에 표시된 데이터 범위만 집계하려면 수식 =SUBTOTAL(9, A1:A10)과 같이 구성됩니다.

함수 번호		함수	설명
자동 필터와 연계	자동 필터, 숨기기 연계		
1	101	AVERAGE	평균
2	102	COUNT	숫자 값을 갖는 셀의 개수
3	103	COUNTA	값이 입력된 셀의 개수
4	104	MAX	최대값
5	105	MIN	최소값
6	106	PRODUCT	곱하기
7	107	STDEV	표준편차(표본)
8	108	STDEVP	표준편차(모집단)
9	109	SUM	합계
10	110	VAR	분산(표본)
11	111	VARP	분산(모집단)

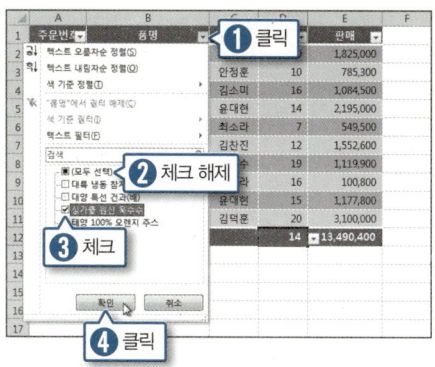

04 자동 필터와 요약 행 관계 이해하기 (1)

엑셀 표에 적용된 자동 필터와 요약 행의 관계를 이해하기 위해 필터 조건을 지정하겠습니다.

❶ B1셀 옵션 단추 ▼를 클릭합니다.
❷ (모두 선택) 항목의 체크 표시를 해제합니다.
❸ 싱가폴 원산 옥수수 항목만 체크합니다.
❹ [확인]을 클릭합니다.

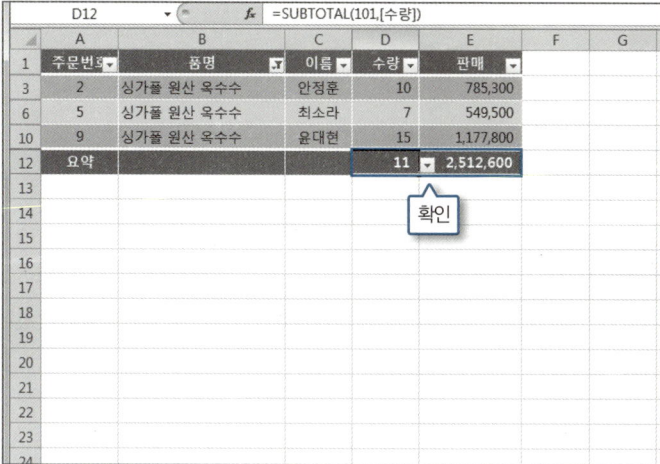

05 자동 필터와 요약 행 관계 이해하기 (2)

선택된 항목과 12행에 추출된 데이터 결과만 요약되는 것을 확인할 수 있습니다. 이것은 요약 행 결과에 SUBTOTAL 함수의 자동 필터와 숨기기 연계가 사용되어 집계되었기 때문입니다.

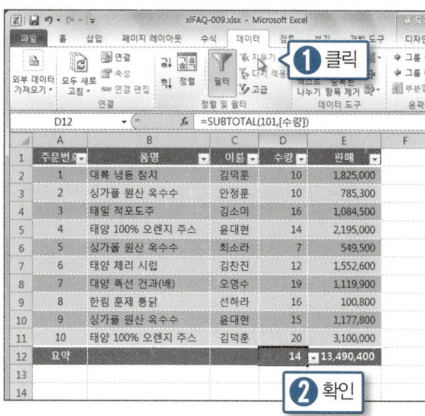

06 자동 필터와 요약 행 관계 이해하기 (3)

필터 조건을 해제해 전체 데이터를 다시 표시하겠습니다.

❶ [데이터] 탭-[정렬 및 필터] 그룹-[지우기] ▼를 클릭합니다.
❷ 엑셀 표의 자동 필터 조건이 모두 해제됩니다.

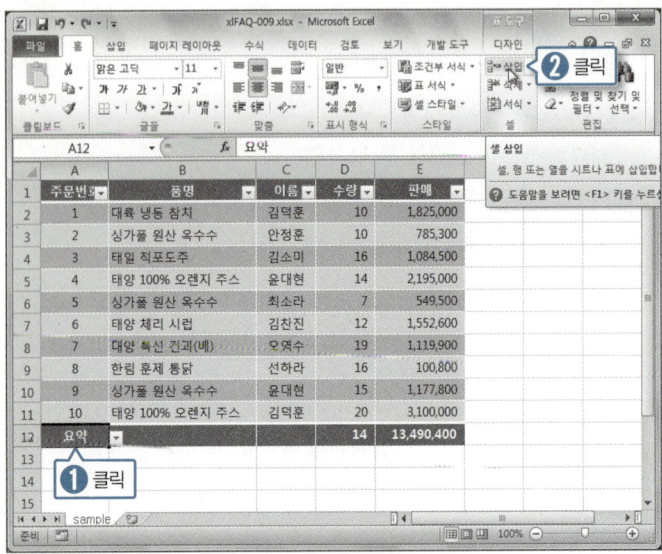

07 요약 행이 있을 때 데이터 추가하기 (1)

요약 행은 엑셀 표의 맨 마지막 행에 표시되므로 새로운 데이터를 추가하려면 요약 행 윗부분에 빈 행을 하나 추가해야 합니다.

❶ 데이터를 추가하기 위해 A12셀을 선택합니다.

❷ [홈] 탭-[셀] 그룹-[삽입]을 클릭해 빈 행을 하나 추가합니다.

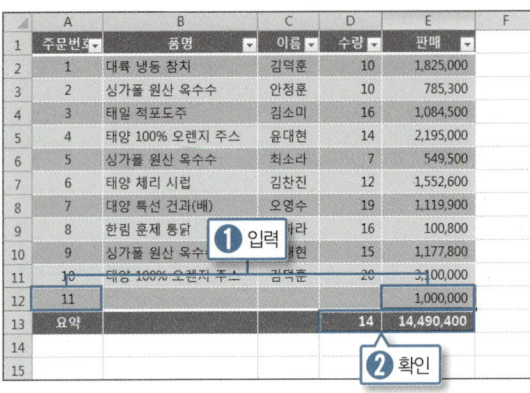

08 요약 행이 있을 때 데이터 추가하기 (2)

❶ A12셀에 11, E12셀에 1,000,000을 입력합니다.

❷ 입력된 데이터가 13행인 요약 행에 반영되는 것을 확인할 수 있습니다.

Note 13

Note 13 … 요약 행 값을 참조하는 구조적 참조 방법 알아보기

다른 표에서 등호(=)를 입력하고, 엑셀 표의 요약 행 셀을 마우스로 클릭해 참조하면 다음과 같은 구문의 수식을 확인할 수 있습니다.

`=표 이름[[#요약], [열 머리글]]`

[#요약]은 요약 행을 참조한다는 의미이고, 표 이름과 [열 머리글]은 각각 엑셀 표의 이름과 참조할 열 머리글을 의미합니다.

표 외부에서 표 내부를 참조할 때는 다음과 같은 구문의 구조적 참조를 사용할 수 있습니다.

`표 이름[열 머리글]`

위 구성에, [#요약]이라는 표현식이 열 머리글과 함께 추가되면 요약 행의 값만 참조할 수 있습니다. 예를 들어, E13셀의 집계 값을 다른 표에서 구조적 참조 방식을 사용해 참조한다면 다음과 같은 수식을 사용할 수 있습니다.

`=판매대장[[#요약], [판매]]`

참조 방식은 이전의 구조적 참조 구문과 유사하지만, 요약 행의 값은 SUBTOTAL 함수를 사용해 집계되기 때문에 엑셀 표에 적용된 자동 필터를 사용해 데이터를 추출하게 되면 요약 행의 값이 필터링된 데이터 값만 집계해 표시하며 엑셀 표에서 요약 행을 제거하면 요약 행을 참조하는 수식은 #REF! 오류 값을 반환합니다.

그러므로 요약 행의 값을 참조하는 것은 상황에 따라 잘못된 결과를 반환할 수 있기 때문에 엑셀 표의 전체 데이터를 집계할 때에는 다음과 같은 수식으로 직접 집계하는 방법을 추천합니다.

`=SUM(판매대장[판매])`

질문 10 구조적 참조를 사용하지 않고 동적으로 변하는 범위를 참조할 수 있나요?

엑셀 2003 사용자와 작업을 함께 하기 위해 파일을 엑셀 2003용으로 저장하였습니다. 그러나 이런 경우 엑셀 표의 구조적 참조 방식을 사용할 수 없습니다. 이런 경우에는 동적 범위를 어떻게 참조하나요?

• 예제 파일 〉 Part1 : **xlFAQ-010.xlsx**   • 완성 파일 〉 Part1\완성 : **xlFAQ-010완성.xlsx**

답변 10 엑셀 표의 구조적 참조는 엑셀 2007부터 추가된 기능입니다. 그러므로 엑셀 2003을 사용하는 사용자의 경우는 구조적 참조를 사용할 수 없습니다. 엑셀 2003의 목록 기능이 엑셀 2007과 엑셀 2010에서 엑셀 표의 원조가 되는 기능이므로 유사한 방법으로 동적 범위를 참조할 수는 있지만, 구조적 참조는 사용할 수 없어 불편합니다. 이런 경우 OFFSET 함수를 이용해 참조할 범위를 이름으로 정의해 사용하는 방법을 사용합니다.

실무실습 동적 범위를 참조하는 이름 정의하여 집계하기

다음 실무실습을 통해 동적 범위를 참조하는 이름을 정의하는 방법을 알아보겠습니다.

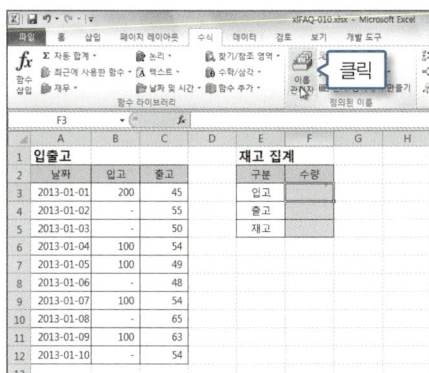

01 이름 정의하기 (1)

입출고 표의 데이터는 계속적으로 추가 입력하므로, 재고를 계산하기 위해서는 추가되는 범위를 자동으로 인식할 수 있어야 합니다. OFFSET 함수로 이름을 정의해 동적 범위를 참조하는 작업을 진행하겠습니다.

이름을 정의하기 위해 [수식] 탭-[정의된 이름] 그룹-**[이름 관리자]** 를 클릭합니다.

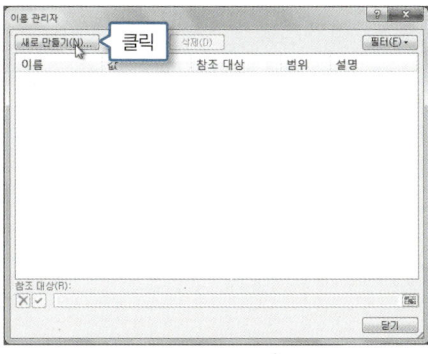

02 이름 정의하기 (2)

이름 관리자 대화상자가 표시됩니다.

새 이름을 정의하기 위해 대화상자의 왼쪽 윗부분에서 **[새로 만들기]** 를 클릭합니다.

Tip … 리본 메뉴에서 바로 이름 정의하기

이름 관리자 대화상자는 여러 개의 이름을 정의하고, 정의된 이름의 범위를 확인하기 위해 표시한 것입니다. 그냥 이름 정의만 하려면 [수식] 탭-[정의된 이름] 그룹-**[이름 정의]** 를 클릭합니다. 이렇게 하면 새 이름을 정의하는 새 이름 대화상자를 바로 표시할 수 있습니다.

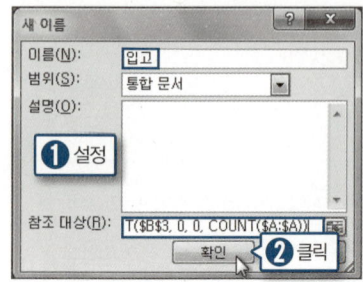

03 이름 정의하기 (3)

❶ 새 이름 대화상자가 표시되면 이름란에 **입고**, 참조 대상란에 다음 함수를 입력합니다.

=OFFSET($B$3, 0, 0, COUNT($A:$A))

❷ [확인]을 클릭해 이름을 정의합니다.

수식 설명 =OFFSET($B$3, 0, 0, COUNT($A:$A))

참조 대상에 입력한 수식은 동적 범위를 참조하는 대표적인 수식입니다. 동적 범위를 참조하는 수식 작성이 처음이라면 510쪽 **부록 01 OFFSET 함수를 사용한 동적 범위 참조하기**를 먼저 참고하기 바랍니다.

$B$3은 B3셀을 기준으로 하는 것입니다. 0, 0,은 기준 셀(B3)에서 행 방향이나 열 방향으로 이동하지 않는다는 의미이며 COUNT($A:$A))는 A열에 입력된 숫자 개수만큼의 셀을 참조하라는 의미입니다.

A열에는 총 12개의 데이터 값(A1:A12)이 입력되어 있으므로, COUNT 함수로 A열의 숫자 값만 세면 10이 반환됩니다. 날짜 역시 엑셀에서는 숫자로 인식되기 때문입니다.

예제에 사용한 수식은 B3셀에서 행 방향으로 10개 셀을 포함한 범위라는 의미이므로 B3:B12 범위를 참조합니다. 이 수식은 A열에 날짜 값이 입력될수록 참조하는 범위가 달라지므로 동적 범위를 참조하는 수식이 됩니다.

COUNT($A:$A)는 COUNT($B:$B)나 COUNT($C:$C)와 같이 수정해도 동일한 결과를 얻지만, 입출고 표에서 반드시 입력해야 하는 열을 지정해 주는 것이 좋습니다. 예제에서는 A열의 날짜 값이 반드시 입출고 표에 입력된다고 가정해서 A열의 셀 개수를 세는 방법을 사용했습니다.

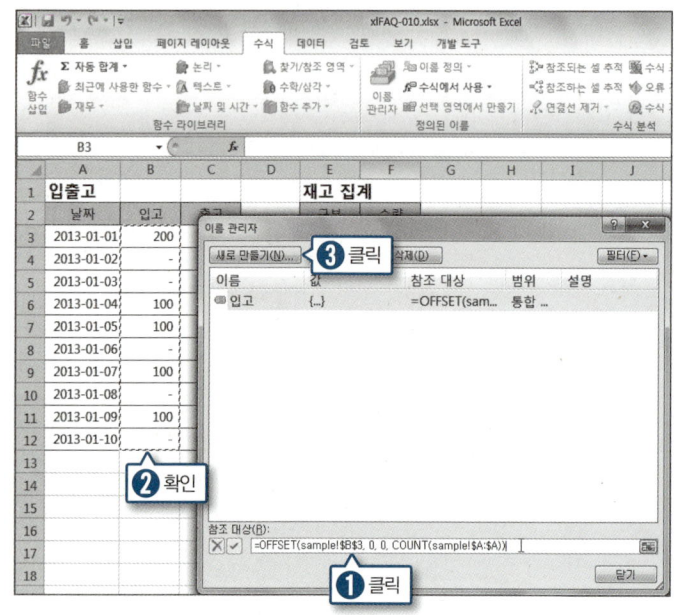

04 이름 정의하기 (4)

이름 관리자 대화상자의 목록에서 정의된 이름인 입고를 확인할 수 있습니다.

❶ 입고가 선택된 상태에서 참조 대상란을 클릭합니다.

❷ 해당 이름이 참조되는 **B3:B12** 범위 테두리가 깜빡입니다.

❸ 출고 이름을 추가로 정의하기 위해 [**새로 만들기**]를 클릭합니다.

05 이름 정의하기 (5)

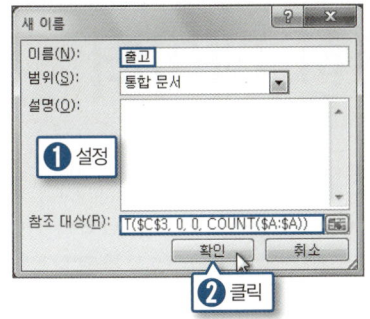

① 새 이름 대화상자가 표시되면 이름란에 **출고**, 참조 대상란에 다음 함수를 입력합니다.

=OFFSET($C$3, 0, 0, COUNT($A:$A))

② [확인]을 클릭합니다.

06 이름 정의하기 (6)

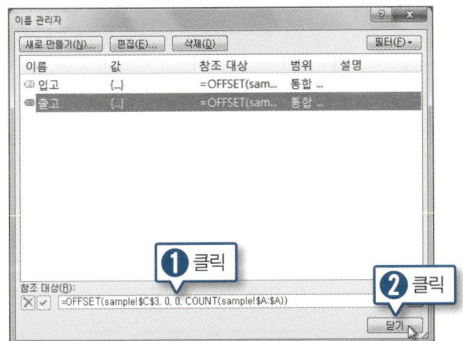

이름 관리자 대화상자에서 정의된 2개의 이름을 화면에서 확인할 수 있습니다.

① 참조 대상란을 클릭하여 출고 이름의 범위를 눈으로 확인합니다.
② [닫기]를 클릭해 대화상자를 닫습니다.

07 정의된 이름을 이용해 집계하기 (1)

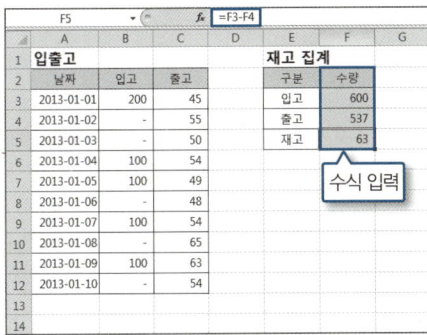

정의된 이름을 사용해 재고를 계산하겠습니다.

F3셀에 =SUM(입고), F4셀에 =SUM(출고), F5셀에 =F3-F4를 입력합니다.

08 정의된 이름을 이용해 집계하기 (2)

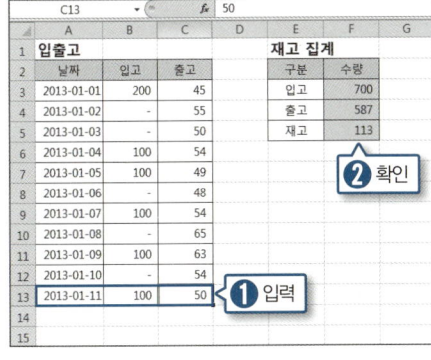

입출고 표에 데이터를 추가해 추가된 범위가 제대로 오른쪽 집계 표에 반영되는지 확인하겠습니다.

① A13셀에 2013-01-11, B13셀에 100, C13셀에 50을 입력합니다.
② 재고 집계가 변경되는 것을 확인할 수 있습니다.

Section 03 유효성 검사를 이용한 데이터 관리하기

▶ 유효성 조건   ▶ 이중 유효성 검사   ▶ COUNTIFS 함수   ▶ 유효성 검사 조건 변경

데이터를 관리하는 경우 항상 오타 등으로 발생하는 잘못된 값이 입력되지 않도록 주의해야 합니다. 하지만 사람이 하는 일이라, 잘못된 값이 입력되는 것을 완전히 방지할 수는 없습니다.

그렇기 때문에 데이터베이스에서는 입력된 값을 제한할 수 있는 [데이터 유효성] 기능이 제공됩니다. 이 기능은 엑셀에서도 사용할 수 있으며 [유효성 검사] 또는 [데이터 유효성 검사]로 불립니다. 이 기능을 이용하여 셀에 입력할 수 있는 조건을 지정해 잘못된 값이 입력되는 것을 방지할 수 있습니다.

엑셀은 셀 단위로 데이터를 기록하고 관리하기 때문에 유효성 검사가 적용되지 않은 다른 위치의 셀을 복사하면 데이터 유효성 검사 조건이 해제될 수 있다는 단점이 있습니다. 하지만 엑셀에서 데이터를 관리할 때는 반드시 숙지해야 할 기능입니다.

 질문 11 셀에 잘못된 값이 입력되지 않게 할 수 있나요?
관리하고 있는 제품 표의 단가가 잘못 입력되면 잘못된 견적 때문에 회사에 피해를 줄 수 있습니다. 조건에 맞는 값만 입력되도록 입력 값을 제한할 수 있나요?

• 예제 파일 〉 Part1 : xlFAQ-011.xlsx   • 완성 파일 〉 Part1\완성 : xlFAQ-011완성.xlsx

 답변 11 표에 잘못된 값이 입력되면 해당 표를 가지고 작업하는 다른 표도 잘못되기 때문에 처음에 값을 입력할 때 잘못된 값을 입력하지 않는 것이 중요합니다. 이럴 때 엑셀의 유효성 검사 기능을 이용하면 셀에 잘못된 값을 입력하는 것을 방지할 수 있습니다.

실무실습 유효성 검사로 입력 값 제한하고 메시지 표시하기

다음 실무실습을 통해 유효성 검사를 이용해 셀에 입력될 값을 제한해 보겠습니다.

01 단가 조건 설정하기 (1)

E열에 단가 금액을 입력할 때 10,000원에서 100,000원 사이의 금액만 입력되도록 유효성 검사를 설정해 보겠습니다.

❶ 단가를 새로 입력할 **E12:E15** 범위를 선택합니다.

❷ [데이터] 탭-[데이터 도구] 그룹-[**데이터 유효성 검사**]를 클릭합니다.

Note 14

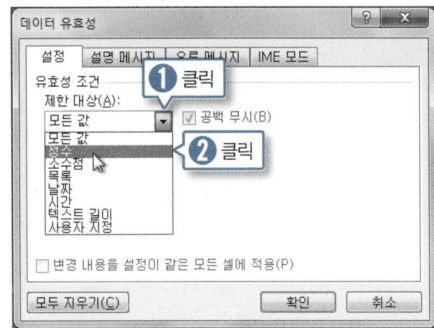

02 단가 조건 설정하기 (2)

❶ 데이터 유효성 대화상자가 표시되면 [설정] 탭의 제한 대상 목록에서 **옵션** 단추 ▼를 클릭합니다.

❷ 단가를 10,000원에서 100,000원까지 입력할 수 있도록 설정할 것이므로 **정수**로 지정합니다. Note 15

Note 14 ... 유효성 검사를 사용할 때 범위 지정하기

유효성 검사는 선택한 범위에만 기능이 적용되므로 범위를 올바로 선택하는 것이 중요합니다.

만약 기존 데이터인 E2:E11 범위에 수정이 필요할 경우 동일한 규칙으로 단가를 입력하도록 하려면 단가를 입력할 범위까지인 E2:E15 범위를 선택해야 합니다. 또 E15셀까지가 아니라 아래쪽으로 계속해서 데이터를 입력한다면, 아예 A1:E11 범위의 표를 엑셀 표로 변환한 다음 E2:E11 범위를 선택하고 유효성 검사 기능을 설정해야 합니다. 이렇게 하면 데이터를 새로 입력할 때, 엑셀 표가 자동으로 확장되는 특성에 따라 설정된 유효성 검사도 복사되어 계속해서 새로 입력된 데이터를 조건에 맞게 제한할 수 있습니다.

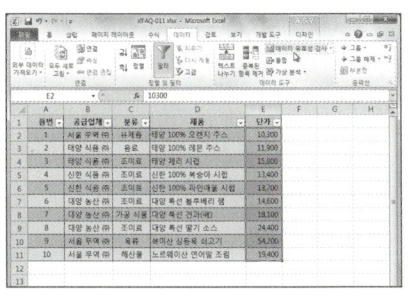

▲ 엑셀 표로 변환한 다음 범위를 지정한 모습

Note 15 ... 제한 대상 조건 알아보기

데이터 유효성 대화상자의 제한 대상 조건은 다음과 같습니다.

제한 대상	설명
모든 값	모든 값을 입력할 수 있도록 허용합니다.
정수	1, 2, 3 …과 같은 정수만 입력할 수 있도록 허용합니다.
소수점	0.5와 같은 소수만 입력할 수 있도록 허용합니다.
목록	사용자가 지정한 값을 목록에서 선택할 수 있도록 허용합니다.
날짜	날짜만 입력할 수 있도록 허용합니다.
시간	시간만 입력할 수 있도록 허용합니다.
텍스트 길이	사용자가 지정한 문자 개수만 입력할 수 있도록 허용합니다.
사용자 지정	사용자가 지정한 수식 조건에 맞는 값만 입력할 수 있도록 허용합니다.

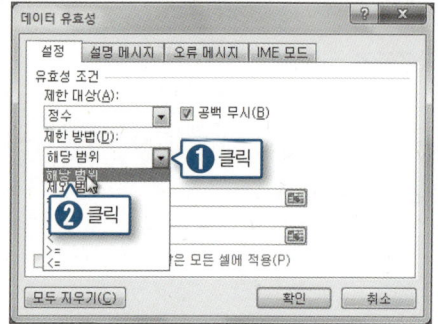

03 단가 조건 설정하기 (3)

❶ 제한 방법 목록에서 **옵션** 단추를 클릭합니다.
❷ 예제에서 허용할 값은 단가가 10,000원에서 100,000원까지이므로 제한 방법 목록을 **해당 범위**로 지정합니다. Note 16

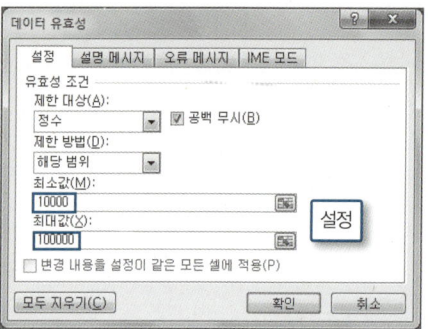

04 단가 조건 설정하기 (4)

단가를 10,000원에서 100,000원까지만 입력해야 하므로 최소값란을 **10000**, 최대값란을 **100000**으로 설정합니다.

Note 16 ... 제한 방법 조건 알아보기

제한 방법은 정수, 소수점, 날짜, 시간, 텍스트 길이에서 공통적으로 사용하므로 기억해 두면 좋습니다.

제한 방법	설명
해당 범위	최소값과 최대값 사이의 값만 입력할 수 있도록 허용합니다.
제외 범위	최소값보다 작은 값과 최대값보다 큰 값만 입력할 수 있도록 허용합니다.
=	사용자가 입력한 값과 동일한 값만 입력할 수 있도록 허용합니다.
〈〉	사용자가 입력한 값을 제외한 값만 입력할 수 있도록 허용합니다.
〉	최소값보다 큰 값만 입력할 수 있도록 허용합니다.
〈	최대값보다 작은 값만 입력할 수 있도록 허용합니다.
〉=	최소값보다 크거나 같은 값만 입력할 수 있도록 허용합니다.
〈=	최대값보다 작거나 같은 값만 입력할 수 있도록 허용합니다.

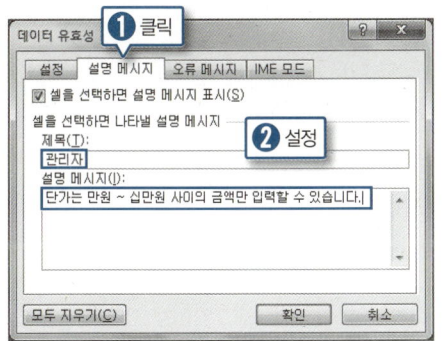

05 단가 조건 설정하기 (5)

유효성 검사는 설정된 범위에 별다른 표시가 나타나지 않으므로 사용자가 유효성 검사가 설정된 셀을 선택할 때 간단한 메시지가 표시되도록 설정하는 것이 좋습니다.

❶ [설명 메시지] 탭을 선택합니다.

❷ 제목란과 설명 메시지란에 안내하고 싶은 내용을 지정합니다.

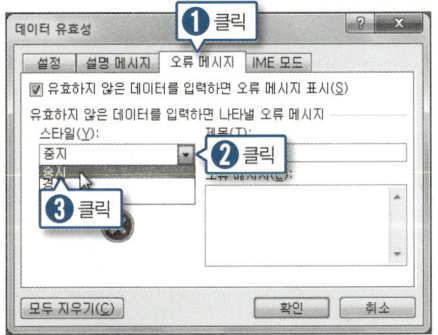

06 단가 조건 설정하기 (6)

잘못된 값이 입력될 때 표시되는 메시지 대화상자에 표시할 메시지를 지정하겠습니다.

❶ [오류 메시지] 탭을 선택합니다.

❷ 스타일 목록에서 **옵션** 단추 를 클릭합니다.

❸ **중지**를 선택합니다. Note 17

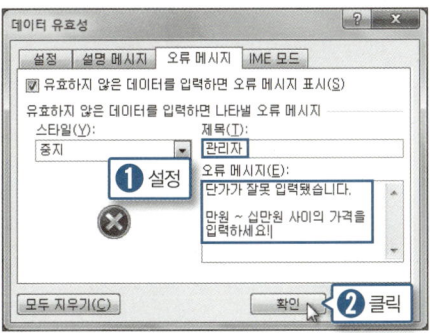

07 단가 조건 설정하기 (7)

❶ 제목란과 오류 메시지란을 지정합니다.

❷ [확인]을 클릭합니다.

Note 17 ... 오류 메시지 탭의 스타일 옵션 알아보기

데이터 유효성 대화상자에서 [오류 메시지] 탭의 스타일 목록에는 다음과 같은 옵션이 있습니다.

스타일	아이콘	설명
중지	⊗	조건에 맞지 않는 값을 입력할 때 값을 입력하지 못하도록 합니다.
경고	⚠	조건에 맞지 않는 값을 입력할 때 경고 메시지를 표시해 사용자가 해당 값을 입력할지, 제한할지 선택하도록 합니다.
정보	ⓘ	조건에 맞지 않는 값을 입력할 때 안내 메시지만 표시합니다.

08 유효성 검사 설정 확인하기 (1)

❶ E12:E15 범위의 셀을 하나 선택합니다.

❷ 화면과 같이 메모가 표시됩니다.

이 메모는 데이터 유효성 대화상자의 [설명 메시지] 탭에서 설정한 내용이 표시되며 [설명 메시지] 탭에서 아무런 설정을 하지 않으면 메모는 표시되지 않습니다.

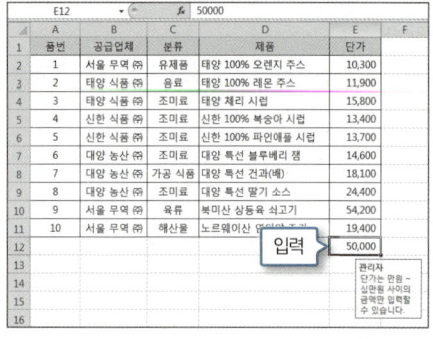

09 유효성 검사 설정 확인하기 (2)

유효성 검사로 설정한 조건에 맞는 값을 먼저 입력합니다. E12셀에 **50,000**을 입력합니다.

유효성 검사에서 설정한 조건에 부합하기 때문에 오류 없이 값이 입력됩니다.

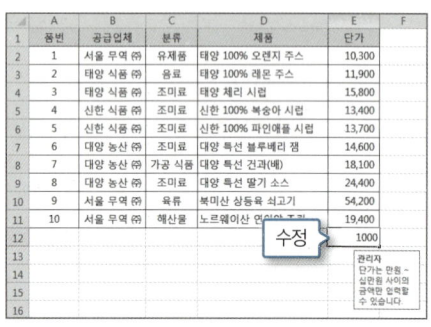

10 유효성 검사 설정 확인하기 (3)

조건을 벗어나는 값을 입력해 보겠습니다.

E12셀의 값을 **1,000**으로 수정합니다.

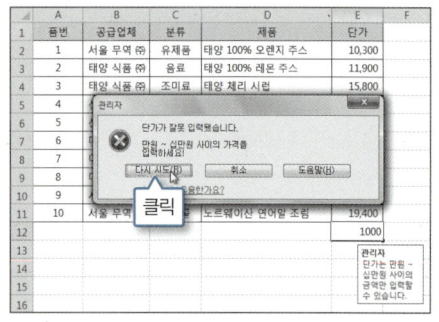

11 유효성 검사 설정 확인하기 (4)

데이터 유효성 대화상자의 [오류 메시지] 탭에서 지정한 메시지가 대화상자로 표시됩니다.

[다시 시도] 또는 **[취소]**를 클릭하고 값을 재입력합니다.

질문 12 입력 날짜를 제한할 수 있나요?

항상 오늘 날짜만 입력해야 할 경우 직접 입력하다 보니 오타가 자주 발생합니다. 이런 경우에도 유효성 검사를 사용하여 입력 날짜를 제한할 수 있나요?

답변 12

• 예제 파일 〉 Part1 : **xlFAQ-012.xlsx**   • 완성 파일 〉 Part1\완성 : **xlFAQ-012완성.xlsx**

유효성 검사에서 날짜 조건을 지정할 수 있으므로 입력 날짜를 제한할 수 있습니다. 다만 날짜 조건은 파일을 열 때마다 달라져야 하므로 엑셀에서 제공하는 날짜 함수를 사용해 조건을 구성할 수 있어야 합니다. 날짜 조건을 지정할 때 사용하는 함수는 TODAY와 DATE가 있습니다.

TODAY 함수는 별도의 인수가 없이 오늘 날짜를 반환하지만, DATE 함수는 다음과 같은 구문을 사용해 지정한 연, 월, 일에 해당하는 날짜 값을 반환합니다. 그러므로 TODAY 함수는 항상 오늘 날짜를 기준으로 어떤 조건을 지정할 때 사용하며, DATE 함수는 종료일과 같은 특정 날짜를 지정하고 작업할 때 사용합니다.

실무실습 조건에 맞는 날짜만 입력되도록 하기

다음 실무실습을 통해 날짜를 제한하여 유효성 검사를 설정해 보겠습니다.

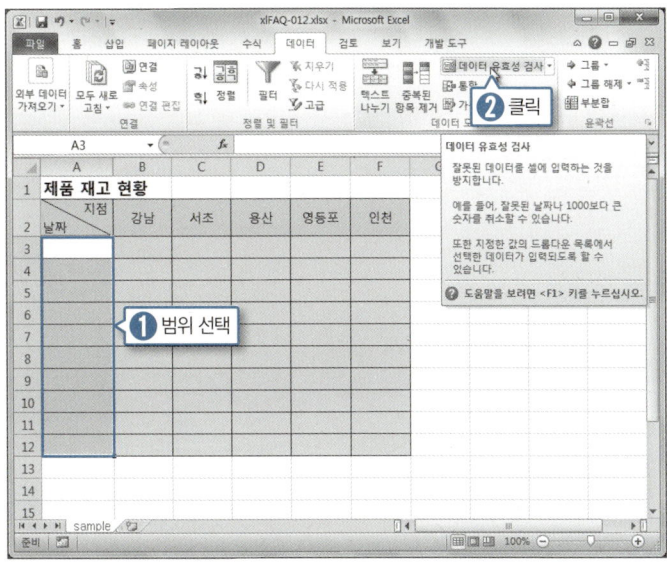

01 날짜 입력 조건 설정하기 (1)

날짜를 입력할 때 오늘부터 내년까지만 날짜를 입력하도록 유효성 검사를 이용해 보겠습니다.

❶ **A3:A12** 범위를 선택합니다.

❷ [데이터] 탭-[데이터 도구] 그룹-[**데이터 유효성 검사**]를 클릭합니다.

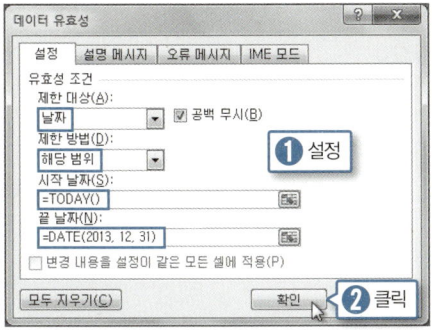

02 날짜 입력 조건 설정하기 (2)

❶ 데이터 유효성 대화상자가 표시되면 [설정] 탭에서 제한 대상 목록을 **날짜**, 제한 방법 목록을 **해당 범위**, 시작 날짜란을 **=TODAY()**, 끝 날짜란을 **=DATE(2013, 12, 31)**로 지정합니다.

Note 18

❷ [**확인**]을 클릭합니다.

Tip ... 끝 날짜 지정하기

이번 예제에서는 실무실습을 하는 날짜에 따라 끝 날짜란을 현재 날짜 기준으로 하여 내년 마지막 날로 지정하겠습니다.

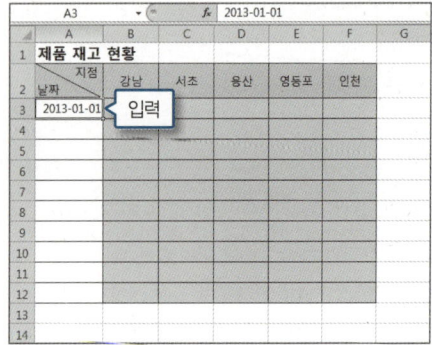

03 유효성 검사 설정 확인하기 (1)

유효성 검사가 제대로 설정됐는지 확인하기 위해 **A3**셀을 선택하고 과정 **02**에서 설정한 날짜 사이의 값을 입력해 값이 제대로 입력되는지 확인합니다.

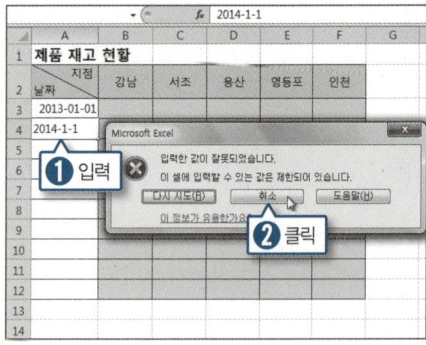

04 유효성 검사 설정 확인하기 (2)

❶ A4셀에 날짜 조건을 벗어나는 값을 입력해 날짜 값이 입력되는지 확인해 봅니다.

❷ 조건을 벗어나는 값을 입력하면 기본 경고 메시지 대화상자가 표시됩니다. [**취소**]를 클릭하면 입력된 값이 삭제됩니다.

Note 18 ... 날짜 조건 이해하기

예제에서는 오늘 날짜(TODAY)부터 내년 마지막 날까지의 날짜만 입력하도록 지정하였습니다. 이러한 방식의 날짜 조건은 매우 다양하게 변경할 수 있습니다.

날짜 조건	설정 방법
항상 오늘 날짜만 입력	제한 방법 : = 날짜 : =TODAY()
최근 일주일 날짜만 입력	제한 방법 : 해당 범위 시작 날짜 : =TODAY()-6 끝 날짜 : =TODAY()
올해 날짜만 입력	제한 방법 : 해당 범위 시작 날짜 : =DATE(YEAR(TODAY()), 1, 1) 끝 날짜 : =DATE(YEAR(TODAY()), 12, 31)

YEAR 함수는 날짜 값에서 연도 값만 숫자로 반환하는 함수로, YEAR(TODAY())는 항상 올해 연도를 반환합니다.

질문 13 셀에 입력하는 문자 개수를 지정할 수 있나요?

주민등록번호는 yymmdd-xxxxxxx, 사업자등록번호는 xxx-xx-xxxxx와 같이 일정한 규칙에 맞게 입력합니다. 이런 값은 한 자만 잘못 입력해도 틀린 값이 되므로 정확한 자릿수로 입력해야 합니다. 이런 실수를 줄일 수 있도록 정해진 규칙에 맞는 데이터를 입력하려면 어떻게 하나요?

• 예제 파일 〉 Part1 : **xlFAQ-013.xlsx**   • 완성 파일 〉 Part1\완성 : **xlFAQ-013완성.xlsx**

답변 13

유효성 검사의 조건 중에는 문자 개수를 지정해 정해진 자릿수로만 입력되도록 할 수 있는 텍스트 길이 조건이 있습니다. 이 조건을 이용하면 셀에 정해진 자릿수에 맞는 텍스트 길이만 입력되도록 할 수 있습니다.

예를 들어, 주민등록번호라면 14자리, 사업자등록번호라면 12자리로 규칙을 정하면 잘못된 텍스트 길이로 입력되는 것을 방지할 수 있습니다.

실무실습 텍스트 길이 제한하기

다음 실무실습을 통해 셀에 문자 개수를 제한해 보겠습니다.

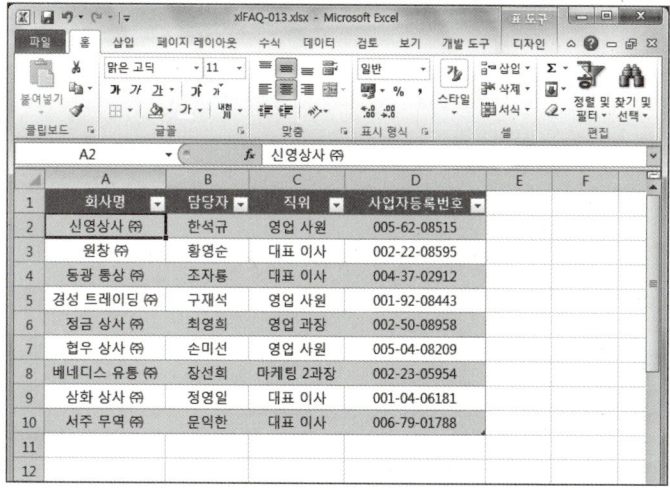

01 예제 확인하기

사업자등록번호를 입력할 때 항상 12개의 문자(xxx-xx-xxxxx)만 입력하도록 유효성 검사를 설정해 보겠습니다.

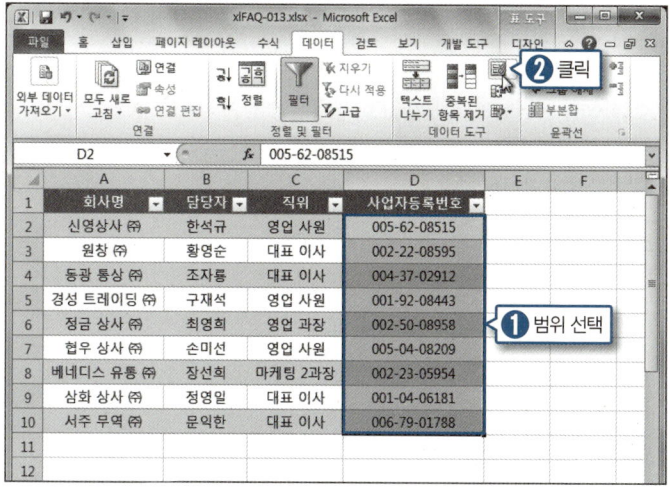

02 문자 개수 입력 조건 설정하기 (1)

예제의 표는 엑셀 표이므로 유효성 검사를 설정할 때 58쪽 예제와는 범위 선택 방법이 다릅니다.

❶ 사업자등록번호가 입력된 **D2:D10** 범위를 선택합니다.

❷ [데이터] 탭-[데이터 도구] 그룹-[**데이터 유효성 검사**]를 클릭합니다.

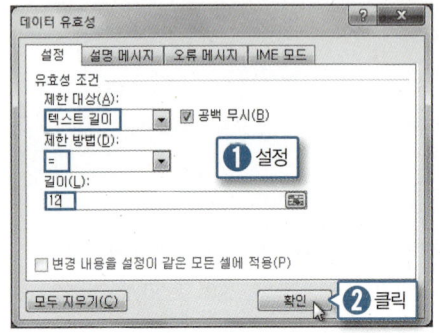

03 문자 개수 입력 조건 설정하기 (2)

❶ 데이터 유효성 대화상자가 표시되면 제한 대상 목록을 **텍스트 길이**, 제한 방법 목록을 **=**, 길이란을 **12**로 지정합니다.

❷ [**확인**]을 클릭합니다.

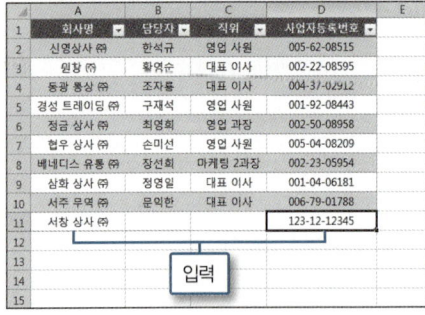

04 유효성 검사 설정 확인하기 (1)

유효성 검사의 설정이 제대로 적용됐는지를 확인하기 위해 **A11**셀에 **서창 상사 ㈜**, **D11**셀에 **123-12-12345**를 입력합니다.

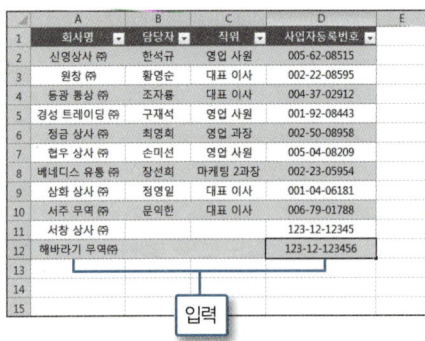

05 유효성 검사 설정 확인하기 (2)

A12셀에 **해바라기 무역 ㈜**, **D12**셀에 **123-12-123456**을 입력하고 Enter를 누릅니다.

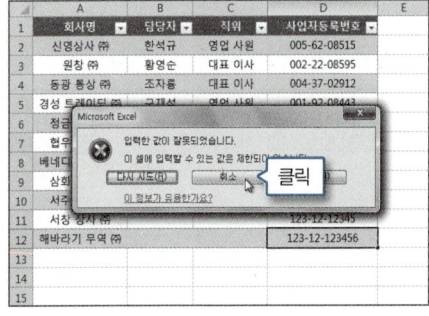

06 유효성 검사 설정 확인하기 (3)

D12셀의 문자 개수가 총 13개이므로 경고 메시지 대화상자가 표시됩니다.

[**취소**]를 클릭하여 입력된 값을 삭제합니다.

질문 14

입력 값을 목록에서 선택하게 만들 수 있나요?

정확한 값을 입력하도록 유도하기 위해 입력 값을 목록에서 선택하게 만들고 싶은 경우 어떻게 해야 하나요? 목록에 표시될 값을 직접 입력하는 경우와 기존 값을 표시하는 경우를 알 수 있을까요?

• 예제 파일 〉 Part1 : **xlFAQ-014.xlsx**　　• 완성 파일 〉 Part1\완성 : **xlFAQ-014완성.xlsx**

답변 14

입력 값을 목록에서 선택하도록 하려면 유효성 검사 조건의 제한 대상에서 [목록]을 이용하면 됩니다. 목록은 셀에 입력될 값 범위를 지정하거나 값을 미리 입력하는 방법을 통해 목록에서 선택해서 값을 지정할 수 있도록 해 줍니다. 이런 방법은 셀에 입력될 값이 정해져 있는 경우 유용하게 사용할 수 있어 여러 부분에서 자주 활용됩니다.

실무실습 목록 지정하여 입력 값을 목록에서 선택하게 만들기

다음 실무실습을 통해 셀 값을 목록에서 선택하는 다양한 방법을 알아보겠습니다.

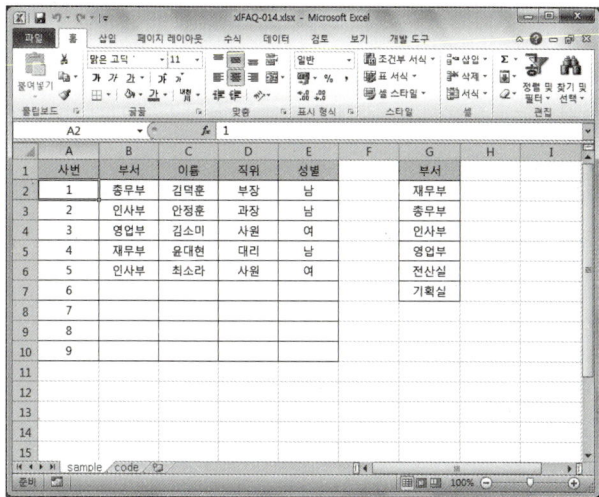

01 예제 확인하기

직원명부 표의 B7:E10 범위에 새 데이터를 입력할 때 B, D, E열의 부서, 직위, 성별 값을 목록에서 선택해 입력할 수 있도록 유효성 검사를 설정하겠습니다.

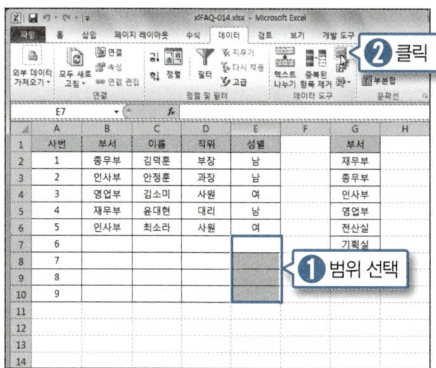

02 목록 설정하기 (1)

❶ E7:E10 범위를 선택합니다.

❷ [데이터] 탭-[데이터 도구] 그룹-[**데이터 유효성 검사**]를 클릭합니다.

Section 03 유효성 검사를 이용한 데이터 관리하기 • **067**

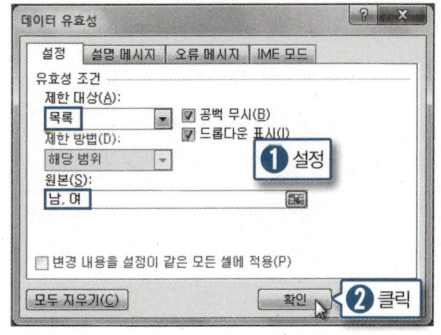

03 목록 설정하기 (2)

❶ 데이터 유효성 대화상자가 표시되면 [설정] 탭에서 제한 대상 목록을 **목록**, 원본란을 **남, 여**로 지정합니다.

❷ **[확인]**을 클릭합니다.

Tip ... 원본란에 값 입력하기
원본란에는 값을 직접 입력하거나 값이 입력된 범위를 참조할 수 있습니다. 직접 값을 입력하는 방법은 워크시트에 따로 관리하는 값이 없고 입력할 값이 몇 개 되지 않을 때 좋은 방법입니다. 참고로 값을 직접 입력할 때는 입력할 값을 쉼표(,) 구분자를 이용해 구분하여 입력합니다.

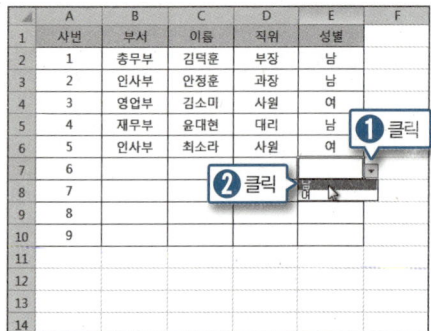

04 목록 설정하기 (3)

❶ 유효성 검사가 제대로 설정됐는지 확인하기 위해 **E7**셀 오른쪽에 아래 **옵션** 단추 ▼를 클릭합니다.

❷ 표시되는 목록에서 **남**을 선택합니다.

셀에 선택한 값이 입력됩니다.

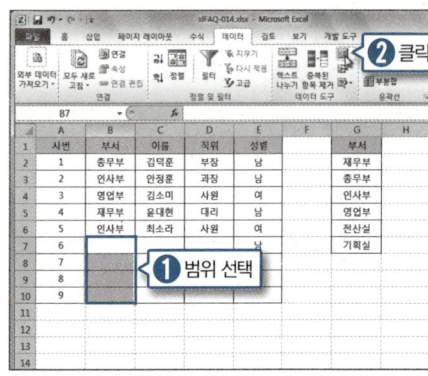

05 목록 설정하기 (4)

부서 이름을 목록에서 선택해 보겠습니다. 부서 이름은 G2:G7 범위에 입력된 값을 사용할 것입니다.

❶ **B7:B10** 범위를 선택합니다.

❷ [데이터] 탭-[데이터 도구] 그룹-**[데이터 유효성 검사]** 를 클릭합니다.

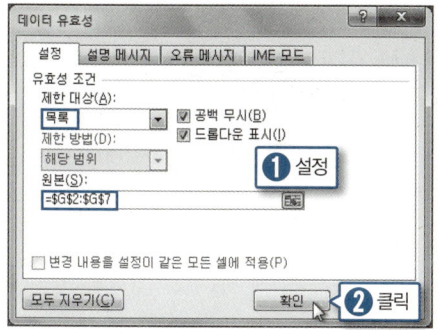

06 목록 설정하기 (5)

❶ 데이터 유효성 대화상자가 표시되면 [설정] 탭에서 제한 대상 목록을 **목록**, 원본란을 **=$G$2:$G$7**로 지정합니다.

❷ [**확인**]을 클릭합니다. <u>Note 19</u>

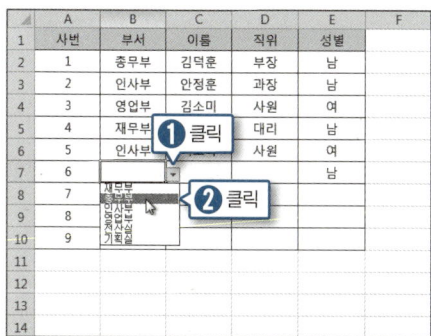

07 목록 설정하기 (6)

❶ 유효성 검사가 제대로 설정됐는지 확인하기 위해 **B7**셀 오른쪽 **옵션** 단추를 클릭하여 부서 이름이 제대로 표시되는지 확인합니다.

❷ 목록에서 **총무부**를 선택해 셀에 값을 입력합니다.

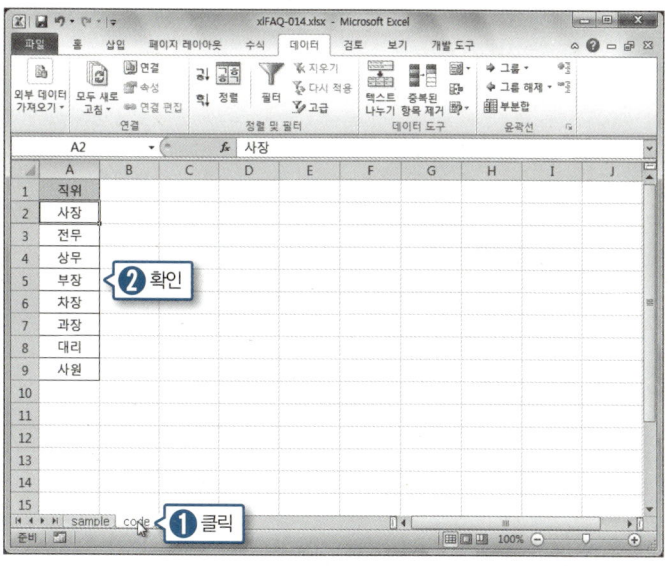

08 목록 설정하기 (7)

직위를 목록에서 선택하도록 해 보겠습니다.

❶ [code] 시트 탭을 선택하여 시트를 표시합니다.

❷ A2:A9 범위에 직위 항목이 미리 입력된 것을 확인할 수 있습니다.

[code] 시트에 입력된 값을 참조해 유효성 검사의 목록 기능을 설정하는 작업을 진행할 것입니다.

Note 19 ... 원본란에 범위 지정하기

원본란에는 대화상자 축소 단추가 있으므로 일일이 값을 입력하지 않아도 워크시트 범위를 마우스로 드래그하여 값을 지정할 수 있습니다.
만약 참조할 범위가 동적으로 변화한다면 유효성 검사와 엑셀 표의 구조적 참조는 아직 호환되지 않으므로 원본란의 구조적 참조를 이용할 수 없기 때문에 OFFSET 함수를 사용한 이름 정의 방법을 사용할 수 있으며 이름 정의 방법과 혼용하면 좀 더 쉽게 동적 범위를 참조할 수 있습니다. 이 방법은 55쪽에서 설명하며 OFFSET 함수를 사용하는 방법은 510쪽 **부록 01 OFFSET 함수를 사용한 동적 범위 참조하기**에 자세하게 설명되어 있으니 해당 부분을 참고하세요.

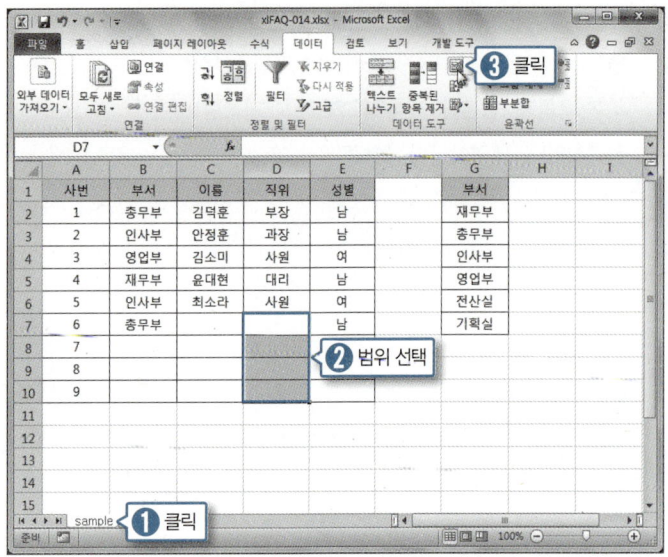

09 목록 설정하기 (8)

❶ [sample] 시트 탭을 선택하여 원래 시트로 이동합니다.

❷ D7:D10 범위를 선택합니다.

❸ [데이터] 탭-[데이터 도구] 그룹-[데이터 유효성 검사]를 클릭합니다.

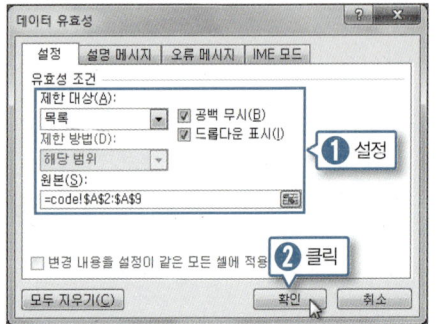

10 목록 설정하기 (9)

❶ 데이터 유효성 대화상자가 표시되면 제한 대상 목록을 **목록**, 원본란을 **=code!$A$2:$A$9**로 지정합니다.

❷ [확인]을 클릭합니다.

Tip ... 원본란에서 다른 워크시트 참조하기

원본란에서 다른 워크시트를 참조하는 방법은 엑셀 2010부터 가능한 방법으로 엑셀 2007까지는 이 방법을 사용할 수 없습니다. 엑셀 2007까지는 이름을 정의하는 방법을 사용해야 합니다. 이 방법은 과정 **12~14**에서 따로 설명합니다.

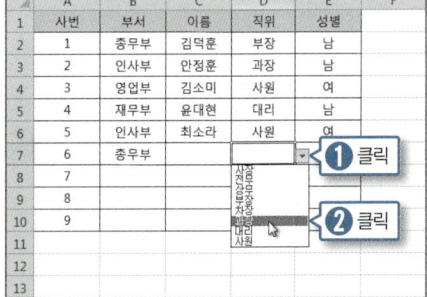

11 목록 설정하기 (10)

❶ 유효성 검사가 제대로 설정됐는지 확인하기 위해 **D7**셀 오른쪽 **옵션** 단추를 클릭합니다.

❷ **과장**을 선택해 입력합니다.

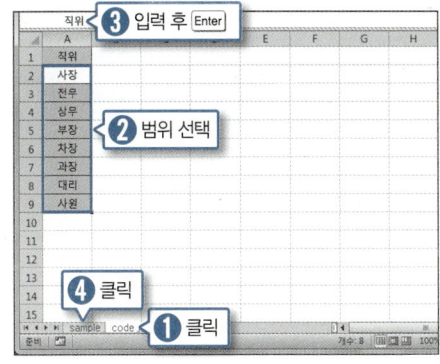

12 하위 호환성 유지하기 (1)

다른 워크시트의 범위를 참조하는 방법은 2010에서만 가능합니다. 하위 버전에서는 참조할 범위를 이름으로 정의해 작업해야 합니다.

❶ [code] 시트 탭을 선택합니다.

❷ A2:A9 범위를 선택합니다.

❸ 이름 상자에 **직위**를 입력하고 Enter를 눌러 선택한 범위를 이름으로 정의합니다.

❹ [sample] 시트 탭을 선택합니다.

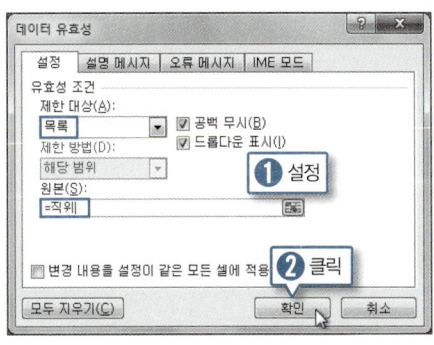

13 하위 호환성 유지하기 (2)

D7:D10 범위가 선택된 상태로 [데이터] 탭-[데이터 도구] 그룹-[**데이터 유효성 검사**]를 클릭하여 데이터 유효성 대화상자를 표시합니다.

❶ 제한 대상 목록을 **목록**, 원본란을 **=직위**로 지정하고 ❷ [**확인**]을 클릭합니다.

Tip... 원본란에 이름을 사용할 때 주의할 점 알아보기

원본란에 정의된 이름을 사용할 때 반드시 앞에 등호(=)를 입력해야 합니다. 등호(=)를 입력하지 않으면 정의된 이름에 참조된 범위의 값이 나오지 않고 이름만 나타납니다. 등호(=)를 입력하는 것은 이것이 다른 위치를 참조하는 수식이라는 것을 엑셀에 알려 주기 위한 것이므로 생략하지 않도록 주의합니다.

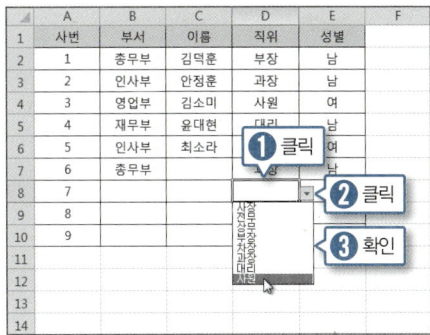

14 하위 호환성 유지하기 (3)

❶ D8셀을 선택하고 ❷ **옵션** 단추를 클릭합니다.

❸ 과정 **11**과 동일한 직위 목록이 나타나면 제대로 작업한 것입니다. 이 방법은 엑셀 2007나 엑셀 2003 등의 하위 버전을 사용할 때 사용합니다.

질문 15. 유효성 검사로 여러 개의 목록을 연동할 수 없나요?

유효성 검사의 목록은 한 번에 하나의 목록만 설정할 수 있습니다. 유효성 검사로 여러 개의 목록을 서로 연동하는 방법은 없나요?

• 예제 파일 〉 Part1 : xlFAQ-015.xlsx   • 완성 파일 〉 Part1\안성 : xlFAQ-015완성.xlsx

답변 15. 기본적으로 유효성 검사의 목록 기능은 다른 목록과 연동할 수 없습니다. 그러나 이름 정의와 INDIRECT 함수를 사용하면 비슷한 효과를 낼 수 있습니다. 이런 방법을 [이중 유효성 검사] 또는 [연결 목록] 이라고 합니다.

실무실습 선택한 목록에 맞는 하위 목록만 표시하기

다음 실무실습을 통해 2개의 목록을 서로 연결해 작업해 보겠습니다.

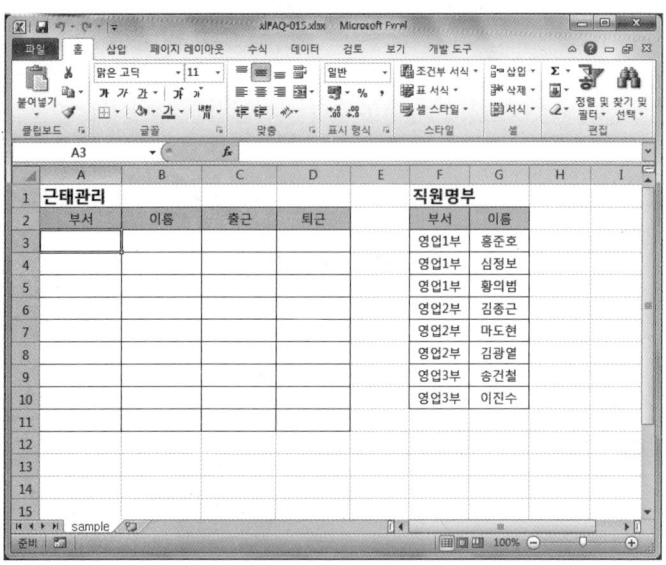

01 예제 확인하기

왼쪽 근태관리 표에 데이터를 입력할 때 A:B열의 부서와 이름을 목록에서 선택하도록 할 것입니다.
선택한 부서에 맞는 이름만 목록에 표시되도록 유효성 검사를 설정해 보겠습니다.

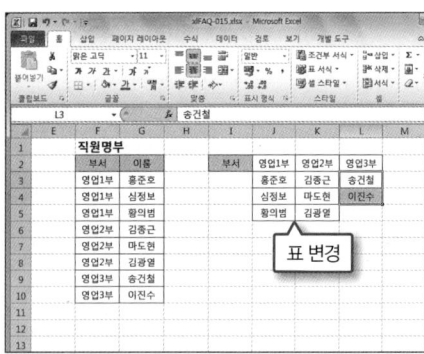

02 표 정리하기

연결 목록을 구성할 때 목록에 표시될 데이터를 갖고 있는 표를 변경해야 합니다.

복사와 붙이기를 이용하여 F2:G10 범위의 표를 I2:L5 범위에 맞게 변경하겠습니다. 개별 부서 이름은 표의 열 머리글 위치인 J2:L2 범위로 옮기고 이름은 각 부서 아래에 정리합니다.

Note 20

Note 20 ... 표를 정리하는 이유 알아보기

F2:G10 범위의 표는 데이터를 관리하기에는 좋지만 새로운 직원이 추가될 때 위치가 애매합니다.
예를 들어 영업1부에 새 직원이 추가됐을 때, F2:G10 범위의 표라면 F11:G11 범위에 입력해야 합니다. 그러면 영업1부 직원이 떨어져 입력됩니다. 부서의 직원 이름을 이어서 입력하려면 F6:G6 범위를 선택하고 새 행을 넣어 작업할 수도 있지만 이렇게 하면 매번 표에 새 데이터를 입력하기가 쉽지 않습니다. 그렇기 때문에 각 부서별로 직원 데이터를 관리하기 위해 J2:L5 범위와 같이 표를 정리한 것입니다.

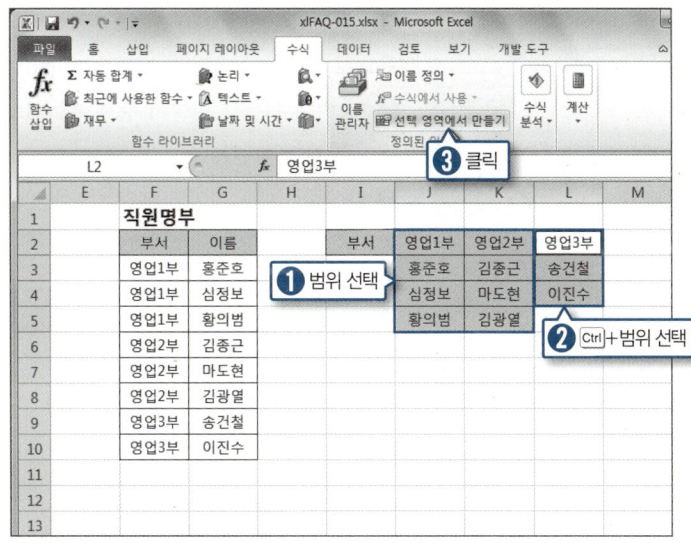

03 이름 정의하기 (1)

표의 구성을 변경했다면 각 부서별 데이터(이름)를 부서 이름으로 이름을 정의합니다. 여러 번 작업하지 않고 한번에 이름을 정의하기 위해 [선택 영역에서 만들기] 명령을 사용하겠습니다.

❶ J2:K5 범위를 선택하고 ❷ Ctrl을 누른 상태에서 L2:L4 범위를 추가로 선택합니다.

❸ [수식] 탭-[정의된 이름] 그룹-[**선택 영역에서 만들기**]를 클릭합니다.

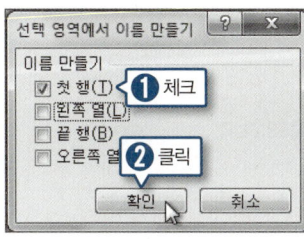

04 이름 정의하기 (2)

선택 영역에서 이름 만들기 대화상자가 표시됩니다.

❶ 선택한 범위의 열 머리글을 이름으로 정의하고, 두 번째 행 이후의 데이터 범위를 참조하기 위해 **첫 행**만 체크합니다.

❷ [확인]을 클릭합니다.

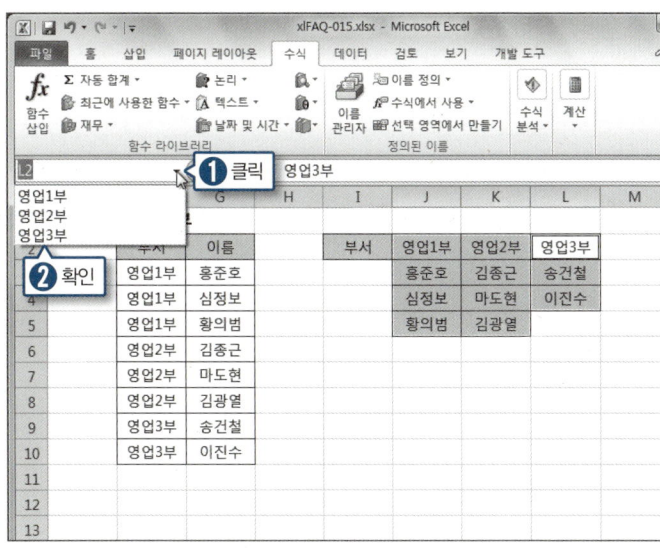

05 정의된 이름 확인하기

과정 **04**를 진행하면 J2:L2 범위의 값인 부서 이름으로 이름이 정의됩니다.

❶ 정의된 이름을 확인하기 위해 이름 상자에서 화살표를 클릭합니다.

❷ 화면과 같이 정의된 이름이 목록에 표시됩니다. 이름 상자에 표시되는 이름을 선택하면 해당 이름이 참조하는 범위가 선택됩니다.

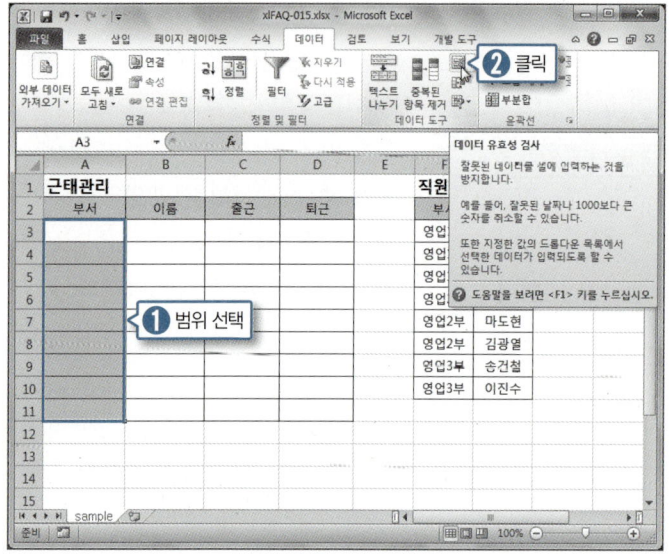

06 상위 목록 만들기 (1)

유효성 검사 설정 작업을 하겠습니다.

❶ 첫 번째 목록을 만들기 위해 **A3:A11** 범위를 선택합니다.

❷ [데이터] 탭-[데이터 도구] 그룹-[**데이터 유효성 검사**]를 클릭합니다.

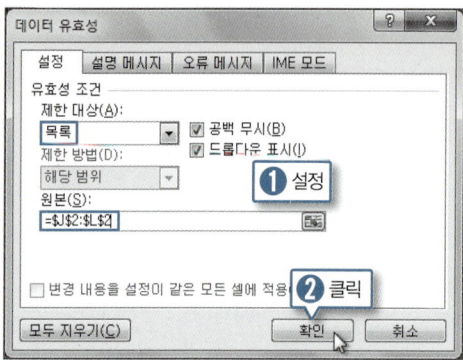

07 상위 목록 만들기 (2)

❶ 데이터 유효성 대화상자가 표시되면 [설정] 탭에서 제한 대상 목록을 **목록**, 원본란을 **=$J$2:$L$2**로 지정합니다.

❷ [**확인**]을 클릭합니다.

Tip ... 정확하게 원본란 지정하기
정확한 입력을 위해 원본란에 커서를 두고 원본으로 사용하려는 셀을 드래그하여 범위로 지정해 입력하는 것이 좋습니다.

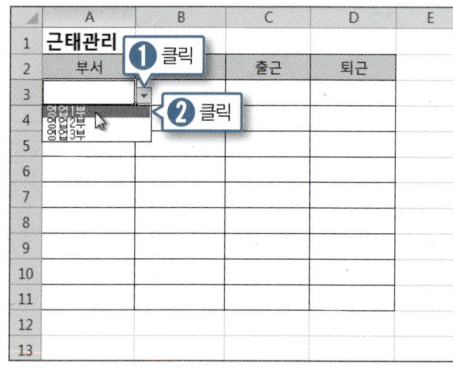

08 상위 목록에서 선택하기

❶ 설정이 제대로 됐는지를 확인하기 위해 A3셀 오른쪽 **옵션 단추**를 클릭합니다.

❷ **영업1부**를 선택합니다.

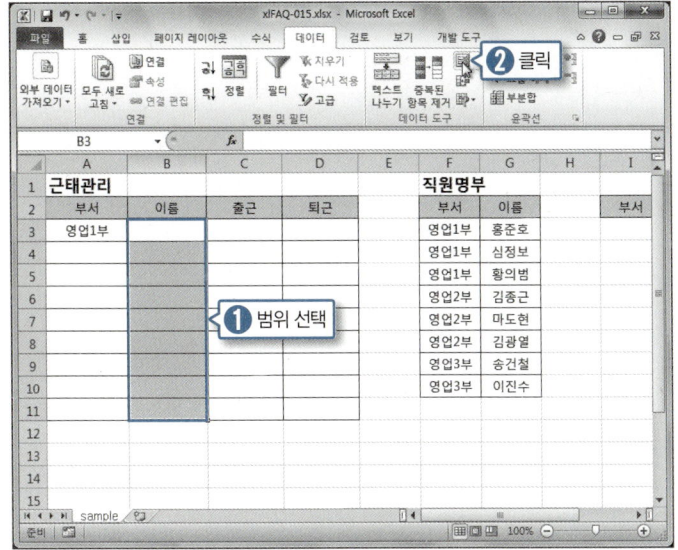

09 하위 목록 만들기 (1)

첫 번째 목록인 A3:A11 범위와 연동되는 두 번째 목록을 유효성 검사로 설정하겠습니다.

❶ B3:B11 범위를 선택합니다.

❷ [데이터] 탭-[데이터 도구] 그룹-[데이터 유효성 검사]를 클릭합니다.

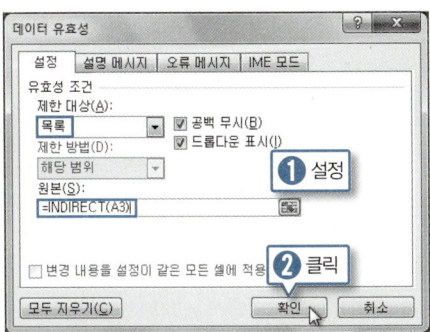

10 하위 목록 만들기 (2)

❶ 데이터 유효성 대화상자가 표시되면 [설정] 탭에서 제한 대상 목록을 **목록**, 원본란을 **=INDIRECT(A3)**로 지정합니다.

❷ [확인]을 클릭합니다.

수식 설명 INDIRECT(A3)

연결 목록을 구성할 때 하위 목록은 INDIRECT 함수를 사용하는 수식을 구성해야 합니다. INDIRECT 함수는 텍스트 값을 참조로 변환하는 함수이며, 구문은 다음과 같습니다.

INDIRECT(텍스트)

예제에서 사용한 =INDIRECT(A3)는 A3셀의 값을 INDIRECT 함수에 전달하는 것을 확인할 수 있습니다. 과정 **08**에서 영업1부를 선택했으므로, A3셀에는 영업1부라는 값이 입력되어 있습니다. 그렇기 때문에 그냥 A3셀을 참조하는 =A3과 같은 수식을 사용하면 두 번째 목록에 영업1부라는 텍스트 값만 목록에 표시됩니다.

목록을 구성하기에 앞서, 영업1부, 영업2부, 영업3부와 같은 이름을 정의했습니다. 그렇다면 =A3과 같은 수식을 사용해 영업1부라는 텍스트 값을 참조할 때, 텍스트 값이 아니라 영업1부라는 이름이 가리키는 범위의 값이 나타나도록 하려면 예제에서 사용한 것과 같이 INDIRECT 함수를 사용해야 합니다.

이렇게 INDIRECT 함수는 텍스트 값을 참조(Reference)로 변경하는 역할을 하기 때문에, 유효성 검사를 활용한 연결 목록을 구성할 때는 반드시 사용해야 하므로 잘 기억해 둘 필요가 있습니다.

유효성 검사의 적용 범위는 B3:B11 범위이므로 =INDIRECT(A3) 수식은 선택한 범위의 첫 번째 셀인 B3셀에만 적용되고 나머지는 수식을 복사하는 것처럼 자동으로 =INDIRECT(A4), =INDIRECT(A5), …와 같이 참조 셀의 주소가 변경되어 적용됩니다.

11 하위 목록에서 선택하기 (1)

설정을 모두 마쳤다면 두 번째 목록에서 영업 1부의 직원 이름만 표시되는지 확인해 보겠습니다.

❶ **B3**셀을 선택하고 ❷ **옵션** 단추를 클릭합니다.

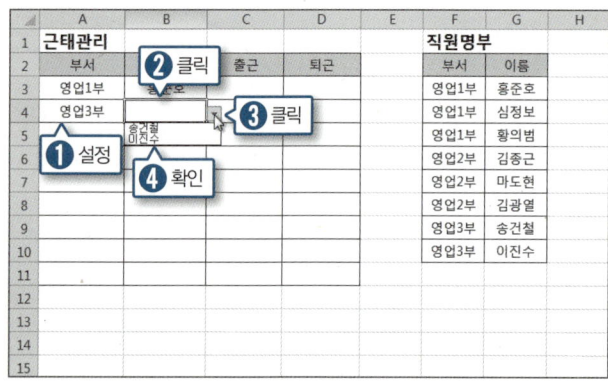

12 하위 목록에서 선택하기 (2)

❶ 목록 값이 G3:G5 범위와 동일한지 확인합니다.

❷ 값을 선택합니다.

13 두 목록의 연결 확인하기

❶ 한번 더 확인하기 위해 A4셀을 선택하고 목록에서 **영업3부**를 선택합니다.

❷ **B4**셀을 선택합니다.

❸ **옵션** 단추를 클릭합니다.

❹ 목록을 확인합니다. G9:G10 범위 값만 표시됩니다.

질문 16. 표에 중복된 값을 입력하지 못하게 하려면 어떻게 하나요?

표에 데이터를 입력하다 보면 중복 데이터를 입력하지 않아야 할 경우가 있습니다. 하지만 데이터가 많아지다 보면 중복 데이터를 입력하지 않는 것이 쉽지 않습니다. 중복 데이터를 입력하지 못하도록 하는 방법을 알 수 있을까요?

• 예제 파일 〉 Part1 : xlFAQ-016.xlsx   • 완성 파일 〉 Part1\완성 : xlFAQ-016완성.xlsx

답변 16.

기본적으로 중복 데이터만 입력하지 않게 하는 기능은 제공되지 않지만 유효성 검사 기능에서 제한 대상 목록을 사용자 지정으로 지정하면 수식을 이용해 사용자가 필요한 데이터 입력 조건을 지정할 수 있습니다.

그렇기 때문에 사용자가 필요로 하는 조건이 있다면, 해당 조건을 어떻게 수식으로 구성할 수 있는지 먼저 이해할 필요가 있습니다. 중복이란 것은 지정된 범위에 동일한 값이 둘 이상 있는 것이므로 개수를 세는 함수를 사용해 중복 여부를 확인할 수 있습니다.

실무실습 유효성 검사와 COUNTIF 수식으로 중복 값 제한하기

다음 실무실습을 통해 중복 값을 입력하지 못하도록 제한해 보겠습니다.

01 예제 확인하기

C4:C8 범위의 참석자 명단이 E4:E13 범위의 값을 입력해 완성한다고 가정하고 참석자 명단에 중복 값이 입력되지 않도록 유효성 검사 설정을 적용해 보겠습니다.

02 중복 제한 입력 조건 설정하기 (1)

❶ 참석자 명단을 적을 C4:C8 범위를 선택합니다.

❷ [데이터] 탭-[데이터 도구] 그룹-[데이터 유효성 검사]를 클릭합니다.

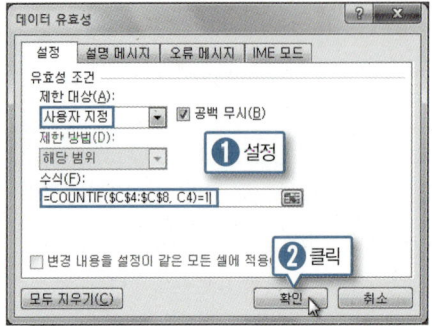

03 중복 제한 입력 조건 설정하기 (2)

❶ 데이터 유효성 대화상자가 표시되면 제한 대상 목록을 **사용자 지정**으로 지정하고 수식란에 다음을 입력합니다.

=COUNTIF($C$4:$C$8, C4)=1

❷ [확인]을 클릭합니다.

수식 설명 =COUNTIF($C$4:$C$8, C4)=1

유효성 검사에서 수식을 조건으로 사용할 때는 항상 수식의 결과 값이 TRUE 또는 FALSE를 반환하도록 구성해야 합니다. 중복은 지정한 범위에서 값이 둘 이상인 것을 의미하므로, 개수를 세는 COUNTIF 함수를 사용해 입력된 값의 개수가 1인 경우에만 데이터를 입력하도록 조건을 구성하면 됩니다. 이번 수식 조건에서 사용한 COUNTIF 함수의 구문은 다음과 같으며, 범위에서 조건에 맞는 셀의 개수를 세어 줍니다.

COUNTIF(범위, 조건)

즉, 예제에서 조건은 C4:C8 범위에 C4셀과 같은 셀이 몇 개 있는지 세어 1인 경우에만 입력을 허용하겠다는 의미입니다. 이 수식 조건은 C4셀에 적용되며, 수식은 복사되어 적용되므로 COUNTIF 함수의 두 번째 인수 부분만 셀 주소가 C4, C5, C6, …과 같이 변경됩니다. 그러므로 이렇게 수식 조건을 구성하면 지정한 C4:C8 범위에는 고유한 항목만 입력할 수 있습니다.

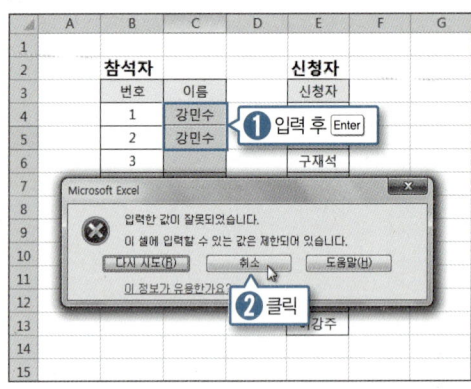

04 중복 제한 확인하기

동일한 값을 두 번 연속 입력해서 중복 값을 입력할 수 없는지 확인하겠습니다.

❶ C4:C5 범위에 각각 **강민수**를 두 번 연속해서 입력해 봅니다. C4셀에 값을 입력할 때는 문제없이 입력되지만 C5셀에 값을 입력할 때는 오류 메시지 창이 표시되면서 값을 입력할 수 없게 됩니다.

❷ [취소]를 클릭하여 입력한 값을 삭제합니다. **Note 21**

Note 21 … 중복되지 않으면서 신청자 목록에 있는 사람만 입력하기

C4:C8 범위에 입력될 값을 E4:E13 범위의 값으로 제한하면서 중복이 없도록 하려면 어떻게 해야 할까요? 값을 직접 입력하는 경우 범위를 제한하면서 중복이 없도록 하려면 수식 조건을 좀 더 강화하면 됩니다. 변경된 수식 조건은 다음과 같습니다.

=AND(COUNTIF($E$4:$E$13, C4)=1, COUNTIF($C$4:$C$8, C4)=1)

위 수식에서 사용한 AND 함수는 인수로 전달된 조건식이 모두 TRUE인 경우에만 TRUE 값을 반환하고, 하나라도 조건식이 FALSE인 경우에는 FALSE를 반환합니다. 그러므로 COUNTIF 함수로 구성한 2개의 조건이 모두 TRUE인 경우만 입력할 수 있다는 것을 의미합니다.

첫 번째 COUNTIF 함수 부분인 COUNTIF($E$4:$E$13, C4)=1은 E4:E13 범위에서 C4셀의 값을 세어 1개인 경우를 의미합니다. 이것은 C4셀에 입력한 값이 E4:E13 범위에 존재하는지를 판단하는 조건식이 됩니다.

두 번째 COUNTIF 함수 부분은 이전 중복 조건과 동일하므로 과정 **03**의 수식 설명을 참고하면 됩니다. 수식 조건을 변경하고 C4:C8 범위의 값을 다시 고쳐 제대로 동작하는지 확인하세요.

질문 17	중복 조건이 여러 열에 나뉜 경우에는 어떻게 하나요?
	유효성 검사 기능을 이용해 중복되지 않게 입력되도록 할 수 있지만 하나의 열이 아닌 여러 개의 열에 나눠 입력된 값을 모두 확인해 중복인지 확인해야 할 경우에는 중복 조건을 어떻게 설정하나요?

• 예제 파일 〉 Part1 : **xlFAQ-017.xlsx**　　• 완성 파일 〉 Part1\완성 : **xlFAQ-017완성.xlsx**

답변 17	중복을 확인할 때 여러 열에 나눠 입력된 값을 모두 확인해야 하는 경우에는 COUNTIF 함수 대신 여러 조건에 맞는 데이터 개수를 세어 주는 COUNTIFS 함수를 사용합니다. 즉, 중복을 확인하는 방법은 동일하지만 함수만 다르다고 생각하면 됩니다.

실무실습　여러 열의 중복 조건 참고하기

다음 실무실습을 통해 여러 열의 중복 조건을 참고해 셀 값을 입력하지 못하도록 제한해 보겠습니다.

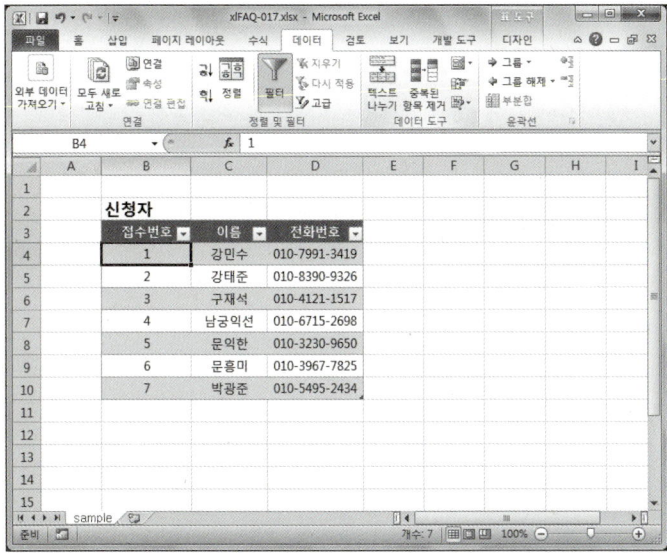

01 예제 확인하기

이름과 전화번호가 모두 같은 신청자가 다시 등록되지 않도록 유효성 검사를 설정하겠습니다.
접수번호와 이름을 입력한 다음 전화번호를 입력한다고 가정하면, 전화번호를 입력할 때 중복을 검사해야 합니다.

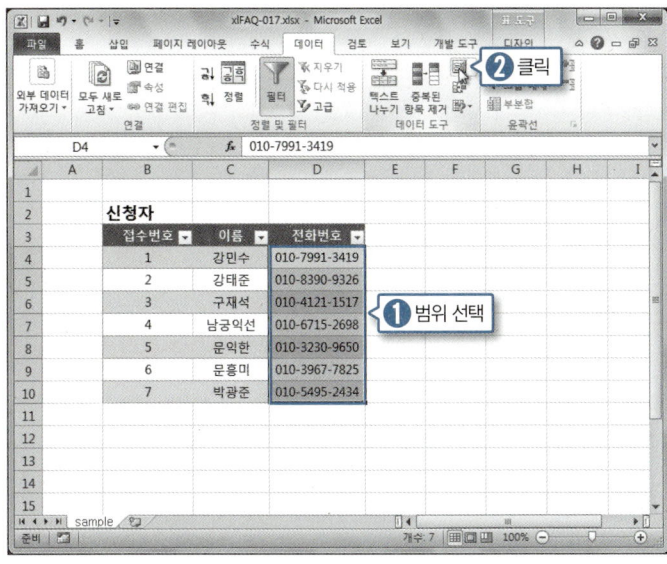

02 중복 입력 조건 설정하기 (1)

❶ **D4:D10** 범위를 선택합니다.
❷ [데이터] 탭-[데이터 도구] 그룹-[**데이터 유효성 검사**]를 클릭합니다.

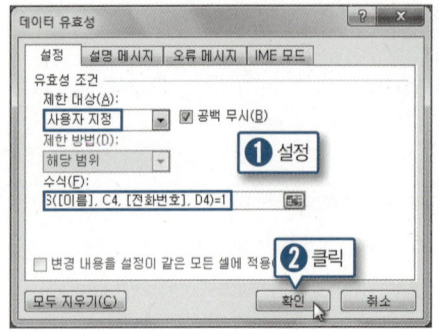

03 중복 입력 조건 설정하기 (2)

❶ 데이터 유효성 대화상자가 표시되면 [설정] 탭에서 제한 대상 목록을 **사용자 지정**으로 지정하고 수식란에 다음을 입력합니다.

=COUNTIFS([이름], C4, [전화번호], D4)=1

❷ [확인]을 클릭합니다.

입력한 수식에 오류가 있다는 대화상자가 표시될 것입니다.

Note 22

오류 메시지 대화상자에서 [확인]을 클릭하고 데이터 유효성 대화상자에서 [취소]를 클릭합니다.

04 이름 정의하기 (1)

❶ 수식에서 참조할 범위를 이름으로 정의하기 위해 **C4:C10** 범위를 선택합니다.

❷ 이름 상자에 **신청자.이름**을 입력하고 Enter 를 눌러 정의합니다.

Note 22 ... 수식 조건 이해하고 오류 처리하기

COUNTIFS 함수는 조건이 둘 이상인 다중 조건인 경우 개수를 세는 함수로 다음과 같은 구문을 사용합니다.

COUNTIFS(범위1, 조건1, 범위2, 조건2, …)

즉, 인덱스 번호가 같은 범위와 조건이 하나의 짝으로, 이번 수식으로 확인하면 엑셀 표의 이름 열에서 C4셀의 값과 같고, 전화번호 열에서 D4셀의 값과 같은 개수를 세어야 합니다. 이렇게 하면 이름과 전화번호가 동일한 개수를 세어 주므로, 여러 열에 입력된 값을 모두 확인해 중복 조건을 설정할 수 있습니다.

다만 예제에서는 엑셀 표의 구조적 참조를 수식에서 사용했기 때문에 호환되지 않아 오류가 발생합니다.

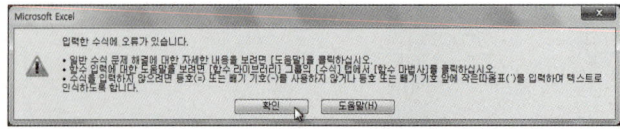

수식을 다음과 같이 고치면 제대로 동작하도록 할 수 있습니다. 하지만 수식을 다음과 같이 변경할 경우 수식 조건이 이해하기가 쉽지 않습니다.

=COUNTIFS($C$4:$C$10, C4, $D$4:$D$10, D4)=1

예제에서는 계속 진행하면서 이름 정의를 함께 사용하는 방법을 설명합니다. 이런 방법은 엑셀 표의 구조적 참조와 호환되지 않는 다른 기능에서 엑셀 표의 구조적 참조를 사용하는 경우 도움이 되는 방법이므로 잘 기억해 두기 바랍니다.

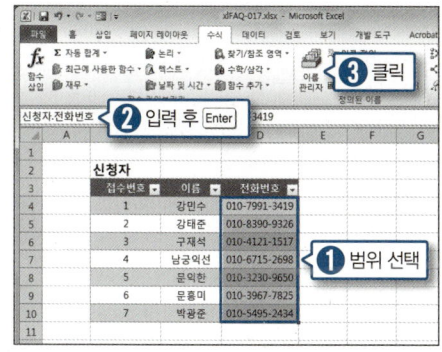

05 이름 정의하기 (2)

❶ D4:D10 범위를 선택합니다.

❷ 이름 상자에 **신청자.전화번호**를 입력하고 Enter를 눌러 정의합니다.

❸ 정의된 이름을 확인하기 위해 [수식] 탭-[정의된 이름] 그룹-[**이름 관리자**] 를 클릭합니다.

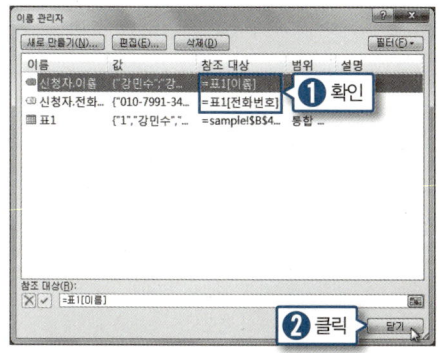

06 정의된 이름 확인하기

이름 관리자 대화상자가 표시됩니다.

❶ 정의된 신청자.이름과 신청자.전화번호를 확인해 보면, 참조 대상란에 엑셀 표의 구조적 참조가 사용되고 있음을 확인할 수 있습니다.

❷ [닫기]를 클릭하여 대화상자를 닫습니다.

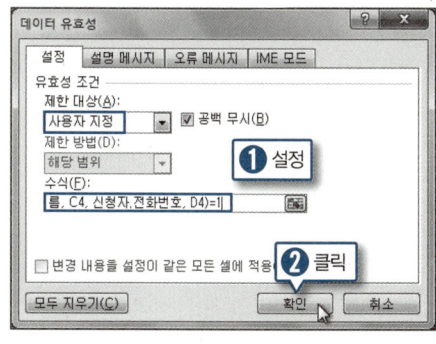

07 중복 입력 조건 재설정하기

다시 중복 입력 조건을 설정하기 위해 D4:D10 범위가 선택된 채로 [데이터] 탭-[데이터 도구] 그룹-[**데이터 유효성 검사**] 를 클릭하여 데이터 유효성 대화상자를 표시합니다.

❶ [설정] 탭에서 제한 대상 목록을 **사용자 지정**으로 지정하고 수식란에 다음을 입력합니다.

=COUNTIFS(신청자.이름, C4, 신청자.전화번호, D4)=1

❷ [**확인**]을 클릭합니다.

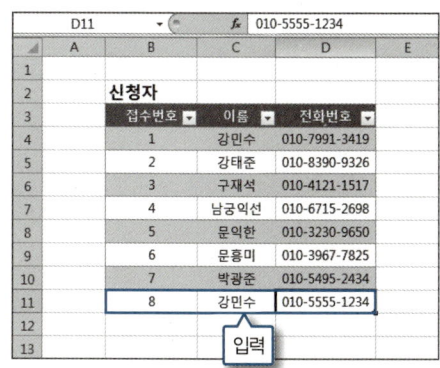

08 중복 제한 확인하기 (1)

설정된 유효성 검사 설정을 확인해 보기 위해 **B11**셀에 **8**, **C11**셀에 **강민수**, **D11**셀에 **010-5555-1234**를 입력합니다.

Tip  이름이 같아도 중복 입력되는 이유 알아보기
C11셀의 값은 C4셀의 값과 동일하지만 전화번호가 달라 제대로 입력됩니다.

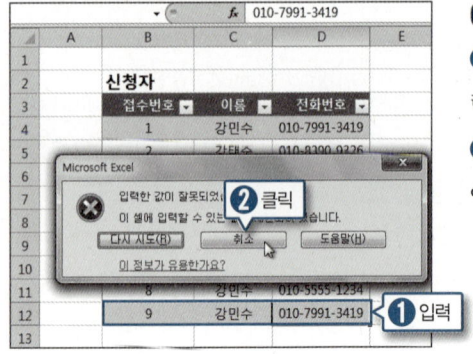

09 중복 제한 확인하기 (2)

❶ B12셀에 **9**, C12셀에 **강민수**, D12셀에 **010-7991-3419**를 입력합니다.

❷ C12:D12 범위 값이 C4:D4 범위에 입력된 값과 동일하므로 값이 입력되지 않습니다. **[취소]**를 클릭하여 입력한 값을 지웁니다.

Tip ... 중복 값이 입력되는 경우 알아보기

파일에 제대로 된 중복 조건을 지정했을 때 중복 값이 아무런 오류 없이 입력되는 경우가 있습니다.

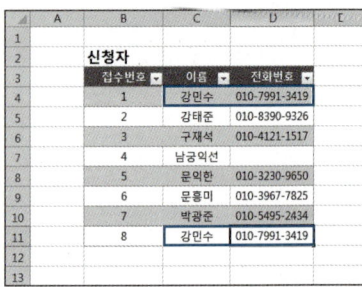

▲ C4:D4 범위와 C11:D11 범위의 값이 동일한 모습

이것은 D7셀처럼 수식 조건 범위에 빈 셀이 포함되어 있기 때문입니다. 이런 경우 유효성 검사를 설정한 D4:D11 범위를 다시 선택하고 [데이터] 탭-[데이터 도구] 그룹-[데이터 유효성 검사] 를 클릭한 다음, ❶ 데이터 유효성 대화상자의 [설정] 탭에서 **공백 무시**에 체크 표시를 해제하고 ❷ [확인]을 클릭합니다.

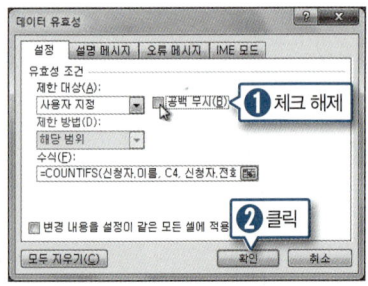

공백 무시는 유효성 검사를 설정한 범위에 빈 셀이 있는 경우를 처리하는 옵션으로, 수식 조건을 사용할 때 수식 조건을 해제하는 역할을 합니다. 그러므로 이 옵션을 해제하는 것으로 이러한 문제를 해결할 수 있습니다.

질문 18 유효성 검사의 조건을 변경하거나 삭제하려면 어떻게 하나요?

파일이 복잡해서 유효성 검사를 설정한 범위를 정확하게 확인하기가 쉽지 않습니다. 유효성 검사가 설정된 범위를 확인하고 설정된 유효성 검사의 조건을 변경하거나 삭제하려면 어떻게 하나요?

• 예제 파일 〉 Part1 : xlFAQ-018.xlsx

답변 18 워크시트의 유효성 검사가 설정된 데이터 범위를 확인하려면 [이동] 명령을 사용하면 됩니다. 명령을 사용하면 유효성 검사가 설정된 범위를 쉽게 확인할 수 있으며, [데이터 유효성 검사] 를 리본 메뉴에서 다시 실행하면 조건을 변경하거나 삭제할 수 있습니다.

이 작업을 할 때 한 가지 주의할 점은 워크시트에 유효성 검사가 하나 설정되어 있는 경우와 여러 개 설정되어 있는 경우의 처리 방법이 약간 다르다는 것입니다.

실무실습 유효성 검사 범위 수정하기

다음 실무실습을 통해 유효성 검사가 설정된 범위를 확인하고, 유효성 검사 개수에 따라 조건을 수정하거나 삭제하는 방법을 알아보겠습니다.

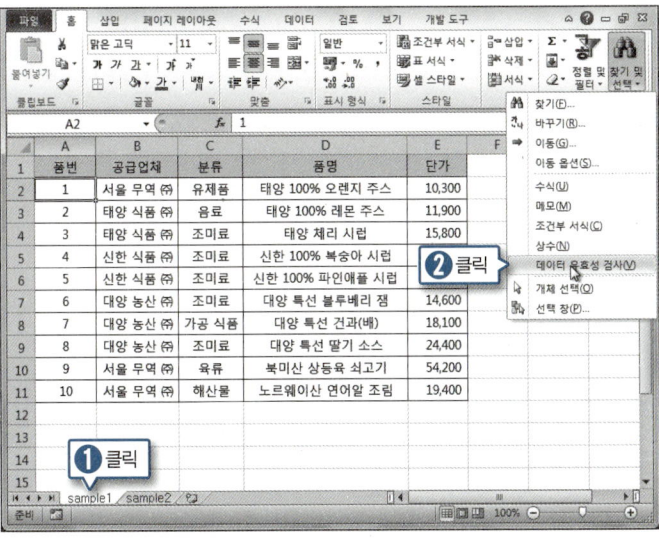

01 유효성 검사 설정 범위 확인하기

❶ [sample1] 시트 탭을 선택합니다. 시트에 있는 표에서 유효성 검사가 설정된 부분을 확인하고 유효성 검사의 조건을 변경하거나 삭제하는 작업을 진행할 것입니다.

❷ 유효성 검사가 적용된 범위를 확인하기 위해 [홈] 탭-[편집] 그룹-[찾기 및 선택]-[데이터 유효성 검사]를 클릭합니다.

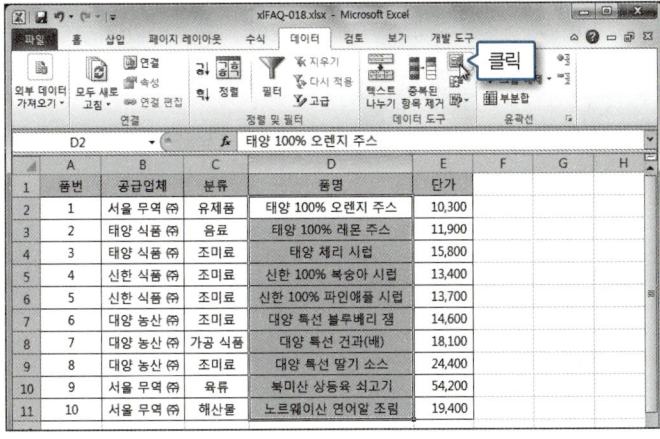

02 유효성 검사 변경/삭제하기 (1)

유효성 검사가 설정된 범위가 선택됩니다. 이 상태에서 [데이터] 탭-[데이터 도구] 그룹-[데이터 유효성 검사]를 클릭합니다.

Section 03 유효성 검사를 이용한 데이터 관리하기 • **083**

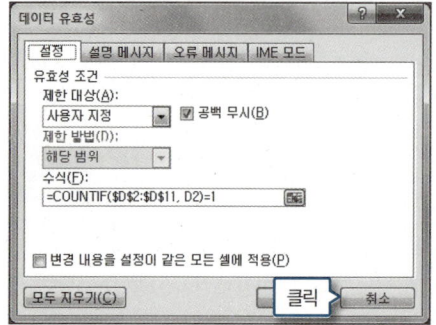

03 유효성 검사 변경/삭제하기 (2)

데이터 유효성 대화상자가 표시됩니다. 대화상자에서 지정된 수식 조건을 수정하거나 유효성 검사를 삭제할 수 있습니다.
[취소]를 클릭합니다.

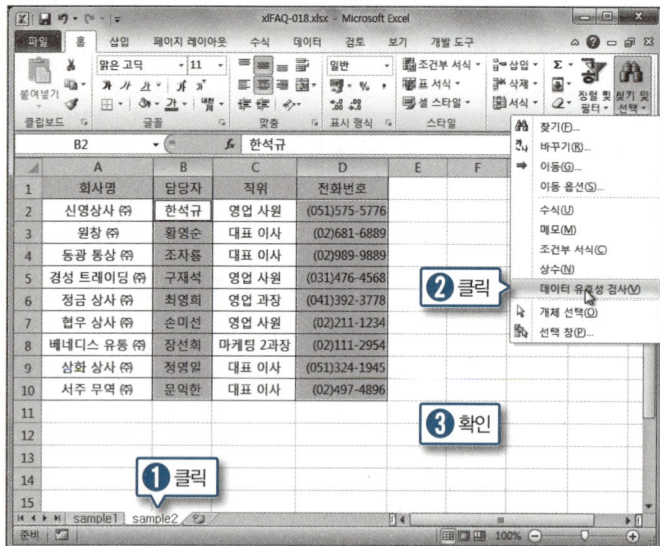

04 설정된 유효성 검사 확인하기

❶ 여러 열에 유효성 검사가 설정된 경우를 확인해 보기 위해 **[sample2]** 시트 탭을 선택합니다.
❷ **[홈]** 탭-**[편집]** 그룹-**[찾기 및 선택]**-**[데이터 유효성 검사]**를 클릭합니다.
❸ B2:B10 범위와 D2:D10 범위가 선택됩니다. 여러 열에 유효성 검사가 설정된 경우에도 제대로 된 위치를 찾는 것을 확인할 수 있습니다.

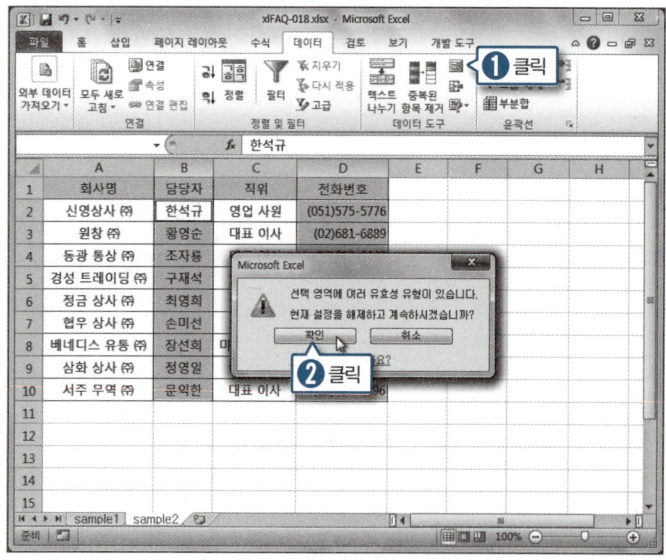

05 유효성 검사 변경/삭제하기

❶ **[데이터]** 탭-**[데이터 도구]** 그룹-**[데이터 유효성 검사]**를 클릭하고 선택 영역에 여러 유효성 유형이 있다는 메시지 대화상자를 확인합니다.
❷ **[확인]**을 클릭하면 두 열에 적용된 유효성 검사 조건이 모두 삭제됩니다.
지정된 조건을 변경하려면 개별 범위인 B2:B10 또는 D2:D10 범위만 선택하고 유효성 검사 명령을 실행합니다.

Section 04 조건부 서식으로 데이터 시각화하기

▶ 색조   ▶ 데이터 막대   ▶ 아이콘 집합   ▶ 상위/하위 규칙   ▶ 중복 값   ▶ 셀 강조 규칙
▶ 규칙 관리

서식은 배경색, 테두리, 글꼴 스타일 등 셀에 적용할 수 있는 다양한 효과를 지칭하는 용어입니다. 그러므로 조건부 서식은 사용자가 지정한 조건에 맞는 데이터에만 서식을 적용하는 기능이라고 이해할 수 있습니다.

조건부 서식을 이용하면 전체 데이터 중에서 조건에 맞는 데이터에 사용자가 원하는 서식을 적용할 수 있기 때문에 강조해야 하는 데이터나 확인해야 하는 데이터에 서식을 지정하고 관리하는 경우 효과적입니다. 특히 유효성 검사는 셀에 값을 입력하는 순간에만 동작하므로 미리 입력된 데이터 중에서 잘못된 데이터를 찾기가 쉽지 않지만, 조건부 서식은 조건에 따라 입력된 데이터에 지정한 서식이 나타나도록 할 수 있으므로 서식이 나타난 셀만 확인하면 잘못 입력된 데이터를 빠르게 확인할 수 있어 편리합니다.

또한 조건부 서식은 엑셀 2007부터 데이터 막대, 색조, 아이콘 집합 등 집계 보고서를 시각화하는 별도의 서식 기능이 제공되어 사용자가 강조하고 싶은 데이터를 효율적으로 표시할 수 있습니다.

 질문 19 표가 한눈에 구분되도록 시각적으로 표현할 수 있나요?

집계표를 만들다 보면 너무 많은 숫자가 포함되어서 표를 한눈에 이해하기가 쉽지 않은 경우가 있습니다. 또한 차트를 이용하려고 해도, 열이 너무 많으면 차트로도 보기 좋게 정리가 되지 않습니다. 이런 경우 표가 한눈에 구분되도록 하는 좋은 방법이 있을까요?

• 예제 파일〉Part1 : **xlFAQ-019.xlsx**   • 완성 파일〉Part1\완성 : **xlFAQ-019완성.xlsx**

 답변 19 엑셀 2007부터 조건부 서식에는 많은 숫자의 분포와 변화를 시각적으로 표시하는 [색조]라고 하는 서식 조건이 추가되었습니다. 색조는 숫자가 많은 복잡한 표를 시각화하여 한눈에 들어오도록 하는 경우 사용하면 좋습니다.

실무실습 색조로 분포와 변화를 시각적으로 표현하기

다음 실무실습을 통해 색조를 적용하는 방법을 알아보겠습니다.

연도\월	2008년	2009년	2010년	2011년	2012년	2013년
1월	581,580	629,940	625,250	1,107,160	1,026,270	1,902,230
2월	679,480	596,890	745,490	1,169,920	952,650	1,780,810
3월	524,320	753,330	961,520	1,133,430	1,300,690	1,477,750
4월	534,330	470,500	587,770	1,019,340	1,056,960	1,910,260
5월	711,910	652,780	933,660	875,980	1,107,510	1,665,610
6월	559,760	716,470	613,830	939,740	878,230	1,329,640
7월	671,670	702,650	723,040	1,115,180	1,288,650	1,956,830
8월	558,760	676,610	946,890	1,090,520	896,280	1,670,020
9월	527,330	439,860	844,490	1,177,740	1,266,190	1,392,460
10월	679,480	609,510	941,080	967,210	894,680	1,509,870
11월	671,270	510,160	698,590	876,990	898,090	1,596,170
12월	684,480	428,040	577,950	1,237,090	1,159,270	1,729,830

01 예제 확인하기

실적표를 보면 숫자가 촘촘히 집계되어 있어 집계 결과를 한눈에 이해하기가 쉽지 않습니다.

조건부 서식의 색조를 사용해 표를 쉽게 이해할 수 있도록 설정하는 작업을 진행하겠습니다.

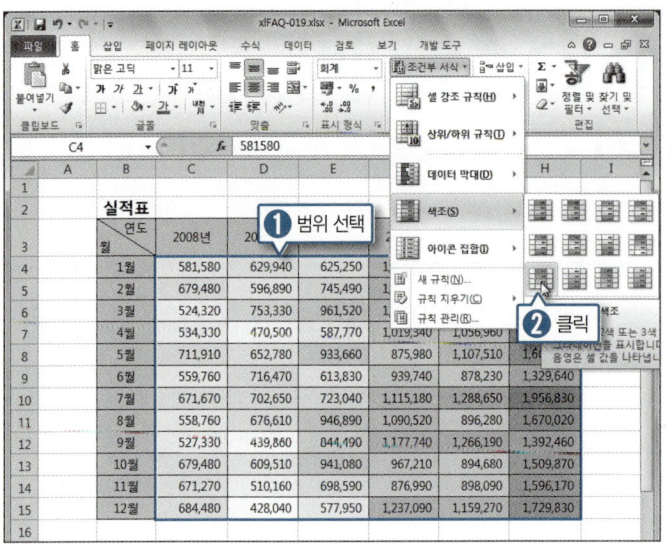

02 색조 기능 이용해 숫자 표시하기

조건부 서식을 적용하기 위해 서식이 적용될 표의 데이터 범위를 선택해야 합니다.

❶ **C4:H15** 범위를 선택합니다.

❷ [홈] 탭-[스타일] 그룹-[조건부 서식]-[색조]에서 원하는 색조 스타일을 클릭합니다.

Tip … 색조 스타일 알아보기

색조에는 총 12개의 스타일이 있습니다. 각 스타일 위에 마우스 포인터를 위치시키면 선택한 범위에 적용될 색조 효과가 미리 보기로 표시되므로 원하는 색조 스타일을 고르기 편리합니다.

예제에서 선택한 **녹색 - 흰색 색조**는 숫자 값이 작을수록 흰색에 가까운 색이 표시되며 숫자 값이 커질수록 녹색이 진하게 표시되어 실적을 한눈에 파악할 수 있습니다.

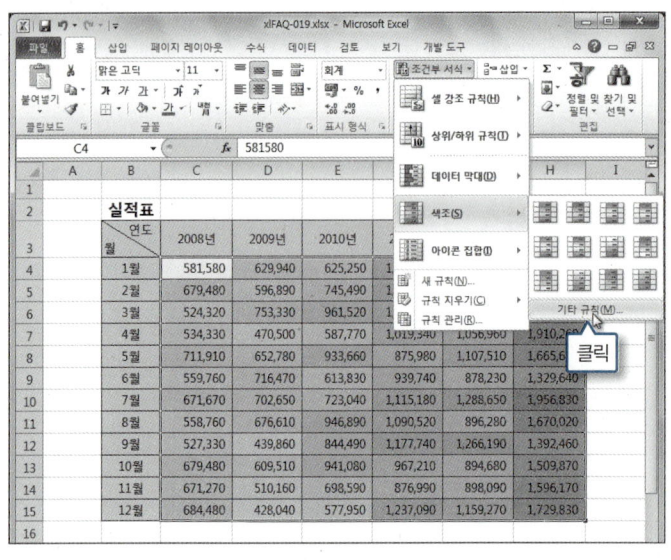

03 색조 서식 변경하기 (1)

미리 정의된 색조 효과 대신 사용자가 원하는 색조 효과를 지정할 수 있습니다. C4:H15 범위가 선택된 상태에서 [홈] 탭-[스타일] 그룹-[조건부 서식]-[색조]-**[기타 규칙]**을 클릭합니다.

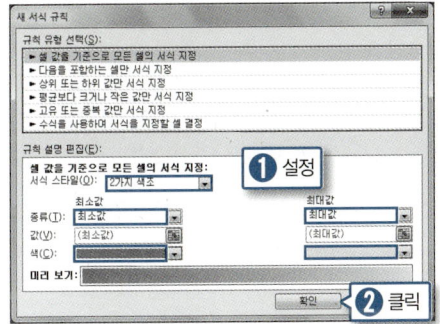

04 색조 서식 변경하기 (2)

❶ 새 서식 규칙 대화상자가 표시되면 서식 스타일 목록을 **2가지 색조**, 최소값 종류 목록을 **최소값**, 최소값 색 목록을 **주황색**, 최대값 종류 목록을 **최대값**, 최대값 색 목록을 **연주황색**으로 지정합니다.

❷ [확인]을 클릭합니다.

Tip ... 새 서식 규칙 대화상자 변경하기
서식 스타일 목록은 지정할 수 있는 색상의 수를 2가지 색조와 3가지 색조 중에서 지정할 수 있습니다.
최소값 옵션에서 평균 하위 값을 표시할 색상을 지정할 수 있고, 최대값 옵션에서 평균 상위 값을 표시할 색을 지정할 수 있으며, 3가지 색조를 선택하였다면 중간 값이 하나 더 생겨서 최소값에서 최대값 구간을 1/3로 나누어 중간 구간 색상을 지정할 수 있습니다.

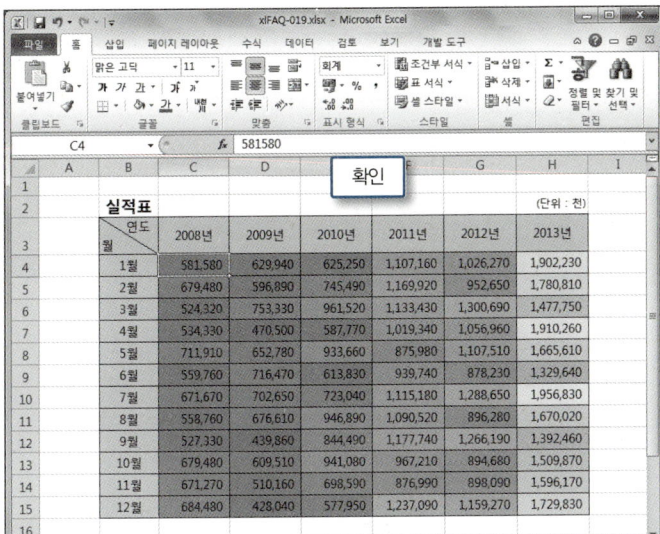

05 색조 서식 확인하기

지정한 색조 서식으로 바뀐 것을 확인합니다.

> **질문 20** 집계된 값이 입력된 셀에 그래프를 표시할 수 있나요?
>
> 표 안에서 수치에 해당하는 그래프를 바로 표시하여 보는 사람이 직관적으로 이해하도록 만들고 싶습니다. 셀 안에 그래프를 표시할 수 있나요?

• 예제 파일 〉 Part1 : **xlFAQ-020.xlsx**　　• 완성 파일 〉 Part1\완성 : **xlFAQ-020완성.xlsx**

답변 20 집계표는 차트 등의 시각화 도구를 이용해 그래프로 표시해야 이해하기 쉽습니다. 다만 차트는 공간을 많이 차지하는 단점이 있습니다. 공간을 많이 차지하지 않으면서 그래프를 사용하려면 조건부 서식의 [데이터 막대] 서식을 사용하거나 엑셀 2010부터 새롭게 추가된 [스파크라인] 차트를 이용하면 됩니다. 단, 스파크라인 차트는 전체 흐름을 하나의 셀에서 표시하는 용도이므로 이번 작업에는 부적합하지만, 효율적인 차트이므로 293쪽에서 사용 방법을 자세하게 설명하겠습니다.

데이터 막대 서식은 엑셀 2007에서 새롭게 추가된 것으로 엑셀 2010에서는 더 많은 서식이 제공되며, 엑셀 2007과는 다르게 0부터 그래프를 표시합니다.

실무실습 데이터 막대로 값과 그래프를 함께 표시하기

다음 실무실습을 통해 데이터 막대 서식을 적용하는 방법을 알아보겠습니다.

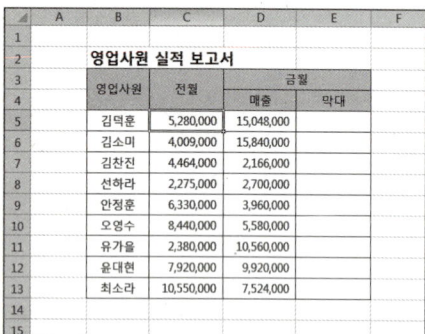

01 예제 이해하기

영업사원 실적 보고서의 D5:D13 범위에 집계된 금월 매출 실적을 시각적으로 표시하기 위해 조건부 서식의 데이터 막대 조건을 지정해 보겠습니다.

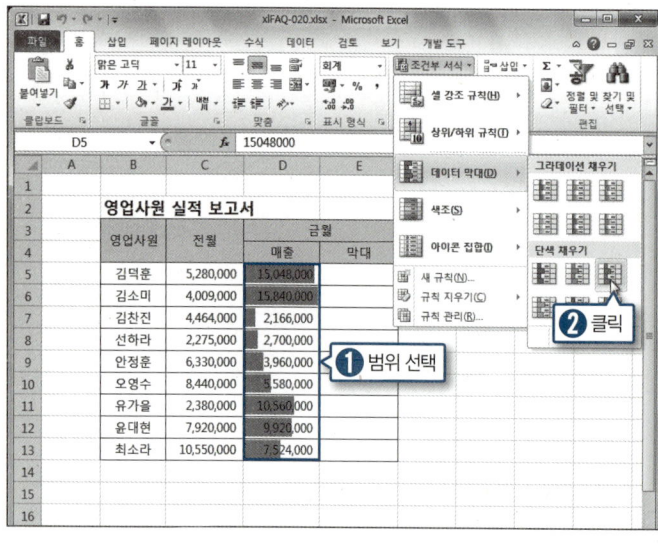

02 데이터 막대 서식 지정하기

❶ **D5:D13** 범위를 선택합니다.

❷ [홈] 탭-[스타일] 그룹-[조건부 서식]🔳-[데이터 막대]를 클릭한 다음 하위 데이터 막대 스타일 중에서 하나를 선택합니다.

값에 맞는 막대그래프가 표시됩니다.

Note 23

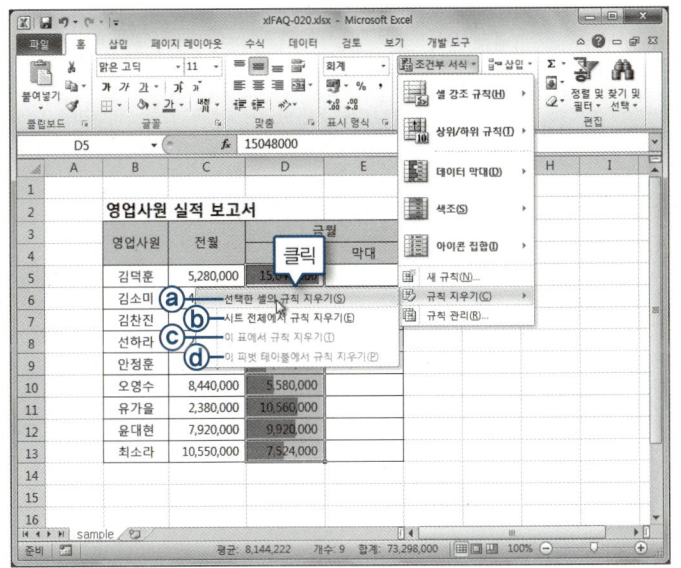

03 조건부 서식 지우기

셀에 숫자와 데이터 막대가 함께 표시되는 것이 불편한 경우 데이터 막대만 표시할 수 있습니다.

기존에 적용된 조건부 서식을 삭제하기 위해 D5:D13 범위가 선택된 채로 [홈] 탭-[스타일] 그룹-[조건부 서식] -[규칙 지우기]-**[선택한 셀의 규칙 지우기]**를 클릭합니다.

Tip ... 조건부 서식 지우기
ⓐ 선택한 범위의 조건부 서식을 제거합니다.
ⓑ 현재 워크시트의 전체 조건부 서식을 제거합니다.
ⓒ 엑셀 표의 조건부 서식을 제거합니다.
ⓓ 피벗 테이블의 조건부 서식을 제거합니다.

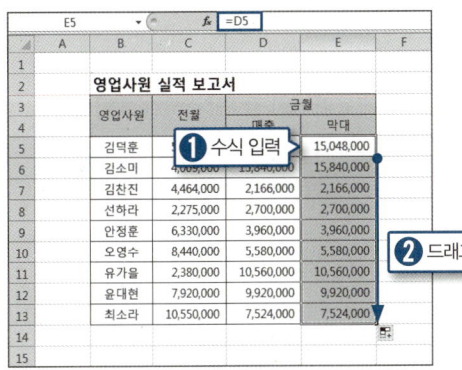

04 숫자 없이 막대그래프만 표시하기 (1)

데이터 막대 서식을 다른 위치에 표시할 수 있는 방법은 제공되지 않으므로, 먼저 기존 매출 값을 참조해 보겠습니다.

❶ E5셀을 선택하고 **=D5**를 입력합니다.

❷ E5셀의 **채우기 핸들** 을 **E13**셀까지 드래그해 복사합니다.

Note 23 ... 엑셀 2007의 데이터 막대와의 차이 이해하기

엑셀 2007은 최소값부터 최대값 구간을 이용해 데이터 막대 서식을 적용하며, 엑셀 2010은 0부터 최대값 구간을 이용해 데이터 막대 서식을 적용합니다. 보통 차트는 0부터 막대그래프를 표시하므로 엑셀 2010의 방식을 더 쉽게 이해할 수 있습니다. 그러므로 엑셀 2007에서 데이터 막대그래프가 적용된 경우에는 규칙을 엑셀 2010처럼 0부터 막대 그래프를 표시하도록 변경하는 것이 좋습니다.

데이터 막대 서식이 적용된 범위를 선택하고 [홈] 탭-[스타일] 그룹-[조건부 서식] -[색조]-**[기타 규칙]**을 클릭합니다. 새 서식 규칙 대화상자에서 최소값 종류 목록을 **숫자**로 변경하고 최소값 값을 0으로 변경한 다음 **[확인]**을 클릭하면 됩니다.

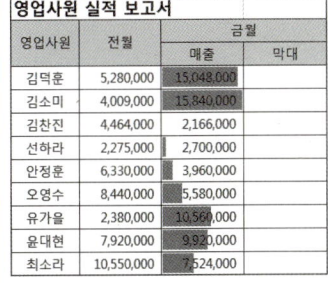

◀ 엑셀 2007에서 데이터 막대가 보이지 않는 김찬진 씨의 매출

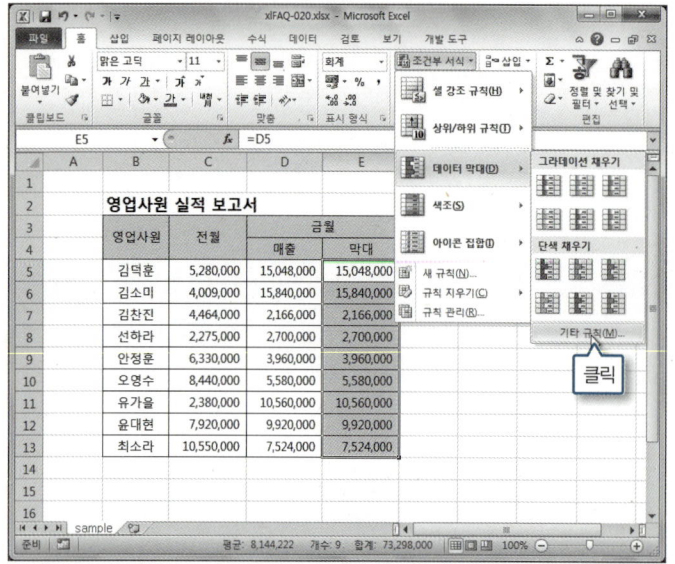

05 숫자 없이 막대그래프만 표시하기 (2)

E5:E13 범위가 선택된 상태에서 [홈] 탭-[스타일] 그룹-[조건부 서식]-[데이터 막대]-[기타 규칙]을 클릭합니다.

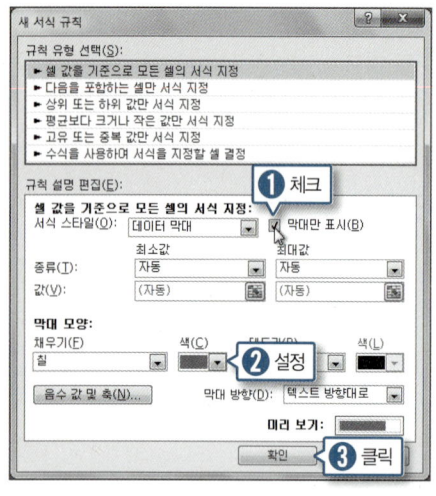

06 막대그래프만 표시하기 (3)

E5:E13 범위의 숫자는 감춰지고 막대그래프만 표시하겠습니다.

❶ 새 서식 규칙 대화상자가 표시되면 **막대만 표시**에 체크합니다.
❷ 막대 모양 옵션에서 원하는 색을 지정합니다.
❸ **[확인]**을 클릭합니다.

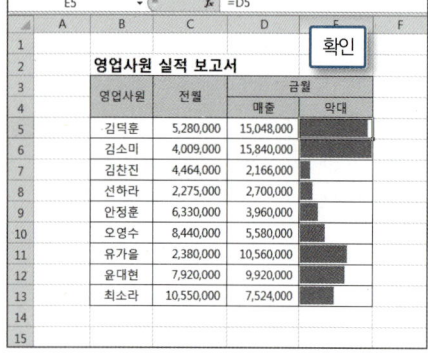

07 막대그래프만 표시하기 (4)

E5:E13 범위에 막대그래프만 표시됩니다. D5:D13 범위의 값을 고쳐 보면 E5:E13 범위의 막대그래프의 크기가 연동해서 변경되는 것을 확인할 수 있습니다.

질문 21 주식시세표와 같이 등락을 아이콘 방식으로 표시할 수 있나요?

증감률 같은 수치를 다루다 보면, 상승이나 하락 등의 표시를 아이콘으로 처리하고 싶은 경우가 있습니다. 이런 작업은 어떻게 하나요?

• 예제 파일 〉 Part1 〉 xlFAQ-021.xlsx   • 완성 파일 〉 Part1\완성 : xlFAQ-021완성.xlsx

답변 21 조건부 서식에는 [아이콘 집합]이라고 하는 서식이 제공됩니다. 이 서식 조건을 이용하면 사용자가 원하는 방법으로 숫자를 아이콘으로 표시할 수 있습니다. 아이콘 집합은 엑셀 2007부터 추가된 것으로, 엑셀 2003과 같은 하위 버전에서는 사용할 수 없습니다.

엑셀 2010의 아이콘 집합은 엑셀 2007보다 더 많은 서식을 제공하면서 기존 아이콘 집합의 아이콘을 섞어 사용할 수 있도록 변경되었습니다.

실무실습 아이콘 집합을 이용해 증감을 아이콘으로 표시하기

다음 실무실습을 통해 아이콘 집합을 사용해 보겠습니다.

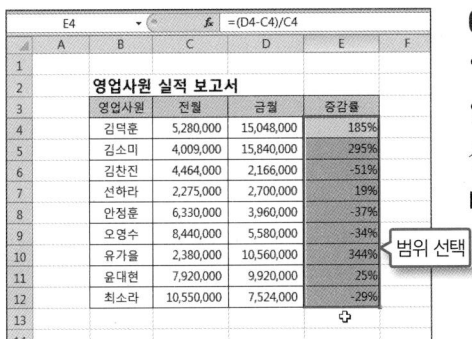

01 예제 이해하기

영업사원별 실적 보고서의 E4:E12 범위에는 증감률이 계산되어 있습니다. 증감을 좀 더 시각적으로 표시하기 위해 상하 아이콘을 삽입해 보겠습니다.

E4:E12 범위를 선택합니다.

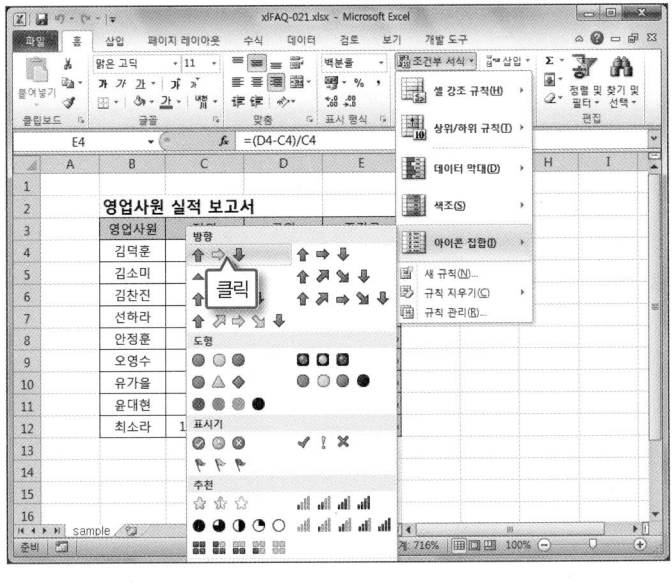

02 증감 아이콘 표시하기 (1)

[홈] 탭-[스타일] 그룹-[조건부 서식]-[아이콘 집합]-[**3방향 화살표(컬러)**]를 클릭합니다.

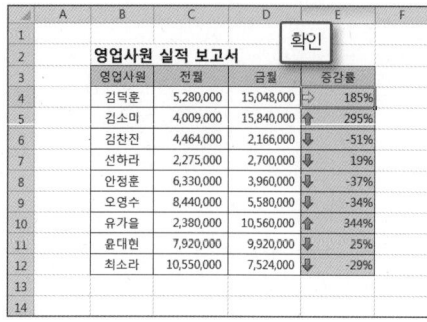

03 증감 아이콘 표시하기 (2)

표시된 화살표를 확인하면 양수, 0, 음수와 같은 구분에 의해 표시되는 것이 아니라는 것을 알 수 있습니다.

아이콘 집합은 선택된 범위의 값을 N등분한 백분율에 따라 표시되므로 의도한 대로 아이콘이 나타나도록 하려면 설정을 변경해야 합니다.

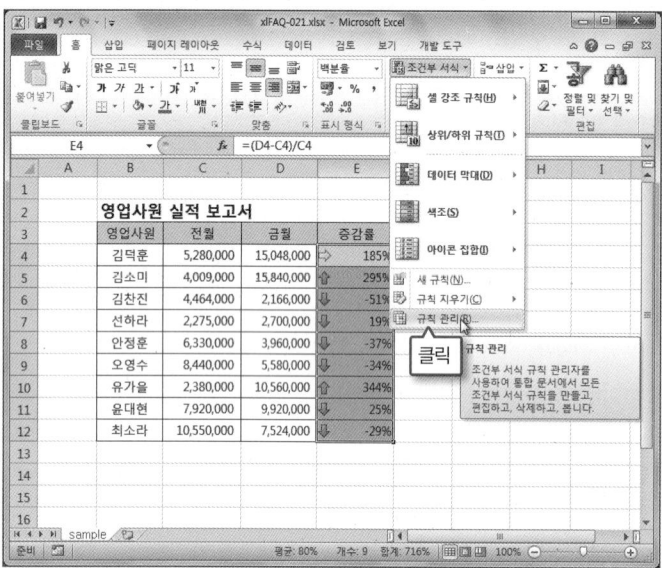

04 아이콘 표시 규칙 변경하기 (1)

E4:E12 범위가 선택된 상태에서 [홈] 탭-[스타일] 그룹-[조건부 서식] 📋 -[**규칙 관리**]를 클릭합니다.

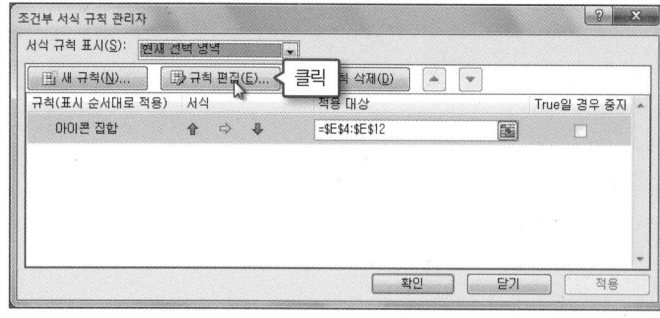

05 아이콘 표시 규칙 변경하기 (2)

조건부 서식 규칙 관리자 대화상자가 표시되면 규칙에서 적용된 **아이콘 집합**이 선택된 채로 [**규칙 편집**]을 클릭합니다.

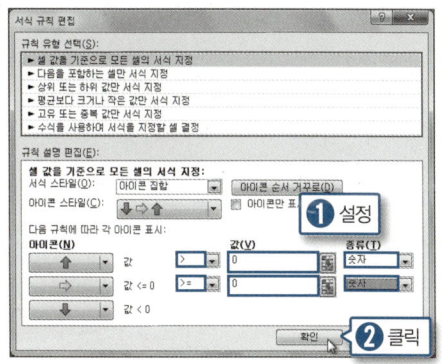

06 아이콘 표시 규칙 변경하기 (3)

❶ 위쪽 화살표 종류를 **숫자**로 지정하고 값을 〉 0, 오른쪽 화살표 종류를 **숫자**로 지정하고 값을 〉= 0로 지정합니다. 0보다 큰 값에 이미 위쪽 화살표 아이콘을 표시했으므로 0인 경우에 오른쪽 화살표 아이콘을 표시하고, 나머지 값인 음수에는 아래쪽 화살표 아이콘을 표시하라는 의미입니다.

❷ [확인]을 클릭합니다.

Tip ... 원하는 아이콘 지정하기

아이콘 옵션에서 아이콘 이미지를 클릭하면 사용자가 원하는 아이콘을 선택할 수 있습니다.

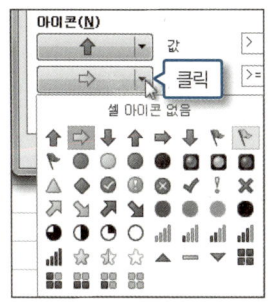

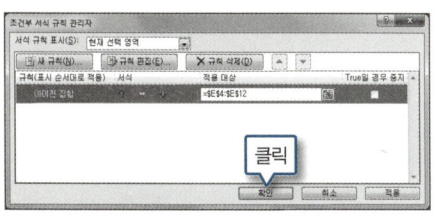

07 아이콘 표시 규칙 변경하기 (4)

조건부 서식 규칙 관리자 대화상자에서도 [**확인**]을 클릭하여 대화상자를 닫습니다.

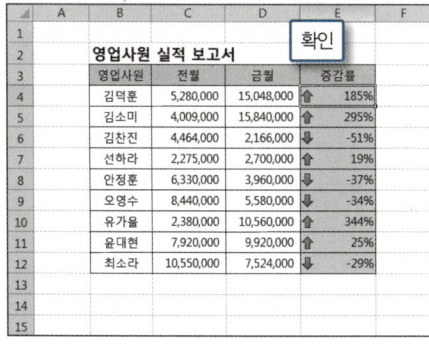

08 아이콘 표시 규칙 변경하기 (5)

증감률이 양수인 경우는 위쪽 화살표가, 음수인 경우에는 아래쪽 화살표가 각각 표시되는 것을 확인합니다.

Section 04 조건부 서식으로 데이터 시각화하기 • **093**

질문 22 상위 실적 N개에 원하는 서식을 자동으로 표시할 수 있나요?

전체 실적을 집계해 보면 항상 실적이 뒤죽박죽이어서 어떤 제품이 많이 팔렸는지 따로 정리하는 작업을 진행해야 합니다. 물론 실적순으로 정렬하면 따로 정리하는 작업을 하지 않아도 되지만, 제품은 가나다순으로 정리해서 보고하는 것이 회사 기준이라서 너무 불편합니다. 자동으로 상위(또는 하위) 제품에 서식을 지정해 구분하는 것이 가능할까요?

• 예제 파일 〉 Part1 : **xlFAQ-022.xlsx**   • 완성 파일 〉 Part1\완성 : **xlFAQ-022완성.xlsx**

답변 22 조건부 서식에서 [상위/하위 규칙]을 이용하면 실적이 높거나 낮은 제품에 원하는 서식을 지정할 수 있습니다. 단, 이런 조건은 실적이 집계된 범위에만 적용이 가능하므로, 해당 실적의 행 전체에 동일한 서식을 지정하려면 수식 조건을 사용할 수 있어야 합니다.

실무실습 상위 실적 N개에 원하는 서식 지정하기

다음 실무실습을 통해 상위/하위 규칙을 지정하는 방법을 알아보겠습니다.

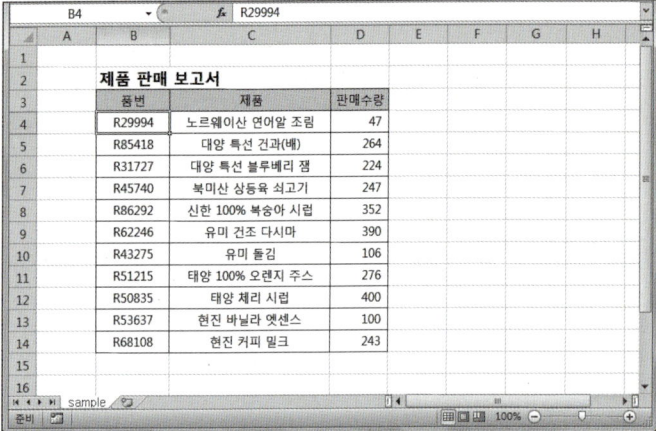

01 예제 이해하기
조건부 서식을 이용하여 제품 판매 표에서 판매가 많은 제품 3개에 원하는 서식을 지정해 보겠습니다.

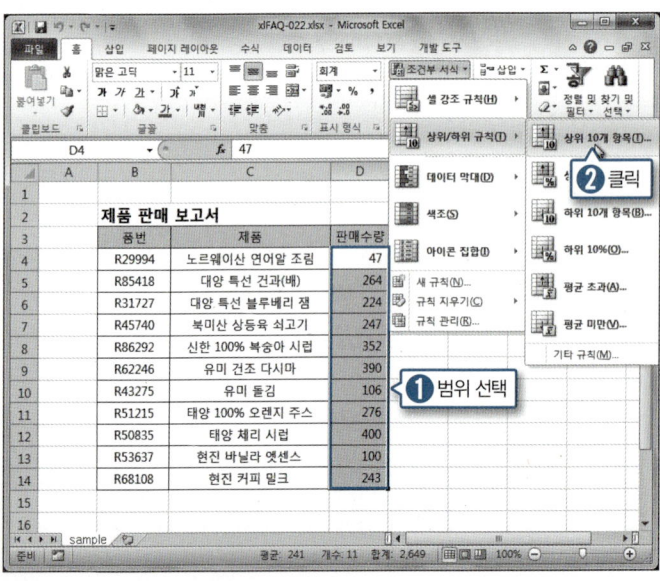

02 상위 N개 데이터에 서식 적용하기 (1)
❶ 판매수량이 집계된 **D4:D14** 범위를 선택합니다.

❷ [홈] 탭-[스타일] 그룹-[조건부 서식]-[상위/하위 규칙]-[**상위 10개 항목**]을 클릭합니다.

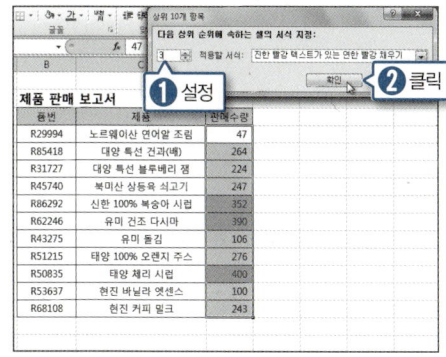

03 상위 N개 데이터 서식 적용하기 (2)

❶ 상위 10개 항목 대화상자가 표시되면 서식을 적용할 개수를 **3**으로 설정합니다.

적용할 서식란에 있는 서식이 아닌 다른 서식을 지정하고 싶다면 **사용자 지정 서식**으로 지정한 다음 셀 서식 대화상자에서 원하는 서식을 직접 지정하면 됩니다. 예제에서는 기본인 **진한 빨강 텍스트가 있는 연한 빨강 채우기**를 사용하겠습니다.

❷ [확인]을 클릭합니다.

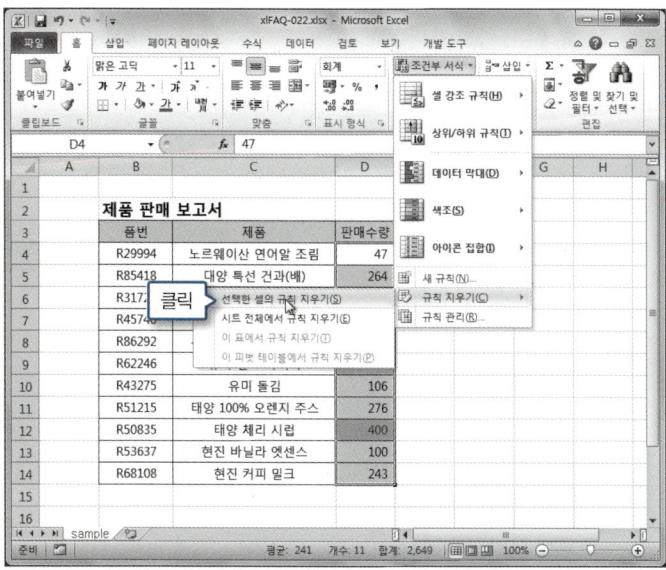

04 조건부 서식 지우기

행 단위로 서식을 지정하기 위해 적용한 서식을 삭제해 봅니다.

D4:D14 범위가 선택된 상태로 [홈] 탭-[스타일] 그룹-[조건부 서식]-[규칙 지우기]-[**선택한 셀의 규칙 지우기**]를 클릭합니다.

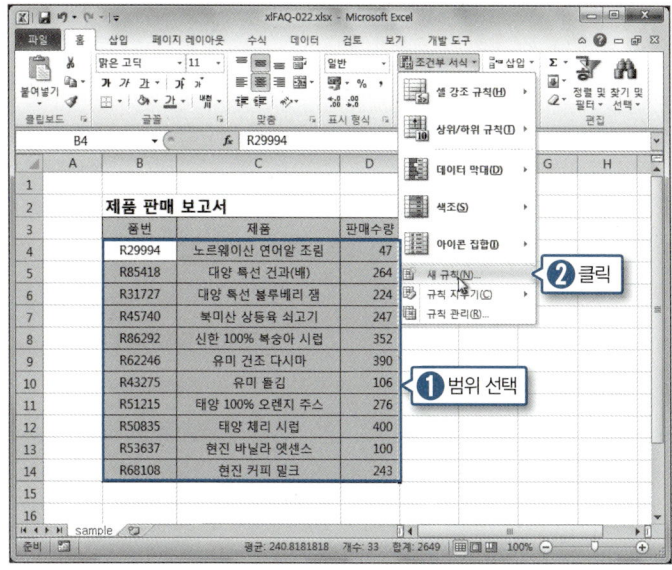

05 같은 행에 동일 서식 적용하기 (1)

❶ 새 서식을 적용하기 위해 **B4:D14** 범위를 선택하고 ❷ [홈] 탭-[스타일] 그룹-[조건부 서식]-[**새 규칙**]을 클릭합니다.

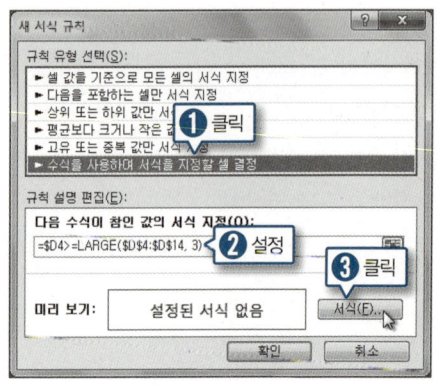

06 같은 행에 동일 서식 적용하기 (2)

❶ 새 서식 규칙 대화상자가 표시되면 규칙 유형 선택 목록에서 **수식을 사용하여 서식을 지정할 셀 결정**을 선택합니다.

❷ 다음 수식이 참인 값의 서식 지정란에 다음을 입력합니다.
=$D4>=LARGE($D$4:$D$14, 3)

❸ 조건을 만족하는 행에 표시할 서식을 지정하기 위해 [서식]을 클릭합니다.

수식 설명 =$D4>=LARGE($D$4:$D$14, 3)

사용된 수식 조건을 이해하기 위해서는 LARGE 함수에 대해 먼저 이해해야 합니다. LARGE 함수는 범위에 N번째로 큰 값을 반환하는 함수로, 구문은 다음과 같습니다.

LARGE(범위, N)

예제에서 사용한 수식은 D4셀의 값이 D4:D14 범위에서 세 번째로 큰 값보다 크거나 같은지 판단합니다. 이렇게 하면 상위 세 번째까지 값에만 TRUE가 반환되고 나머지는 FALSE가 반환되므로 상위 3개 판매수량 데이터에만 원하는 서식이 나타나도록 할 수 있습니다.

과정 03에서 B4:D14 범위를 선택했으므로 선택된 범위의 왼쪽 윗부분 첫 번째 셀인 B4셀에 이 수식 조건이 적용되며 나머지 셀에는 수식 조건이 복사되어 적용됩니다. 그렇기 때문에 첫 번째로 참조한 D4셀은 열 주소만 고정해 다른 열 방향으로 복사될 때는 변경되지 않도록 했으며 또한 LARGE 함수에서 D4:D14 범위 역시 전체 범위가 변경되지 않도록 절대 참조로 지정한 것입니다.

만약 하위 N개 데이터에 서식을 적용하려는 경우라면 LARGE 함수와 반대 함수인 SMALL 함수를 사용하면 됩니다. SMALL 함수는 LARGE 함수와 반대로 범위에서 N번째로 작은 값을 반환하며 함수 사용 방법은 LARGE 함수와 동일합니다.

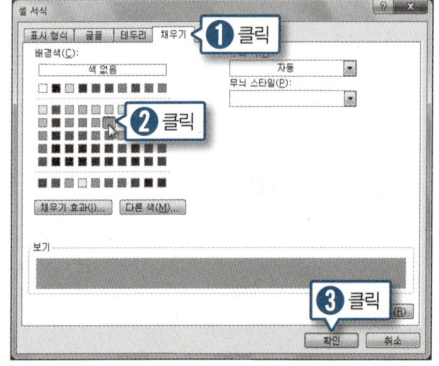

07 같은 행에 동일 서식 적용하기 (3)

❶ 셀 서식 대화상자에서 조건에 맞는 행에 적용할 배경색을 지정하기 위해 [채우기] 탭을 선택합니다.

❷ 색상표의 6열 3행에 위치한 색을 선택합니다.

❸ [확인]을 클릭합니다.

새 서식 규칙 대화상자에서도 [확인]을 클릭하여 대화상자를 닫습니다.

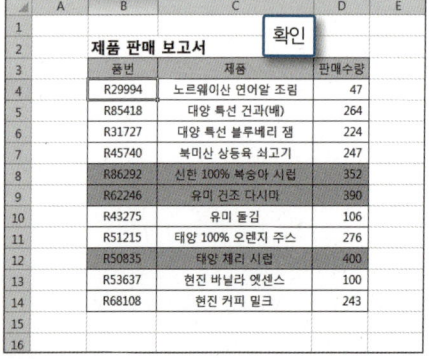

08 같은 행에 동일 서식 적용하기 (4)

판매량 상위 3개 제품에 동일한 서식이 적용되어 나오는 것을 확인할 수 있습니다.

조건부 서식의 [상위/하위 규칙]을 이용하는 방법과 수식 조건을 적용하는 방법의 차이를 잘 이해해 두면 상황에 맞게 조건부 서식을 적용할 수 있습니다.

질문 23 중복된 값에 원하는 서식을 지정할 수 있나요?

전체 데이터에서 일부 중복된 값을 눈으로 확인하려면 너무 불편합니다. 중복 데이터를 쉽게 확인할 수 있도록 중복 값에 표시를 할 수 있나요?

• 예제 파일 〉 Part1 : **xlFAQ-023.xlsx**   • 완성 파일 〉 Part1\완성 : **xlFAQ-023완성.xlsx**

답변 23 조건부 서식을 이용하면 유효성 검사와 같이 복잡한 작업 없이도 손쉽게 중복 값을 확인할 수 있는 [중복] 조건을 지정할 수 있습니다.

실무실습 중복된 값에 서식 지정하기

다음 실무실습을 통해 중복 값에 별도의 서식을 지정해 보겠습니다.

01 예제 확인하기

조건부 서식을 이용해 신청자 목록에서 전화번호가 동일한 사람을 표시하는 작업을 진행하겠습니다.

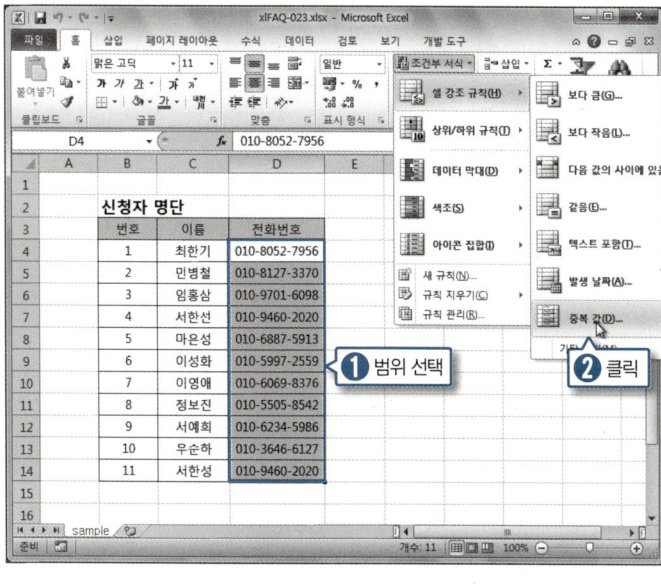

02 중복 값 표시하기(1)

❶ 중복을 확인할 **D4:D14** 범위를 선택합니다.

❷ [홈] 탭-[스타일] 그룹-[조건부 서식]-[셀 강조 규칙]-**[중복 값]**을 클릭합니다.

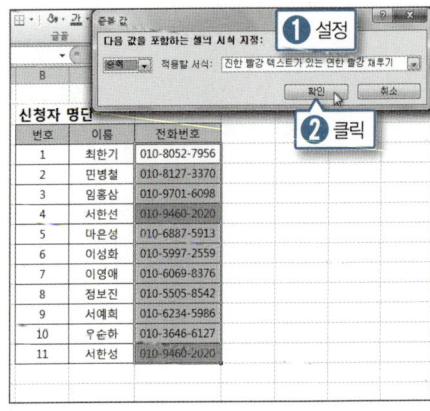

03 중복 값 표시하기 (2)

❶ 중복 값 대화상자가 표시되면 첫 번째 목록에서 **중복**을 선택하고 적용할 서식에서 원하는 서식 유형을 지정합니다.

❷ **[확인]**을 클릭합니다.

Tip ... 고유 값만 표시하기

고유한 항목에만 원하는 서식을 지정하려는 경우 중복 값 대화상자의 첫 번째 목록에서 **고유**를 선택하면 됩니다.

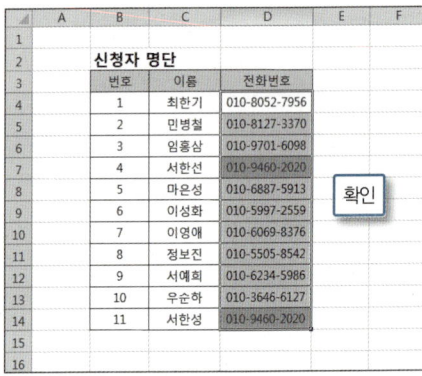

04 중복 값 확인하기

어느 위치에 중복 값이 입력되어 있는지 확인할 수 있습니다.

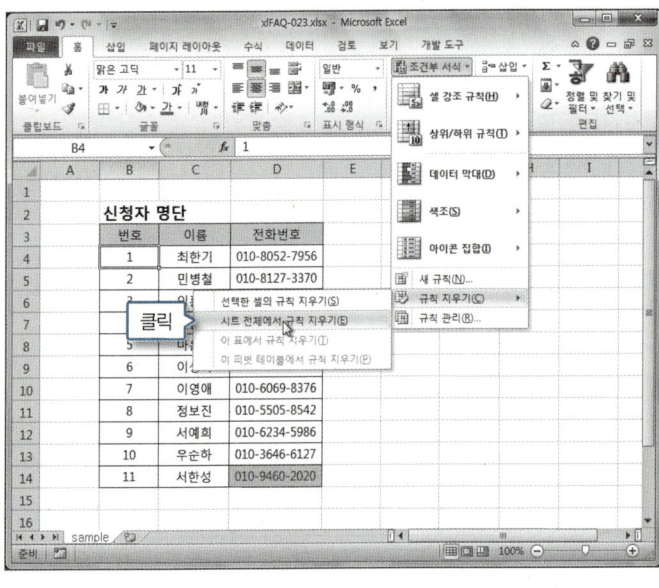

05 조건부 서식 지우기

중복 값은 엑셀 2007에서 추가된 것으로 이전 버전에서 중복 조건을 체크하거나 같은 행에 동일한 서식을 적용하려면 수식 조건을 사용해야 합니다.

먼저 적용된 서식을 삭제하기 위해 [홈] 탭-[스타일] 그룹-[조건부 서식]-[규칙 지우기]-**[시트 전체에서 규칙 지우기]**를 클릭합니다.

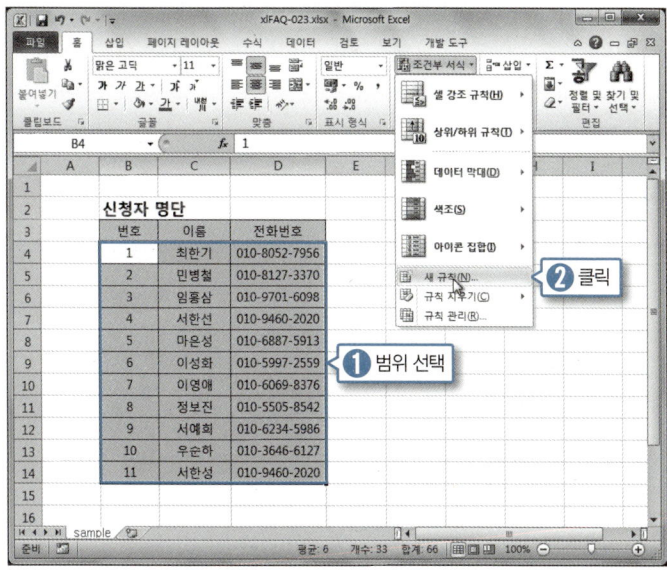

06 같은 행에 중복 서식 적용하기 (1)

❶ 같은 행에 중복 조건을 수식으로 적용하기 위해 **B4:D14** 범위를 선택합니다.

❷ [홈] 탭-[스타일] 그룹-[조건부 서식]-[새 규칙]을 클릭합니다.

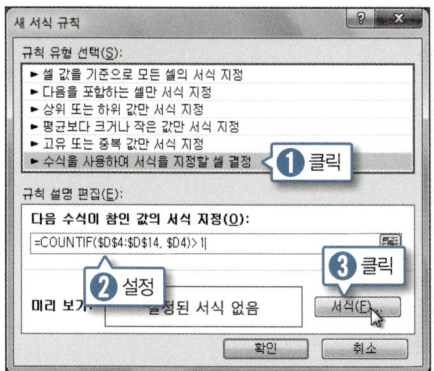

07 같은 행에 중복 서식 적용하기 (2)

❶ 새 서식 규칙 대화상자가 표시되면 규칙 유형 선택 목록에서 **수식을 사용하여 서식을 지정할 셀 결정**을 선택합니다.

❷ 다음 수식이 참인 값의 서식 지정란에 다음을 입력합니다.
=COUNTIF($D$4:$D$14, $D4)>1

❸ [서식]을 클릭하여 셀 서식 대화상자에서 원하는 서식을 지정한 다음 [확인]을 두 번 클릭하여 대화상자를 닫습니다.

Tip ... 중복 조건 수식 이해하기
예제에서 사용된 수식 조건은 78쪽의 유효성 검사에서 적용했던 수식 조건과 동일합니다. 유효성 검사에서는 COUNTIF 함수 결과가 1인 경우로 조건식을 구성해 고유 항목만 입력하도록 했고, 조건부 서식에서는 COUNTIF 함수 결과가 1을 초과하는 중복 데이터에만 서식을 표시하도록 한 것에 차이가 있습니다.
기본적인 수식 작성 방법은 동일합니다.

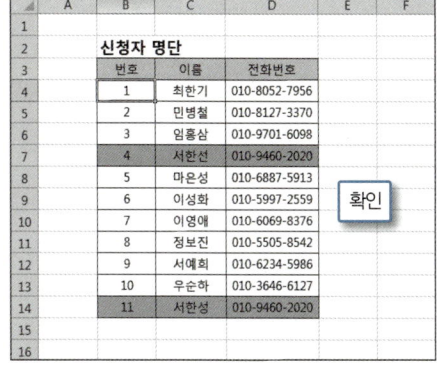

08 같은 행에 중복 서식 적용하기 (3)

중복 값에 원하는 서식이 적용되는 것을 확인할 수 있습니다.

Tip ... 중복 값 관리하기
조건부 서식을 이용하여 중복 값을 확인하고 정리한 다음 유효성 검사로 이후 입력될 중복 값을 방지하면 좋습니다.

질문 24 평균 이상 또는 이하인 데이터만 따로 표시할 수 있나요?

영업사원의 실적 집계표를 매달 정리하면서 목표 달성률을 함께 계산합니다. 이때, 목표 달성률이 평균 이하인 경우를 따로 표시할 수 있나요?

• 예제 파일 〉 Part1 : xlFAQ-024.xlsx   • 완성 파일 〉 Part1\완성 : xlFAQ-024완성.xlsx

답변 24 조건부 서식의 서식 규칙에는 평균 초과, 평균 미만 조건이 존재합니다. 이 조건을 이용하면 원하는 데이터를 분류해 표시하는 것이 가능합니다. 다만, 평균 이하인 경우의 조건은 메뉴에서 바로 선택할 수 없기 때문에 조건부 서식을 설정한 다음, **[규칙 관리]** 명령을 통해 조건을 수정해 주는 작업이 필요합니다.

실무실습 | 평균 이상 또는 이하인 데이터만 따로 표시하기

다음 실무실습을 통해 평균 이하 또는 이상인 데이터에 원하는 서식을 지정해 보겠습니다.

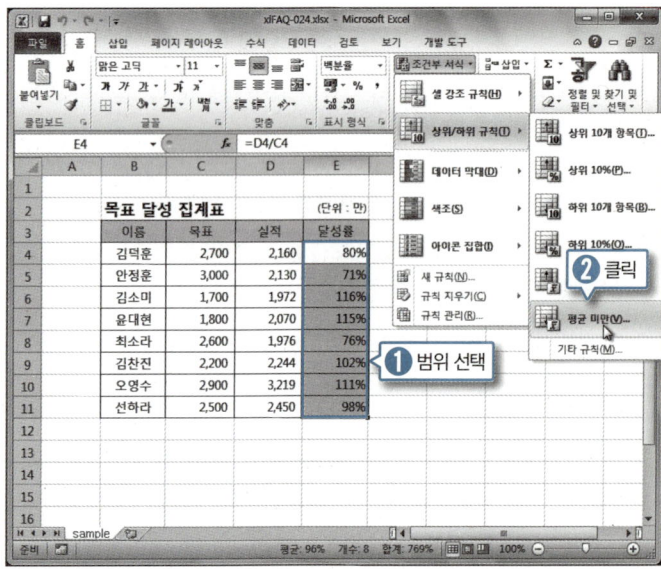

01 평균 미만 표시하기 (1)

목표 달성 집계표에서 목표 달성률이 전체 직원의 평균 이하(또는 이상)인 직원을 조건부 서식을 이용해 표시해 보겠습니다.

❶ E4:E11 범위를 선택합니다.

❷ [홈] 탭–[스타일] 그룹–[조건부 서식] 📊 –[상위/하위 규칙]–**[평균 미만]**을 클릭합니다.

Tip … 조건을 평균 이상으로 변경하기

조건을 평균 이상으로 하려면 [상위/하위 규칙]–**[평균 초과]**를 클릭합니다.

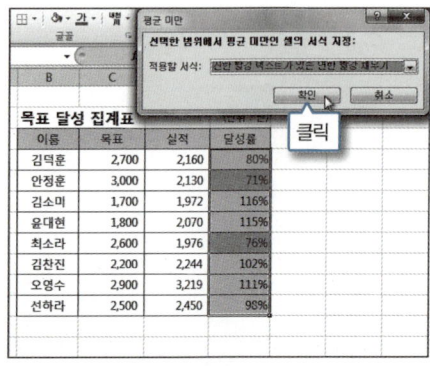

02 평균 미만 표시하기 (2)

평균 미만 대화상자가 표시되면 적용할 서식 목록에서 원하는 서식을 선택합니다. 예제에서는 기본 서식인 **진한 빨강 텍스트가 있는 연한 빨강 채우기**로 지정했습니다.

[확인]을 클릭하면 달성률이 평균 미만인 데이터에 서식이 표시됩니다.

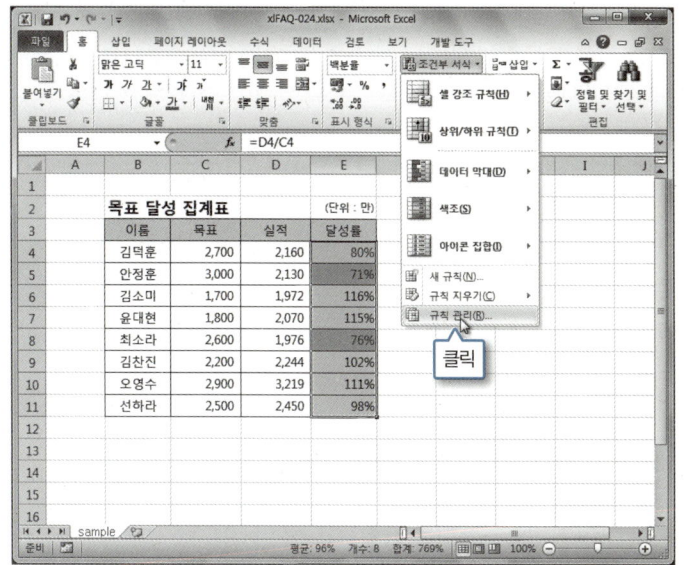

03 평균 이하로 조건 변경하기 (1)

평균 미만인 조건을 평균 이하로 변경하기 위해 E4:E11 범위가 선택된 상태에서 [홈] 탭-[스타일] 그룹-[조건부 서식] -[규칙 관리]를 클릭합니다.

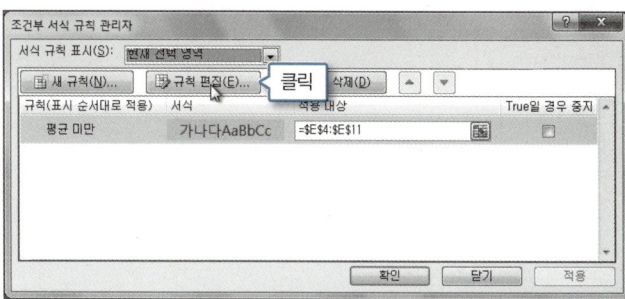

04 평균 이하로 조건 변경하기 (2)

조건부 서식 규칙 관리자 대화상자의 평균 미만 규칙이 선택된 상태로 **[규칙 편집]**을 클릭합니다.

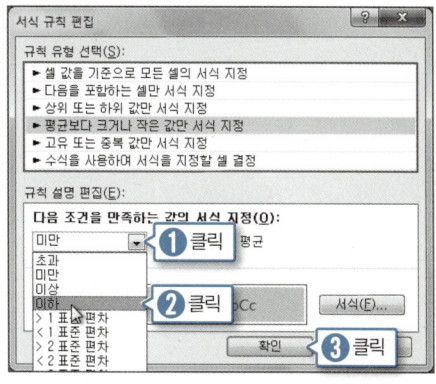

05 평균 이하로 조건 변경하기 (3)

❶❷ 서식 규칙 편집 대화상자가 표시되면 규칙 설명 편집 옵션에서 첫 번째 목록을 **이하**로 지정하고 ❸ **[확인]**을 클릭합니다.
조건부 서식 규칙 관리자 대화상자에서도 **[확인]**을 클릭하여 대화상자를 닫으면 변경된 설정이 바로 적용됩니다.

Tip ... 엑셀 2003 이하 버전에서 평균 이하 조건 지정하기

평균 초과 또는 평균 미만 서식 규칙은 엑셀 2007 이상에서 지원되므로, 엑셀 2003에서 적용하려면 수식 조건을 사용합니다. 이번 서식 규칙을 수식을 사용하는 조건으로 변경하려면 수식 조건을 다음과 같이 구성하면 됩니다.

`=$E4<=AVERAGE($E$4:$E$11)`

위 수식 조건에서 평균 이상을 처리하도록 하려면 작거나 같음(<=) 비교 연산자를 크거나 같음(>=)으로 변경합니다.

질문 25 여러 개의 조건부 서식을 함께 적용할 수 있나요?

표에 여러 조건을 지정해 서식을 적용하고 싶습니다. 조건부 서식을 몇 개나 적용할 수 있는지와, 여러 개를 동시에 적용하려고 할 때 주의해야 하는 점을 알 수 있을까요?

• 예제 파일 〉 Part1 : **xlFAQ-025.xlsx**　• 완성 파일 〉 Part1\완성 : **xlFAQ-025완성.xlsx**

답변 25 조건부 서식은 몇 개까지만 조건을 적용해야 한다는 제한이 없습니다. 그러므로 다양한 조건을 한 번에 적용하는 것이 가능합니다. 여러 조건을 적용하다 보면 지정한 조건의 규칙이 서로 충돌하는 경우도 빈번하게 발생하지만 어떤 조건을 우선해서 처리하는지 해당 규칙을 잘 이해하고 있으면 문제없이 여러 개의 조건을 함께 사용할 수 있습니다.

실무실습 여러 개의 조건부 서식 함께 적용하기

다음 실무실습을 통해 조건부 서식에 여러 개의 조건을 설정하는 방법과 우선순위를 조정하는 방법을 알아보겠습니다.

01 예제 확인하기

E14:I18 범위의 조건표에 정리된 조건에 따라 조건부 서식을 이용해 D4:I12 범위에 등급별 색상과 등급을 설정해 보겠습니다.

02 D등급 조건부 서식 적용하기 (1)

제일 낮은 D등급 조건부터 하나씩 적용해 보겠습니다.

❶ **D4:I12** 범위를 선택합니다.

❷ [홈] 탭-[스타일] 그룹-[조건부 서식]-[셀 강조 규칙]-**[보다 큼]**을 클릭합니다.

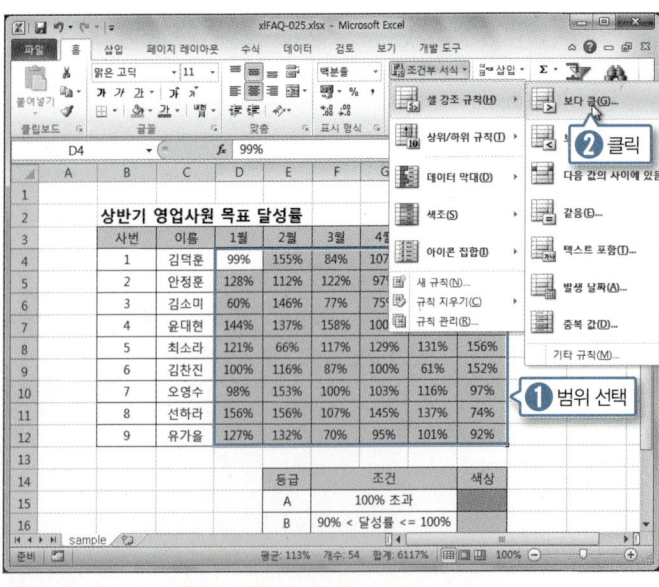

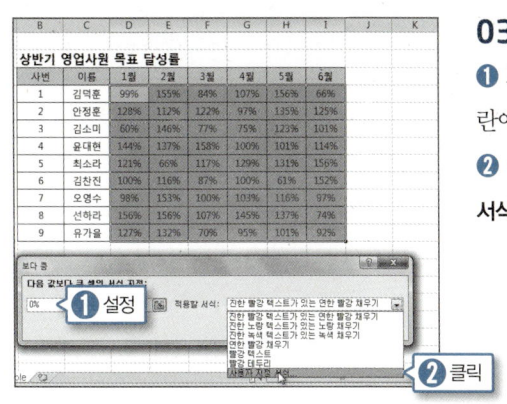

03 D등급 조건부 서식 적용하기 (2)

❶ 보다 큼 대화상자가 표시되면 다음 값보다 큰 셀의 서식 지정란에 D등급의 최소값인 **0%**로 설정합니다.

❷ 등급의 색상을 적용하기 위해 적용할 서식 목록을 **사용자 지정 서식**으로 지정합니다. Note 24

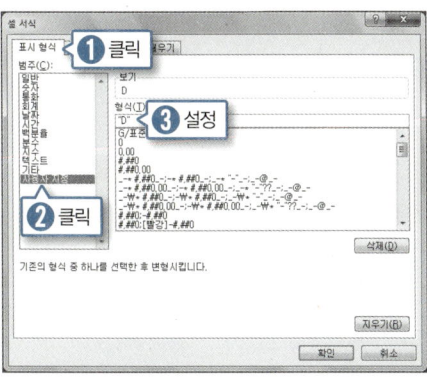

04 D등급 조건부 서식 적용하기 (3)

❶ 셀 서식 대화상자가 표시되면 [표시 형식] 탭을 선택합니다.

❷ 범주 목록에서 **사용자 지정**을 선택합니다.

❸ 형식란에 "D"를 입력합니다.

Tip ... 서식 코드 알아보기
셀 서식 대화상자의 형식란에 큰 따옴표(")와 함께 원하는 텍스트를 입력하면 해당 문자가 숫자를 대신해 표시됩니다. 이 방법을 조건부 서식과 결합해서 사용하면 지정한 조건에 맞는 값에 숫자 대신 텍스트를 표시하기 때문에 표를 깔끔하게 정리할 경우 사용하면 좋습니다.

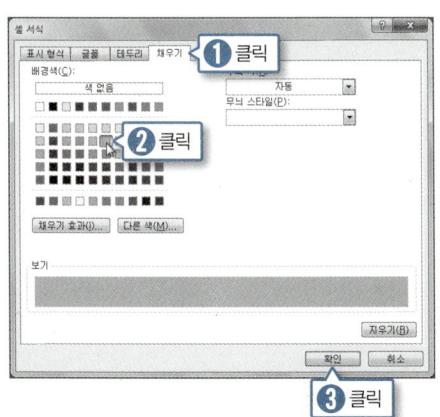

05 D등급 조건부 서식 적용하기 (4)

❶ 배경색을 적용하기 위해 [채우기] 탭을 선택합니다.

❷ 색상표에서 6열 3행에 위치한 색을 선택합니다.

❸ [**확인**]을 클릭합니다.

보다 큼 대화상자에서도 [**확인**]을 클릭하여 대화상자를 닫습니다.

Note 24 ... D등급부터 적용하는 이유와 최소값을 입력하는 이유 알아보기

구간별로 정리된 표를 조건부 서식으로 정리할 때는 어떤 규칙을 적용하느냐에 따라 작업하는 방식이 달라집니다.

과정 02에서 조건부 서식 규칙 중 [셀 강조 규칙]-[보다 큼] 조건을 선택하였습니다. [**보다 큼**]을 선택하면 구간의 가장 낮은 등급부터 작업하면 되며, 과정 03처럼 구간별 최소값을 입력해 작업하면 됩니다.

만약 과정 02에서 [셀 강조 규칙]-[**보다 작음**] 조건을 선택했다면 구간의 가장 높은 등급인 A등급부터 작업하면 되며, 과정 03에서 구간별 최대값을 입력해 작업하면 됩니다.

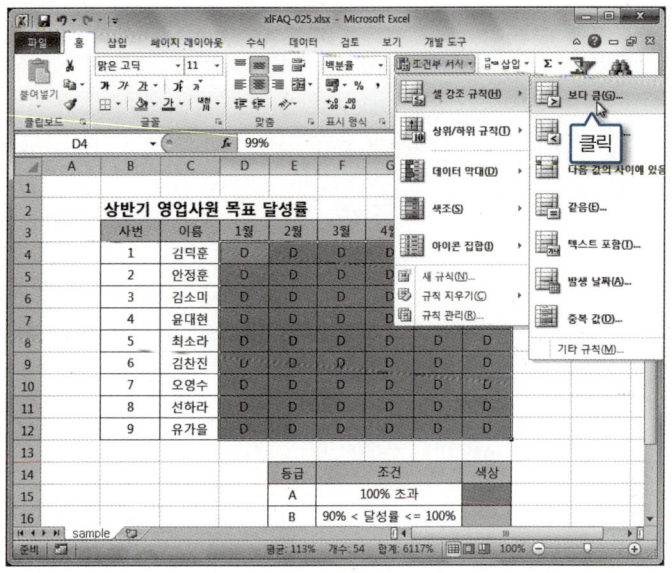

06 C등급 조건부 서식 적용하기 (1)

모든 값이 0%보다 크므로 모든 셀에 동일한 서식과 등급이 표시되는 것을 확인할 수 있습니다.

두 번째 등급인 C등급을 설정하기 위해 D4:I12 범위가 선택된 상태에서 [홈] 탭-[스타일] 그룹-[조건부 서식] -[셀 강조 규칙]-**[보다 큼]**을 클릭합니다.

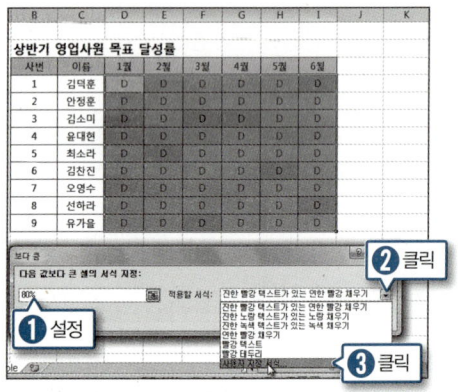

07 C등급 조건부 서식 적용하기 (2)

❶ 보다 큼 대화상자가 표시되면 다음 값보다 큰 셀의 서식 지정란을 C등급 구간의 최소값인 **80%**로 지정합니다.

❷❸ 적용할 서식 목록을 **사용자 지정 서식**으로 지정합니다.

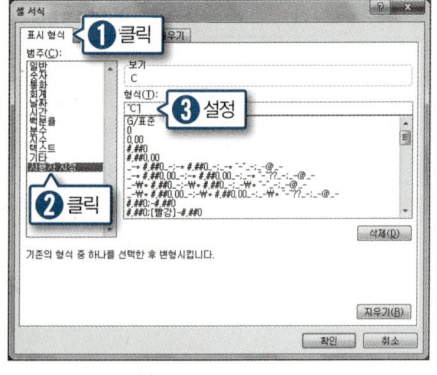

08 C등급 조건부 서식 적용하기 (3)

❶ 셀 서식 대화상자가 표시되면 [표시 형식] 탭을 선택합니다.

❷ 범주 목록을 **사용자 지정**, ❸ 형식란을 "C"로 지정합니다.

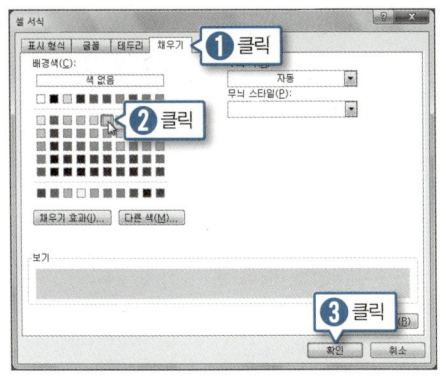

09 C등급 조건부 서식 적용하기 (4)

❶ [채우기] 탭을 선택합니다.
❷ 색상표에서 6열 2행에 위치한 색을 선택합니다.
❸ [확인]을 클릭합니다.
보다 큼 대화상자에서도 [확인]을 클릭하여 대화상자를 닫습니다.

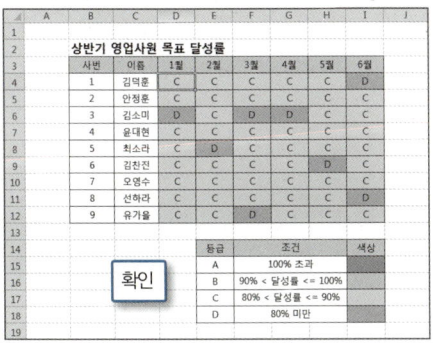

10 C등급 조건부 서식 적용하기 (5)

2가지 조건부 서식이 설정된 표를 확인할 수 있습니다.
이것으로 두 번째 지정한 조건부 서식 조건을 만족하는 셀은 첫 번째 조건부 서식 설정을 무시하고 두 번째 조건부 서식 설정이 적용되는 것을 확인할 수 있습니다.

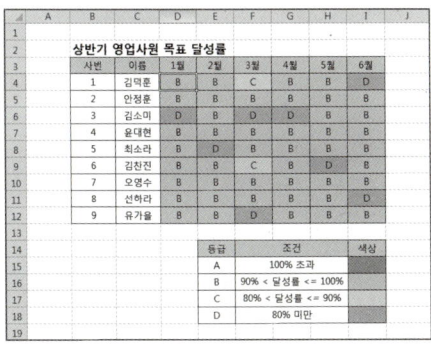

11 B등급 조건부 서식 적용하기

과정 **06~09**를 참고해 B등급의 조건부 서식을 적용합니다. B등급은 보다 큼 대화상자에서 구간의 최소값을 B등급의 최소값인 90%로 설정하면 됩니다.

12 A등급 조건부 서식 적용하기

과정 **06~09**를 참고해 A등급의 조건부 서식을 적용합니다. A등급은 보다 큼 대화상자에서 구간의 최소값을 A등급의 최소값인 100%로 설정하면 됩니다.

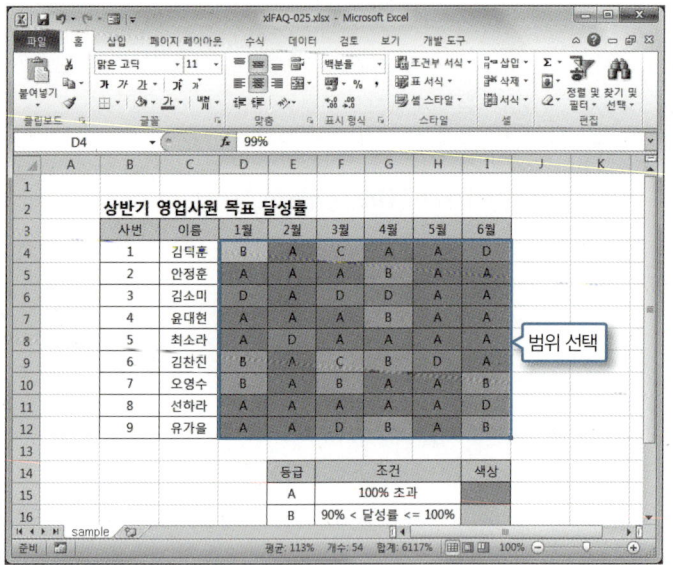

13 조건부 서식 규칙 확인하기 (1)
여러 개의 조건부 서식을 설정할 때는 조건의 순서에 주의해야 합니다. 방법을 이해하기 위해 D4:I12 범위를 선택합니다.

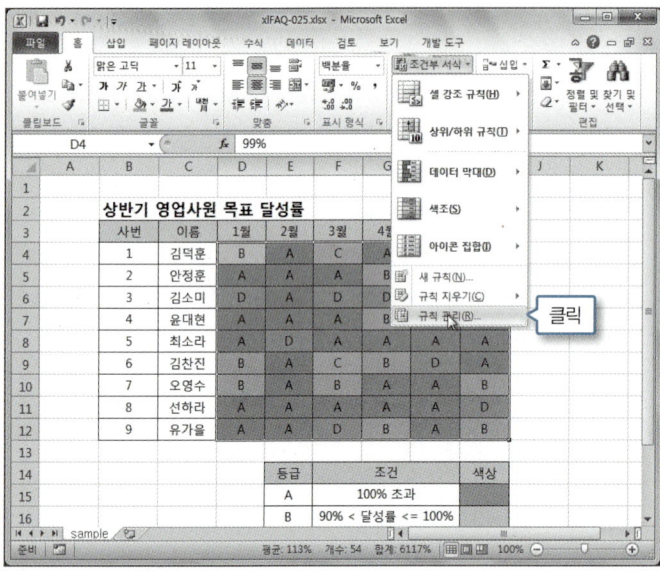

14 조건부 서식 규칙 확인하기 (2)
[홈] 탭–[스타일] 그룹–[조건부 서식]–[규칙 관리]를 클릭합니다.

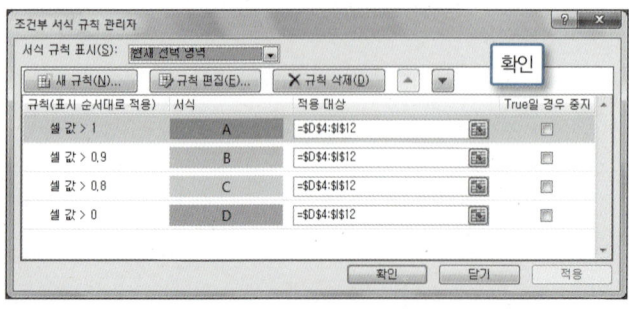

15 조건부 서식 규칙 확인하기 (3)
조건부 서식 규칙 관리자 대화상자가 표시되면 설정된 조건부 서식을 모두 확인할 수 있습니다.
적용된 조건을 선택하고 방향 버튼을 눌러 순서를 조정할 수 있습니다.

질문 26
조건부 서식이 설정된 범위와 규칙을 확인할 수 있나요?

조건부 서식이 적용된 범위는 눈으로 확인하기 어렵습니다. 어떤 범위에 어떤 조건이 걸려 있는지 한번에 확인할 수 있는 방법이 있나요?

• 예제 파일 〉 Part1 : xlFAQ-026.xlsx

답변 26
조건부 서식이 설정된 범위를 확인하려면 유효성 검사 때와 마찬가지로 [이동] 기능을 사용할 수 있습니다. 단, 조건부 서식은 동일한 셀에 여러 개의 조건을 중첩해서 사용할 수 있기 때문에 단순히 조건부 서식이 설정된 범위 전체를 찾는 것보다 지정된 조건의 적용 범위가 어디인지 정확하게 아는 것이 중요합니다. 조건부 서식 규칙 관리자 대화상자에서 선택된 범위에 적용된 규칙별 범위를 확인할 수 있습니다.

실무실습 조건부 서식이 설정된 범위와 규칙 확인하기

다음 실무실습을 통해 조건부 서식이 적용된 전체 범위를 확인하는 방법과 조건부 서식의 규칙별 적용 범위를 확인하는 방법을 알아보겠습니다.

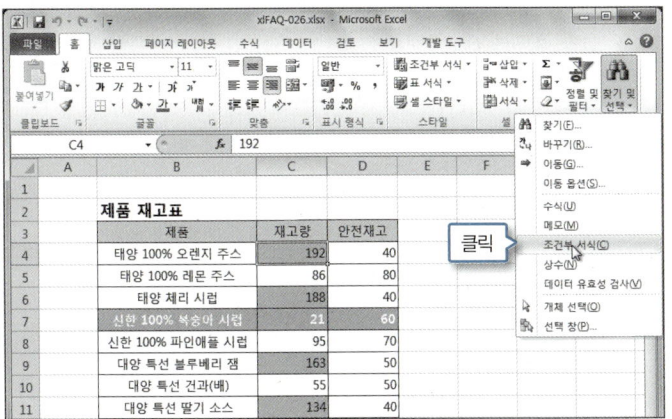

01 조건부 서식이 적용된 범위 확인하기
제품 재고표에 적용된 서식은 조건부 서식에 의한 것입니다. 이동 기능을 사용해 어느 범위에 어떤 규칙의 조건부 서식이 설정되어 있는지 확인해 보겠습니다.
[홈] 탭-[편집] 그룹-[찾기 및 선택]-[조건부 서식]을 클릭합니다.

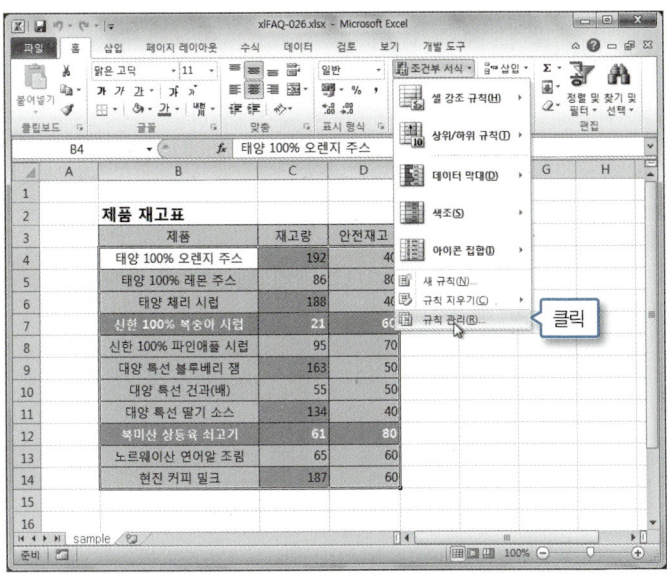

02 세부 규칙 확인하기 (1)
B4:D14 범위가 선택됩니다. 이 범위가 조건부 서식이 적용된 범위로, 선택된 범위에 어떤 조건부 서식 규칙이 설정되어 있는지를 확인하기 위해 [홈] 탭-[스타일] 그룹-[조건부 서식]-**[규칙 관리]**를 클릭합니다.

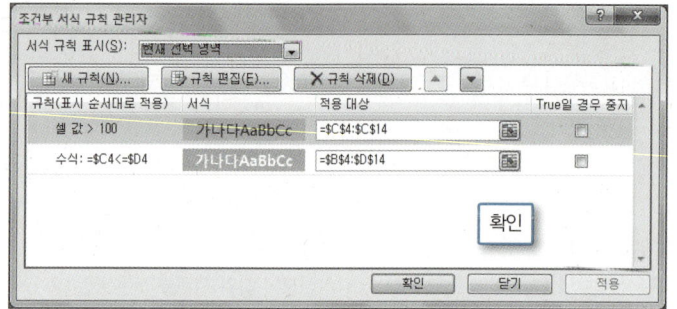

03 세부 규칙 확인하기 (2)

조건부 서식 규칙 관리자 대화상자가 표시되면 현재 선택 범위에 2개의 규칙이 적용되어 있는 것을 확인할 수 있습니다.

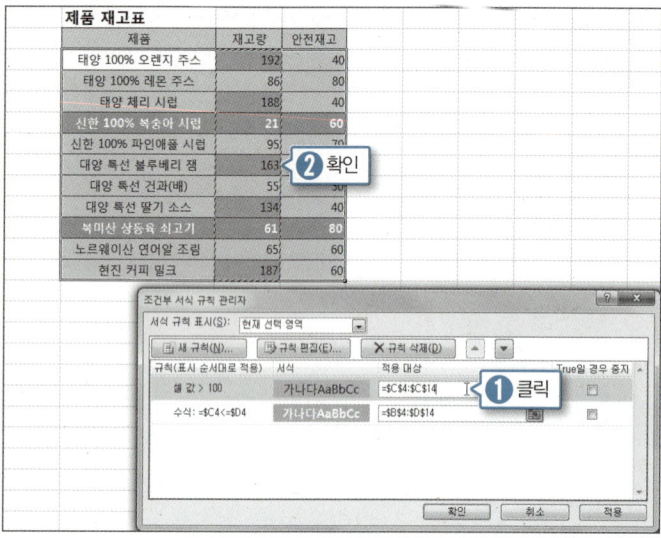

04 세부 규칙 확인하기 (3)

❶ 개별 조건부 서식의 적용 대상란을 클릭합니다.

❷ 해당 데이터 범위에 굵은 실선 테두리가 표시됩니다.

이 방법을 이용해 각각의 조건부 서식이 적용된 범위와 규칙을 확인할 수 있으며 규칙을 편집하기 위해서는 [**규칙 편집**]을 클릭하면 됩니다. **Note 25**

Note 25 … 이동 기능을 사용하지 않고 조건부 서식이 적용된 범위 확인하기

이동 기능을 사용하지 않으려면 조건부 서식 규칙 관리자 대화상자 윗부분의 서식 규칙 표시 목록에서 **현재 워크시트**를 선택하면 됩니다. 그러면 전체 워크시트에 적용된 전체 규칙과 적용 범위를 바로 확인할 수 있습니다.

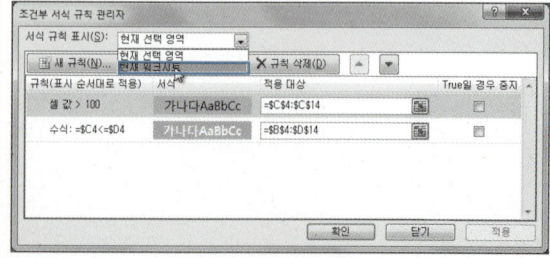

Chapter 2.
외부 데이터 가져오기

엑셀에서는 엑셀 파일뿐만 아니라 액세스 데이터베이스의 테이블 및 쿼리, SQL Server 데이터베이스, Oracle, DB2 등 ODBC 드라이버 또는 OLE DB Provider를 제공하는 외부 데이터베이스, dBASE 데이터베이스, 텍스트 파일, HTML 페이지의 테이블 등 다양한 외부 파일에 접근해 원하는 데이터를 가져와 사용할 수 있습니다.
다양한 외부 데이터를 엑셀로 가져와 관리하거나 피벗 테이블 기능을 이용해 바로 집계하고 분석할 수 있어 엑셀로 데이터를 분석하는 것이 더욱 편리합니다.

Chapter 2에서는 다음과 같은 내용에 대해 설명합니다.

- **Section 01** 외부 엑셀 파일에서 데이터 가져오기
- **Section 02** 텍스트 파일 가져오기
- **Section 03** 액세스 데이터 가져오기
- **Section 04** 웹 데이터 가져오기

Section 01 외부 엑셀 파일에서 데이터 가져오기

▶ 테이블 삽입   ▶ 쿼리 삽입

일반적으로 파일 단위로 엑셀 데이터를 관리하는 경우가 많기 때문에 필요한 경우 다른 파일 데이터를 참조하거나 다른 파일 데이터를 복사한 다음 붙여 넣는 작업을 해야 할 때가 많습니다. 외부 데이터를 현재 파일에서 열거나 조건에 맞는 데이터만 가져와 사용하는 것이 가능합니다. 외부 엑셀 파일의 데이터를 가져오는 방법은 연결을 사용하는 방법과 Microsoft Query 프로그램을 이용하는 방법이 있습니다. 각 방법에는 장단점이 있으므로 필요한 상황에 맞게 사용해야 합니다.

질문 27 다른 파일의 표를 현재 파일로 가져올 수 있나요?

항상 다른 폴더에 있는 파일의 데이터를 참조해야 할 경우 매번 파일을 열어 작업하기가 쉽지 않습니다. 좀 더 쉽게 데이터를 참조해 작업할 수 있는 방법이 있나요?

• 예제 파일 〉 Part1 : xlFAQ-027.xlsx   • 완성 파일 〉 Part1\완성 : xlFAQ-027완성.xlsx

답변 27

엑셀로 업무를 진행할 때 참조할 데이터가 여러 파일에 나뉘져 있다면 작업 전에 해당 파일을 모두 열어야 하기 때문에 번거롭습니다. 만약 데이터를 현재 파일로 가져올 수 있고 가져온 데이터를 원본 표와 항상 동기화할 수 있다면 좀 더 편리하게 작업할 수 있을 것입니다. 이 작업을 위해서는 외부 데이터 가져오기를 이용하면 됩니다.

실무실습 외부 파일의 표를 현재 파일로 가져오기

다음 실무실습을 통해 외부 데이터 가져오기를 이용해 다른 파일의 데이터를 가져와 보겠습니다.

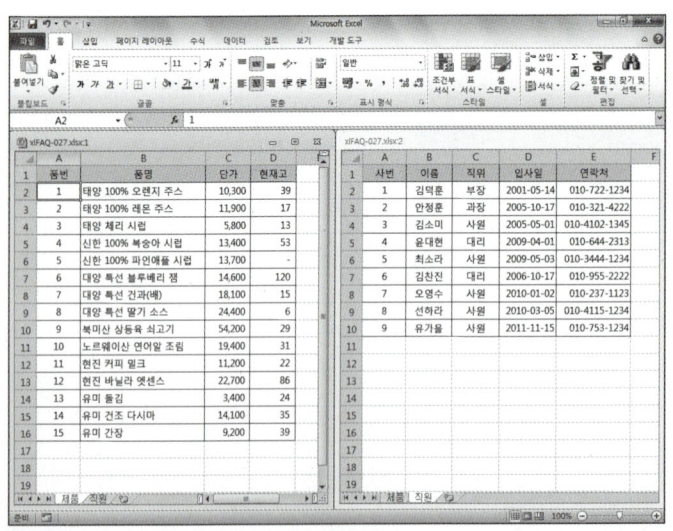

01 예제 확인하기

예제 파일에는 화면과 같은 [제품], [직원] 2개의 시트가 존재합니다.

두 워크시트 중에서 [제품] 시트의 표를 다른 파일에서 가져오는 작업을 진행해 보겠습니다.

데이터를 확인한 다음 예제 파일을 닫습니다.

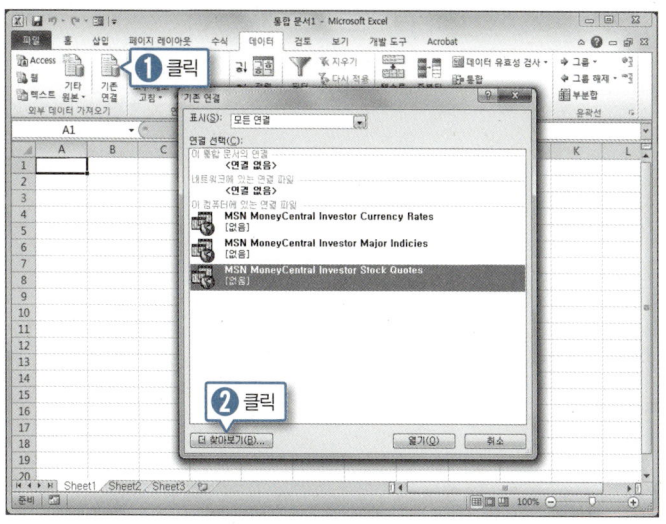

02 외부 파일에서 데이터 가져오기 (1)

❶ 엑셀을 실행하고 새 통합 문서를 만듭니다. [데이터] 탭-[외부 데이터 가져오기] 그룹-[**기존 연결**]을 클릭합니다.

❷ 연결 선택 목록에서 기존 연결 정보를 확인할 수 있으며 연결 작업을 한 이력이 없는 경우에는 MSN 관련 연결 파일만 확인할 수 있습니다.

예제 파일을 연결하기 위해 [**더 찾아보기**]를 클릭합니다.

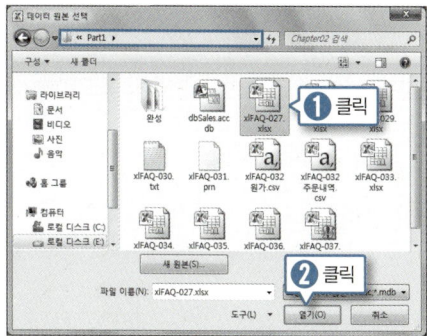

03 외부 파일에서 데이터 가져오기 (2)

데이터 연결 선택 대화상자는 열기 대화상자와 유사합니다. 먼저 예제 파일이 저장된 폴더로 이동합니다.

❶ **xlFAQ-027.xlsx** 파일을 선택합니다.

❷ [**열기**]를 클릭합니다.

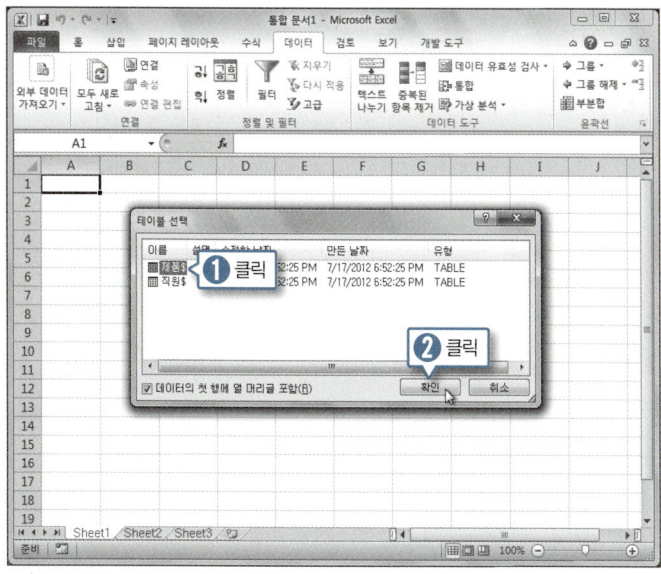

04 외부 파일에서 데이터 가져오기 (3)

❶ 테이블 선택 대화상자가 표시되면 테이블 중에서 **제품$**을 선택합니다.

❷ [**확인**]을 클릭합니다.

Tip ... 테이블 이름 뒤에 $ 표시 의미 알아보기
테이블 선택 대화상자에 표시되는 테이블 이름 뒤의 $는 테이블 이름이 워크시트라는 것을 의미하는 기호입니다. $가 붙지 않는 테이블 이름은 이름으로 정의된 범위를 의미합니다.

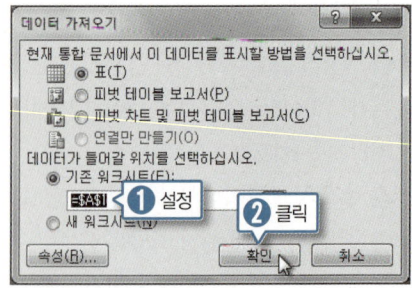

05 외부 파일에서 데이터 가져오기 (4)

❶ 데이터 가져오기 대화상자가 표시되면 엑셀 표로 데이터를 가져오기 위해 **표**가 선택된 상태로 입력란에 데이터를 가져올 위치를 지정합니다.

❷ [확인]을 클릭합니다.

Tip ... 가져온 데이터 사용하기

데이터 가져오기 대화상자에서 확인할 수 있듯이 다른 파일의 데이터는 표와 피벗 테이블을 가져올 수 있습니다.

데이터 자체를 참조해 다른 위치에서 사용하려는 경우라면 표로 가져오는 방법을 사용하면 되고, 바로 집계하려면 피벗 테이블로 가져오는 방법을 사용하면 됩니다. 피벗 테이블에 대해서는 Part 2 〉 Chapter 1을 참고하세요.

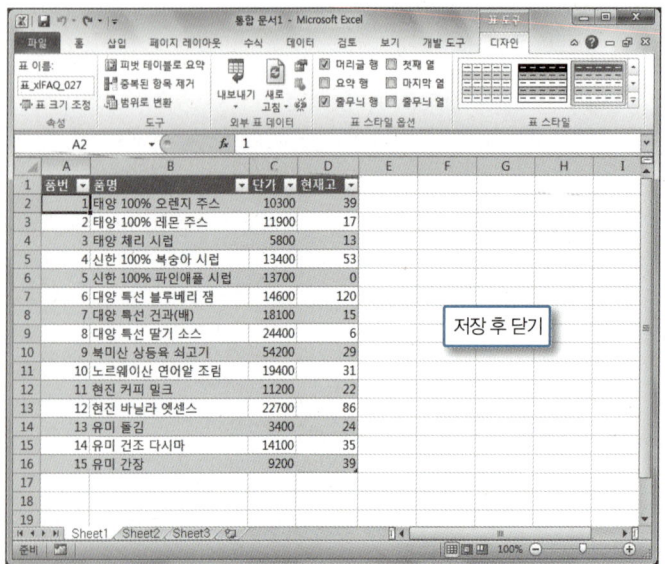

06 외부 파일에서 데이터 가져오기 (5)

지정한 위치에 선택한 테이블의 데이터가 가져와집니다. 이렇게 가져온 데이터는 언제든지 원본 파일인 예제 파일과 동기화해서 데이터를 일치시킬 수 있습니다. 확인을 위해 파일을 저장하고 닫습니다.

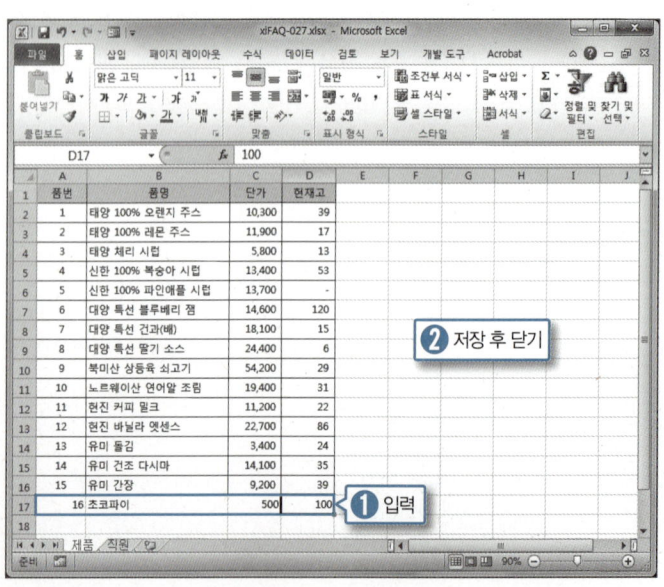

07 외부 파일에서 데이터 가져오기 (6)

xlFAQ-027.xlsx 파일을 엽니다.

❶ A17:D17 범위에 새 제품 데이터를 입력하고 ❷ 파일을 저장한 다음 닫습니다.

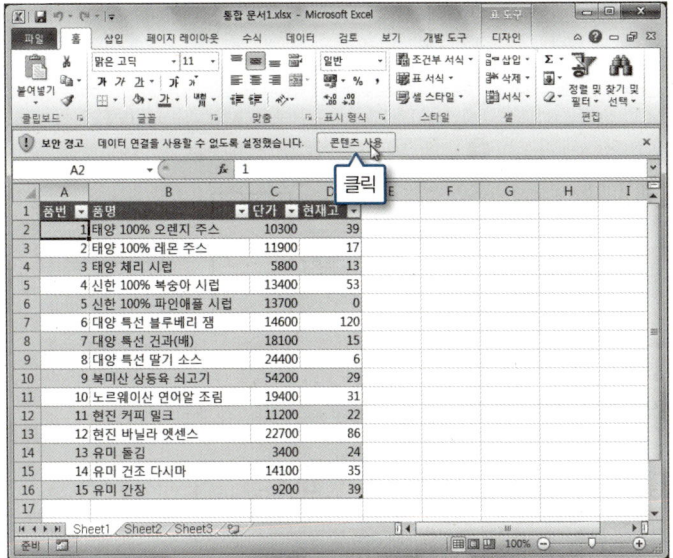

08 동기화 확인하기 (1)

과정 06에서 저장한 파일을 다시 열면 수식 입력줄 윗부분에 보안 경고 메시지 줄이 표시됩니다.

[콘텐츠 사용]을 클릭합니다.

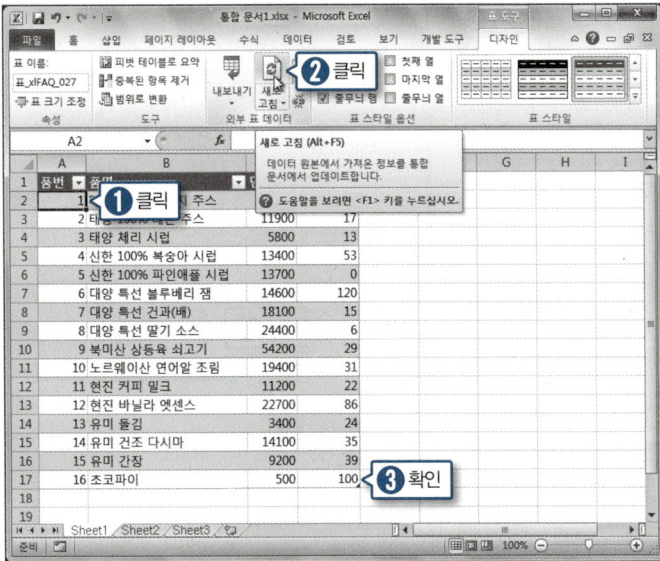

09 동기화 확인하기 (2)

❶ 예제 파일과 동기화하기 위해 **A1:D16** 범위에서 임의의 셀을 선택합니다.

❷ [디자인] 탭-[외부 표 데이터] 그룹-[새로 고침]을 클릭합니다.

❸ A17:D17 범위에 과정 **07**에서 입력한 값이 새로 나타나는 것을 확인할 수 있습니다. **Note 1**

Note 1 ... 오류가 발생하는 이유 알아보기

예제 파일과 데이터를 가져온 파일을 동시에 열고 작업하다가 외부 데이터 가져오기로 열린 파일을 다시 열어 작업하려고 하면 오류 메시지 대화상자가 표시됩니다. 외부 데이터 가져오기를 이용해 작업할 때는 항상 연결된 파일이 닫혀 있는지 확인해야 합니다.

질문 28
워크시트에 표가 여러 개 있을 때 원하는 표만 가져올 수 있나요?

가지고 오고자 하는 표가 있는 워크시트에 다른 표도 있어서 데이터를 가져오면 불필요한 데이터도 함께 가져와 집니다. 이런 경우 필요한 표만 선택해 가져올 수 있나요?

• 예제 파일 〉 Part1 : **xlFAQ-028.xlsx**   • 완성 파일 〉 Part1\완성 : **xlFAQ-028완성.xlsx**

답변 28
워크시트 이름으로 테이블을 선택해 표를 가져오는 경우 워크시트에 표가 1개만 있으면서 A1셀부터 데이터가 기록되어야 불필요한 데이터를 가져오지 않습니다. 하지만 일반적으로는 워크시트에 표를 여러 개 만들어 사용하는 경우가 많으므로, 이런 경우 사용하기 적합하지 않습니다.

워크시트에 표가 여러 개 있을 경우 가져올 표 범위를 이름으로 정의하고 사용해야 합니다. 참고로 엑셀 표로 변환한 경우나 OFFSET 함수 등을 사용해 동적 범위로 참조해 놓은 이름은 외부 파일에서 인식하지 못합니다.

실무실습 표 범위 이름 지정하여 원하는 표만 가져오기

다음 실무실습을 통해 외부 데이터 가져오기를 이용해 다른 파일의 데이터를 가져오는 방법을 알아보겠습니다.

01 예제 확인하기

예제 파일을 열면 [sample] 시트에서 2개의 표를 확인할 수 있습니다. 2개의 표 중에서 원하는 표만 다른 파일로 가져와 보겠습니다. 이 작업을 위해서는 2개의 표를 이름으로 정의해야 합니다.

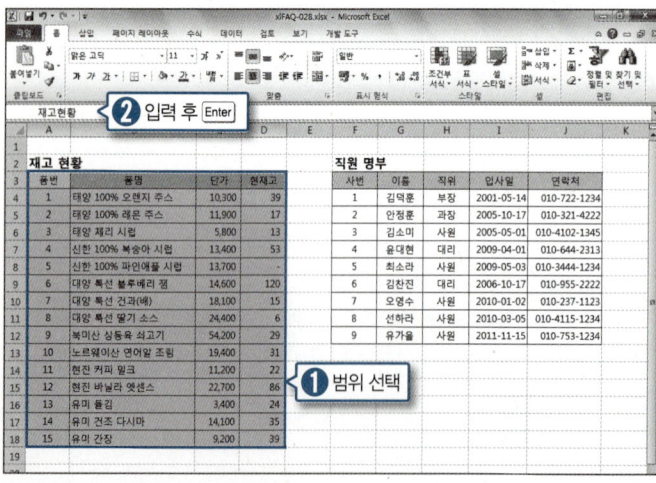

02 표 범위 이름으로 정의하기 (1)

먼저 왼쪽 재고현황 표를 이름으로 정의하겠습니다.

❶ A3:D18 범위를 선택합니다.

❷ 이름 상자에 **재고현황**을 입력한 다음 Enter를 눌러 이름으로 정의합니다.

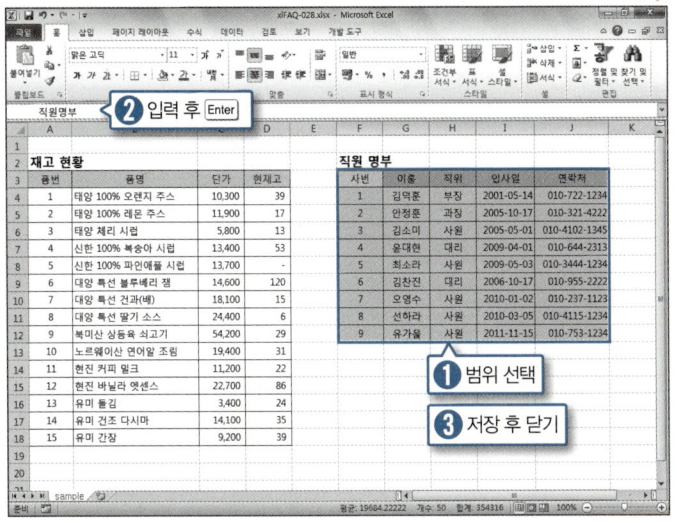

03 표 범위 이름으로 정의하기 (2)

오른쪽 직원명부 표도 같은 방법으로 이름으로 정의하겠습니다.

❶ F3:J12 범위를 선택합니다.
❷ 이름 상자에 **직원명부**를 입력하고 Enter 를 눌러 정의합니다.
❸ 예제 파일을 저장하고 닫습니다.

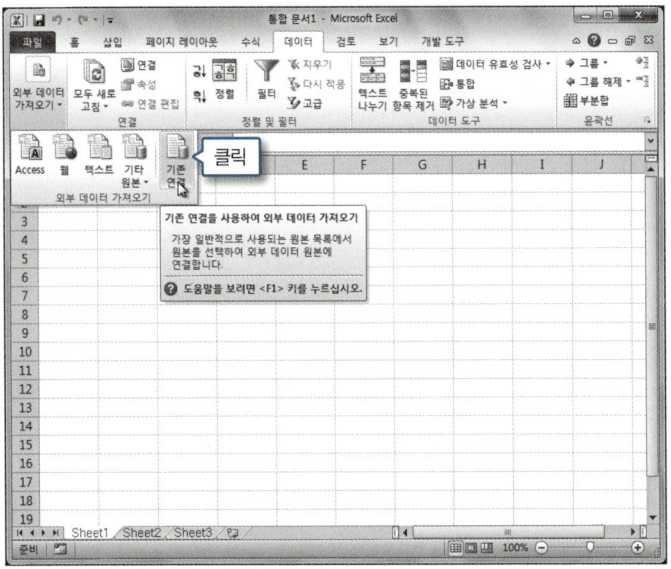

04 외부 파일에서 데이터 가져오기 (1)

엑셀을 다시 실행하고 새 통합 문서를 만듭니다. 예제 파일의 표 중 하나를 가져오겠습니다.

[데이터] 탭-[외부 데이터 가져오기] 그룹-[기존 연결] 을 클릭합니다.

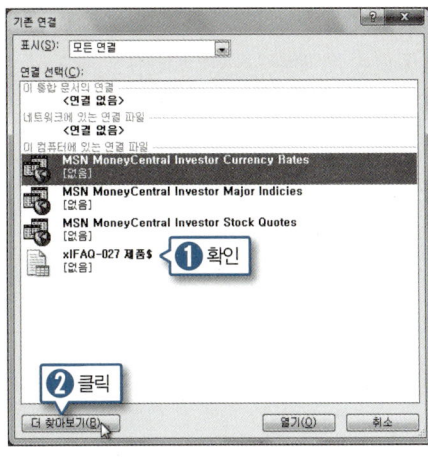

05 외부 파일에서 데이터 가져오기 (2)

❶ 이전 예제를 따라했다면 기존 연결 대화상자에서 이전 예제에서 연결했었던 **FAQ-027 제품$** 연결 정보를 확인할 수 있습니다. 한 번 외부 데이터와 연결하면 연결 정보가 표시되기 때문에 어떤 파일에서도 빠르게 해당 데이터에 접근할 수 있게 됩니다.
❷ 예제 파일과 연결하기 위해 **[더 찾아보기]**를 클릭합니다.

Tip ... 기존 연결 정보 삭제하기
연결 정보는 파일로 기록되므로 삭제하려면 윈도우 탐색기에서 C:₩Users₩사용자명₩Documents₩내 데이터 원본 폴더로 이동한 다음 삭제할 연결 정보 파일을 직접 삭제하면 됩니다.

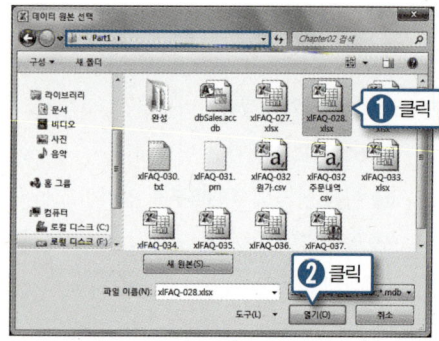

06 외부 파일에서 데이터 가져오기 (3)

❶ 데이터 원본 선택 대화상자가 표시되면 예제 파일을 저장한 폴더에서 **xlFAQ-028.xlsx** 파일을 선택합니다.

❷ [열기]를 클릭합니다.

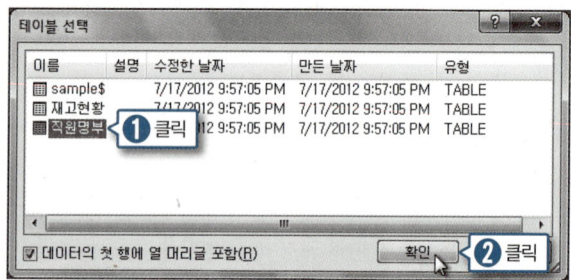

07 외부 파일에서 데이터 가져오기 (4)

❶ 테이블 선택 대화상자가 표시되면 테이블 목록에서 **직원명부**를 선택합니다.

❷ [확인]을 클릭합니다.

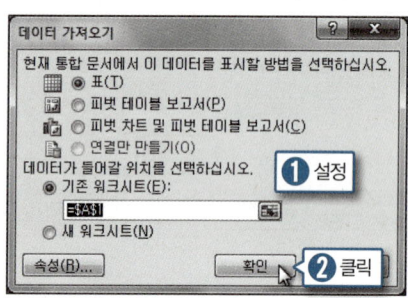

08 외부 파일에서 데이터 가져오기 (5)

❶ 데이터 가져오기 대화상자가 표시되면 표가 선택된 상태에서 데이터를 가져올 위치를 지정합니다.

❷ [확인]을 클릭합니다.

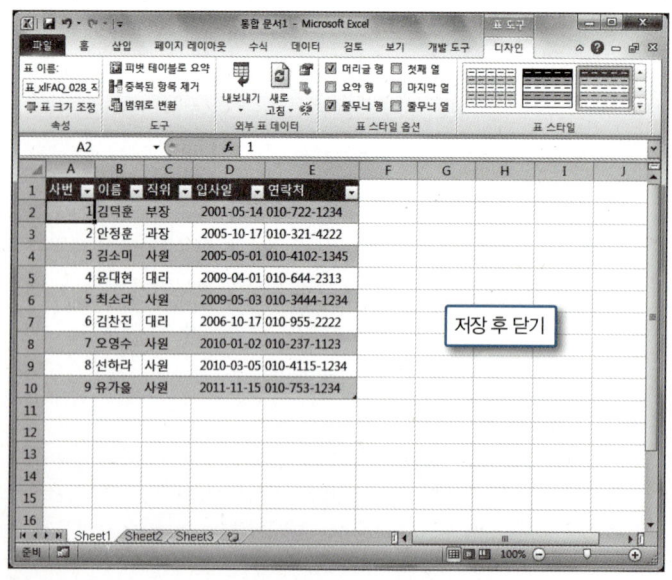

09 외부 파일에서 데이터 가져오기 (6)

선택한 직원명부 표만 선택한 위치에 엑셀 표로 가져와 지는 것을 확인할 수 있습니다.

파일을 저장하고 닫습니다.

10 동기화 확인하기 (1)

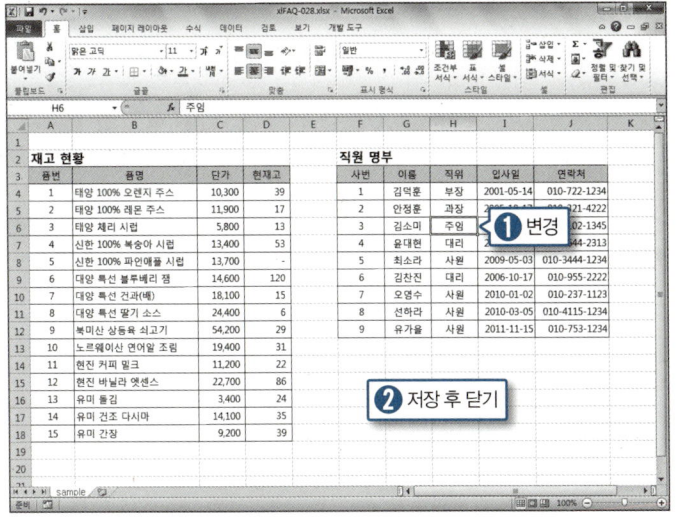

❶ xlFAQ-028.xlsx 파일을 다시 열고 직원명부 표의 H6셀의 직위를 사원에서 **주임**으로 변경한 다음 ❷ 파일을 저장하고 닫습니다.

11 동기화 확인하기 (2)

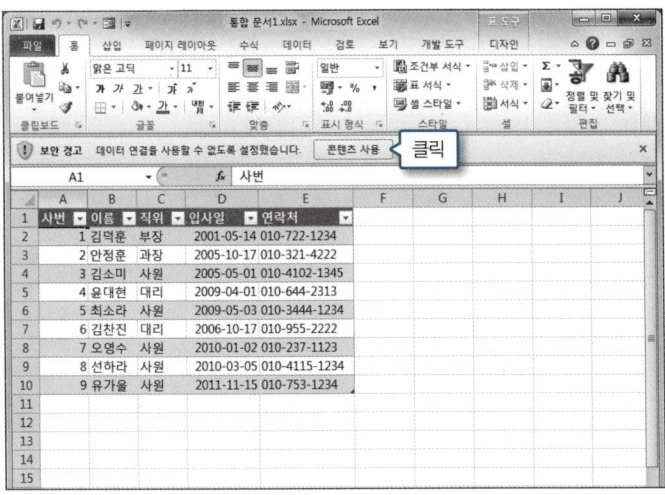

과정 **09**에서 저장한 파일을 실행합니다. 보안 경고 메시지 줄에서 [**콘텐츠 사용**]을 클릭합니다.

12 동기화 확인하기 (3)

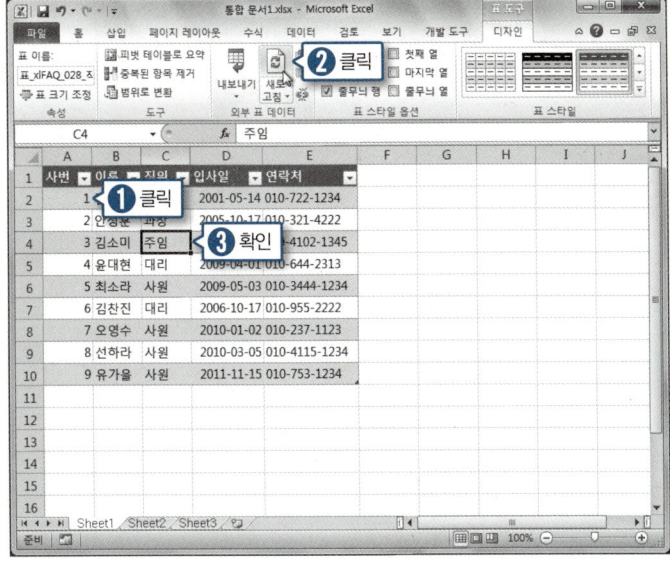

❶ A1:E10 범위에 셀을 하나 선택합니다.
❷ [디자인] 탭-[외부 표 데이터] 그룹-[**새로 고침**]을 클릭합니다.
❸ C4셀의 직위가 과정 **10**에서 고친 값으로 변경되는 것을 확인할 수 있습니다.

질문 29 표 전체가 아닌 조건에 맞는 데이터만 선별해 가져올 수 있나요?

[연결] 기능을 이용해 데이터를 가져오면 데이터가 너무 많아 불편합니다. 필요한 데이터만 가져오고 싶지만 연결을 이용할 때는 그러한 설정을 하는 곳이 보이지 않습니다. 조건을 지정해 가져오려면 어떻게 하나요?

• 예제 파일 〉 Part1 : **xlFAQ-029.xlsx**   • 완성 파일 〉 Part1\완성 : **xlFAQ-029완성.xlsx**

답변 29

연결을 이용할 때는 표 전체 데이터를 가져와야 합니다. 만약 조건에 맞는 데이터만 가져오려면 오피스 공용 툴인 Microsoft Query를 이용해야 합니다.

실무실습 쿼리로 조건에 맞는 데이터만 가져오기

다음 실무실습을 통해 Microsoft Query 기능을 이용해 다른 파일의 데이터를 가져와 보겠습니다.

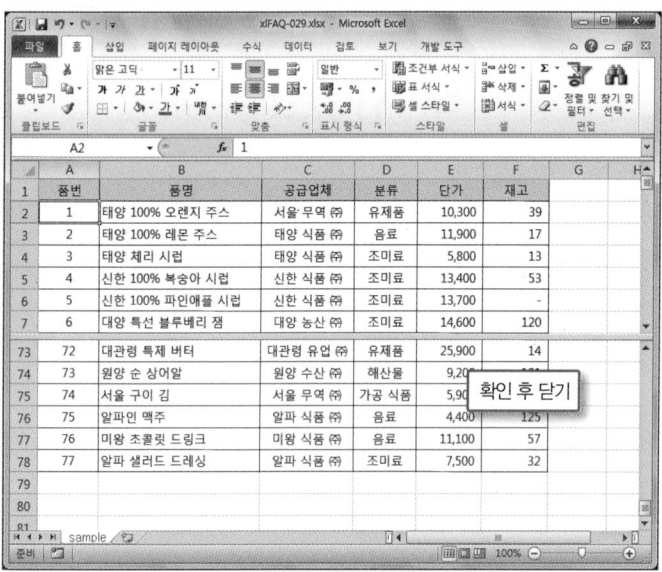

01 예제 확인하기
제품 표의 C열에 있는 공급업체 열에서 특정 업체의 데이터만 가져와 보겠습니다. 데이터를 확인한 다음 파일을 닫습니다.

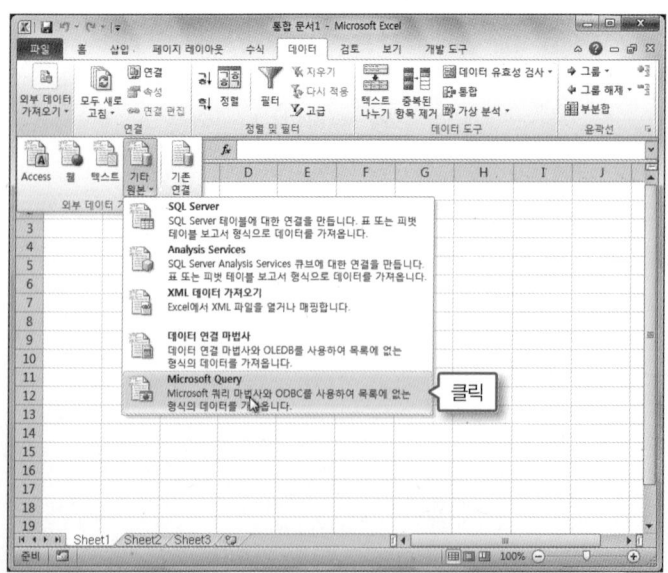

02 Microsoft Query 실행하기
엑셀을 실행하고 새 통합 문서를 만듭니다.
[데이터] 탭-[외부 데이터 가져오기] 그룹-[기타 원본] -[Microsoft Query]를 클릭합니다.

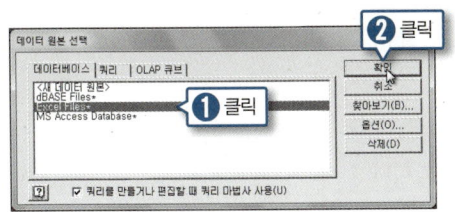

03 Microsoft Query 구성하기 (1)

❶ 데이터 원본 선택 대화상자가 표시되면 [데이터베이스] 탭에서 **Excel Files***를 선택합니다.

❷ [**확인**]을 클릭합니다.

04 Microsoft Query 구성하기 (2)

❶ 통합 문서 선택 대화상자가 표시되면 예제 파일이 위치한 드라이브와 폴더를 지정하고 **xlFAQ-029.xlsx** 파일을 선택합니다.

❷ [**확인**]을 클릭합니다.

05 Microsoft Query 구성하기 (3)

이 데이터 원본에 볼 수 있는 테이블이 없다는 경고 메시지가 표시되면 [**확인**]을 클릭합니다.

06 Microsoft Query 구성하기 (4)

경고 메시지가 표시되지 않고 쿼리 마법사에 테이블이 표시된다면 과정 **08**을 진행합니다.

과정 **05**에서 경고 메시지가 표시된 경우 쿼리 마법사 대화상자가 비어서 표시될 것입니다.

[**옵션**]을 클릭합니다.

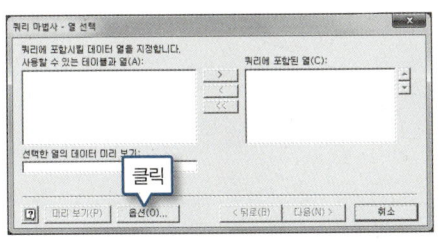

07 Microsoft Query 구성하기 (5)

❶ 표시 옵션에서 **시스템 테이블**에 체크한 다음 ❷ [**확인**]을 클릭하면 됩니다.

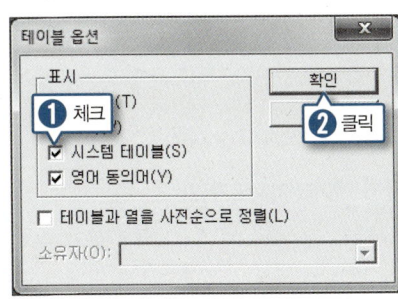

08 Microsoft Query 구성하기 (6)

사용할 수 있는 테이블과 열 목록에서 [sample$] 테이블을 확인할 수 있습니다.

❶ [>]를 클릭하여 쿼리에 포함된 열 목록에 추가합니다.

❷ [**다음**]을 클릭합니다.

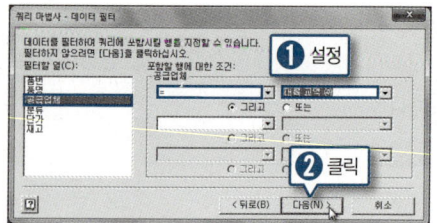

09 Microsoft Query 구성하기 (7)
가져올 데이터 조건을 설정합니다.

❶ 필터할 열 목록을 **공급업체**, 포함할 행에 대한 조건 옵션을 **=**, **대륙 교역 ㈜**으로 지정합니다.

❷ [다음]을 클릭합니다. Note 2

10 Microsoft Query 구성하기 (8)
❶ 가져올 데이터의 정렬 조건을 설정하겠습니다. 제품 이름순으로 데이터를 가져오기 위해 첫째 기준 목록에서 **품명**을 선택합니다.

❷ [다음]을 클릭합니다.

11 Microsoft Query 구성하기 (9)
가져올 데이터에 대한 조건 설정이 끝났으므로 엑셀로 데이터를 가져오기 위해 **Microsoft Excel(으)로 데이터 되돌리기**가 선택된 상태에서 [마침]을 클릭하여 마법사를 종료합니다.

12 데이터 가져오기 (1)
❶ 데이터 가져오기 대화상자가 표시되면 **표**가 선택된 상태에서, 데이터를 가져올 위치를 선택합니다.

기본 값을 그대로 두면 현재 워크시트의 A1셀로 데이터를 가져옵니다.

❷ [확인]을 클릭합니다.

13 데이터 가져오기 (2)
대화상자가 닫히면 A1셀에 지정한 조건에 맞는 데이터가 품명으로 정렬되어 엑셀 표로 반환됩니다.

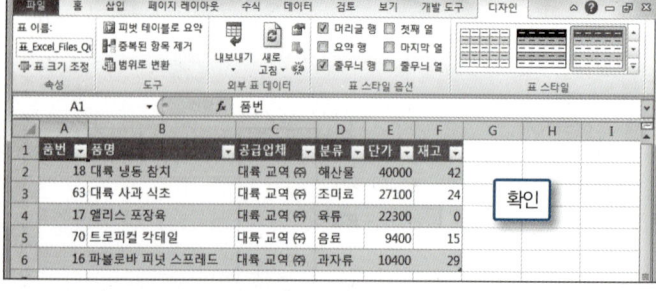

Note 2 ... 조건 설정 방법 이해하기

쿼리 마법사 2단계에서는 필터 조건을 지정할 수 있습니다. 필터 조건을 지정할 열은 하나만 선택할 수 있으며, 한 열에 총 3개까지의 조건을 설정할 수 있습니다.

예제에서 **=**, **대륙 교역 ㈜**을 선택한 것은 공급업체 열에서 대륙 교역 ㈜ 제품만 추출하라는 의미를 갖습니다.

만약 여러 개의 조건을 설정하려면 **그리고**, **또는** 등 옵션 단추를 선택하고 아래쪽에 계속해서 조건을 지정하면 됩니다.

Section 02 텍스트 파일 가져오기

▶ 텍스트 삽입   ▶ 구분 기호 없는 텍스트 삽입   ▶ ODBC 연결

외부에서 데이터를 받거나 내부 전산 시스템에서 필요한 자료를 다운로드할 때 데이터가 텍스트 파일이거나 CSV 파일인 경우가 종종 있습니다. 데이터를 엑셀로 가져와 작업할 필요가 있는 경우 텍스트 파일도 열을 구분하는 방법에 따라 여러 종류가 있고 텍스트 파일 데이터를 엑셀로 가져오는 방법도 여러 가지 방법이 있으므로 사용자의 상황에 맞게 데이터를 가져오는 방법을 익혀야 합니다.

질문 30 텍스트 파일을 엑셀로 가져오는 쉬운 방법이 있나요?

외부 업체로부터 받은 텍스트 파일을 엑셀로 가져와 작업하고 싶지만, 데이터를 가져올 때 데이터 형식이 잘못 변환되는 등의 문제가 있습니다. 텍스트 파일을 엑셀로 가져오는 쉬운 방법이 있나요?

• 예제 파일 〉 Part1 : **xlFAQ-030.txt**   • 완성 파일 〉 Part1\완성 : **xlFAQ-030완성.xlsx**

답변 30 열과 열 사이가 구분 기호로 구별되어 있는 텍스트 파일은 텍스트 가져오기 마법사를 이용해 손쉽게 가져올 수 있습니다. 단, 텍스트 파일에 저장된 값은 모두 텍스트 형식이고, 엑셀은 숫자, 날짜, 시간, 텍스트 등의 여러 가지 데이터 형식을 구별해 사용하기 때문에 텍스트 파일의 데이터를 엑셀로 가져올 때 데이터가 어떻게 변환되는지 반드시 이해하고 있어야 합니다.

실무실습 구분 기호와 마법사를 이용하여 텍스트 쉽게 가져오기

다음 실무실습을 통해 텍스트 파일을 엑셀로 가져오는 방법을 알아보겠습니다.

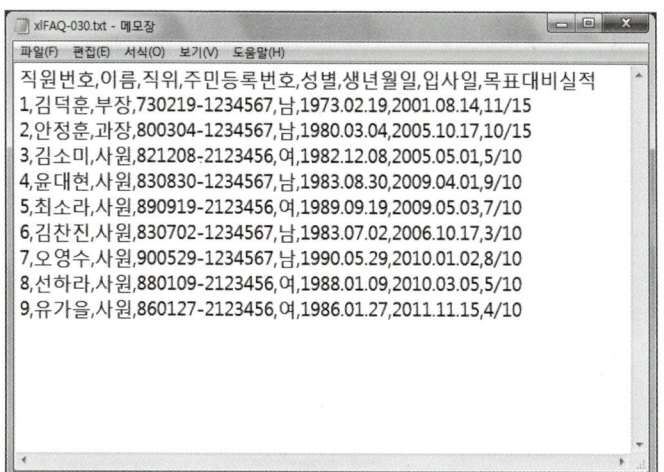

01 예제 확인하기

예제 파일을 메모장에서 열면 쉼표(,) 구분 기호로 열이 구분되어 있는 텍스트를 확인할 수 있습니다. 이 데이터를 엑셀로 가져와 보겠습니다.

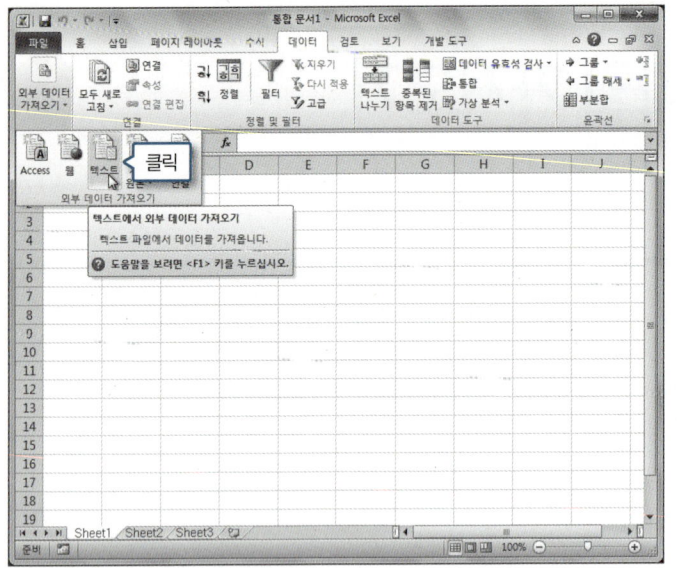

02 텍스트 파일 열기(1)

엑셀을 실행하고 새 통합 문서를 만듭니다.
[데이터] 탭-[외부 데이터 가져오기] 그룹-[텍스트]를 클릭합니다.

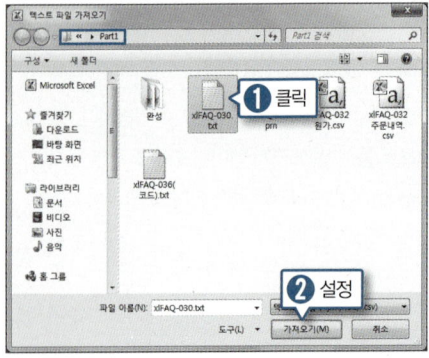

03 텍스트 파일 열기(2)

❶ 텍스트 파일 가져오기 대화상자가 표시되면 xlFAQ-030.txt 파일을 선택합니다.
❷ [가져오기]를 클릭합니다.

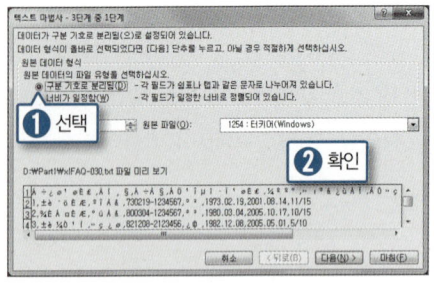

04 텍스트 마법사 설정하기(1)

❶ 텍스트 마법사 대화상자가 표시되면 가져올 텍스트 파일이 구분 기호를 사용하고 있으므로 **구분 기호로 분리됨**을 선택합니다.
❷ 미리 보기 화면의 한글이 깨져 보인 다면 언어 설정이 잘못된 경우입니다.

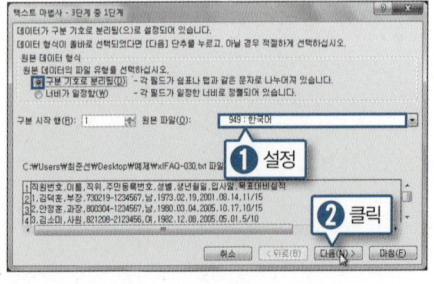

05 텍스트 마법사 설정하기(2)

❶ 원본 파일 목록에서 **949 : 한국어**를 선택합니다.
❷ [다음]을 클릭합니다.

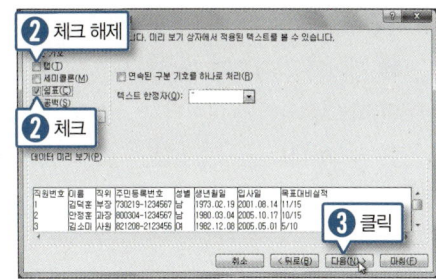

06 텍스트 마법사 설정하기 (3)

텍스트 마법사 2단계에서는 열을 구분하는 문자를 선택합니다.

❶ 구분 기호 옵션에서 **탭**에 체크 표시를 해제합니다.

❷ **쉼표**에 체크합니다.

❸ **[다음]**을 클릭합니다.

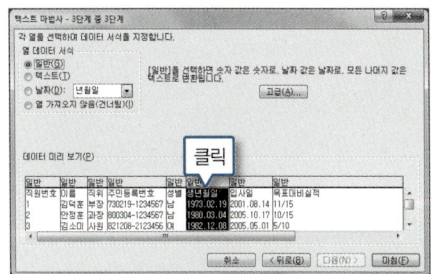

07 텍스트 마법사 설정하기 (4)

마법사 3단계는 데이터 형식을 지정합니다.

데이터 미리 보기 옵션에서 **[생년월일]** 열을 선택합니다.

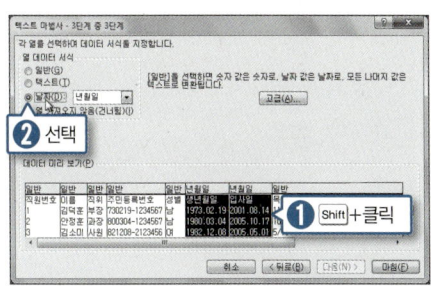

08 텍스트 마법사 설정하기 (5)

❶ Shift 를 누른 상태에서 **[입사일]** 열을 클릭하여 추가 선택합니다.

❷ 열 데이터 서식 옵션에서 **날짜**를 선택합니다. Note 3

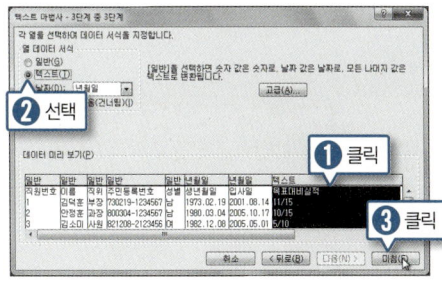

09 텍스트 마법사 설정하기 (6)

❶ 데이터 미리 보기 옵션에서 **[목표대비실적]** 열을 클릭하여 선택합니다.

❷ 입력된 그대로 값을 가져오기 위해 열 데이터 서식 옵션에서 **텍스트**를 선택합니다. Note 4

❸ **[마침]**을 클릭하여 가져오는 작업을 종료합니다.

Note 3 ... 날짜 형식 선택하기

텍스트 파일에 생년월일과 입사일이 모두 yyyy.mm.dd 형식으로 입력되어 있습니다. 이 값을 그대로 엑셀로 가져오면 텍스트 형식으로 인식되어 제대로 된 계산 작업을 할 수 없습니다. 엑셀은 하이픈(-)이나 슬래시(/) 구분 기호를 사용하는 값만 날짜 형식으로 인식하므로, 텍스트 파일에서 데이터를 가져올 때 올바른 날짜 형식이 아닐 때는 데이터 형식을 **날짜**로 변경해 적용해야 yyyy-mm-dd 형식으로 가져옵니다.

Note 4 ... 텍스트 형식 선택하기

데이터 미리 보기 옵션에서 목표대비실적 열을 보면 입력된 값이 11/15와 같은 걸 확인할 수 있습니다. 슬래시(/) 구분 기호가 포함된 숫자 값의 경우는 날짜로 변환되므로 입력된 그대로 값을 가져오려면 데이터 형식을 텍스트로 변환해야 합니다.

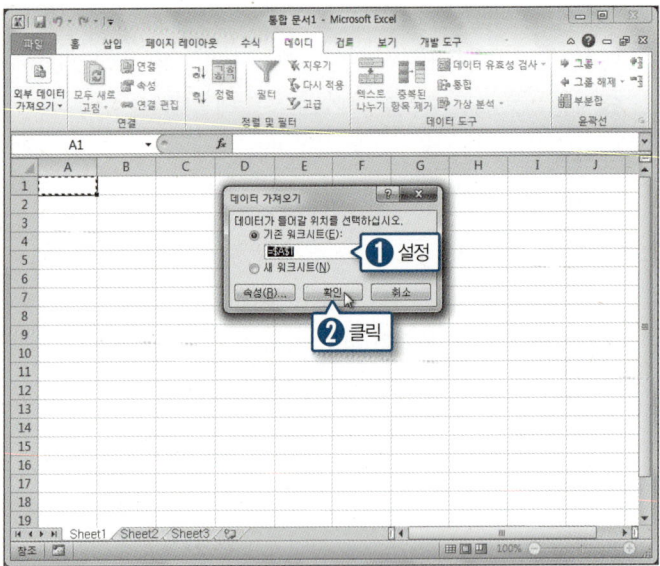

10 텍스트 데이터 엑셀로 가져오기 (1)

❶ 데이터 가져오기 대화상자가 표시되면 텍스트 파일의 데이터가 표시될 위치를 지정합니다.

❷ [확인]을 클릭합니다.

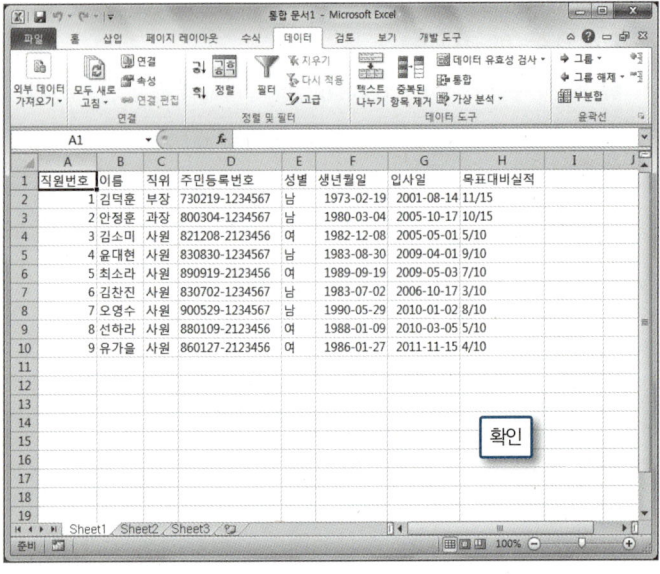

11 텍스트 데이터 엑셀로 가져오기 (2)

텍스트 파일의 데이터가 열이 제대로 구분되어 표시되는 것을 확인할 수 있습니다. Note 5

Note 5 ... 데이터 형식 변환 없이 가져온 경우 알아보기

과정 07~09를 생략해 데이터 형식 변환을 하지 않은 경우라면 아래 화면과 같이 데이터를 가져오게 됩니다. 아래 화면에서 F:H열의 생년월일, 입사일, 목표대비실적 열의 데이터 형식을 과정 11의 화면과 비교해 보면 데이터 형식 변환이 왜 필요한지 이해할 수 있습니다.

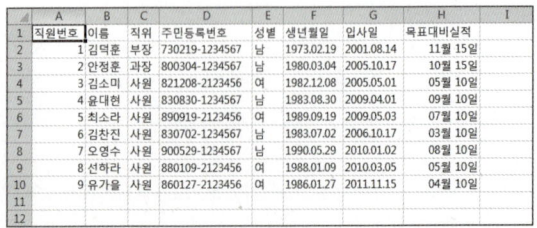

124 • Chapter 02 외부 데이터 가져오기

질문 31 구분 기호가 없는 텍스트 파일은 어떻게 가져오나요?

텍스트 파일을 가져오려고 할 때 쉼표(,)와 같이 열을 구분하는 구분 기호가 없는 경우가 있습니다. 이런 경우에는 어떻게 텍스트 파일을 가져오나요?

• 예제 파일 〉 Part1 : **xlFAQ-031.prn**   • 완성 파일 〉 Part1\완성 : **xlFAQ-031완성.xlsx**

답변 31 구분 기호가 없는 텍스트 파일은 보통 일정한 열 너비에 맞게 기록된 경우입니다. 이런 경우 텍스트 가져오기 마법사를 통해 열 너비를 사용자가 직접 구분해 주는 작업을 해야 합니다.

실무실습 열 너비를 이용해 텍스트 가져오기

다음 실무실습을 통해 구분 기호가 없는 텍스트 파일을 엑셀로 가져와 보겠습니다.

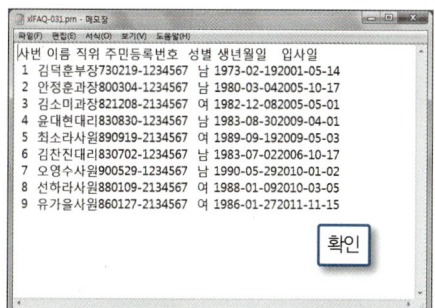

01 예제 확인하기

예제 파일을 메모장으로 열면 각 열의 데이터가 구분 기호 없이 입력되어 있는 것을 확인할 수 있습니다. 이 데이터를 엑셀로 가져올 것입니다.

데이터 확인한 다음 파일을 닫습니다.

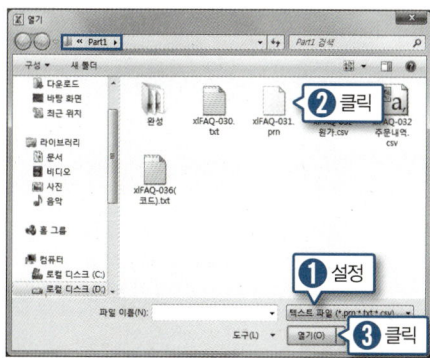

02 텍스트 파일 열기

엑셀을 실행하고 [파일] 탭-**[열기]**를 클릭합니다.

❶ 열기 대화상자가 표시되면 파일 형식을 **텍스트 파일**로 지정합니다.

❷ **xlFAQ-031.prn** 파일을 선택합니다.

❸ **[열기]**를 클릭합니다.

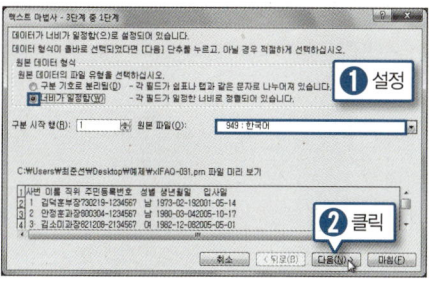

03 텍스트 마법사 설정하기 (1)

❶ 텍스트 마법사 대화상자가 표시되면 **너비가 일정함**을 선택하고 미리 보기 화면의 한글이 깨져 보인다면 언어 설정이 잘못된 경우로 원본 파일 목록에서 **949 : 한국어**를 선택합니다.

❷ **[다음]**을 클릭합니다.

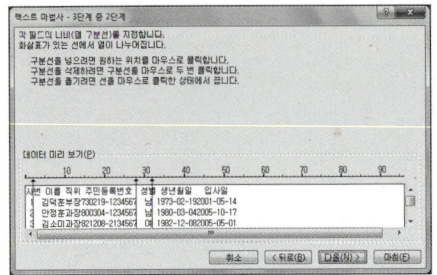

04 텍스트 마법사 설정하기 (2)

텍스트 마법사 2단계는 텍스트 파일의 열을 구분하는 작업을 진행합니다. 데이터 미리 보기 영역의 화살표는 열을 구분하는 구분선의 역할을 하며, 이 부분을 사용자가 직접 설정해야 합니다.

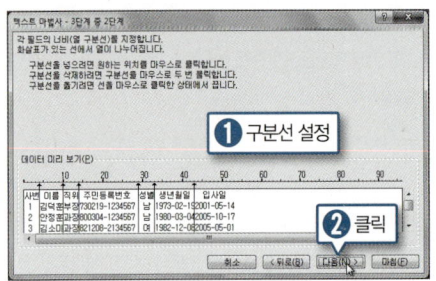

05 텍스트 마법사 설정하기 (3)

❶ 각 열을 구분할 구분선을 드래그하거나 구분할 위치를 마우스 왼쪽 버튼으로 눌러 각 열을 구분합니다.
❷ [다음]을 클릭하여 다음 단계로 이동합니다.

Tip... 열 구분선 조작하기
데이터 미리 보기 옵션에서 열과 열 사이를 마우스 왼쪽 버튼으로 클릭하면 해당 위치에 구분선이 삽입됩니다. 만약 구분선 위치를 잘못 지정한 경우는 해당 구분선을 더블 클릭해 삭제하거나 해당 구분선을 드래그해 위치를 옮길 수 있습니다.

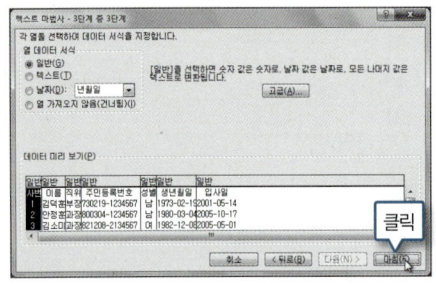

06 텍스트 마법사 설정하기 (4)

데이터 형식을 변경해 보겠습니다.
가져올 데이터를 데이터 미리 보기 옵션에서 확인한 다음 변경할 사항이 없다면 [마침]을 클릭하여 마법사를 종료합니다.

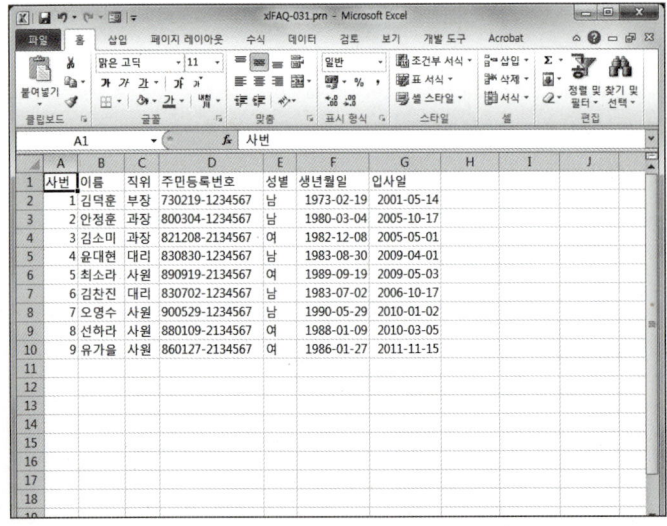

07 가져온 데이터 확인하기

텍스트 파일에 있던 데이터를 엑셀로 가져온 결과를 확인하고 열 너비를 정리합니다.

질문 32

여러 개의 텍스트 파일에서 필요한 데이터만 취합해 가져올 수 있나요?

엑셀로 가져올 데이터가 여러 개의 텍스트 파일로 흩어져 있어 매번 엑셀 파일로 가져온 다음 함수를 이용해 필요한 값을 하나씩 참조해 작업해야 합니다. 이런 작업을 보다 쉽게 할 수 있나요?

• 예제 파일 〉 Part1 : **xlFAQ-032주문내역.csv, xlFAQ-032 원가.csv**   • 완성 파일 〉 Part1\완성 : **xlFAQ-032완성.xlsx**

답변 32

필요한 데이터가 여러 개의 텍스트 파일에 분산되어 있어도 각 파일을 연결할 때 필요한 키(Key) 값을 갖고 있다면 각 파일에서 필요한 데이터만 취합한 다음 엑셀로 가져올 수 있습니다. 이 작업을 위해서는 ODBC 연결을 만들 수 있어야 합니다.

실무실습 ODBC 연결 만들어 표 연결하고 필요한 데이터 가져오기

다음 실무실습을 통해 여러 파일에 나눠 기록된 데이터를 취합하여 엑셀로 가져와 보겠습니다.

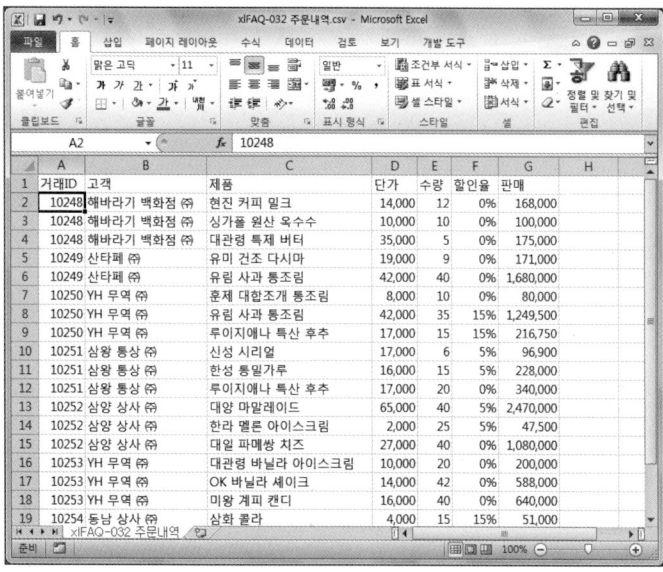

01 예제 확인하기 (1)

FAQ-032 주문내역.csv 파일을 열면 화면과 같은 주문내역 데이터를 확인할 수 있습니다.

이 데이터를 엑셀로 가져올 때 손익 분석을 위해 필요한 원가 데이터가 다른 텍스트 파일에 있는 경우 각 파일에서 필요한 정보를 취합해서 엑셀로 가져오는 작업을 진행할 것입니다.

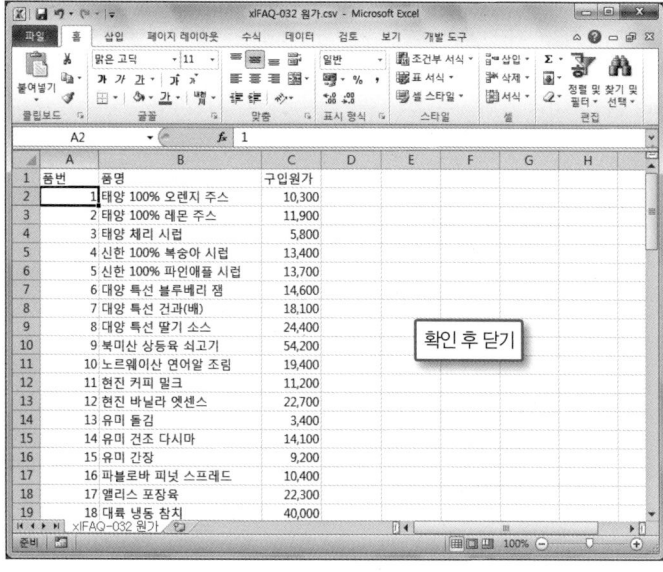

02 예제 확인하기 (2)

두 번째 예제인 **xlFAQ-032 원가.csv** 파일을 열면 각 제품별 구입원가를 확인할 수 있습니다.

B열의 품명과 xlFAQ-032 주문내역.csv 파일에서 C열의 제품은 동일한 값이 입력된 열로 두 열의 값을 연결해 작업하겠습니다.

과정 **01~02**에서 연 CSV 파일을 모두 닫습니다.

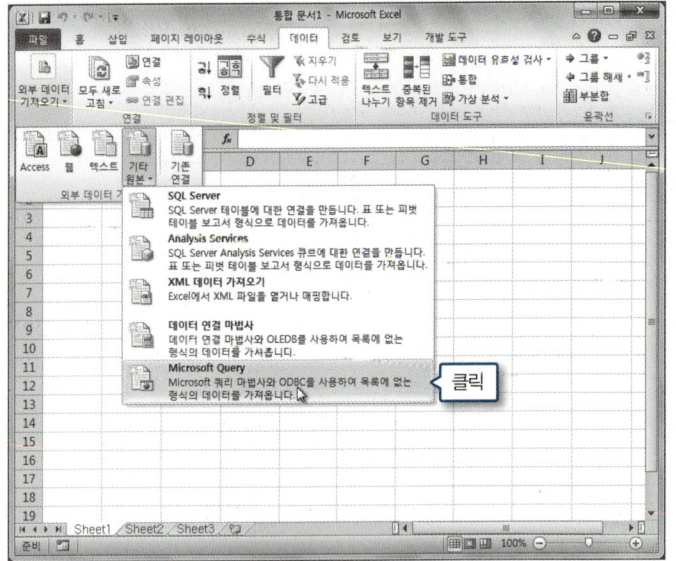

03 Microsoft Query 실행하기
새 통합 문서를 만듭니다.
[데이터] 탭-[외부 데이터 가져오기] 그룹-[기타 원본]-[Microsoft Query]를 클릭합니다.

04 새 ODBC 연결 만들기 (1)
❶ 데이터 원본 선택 대화상자가 표시되면 〈새 데이터 원본〉을 선택합니다.
❷ [확인]을 클릭합니다.

Tip ... 〈새 데이터 원본〉을 선택하는 이유 알아보기
데이터 원본 선택 대화상자의 [데이터베이스] 탭을 보면 데이터베이스와 엑셀, 액세스 등의 연결 원본은 있지만 텍스트 파일에 대한 연결은 없는 것을 확인할 수 있습니다. 이렇게 기본적으로 제공되지 않는 데이터를 연결하려면 〈새 데이터 원본〉을 이용해 연결 설정 작업을 해야 합니다.

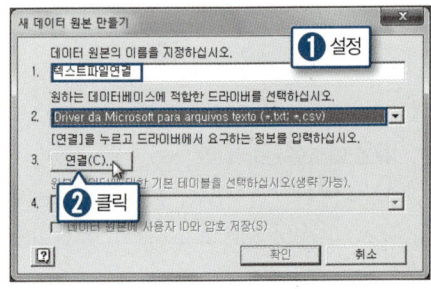

05 새 ODBC 연결 만들기 (2)
❶ 새 데이터 원본 만들기 대화상자가 표시되면 1. 데이터 원본 이름란에 **텍스트파일연결**을 입력하고 2. 데이터베이스 드라이버 목록에서 **Driver da Microsoft para arquivos texto (*.txt; *.csv)**를 선택합니다.
❷ [연결]을 클릭합니다.

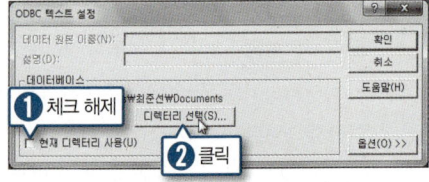

06 새 ODBC 연결 만들기 (3)
❶ ODBC 텍스트 설정 대화상자가 표시되면 **현재 디렉터리 사용**에 체크 표시를 해제합니다.
❷ [디렉터리 선택]을 클릭합니다.

07 새 ODBC 연결 만들기 (4)

❶ 디렉터리 선택 대화상자에서 예제 파일이 위치한 폴더를 선택합니다.

❷ [확인]을 클릭합니다.

08 새 ODBC 연결 만들기 (5)

❶ ODBC 텍스트 설정 대화상자에서 선택한 폴더가 제대로 표시되는지 확인합니다.

❷ [확인]을 클릭합니다.

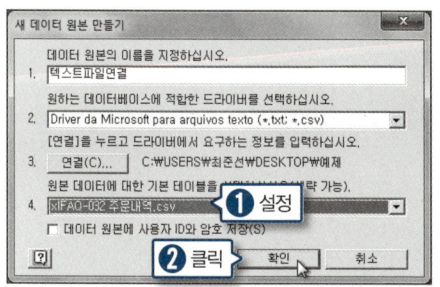

09 새 ODBC 연결 만들기 (6)

새 데이터 원본 만들기 대화상자의 4. 기본 테이블 선택 목록에서 TXT, CSV 확장자를 가진 파일을 모두 확인할 수 있습니다.

❶ FAQ-032 주문내역.csv 파일을 선택합니다.

❷ [확인]을 클릭합니다.

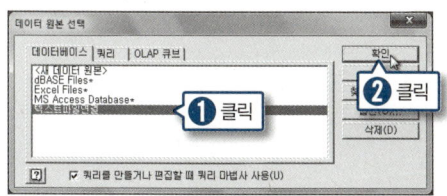

10 새 ODBC 연결 사용하기

❶ 데이터 원본 선택 대화상자가 표시되면 과정 **05~09**에서 만든 **텍스트파일연결**을 선택합니다.

❷ [확인]을 클릭합니다.

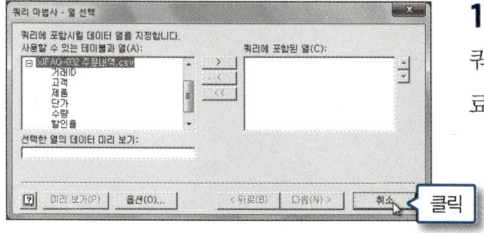

11 쿼리 마법사 종료하기 (1)

쿼리 마법사 대화상자가 표시되면 **[취소]**를 클릭하여 마법사를 종료합니다.

12 쿼리 마법사 종료하기 (2)

쿼리를 변경할지 묻는 메시지 대화상자가 표시되면 **[예]**를 클릭하여 닫습니다.

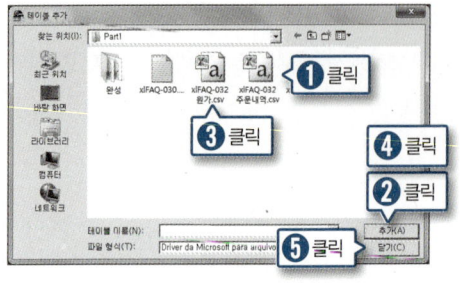

13 Microsoft Query에 표 추가하기

① Microsoft Query 대화상자가 열리면서 테이블 추가 대화상자가 표시됩니다. xlFAQ-032 주문내역.csv 파일을 선택합니다.
② [추가]를 클릭합니다.
③ xlFAQ-032 원가.csv 파일을 선택합니다.
④ [추가]를 클릭합니다.
⑤ [닫기]를 클릭하여 대화상자를 닫습니다.

Tip ... [추가]가 동작하지 않을 때 해결하기
과정 13은 Microsoft Query에서 사용할 테이블(표)을 추가하는 과정입니다. 연결할 파일을 하나씩 선택하고 [추가]를 클릭하면 표시되어 있는 Microsoft Query 대화상자에 해당 테이블이 표시됩니다. 하지만 [추가]가 제대로 동작하지 않을 이런 경우에는 테이블 추가 대화상자에서 추가할 파일을 더블 클릭하면 됩니다.

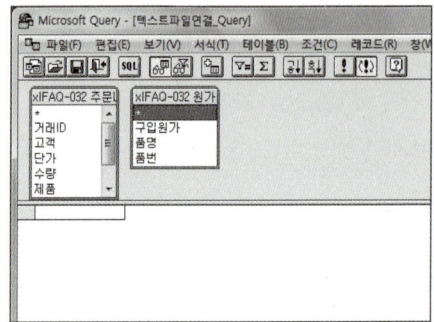

14 표 연결하기 (1)

Microsoft Query 대화상자 윗부분에 추가한 파일이 목록으로 표시됩니다. 각 목록에는 추가된 텍스트 파일의 열 머리글이 표시됩니다.

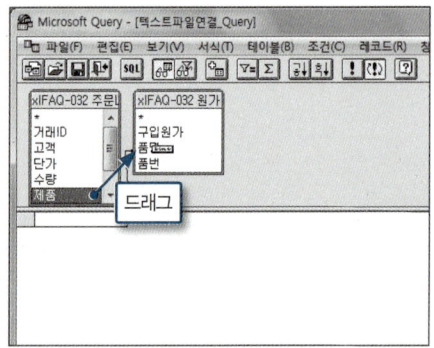

15 표 연결하기 (2)

파일을 연결해 작업하기 위해 파일에 키(Key) 값을 갖는 열을 연결해야 합니다.
[xlFAQ-032 주문내역] 테이블의 **제품**을 [xlFAQ-032 원가] 테이블의 **품명**으로 드래그합니다. 두 목록 사이에 연결선이 표시됩니다.

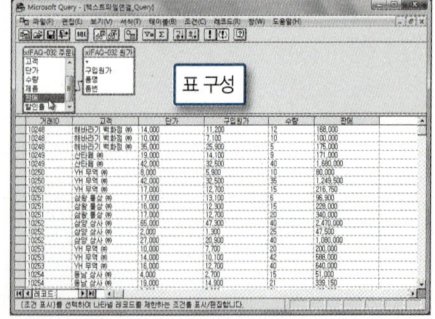

16 가져올 표 구성하기

테이블을 연결했으면 각 테이블에서 가져올 열을 구성해야 합니다. [xlFAQ-032 주문내역] 테이블의 **거래ID**, **고객**, **단가**, [xlFAQ-032 원가] 테이블의 **구입원가**, [xlFAQ-032 주문내역] 테이블의 **수량**, **판매**를 각각 더블 클릭하여 미리 보기 화면을 구성합니다.

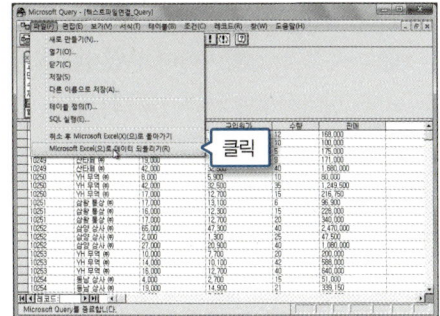

17 엑셀로 데이터 가져오기 (1)

모든 작업이 끝났으면 엑셀로 해당 데이터를 가져오겠습니다. Microsoft Query 대화상자에서 [파일] 탭-[**Microsoft Excel (으)로 데이터 되돌리기**] 메뉴를 선택합니다.

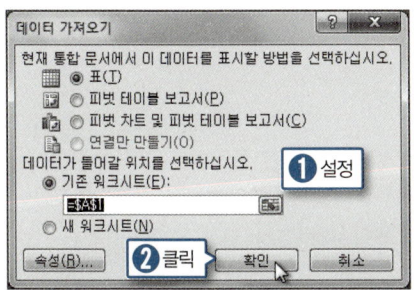

18 엑셀로 데이터 가져오기 (2)

❶ 데이터 가져오기 대화상자가 표시되면 표가 선택된 상태에서 데이터를 가져올 위치를 지정합니다.

❷ [**확인**]을 클릭합니다.

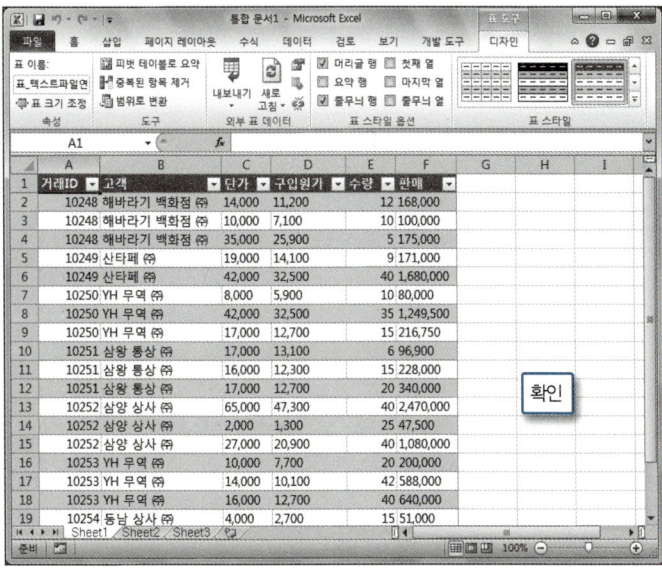

19 엑셀로 데이터 가져오기 (3)

Microsoft Query로 연결해 가져오는 텍스트 파일 데이터는 엑셀 표로 데이터를 가져오며, 두 파일에 나눠 기록된 데이터를 하나의 표로 구성하는 것을 확인할 수 있습니다.

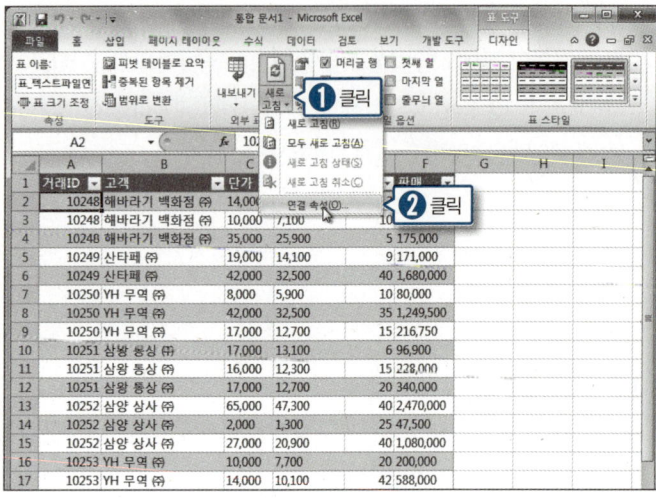

20 가져올 데이터 변경하기 (1)

❶ 가져오지 못한 데이터가 있거나 데이터를 변경하려면 [디자인] 탭-[외부 표 데이터] 그룹-[새로 고침]의 **옵션** 단추를 클릭합니다.

❷ **연결 속성**을 클릭합니다.

21 가져올 데이터 변경하기 (2)

❶ 연결 속성 대화상자가 표시되면 [정의] 탭을 선택합니다.

❷ 왼쪽 아랫부분의 **[쿼리 편집]**을 클릭합니다.

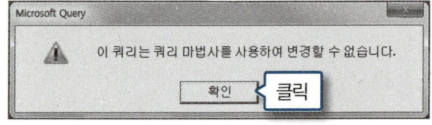

22 가져올 데이터 변경하기 (3)

이 쿼리는 쿼리 마법사를 사용하여 변경할 수 없다는 메시지 대화상자가 표시되면 **[확인]**을 클릭합니다.

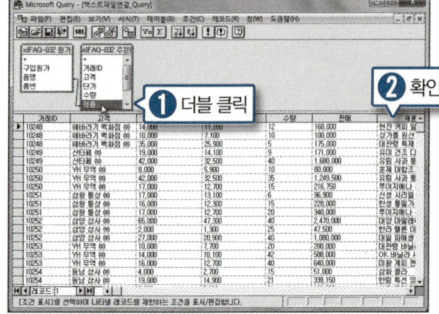

23 가져올 데이터 변경하기 (4)

❶ Microsoft Query 대화상자가 표시되면 [xlFAQ-032 주문내역] 테이블에서 **제품**을 더블 클릭합니다.

❷ 아랫부분 미리 보기 화면 오른쪽에 제품 열이 추가됩니다.

Tip ... 불필요한 열 더 이상 가져오지 않기
기존에 가져온 열에서 더 이상 필요 없는 열이 있다면 아래 미리 보기 화면에서 해당 열을 선택하고 [레코드] 탭-**[열 제거]** 메뉴를 선택합니다.

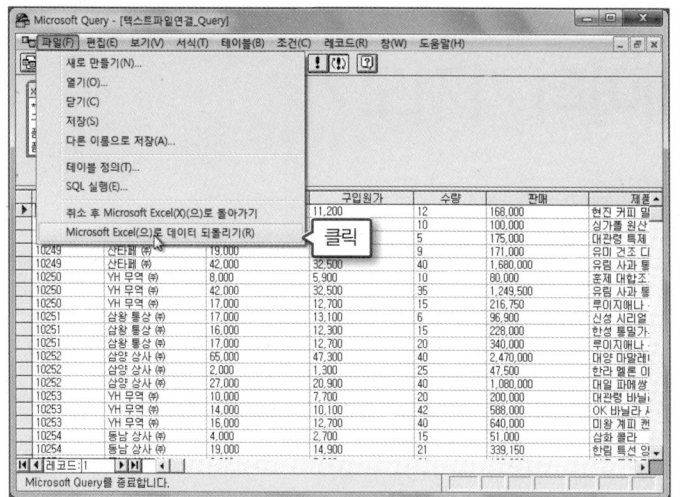

24 가져올 데이터 변경하기 (5)

추가된 열을 포함해 엑셀로 되돌리기 위해 [파일] 탭-[Microsoft Excel(으)로 데이터 되돌리기] 메뉴를 선택합니다.

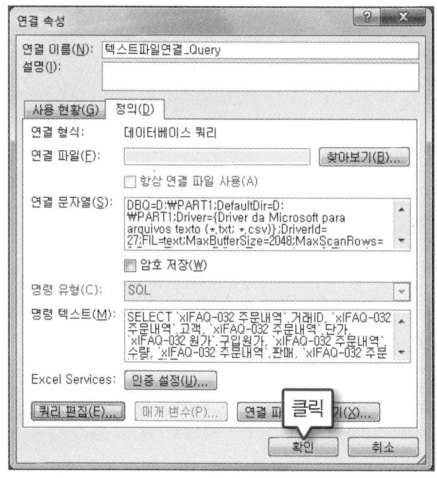

25 가져올 데이터 변경하기 (6)

연결 속성 대화상자에서 [확인]을 클릭하여 닫습니다.

26 가져올 데이터 변경하기 (7)

G열에 추가된 제품 열을 확인할 수 있습니다.

Section 03 액세스 데이터 가져오기

▶ 액세스 데이터베이스 삽입   ▶ 액세스 데이터베이스의 여러 테이블에서 데이터 연결해 삽입

워크시트는 엑셀 2007부터 100만 행의 데이터를 담을 수 있지만 사실 엑셀로 데이터를 10만 건 이상 관리한다면 속도가 매우 느려지기 때문에 비효율적입니다. 그렇기 때문에 대부분 회사들은 대용량 데이터를 데이터베이스 서버(SQL Server, Oracle 등)를 이용해 관리합니다. SQL Server나 Oracle 등의 데이터베이스에 접속해 데이터를 엑셀로 가져오는 것도 가능하지만 대부분의 회사에서 데이터베이스 접속 권한을 제한하기 때문에 이런 작업을 하는 분들은 많지 않습니다.

일반 사용자 입장에서 대용량 데이터 관리가 필요한 경우라면 오피스 프로그램의 데이터베이스 관리 프로그램인 액세스를 이용하는 것이 좋습니다. 액세스를 이용하면 엑셀에서 관리하기 힘든 대량의 데이터를 효율적으로 관리할 수 있어 데이터 양이 많은 사용자의 경우 엑셀을 액세스와 함께 사용하는 경우가 점점 늘어나고 있습니다.

엑셀 역시 액세스에서 필요한 데이터를 가져오는 다양한 방법을 제공하고 있으므로, 대량의 데이터 관리가 필요한 사용자라면 이번에 설명하는 내용을 잘 알아 두는 것이 좋습니다.

질문 33 액세스 데이터베이스의 데이터를 가져올 수 있나요?
액세스 데이터베이스로 데이터를 관리하고 있습니다. 일부 테이블에서 조건을 지정하여 필요한 데이터만 가져와 작업하는 방법을 설명해 주세요.

• 예제 파일 〉 Part1 : xlFAQ-033.xlsx, dbSales.accdb   • 완성 파일 〉 Part1\완성 : xlFAQ-033완성.xlsx

답변 33 액세스 데이터베이스에 들어 있는 데이터를 엑셀로 가져오려면 기존 방법과 마찬가지로 외부 데이터 가져오기를 이용하면 됩니다. 다만 액세스는 엑셀보다 대용량 데이터를 보관할 수 있기 때문에 가져올 데이터 개수를 확인해야 합니다.

참고로 엑셀은 엑셀 2003 이하의 경우는 한 워크시트에서 6만 5천 건의 데이터(정확하게 65,536건)를, 엑셀 2007 이상의 경우는 100만 건의 데이터(정확하게 1,048,576건)를 가져올 수 있습니다.

실무실습 액세스 데이터베이스에서 필요한 데이터 가져오기

다음 실무실습을 통해 액세스 데이터베이스의 테이블을 엑셀로 가져오는 방법을 알아보겠습니다.

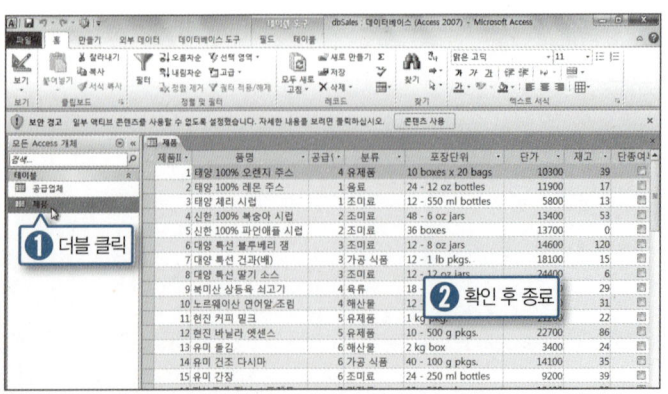

01 예제 확인하기
❶ 액세스에서 **dbSales.accdb** 파일을 실행합니다. 왼쪽 탐색 창에서 [제품] 테이블을 더블 클릭하면 오른쪽에 해당 테이블의 데이터가 표시됩니다. 이 데이터 중 일부를 엑셀로 가져오는 작업을 진행하겠습니다. ❷ 데이터를 확인한 다음 액세스를 종료합니다.

02 가져올 조건 확인하기

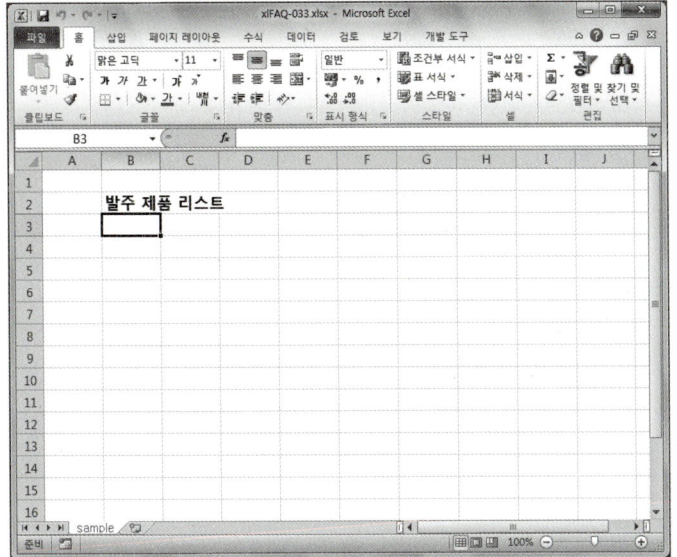

엑셀에서 **xlFAQ-033.xlsx** 파일을 실행합니다. dbSales.accdb 파일에서 새로 발주할 재고 수량이 20개 이하인 제품 데이터를 B3셀 위치에 가져올 것입니다.

03 Microsoft Query 실행하기

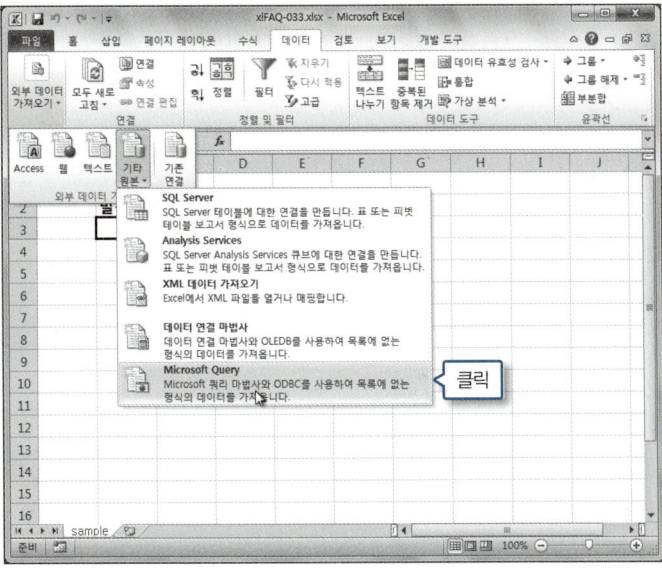

[데이터] 탭-[외부 데이터 가져오기] 그룹-[기타 원본] -[Microsoft Query]를 클릭합니다. **Note 6**

04 데이터 원본 선택하기

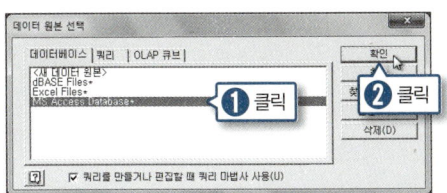

❶ 데이터 원본 선택 대화상자가 표시되면 [데이터베이스] 탭에서 **[MS Access Database*]**를 선택하고 ❷ **[확인]**을 클릭합니다.

Note 6 ... [Microsoft Query]와 [Access] 의 차이 알아보기

[외부 데이터 가져오기] 그룹의 [Access]는 액세스 데이터베이스의 테이블이나 쿼리 데이터를 그대로 가져올 때 사용하며, [Microsoft Query]는 테이블에 조건을 지정해 가져올 때 사용합니다.

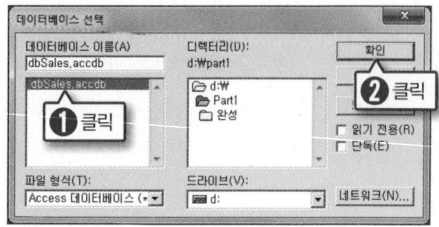

05 데이터베이스 선택하기

❶ 데이터베이스 선택 대화상자가 표시되면 part1 폴더에서 **dbSales.accdb** 파일을 선택합니다.

❷ [확인]을 클릭합니다.

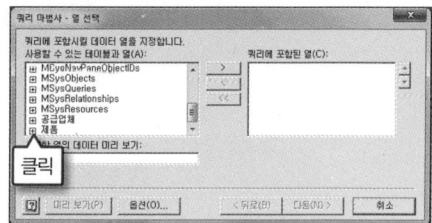

06 쿼리 마법사 실행하기 (1)

쿼리 마법사 – 열 선택 대화상자가 표시되면 왼쪽 목록에서 [제품] 테이블의 **확장** 단추⊞를 클릭합니다.

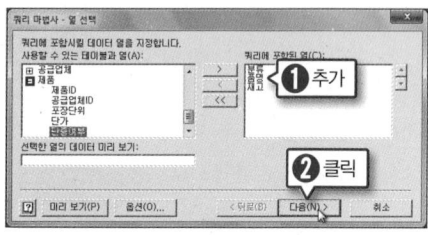

07 쿼리 마법사 실행하기 (2)

❶ 하위 열 중 **분류, 품명, 재고** 열을 하나씩 선택하고 [>]를 클릭하거나 더블 클릭하여 오른쪽 목록에 추가합니다.

❷ [다음]을 클릭합니다.

Tip ... 쿼리 마법사에 표시되는 영문 테이블 알아보기

옵션에서 **시스템 테이블**에 체크되어 있다면 사용할 수 있는 테이블과 열 목록에서 영문으로 된 여러 개의 테이블 이름을 확인할 수 있습니다. 테이블 중 MSys로 시작하는 테이블은 모두 시스템 테이블로 사용자가 사용하는 것이 아니라 데이터베이스 관리를 위해 액세스에서 직접 사용하는 테이블입니다. 엑셀 파일에서 데이터를 가져올 때는 테이블 옵션 대화상자에서 **시스템 테이블**에 반드시 체크해야 하지만, 액세스에서는 이 옵션을 체크 해제하고 작업하는 것이 편리합니다.

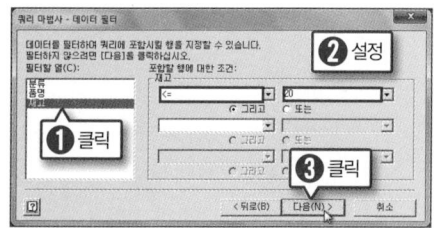

08 쿼리 마법사 실행하기 (3)

쿼리 마법사 – 데이터 필터 단계에서 가져올 데이터 조건을 지정하겠습니다.

❶ 필터할 열 목록에서 **재고**를 선택합니다.

❷ 포함할 행에 대한 조건 옵션을 <=, 20으로 지정합니다.

❸ [다음]을 클릭합니다.

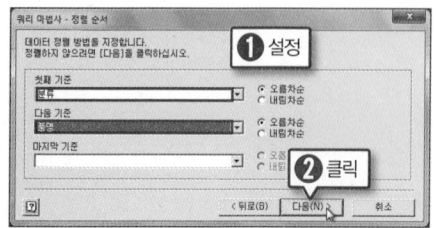

09 쿼리 마법사 실행하기 (4)

쿼리 마법사 – 정렬 순서 단계에서 가져올 데이터의 정렬 조건을 지정하겠습니다.

❶ 첫째 기준 목록을 **분류**, 둘째 기준 목록을 **품명**으로 지정합니다.

❷ [다음]을 클릭합니다.

10 쿼리 마법사 실행하기 (5)

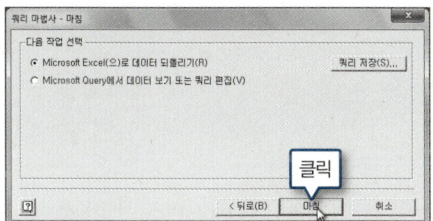

액세스 데이터베이스에서 가져올 데이터에 대한 모든 설정 작업이 종료됐으므로 [마침]을 클릭하여 엑셀로 데이터를 가져옵니다.

11 정해진 위치로 데이터 가져오기

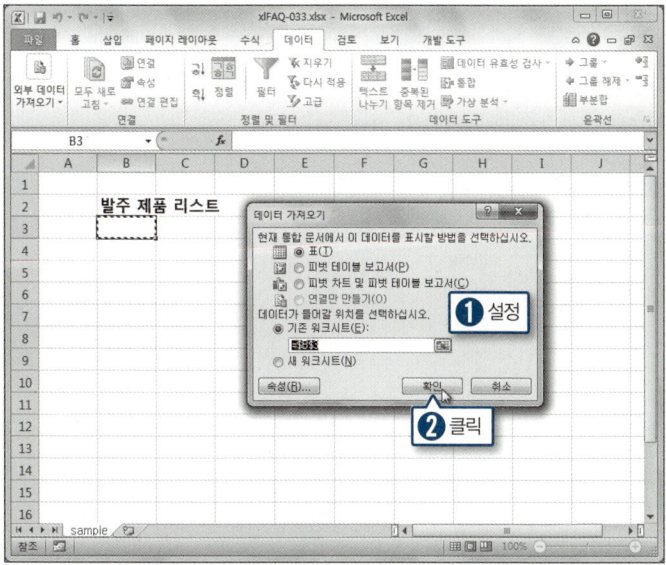

❶ 데이터 가져오기 대화상자가 표시되면 표가 선택된 상태에서 데이터를 가져올 위치를 **기존 워크시트**, **=$B$3**으로 지정합니다.

❷ [확인]을 클릭합니다.

12 가져온 데이터 확인하기

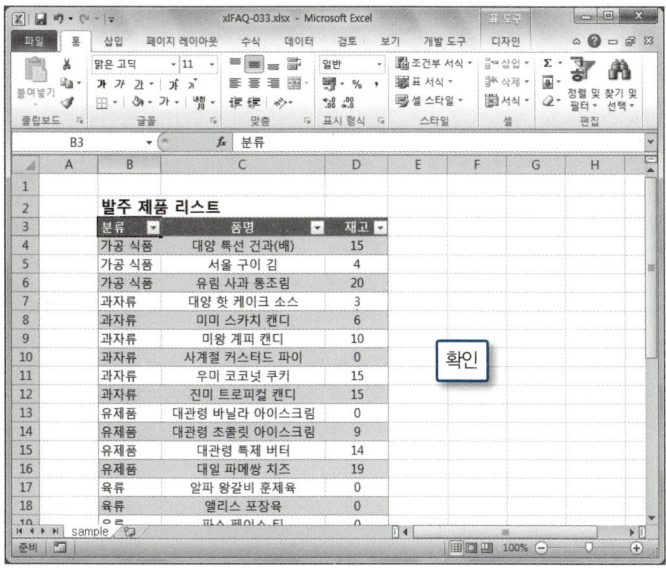

재고가 20개 이하인 제품 데이터만 가져왔습니다. 이 표는 동기화될 때마다 액세스 파일에서의 재고 수량에 맞는 데이터만 표시합니다.

질문 34

액세스 데이터베이스의 여러 테이블에서 데이터를 연결해 가져올 수 있나요?

액세스 데이터베이스 파일의 테이블은 관계가 설정되어 있습니다. 이 경우 관계가 있는 여러 테이블의 값을 취합해 가져올 수 있나요?

• 예제 파일 〉 Part1 : xlFAQ-034.xlsx, dbSales.accdb   • 완성 파일 〉 Part1\완성 : xlFAQ-034완성.xlsx

답변 34

Microsoft Query를 이용하면 여러 테이블의 데이터를 하나로 취합하는 것이 가능하며, 액세스 같은 경우는 관계가 설정된 테이블의 정보가 그대로 Microsoft Query에 전달되기 때문에 추가 설정 작업 없이 바로 필요한 열의 데이터만 골라 가져올 수 있습니다.

실무실습 액세스 데이터베이스 관계와 구성 확인하고 여러 테이블에서 연결해 가져오기

다음 실무실습을 통해 액세스 데이터베이스의 여러 테이블에서 필요한 데이터를 엑셀로 가져오겠습니다.

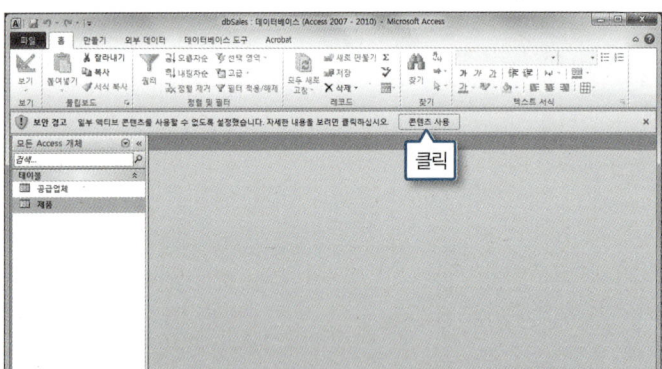

01 예제 확인하기

액세스에서 **dbSales.accdb** 파일을 실행합니다. 보안 경고 메시지 줄이 표시되면 [**콘텐츠 사용**]을 클릭합니다.

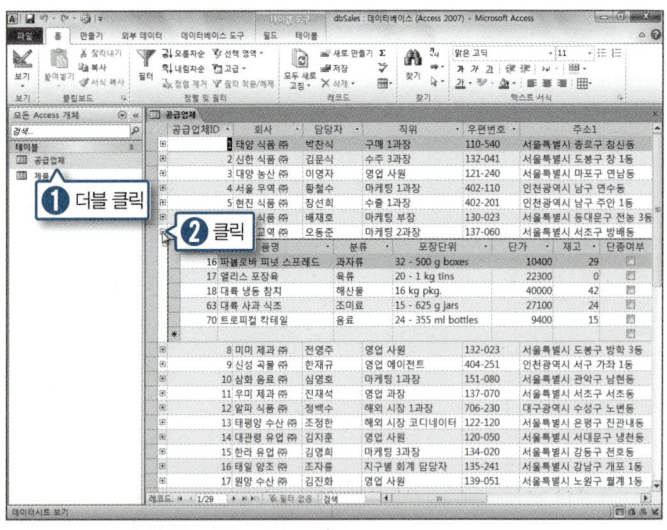

02 관계 확인하기 (1)

❶ 탐색 창에서 [**공급업체**] 테이블을 더블클릭합니다.

❷ 7행인 대륙 교역 ㈜ 왼쪽의 **확장** 단추 ⊞를 클릭합니다. 해당 회사에서 납품 받는 제품 데이터를 확인할 수 있습니다. 이런 구성은 [공급업체] 테이블과 [제품] 테이블이 관계가 설정된 경우로 종속된 테이블이 하위 테이블로 표시됩니다.

Tip [공급업체] 테이블과 [제품] 테이블 알아보기

하위 테이블로 표시되는 [제품] 테이블에는 공급업체 회사 이름은 입력되어 있지 않고 공급업체ID 열에 숫자 값(코드)이 입력되어 있습니다. 공급업체 회사 이름은 [공급업체] 테이블의 회사 열에 입력되어 있으므로, 회사 이름을 사용해 [제품] 테이블의 데이터를 가져오려면 [공급업체] 테이블도 함께 참조해야 합니다.

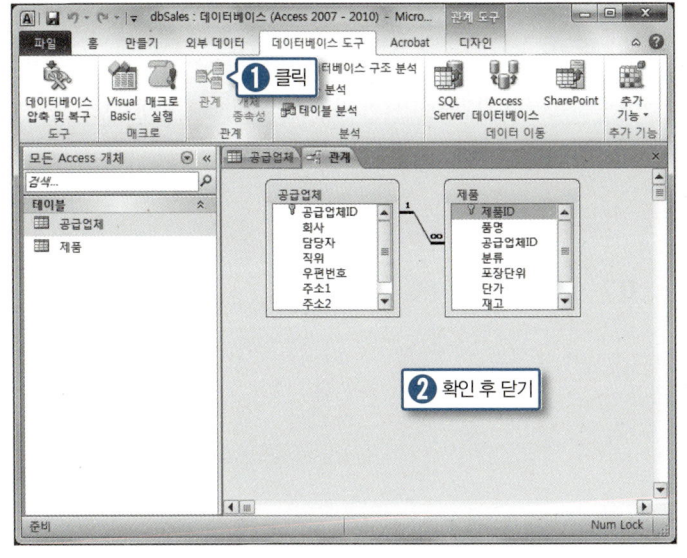

03 관계 확인하기 (2)

❶ [데이터베이스 도구] 탭-[관계] 그룹-**[관계]** 를 클릭합니다.

❷ 오른쪽 창에 [관계] 탭이 추가되면서 두 테이블의 관계 설정을 확인할 수 있습니다.
두 테이블에서 필요한 데이터만 엑셀로 가져오는 작업을 진행하겠습니다.
액세스를 닫습니다.

Tip ... 관계 알아보기
관계는 액세스와 같은 관계형 데이터베이스에서 데이터가 중복되지 않도록 하기 위해 표를 분리한 다음, 두 테이블을 연결하기 위해 사용하기 위한 개념입니다. 관계를 설정하는 방법은 액세스 관련 책을 참고하기 바랍니다.

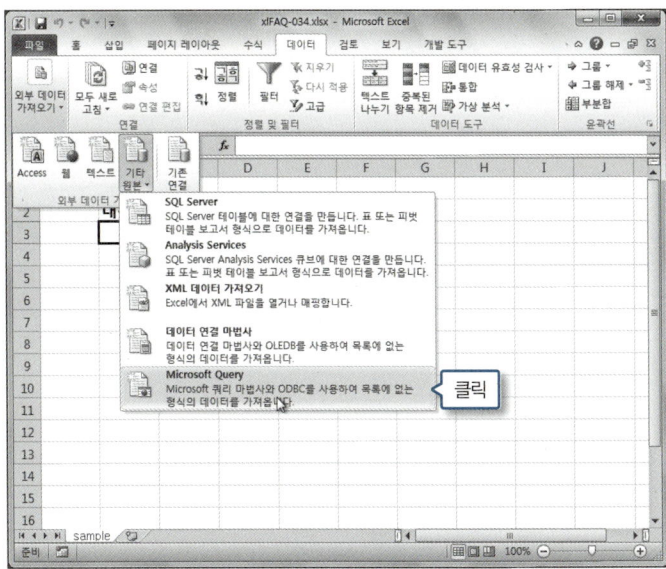

04 Microsoft Query 실행하기

엑셀에서 **xlFAQ-034.xlsx** 파일을 실행합니다.
dbSales.accdb 데이터베이스의 대륙 교역에서 납품하는 제품 데이터만 B3셀 위치로 가져올 것입니다.
[데이터] 탭-[외부 데이터 가져오기] 그룹-[기타 원본]-**[Microsoft Query]**를 클릭합니다.

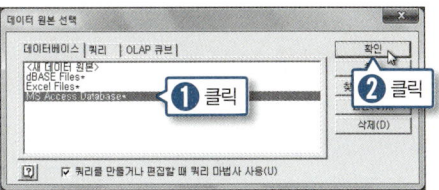

05 데이터베이스 선택하기 (1)

❶ 데이터 원본 선택 대화상자가 표시되면 **[MS Access Database*]**를 선택합니다.
❷ **[확인]**을 클릭합니다.

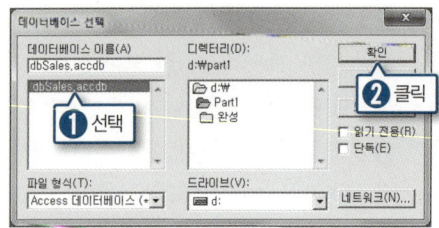

06 데이터베이스 선택하기 (2)

❶ 데이터베이스 선택 대화상자가 표시되면 part1 폴더에서 **db Sales.accdb** 파일을 선택한 다음 ❷ **[확인]**을 클릭합니다.

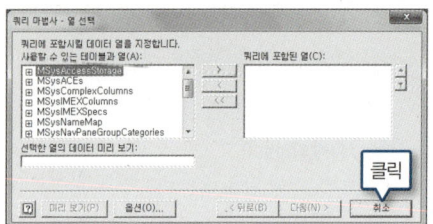

07 쿼리 마법사 닫기 (1)

쿼리 마법사 대화상자가 표시되면 **[취소]**를 클릭합니다.

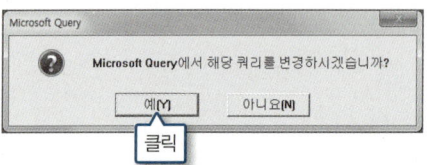

08 쿼리 마법사 닫기 (2)

Microsoft Query에서 해당 쿼리를 변경할지에 대한 메시지 대화상자가 표시되면 **[예]**를 클릭합니다.

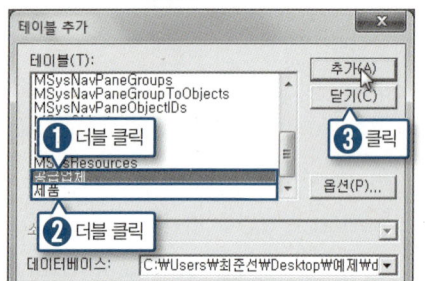

09 테이블 추가하기

❶❷ Microsoft Query 대화상자와 함께 테이블 추가 대화상자가 표시되면 테이블 목록에서 **공급업체**와 **제품**을 각각 더블 클릭합니다. ❸ Microsoft Query 대화상자에 테이블을 표시하고 **[닫기]**를 클릭합니다.

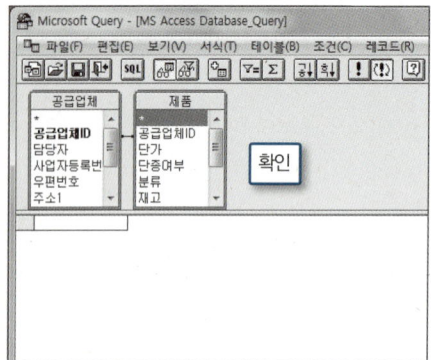

10 테이블 확인하기

Microsoft Query 대화상자에 추가한 테이블 정보가 윗부분에 목록으로 표시됩니다. 두 테이블에서 공급업체ID 사이에 연결선이 표시되는 것을 확인할 수 있습니다.

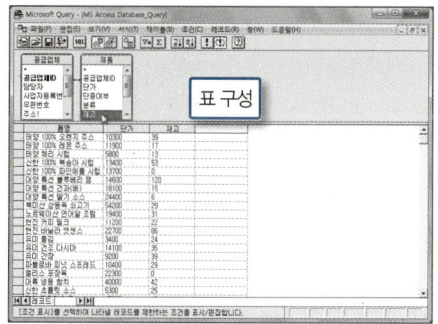

11 가져올 열 확인하기

엑셀로 가져올 열 데이터를 선택하기 위해 [제품] 테이블에서 **품명**, **단가**, **재고**를 순서대로 더블 클릭합니다. 아래에 전체 데이터가 미리 보기 화면에 표시됩니다.

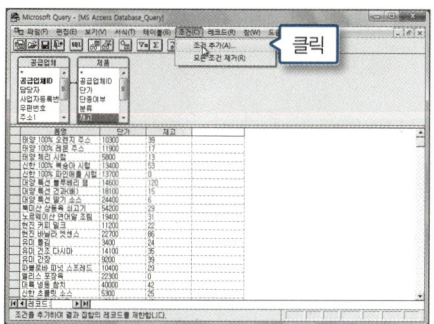

12 조건 추가하기 (1)

대륙 교역 ㈜ 회사의 제품 데이터만 가져오기 위해 조건을 새로 추가해 보겠습니다.

[조건] 탭-[**조건 추가**] 메뉴를 선택합니다.

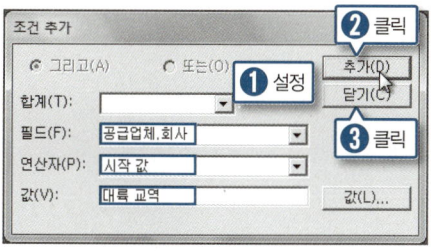

13 조건 추가하기 (2)

❶ 조건 추가 대화상자가 표시되면 필드 목록을 **공급업체.회사**, 연산자 목록을 **시작 값**, 값란을 **대륙 교역**으로 지정합니다.
❷ [**추가**]를 클릭하여 조건을 등록합니다.
❸ [**닫기**]를 클릭합니다.

Tip... 등록된 조건 이해하기

예제에서 지정한 조건은 [제품] 테이블의 데이터를 가져올 때 [공급업체] 테이블의 회사 열에 조건을 적용한 것입니다. 이것은 관계가 설정된 테이블에서 처리할 수 있는 작업으로 필드 목록에 지정한 **공급업체.회사**는 [공급업체] 테이블의 회사 열을 의미하고, 대륙 교역 ㈜ 데이터만 가져올 경우 입력할 값에서 ㈜는 특수 문자여서 입력할 수 없기 때문에 연산자 목록을 **시작 값**으로 지정한 것입니다. 이렇게 하면 값에 입력한 값으로 시작하는 데이터를 가져올 수 있습니다.

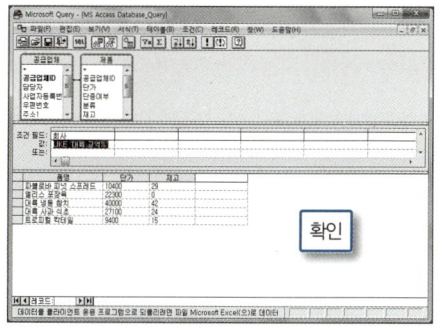

14 조건 추가하기 (3)

적용한 조건이 표시되며, 미리 보기 화면의 데이터도 조건이 적용된 결과가 표시됩니다.

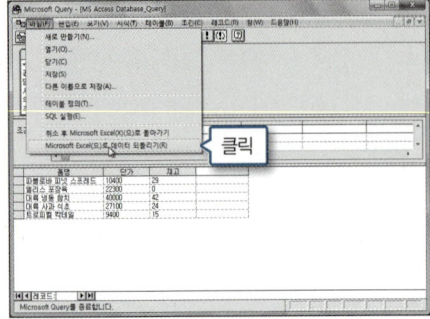

15 엑셀로 데이터 가져오기 (1)

조건 설정이 끝났으면 엑셀로 데이터를 가져옵니다. [파일] 탭-[Microsoft Excel(으)로 데이터 되돌리기] 메뉴를 선택합니다.

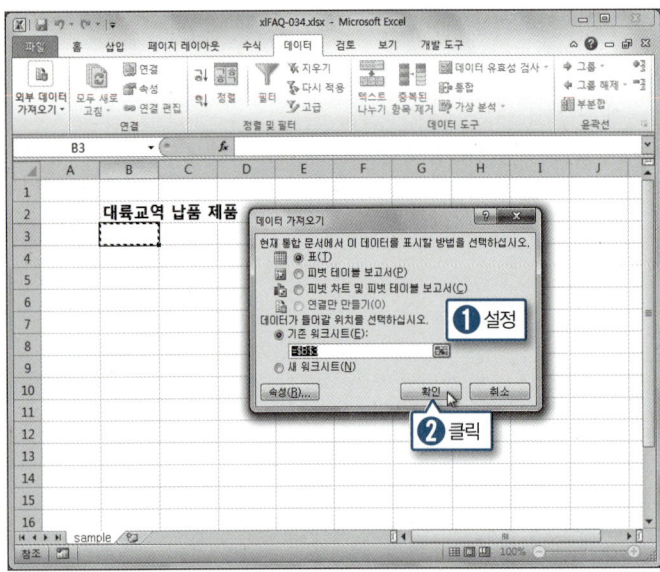

16 엑셀로 데이터 가져오기 (2)

❶ Microsoft Query 대화상자가 닫히면서 데이터 가져오기 대화상자가 표시됩니다. 데이터를 표시할 방법으로 **표**가 선택된 상태에서 데이터를 가져올 위치를 **=$B$3**으로 고정합니다.

❷ [확인]을 클릭합니다.

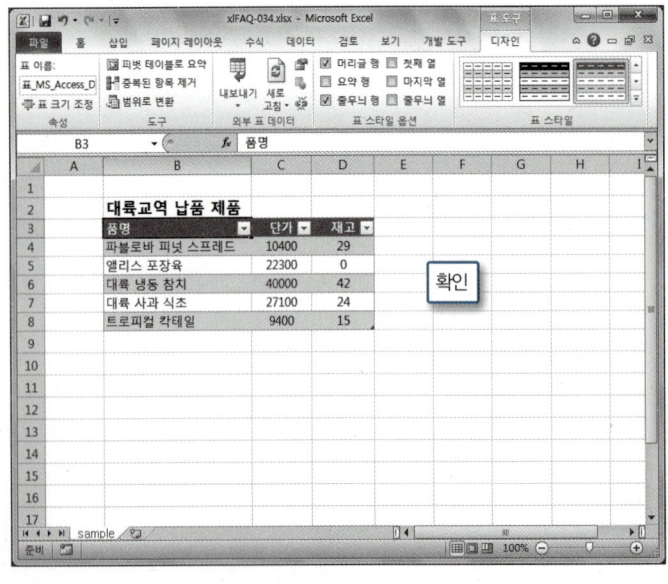

17 엑셀로 데이터 가져오기 (3)

원하는 데이터만 표시되는 것을 확인할 수 있습니다.

Section 04 웹 데이터 가져오기

▶ 웹 쿼리   ▶ 매크로 기록기

웹에는 다양한 데이터가 있고 기업에서도 데이터를 웹 페이지에 제공하는 경우가 많으므로, 웹 페이지의 데이터를 엑셀로 가져와 작업하는 경우도 많아지는 추세입니다. 은행이나 포털 사이트의 환율 데이터를 매일 엑셀로 가져와 작업하는 경우 일일이 웹 페이지를 복사해 작업하거나 입력한다면 불편할 것입니다. 엑셀은 웹 페이지의 테이블에서 데이터를 가져올 수 있는 [웹 쿼리] 기능을 제공합니다. 이번 과정에서는 웹 쿼리를 이용해 웹 데이터를 가져오는 다양한 방법을 설명합니다.

질문 35 웹 페이지의 데이터를 엑셀로 가져올 수 있나요?

매일 환율을 체크해 견적서를 작성할 경우 웹 페이지에 있는 환율 데이터를 엑셀로 가져올 수 있다면 업무가 편리할 것 같습니다. 환율 데이터를 엑셀로 가져올 수 있나요?

• 예제 파일 〉 Part1 : **xlFAQ-035.xlsx**   • 완성 파일 〉 Part1\완성 : **xlFAQ-035완성.xlsx**

답변 35

엑셀에는 웹 쿼리가 제공되며, 이 기능은 웹 페이지의 표 데이터를 엑셀로 가져오는 역할을 합니다. 웹 쿼리를 이용하면 환율 데이터를 매번 따로 입력하지 않아도 엑셀로 가져올 수 있습니다. 단, 웹 쿼리를 이용해 데이터를 가져오지 못하는 사이트들은 보안상의 이유로 데이터를 가져올 수 없는 것이므로 관련 정보를 제공하는 다른 사이트에서 데이터를 가져와야 합니다.

실무실습   웹 쿼리로 웹 페이지의 표 데이터 가져오기

다음 실무실습을 통해 웹 페이지의 데이터를 엑셀로 가져오는 방법을 알아보겠습니다.

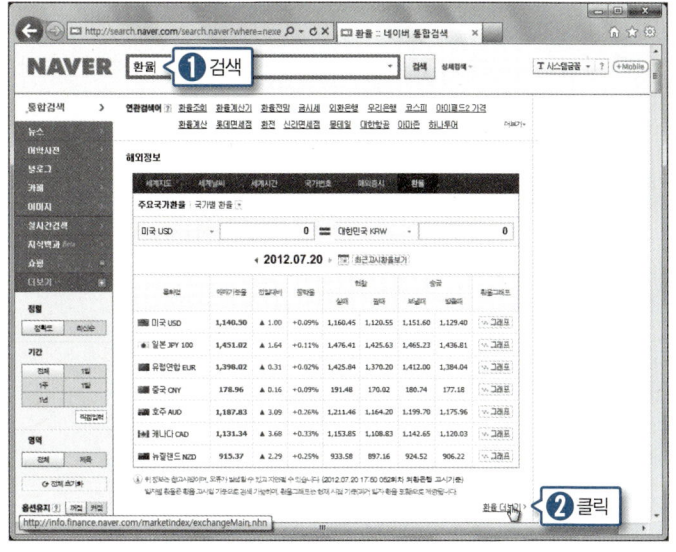

01 웹 페이지 확인하기 (1)

환율 데이터의 경우 여러 사이트에서 제공해 주고 있습니다.

❶ 환율 데이터를 확인하기 위해 웹 브라우저를 열고 네이버(www.naver.com)에 접속한 다음, 검색 창에 **환율**을 입력하여 검색합니다.

❷ 환율 표가 검색 결과에 표시됩니다. 환율 표 오른쪽 아랫부분의 **환율 더보기** 링크를 클릭합니다.

Tip ... 환율 페이지 참고하기

예제를 따라하는 시점에는 네이버 사이트 정책에 따라 화면 구성 및 주소가 달라질 수 있으며, 검색 결과는 시기에 따라 달라집니다.

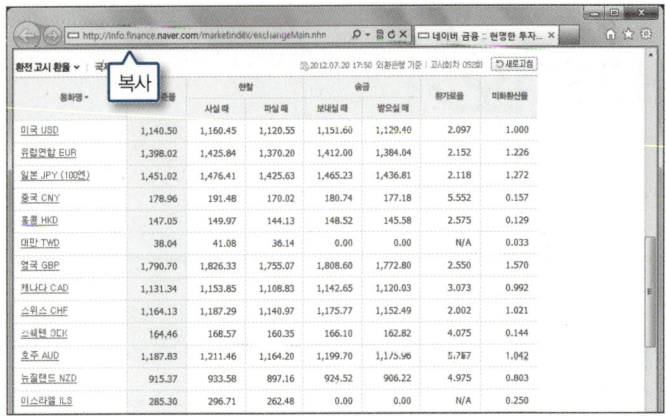

02 웹 페이지 확인하기 (2)

페이지 아랫부분에서 전체 환율 데이터를 확인할 수 있습니다. 이 표를 엑셀로 가져오기 위해 웹 브라우저의 주소창에 표시된 주소를 복사합니다.
예제에서 주소는 http://info.finance.naver.com/marketindex/exchangeMain.nhn입니다.

Tip ... 웹 사이트 참고하기
과정 **01~02**의 화면과 주소는 웹 사이트 서비스 정책에 따라 변경될 수 있습니다.

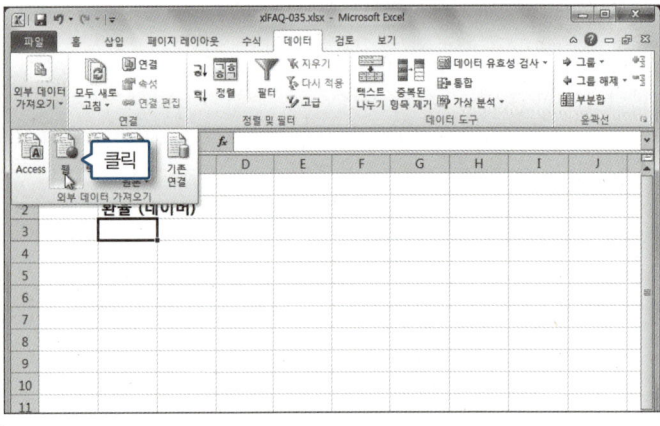

03 환율 데이터 가져오기 (1)

예제 파일을 엽니다. B3셀 위치로 과정 **02**의 웹 페이지 데이터를 가져오겠습니다.
[데이터] 탭-[외부 데이터 가져오기] 그룹-[웹]을 클릭합니다.

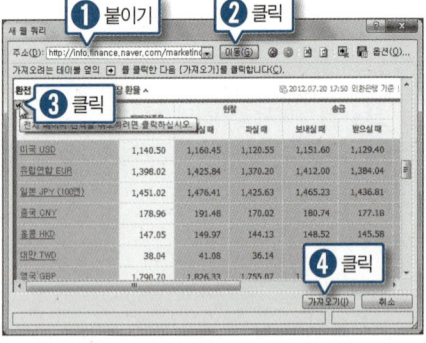

04 환율 데이터 가져오기 (2)

❶ 새 웹 쿼리 대화상자가 표시되면 주소란에 과정 **02**에서 확인한 주소를 붙입니다.
❷ [이동]을 클릭합니다. 스크롤바를 이용해 환율 표를 확인합니다.
❸ 표 왼쪽 윗부분의 **오른쪽 화살표**를 클릭해 **체크 표시**로 변경합니다. **Note 7**
❹ [가져오기]를 클릭합니다.

Note 7 ... 오른쪽 화살표에 체크하는 이유 알아보기

웹 페이지 전체를 가져오지 않고 원하는 표 부분만 가져오려면 오른쪽 화살표를 클릭하면 됩니다. 만약 전체 웹 페이지를 가져오려면 오른쪽 화살표를 클릭하지 않고, 바로 [가져오기]를 클릭하면 됩니다.
새 웹 쿼리 대화상자에서 접속한 웹 페이지에 오른쪽 화살표가 나타나지 않는 경우가 있습니다. 그럴 때는 새 웹 쿼리 대화상자 오른쪽 윗부분의 [아이콘 표시/숨기기]를 한 번 클릭합니다.

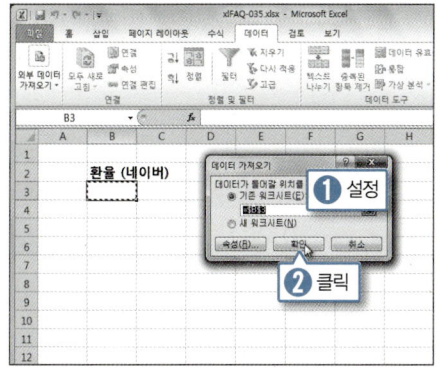

05 환율 데이터 가져오기 (3)

❶ 데이터 가져오기 대화상자가 표시되면 **B3**셀을 선택합니다.
❷ [확인]을 클릭합니다.

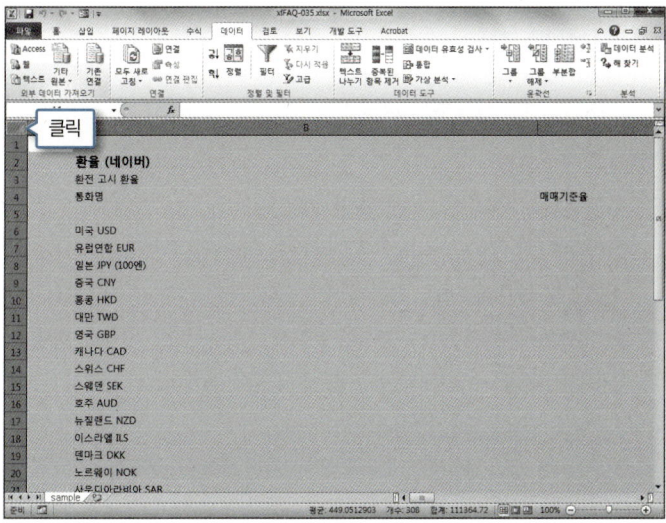

06 가져온 데이터 확인하기

웹 데이터가 가져와집니다.
워크시트의 열 주소와 행 주소가 교차하는 위치에서 모두 선택 영역 을 클릭합니다.

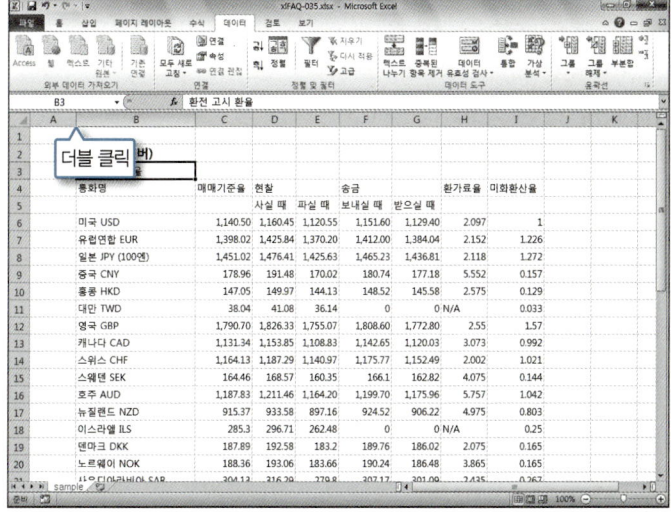

07 열 너비 조정하기

A열과 **B**열의 열 구분선을 더블 클릭해서 열 너비를 자동 조정해 줍니다.
이렇게 웹 기능을 이용하면 화면과 같이 웹 페이지에서 필요한 데이터만 워크시트로 가져올 수 있습니다.

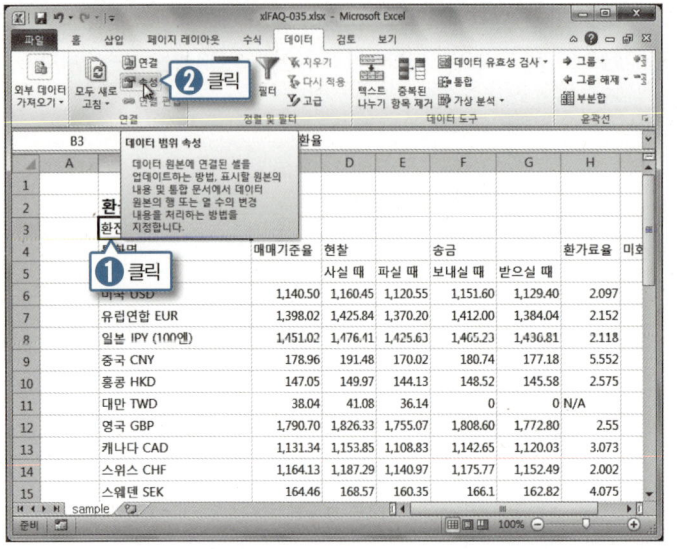

08 데이터 새로 고침 옵션 설정하기 (1)

데이터가 새로 고쳐지는 방법을 설정하겠습니다.

❶ 웹 쿼리로 가져온 셀 중 하나를 선택합니다. 예제에서는 **B3**셀을 선택했습니다.

❷ [데이터] 탭–[연결] 그룹–[**속성**]을 클릭합니다.

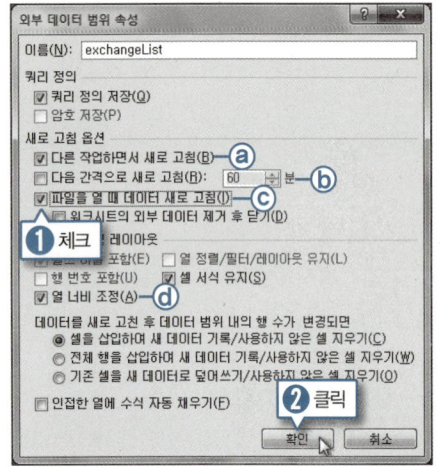

09 데이터 새로 고침 옵션 설정하기 (2)

❶ 외부 데이터 범위 속성 대화상자가 표시되면 새로 고침 옵션의 **파일을 열 때 데이터 새로 고침**에 체크합니다.

❷ [**확인**]을 클릭합니다. 이 옵션을 체크해 놓으면 파일을 새로 열 때마다 웹 페이지에서 데이터를 새로 가져오게 됩니다.

Tip … 새로 고침 옵션 이해하기
ⓐ 새로 고침 작업이 백그라운드에서 진행되며, 다른 작업 중일 때도 웹 데이터를 새로 가져옵니다.
ⓑ 지정한 시간 간격으로 웹 데이터를 새로 가져오는 작업을 반복합니다.
ⓒ 파일을 열 때 웹 데이터를 새로 가져옵니다.
ⓓ 체크 표시를 해제하면 사용자가 변경해 놓은 열 너비를 지속적으로 유지하게 되어 편리합니다.

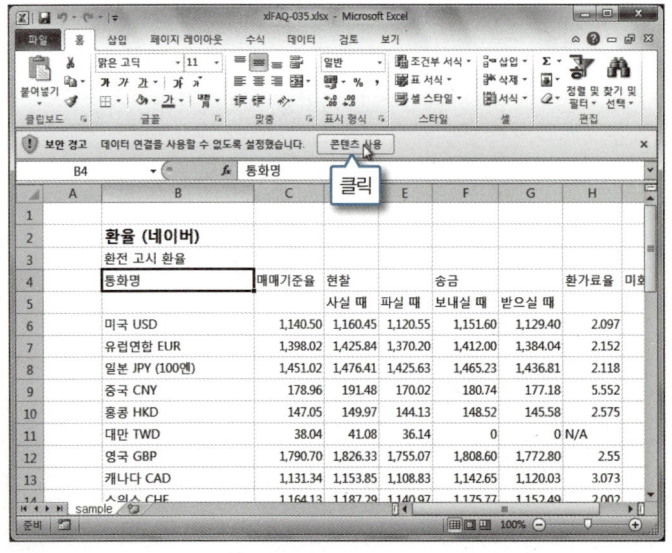

10 데이터 갱신 확인하기

파일을 저장한 다음 다시 열면 수식 입력줄 윗부분에 보안 경고 메시지 줄이 표시됩니다.

[**콘텐츠 사용**]을 클릭하면 상태 표시줄을 통해 웹 데이터를 새로 가져오는 것을 확인할 수 있습니다.

Tip … 데이터를 새로 가져오면 열 너비가 바뀝니다. 과정 **06~07**처럼 워크시트 전체를 선택하고 열 구분선을 더블 클릭하여 열 너비를 자동으로 조정해 줍니다.

> **질문 36** 고정된 페이지가 아닌 조건을 지정해 조회한 결과를 가져올 수 있나요?
>
> 웹 쿼리 기능을 이용해 매번 해당 웹 페이지에서 조회된 결과를 가져와야 할 경우 웹 쿼리를 다시 실행해 조건을 변경해야 합니다. 자동으로 조건을 변경하여 조회된 결과를 가져올 수 있나요?

• 예제 파일 〉 Part1 〉 **xlFAQ-036.xlsx, xlFAQ-036(코드).txt**　　• 완성 파일 〉 Part1\완성 : **xlFAQ-036완성.xlsm**

답변 36 웹 페이지의 주소는 고정된 주소를 사용하는 경우와 지정된 조건에 따라 주소가 변경되는 2가지 경우가 있습니다. 웹 쿼리를 이용할 때 전자의 경우는 주소가 고정되므로 사용하기에 용이하지만, 후자의 경우는 변경되는 주소를 웹 쿼리에서 따로 설정할 수가 없으므로 필요한 데이터를 엑셀로 가져오기가 쉽지 않습니다.

그렇기 때문에 [매크로 기록기]를 웹 쿼리와 함께 사용할 수 있어야 합니다. 매크로 기록기를 이용하면 비교적 손쉽게 매크로를 개발할 수 있어 웹 쿼리의 단점을 해결할 수 있습니다.

실무실습 매크로 기록기로 주소가 변경되는 웹 페이지 데이터 가져오기

다음 실무실습을 통해 주소가 변경되는 웹 페이지의 데이터를 엑셀로 가져와 보겠습니다. 예제에서 접속한 사이트는 예제를 진행하기 위해 선택한 사이트이지만 예제를 따라하는 시점에는 화면 구성이 다를 것입니다. 그러나 입력한 조건에 따라 조회 결과를 테이블로 반환하는 사이트라면 어떤 사이트라도 웹 쿼리를 이용하는 작업 방식이 유사하므로 임의의 사이트를 사용합니다. 단, 조회한 테이블의 웹 쿼리를 이용할 수 없는 사이트도 있고, 경우에 따라 과정이 다를 수 있으므로 전체 과정이 어떻게 진행될 수 있는지 확인하는 방법으로 학습한 다음, 궁금한 점이 있다면 저자가 운영하는 카페 [엑셀..하루에 하나씩](http://cafe.naver.com/excelmaster)을 방문해서 문의해 주세요.

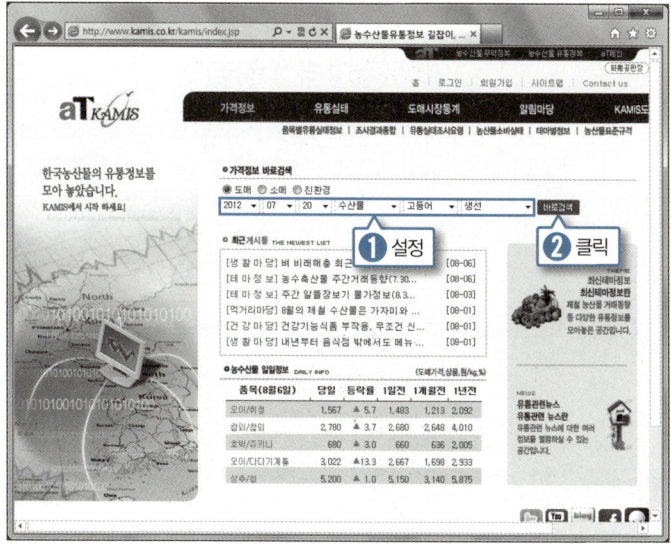

01 웹 사이트 확인하기

웹 브라우저를 열고 조건을 지정하여 검색할 수 있는 사이트에 접속합니다.

❶ 조건을 지정합니다.

❷ 지정한 조건으로 검색합니다.

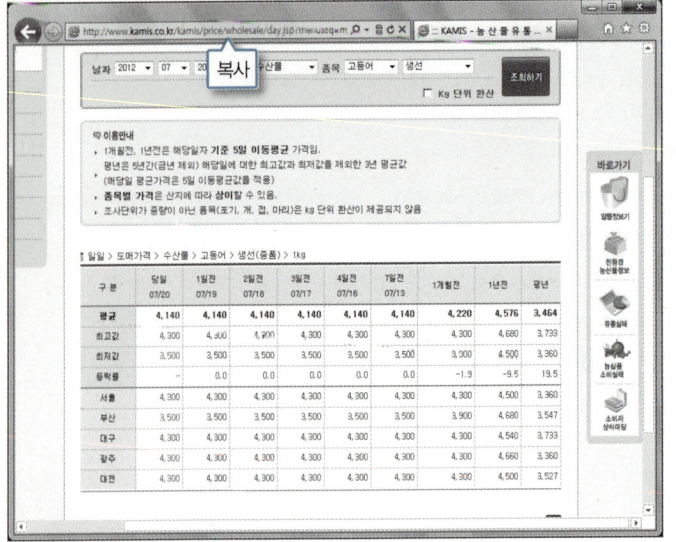

02 웹 사이트 확인하기

검색 결과가 표시됩니다.

주소 창에서 표시된 주소를 복사합니다.

검색된 테이블을 엑셀로 가져와 보겠습니다.

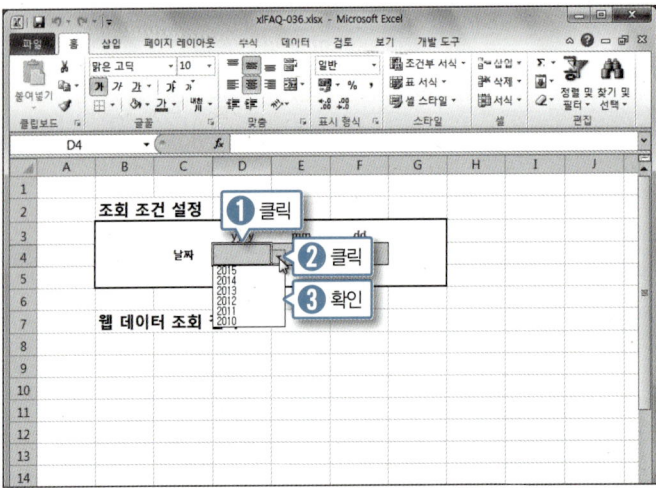

03 예제 확인하기

웹 쿼리 작업을 진행하기 위해 예제 파일을 실행합니다.

❶ D4:F4 범위의 각 셀을 선택합니다.

❷❸ 유효성 검사의 목록 기능이 적용되어 연, 월, 일 값을 선택할 수 있는 것을 확인할 수 있습니다.

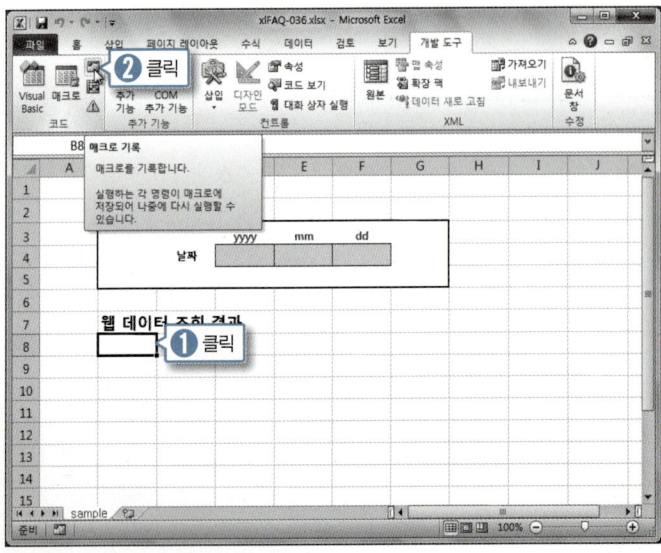

04 매크로 기록기로 매크로 만들기 (1)

웹 쿼리가 D4:F4 범위의 연, 월, 일 값을 전달 받아 동작하도록 하기 위해 매크로를 개발해야 합니다.

❶ B8셀을 선택합니다.

❷ [개발 도구] 탭–[코드] 그룹이나 상태 표시줄에서 [매크로 기록] 을 클릭합니다.

Tip ... [개발 도구] 탭 표시하기

[개발 도구] 탭은 기본 설정에서는 표시되지 않습니다. [개발 도구] 탭은 Excel 옵션 대화상자의 [리본 사용자 지정] 항목에서 추가할 수 있고 [개발 도구] 탭을 추가하지 않고도 Alt + F8 을 눌러 매크로 대화상자를 표시할 수 있습니다.

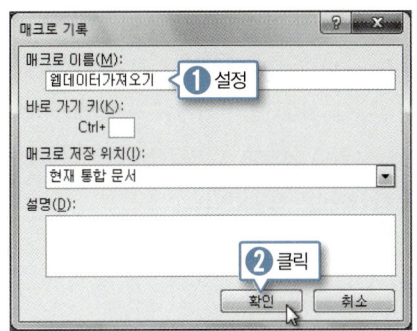

05 매크로 기록기로 매크로 만들기 (2)

❶ 매크로 기록 대화상자가 표시되면 매크로 이름란을 **웹데이터가져오기**로 지정합니다.

❷ **[확인]**을 클릭합니다. Note 8

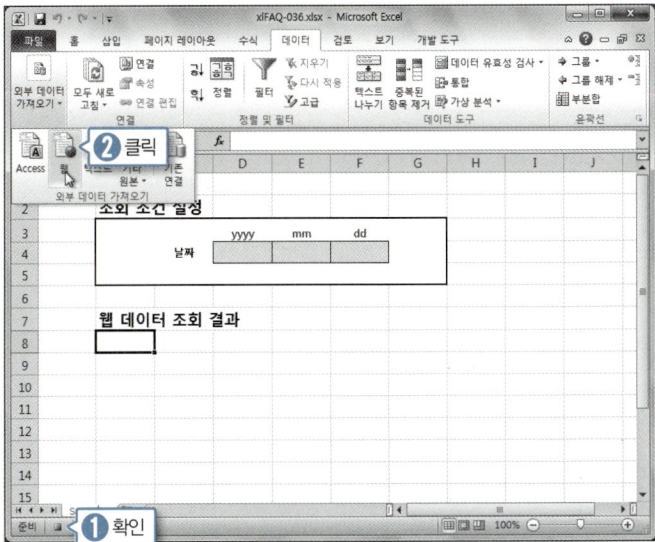

06 매크로 기록기로 매크로 만들기 (3)

❶ 매크로 기록 대화상자가 닫히면 **[매크로 기록]** 이 **[기록 중지]** 로 변경됩니다. 매크로 기록 상태이므로 따라하기 과정 이외의 불필요한 동작을 하지 않도록 주의합니다.

❷ [데이터] 탭-[외부 데이터 가져오기] 그룹-[웹] 을 클릭합니다.

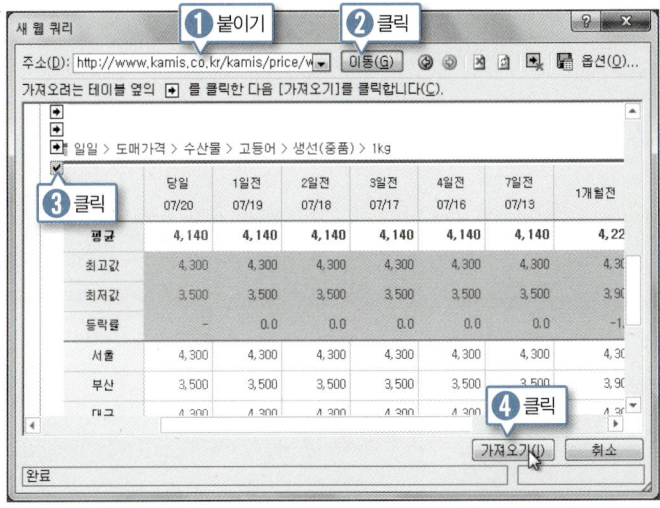

07 매크로 기록기로 매크로 만들기 (4)

❶ 새 웹 쿼리 대화상자가 표시되면 웹 브라우저의 주소란에 주소를 복사해 붙입니다.

❷ [이동]을 클릭합니다.

❸ 반환된 표 중에서 가격 정보가 표시된 표 왼쪽 윗부분의 **오른쪽 화살표** ➡ 를 클릭해 체크 표시 ✓ 로 변경합니다.

❹ **[가져오기]**를 클릭합니다.

Tip ... 오른쪽 화살표가 표시되지 않는 경우 알아보기
테이블 옆에 오른쪽 화살표가 표시되지 않는다면 웹 쿼리를 이용할 수 없는 사이트입니다.

Note 8 ... 매크로 이름 명명하기

매크로 이름을 명명하는 규칙은 이름 정의와 동일합니다. 한글과 영어 문자로 시작해야 하며, 띄어쓰기는 할 수 없습니다. 띄어쓰기가 필요한 경우라면 공백(" ") 대신 마침표(.)나 밑줄(_)을 사용해야 합니다. 또한 셀 주소(A1 등)와 중복되는 것은 사용할 수 없습니다.

08 매크로 기록기로 매크로 만들기 (5)

❶ 데이터 가져오기 대화상자가 표시되면 **기존 워크시트**가 선택된 상태에서 아래 참조란을 **=$B$8**로 지정합니다.

❷ [**확인**]을 클릭합니다.

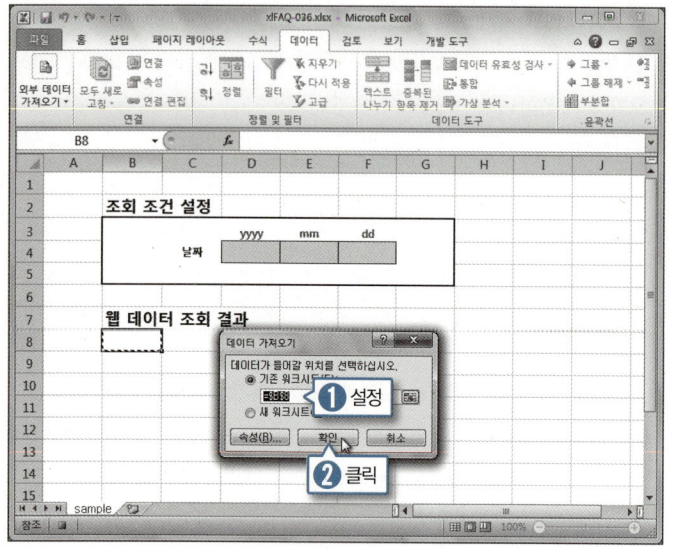

09 매크로 기록기로 매크로 만들기 (6)

반환된 테이블을 보면 불필요한 빈 행이 있는 것을 확인할 수 있습니다. 불필요한 데이터 범위를 삭제하는 작업을 진행하겠습니다.

❶ 불필요한 행의 머리글을 선택합니다.

❷ 마우스 오른쪽 버튼을 누릅니다.

❸ [**삭제**] 메뉴를 선택합니다.

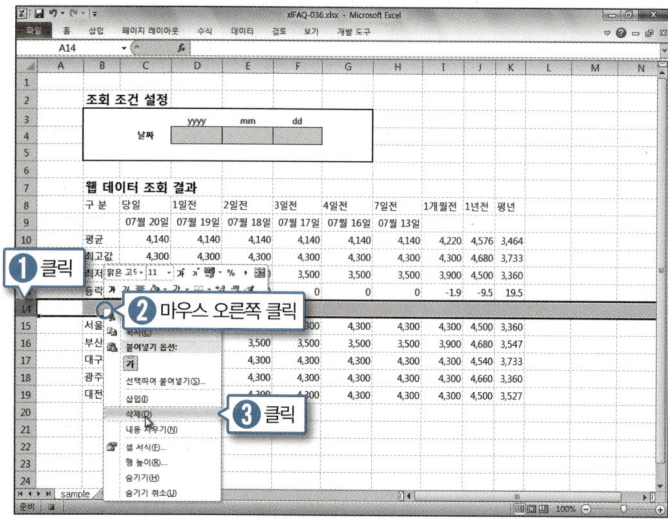

Tip ... 삭제 후 행 번호가 바뀌는 이유 알아보기

엑셀은 행을 삭제하면 아랫부분 행이 위로 올라옵니다. 예를 들어 8:9행을 삭제하면, 기존의 10:11행이 8:9행 위치로 옮겨지게 되어 삭제할 다른 행 주소가 변경됩니다.

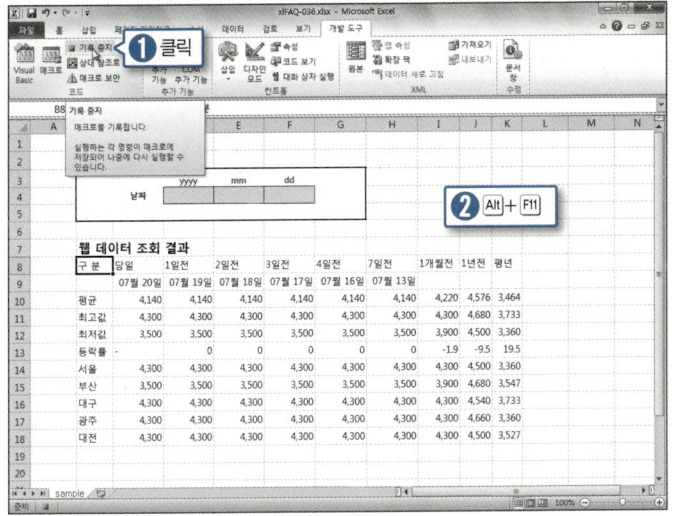

10 매크로 기록기로 매크로 만들기(7)

❶ [개발 도구] 탭이나 상태 표시줄에서 [기록 중지]를 클릭해 기록을 중단합니다.

기록된 매크로를 수정해 D4:F4 범위의 연, 월, 일 값을 인식해 동작하도록 하겠습니다.

❷ [개발 도구] 탭-[코드] 그룹-[Visual Basic]을 클릭하거나 Alt+F11을 누릅니다.

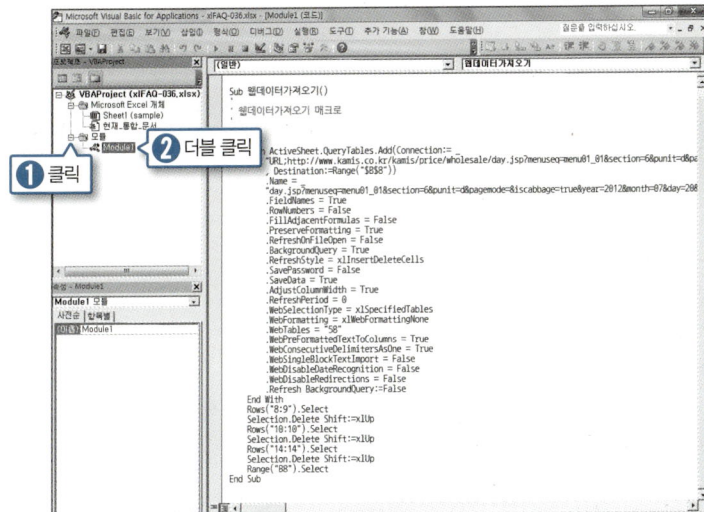

11 매크로 수정하기(1)

❶ 비주얼 베이직 편집기가 표시되면 왼쪽 윗부분의 프로젝트 탐색기 창에서 **모듈** 폴더의 **확장** 단추를 클릭하여 확장합니다.

❷ Module1 개체를 더블 클릭합니다.

기록된 매크로 코드를 확인할 수 있습니다.

12 매크로 수정하기(2)

매크로를 수정하기 위해서는 VBA(Visual Basic for Applications) 언어를 다룰 수 있어야 하지만, 수정 방법에 대해 알면 원하는 동작만 수행하도록 간단히 변경할 수 있습니다.

먼저 아래 코드를 찾습니다.

```
With ActiveSheet.QueryTables.Add(Connection:= _
```

찾은 코드 바로 위에 아래 코드를 입력합니다. 8:50행을 삭제하는 코드로 기존에 가져온 테이블을 삭제해야 다시 가져올 수 있습니다. 만약 삭제할 범위가 8:50행 범위보다 크거나 작다면 행 주소를 적절하게 변경해 사용합니다.

```
Rows("8:50").Delete Shift:=xlUp
```

다음은 기존 매크로를 수정하는 부분입니다. 기록된 매크로에서 다음과 비슷한 부분을 찾습니다.

```
"URL;http://www.kamis.co.kr/kamis/price/wholesale/day.jsp?menuseq=menu01_01&Section=6&punit=d&pagemode=&iscabbage=true&year=2012&month=07&day=20&kind=06&itemcode=0611&descnrank=061101"
```

찾은 코드의 색이 있는 부분을 다음과 같이 수정합니다. 수정하는 부분은 연, 월, 일 값 부분으로 모두 D4셀, E4셀, F4셀의 값으로 대체하도록 되어 있습니다. 셀 위치가 다르다면 해당 셀 주소로 변경해 사용하면 됩니다.

```
"URL;http://www.kamis.co.kr/kamis/price/wholesale/day.jsp?menuseq=menu01_01&Section=6&punit=d&pagemode=&iscabbage=true&year=" & Range("D4").Value & "&month=" & Range("E4").Value & "&day=" & Range("F4").Value & "&kind=06&itemcode=0611&descnrank=061101"
```

매크로를 수정한 다음 [파일] 탭-[닫고 Microsoft Excel(으)로 돌아가기]를 실행하여 비주얼 베이직 편집기를 닫습니다.

Tip ... 코드 확인하기
수정이 완료된 코드는 xlFAQ-036(코드).txt 파일로 제공되니 수정한 다음 코드가 제대로 수정됐는지 확인합니다.

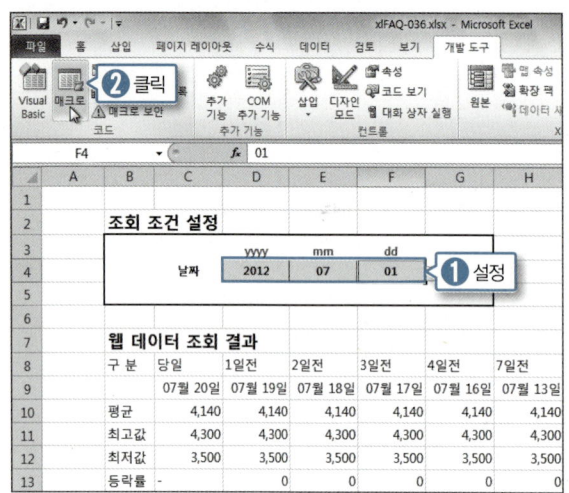

13 매크로 실행해 데이터 가져오기 (1)

D4:F4 범위의 날짜에 맞는 데이터를 사이트에서 엑셀로 가져올 수 있습니다.

❶ 매크로가 제대로 실행되는지 확인하기 위해 날짜를 지정합니다.

❷ 매크로를 실행하기 위해 [개발 도구] 탭-[코드] 그룹-[매크로]를 클릭하거나 Alt + F8 을 누릅니다.

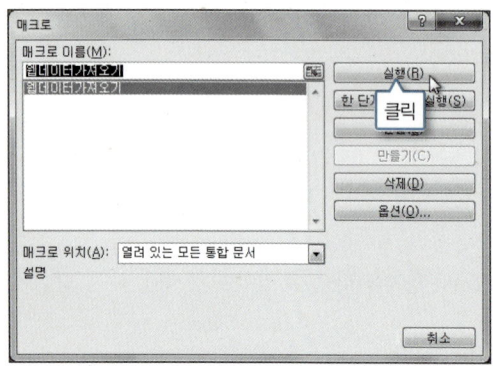

14 매크로 실행해 데이터 가져오기 (2)

매크로 대화상자가 표시되면 과정 05에서 입력한 매크로 이름을 확인할 수 있습니다.

매크로를 선택하고 [실행]을 클릭해 매크로를 실행합니다.

15 매크로 실행해 데이터 가져오기 (3)

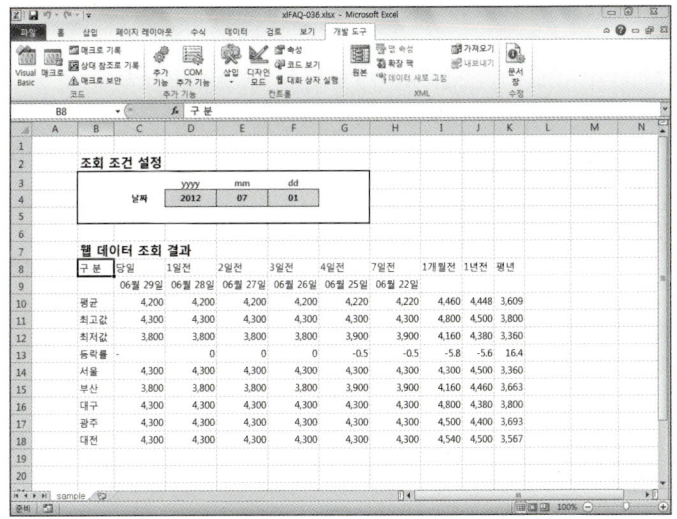

매크로가 제대로 동작하면 기존의 가져온 데이터를 삭제하고 다시 데이터를 가져오는 과정을 확인할 수 있습니다.
예제에서는 7월 1일을 조회하였으나 표시된 당일 데이터인 C9셀이 6월 29일인 것은 7월 1일이 일요일이어서 이전 주 금요일 데이터를 가져왔기 때문입니다.

Tip ... 좀 더 편리하게 매크로 실행하기

매크로는 제대로 동작하지만, 실행 방법이 편리한 건 아닙니다. 좀 더 편리하게 매크로를 사용하려면 양식 컨트롤을 이용하는 것이 좋습니다.
❶ [개발 도구] 탭–[컨트롤] 그룹–[삽입] 📋–**[단추(양식 컨트롤)]** 🔲을 클릭하고 ❷ 시트 안쪽을 드래그하면 단추 컨트롤이 삽입되면서 매크로 지정 대화상자가 표시됩니다. ❸ 기록한 **웹데이터가져오기** 매크로를 선택하고 ❹ **[확인]**을 클릭합니다.
단추를 클릭하면 바로 웹 쿼리가 동작하면서 데이터를 웹 페이지로부터 가져올 수 있습니다.

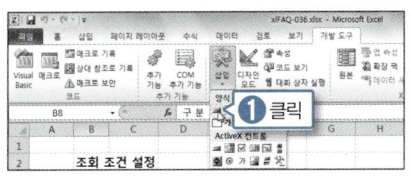

▲ 양식 컨트롤을 선택한 모습

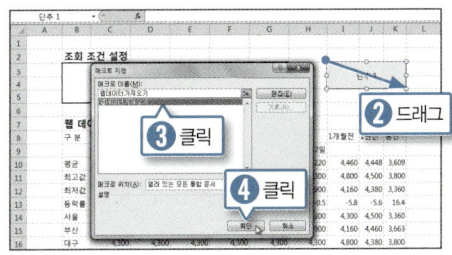

▲ 단추를 만들고 매크로를 선택하는 모습

질문 37 **웹 쿼리 기능을 이용할 때 테이블을 선택할 수 없는 경우에는 어떻게 하나요?**

특정 웹 페이지의 경우는 테이블을 선택할 수 있는 오른쪽 화살표 ➡ 가 표시되지 않습니다. 전체 페이지를 가져올 경우 불필요한 내용이 너무 많아 편집하기 힘듭니다. 좀 더 쉽게 작업할 수 있는 방법은 없을까요?

• 예제 파일 〉 Part1 : **xlFAQ-037.xlsm**   • 완성 파일 〉 Part1\완성 : **xlFAQ-037완성.xlsm**

답변 37 웹 사이트에 따라 가져올 테이블 부분만 선택할 수 없는 경우가 있습니다. 이런 경우라면 해당 웹 페이지의 소스를 분석해 테이블 이름을 직접 확인하거나 테이블 번호를 이용해 가져오는 방법을 사용해야 합니다.
이 방법 역시 웹 쿼리만으로는 해결되지 않기 때문에 매크로를 이용해야 합니다.

실무실습 특정 테이블을 지정해 가져오기

다음 실무실습을 통해 특정 테이블을 지정해 엑셀로 가져오는 방법을 알아보겠습니다.

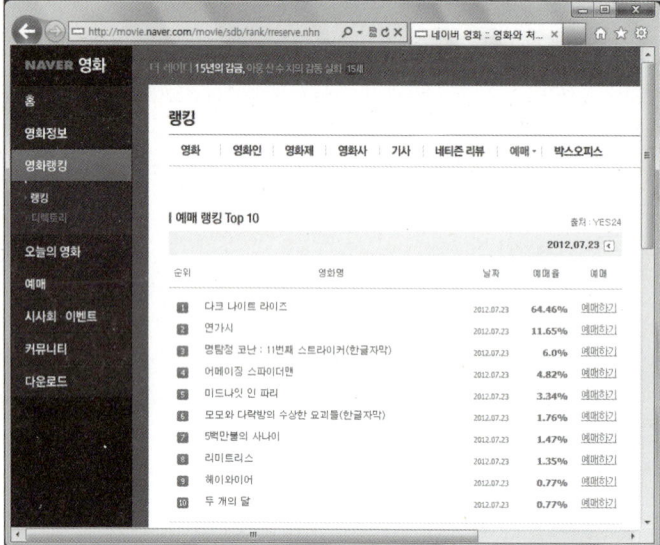

01 웹 사이트 확인하기

네이버 영화 랭킹(http://movie.naver.com/movie/sdb/rank/rreserve.nhn) 웹 페이지에 접속하면 오늘 날짜의 영화 예매 순위를 확인할 수 있습니다.

Tip ... **영화 랭킹 페이지 참고하기**
예제를 따라하는 시점에는 네이버 사이트 정책에 따라 화면 구성 및 주소가 달라질 수 있으며, 검색 결과는 시기에 따라 달라질 수 있습니다.

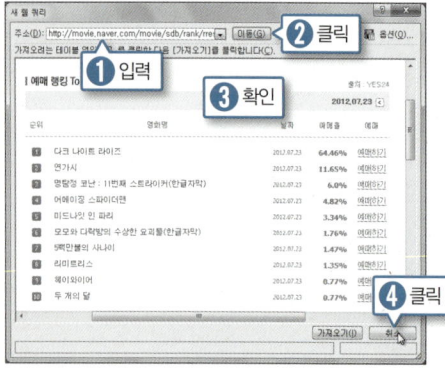

02 웹 쿼리로 페이지 확인하기

❶ 엑셀을 실행하고 새 통합 문서를 만든 다음 [데이터] 탭-[외부 데이터 가져오기] 그룹-[웹]을 클릭하여 새 웹 쿼리 대화상자가 표시되면 주소란에 과정 01에서 입력했던 주소를 입력합니다.
❷ [이동]을 클릭합니다.
❸ 예매 순위는 표시되지만 가져오려고 하는 예매 순위 부분에 오른쪽 화살표 ➡ 가 나타나지 않는 것을 확인할 수 있습니다.
❹ [취소]를 클릭합니다.

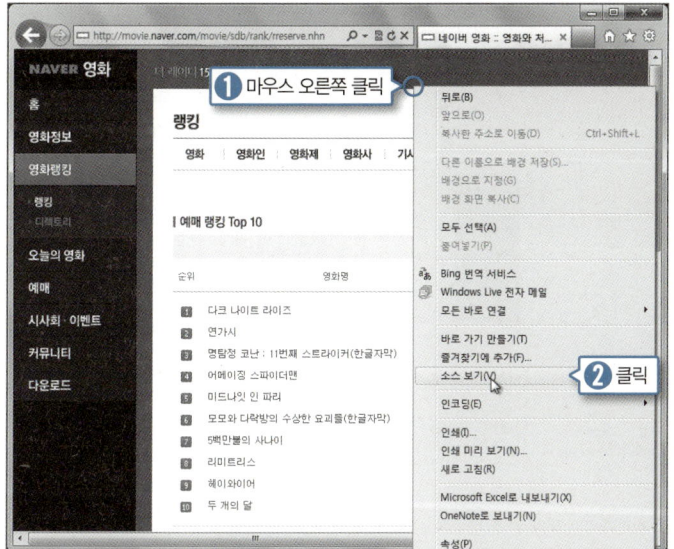

03 가져올 테이블 이름 확인하기 (1)

가져올 테이블의 이름이나 번호를 확인할 수 있어야 합니다.

❶ 웹 브라우저에서 가져올 테이블 위치를 마우스 오른쪽 버튼으로 누릅니다.

❷ [소스 보기] 메뉴를 선택합니다.

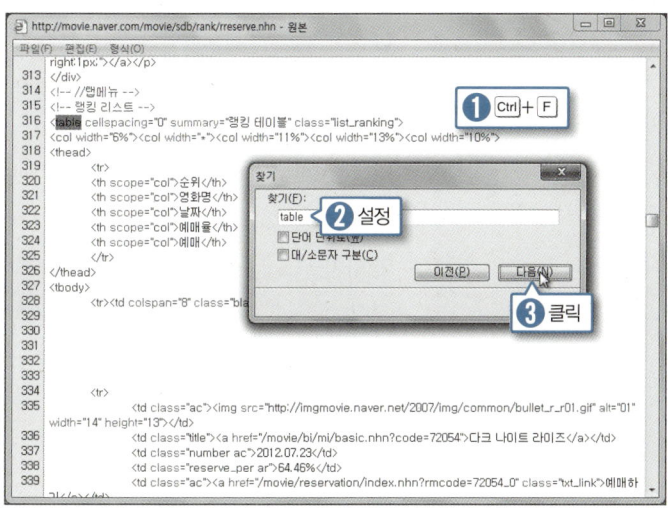

04 가져올 테이블 이름 확인하기 (2)

❶ 원본 대화상자가 표시되면 Ctrl + F 를 누릅니다.

❷ 찾기란에 **table**을 입력합니다.

❸ [다음]을 클릭합니다. Note 9

〈/table〉 태그 위치가 찾아집니다. 계속해서 [다음]을 클릭하면 이 페이지의 테이블은 하나 밖에 없다는 것을 알 수 있습니다.

Note 9 ... 소스에서 table을 검색하는 이유 알아보기

웹 페이지는 HTML 코드를 이용해 만듭니다. HTML 코드에서 표 부분은 〈table〉 태그로 시작해 〈/table〉 태그로 끝나며, 웹 쿼리에서 오른쪽 화살표 ➡ 가 나타나는 위치도 〈table〉 태그 부분입니다. 그러므로 가져올 테이블 부분을 확인하기 위해 〈table〉 태그를 찾는 것입니다.

예제에서 검색으로 찾아진 태그 위치의 코드는 〈table cellspacing="0" summary="랭킹 테이블" class="list_ranking"〉입니다.

보통 [웹 쿼리] 기능을 이용할 때 테이블 번호(1, 2, 3, …과 같은 일련번호)나 테이블 이름이 필요하며 테이블 번호는 〈table〉 태그가 나타난 순서이므로 찾아진 테이블이 1번 테이블입니다. 이름은 id를 사용하지만 찾은 코드의 경우는 id가 입력된 부분이 없으므로 확인할 수 없습니다. 다만 summary 부분(랭킹 테이블)에서 확인할 수 있듯이 table 태그 부분이 가져올 테이블을 의미한다는 것은 확인할 수 있습니다.

이것으로 1번 테이블을 가져오면 원하는 테이블을 엑셀로 가져올 수 있다는 것을 알 수 있습니다.

05 접속할 웹 페이지 주소 확인하기

테이블 오른쪽 윗부분의 날짜 값 오른쪽의 왼쪽 화살표 단추를 클릭해 날짜 값을 조정합니다. 그러면 변경된 날짜 값이 웹 브라우저의 주소에 반영되는 것을 확인할 수 있습니다. 예제에서 사용한 주소는 다음과 같습니다.

http://movie.naver.com/movie/sdb/rank/rreserve.nhn?date:=20120718

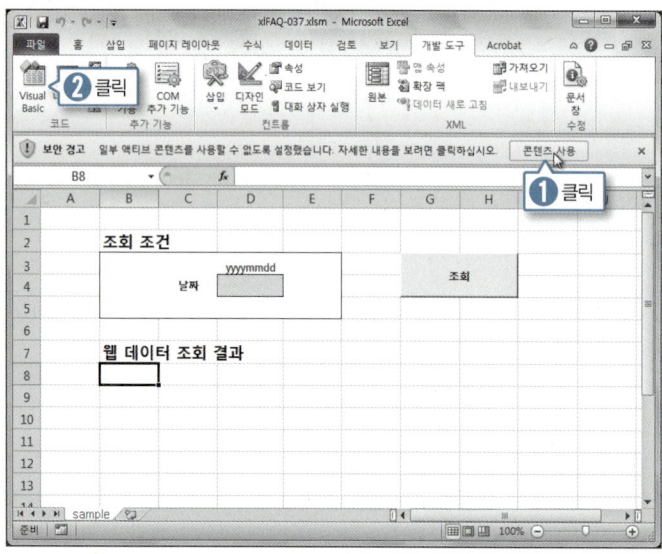

06 예제 확인하기

❶ 예제 파일을 실행합니다. 매크로가 포함되어 있으므로 보안 경고 메시지 줄의 [콘텐츠 사용]을 클릭합니다.

❷ 포함된 매크로는 G3:H4 범위의 [조회]에 연결되어 있으며 사용을 위해서는 몇 가지 코드를 수정해야 합니다.

[개발 도구] 탭-[코드] 그룹-[Visual Basic]을 클릭하거나 Alt + F11 을 누릅니다.

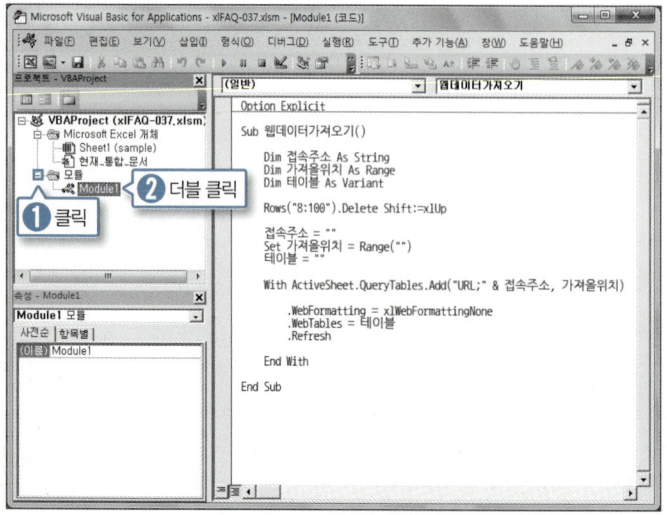

07 매크로 코드 수정하기 (1)

❶ 비주얼 베이직 편집기가 표시되면 프로젝트 탐색기 창에서 **모듈** 폴더의 **확장 단추**를 클릭하여 확장합니다.

❷ **Module1** 개체를 더블 클릭합니다.

08 매크로 코드 수정하기 (2)

제공된 매크로는 VBA 언어를 이용해 웹 쿼리 부분을 개발한 것으로 몇몇 위치를 수정하면 웹 페이지의 데이터를 엑셀로 가져오게 됩니다.

먼저 코드에서 다음 부분을 확인합니다.

```
접속주소 = ""
Set 가져올위치 = Range("")
테이블 = ""
```

다음과 같이 수정합니다.

```
접속주소 = "http://movie.naver.com/movie/sdb/rank/rreserve.nhn?date=" & Range("D4").Value ―ⓐ
Set 가져올위치 = Range("B8") ―ⓑ
테이블 = "1" ―ⓒ
```

ⓐ 과정 05에서 확인한 웹 페이지 주소를 입력합니다. 즉, 웹 쿼리로 접속할 주소를 입력하는 부분입니다. 단 차이점은 조회할 날짜 값을 D4셀에서 읽어 옵니다.

ⓑ 웹 쿼리로 가져온 데이터를 표시할 시작 위치입니다. 예제에서는 B8셀 아래로 데이터를 가져올 것이므로 해당 셀 주소를 추가합니다.

ⓒ ⓐ 코드에서 접속한 웹 페이지에서 가져올 테이블 이름을 입력합니다. id 속성 값이나 테이블 번호를 입력하면 되며, 이름을 확인하지 못했으므로 첫 번째 테이블을 가져오라고 지정합니다.

매크로를 수정한 다음 [파일] 탭-[닫고 Microsoft Excel(으)로 돌아가기]를 실행하여 비주얼 베이직 편집기를 닫습니다.

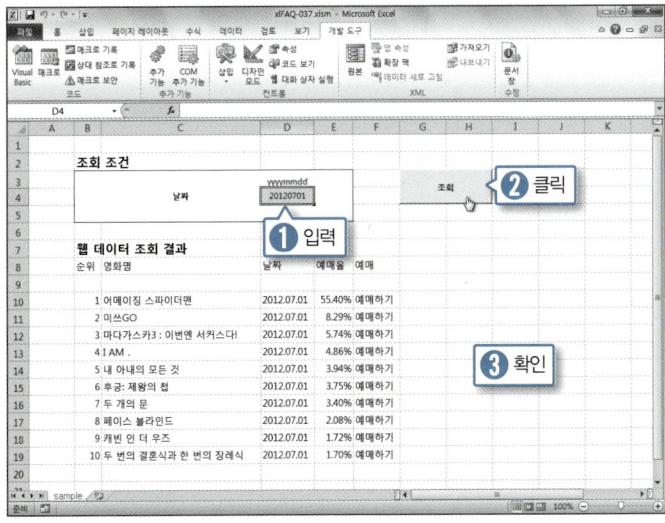

09 매크로 실행 결과 확인하기

❶ D4셀에 검색할 날짜를 입력합니다.
❷ [조회]를 클릭합니다.
❸ 지정한 날짜에 맞는 영화 예매 순위를 가져오는 것을 확인할 수 있습니다.

Part 2.
데이터 집계&분석 실무 익히기

엑셀을 사용한 작업의 대부분은 데이터를 요약하거나 요약한 데이터 의미를 분석하는 것입니다. 이러한 작업을 빠르게 진행하기 위해서는 먼저 엑셀에서 제공하는 기능을 적절히 활용할 수 있어야 합니다. 엑셀에서 가장 요약이나 분석 작업에 뛰어난 능력을 발휘하는 기능이 피벗 테이블입니다. 피벗 테이블을 사용하면 대량의 데이터에서 필요한 정보를 빠르게 얻을 수 있어서 반드시 익힐 필요가 있습니다.

더하여 요약된 데이터의 의미를 분석하기 위해 몇 가지 기술 통계 방법을 익혀 두어야 하고 집계 또는 분석된 데이터를 효과적으로 표시할 수 있도록 차트를 만드는 기술도 알아야 합니다.

Part 2에서는 피벗 테이블을 활용한 데이터 요약 및 분석 방법과 차트를 이용해 그래프로 표시하는 방법, 사용자가 반드시 익혀야 할 기술 통계 기법을 설명합니다.

Chapter 1.
피벗 테이블로 보고서 만들기

피벗 테이블 보고서는 대량의 데이터를 효율적으로 집계하거나 분석하는 경우 사용합니다. 피벗 테이블 보고서를 제대로 활용하기 위해서는 갖고 있는 데이터를 올바로 이해하고 피벗 테이블 보고서에서 제공하는 기능을 효율적으로 사용할 수 있어야 합니다. Chapter 1에서는 피벗 테이블 보고서를 사용자가 빠르게 익힐 수 있도록 설명합니다.

Chapter 1에서는 다음과 같은 내용에 대해 설명합니다.

- **Section 01** 피벗 테이블 보고서 이해하기
- **Section 02** 그룹 필드 이용해 보고서 구성하기
- **Section 03** 계산 필드와 계산 항목 만들어 보고서 구성하기
- **Section 04** 값 표시 형식을 이용해 보고서 구성하기
- **Section 05** 기타 유용한 피벗 테이블 보고서 기법 익히기

Section 01 피벗 테이블 보고서 이해하기

▶ 피벗 테이블 보고서   ▶ 데이터 베이스 연결   ▶ 집계표 요약   ▶ 필터   ▶ 상위 10
▶ 슬라이서   ▶ 데이터 원본 변경

피벗 테이블 보고서는 엑셀의 다른 기능과는 차별화된 구성과 사용 방법을 갖고 있습니다. 그렇기 때문에 처음 피벗 테이블 보고서를 익히는 경우 어려움을 느낄 수 있습니다. 피벗 테이블 보고서를 잘 활용하기 위해서는 원하는 보고서를 만들기 위해 어떻게 조작하는지 이해할 필요가 있습니다. 피벗 테이블 보고서를 조작하는 방법을 알아보겠습니다.

질문 38 피벗 테이블 보고서는 어떻게 사용하나요?
피벗 테이블 보고서 사용 방법이 다른 기능과는 다르기 때문에 어떻게 만들어야 하는지 모르겠습니다. 피벗 테이블 보고서를 사용하는 방법이 궁금합니다.

• 예제 파일 〉 Part2 : **xlFAQ-038.xlsx**   • 완성 파일 〉 Part2\완성 : **xlFAQ-038완성.xlsx**

답변 38 피벗 테이블은 엑셀의 다른 기능과는 다르게, 기능을 실행한 다음 원하는 보고서를 구성하는 작업을 별도로 진행해야 합니다. 그러기 위해서는 피벗 테이블이 동작하는 원리를 제대로 이해하고 사용할 수 있어야 합니다.

실무실습 피벗 테이블 보고서 사용하기

다음 실무실습을 통해 피벗 테이블 보고서를 사용하는 방법을 알아보겠습니다.

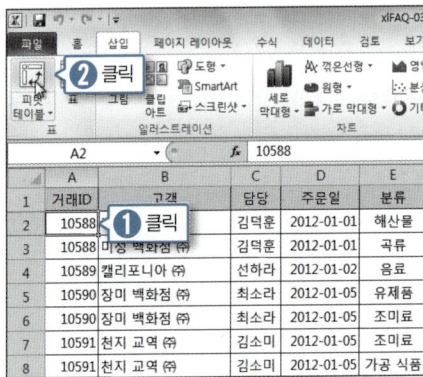

01 피벗 테이블 만들기 (1)
거래 내역 표를 소스로 피벗 테이블을 이용해 고객별 제품 판매 보고서를 구성하는 작업을 진행할 것입니다.

❶ 피벗 테이블 보고서를 만들기 위해 원본 표에서 임의의 셀을 선택합니다.

❷ [삽입] 탭-[표] 그룹-[**피벗 테이블**]을 클릭합니다. Note 1

Note 1... 범위 선택과 엑셀의 기능 실행하기

셀을 하나 선택하고 피벗 테이블과 같은 기능을 실행하면, 셀 주변 상하좌우 연속된 데이터 범위(시각적으로 확인해 보려면 선택된 셀에서 Ctrl + A 를 누르면 됩니다)를 자동으로 인식해 기능이 동작합니다. 만약 A1:B100과 같이 범위를 선택하고 기능을 실행하면 선택된 범위에서만 기능이 동작합니다. 그러므로 기능을 실행하기 전에 범위를 선택하는 방법에 주의합니다.

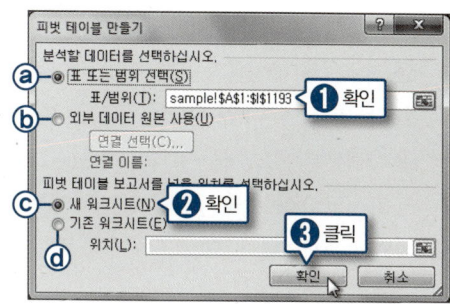

02 피벗 테이블 만들기 (2)

❶ 피벗 테이블 만들기 대화상자가 표시되면 표 또는 범위 선택이 선택된 상태로 표/범위란이 다음과 같이 표시되는지 확인합니다.

sample!$A$1:$I$1193

❷ 피벗 테이블 보고서를 넣을 위치로 **새 워크시트**가 선택됐는지 확인합니다.

❸ [확인]을 클릭합니다.

Tip ... 피벗 테이블 만들기 대화상자 옵션 이해하기

ⓐ 데이터가 현재 파일에 있을 경우 선택합니다.
ⓑ 데이터가 외부 엑셀 파일이나 데이터베이스에 있을 경우 선택합니다.
ⓒ 새로운 워크시트를 삽입하고 피벗 테이블 보고서를 만듭니다.
ⓓ 사용 중인 워크시트에 피벗 테이블 보고서를 만듭니다.

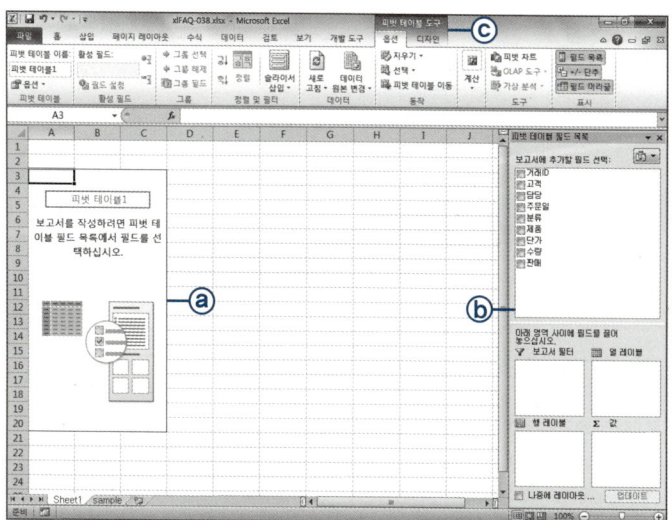

03 피벗 테이블 레이아웃 이해하기

피벗 테이블 만들기 대화상자가 닫히면 새 워크시트인 [Sheet1]에 피벗 테이블 보고서를 구성할 수 있습니다.

Tip ... 피벗 테이블 레이아웃 이해하기

ⓐ 피벗 테이블 보고서가 실제 표시되는 영역입니다.
ⓑ 원본 표(테이블)의 열 머리글(이후 필드라고 지칭합니다)과 필드를 구성할 수 있는 피벗 테이블의 4개 영역이 표시됩니다. 필드를 원하는 영역으로 드래그하거나 필드에 체크하여 보고서를 구성합니다.
ⓒ 피벗 테이블 보고서에서 사용할 수 있는 확장 메뉴이며 [옵션] 탭과 [디자인] 탭이 각각 제공됩니다.

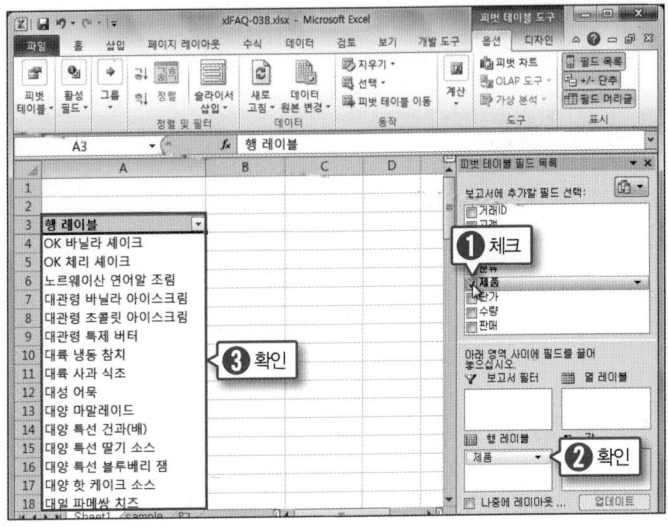

04 행 레이블 영역에 필드 삽입하기

❶ 보고서를 구성하기 위해 피벗 테이블 필드 목록 창에서 **제품** 필드에 체크합니다.
❷ 아랫부분 행 레이블 영역에 제품 필드가 표시되고 ❸ 피벗 테이블 영역에 제품 이름이 표시됩니다. Note 2

Tip ... 필드 확인란에 체크할 때 삽입되는 기본 영역 알아보기

필드 선택 목록을 보면 필드 이름 왼쪽에 확인란이 있으며 확인란에 체크하면 기본 영역에 삽입됩니다. 원본 표 필드에 입력된 값이 모두 숫자인 경우에는 값 영역, 원본 표 필드에 입력된 값이 텍스트, 날짜, 시간인 경우 행 레이블 영역이 기본 영역입니다.

Note 2 ... 피벗 테이블 구성 영역 이해하기

피벗 테이블 필드 목록 창 아랫부분에는 보고서 필터, 열 레이블, 행 레이블, 값 이렇게 4개의 영역이 존재합니다. 이곳에 필드가 삽입되면 피벗 테이블 보고서는 오른쪽 표와 같은 구성으로 나타납니다.

오른쪽 표는 보고서 필터 영역을 제외하면 전형적인 크로스 탭(Cross-Tab) 형식의 집계표로, 원하는 집계표의 구성에 따라 필드를 4개 영역 중 하나에 삽입하는 방법으로 보고서를 구성합니다.

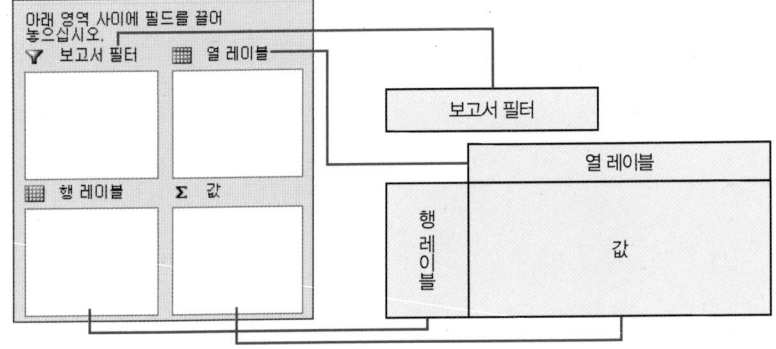

〔1〕 보고서 필터 : 피벗 테이블에 사용할 데이터를 제한할 필드를 넣는 영역입니다. 예를 들어 고객별 매출 보고서를 피벗 테이블 보고서로 구성하고 싶을 때 고객 회사명을 갖는 필드를 보고서 필터 영역에 추가하면 됩니다.

〔2〕 행 레이블 : 집계표의 왼쪽 열에 표시할 필드를 넣습니다. 예를 들어 제품별 판매 보고서를 구성하려면 제품 이름을 갖는 필드를 행 레이블에 넣으면 됩니다.

〔3〕 열 레이블 : 행 레이블은 아래쪽으로 머리글을 나열하지만, 열 레이블은 오른쪽으로 머리글을 나열합니다.

〔4〕 값 : 집계할 값을 갖는 필드를 넣습니다. 예를 들어 판매된 수량의 합계를 구하려면 수량 필드를 값 영역에 추가합니다.

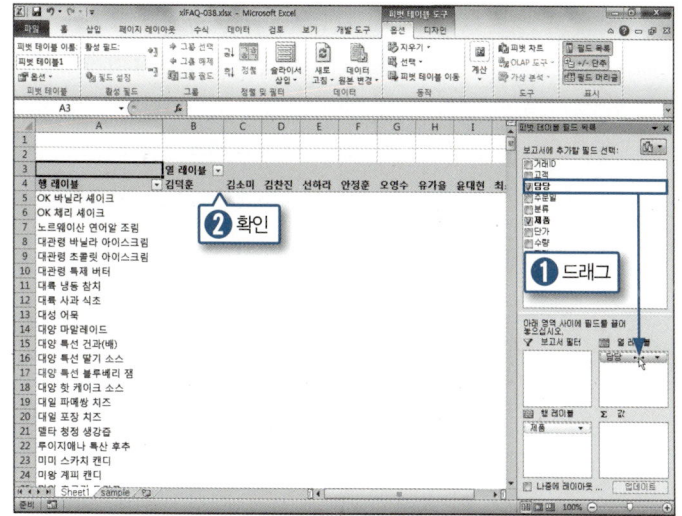

05 열 레이블 영역에 필드 삽입하기

❶ 필드 선택 목록에서 **담당** 필드를 열 레이블 영역으로 드래그합니다.

❷ 열 레이블 영역에 **담당** 필드가 표시됩니다.

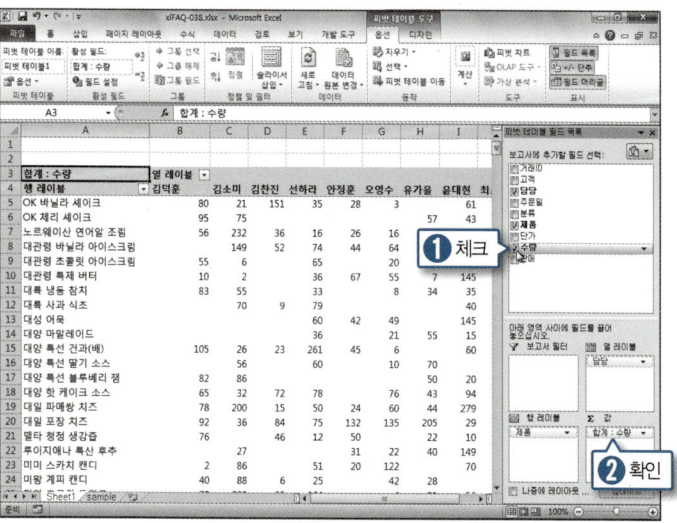

06 값 영역에 필드 삽입하기 (1)

❶ 필드 선택 목록에서 **수량** 필드에 체크합니다.

❷ 수량 필드에는 제품을 몇 개 팔았는지에 대한 숫자가 입력되어 있으므로 값 영역에 집계 결과가 표시됩니다.

값 영역에 삽입된 필드의 값이 숫자면 기본적으로 [합계]로 집계되며 숫자가 아니라면 [개수]로 집계됩니다.

Tip… 숫자 값을 갖고 있는 필드를 값 영역에 넣어도 [합계]가 집계되지 않는 이유 알아보기

숫자로 구성된 필드도 값 영역에 넣었을 때 [개수]로 집계되는 경우가 있습니다. 이것은 해당 필드에 빈 셀이나 텍스트 값이 포함된 경우로, 전체 필드의 값이 모두 숫자가 아니라면 [개수]로 집계가 됩니다. 이 경우 과정 **07**을 참고해 집계 방법을 [합계]로 변경하면 됩니다.

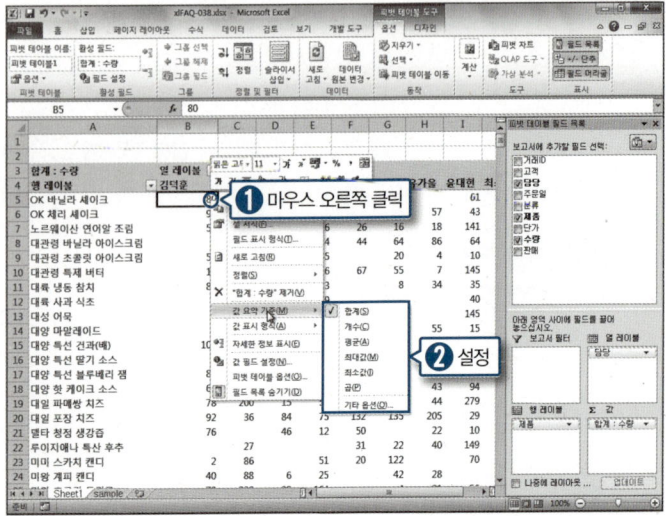

07 값 영역에 필드 삽입하기 (2)

❶ 값 영역에 삽입할 필드의 집계 방법을 변경하려면 집계 값이 반환된 셀 중 하나를 마우스 오른쪽 버튼으로 누릅니다. 예제에서는 **B5**셀을 선택하였습니다.

❷ **값 요약 기준**의 하위 메뉴에서 원하는 집계 방법을 선택하면 됩니다.
몇 개의 집계 방법을 선택해 결과를 확인합니다. **Note 3**

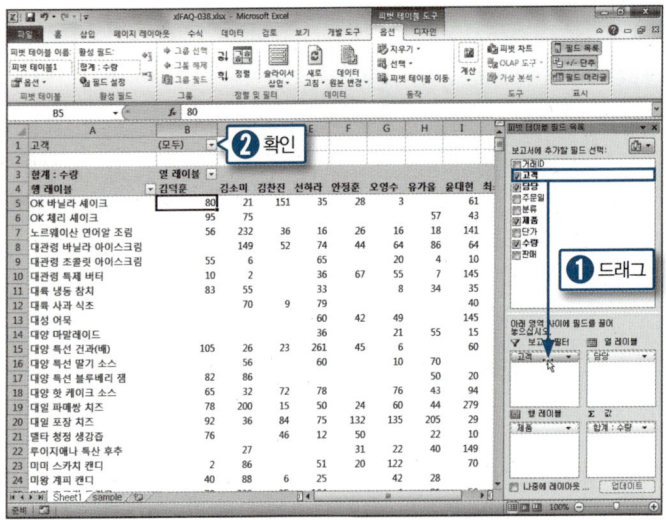

08 보고서 필터 영역에 필드 삽입하기 (1)

❶ 필드 선택 목록에서 **고객** 필드를 보고서 필터로 드래그합니다.

❷ A1:B1 범위에 고객 필드가 표시됩니다.

Note 3 ... 영역의 필드 집계하기

값 영역에 삽입한 필드는 과정 **07**에서 확인할 수 있듯이 **합계, 개수, 평균, 최대값, 최소값, 곱**을 사용해 집계할 수 있습니다. 참고로 **값 요약 기준** 하위 메뉴에서 **기타 옵션**을 선택하면 표시되는 값 필드 설정 대화상자에서 **숫자 개수, 표본 표준 편차, 표준 편차, 표본 분산, 분산** 등의 집계 방법을 추가로 선택할 수 있습니다.

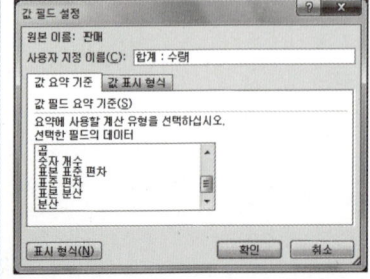

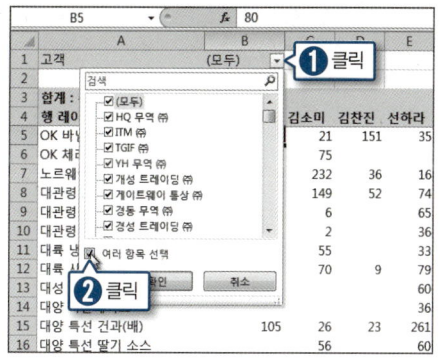

09 보고서 필터 영역에 필드 삽입하기 (2)

❶ B1셀 옵션 단추 를 클릭합니다.

자동 필터에서 표시되던 필터 목록이 표시되며 여러 개의 항목을 함께 선택할 수 없습니다.

❷ 필터 목록에서 **여러 항목 선택**에 체크합니다.

필터 목록의 각 항목 옆에 확인란이 표시됩니다. 이렇게 하면 자동 필터처럼 여러 개 항목을 동시에 선택해 사용할 수 있습니다.

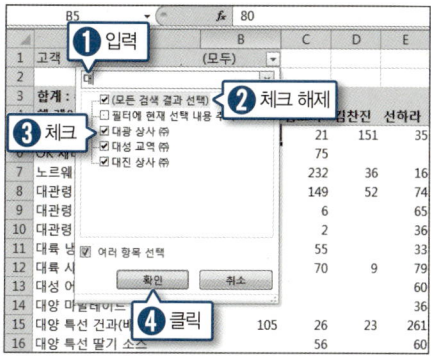

10 보고서 필터 영역에 필드 삽입하기 (3)

필드에 항목이 많다면 엑셀 2010부터 검색란을 이용할 수 있습니다.

❶ 필터 목록 검색란에 **대**를 입력합니다. 해당 이름으로 시작하는 모든 고객 업체가 선택된 상태로 표시됩니다.

❷ 검색된 항목 중에서 하나만 선택하기 위해 **(모든 검색 결과 선택)**에 체크 표시를 해제합니다.

❸ **대광 상사 ㈜**에 체크합니다.

❹ **[확인]**을 클릭합니다.

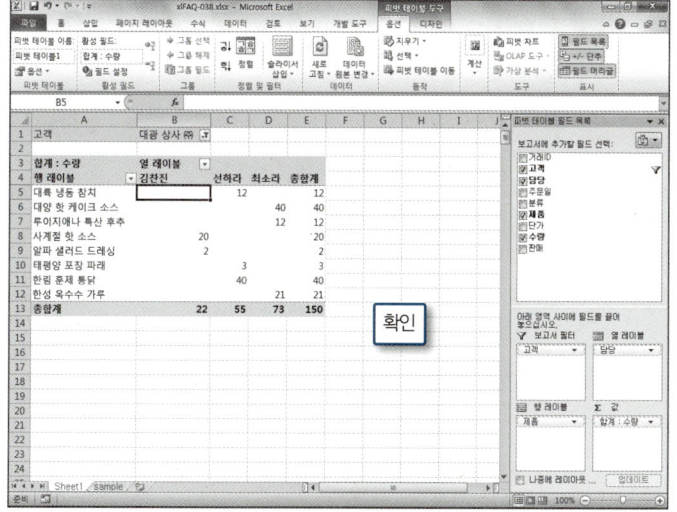

11 보고서 필터 영역에 필드 삽입하기 (4)

피벗 테이블 보고서가 대광 상사 ㈜ 고객과의 거래 내역만 표시하는 것을 확인할 수 있습니다. 이렇게 피벗 테이블 보고서는 원본 표의 데이터를 빠르게 요약하는 경우 사용할 수 있습니다.

질문 39 데이터베이스에 바로 접속해서 피벗 테이블 보고서를 만들 수 있나요?

액세스를 이용해 부서별로 데이터를 관리하고 있습니다. 액세스 데이터베이스의 특정 테이블에 바로 접속해 피벗 테이블 보고서를 구성할 수 있나요?

• 예제 파일 〉 Part2 : **dbsales.accdb, xlFAQ-039.xlsx**   • 완성 파일 〉 Part2\완성 : **xlFAQ-039완성.xlsx**

답변 39 피벗 테이블 보고서는 데이터베이스(SQL Server, Oracle, DB2, 액세스 등)나 텍스트 파일, 외부 엑셀 파일, 웹 페이지, 아웃룩 등 다양한 외부 데이터 저장소에 연결해 구성할 수 있습니다. 이것은 피벗 테이블의 활용 정도를 보다 높여 주는 특징입니다.

실무실습   데이터베이스 연결하여 피벗 테이블 보고서 구성하기

다음 실무실습을 통해 액세스 데이터베이스에 연결해 피벗 테이블 보고서를 구성하는 방법을 알아보겠습니다.

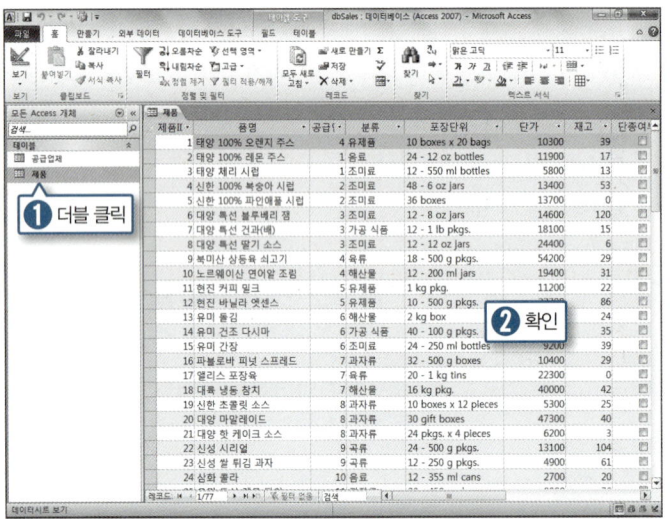

01 액세스 데이터베이스 확인하기
액세스에서 **dbSales.accdb** 파일을 실행합니다. 보안 경고 메시지 줄이 표시되면 [**콘텐츠 사용**]을 클릭합니다.
❶ 탐색 창에서 [**제품**] 테이블을 더블 클릭해 엽니다.
❷ 각 열(필드)별로 데이터가 어떻게 기록되어 있는지 확인합니다. [제품] 테이블의 데이터를 엑셀의 피벗 테이블로 요약하는 작업을 진행하겠습니다.

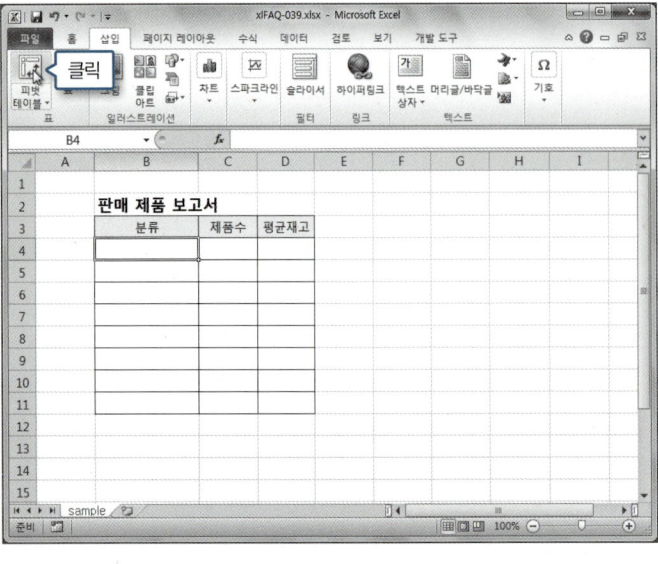

02 예제 확인하기
xlFAQ-039.xlsx 엑셀 파일을 엽니다. 제품 분류별 제품 수와 평균 재고 수를 피벗 테이블로 요약하는 작업을 진행할 것입니다.
피벗 테이블을 만들기 위해 [**삽입**] 탭-[**표**] 그룹-[**피벗 테이블**]을 클릭합니다.

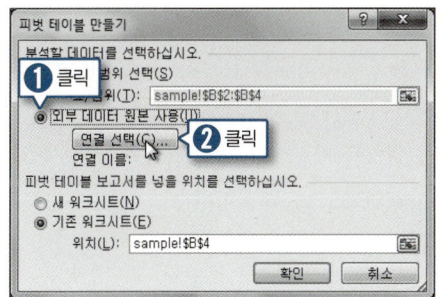

03 피벗 테이블 보고서 만들기 (1)

❶ 피벗 테이블 만들기 대화상자가 표시되면 액세스 데이터베이스와 연결하기 위해 **외부 데이터 원본 사용**을 선택합니다.

❷ [**연결 선택**]을 클릭합니다.

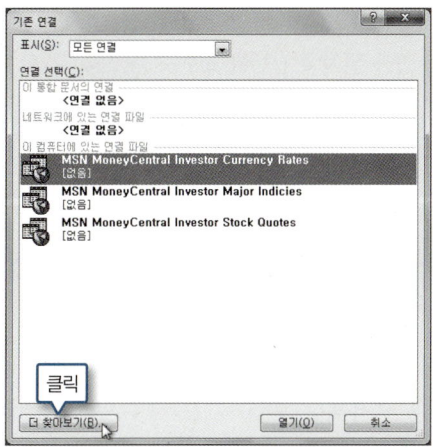

04 피벗 테이블 보고서 만들기 (2)

기존 연결 대화상자가 표시되면 왼쪽 아랫부분에서 [**더 찾아보기**]를 클릭합니다.

05 피벗 테이블 보고서 만들기 (3)

데이터 원본 선택 대화상자는 열기 대화상자와 동일한 방식으로 동작합니다.

❶ 예제 파일이 위치한 폴더로 이동한 다음 **dbSales.accdb** 파일을 선택합니다.

❷ [**열기**]를 클릭합니다.

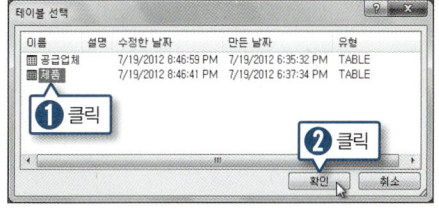

06 피벗 테이블 보고서 만들기 (4)

❶ 테이블 선택 대화상자가 표시되면 [**제품**] 테이블을 선택합니다.

❷ [**확인**]을 클릭합니다.

Tip... 테이블 선택 대화상자가 표시 안 되는 경우 알아보기
액세스 데이터베이스 파일(ACCDB, MDB)에 테이블이 하나만 있는 경우에는 테이블 선택 대화상자가 표시되지 않고, 바로 해당 테이블에 연결되므로 테이블 선택 대화상자가 표시되지 않습니다.

07 피벗 테이블 보고서 만들기 (5)

피벗 테이블 만들기 대화상자로 복귀됩니다. [연결 선택] 아랫부분에서 연결된 데이터베이스 이름을 확인할 수 있습니다.

❶ 피벗 테이블을 만들 위치를 지정하기 위해 [기존 워크시트]를 선택하고 위치란을 sample!$B$3으로 지정합니다.

❷ [확인]을 클릭합니다.

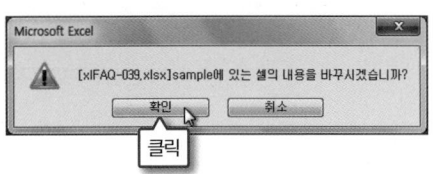

08 피벗 테이블 보고서 만들기 (6)

피벗 테이블 보고서를 만들 위치에 집계할 표 구조를 미리 구성해 놓았으므로 데이터를 덮어씌우겠냐는 경고 메시지 대화상자가 표시됩니다. 예제에서는 [확인]을 클릭하여 작업하지만, 선택한 위치에 중요한 데이터가 있다면 [취소]를 클릭하고 피벗 테이블 보고서를 만들 위치를 다시 지정해야 합니다.

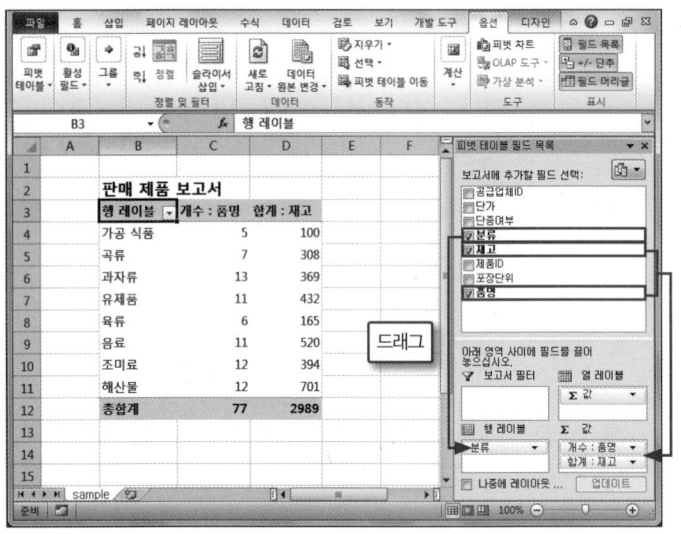

09 피벗 테이블 보고서 구성하기

기존 표 위치에 피벗 테이블 영역이 표시되면서 피벗 테이블을 구성할 수 있습니다.

필드 선택 목록에서 **분류** 필드를 행 레이블 영역으로 드래그합니다.

품명 필드와 **재고** 필드를 값 영역으로 드래그합니다. 필드를 옮기면 피벗 테이블 보고서를 확인할 수 있습니다.

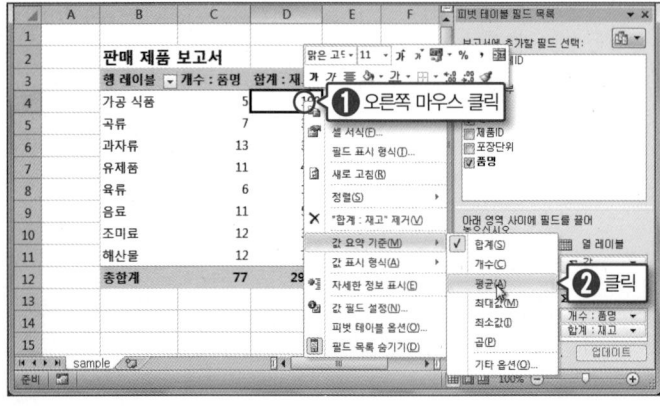

10 집계 방법 변경하기

평균 재고를 구해야 하므로 값 영역에 집계된 재고 필드의 집계 방법을 변경하겠습니다.

❶ D4셀을 마우스 오른쪽 버튼으로 누릅니다.

❷ [값 요약 기준]-[**평균**] 메뉴를 선택합니다.

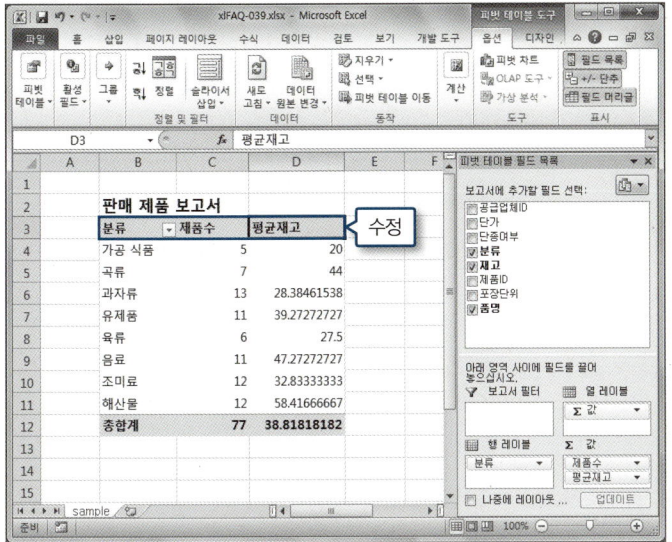

11 표시 형식 변경하기 (1)

레이블을 집계표 성격에 맞게 변경하겠습니다.

B3셀을 **분류**, C3셀을 **제품수**, D3셀을 **평균재고**로 수정합니다. Note 4

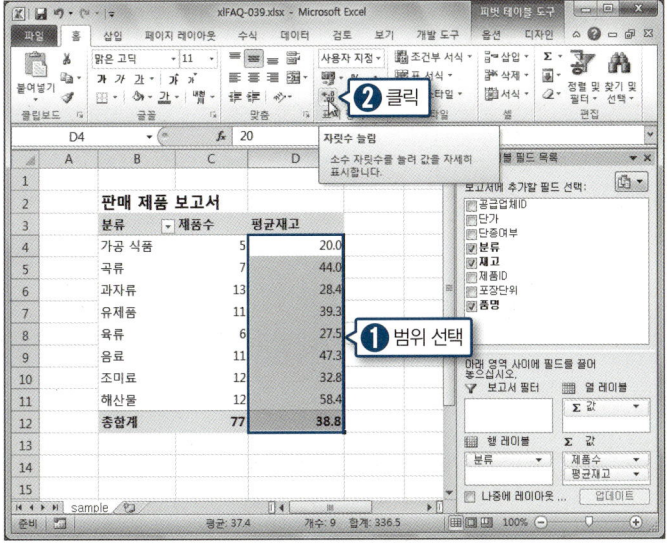

12 표시 형식 변경하기 (2)

평균재고 열의 숫자 단위가 일정하지 않으므로 소수점 자릿수를 일정하게 조정하겠습니다.

❶ D4:D12 범위를 드래그하여 선택합니다.

❷ [홈] 탭-[표시 형식] 그룹-[**자릿수 늘림**] 을 한 번 클릭해 소수점 자릿수를 1자리로 변경하고 작업을 마칩니다.

Note 4 … 필드 이름을 수정할 때 조심할 점 알아보기

피벗 테이블 보고서의 필드 이름을 보기 좋게 정리할 때 기존 필드 이름과 동일하게 변경하면 안 됩니다. 예를 들어 D3셀의 값을 평균재고가 아니라 재고로 수정할 수 없습니다. 이런 경우, 다음과 같이 수정한 필드 이름이 사용 중이라는 경고 메시지 대화상자를 만나게 됩니다.

하지만 꼭 기존 필드 이름과 동일하게 사용해야 하는 경우라면 재고라고 입력한 다음 Space Bar 를 이용해 공백 문자(" ")를 앞 또는 뒤에 하나 삽입해 주면 됩니다.

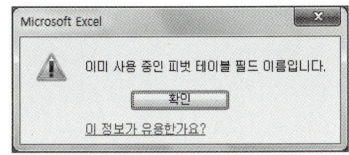

> **질문 40** 피벗 테이블로 여러 개의 집계표를 합칠 수 있나요?
> 여러 개의 시트에 집계표가 나눠져 있는 경우 피벗 테이블 기능을 이용해 집계표를 피벗 테이블로 요약 분석하는 방법을 알려 주세요.

• 예제 파일 〉 Part2 : xlFAQ-040.xlsx   • 완성 파일 〉 Part2\완성 : xlFAQ-040완성.xlsx

답변 40 엑셀 2003에서는 피벗 테이블 마법사 기능을 이용해 피벗 테이블 보고서를 만들 수 있었으나 엑셀 2007부터 피벗 테이블 마법사 기능 대신 피벗 테이블 만들기 대화상자를 이용해 간략하게 피벗 테이블 보고서를 구성할 수 있습니다.

그러나 엑셀 2003의 피벗 테이블 마법사에서 제공한 집계표를 하나로 요약하는 기능을 피벗 테이블 만들기 대화상자에서는 제공하지 않으므로 집계표를 합치는 작업을 하려면 숨겨져 있는 피벗 테이블 마법사 기능을 등록해 사용합니다.

실무실습 피벗 테이블 보고서로 여러 개 집계표 요약하기

다음 실무실습을 통해 여러 개 집계표를 피벗 테이블 보고서로 요약하는 방법을 알아보겠습니다.

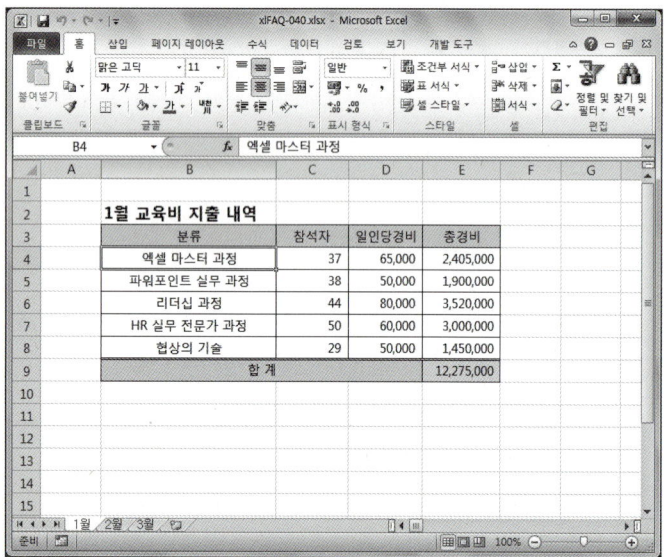

01 예제 확인하기

비용 집계표가 [1월], [2월], [3월] 시트에 있을 경우 3개 시트의 표를 모아 피벗 테이블 보고서를 구성하는 작업을 하겠습니다.

피벗 테이블 보고서를 구성하기 전에 시트 탭을 각각 선택해 표를 직접 확인합니다. 이렇게 3개의 시트에 분산되어 있는 표를 통합하려면 각 표의 B3:E3 범위에 입력된 머리글이 동일해야 합니다.

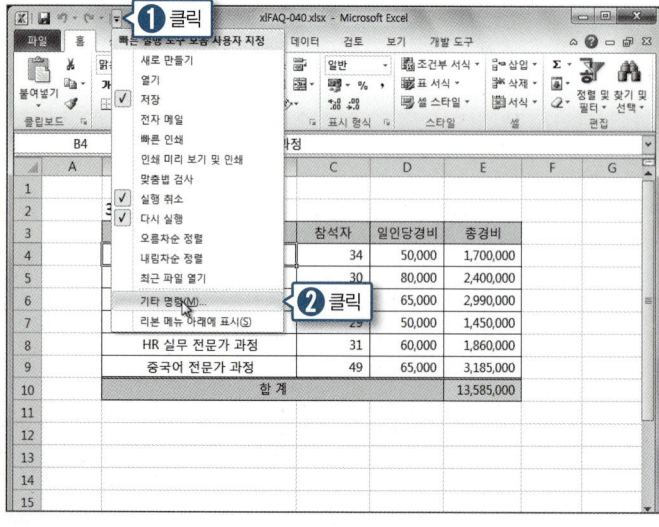

02 피벗 테이블 마법사 등록하기 (1)

숨겨져 있는 [피벗 테이블/피벗 차트 마법사]를 빠른 실행 도구 모음에 추가하겠습니다.

❶ 빠른 실행 도구 모음 확장 옵션 단추를 클릭하고 ❷ [기타 명령] 메뉴를 선택합니다.

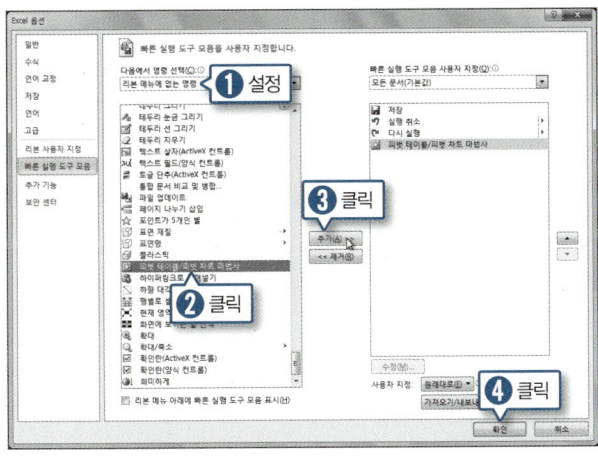

03 피벗 테이블 마법사 등록하기 (2)

❶ Excel 옵션 대화상자가 표시되면 다음에서 명령 선택 목록에서 **리본 메뉴에 없는 명령**을 선택합니다.

❷ 명령 목록에서 **피벗 테이블/피벗 차트 마법사**를 선택합니다.

❸ **[추가]**를 클릭해 빠른 실행 도구 모음에 등록합니다.

❹ **[확인]**을 클릭합니다.

Tip ... 명령이 이미 있는 경우 알아보기
명령이 이미 있는 경우 선택한 명령이 이미 있다는 대화상자가 표시됩니다.

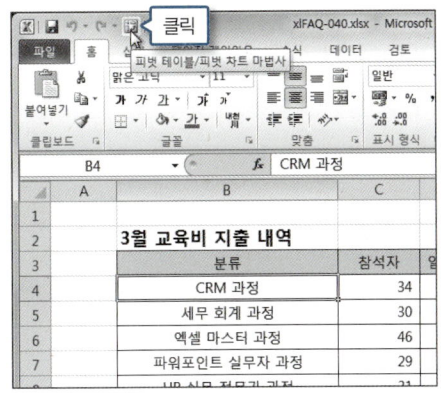

04 피벗 테이블 마법사 실행하기 (1)

빠른 실행 도구 모음에 **[피벗 테이블/피벗 차트 마법사]** 가 표시됩니다. 클릭해서 마법사를 실행합니다.

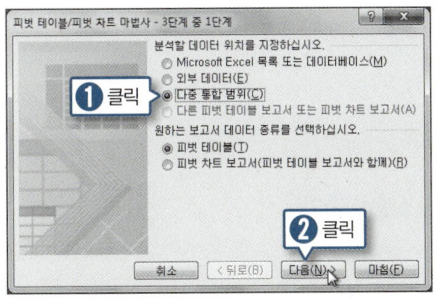

05 피벗 테이블 마법사 실행하기 (2)

❶ 피벗 테이블/피벗 차트 마법사 대화상자가 표시되면 분석할 데이터 위치에서 **다중 통합 범위**를 선택합니다.

❷ **[다음]**을 클릭합니다.

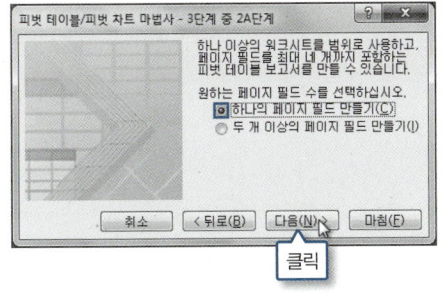

06 피벗 테이블 마법사 실행하기 (3)

마법사 2A 단계에서는 보고서 필터 영역에 표시될 필드 수를 결정합니다.

기본 값인 **하나의 페이지 필드 만들기**가 선택된 상태에서 **[다음]**을 클릭합니다.

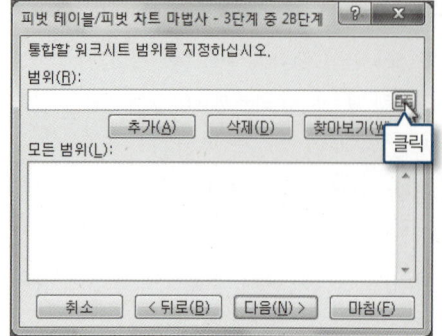

07 피벗 테이블 마법사 실행하기 (4)

마법사 2B 단계에서는 통합할 표 범위를 추가해야 합니다. [1월] 시트의 표 범위를 추가하기 위해 범위란 오른쪽 **대화상자 축소** 단추 를 클릭합니다.

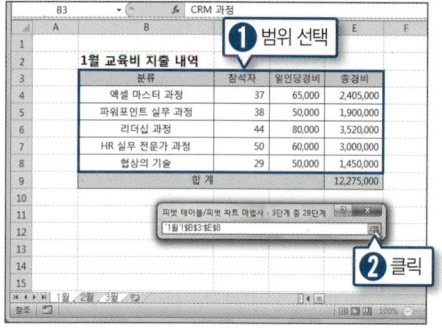

08 피벗 테이블 마법사 실행하기 (5)

❶ [1월] 시트 탭을 선택하고 B3:E8 범위를 드래그해 선택합니다.
❷ 대화상자 확장 단추 를 클릭합니다.

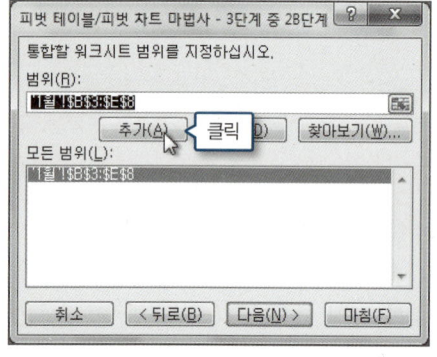

09 피벗 테이블 마법사 실행하기 (6)

선택된 범위를 모든 범위 목록에 추가하기 위해 **[추가]**를 클릭합니다.
범위란의 주소가 모든 범위 목록에 추가됩니다.

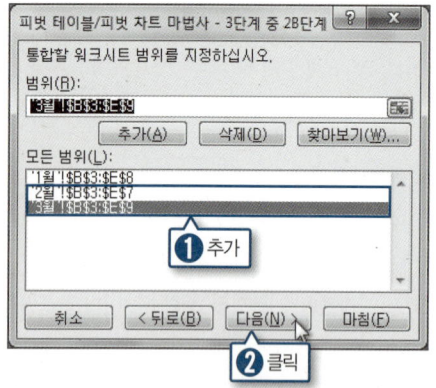

10 피벗 테이블 마법사 실행하기 (7)

❶ 과정 **08~09**를 참고해 [2월] 시트 표 범위에서 **B3:E7**, [3월] 시트 표 범위에서 **B3:E9**를 추가하여 모든 범위 목록에 추가할 3개의 표 범위를 등록합니다.
❷ **[다음]**을 클릭합니다.

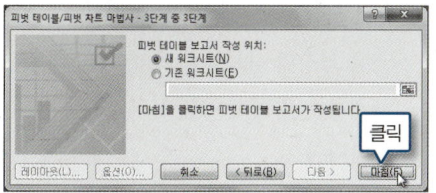

11 피벗 테이블 마법사 실행하기 (8)

마법사 3단계에서 피벗 테이블 보고서를 만들 위치를 지정하겠습니다.

새 워크시트가 선택된 상태에서 **[마침]**을 클릭합니다.

마법사가 끝나면 피벗 테이블 보고서가 자동으로 구성됩니다.

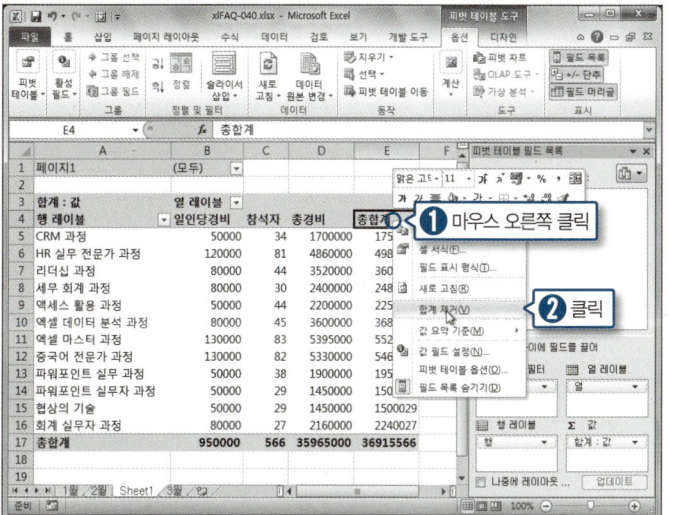

12 피벗 테이블 구성 변경하기 (1)

피벗 테이블 보고서의 E열은 일인당경비 필드와 참석자 필드, 그리고 총경비 필드의 합계를 의미합니다. 현재 보고서에서는 의미가 없으므로 피벗 테이블 보고서에서 삭제해 보겠습니다.

❶ **총합계** 필드를 마우스 오른쪽 버튼으로 누르고 ❷ **[합계 제거]** 메뉴를 선택합니다.

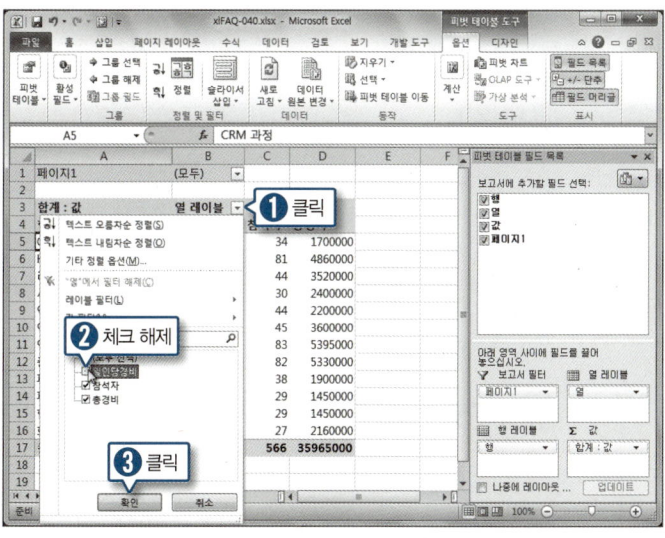

13 피벗 테이블 구성 변경하기 (2)

B열에 표시된 일인당경비 열은 교육 과정별로 1인당 비용 합계를 의미합니다. 평균이라면 모를까 합계는 크게 의미가 없으므로 생략해 보겠습니다.

❶ **열 레이블 영역 옵션** 단추를 클릭합니다.

❷ **일인당경비**에 체크 표시를 해제합니다.

❸ **[확인]**을 클릭합니다.

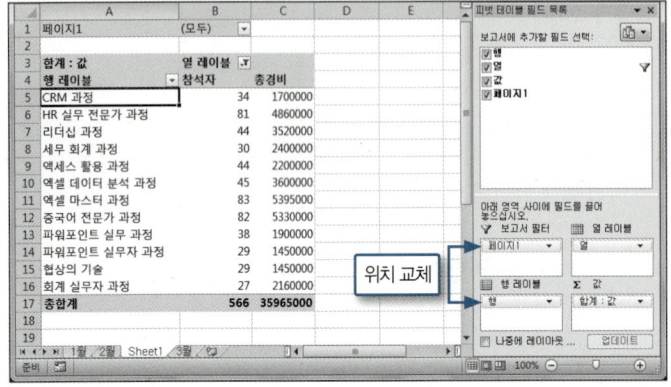

14 피벗 테이블 구성 변경하기 (3)

교육 과정별 참석자 수와 총 경비 내용을 표시하는 피벗 테이블 보고서를 얻을 수 있습니다.

보고서 필터 영역에 삽입된 페이지 필드의 항목을 변경하기 위해 피벗 테이블 필드 목록 창에서 보고서 필터 영역의 **페이지1** 필드와 행 레이블 영역의 **행** 필드를 드래그하여 위치를 서로 바꿉니다.

Tip ... 피벗 테이블 필드 목록 창이 안 보이는 경우 표시하기
피벗 테이블 필드 목록 창은 피벗 테이블 안에 임의의 셀이 선택되어야 표시됩니다.

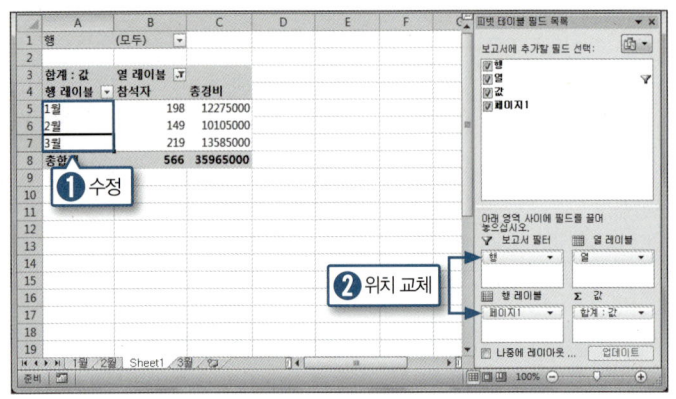

15 페이지 필드 구성 변경하기 (1)

❶ A5셀을 **1월**, A6셀을 **2월**, A7셀을 **3월**로 수정하여 보기 좋게 만듭니다.

❷ 행 레이블 영역의 **페이지1** 필드와 보고서 필터 영역의 **행** 필드의 위치를 원래 위치로 복원시킵니다.

Tip ... 보고서 필터 영역 필드와 행 레이블 영역 필드의 위치를 옮기는 이유 알아보기
보고서 필터 영역에 삽입되어 있던 페이지1 필드의 항목을 확인해 보면, 항목1, 항목2, 항목3과 같이 각 워크시트 별로 나뉘어 있는 표를 확인할 수 있습니다. 즉, 항목1은 [1월], 항목2는 [2월], 항목3은 [3월] 시트를 의미합니다.
항목1, 항목2, 항목3은 이해하기가 어렵기 때문에 1월, 2월, 3월로 변경하는 작업을 하기 위해 행 레이블 영역으로 위치를 옮긴 것입니다. 위치를 옮기면 과정 15에서 확인할 수 있듯이 항목 이름을 수정하기가 쉽습니다.
이번 작업은 보고서 필터 영역의 필드만 행 레이블 영역으로 옮겨 놓아도 되지만, 그렇게 되면 행 레이블 영역의 필드가 주종 관계가 되어 항목 이름을 수정하기가 쉽지 않으므로 행 레이블 영역의 필드를 보고서 필터 영역으로 잠시 옮긴 것입니다.

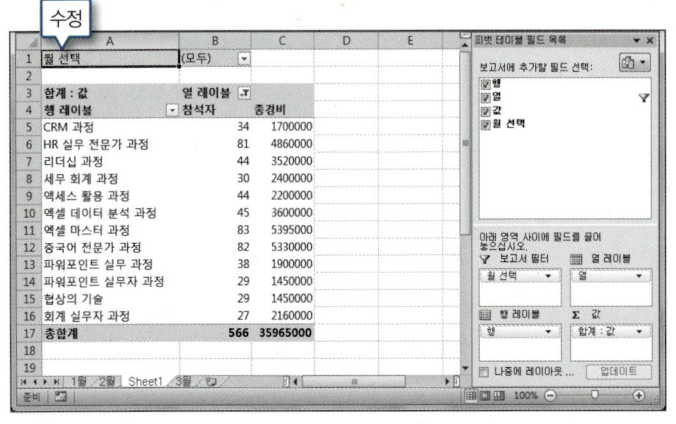

16 페이지 필드 구성 변경하기 (2)

A1셀의 필드 이름을 **월 선택**으로 수정합니다.

B1셀 옵션 단추 ▼를 클릭하면 월을 선택할 수 있고, 월을 선택하면 선택된 월의 집계표 내역만 확인할 수 있습니다.

질문 41 엑셀 2003처럼 피벗 테이블 영역에서 직접 보고서를 구성할 수 있나요?

엑셀 2007부터는 피벗 테이블 필드 목록 창에서 피벗 테이블을 구성해야 합니다. 그러나 엑셀 2003까지의 형태와 달라 익숙해지지 않습니다. 엑셀 2003처럼 워크시트의 피벗 테이블 영역에서 직접 피벗 테이블 보고서를 구성할 수 있나요?

• 예제 파일 〉 Part2 : **xlFAQ-041.xlsx**   • 완성 파일 〉 Part2\완성 : **xlFAQ-041완성.xlsx**

답변 41 피벗 테이블 보고서를 작성할 때 엑셀 2003과 같이 피벗 테이블 영역에서 직접 구성을 변경할 수 있습니다. 이외에도 엑셀 2010은 피벗 테이블 보고서를 효율적으로 구성하도록 다양한 옵션을 제공하므로 여러 가지 방법을 안다면 사용자가 원하는 보고서를 구하는 시간을 절약할 수 있습니다.

실무실습 보고서를 구성하는 다양한 방법 알아보기

다음 실무실습을 통해 피벗 테이블 보고서를 구성하는 다양한 방법을 알아보겠습니다.

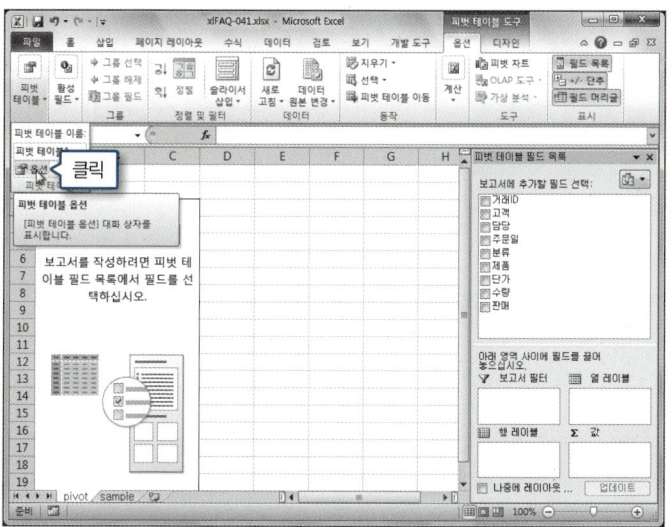

01 피벗 테이블 레이아웃 변경하기 (1)
[pivot] 시트 탭의 피벗 테이블 보고서는 [sample] 시트의 표를 소스로 구성한 것으로 [sample] 시트의 데이터는 이전 예제와 동일합니다.
A:C열에 표시된 피벗 테이블 영역을 엑셀 2003과 같은 레이아웃으로 변경하겠습니다.
A3셀이 선택된 상태로 [옵션] 탭-[피벗 테이블] 그룹-**[옵션]** 을 클릭합니다.

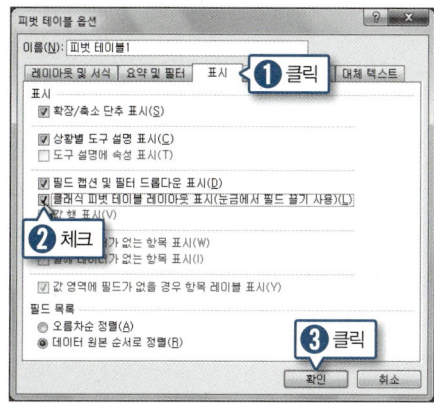

02 피벗 테이블 레이아웃 변경하기 (2)
❶ 피벗 테이블 옵션 대화상자가 표시되면 [표시] 탭을 선택합니다.
❷ **클래식 피벗 테이블 레이아웃 표시(눈금에서 필드 끌기 사용)**에 체크합니다.
❸ [확인]을 클릭합니다.

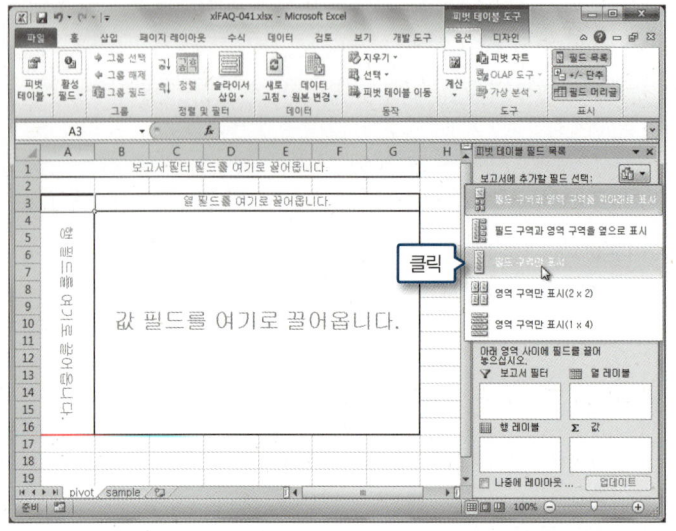

03 피벗 테이블 레이아웃 변경하기 (3)

옵션을 변경하면 화면과 같이 피벗 테이블 영역이 엑셀 2003에서 사용하던 형태로 변경됩니다.

피벗 테이블 필드 목록 창도 필드 선택 목록만 표시되도록 변경하겠습니다.

피벗 테이블 필드 목록 창 오른쪽 윗부분 [보기] – **[필드 구역만 표시]**를 클릭합니다. Note 5

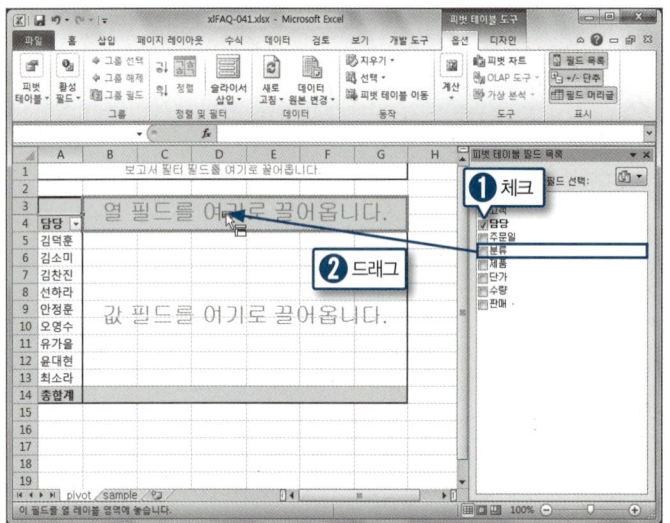

04 피벗 테이블 보고서 구성하기 (1)

피벗 테이블 보고서를 구성합니다.

❶ 피벗 테이블 필드 목록 창의 필드 선택 목록에서 **담당** 필드에 체크하여 행 레이블 영역에 삽입합니다.

❷ 피벗 테이블 영역에 직접 드래그해 놓는 방법으로 보고서를 구성할 수도 있습니다. **분류** 필드를 열 레이블 영역으로 드래그합니다. Note 6

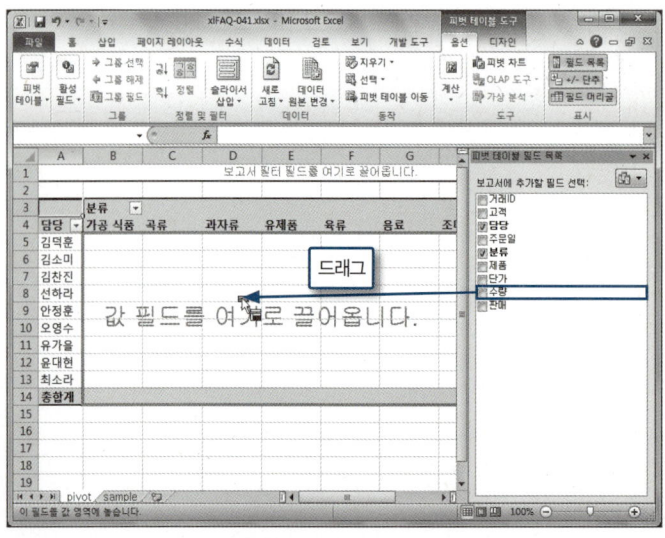

05 피벗 테이블 보고서 구성하기 (2)

제품 분류별 판매수량 보고서를 구성하기 위해 **수량** 필드를 값 영역에 드래그하여 피벗 테이블 보고서를 완성합니다.

176 • Chapter 01 피벗 테이블로 보고서 만들기

06 피벗 테이블 구성 변경하기 (1)

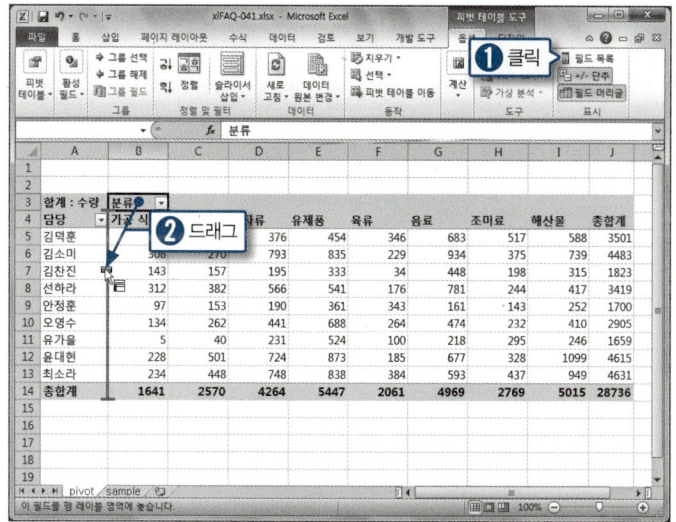

❶ 피벗 테이블 보고서가 길게 표시될 경우 보고서가 한 화면에 표시되지 않으므로 [옵션] 탭-[표시] 그룹-**[필드 목록]**을 클릭하여 피벗 테이블 필드 목록 창을 숨깁니다.

❷ 행 레이블 영역 담당 필드와 열 레이블 영역 분류 필드의 위치를 서로 바꾸겠습니다. B3셀을 A열 옆으로 드래그하여 행 레이블 영역으로 위치를 옮깁니다.

Note 5 ... 필드 목록 작업 창의 보기 설정 값 알아보기

엑셀 2003의 피벗 테이블은 피벗 테이블 영역에서 필드 위치를 삽입하거나 조정할 수 있기 때문에 피벗 테이블 필드 목록 창에서 영역 구역이 필요하지 않아 [필드 구역만 표시]하도록 변경합니다. 참고로 [보기] 설정은 다음 5가지 중에 선택할 수 있습니다.

보기	설명
필드 구역과 영역 구역을 위아래로 표시	기본 값으로 필드 이름이 길고, 개수가 적은 경우에 선택합니다.
필드 구역과 영역 구역을 옆으로 표시	각 영역에 추가된 필드의 수가 많고, 필드의 영역을 자주 바꿔야 하는 경우에 선택합니다.
필드 구역만 표시	필드가 많거나, 엑셀 2003의 피벗 테이블 영역을 사용하는 경우에 선택합니다.
영역 구역만 표시(2 x 2)	각 영역에 추가된 필드가 너무 많고 필드가 속한 영역을 자주 바꿔야 하는 경우에 선택합니다.
영역 구역만 표시(1 x 4)	

Note 6 ... 마우스 포인터 모양으로 필드가 속할 영역 확인하기

피벗 테이블 영역에 필드를 드래그하여 넣을 때 마우스 포인터를 확인하면 어떤 영역에 추가될지 알 수 있습니다.

마우스 포인터 모양	영역
	보고서 필터
	행 레이블
	열 레이블
	값

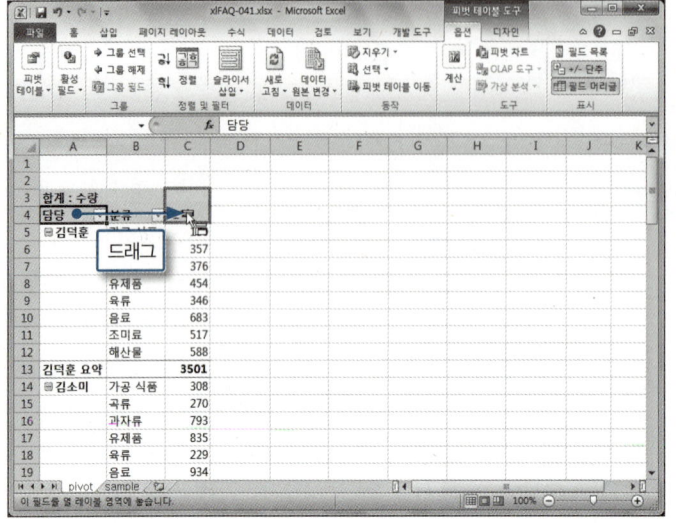

07 피벗 테이블 구성 변경하기 (2)

담당 필드를 드래그해서 열 레이블 영역으로 옮기겠습니다.

A4셀을 **C3:C4** 병합 셀에 드래그합니다. 드래그할 때 마우스 포인터를 확인해 열 레이블 영역에 정확하게 옮겨 놓습니다.

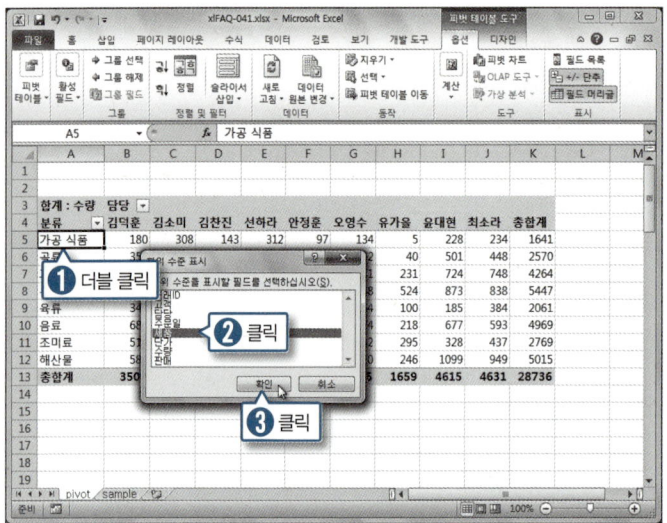

08 피벗 테이블 구성 변경하기 (3)

행 레이블 영역에 제품 필드를 추가하겠습니다. 피벗 테이블 필드 목록 창이 닫혀 있으므로, 작업 창을 표시하지 않고 추가하는 작업을 진행합니다.

❶ 분류 필드 항목이 표시되는 셀 위치를 더블 클릭하여 하위 수준 표시 대화상자를 표시합니다.

❷ **제품** 필드를 선택합니다.

❸ [**확인**]을 클릭합니다.

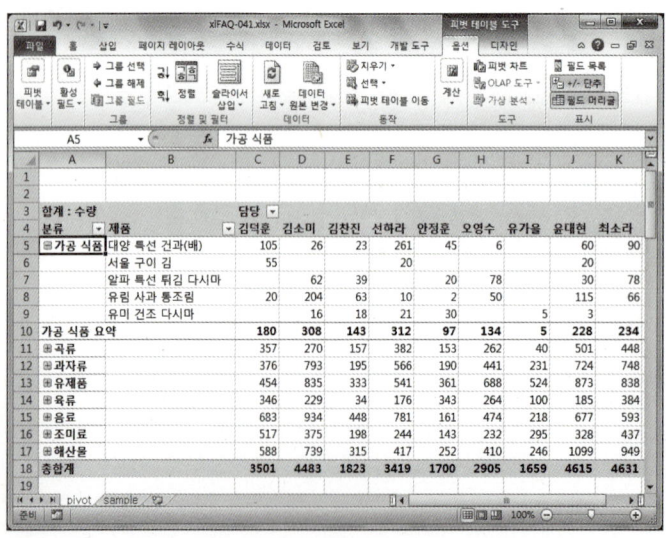

09 피벗 테이블 구성 변경하기 (4)

행 레이블 영역에 제품 필드가 추가되고 선택된 상위 항목의 제품만 표시됩니다. 예제에서 선택된 상위 항목은 분류 필드의 가공 식품 항목입니다.

나머지 분류 필드의 항목은 축소된 상태로 표시됩니다.

Tip … 분류 필드의 모든 제품 한 번에 표시하기

분류 필드 항목별 **확장** 단추 ⊞를 클릭하면 세부 제품을 확인할 수 있지만 한 번에 모든 제품을 표시하려면 분류 필드의 항목 범위(A5:A17)를 선택한 다음 [데이터] 탭-[윤곽선] 그룹-[**하위 수준 표시**] ⊞를 클릭하면 됩니다.

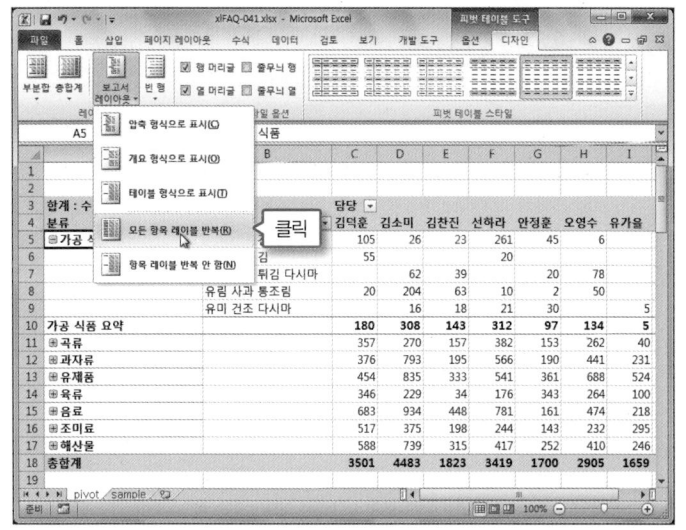

10 피벗 테이블 표시 방법 변경하기 (1)
엑셀 2003 레이아웃을 사용할 경우, 행 레이블 영역에 여러 필드가 추가되면 서로 다른 열에 표시되며, 상위 필드의 값은 한 번만 표시됩니다. 예제에서 상위 필드는 분류 필드입니다.
상위 필드의 값을 반복해서 표시하기를 원한다면 [디자인] 탭-[레이아웃] 그룹-[보고서 레이아웃]-**[모든 항목 레이블 반복]**을 클릭합니다.

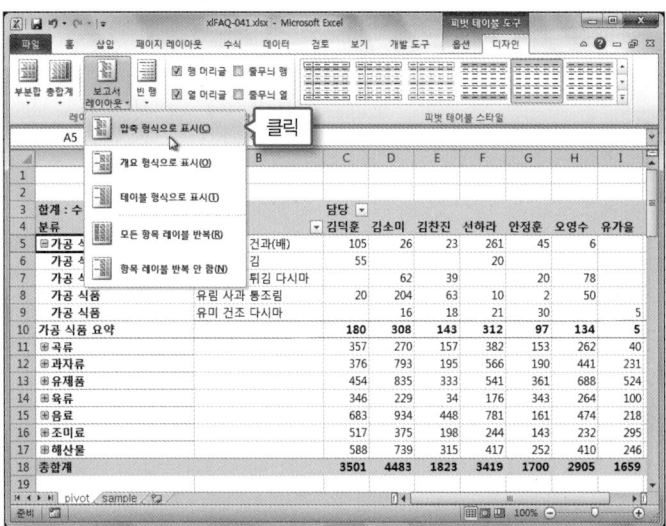

11 피벗 테이블 표시 방법 변경하기 (2)
엑셀 2007과 같이 한 열에 모든 필드의 항목을 표시하기를 원한다면 [디자인] 탭-[레이아웃] 그룹-[보고서 레이아웃]-**[압축 형식으로 표시]**를 클릭합니다.

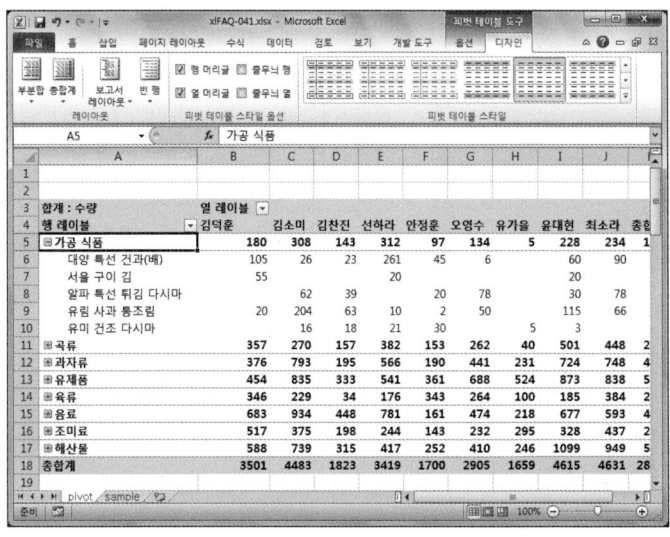

12 피벗 테이블 표시 방법 변경하기 (3)
피벗 테이블 보고서 레이아웃을 변경하는 작업을 진행했습니다. [디자인] 탭-[레이아웃] 그룹의 명령을 선택하면 보고서 디자인을 적절하게 수정할 수 있으므로 한 번씩 명령을 클릭해 결과를 직접 확인해 보기를 권장합니다.

질문 42 피벗 테이블 보고서에 삽입된 필드와 항목을 숨기고 표시하려면 어떻게 하나요?

피벗 테이블 보고서를 사용할 때 특정 필드나 필드의 항목을 숨기고 싶습니다. 그러나 필드의 항목을 선택할 수 없거나 숨긴 항목이 계속해서 나타나지 않는 경우가 있습니다. 이런 경우에는 어떻게 작업해야 할까요?

• 예제 파일 〉 Part2 : xlFAQ-042.xlsx   • 완성 파일 〉 Part2\완성 : xlFAQ-042완성.xlsx

답변 42

피벗 테이블 보고서는 자동 필터 기능과 결합되어 있어 필터 조건을 지정하는 방법을 이용해 특정 항목을 숨기거나 표시할 수 있습니다. 필드 항목이 표시되지 않는 경우는 열 레이블 영역이나 행 레이블 영역의 필드가 여러 개 삽입된 경우로 필터 조건을 지정할 필드를 먼저 선택하는 작업을 진행해야 합니다. 또한 필터 조건은 지정하면 해제하기 전까지 유지되므로 주의할 필요가 있습니다.

실무실습 피벗 테이블 보고서의 필드 및 항목을 숨기고 표시하기

다음 실무실습을 통해 피벗 테이블 보고서의 필드 및 항목을 숨기고 표시하는 방법을 알아보겠습니다.

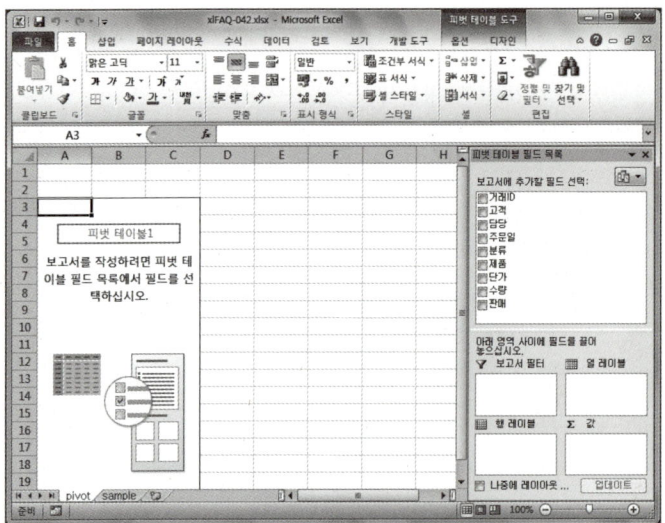

01 예제 확인하기

[pivot] 시트에서 피벗 테이블 보고서를 구성할 수 있습니다.

피벗 테이블을 구성하고 원하는 항목만 피벗 테이블 보고서에 표시하는 작업을 진행하겠습니다.

Tip ... 피벗 테이블 필드 목록 창 보기 설정하기
피벗 테이블 필드 목록 창이 그림과 다르게 표시된다면 피벗 테이블 필드 목록 창 오른쪽 윗부분 [보기] -[필드 구역과 영역 구역을 위아래로 표시]를 클릭합니다.

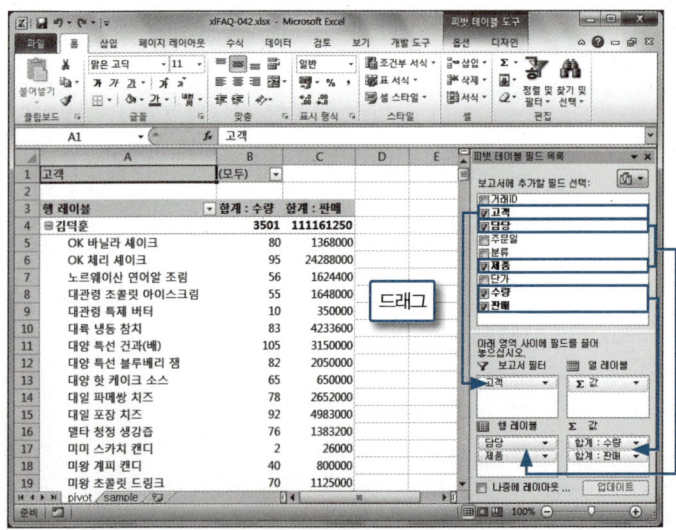

02 피벗 테이블 보고서 구성하기

피벗 테이블 보고서를 구성하기 위해 피벗 테이블 필드 목록 창의 필드 선택 목록에서 **고객** 필드를 보고서 필터 영역, **담당** 필드와 **제품** 필드를 행 레이블 영역, **수량** 필드와 **판매** 필드를 값 영역으로 드래그합니다.

피벗 테이블 보고서가 표시됩니다.

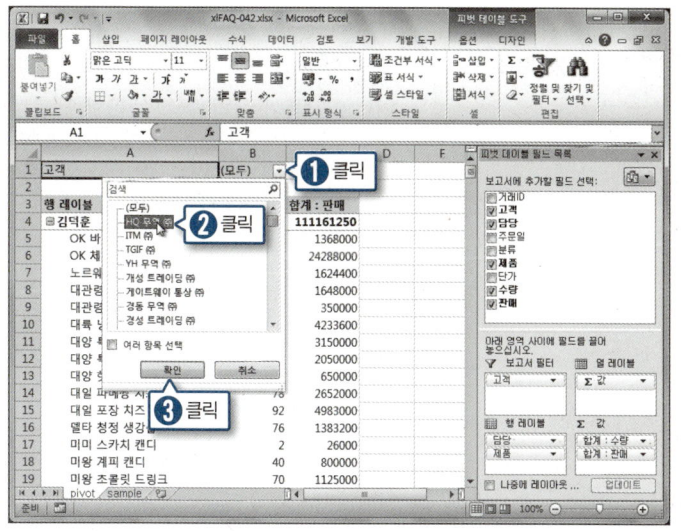

03 보고서 필터 영역의 필드 제한하기

보고서 필터 영역에 삽입한 고객 필드에서 원하는 항목을 선택해 피벗 테이블 보고서의 데이터를 제한해 보겠습니다.

❶ B1셀 옵션 단추 ▼를 클릭합니다.
❷ HQ 무역㈜을 선택합니다.
❸ [확인]을 클릭합니다.

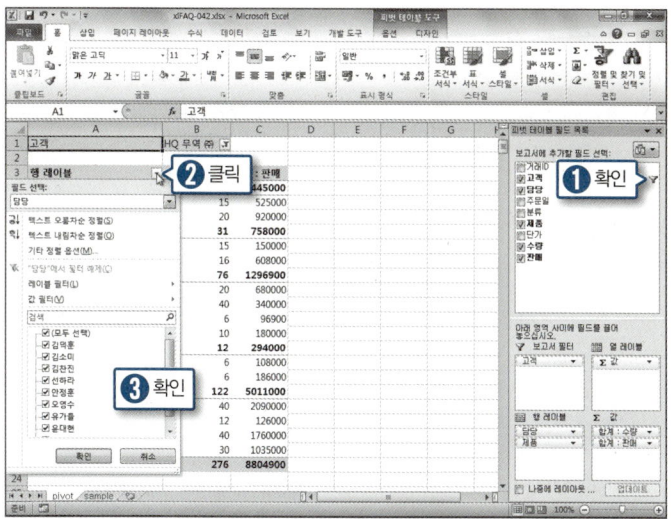

04 행 레이블 영역의 필드 제한하기 (1)

❶ 필드 선택 목록의 고객 필드 오른쪽에 사용자가 필터 기능을 이용해 데이터를 제한했다는 [필터] 표시 ▼를 확인합니다.
❷ 행 레이블에 추가한 제품 필드의 항목을 제한하기 위해 A3셀 옵션 단추 ▼를 클릭합니다. ❸ 목록의 구성은 자동 필터의 필터 목록과 동일하나 제품 필드 항목은 보이지 않고 담당 필드 항목만 표시됩니다.

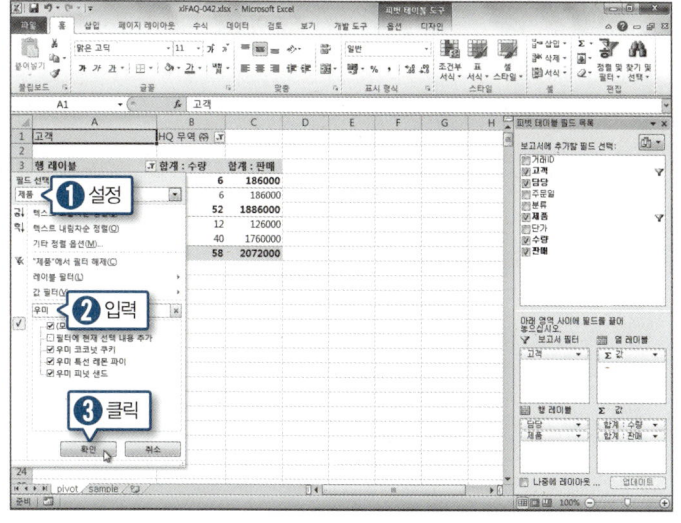

05 행 레이블 영역의 필드 제한하기 (2)

❶ 행 레이블 영역에는 담당 필드와 제품 필드가 추가되어 있습니다. 순서대로 주종 관계이므로 종 관계에 있는 제품 필드에 조건을 지정하려면 윗부분 필드 선택 목록을 제품 필드로 지정합니다.
❷ 검색란에 우미를 입력합니다.
❸ [확인]을 클릭해 우미 브랜드를 사용하는 제품만 피벗 테이블 보고서에 표시합니다.

Section 01 피벗 테이블 보고서 이해하기 • 181

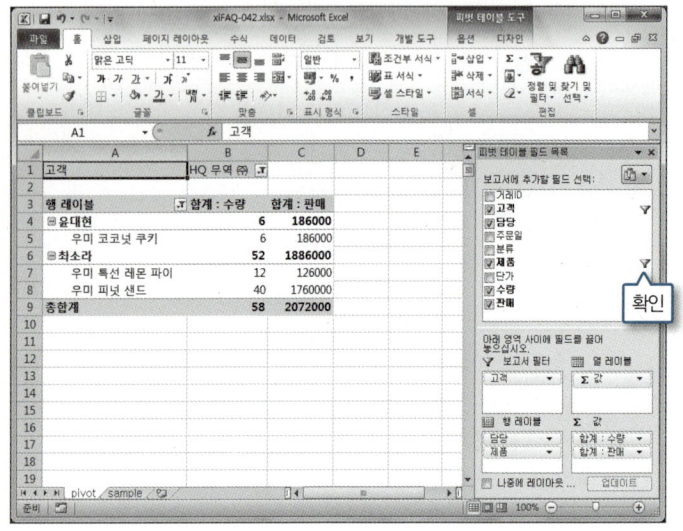

06 행 레이블 영역의 필드 제한하기 (3)

필드 선택 목록의 제품 필드 옆에도 [필터] 표시가 나타납니다. 이렇게 필드 항목을 모두 표시하지 않는 경우에는 해당 필드 오른쪽에 [필터] 표시가 나타납니다.
[필터] 표시는 조건을 해제하기 전까지 계속해서 나타납니다.

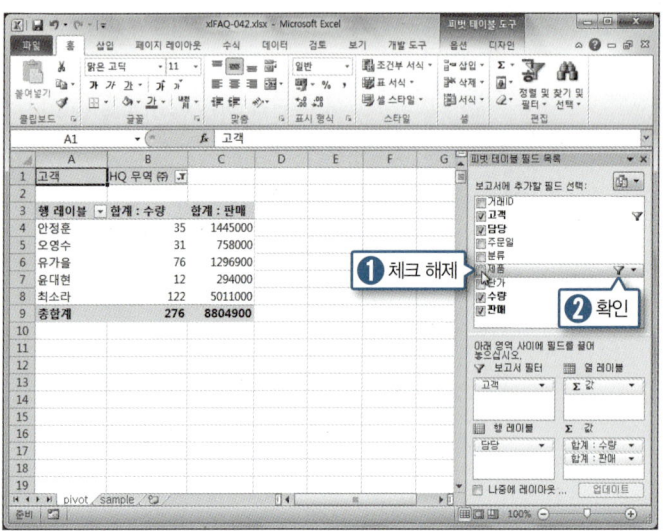

07 필드 숨기기

❶ 제품 필드를 표시하지 않기 위해 필드 선택 목록에서 **제품** 필드 왼쪽에 체크 표시를 해제합니다.

❷ 피벗 테이블 필드 목록 창을 보면 제품 필드 오른쪽에 [필터] 표시가 계속해서 나타납니다. 이것은 필드를 보고서에서 삭제해도 기존에 지정해 놓은 필터 조건은 해제되지 않는다는 것을 의미합니다.

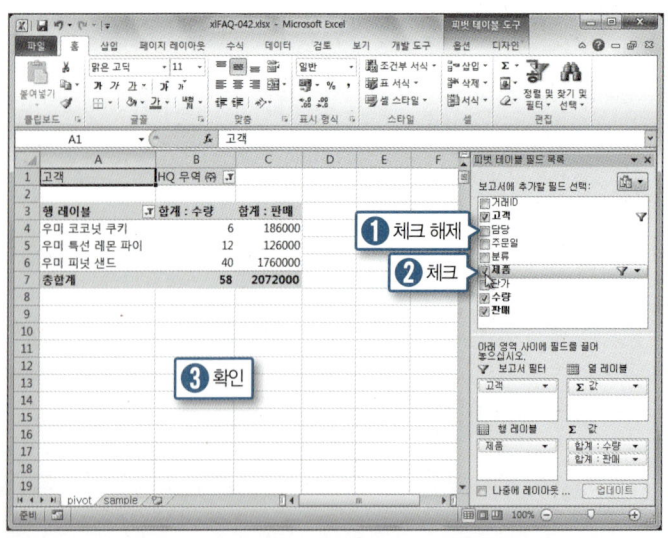

08 필터 조건이 걸린 필드 확인하기

제품 필드를 다시 표시해 필터 조건이 설정된 것을 눈으로 확인해 보겠습니다.
❶ 필드 선택 목록에서 **담당** 필드에 체크 표시를 해제하고 ❷ **제품** 필드에 체크합니다.
❸ 과정 **05**에서 조건으로 지정한 우미가 포함된 제품만 표시됩니다.

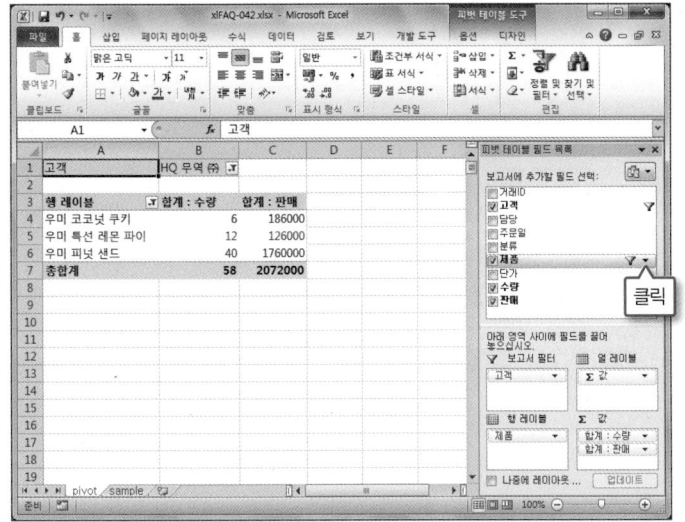

09 필터 조건 해제하기 (1)

필터 조건을 해제하기 위해 **제품** 필드 오른쪽 **[필터] 옵션** 단추 ▼를 클릭합니다.

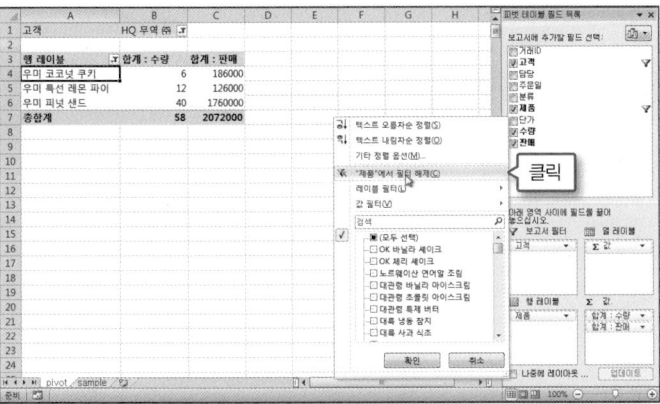

10 필터 조건 해제하기 (2)

제품 필드의 필터 목록이 표시됩니다. 필터 목록에서 **["제품"에서 필터 해제]** 메뉴를 선택하면 필터 조건을 해제할 수 있습니다.

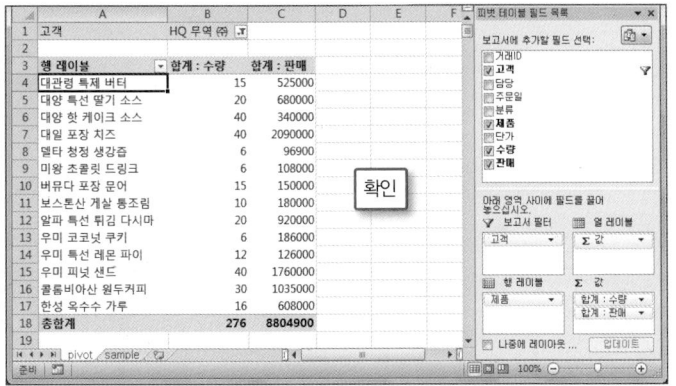

11 필터 조건 해제하기 (3)

필터 조건이 해제되면 피벗 테이블 보고서에 HQ 무역 ㈜과 거래한 모든 제품 항목이 표시됩니다. 동일한 작업을 고객 필드에도 적용해 필터 조건을 해제하는 작업을 진행해 보세요.

Tip ... 피벗 테이블의 전체 필드의 필터 조건을 한 번에 해제하기

피벗 테이블 보고서의 필터 조건을 모두 해제하려면 [데이터] 탭-[정렬 및 필터] 그룹-**[지우기]** 를 클릭합니다. 피벗 테이블의 필터 조건은 자동 필터 기능이 결합된 것이므로 자동 필터를 해제할 때 사용하는 명령을 그대로 사용할 수 있습니다.

> **질문 43** 피벗 테이블로 조건별 상위 데이터를 N개만 뽑아 나열할 수 있나요?
>
> 피벗 테이블 보고서는 항상 전체 항목이 표시됩니다. 특정 기준에 맞는 항목만 뽑아 보고서에 표시할 수 있나요? 예를 들어 판매 제품 보고서를 만들 때 영업사원별로 많이 판매한 제품을 3개씩만 나열하고 싶습니다.

• 예제 파일 〉 Part2 : **xlFAQ-043.xlsx**   • 완성 파일 〉 Part2\완성 : **xlFAQ-043완성.xlsx**

> **답변 43** 피벗 테이블은 자동 필터 기능이 결합되어 있어 자동 필터 조건을 모두 사용할 수 있습니다. 자동 필터에는 [상위 10] 조건이 있으며, 이 조건은 상위 또는 하위 N개 데이터만 추출할 때 사용할 수 있습니다. 피벗 테이블에서 이 필터 조건을 이용하면 원하는 보고서를 구성할 수 있습니다.

실무실습 피벗 테이블 보고서에서 상위 N개만 표시하기

다음 실무실습을 통해 피벗 테이블 보고서에서 상위 N개 항목만 표시해 보겠습니다.

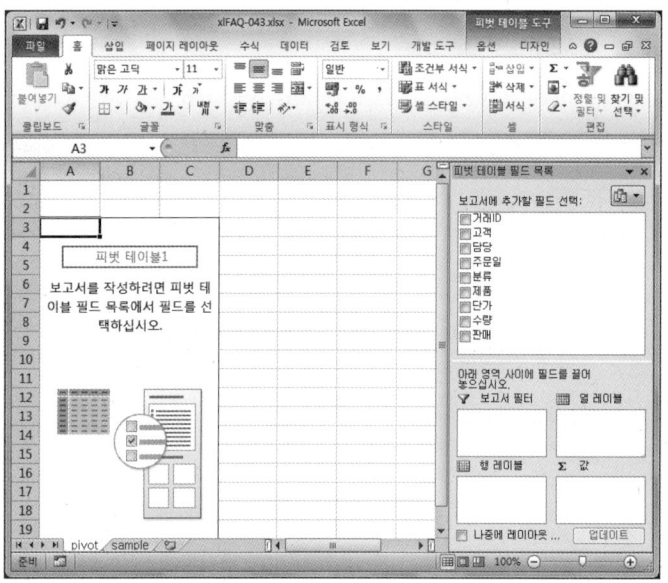

01 예제 확인하기
[pivot] 시트를 선택하면 피벗 테이블 보고서를 구성할 수 있습니다.
영업사원별 판매 실적이 높은 제품을 3개씩 나열하는 피벗 테이블 보고서를 구성해 보겠습니다.

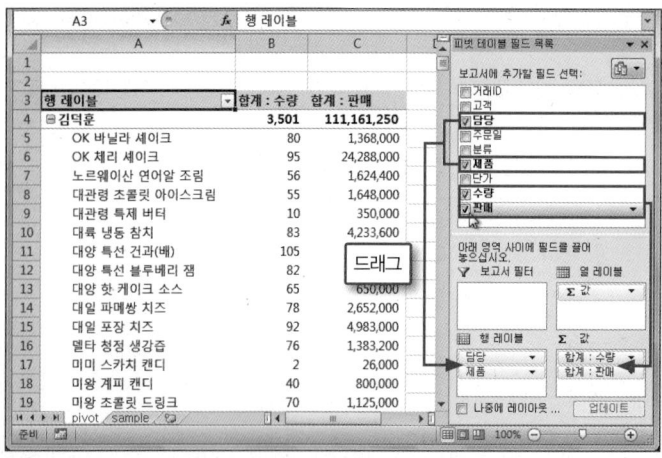

02 피벗 테이블 보고서 구성하기
피벗 테이블 보고서를 구성하기 위해 피벗 테이블 필드 목록 창에서 **담당** 필드와 **제품** 필드를 행 레이블 영역, **수량** 필드와 **판매** 필드를 값 영역으로 드래그합니다.

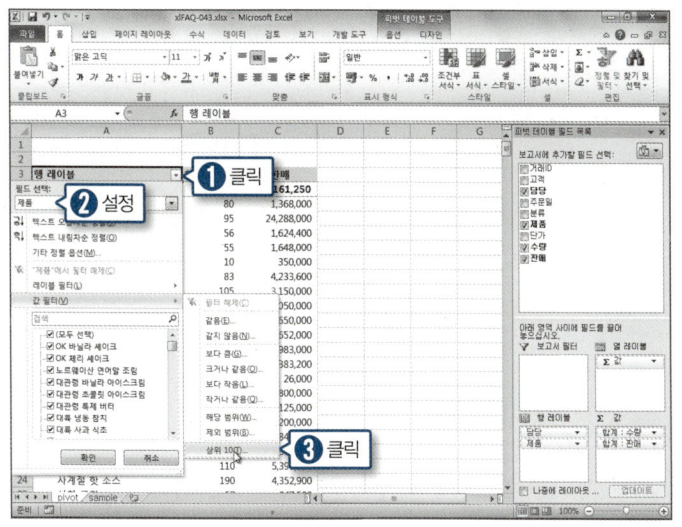

03 담당자별 상위 판매 제품 필터하기 (1)

영업사원별 상위 판매 제품을 표시하기 위해서는 제품 필드에 필터 조건을 지정해야 합니다.

❶ A3셀 옵션 단추 ▼를 클릭하고 ❷ 필드 선택 목록을 **제품** 필드로 지정합니다.

❸ [값 필터]–[상위 10] 메뉴를 선택합니다.

Tip ... 상위 10 필터 조건 쉽게 지정하기

행 레이블 영역에 여러 개의 필드가 있는 경우 과정 03에서 설명한 방법은 조금 사용하기 불편합니다. 좀 더 쉽게 필터 조건을 지정하려면 필터 조건을 지정할 필드의 항목 이름(제품명)이 표시된 셀 중 하나를 마우스 오른쪽 버튼으로 누른 다음 메뉴에서 [필터]–[상위 10] 메뉴를 선택합니다.

04 담당자별 상위 판매 제품 필터하기 (2)

❶ 상위 10 필터(제품) 대화상자가 표시되면 두 번째 입력란을 3, 기준 목록을 **합계 : 판매**로 지정합니다.

❷ [확인]을 클릭합니다.

Tip ... 상위 10 필터 대화상자 설정 방법 알아보기

영업사원별로 판매 실적 상위 N개 제품을 추출하기 위해서는 먼저 값 영역 필드 중에서 어떤 필드를 기준으로 판매 실적 상위를 분별할 것인지 지정해야 합니다. 이번 예제의 경우 값 영역에는 합계 : 수량 필드와 합계 : 판매 필드가 있으며 판매 실적 상위를 합계 : 판매 필드 값으로 결정한다고 가정합니다. 다만 회사에 따라 매출보다는 판매수량이 더 중요한 경우가 있을 수 있으며, 이 경우에는 합계 : 수량 필드를 기준으로 해야 합니다.

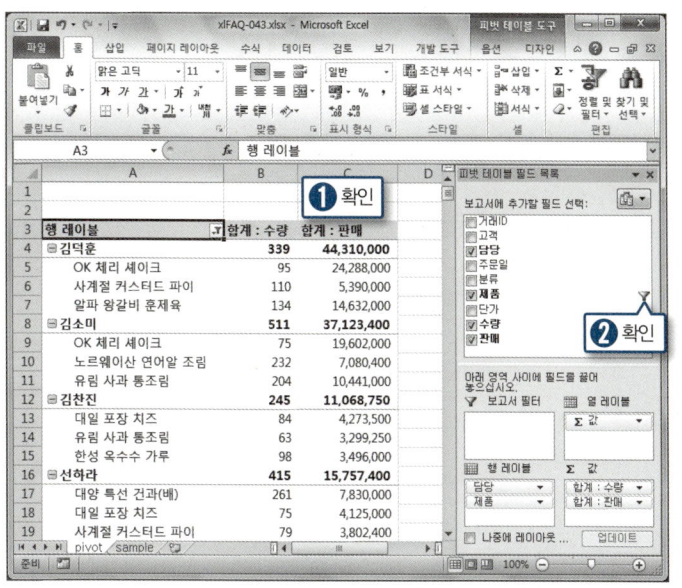

05 담당자별 상위 판매 제품 필터하기 (3)

❶ 영업사원별로 판매 실적이 높은 상위 3개 제품만 피벗 테이블 보고서에 나타나는 것을 확인합니다.

❷ 피벗 테이블 필드 목록 창에서 제품 필드를 보면 오른쪽에 [필터] 표시 ▼가 나타나는 것을 확인할 수 있습니다. 추후 전체 제품을 나열하려면 필터 조건을 먼저 해제해야 합니다.

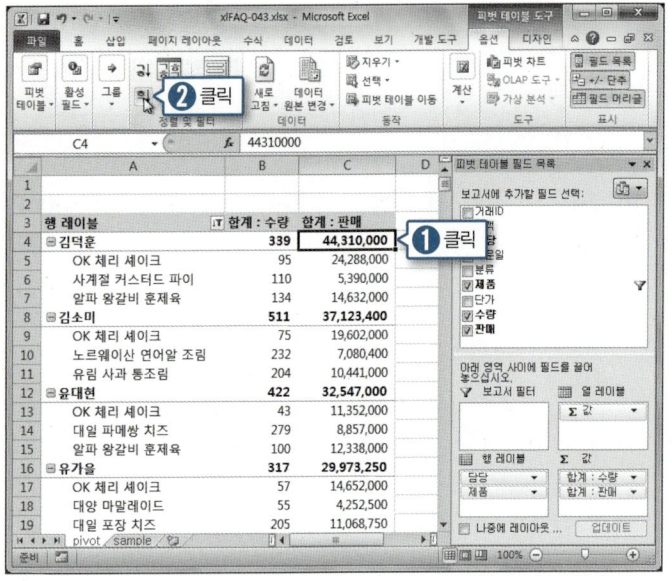

06 보고서 정렬하기 (1)

판매 실적이 높은 순(내림차순 정렬)으로 정렬하는 것이 더 보기가 좋습니다.

❶ 합계 : 판매 필드를 내림차순으로 정렬하기 위해 **C4**셀을 선택합니다.

❷ [옵션] 탭-[정렬 및 필터] 그룹-[**내림차순 정렬**]을 클릭합니다.

담당 필드가 합계 : 판매 필드 값에 의해 정렬됩니다.

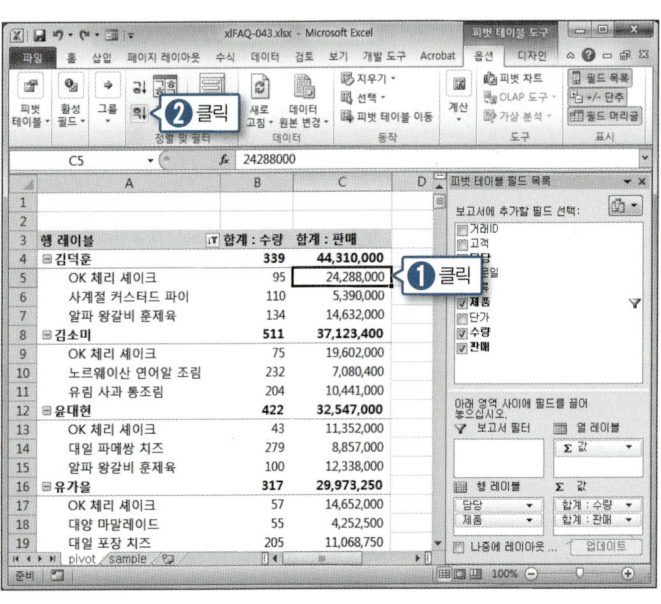

07 보고서 정렬하기 (2)

행 레이블 영역에는 담당 필드와 제품 필드가 삽입되어 있으므로, 제품 필드도 추가로 정렬해야 합니다.

❶ C5셀을 선택합니다.

❷ [옵션] 탭-[정렬 및 필터] 그룹-[**내림차순 정렬**]을 다시 한번 더 클릭합니다.

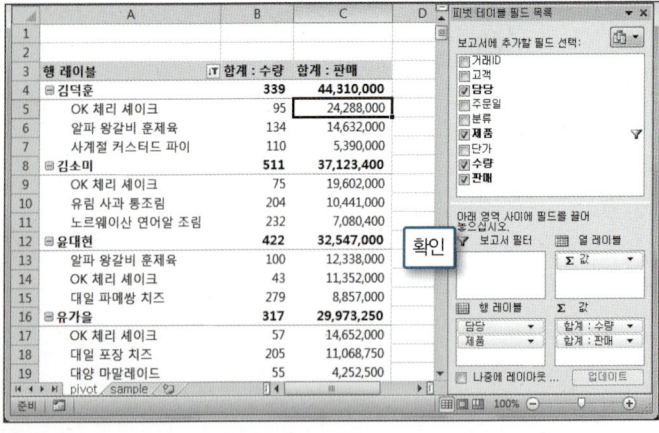

08 보고서 정렬하기 (3)

담당 필드와 제품 필드가 내림차순 정렬된 것을 확인합니다.

질문 44
보고서 필터 영역에 삽입한 필드의 선택 값을 확인할 수 있나요?

보고서 필터 영역에 필드를 삽입한 다음 여러 개의 조건을 지정해 사용할 때 (다중 항목)이라는 표시 값만 나오고 선택된 항목은 표시되지 않습니다. 선택한 항목을 모두 표시하고 싶습니다.

• 예제 파일 > Part2 > xlFAQ-044.xlsx   • 완성 파일 > Part2\완성 : xlFAQ-044완성.xlsx

답변 44
보고서 필터 영역에 삽입한 필드에서 여러 개 항목을 선택할 수 있지만 이 경우 (다중 항목)이 표시됩니다. 선택한 항목을 확인하면서 사용하려면 보고서 필터 영역을 사용하기보다는 엑셀 2010에서 새롭게 추가된 [슬라이서] 기능을 이용하는 것이 좋습니다.

실무실습 슬라이서를 이용해 피벗 테이블 보고서 구성하기

다음 실무실습을 통해 슬라이서로 피벗 테이블 보고서를 구성하는 방법을 알아보겠습니다.

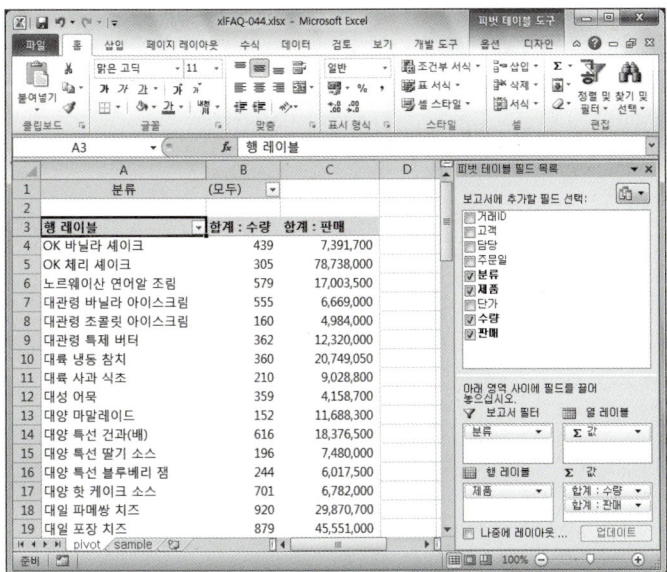

01 예제 확인하기

[pivot] 시트를 선택하면 피벗 테이블로 구성된 제품별 판매 실적 보고서를 확인할 수 있습니다.

보고서 필터 영역에 있는 분류 필드의 항목을 선택해 해당 분류의 제품만 피벗 테이블 보고서에 표시하는 작업을 진행하겠습니다.

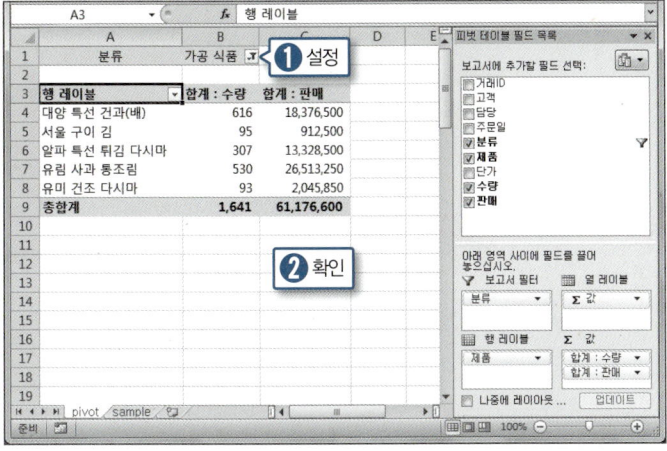

02 필터 설정하기 (1)

❶ B1셀 옵션 단추 를 클릭하고 **가공 식품**에만 체크합니다.

❷ 피벗 테이블 보고서에 분류 필드 값이 가공 식품인 제품만 표시됩니다.

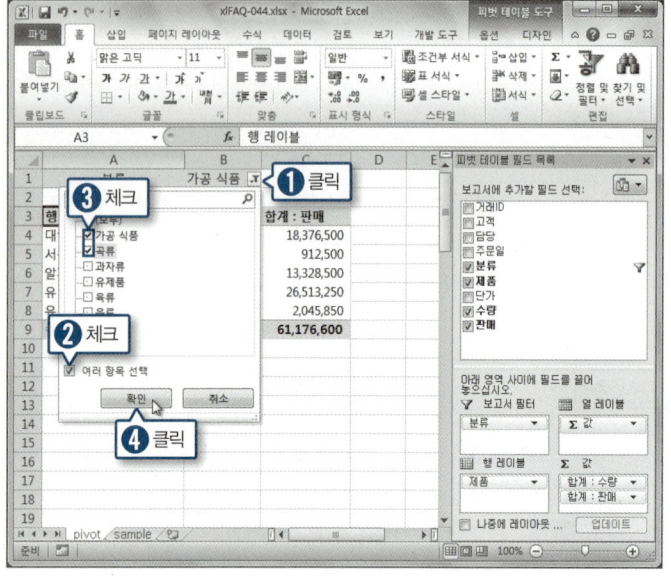

03 필터 설정하기 (2)

❶ 여러 개의 필터 조건을 지정하기 위해 **B1셀 옵션** 단추를 클릭합니다.
❷ **여러 항목 선택**에 체크합니다.
❸ **가공 식품**과 **곡류**에 체크합니다.
❹ [확인]을 클릭합니다.

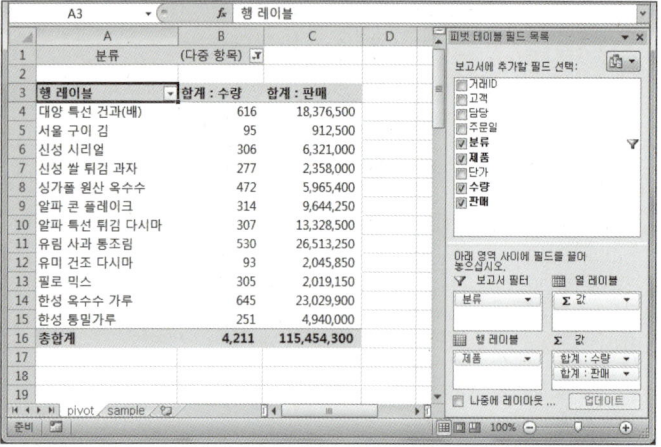

04 필터 설정하기 (3)

가공 식품과 곡류 분류의 제품만 피벗 테이블에 표시되지만 B1셀에 표시되는 값은 (다중 항목)입니다. 보고서 필터 영역에 삽입된 필드에 여러 항목이 표시되도록 필터로 설정하면, 설정된 항목을 확인하기 위해 항상 **B1셀 옵션** 단추를 클릭해야 합니다.

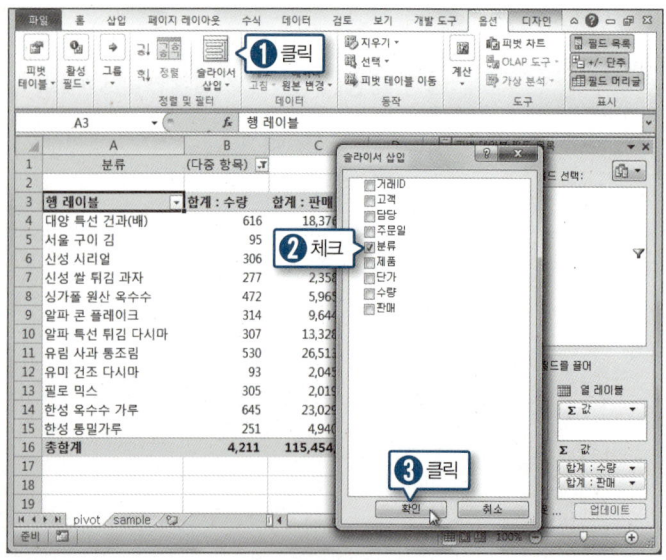

05 슬라이서 창 삽입하기 (1)

❶ 피벗 테이블 보고서 영역을 선택한 상태에서 [옵션] 탭-[정렬 및 필터] 그룹-[**슬라이서 삽입**]을 클릭합니다.
슬라이서 삽입 대화상자가 표시되면 필터 선택 목록에 표시되는 필드가 동일하게 표시됩니다.
❷ 보고서 필터 영역에 삽입된 **분류** 필드에 체크합니다.
❸ [확인]을 클릭합니다.

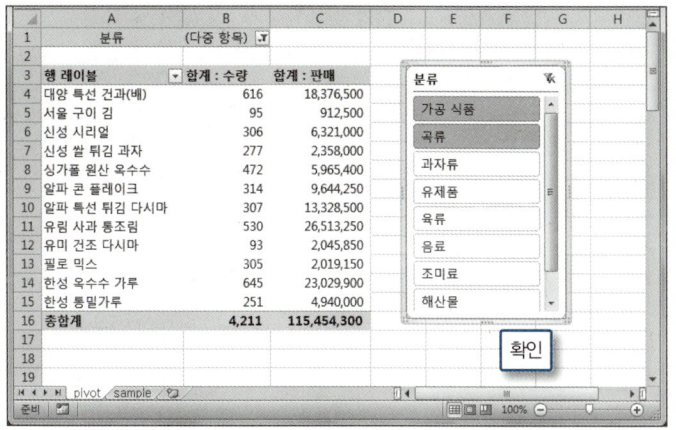

06 슬라이서 창 삽입하기 (2)

분류 슬라이서 창이 표시됩니다. 화면에서 확인할 수 있듯이 선택한 항목만 색상이 다르게 적용되어 나타나는 것을 확인할 수 있습니다.

슬라이서 창은 선택한 필드의 항목을 새 창에 나열하며, 선택한 항목의 색상만 다르게 표시합니다.

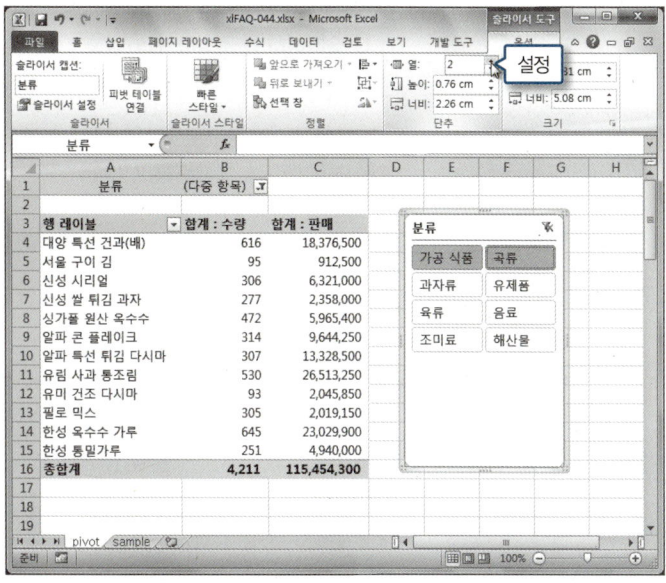

07 슬라이서 창 설정 변경하기

슬라이서 창에 표시할 항목이 많다면 슬라이서 창의 항목을 2단으로 구성할 수 있습니다. 슬라이서 창이 선택된 상태에서 [옵션] 탭-[단추] 그룹-**[열] **을 '2'로 설정하면 슬라이서 창이 2단으로 표시됩니다.

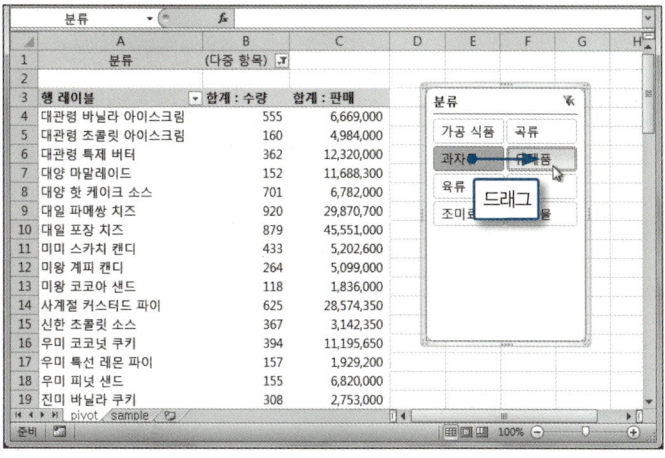

08 슬라이서 창 조작하기 (1)

분류 슬라이서 창에서 과자류, 유제품 항목을 한 번에 선택하려면 **과자류**부터 **유제품**까지 드래그하면 됩니다.

선택한 항목이 반전되며, 피벗 테이블 보고서의 제품 항목도 선택한 분류의 제품만 표시합니다.

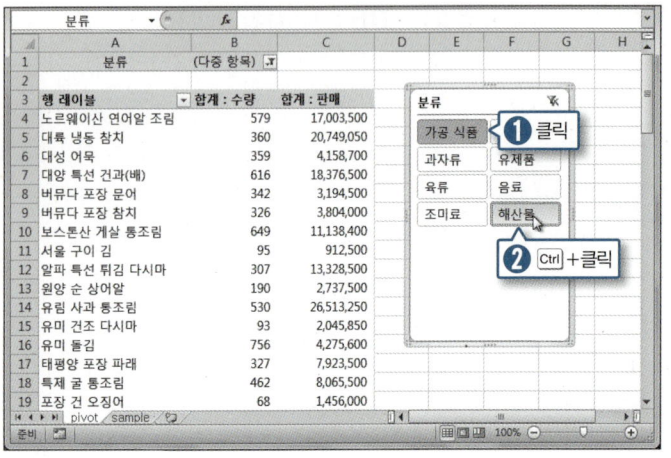

09 슬라이서 창 조작하기 (2)

슬라이서 창에서 떨어진 항목을 선택하려면 Ctrl을 이용하면 됩니다.

❶ 분류 슬라이서 창에서 **가공 식품** 항목을 클릭해 선택합니다.

❷ Ctrl을 누르고 **해산물** 항목을 선택합니다.

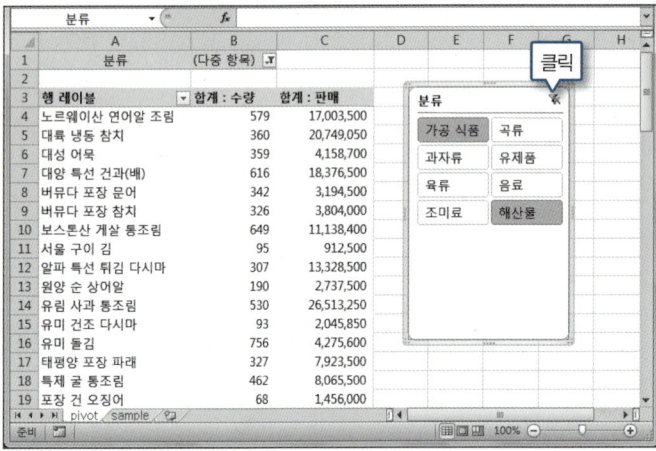

10 슬라이서 창 조작하기 (3)

전체 항목을 모두 표시하도록 하려면 슬라이서 창 오른쪽 윗부분에 [**필터 지우기** (Alt+C)] 를 클릭합니다.

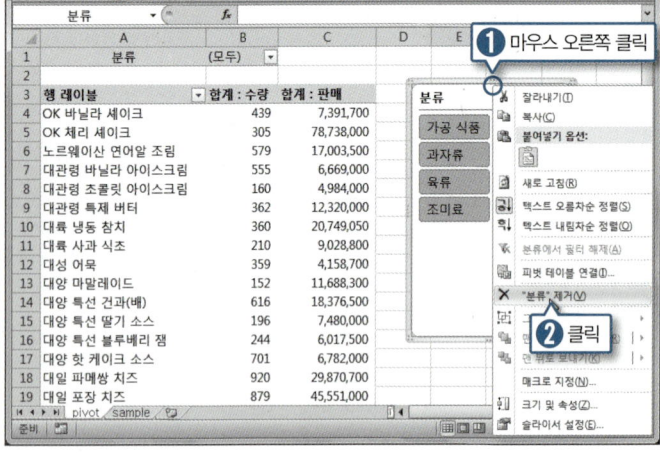

11 슬라이서 창 조작하기 (4)

❶ 슬라이서 창을 더 이상 사용하지 않으려면 슬라이서 창을 마우스 오른쪽 버튼으로 누른 다음 ❷ 메뉴에서 [**"분류" 제거**] 메뉴를 선택합니다.

슬라이서가 보고서 필터 영역을 대체할 수 있다는 것을 확인할 수 있었을 것입니다. 엑셀 2010 사용자라면 보고서 필터 영역보다 슬라이서를 적극 활용하는 것을 권장합니다.

질문 45 피벗 테이블 보고서에 원본 표 수정 사항을 바로 반영할 수 없나요?

피벗 테이블 보고서는 원본 표 수정 사항이 바로 반영되지 않고 새로 고침을 이용해야 합니다. 수정 사항이 바로 반영되도록 할 수는 없나요?

· 예제 파일 〉 Part2 : **xlFAQ-045.xlsx**   · 완성 파일 〉 Part2\완성 : **xlFAQ-045완성.xlsm**

답변 45 피벗 테이블은 기능적으로 매우 뛰어나지만 원본 표의 수정 사항이 바로 반영되지 않기 때문에 수정 사항을 보고서에 반영하려면 [새로 고침] 을 이용해야 하고, 원본 표의 추가한 데이터 역시 보고서에 추가되지 않으므로 추가한 데이터를 보고서에 반영하려면 [데이터 원본 변경]을 이용해 원본 표 범위를 조정해야 한다는 2가지 문제가 있습니다.

이 2가지는 사용자 입장에서 피벗 테이블이 불편하다고 생각하게 만드는 주요 원인이 됩니다. 이러한 문제를 해결하려면 엑셀 표와 이벤트를 연계해 사용하는 방법을 이해해야 합니다.

실무실습 엑셀 표와 이벤트 연계해 피벗 테이블 단점 해결하기

다음 실무실습을 통해 피벗 테이블의 단점을 해결해 보겠습니다.

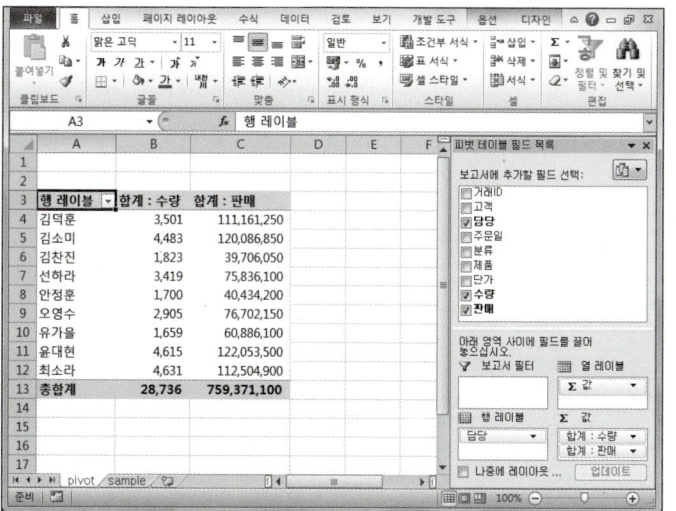

01 예제 확인하기

[pivot] 시트를 선택하면 피벗 테이블 보고서를 확인할 수 있습니다.

[sample] 시트에 있는 표 데이터의 수정 사항이나 추가 사항을 피벗 테이블 보고서에 표시하는 작업을 하겠습니다.

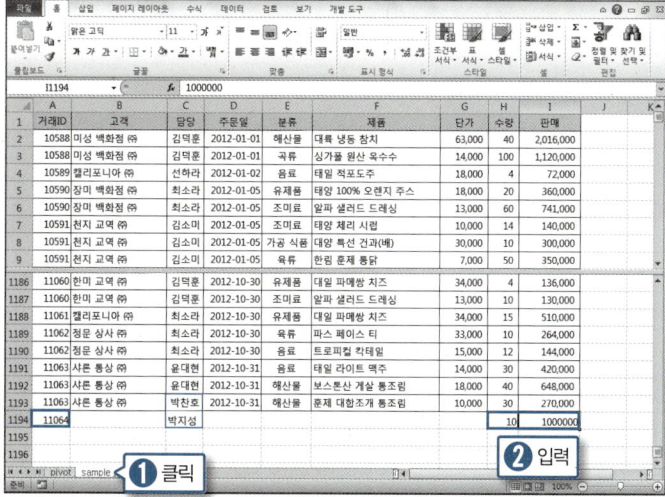

02 원본 표 데이터 수정하기

원본 표의 데이터를 1건 수정하고 새 판매 내역을 추가해 보겠습니다.

❶ [sample] 시트 탭을 선택하여 시트를 표시합니다.

❷ **C1193**셀에 **박찬호**, **A1194**셀에 **11064**, **C1194**셀에 **박지성**, **H1194**셀에 **10**, **I1194**셀에 **1,000,000**을 입력합니다.

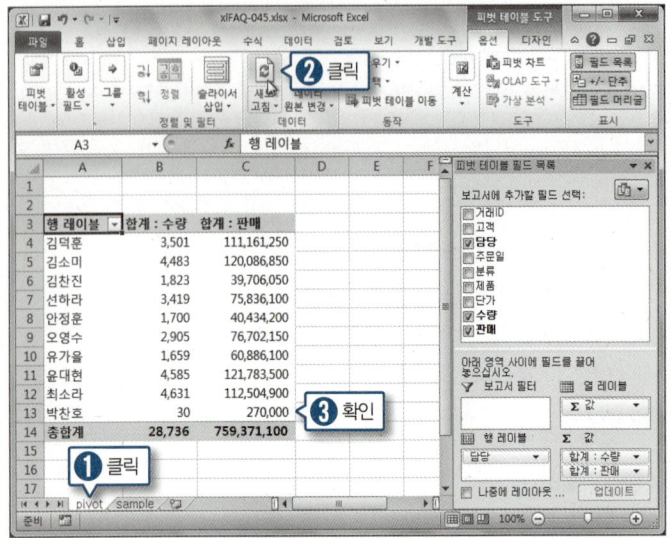

03 보고서 새로 고치기

❶ [pivot] 시트 탭을 선택하고 피벗 테이블 보고서에서 과정 02의 수정 사항이 반영되지 않은 것을 확인할 수 있습니다.
❷ [옵션] 탭-[데이터] 그룹-[**새로 고침**] 을 클릭합니다.
❸ 13행에서 기존 데이터를 수정한 박찬호의 판매 실적을 확인할 수 있지만 새로 추가한 박지성의 판매 실적은 표시되지 않습니다.

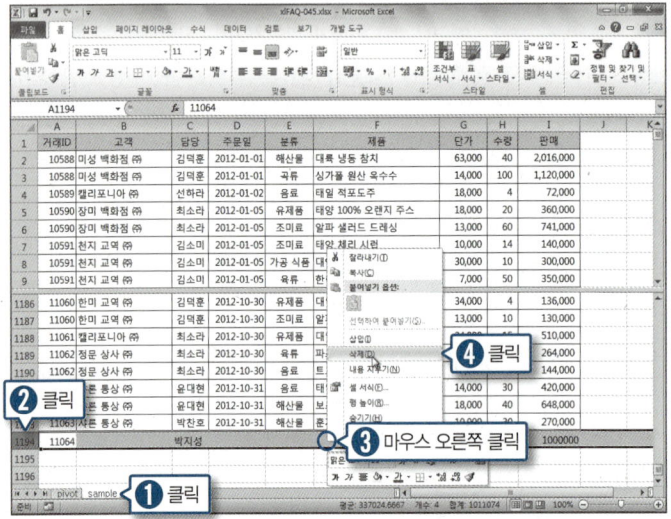

04 엑셀 표로 변환하기 (1)

원본 표의 추가한 데이터도 바로 피벗 테이블에 나타나도록 원본 표를 엑셀 표로 변환해 보겠습니다.
❶ [sample] 시트 탭을 선택합니다.
❷ 과정 02에서 수정하거나 추가한 데이터를 원래대로 복원하기 위해 1194행 머리글을 클릭하여 행을 전체 선택합니다.
❸ 마우스 오른쪽 버튼을 누른 다음 ❹ [삭제] 메뉴를 선택합니다.

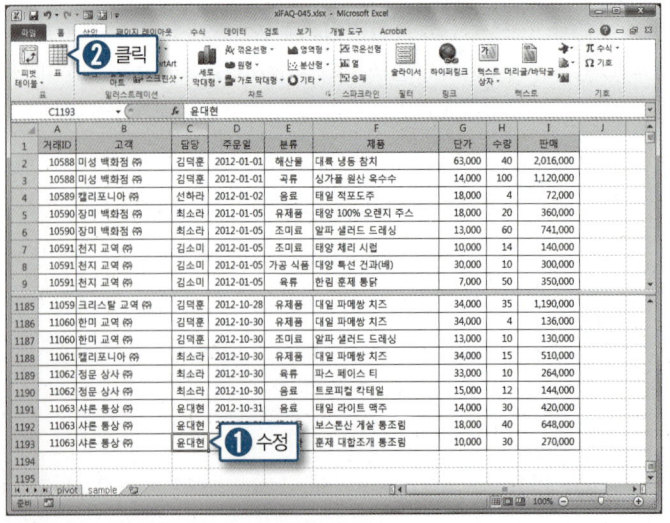

05 엑셀 표로 변환하기 (2)

❶ C1193셀의 값을 윤대현으로 수정합니다.
❷ 엑셀 표로 변환하기 위해 [삽입] 탭-[표] 그룹-[**표**] 를 클릭합니다.

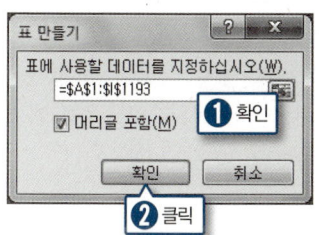

06 엑셀 표로 변환하기 (3)

❶ 표 만들기 대화상자가 표시되면 변환할 표 주소가 **=$A$1:$I$1193**인 것을 확인합니다.

❷ **[확인]**을 클릭해 변환 작업을 진행합니다.

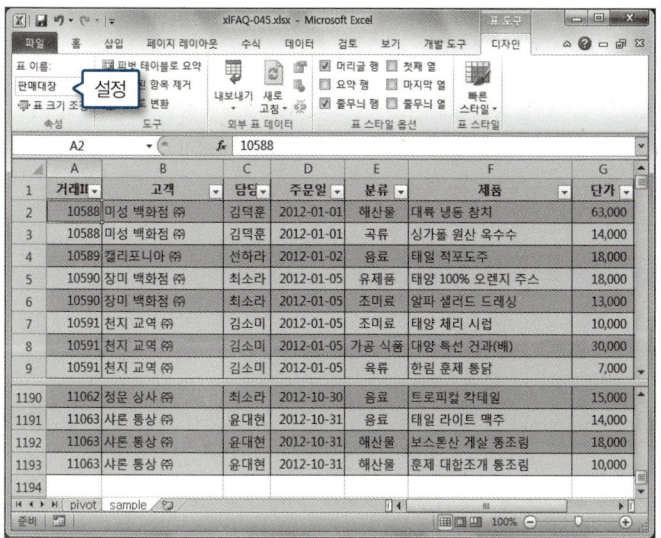

07 엑셀 표로 변환하기 (4)

엑셀 표로 변경되면 엑셀 표의 이름을 수정합니다.

[디자인] 탭-[속성] 그룹에서 표 이름란을 **판매대장**으로 지정합니다.

Tip ... 표 이름이 입력되지 않는 경우 알아보기
표 이름이 입력되지 않는 경우, 공백이 있는지 확인합니다. 표 이름에 공백이 있으면 입력되지 않습니다.

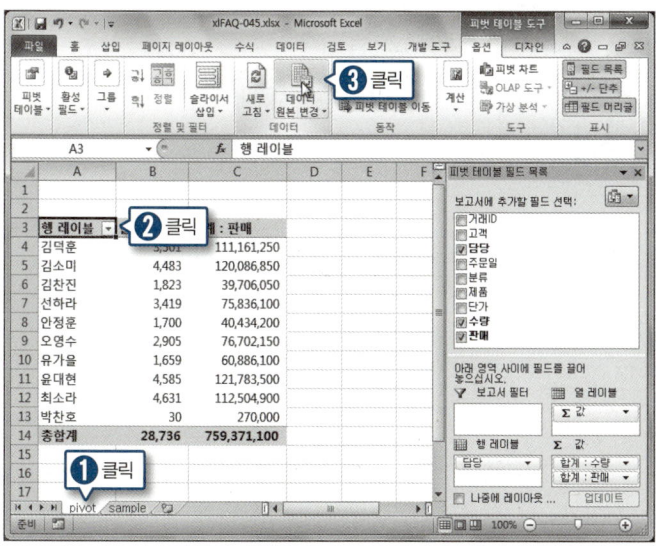

08 원본 변경하기 (1)

피벗 테이블 보고서의 원본 범위를 엑셀 표 이름으로 수정해 보겠습니다.

❶ **[pivot]** 시트 탭을 선택합니다.

❷ 표에서 임의의 셀을 선택합니다.

❸ [옵션] 탭-[데이터] 그룹-**[데이터 원본 변경]**을 클릭합니다.

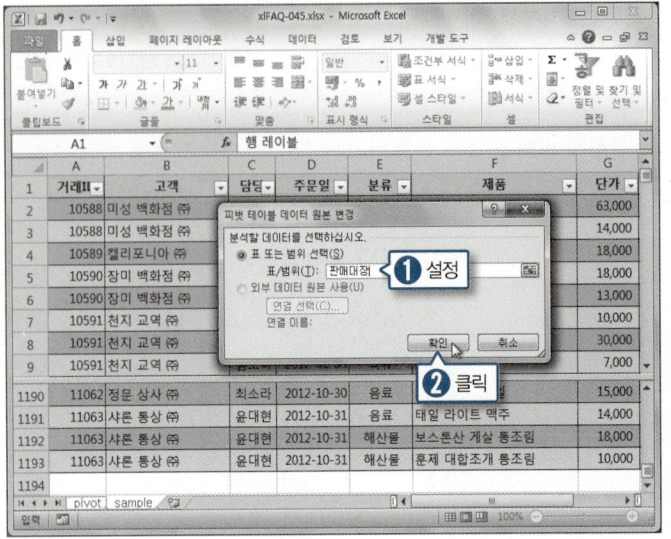

09 원본 변경하기 (2)

❶ 피벗 테이블 데이터 원본 변경 대화상자가 표시되면 표/범위란의 주소를 엑셀 표 이름인 **판매대장**으로 지정합니다.

❷ [확인]을 클릭합니다.

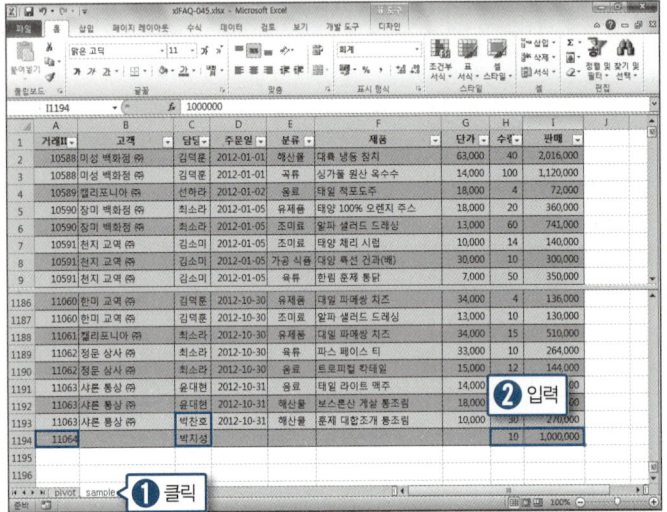

10 데이터 수정하기

과정 02의 작업을 한번 더 진행하겠습니다.

❶ [sample] 시트 탭을 선택하여 시트를 표시합니다.

❷ C1193셀에 **박찬호**, A1194셀에 **11064**, C1194셀에 **박지성**, H1194셀에 **10**, I1194셀에 **1,000,000**을 입력합니다.

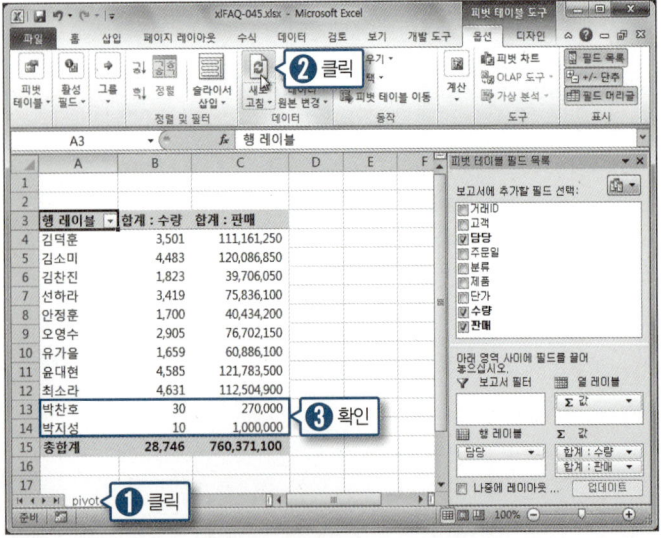

11 피벗 테이블 새로 고치기

❶ [pivot] 시트 탭을 선택하여 시트를 표시합니다.

❷ [옵션] 탭-[데이터] 그룹-[**새로 고침**]을 클릭합니다.

❸ 피벗 테이블 보고서에 박찬호와 새로 추가된 박지성 데이터가 표시되는 것을 확인할 수 있습니다.

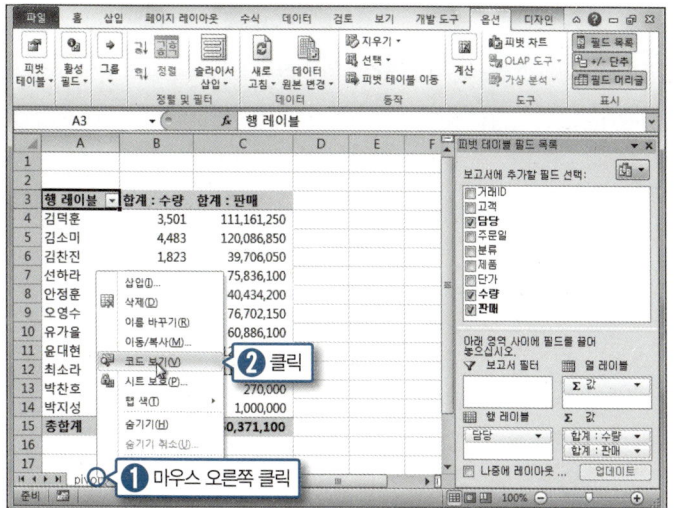

12 이벤트 이용해 보고서 새로 고치기 (1)
매번 새로 고침을 사용하지 않아도 피벗 테이블 보고서에 수정하거나 새로 추가한 데이터가 표시되도록 이벤트를 활용해 보겠습니다.

❶ [pivot] 시트 탭을 마우스 오른쪽 버튼으로 누릅니다.

❷ [코드 보기] 메뉴를 선택합니다.

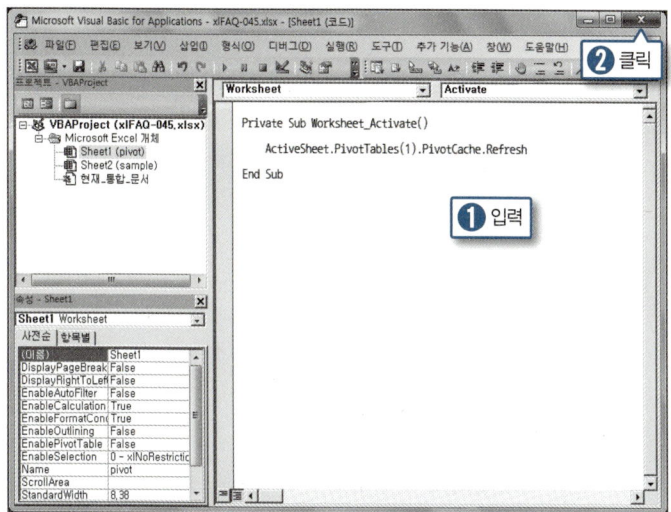

13 이벤트 이용해 보고서 새로 고치기 (2)
❶ 비주얼 베이직 편집기에 다음을 입력합니다. 이 코드는 현재 시트가 화면에 표시될 때 첫 번째 피벗 테이블 보고서를 새로 고치는 작업을 진행합니다.

Note 7

❷ 비주얼 베이직 편집기를 닫습니다.

```
Private Sub Worksheet_Activate()
    ActiveSheet.PivotTables(1).PivotCache.Refresh
End Sub
```

Note 7 ... 여러 개의 피벗 테이블이 있을 경우 코드 사용하기

만약 현재 워크시트에 여러 개의 피벗 테이블이 있다면 다음과 같은 코드를 사용해야 합니다.
이 코드는 현재 시트가 화면에 표시될 때 현재 시트의 피벗 테이블을 모두 순환하면서 새로 고침 작업을 수행합니다. 참고로 이번에 설명한 코드는 오타가 발생할 경우 제대로 동작하지 않으므로 입력 후 정확하게 입력했는지 다시 확인하기 바랍니다.

```
Private Sub Worksheet_Activate()
    Dim 피벗 As PivotTable
    For Each 피벗 In ActiveSheet.PivotTables
        피벗.PivotCache.Refresh
    Next
End Sub
```

Section 01 피벗 테이블 보고서 이해하기 • 195

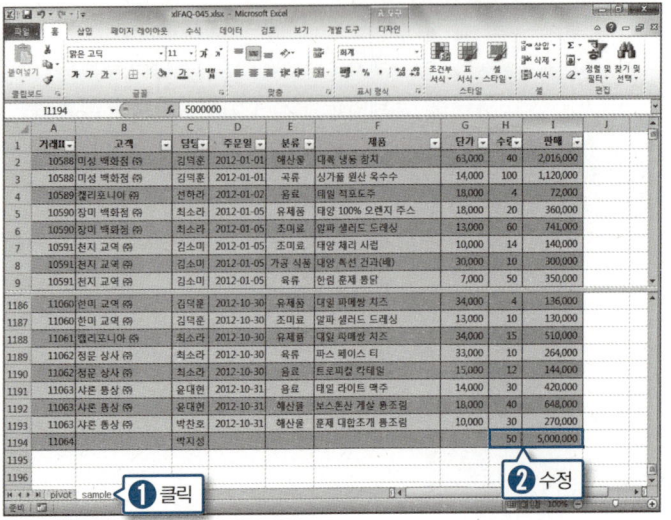

14 이벤트 이용해 보고서 새로 고치기 (3)
❶ 과정 13의 코드가 제대로 동작하는지 확인하기 위해 [sample] 시트 탭을 선택하여 시트를 표시합니다.
❷ H1194셀을 50, I1194셀을 5,000,000으로 수정합니다.

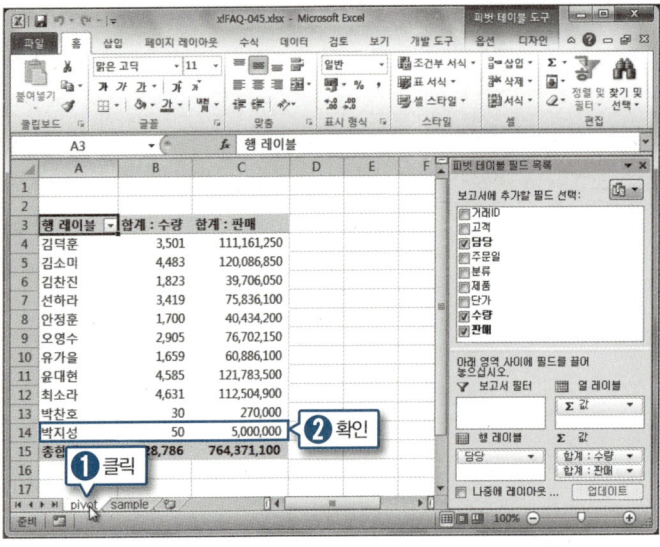

15 이벤트 이용해 보고서 새로 고치기 (4)
❶ [pivot] 시트로 이동해 봅니다.
❷ 새로 고침 작업을 진행하지 않아도 과정 14에서 수정해 놓은 결과가 피벗 테이블 보고서 A14:C14 범위에 바로 반영되는 것을 확인할 수 있습니다. Note 8

Note 8 ... 매크로 사용 통합 문서 사용하기

이벤트를 사용하기 위해 VBA 언어를 사용하는 경우 파일을 매크로 사용 통합 문서로 저장해야 합니다. 이 파일을 그냥 저장하면 아래와 같은 메시지 대화상자를 확인할 수 있습니다.

삽입해 놓은 코드를 계속해서 사용하려면 이 파일을 매크로 사용 통합 문서로 저장해야 하므로 [아니오]를 클릭한 다음 다른 이름으로 저장 대화상자의 파일 형식을 Excel 매크로 사용 통합 문서 (*.xlsm)로 지정하고 저장합니다.

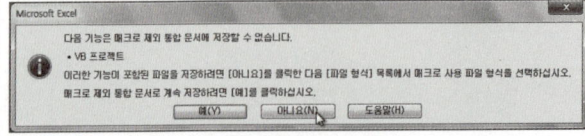

Section 02 그룹 필드 이용해 보고서 구성하기

▶ 그룹 필드   ▶ 부분합   ▶ 분류별 분석   ▶ 그룹 필드 활성화

집계 보고서는 단순하며 이해하기 쉽도록 구성돼야 합니다. 그렇기 때문에 집계된 항목을 상위 분류 항목으로 추가로 분류하는 작업(예를 들면, 1, 2, 3월을 1사분기로 묶는 작업)을 자주 수행하게 됩니다. 피벗 테이블 보고서에 다양한 상위 분류 항목을 사용해 보고서를 구성하려면 원본 표에 해당 분류 항목이 모두 있어야 하지만 그렇게 되면 원본 표가 너무 복잡해지게 됩니다.

그룹 필드는 기존 필드의 항목을 묶어 새로운 필드를 만든 것으로 원본 표에 없는 필드도 얼마든지 만들 수 있어 편리합니다.

질문 46 연, 분기, 월별로 피벗 테이블 보고서를 집계하는 쉬운 방법이 있나요?

판매 실적을 연도, 분기, 월 등을 기준으로 하여 피벗 테이블로 집계하려고 합니다. 그러나 원본 표에는 연도나 분기, 월 값을 갖는 필드는 없고 주문이 들어온 날짜만 있습니다. 이 경우 연, 분기 월 등을 기준으로 쉽게 집계하는 방법을 알려 주세요.

• 예제 파일 〉 Part2 : **xlFAQ-046.xlsx**   • 완성 파일 〉 Part2\완성 : **xlFAQ-046완성.xlsx**

답변 46

날짜가 제대로 된 날짜 값 형식(yyyy-mm-dd)으로 입력되어 있다면, 날짜 값을 그룹으로 묶어 연, 분기, 월 등의 값을 갖는 필드를 만들 수 있습니다. 날짜 값을 갖는 필드의 경우 연, 분기, 월, 일 단위로 그룹 필드를 만들 수 있으며, 시간 값이 포함된 경우에는 시, 분, 초 단위를 추가로 사용할 수 있습니다.

하지만 반기, 주, 요일 등의 날짜 단위는 사용할 수가 없으므로, 이런 날짜 단위가 필요한 경우라면 원본 표에 수식을 이용해 새로운 열을 추가해 작업해야 합니다.

> **실무실습** 날짜 값을 갖는 필드를 그룹 필드로 묶어 관리하기

다음 실무실습을 통해 날짜 값을 갖는 필드를 그룹 필드로 묶어 관리하는 방법을 알아보겠습니다.

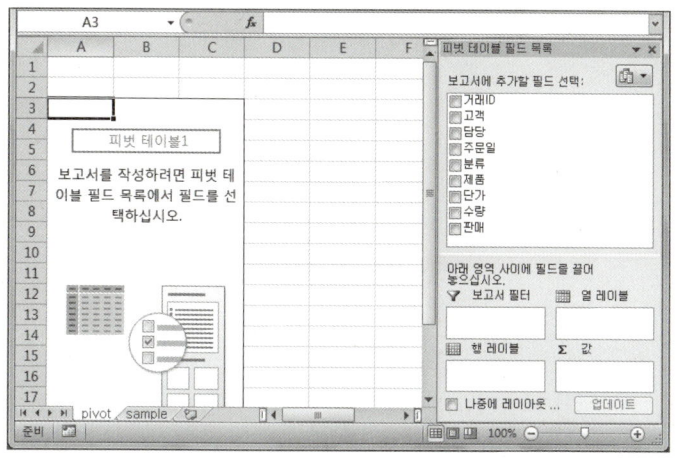

01 예제 확인하기

[pivot] 시트 탭을 선택하면 피벗 테이블 보고서를 구성할 수 있습니다.

피벗 테이블은 [sample] 시트의 표를 원본으로 만든 것으로 날짜 값을 갖는 주문일 필드를 그룹 필드로 묶어 분석하는 작업을 진행하겠습니다.

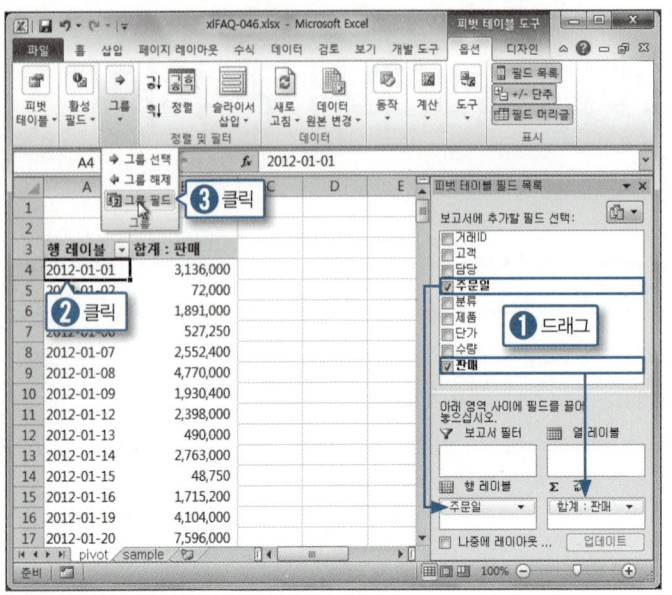

02 그룹 필드 만들기 (1)

❶ 피벗 테이블 필드 목록 창에서 **주문일** 필드를 행 레이블 영역, **판매** 필드를 값 영역으로 드래그합니다.

주문일 필드를 묶어 연, 분기, 월 등의 그룹 필드를 만들어 보겠습니다.

❷ 주문일 필드의 셀 중 하나를 선택합니다. 예제에서는 **A4**셀을 선택했습니다.

❸ [옵션] 탭-[그룹] 그룹-[**그룹 필드**] 를 클릭합니다.

Tip ... [그룹 필드] 알아보기

[그룹 필드]는 숫자 값을 갖거나 날짜, 시간 값을 갖는 필드에서만 사용할 수 있으며, 해당 필드의 셀을 하나만 선택한 상태에서만 동작합니다. 주의할 것은 필드의 항목이 모두 동일한 데이터 형식(숫자, 날짜, 시간 등)을 사용하고 있어야 그룹 필드를 사용할 수 있다는 것입니다.

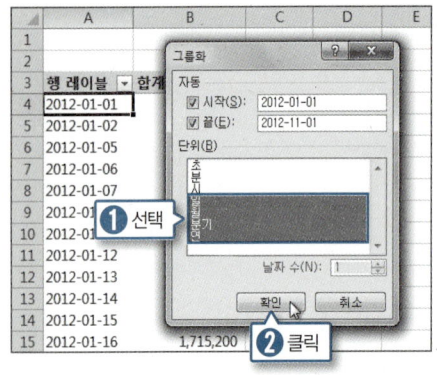

03 그룹 필드 만들기 (2)

❶ 그룹화 대화상자가 표시되면 단위 목록에서 **연, 분기, 월, 일**을 선택합니다.

❷ [**확인**]을 클릭합니다.

Tip ... 날짜 값을 갖는 필드의 그룹화 대화상자 설정 방법 알아보기

날짜 값을 가진 필드를 그룹으로 묶을 때 여러 개를 동시에 선택할 수 있으며 선택된 최소 단위가 원본 필드에 표시되고 나머지 필드는 새로 만들어집니다.
예제의 경우 연, 분기, 월, 일을 선택하면 일은 주문일 필드에 표시되고 나머지 필드는 그룹 필드로 만들어집니다.

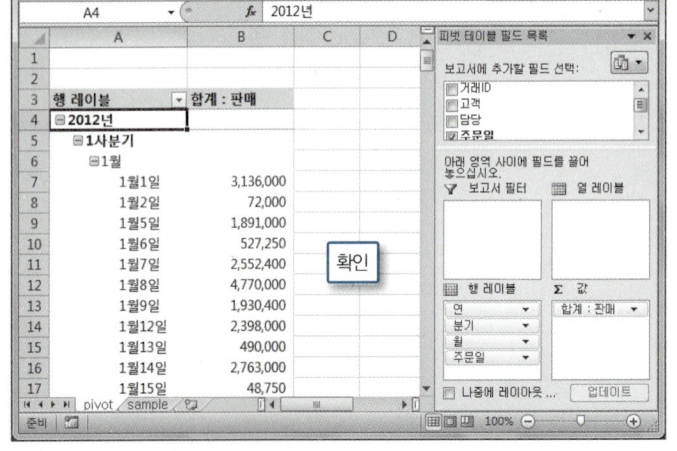

04 그룹 필드 만들기 (3)

그룹 필드를 만들면 피벗 테이블 필드 목록 창의 행 레이블 영역에서 연, 분기, 월, 주문일 필드를 확인할 수 있으며, 피벗 테이블 보고서에서 그룹으로 묶인 결과를 확인할 수 있습니다.

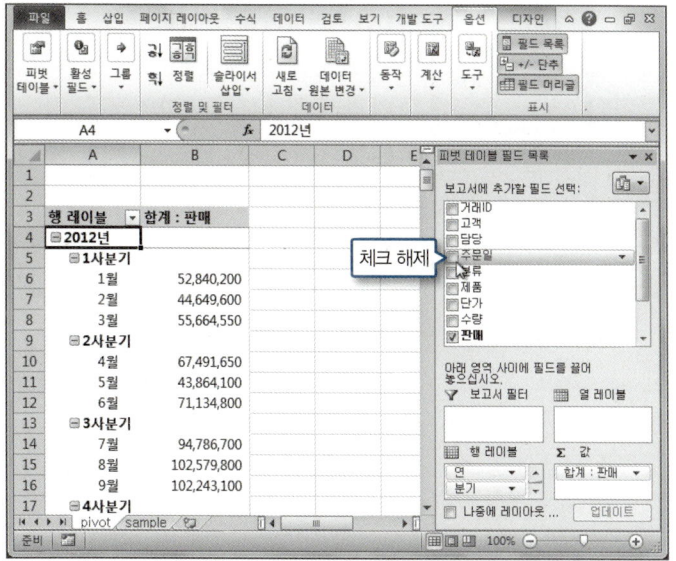

05 피벗 테이블 구성 변경하기

피벗 테이블 보고서를 단순화하기 위해 피벗 테이블 필드 목록 창에서 일(日) 값을 갖는 **주문일** 필드에 체크 표시를 해제하여 보고서에서 삭제합니다.

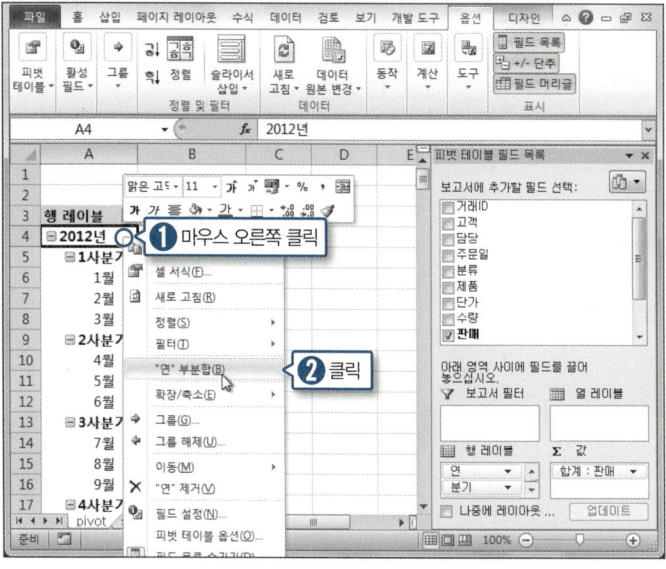

06 그룹 필드 부분합 표시하기 (1)

그룹 필드는 상위 필드 부분합을 표시하지 않습니다. 예제의 보고서는 연, 분기, 월 필드가 행 레이블 영역에 표시되어 있으므로, 연, 분기 필드의 부분합이 표시되지 않습니다.

❶ 연 필드의 부분합을 표시하기 위해 연 필드의 항목이 있는 **A4**셀을 마우스 오른쪽 버튼으로 누릅니다. ❷ **["연" 부분합]** 메뉴를 선택합니다.

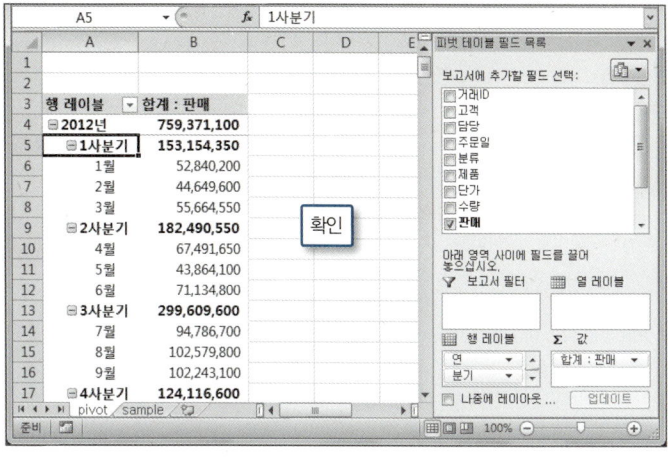

07 그룹 필드 부분합 표시하기 (2)

과정 **06**과 같은 방법으로 분기 필드의 부분합을 표시하기 위해 **A5**셀을 마우스 오른쪽 버튼으로 누릅니다.

["분기" 부분합] 메뉴를 선택해 부분합을 추가하면 연 부분합과 분기 부분합이 표시된 보고서를 확인할 수 있습니다.

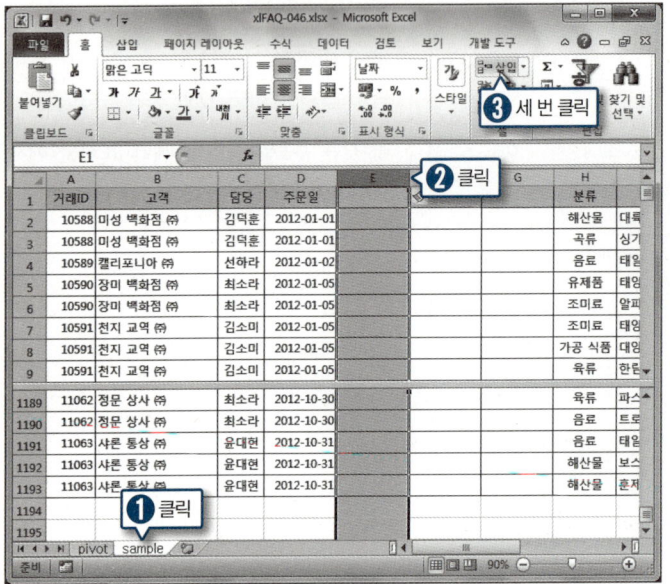

08 원본 표에 새 날짜 필드 추가하기

그룹 필드에서 제공하지 않는 날짜 단위인 반기, 주, 요일을 추가해 보겠습니다.

❶ [sample] 시트 탭을 선택하여 시트를 표시합니다.

❷ D열의 주문일 필드 값을 참고해 반기, 주, 요일을 계산하기 위해 **E열 머리글**을 클릭해 선택합니다.

❸ [홈] 탭-[셀] 그룹-[**삽입**]을 세 번 클릭해 열을 3개 추가합니다.

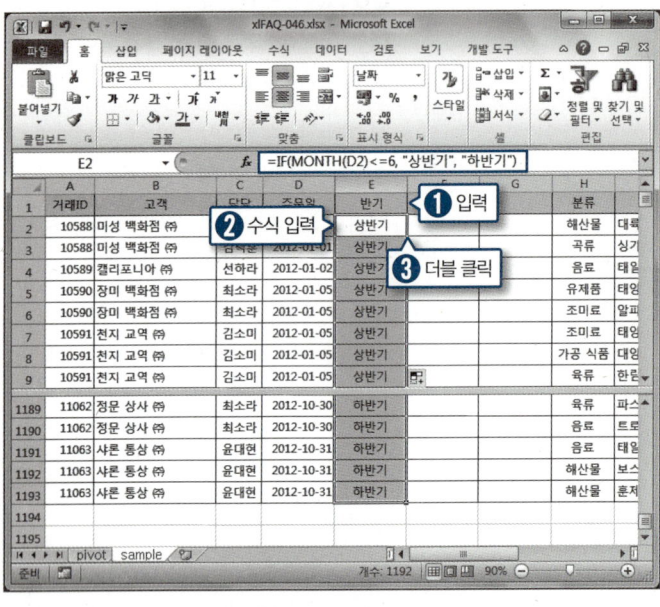

09 반기 필드 추가하기

❶ 반기를 계산해 넣기 위해 **E1** 셀에 **반기**를 입력합니다.

❷ E2셀에 다음을 입력합니다.

=IF(MONTH(D2)<=6, "상반기", "하반기")

❸ **E2**셀을 선택하고 **채우기 핸들**을 더블 클릭해 수식을 복사해 넣습니다.

수식 설명 =IF(MONTH(D2)<=6, "상반기", "하반기")

1년은 12개월이고, 반기는 1년을 2로 나눈 것이므로 1월부터 6월까지가 상반기이고, 7월부터 12월까지가 하반기입니다. 이런 계산 작업을 하려면 MONTH 함수와 IF 함수의 사용 방법을 이해하고 있어야 합니다.

먼저 날짜 값에서 월 값만 반환하는 MONTH 함수의 구문은 다음과 같습니다.

MONTH(날짜 값)

조건에 따라 조건의 결과가 TRUE일 때 반환할 값과 FALSE일 때 반환할 값을 지정하는 IF 함수의 구문은 다음과 같습니다.

IF(조건식, 참일 때 반환할 값, 거짓일 때 반환할 값)

그러므로 이번에 사용한 수식은 MONTH 함수로 D2셀의 월 값을 반환 받은 다음 그 값이 6보다 작거나 같으면 상반기, 반대면 하반기를 반환하도록 한 것입니다.

10 주 필드 추가하기

❶ 주(週)를 계산하기 위해 **F1**셀에 **주**를 입력합니다.

❷ F2셀 다음을 입력합니다.

=WEEKNUM(D2)-WEEKNUM(D2-DAY(D2)+1)+1 & "주"

❸ F2셀을 선택하고 **채우기 핸들**을 더블 클릭해 수식을 복사해 넣습니다.

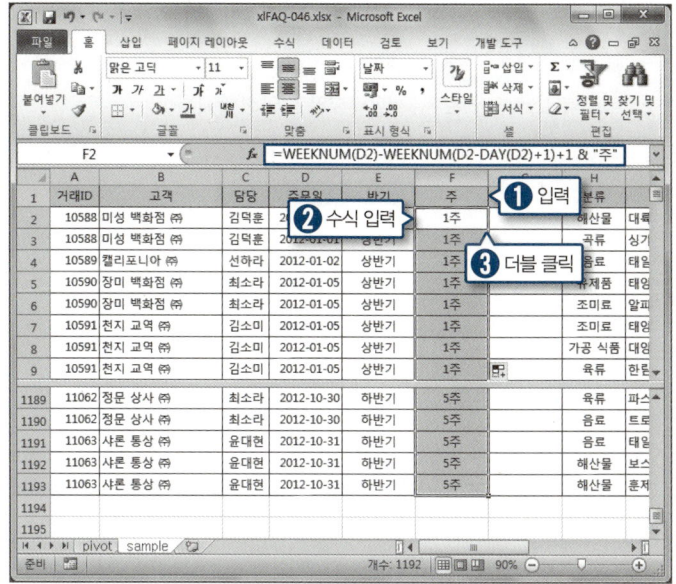

수식 설명 =WEEKNUM(D2)-WEEKNUM(D2-DAY(D2)+1)+1 & "주"

이번 수식을 이해하기 위해서는 WEEKNUM 함수와 DAY 함수에 대해 이해하고 있어야 합니다. 다음은 주 일련번호를 반환하는 WEEKNUM 함수에 대한 구문 설명입니다. 여기서 주 시작 요일은 생략할 수 있으며, 생략하면 1이 생략된 것으로 되어 일요일이 주 시작 요일입니다.

WEEKNUM(날짜 값, 주 시작 요일)

다음은 날짜 값에서 일 값을 반환하는 DAY 함수에 대한 구문 설명입니다.

DAY(날짜 값)

이번 수식은 다음과 같은 순서로 이해하는 것이 좋습니다.

❶ D2-DAY(D2)+1

D2셀에 입력된 날짜가 속한 달의 1일 날짜를 반환합니다. D2셀에 입력된 날짜 값에서 일 값을 뺀 다음 1을 더합니다. 예를 들어 D2셀의 값이 2012년 1월 15일인 경우 15일을 빼고 1을 더하면 2012년 1월 1일이 반환됩니다.

❷ WEEKNUM(D2)-WEEKNUM(❶)

주를 계산할 날짜의 주 일련번호에서 날짜가 속한 그 달 1일의 주 일련번호를 빼는 연산을 합니다. 예를 들어 2012년 1월 15일의 주를 구한다고 하면, 2012년 1월 15일의 주는 세 번째 주입니다. 해당 월의 1일인 2012년 1월 1일은 첫 번째 주이므로 3에서 1을 빼면 2가 됩니다.

❸ ❷+1 & "주"

❷의 계산 작업은 항상 그 달의 주보다 1 작은 값을 반환합니다. 그러므로 1을 더하고 날짜 단위인 "주"를 연결하는 작업을 합니다.

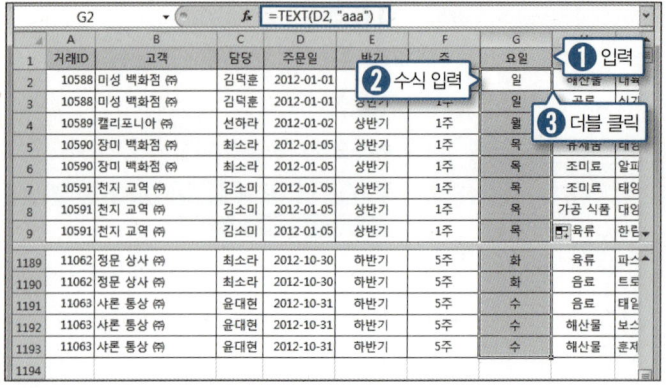

11 요일 필드 추가하기

❶ 마지막으로 요일을 계산하기 위해 G1셀에 **요일**을 입력합니다.

❷ G2셀에 다음을 입력합니다.
=TEXT(D2, "aaa")

❸ G2셀의 **채우기 핸들**을 더블 클릭해 수식을 복사해 넣습니다.

수식 설명 =TEXT(D2, "aaa")

엑셀에는 요일에 해당하는 일련번호를 반환하는 WEEKDAY가 있지만 사람이 이해할 수 있는 값이 아닌 1, 2, 3, …과 같은 번호가 반환됩니다. 그러므로 요일을 표시하고 싶을 때는 WEEKDAY 함수보다 예제처럼 TEXT 함수를 사용하는 것이 좋습니다. TEXT 함수는 서식 코드를 이용해 값을 원하는 형태로 변환하는 함수로, 구문은 다음과 같습니다.

TEXT(값, 서식 코드)

서식 코드는 셀 서식의 표시 형식을 지정할 때 사용하는 코드로 날짜의 경우에는 다음과 같은 코드를 사용합니다.

서식 코드	의미	예
yyyy	4자리 연도	1900~9999
mm	2자리 월	01~12
dd	2자리 일	01~31
ddd	영어 요일(단축)	SUN~SAT
dddd	영어 요일	SUNDAY~SATURDAY

서식 코드	의미	예
aaa	한글 요일(단축)	일~토
aaaa	한글 요일	일요일~토요일
hh	2자리 시간	00~23
mm	2자리 분	00~59
ss	2자리 초	00~59

위 서식 코드를 보면 mm 서식 코드가 월과 분의 2가지 의미가 있는 것을 확인할 수 있습니다. 어떤 서식 코드와 함께 쓰이느냐에 따라 의미가 결정됩니다. 예를 들어 yyyy-mm-dd라고 사용되면 월의 의미가 되며, hh:mm:ss라고 사용되면 분의 의미가 됩니다. 참고로 mm 서식 코드가 단독으로 사용되면, 월의 의미가 우선해서 적용됩니다.

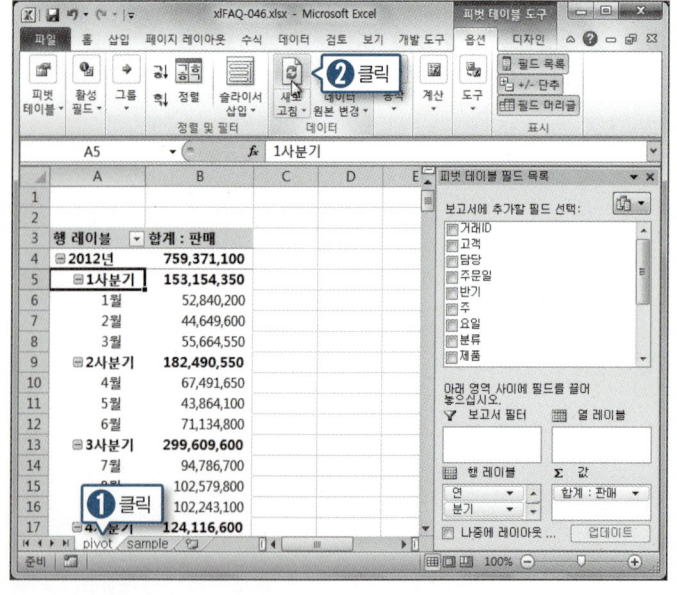

12 피벗 테이블 갱신해 필드 추가하기

원본 표에 계산해 넣은 열을 피벗 테이블 보고서에서 사용하기 위해 피벗 테이블 보고서를 새로 고치겠습니다.

❶ [pivot] 시트 탭을 선택하여 시트를 표시합니다.

❷ [옵션] 탭-[데이터] 그룹-[**새로 고침**]을 클릭합니다.

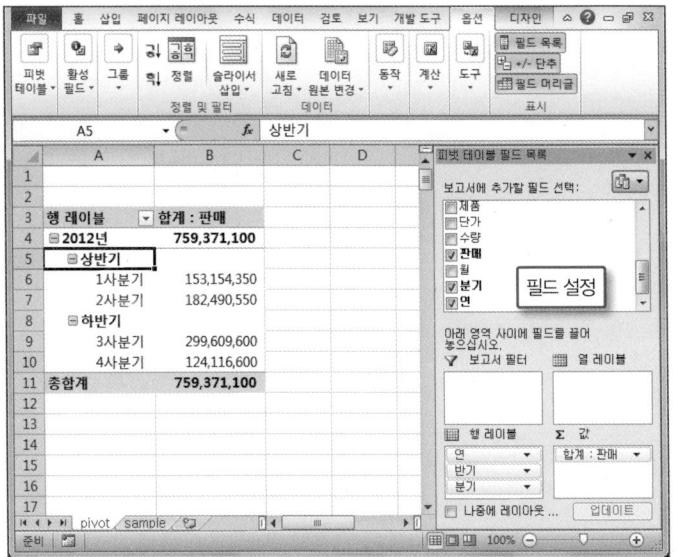

13 반기 필드 보고서에 추가하기

반기 필드를 보고서에 추가하기 위해 피벗 테이블 필드 목록 창에서 **분기** 필드와 **월** 필드에 체크 표시를 해제합니다.

반기 필드와 **분기** 필드에 순서대로 체크합니다.

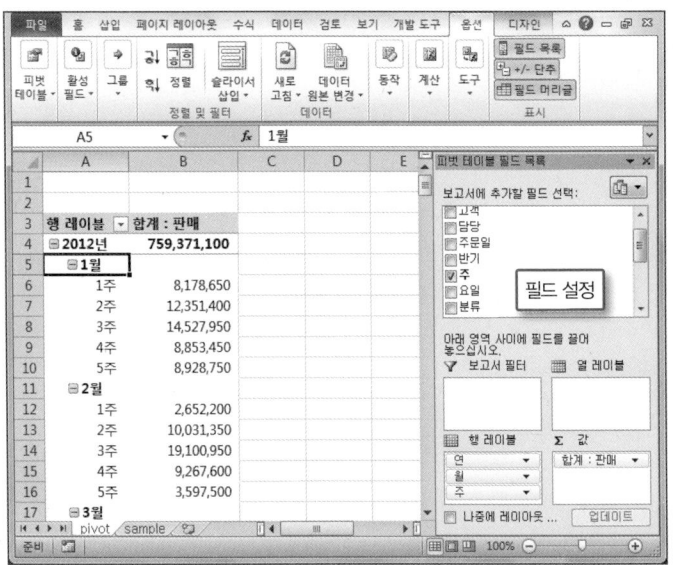

14 주 필드 보고서에 추가하기

주 필드를 보고서에 추가하기 위해 피벗 테이블 필드 목록 창에서 **반기** 필드와 **분기** 필드에 체크 표시를 해제하고, **월** 필드와 **주** 필드에 순서대로 체크하면 화면과 같은 결과를 얻을 수 있습니다.

15 요일 필드 보고서에 추가하기

마지막으로 요일 필드를 추가해 보겠습니다.

피벗 테이블 필드 목록 창에서 **요일** 필드에 체크합니다.

이렇게 날짜 그룹 필드와 분기, 주, 요일 등의 필드를 이용하면, 대부분의 날짜 단위 집계를 피벗 테이블 보고서로 손쉽게 만들 수 있습니다.

Section 02 그룹 필드 이용해 보고서 구성하기 • **203**

질문 47
원본 표에 없는 필드가 피벗 테이블 보고서에 있는 경우는 무엇인가요?
피벗 테이블 보고서를 보니 원본 표에는 부서 열이 없습니다. 그런데 피벗 테이블 보고서에는 부서 필드가 있습니다. 원본 표의 열을 숨긴 것도 아닙니다. 이런 것이 어떻게 가능한가요?

• 예제 파일 〉 Part2 : **xlFAQ-047.xlsx**　　• 완성 파일 〉 Part2\완성 : **xlFAQ-047완성.xlsx**

답변 47
원본 표에 없는 필드가 있고, 해당 필드가 행 레이블 영역이나 열 레이블 영역에 있다면 해당 필드는 [그룹 필드]라고 생각해도 됩니다. 그룹 필드를 만들 때 그룹화 대화상자를 사용하는 방법 외에도 직접 그룹으로 묶을 항목을 선택해 만드는 것이 가능합니다. 이렇게 수동으로 그룹 필드를 만드는 방법은 그룹 필드 명령과는 다르게 모든 필드에서 사용할 수 있습니다.

실무실습 항목을 직접 선택해 만드는 그룹 필드 사용하기

다음 실무실습을 통해 항목을 직접 선택해 만드는 그룹 필드 사용 방법을 알아보겠습니다.

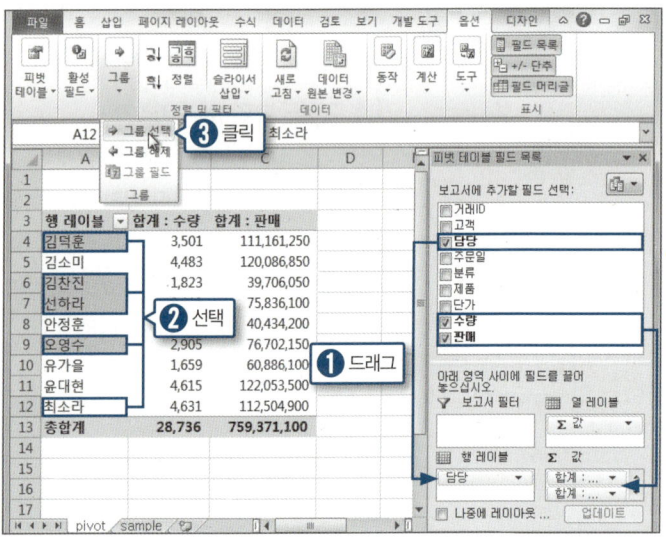

01 선택한 항목으로 그룹 필드 만들기(1)
영업사원 이름이 입력된 담당 필드를 그룹 필드로 묶어 부서 필드를 새로 만드는 작업을 하겠습니다.

❶ **담당** 필드를 행 레이블 영역, **수량** 필드와 **판매** 필드를 값 영역으로 드래그하고 ❷ **A4, A6, A7, A9, A12**셀(영업1부 직원)을 Ctrl을 이용해 함께 선택합니다.
❸ [옵션] 탭-[그룹] 그룹-[**그룹 선택**]을 클릭합니다.

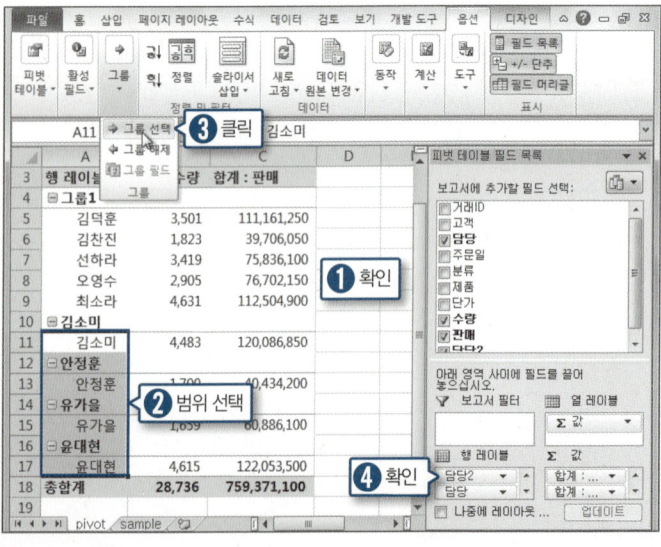

02 선택한 항목으로 그룹 필드 만들기(2)
❶ 선택한 항목이 [그룹1]로 묶입니다.
❷ 나머지 항목을 묶기 위해 **A11:A17** 범위를 선택합니다.
❸ [옵션] 탭-[그룹] 그룹-[**그룹 선택**]을 클릭합니다.
❹ 행 레이블 영역에서 담당2 필드를 확인할 수 있으며 이 필드가 담당 필드로 묶은 그룹1, 그룹2 항목이 속한 필드입니다.

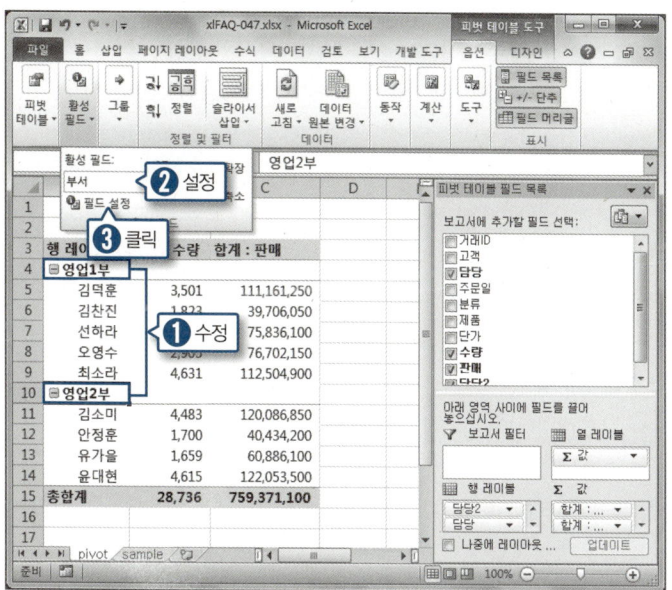

03 선택한 항목으로 그룹 필드 만들기 (3)

담당2 필드의 항목 이름을 수정하겠습니다.

❶ A4셀을 **영업1부**, A10셀을 **영업2부**로 수정합니다.

❷ [옵션] 탭-[활성 필드] 그룹에서 [활성 필드]란을 **부서**로 지정합니다.

❸ 부서 부분합을 바로 표시하기 위해 [옵션] 탭-[활성 필드] 그룹-[필드 설정]을 클릭합니다.

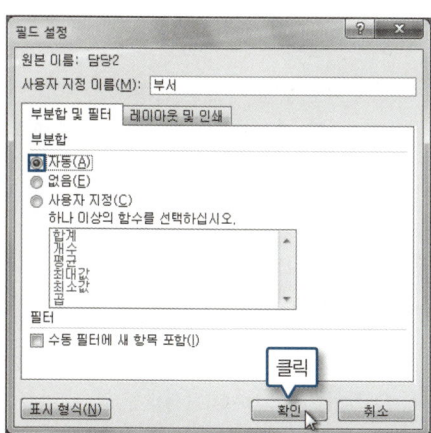

04 부서 필드의 합계 값 표시하기 (1)

필드 설정 대화상자가 표시되면 [부분합 및 필터] 탭의 부분합 옵션에서 **자동**을 선택합니다.

자동을 선택하면 부분합은 항상 합계를 구해 줍니다.

다른 방법으로 집계하려면 사용자 지정을 선택하고 함수 목록에서 원하는 함수를 선택하면 됩니다.

[확인]을 클릭합니다.

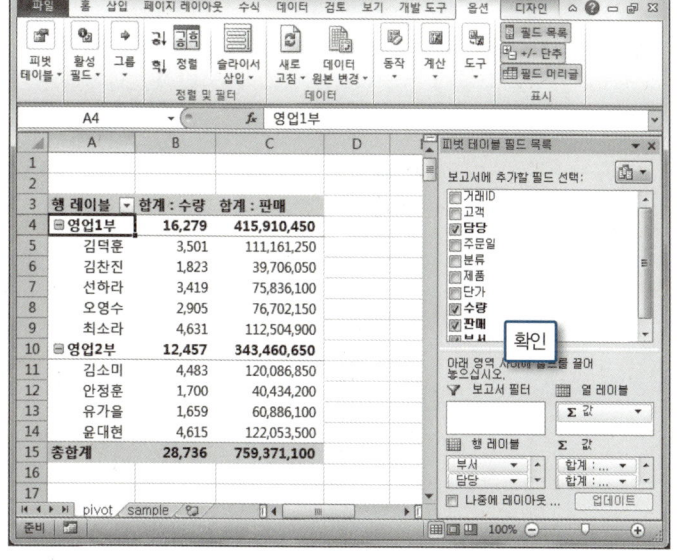

05 부서 필드의 합계 값 표시하기 (2)

과정 **03~04**를 거치고 피벗 테이블 필드 목록 창의 행 레이블 영역에서 그룹 필드 이름이 담당2에서 부서로 변경된 것을 확인할 수 있습니다.

부서 필드의 부분합도 제대로 나타나는 것을 확인할 수 있습니다.

질문 48
단가별 분석 보고서를 만들기 위해 가격대별로 판매 실적을 집계할 수 있나요?

판매 실적을 분석하는 보고서를 만들 때, 가격대(예를 들면, 만 원대, 2만 원대, 3만 원대) 별로 판매 실적을 집계하거나, 보급형, 기본형, 고급형 등의 분류 작업을 진행해야 할 때가 많습니다. 이런 작업이 필요한 경우 쉽게 작업할 수 있는 방법은 없을까요?

• 예제 파일 〉 Part2 : **xlFAQ-048.xlsx**   • 완성 파일 〉 Part2\완성 : **xlFAQ-048완성.xls**

답변 48
단가 필드를 그룹 필드로 묶으면 가격대별 분석 보고서를 쉽게 만들 수 있습니다. 단가 필드와 같이 숫자 값을 갖는 필드는 그룹화 대화상자를 이용하는 방법과 항목을 직접 선택해 묶을 수 있는 방법을 선택해 [그룹 필드]를 만들 수 있습니다. 주의할 점은 필드는 한 번 그룹 필드로 묶으면 다른 기준을 사용해 또 다른 그룹 필드를 만들 수 없으므로 다른 그룹 필드가 필요하면 먼저 기존 그룹 필드를 해제해야 한다는 것입니다.

실무실습 | 숫자 값을 갖는 필드의 그룹 필드 만들기

다음 실무실습을 통해 숫자 값을 갖는 필드의 그룹 필드를 만드는 방법을 알아보겠습니다.

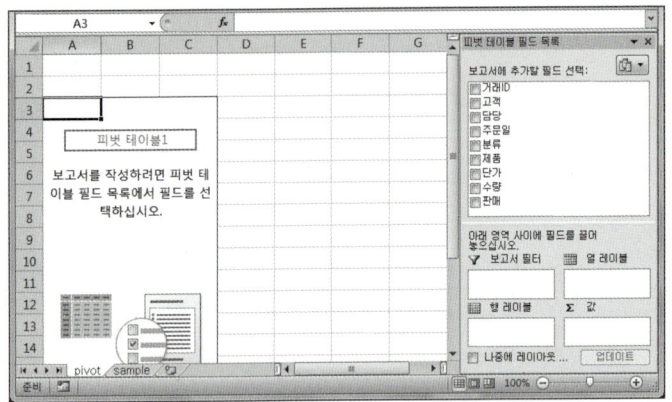

01 예제 확인하기

[pivot] 시트 탭을 선택하면 피벗 테이블 보고서를 구성할 수 있습니다.

단가, 즉 판매 가격을 분석하는 피벗 테이블 보고서를 구성하는 작업을 진행해 보겠습니다.

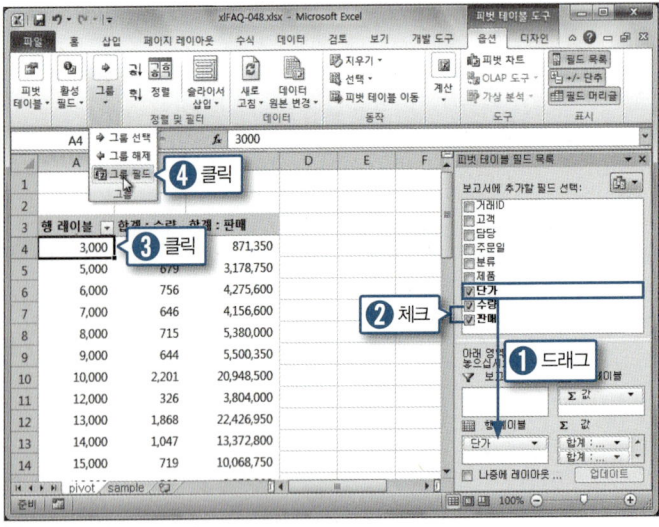

02 가격대별 분석하기 (1)

❶ 단가별 판매 실적을 집계하기 위해 **단가** 필드를 행 레이블 영역으로 드래그(숫자 필드이므로 체크하면 값 영역에 들어갑니다)합니다. ❷ **수량** 필드와 **판매** 필드에 체크하여 보고서를 구성합니다.

❸ 단가 필드의 항목을 하나를 선택합니다. 예제에서는 **A4**셀을 선택했습니다.

❹ [옵션] 탭-[그룹] 그룹-[**그룹 필드**]를 클릭합니다.

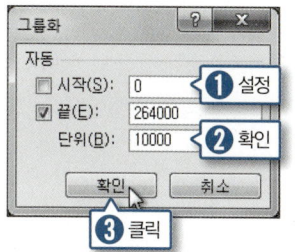

03 가격대별 분석하기 (2)

그룹화 대화상자의 시작란과 끝란의 값은 단가 필드의 최소, 최대값을 나타내며, 단위란의 값은 만들 그룹 필드 항목별 최소부터 최대값의 범위를 의미합니다.

❶ 가격대별로 분석하기 위해 시작란을 0으로 설정합니다.

❷ 단위란이 10000인지 확인합니다.

❸ [확인]을 클릭합니다.

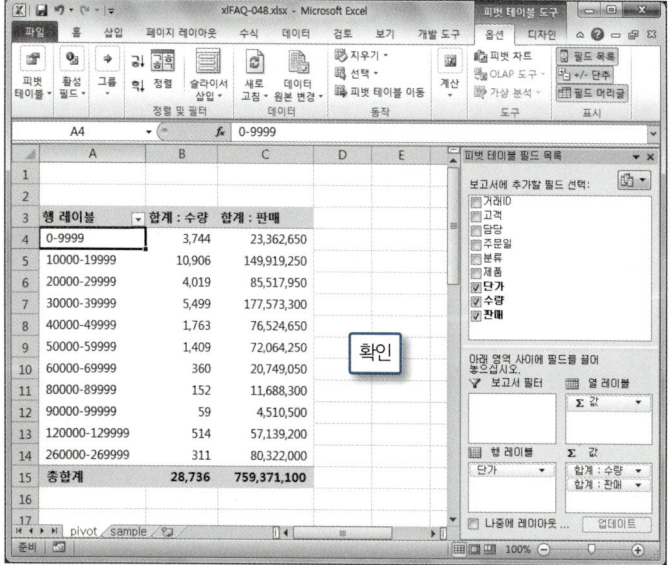

04 가격대별 분석하기 (3)

단가 필드의 값이 0~9999, 10000~19999와 같이 0부터 10000 간격으로 묶여 표시됩니다.

참고로 숫자 값을 갖는 필드를 그룹화 대화상자를 이용해 묶은 경우 별도의 그룹 필드가 만들어지지 않고 기존 필드에 구간 값이 나타납니다. 이 사실은 행 레이블 영역에 단가 필드만 나타나는 것으로 확인할 수 있습니다.

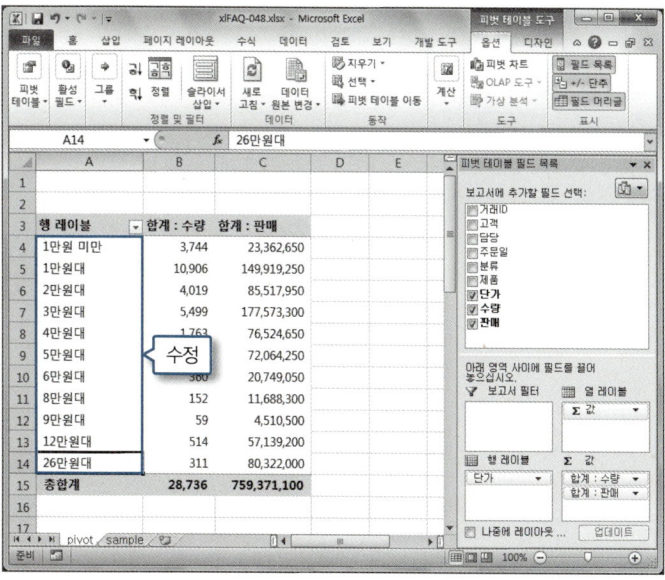

05 가격대별 분석하기 (4)

좀 더 이해하기 쉽도록 A4:A14 범위를 **1만원 미만, 1만원대, 2만원대**와 같이 수정합니다.

Section 02 그룹 필드 이용해 보고서 구성하기 • **207**

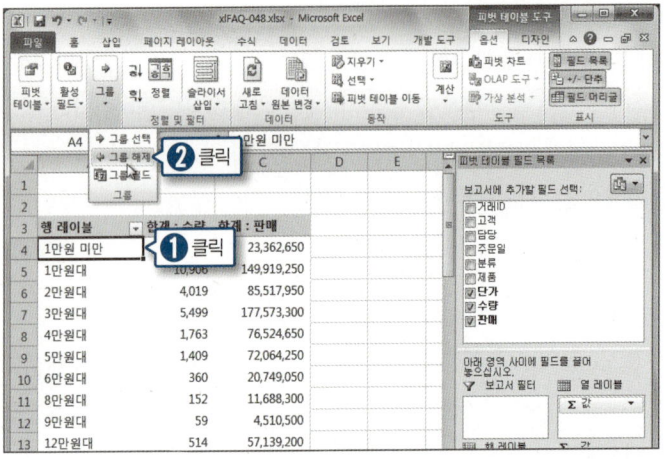

06 그룹 필드 해제하기

보급형, 기본형, 고급형 등으로 묶어 그룹 필드를 만드는 작업을 진행합니다. 그러기 위해 기존 그룹 필드를 해제해야 합니다.

❶ 단가 필드의 항목이 하나 선택된 상태에서 작업해야 하므로 **A4**셀을 선택합니다.

❷ [옵션] 탭-[그룹] 그룹-[**그룹 해제**]를 클릭합니다.

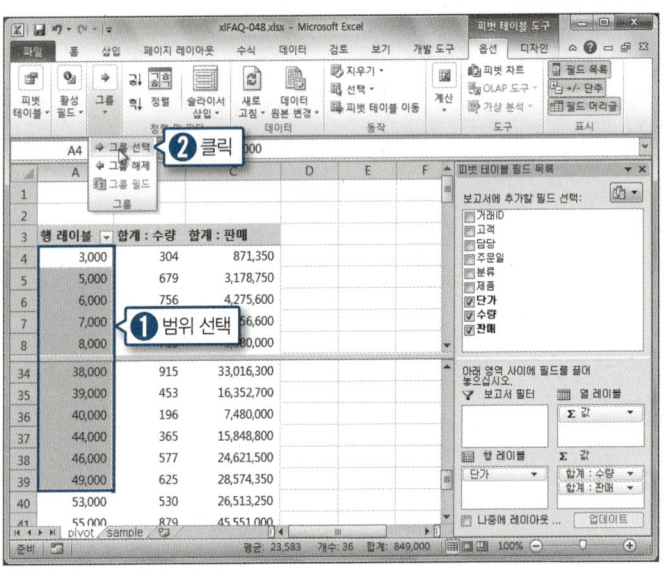

07 단가 분류별로 분석하기 (1)

그룹 필드가 해제되면 다시 보급형, 기본형, 고급형으로 나눠 분석해 보겠습니다. 보급형은 최소 가격부터 5만 원 미만 가격이라고 가정합니다.

❶ **A4:A39** 범위를 선택합니다.

❷ [옵션] 탭-[그룹] 그룹-[**그룹 선택**]을 클릭합니다.

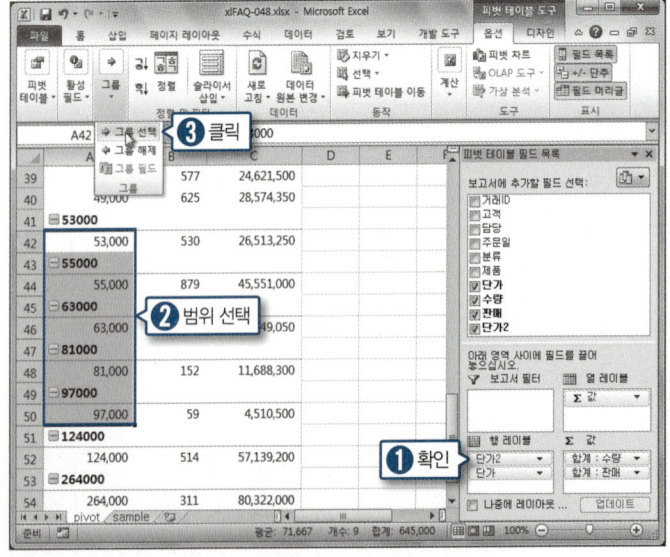

08 단가 분류별로 분석하기 (2)

❶ 과정 **07**을 진행하고 피벗 테이블 필드 목록 창의 행 레이블 영역에서 단가2 그룹 필드가 만들어진 것을 확인합니다.

❷ 기본형은 5만 원부터 10만 원 미만 가격이라고 가정하고 **A42:A50** 범위를 선택합니다.

❸ [옵션] 탭-[그룹] 그룹-[**그룹 선택**]을 클릭합니다.

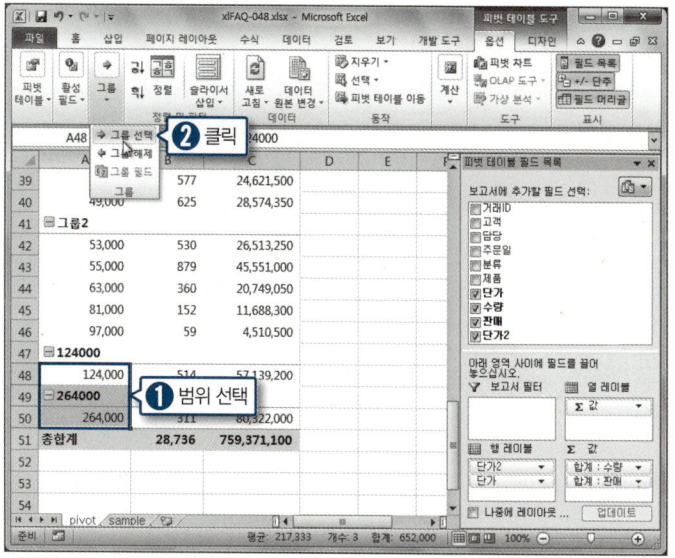

09 단가 분류별로 분석하기 (3)

마지막 고급형은 10만 원 이상부터 최고 가격까지로 가정하겠습니다.

❶ **A48:A50** 범위를 선택합니다.

❷ [옵션] 탭-[그룹] 그룹-[**그룹 선택**] 을 클릭합니다.

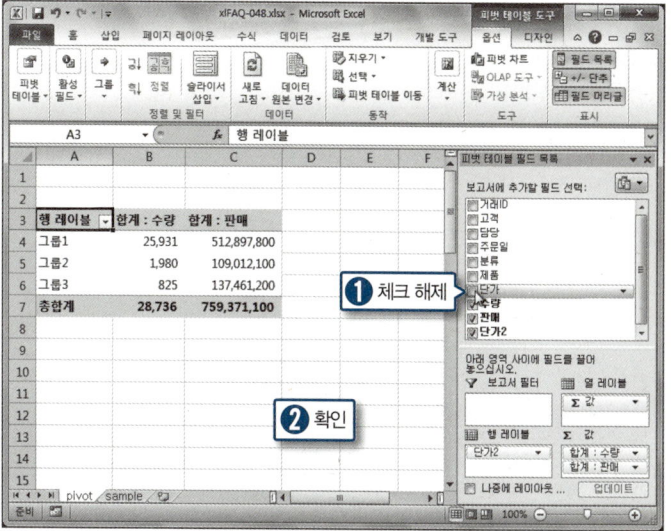

10 단가 분류별로 분석하기 (4)

❶ 그룹 필드만 확인하기 위해 피벗 테이블 필드 목록 창에서 **단가** 필드에 체크 표시를 해제합니다.

❷ 그러면 A4:A6 범위에서 확인할 수 있듯이 그룹1, 그룹2, 그룹3 항목이 표시됩니다.

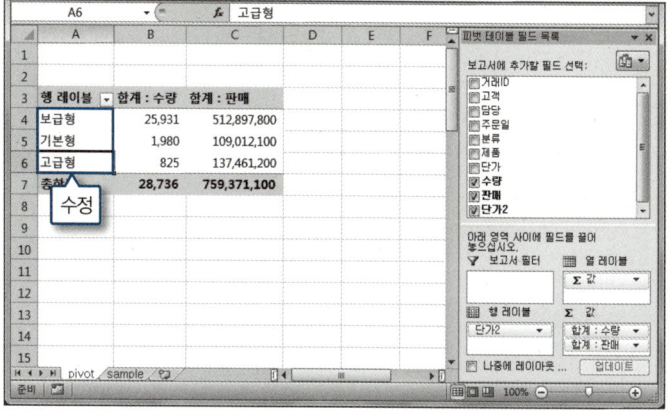

11 단가 분류별로 분석하기 (5)

그룹 필드의 항목을 수정해, 해당 필드를 좀 더 이해하기 쉽도록 변경하겠습니다. **A4**셀을 **보급형**, **A5**셀을 **기본형**, **A6**셀을 **고급형**으로 수정하고 그룹 필드를 확인한 다음 작업을 마칩니다.

질문 49 **비활성화된 [그룹 필드] 명령을 활성화할 수 있나요?**

특정 필드를 그룹 필드로 묶고 싶지만 [옵션] 탭-[그룹] 그룹-[그룹 필드] 가 비활성화되어 클릭할 수 없습니다. 그룹으로 묶으려는 필드는 모두 숫자 값이 입력된 필드이기 때문에 [그룹 필드] 명령을 사용할 수 있다고 이해하고 있습니다. 왜 활성화가 안 될까요?

• 예제 파일 〉 Part2 : **xlFAQ-049.xlsx**   • 완성 파일 〉 Part2\완성 : **xlFAQ-049완성.xlsx**

답변 49 [그룹 필드] 명령을 사용하지 못하는 경우는 필드의 데이터가 텍스트이거나 텍스트 형식이 포함된 경우, 또는 필드가 이미 그룹으로 묶여 그룹 필드가 만들어진 경우입니다.

전자는 필드의 데이터 형식을 숫자, 날짜, 시간으로 변경해야 하며, 후자는 기존 그룹 필드를 먼저 해제해야 합니다. 이러한 이유로 자주 사용하는 그룹 필드는 그룹 필드로 만드는 것보다 미리 원본 표에 열을 추가하고 사용하는 것이 좋습니다.

실무실습 [그룹 필드] 명령을 사용하지 못할 경우 해결하기

다음 실무실습을 통해 [그룹 필드] 명령을 사용하지 못하는 경우와 이를 해결하는 방법을 알아보겠습니다.

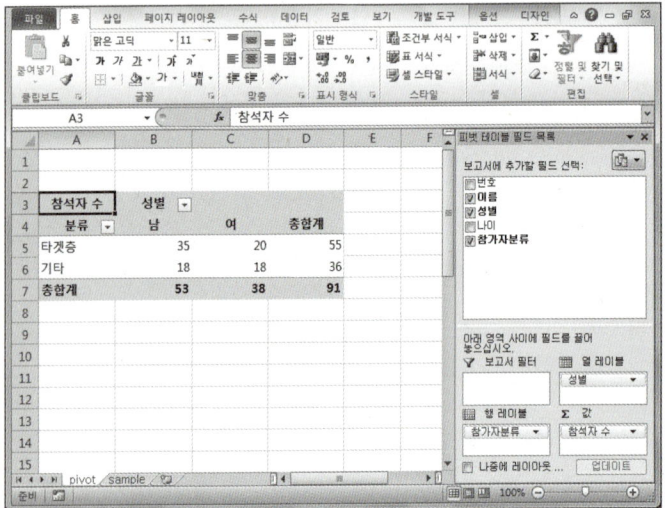

01 예제 확인하기

[pivot] 시트 탭을 선택하면 피벗 테이블 보고서를 확인할 수 있습니다.

나이 필드를 그룹 필드로 묶어 연령대별 참석 인원 수를 세는 피벗 테이블 보고서를 만들어 보겠습니다.

Tip... 참가자분류 필드 이해하기

참가자분류 필드는 나이 필드를 묶어 만든 그룹 필드로, 30세부터 45세까지는 **타겟층**, 30세 미만이나 45세 초과는 **기타**로 묶었습니다.

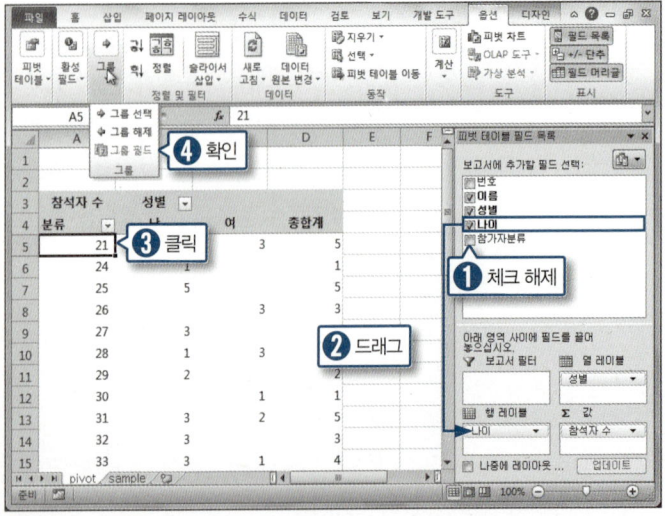

02 피벗 테이블 구성 변경하기

❶ 피벗 테이블 필드 목록 창에서 **참가자분류** 필드에 체크 표시를 해제하고 ❷ **나이** 필드를 행 레이블 영역으로 드래그합니다.

❸ A5셀을 선택합니다.

❹ [옵션] 탭-[그룹] 그룹-[**그룹 필드**] 을 클릭하려면 화면과 같이 해당 명령이 비활성화되어 있는 것을 확인할 수 있습니다.

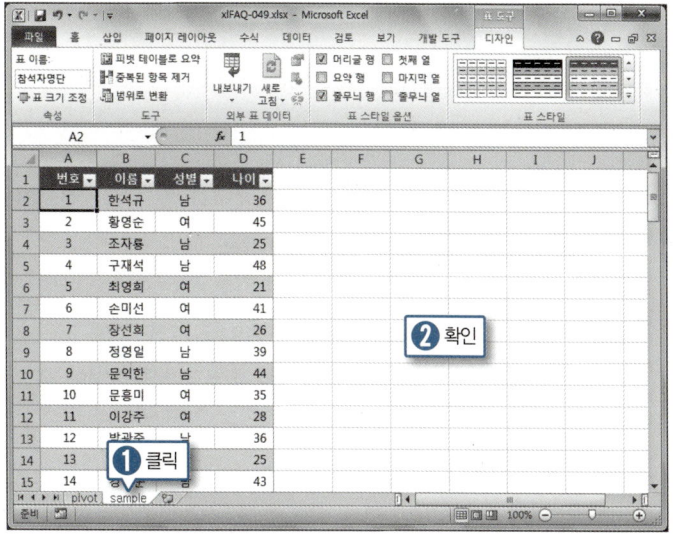

03 원본 표 확인하기

❶ 원인을 파악하기 위해 [sample] 시트 탭을 선택해 원본 표를 확인합니다.

❷ 원본 표는 엑셀 표로 변환되어 있으며, 번호, 이름, 성별, 나이 이렇게 총 4개의 열로 구성되어 있습니다.

이것으로 과정 02에서 체크 표시를 해제한 참가자분류 필드는 원본 표에 존재하지 않는 필드라는 것을 확인할 수 있습니다.

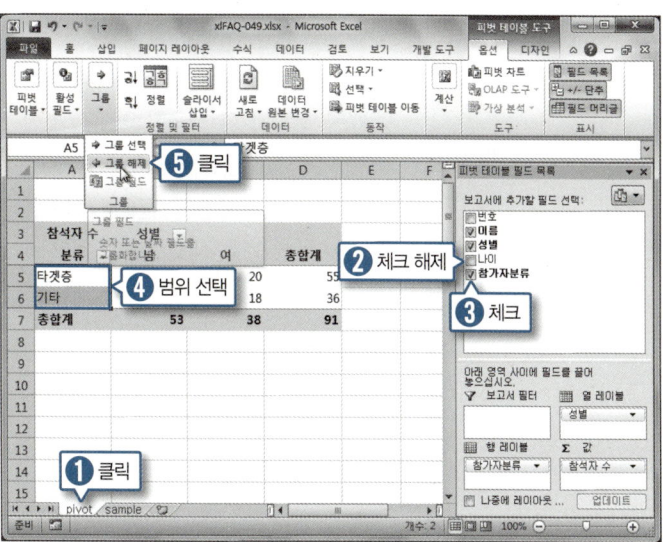

04 그룹 필드 해제하기

❶ [pivot] 시트 탭을 선택하여 시트를 표시합니다. ❷ 피벗 테이블 보고서를 처음 상태로 되돌리기 위해 나이 필드에 체크 표시를 해제하고 ❸ 참가자분류 필드에 체크합니다.

❹ 참가자분류 필드의 그룹을 해제하기 위해 A5:A6 범위를 선택합니다.

❺ [옵션] 탭-[그룹] 그룹-[그룹 해제]를 클릭합니다. Note 9

Note 9 ... 그룹 필드 해제하기

그룹 필드를 해제하다 보면 필드의 항목을 선택하게 됩니다. 어떤 경우에는 셀을 하나만 선택하고 어떤 경우는 예제와 같이 범위를 선택한 다음 작업을 진행합니다. 각 방법은 그룹 필드를 어떻게 만들었느냐에 따라 다릅니다.

〔1〕**그룹화 대화상자로 그룹 필드를 만든 경우** : 필드의 값이 숫자 또는 날짜, 시간 값인 경우 그룹화 대화상자를 이용해 그룹 필드를 만들 수 있습니다. 이렇게 만들어진 그룹 필드의 경우에는 셀을 하나만 선택하고 [**그룹 해제**]를 클릭해도 전체 필드가 해제됩니다.

〔2〕**항목을 직접 선택하고 [그룹 선택]으로 그룹 필드를 만든 경우** : 필드의 데이터 형식과 무관하게 항목을 직접 선택해 묶은 경우는 전체 범위를 선택하고 [**그룹 해제**]를 클릭해야 그룹 필드가 해제됩니다. 만약 이 경우 셀을 하나씩 선택하고 작업하면 그룹 필드의 항목 수만큼 [**그룹 해제**]를 클릭해야 그룹 필드가 해제됩니다.

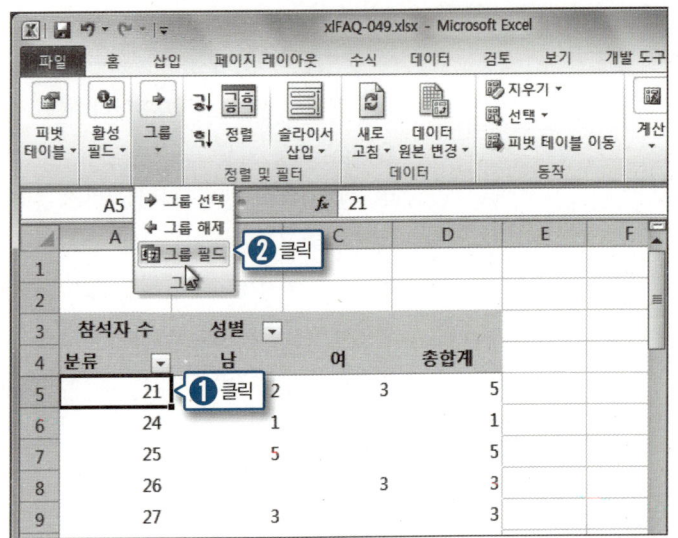

05 그룹 필드 설정하기

참가자분류 필드가 사라지고 나이 필드가 있는 것을 확인할 수 있습니다. 이것으로 참가자분류 필드가 나이 필드의 항목을 묶어 만든 그룹 필드라는 것을 확인할 수 있습니다.

❶ A5셀을 선택합니다.
❷ [옵션] 탭-[그룹] 그룹-[**그룹 필드**]가 활성화되어 해당 명령을 사용할 수 있는 것을 확인할 수 있습니다.

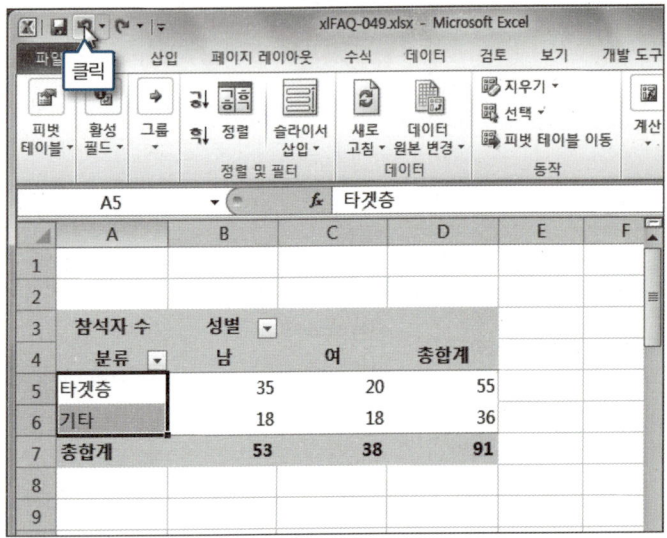

06 실행 취소해 기존 작업 복원하기

과정 04에서 그룹 해제한 필드인 참가자분류 필드가 꼭 필요한 경우라면 원본 표에 연령대를 계산해 넣으면 됩니다.
빠른 실행 도구 모음에서 [**실행 취소**]를 클릭해 그룹 필드 해제 작업을 취소하면 행 레이블 영역에 다시 참가자분류 필드가 표시됩니다.

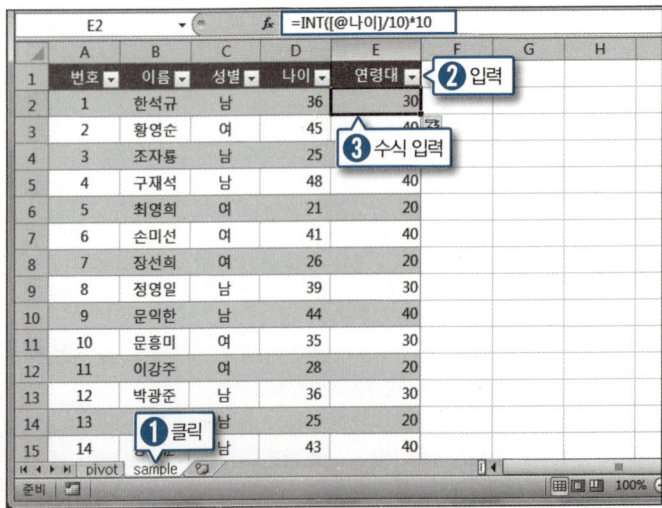

07 연령대 필드 추가하기

❶ [sample] 시트 탭을 선택하여 시트를 표시합니다.
❷ E1셀에 **연령대**를 입력합니다.
❸ E2셀에 다음 수식을 입력합니다.
=INT([@나이]/10)*10

수식 설명 **=INT([@나이]/10)*10**

이번에 사용한 수식에서는 INT 함수를 사용합니다. INT 함수는 인수로 전달된 숫자 값의 정수(소수점 왼쪽 부분)만 반환하는 함수로, 구문은 다음과 같습니다.

INT(숫자)

예제에서 INT 함수는 [@나이]/10 계산식의 정수 값을 반환 받기 위해 사용됐습니다. 즉 나이가 36이면 10으로 나눠 3.6이 반환되지만, 정수 값만 반환 받으면 3이 반환됩니다. 이 값에 10을 곱해 연령대를 구한 것입니다.

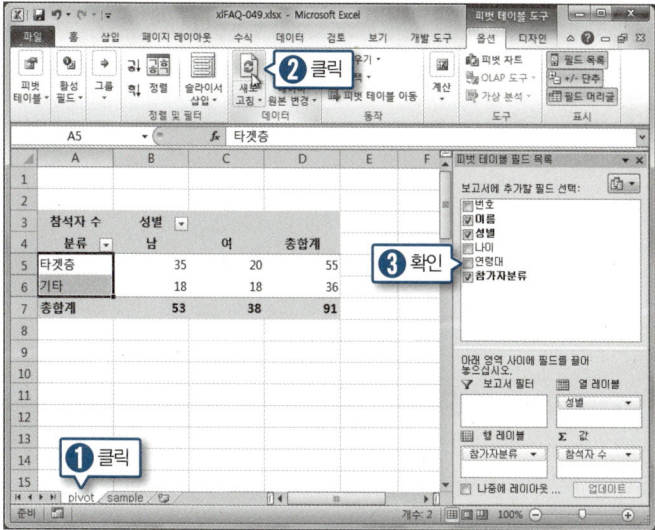

08 피벗 테이블 보고서에 필드 추가하기

❶ 원본 표에 추가된 필드를 피벗 테이블 보고서에 바로 반영하기 위해 [pivot] 시트 탭을 선택하여 시트를 표시합니다.
❷ [옵션] 탭-[데이터] 그룹-[새로 고침] 을 클릭합니다.
❸ 피벗 테이블 필드 목록 창에 연령대 필드가 추가된 것을 확인할 수 있습니다.

Tip ... **원본 표에 추가한 열을 피벗 테이블에 등록하기**
이번 예제에서는 [sample] 시트의 원본 표가 엑셀 표로 변환되어 있기 때문에 가능한 것으로, 원본 표가 엑셀 표로 변환되어 있지 않다면 **새로 고침** 이 아니라 바로 옆에 있는 [데이터 원본 변경] 을 클릭해 추가된 E열 범위를 원본 표 범위로 지정해야 합니다.

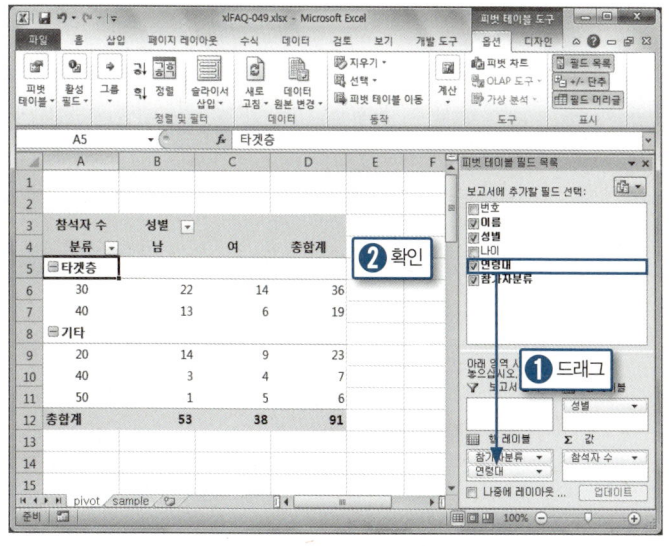

09 피벗 테이블 구성 변경하기

추가된 연령대 필드를 피벗 테이블 보고서에 반영하기 위해 피벗 테이블 필드 목록 창에서 **연령대** 필드를 행 레이블 영역에 드래그합니다.

피벗 테이블 구성이 변경된 것을 확인합니다.

Section 03 계산 필드와 계산 항목 만들어 보고서 구성하기

▶ 계산 필드   ▶ 계산 항목   ▶ 수식 보고서

엑셀의 장점은 원하는 값을 계산을 통해 얻을 수 있다는 것입니다. 피벗 테이블 보고서 역시 엑셀의 이런 특징을 그대로 사용하는 기능이 제공됩니다. 바로 계산 필드와 계산 항목입니다. 계산 필드는 필드 사이의 계산이나 필드와 상수와의 계산 작업을 통해 새로운 결과 값을 표시할 때 사용하며, 계산 항목은 필드를 대상으로 하지 않고 필드의 항목을 대상으로 한다는 점만 차이가 있으며 계산 필드와 동일합니다.

질문 50 거래처별 판매 실적을 피벗으로 정리할 경우 부가세를 계산해 넣을 수 있나요?
거래처별 판매 실적을 집계하고 부가세는 피벗 테이블 보고서 바깥 셀에 수식을 이용해 넣을 경우 고객을 변경하면 매번 부가세 계산 범위를 조정해야 해서 여간 불편한 것이 아닙니다. 부가세 계산 등을 피벗 테이블 보고서에서 할 수 있는 방법이 있나요?

• 예제 파일 〉 Part2 : xlFAQ-050.xlsx   • 완성 파일 〉 Part2\완성 : xlFAQ-050완성.xlsx

답변 50 피벗 테이블 보고서에는 계산식을 이용해 표시할 수 있는 [계산 필드]라는 기능이 있습니다. 계산 필드는 값 영역에 삽입할 필드여야 하며, 필드 사이의 계산이나 필드와 상수와의 계산 작업을 지원합니다. 그러므로 피벗 테이블 보고서의 바깥쪽에서 수식을 이용해 계산했던 값이라면 모두 계산 필드를 이용해 피벗 테이블 보고서에 포함할 수 있습니다.

계산 필드를 적절하게 사용하면 원본 표에 꼭 필요한 열만 관리할 수 있어 데이터 관리에 효율적입니다. 단, 계산 필드의 계산식은 값 영역에 집계된 결과로 계산할 수 있어야 하므로, 그런 경우가 아니라면 원본 표에 수식을 이용해 계산해야 합니다.

실무실습 계산 필드 만들고 사용하기

다음 실무실습을 통해 계산 필드를 만들고 사용하는 방법을 알아보겠습니다.

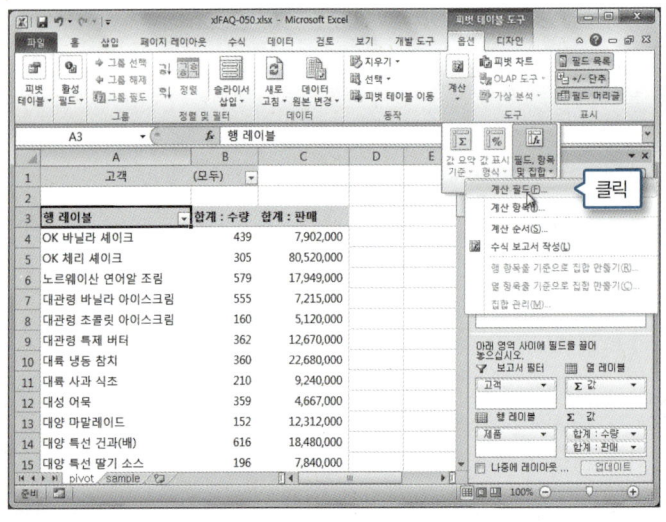

01 부가세 계산 필드 만들기 (1)
[pivot] 시트를 선택하면 제품별 판매실적을 집계한 피벗 테이블 보고서를 확인할 수 있습니다.
피벗 테이블 보고서에 부가세 필드를 추가하기 위해 [옵션] 탭-[계산] 그룹-[필드, 항목 및 집합] -[계산 필드]를 클릭합니다.

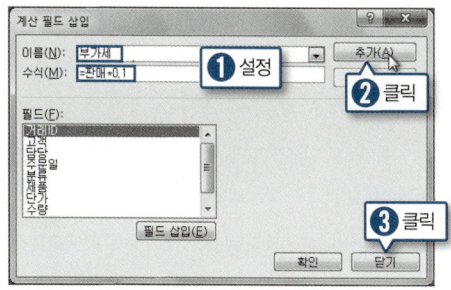

02 부가세 계산 필드 만들기 (2)

❶ 계산 필드 삽입 대화상자가 표시되면 이름 목록을 **부가세**, 수식란을 **=판매*0.1**로 지정합니다.

❷ [추가]를 클릭해 계산 필드를 추가합니다.

❸ [닫기]를 클릭해 닫습니다.

Tip … 계산 필드의 수식 구성할 때 주의할 점 알아보기

계산 필드의 수식에 사용되는 판매와 같은 필드 이름은 정확해야 합니다. 오타가 발생하면 계산이 제대로 이뤄지지 못하기 때문입니다. 만약 필드 이름이 길고 복잡한 경우라면 직접 입력하기보다 계산 필드 삽입 대화상자의 필드 목록에서 계산에 사용할 필드 이름을 선택하고 더블 클릭하거나 [필드 삽입]을 클릭하면 수식란에 해당 필드 이름이 입력됩니다.

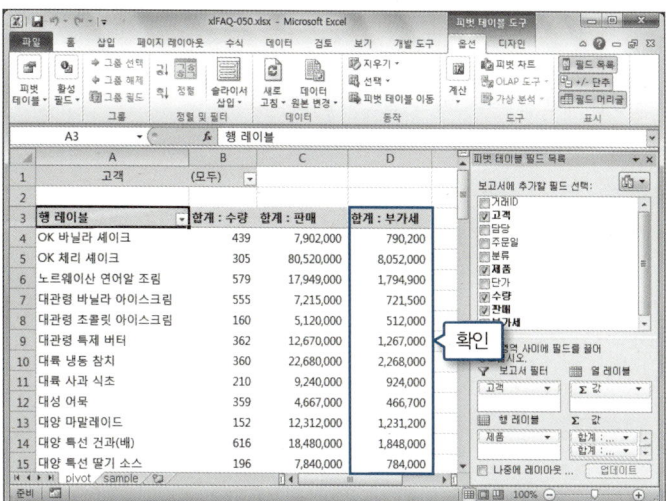

03 부가세 계산 필드 만들기 (3)

계산 필드를 추가하면 자동으로 값 영역에 삽입되어 계산 결과가 표시됩니다. 이렇게 계산 필드는 필드 사이의 계산 작업이나 상수와의 계산을 이용해 새 필드를 추가할 수 있습니다.

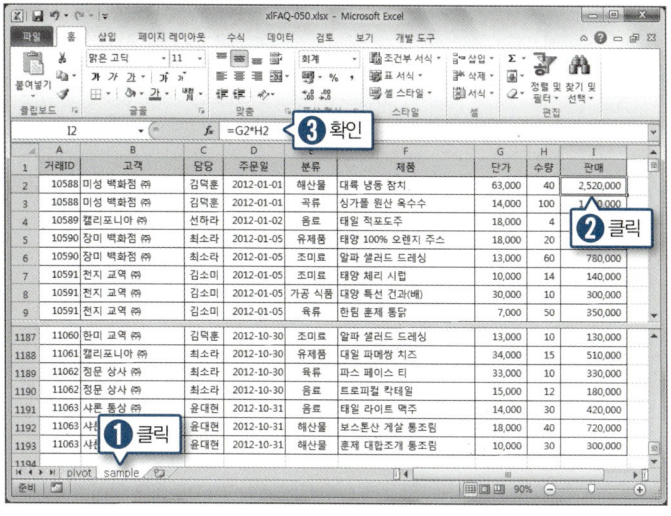

04 계산 필드로 만들 수 없는 유형 알기 (1)

계산 필드를 만들면 잘못된 계산 결과를 반환하는 경우가 있습니다.

❶ [sample] 시트 탭을 선택하여 표시합니다.

❷ I2셀을 선택합니다.

❸ 수식을 확인하면 다음과 같습니다.

=G2*H2

Tip … 판매 열의 계산식 이해하기

I열의 판매는 G열의 단가와 H열의 수량을 곱해 계산한 것입니다. 이렇게 계산식으로 얻은 결과를 피벗 테이블에서 얻을 수 있다면 원본 표의 열을 줄일 수 있습니다.

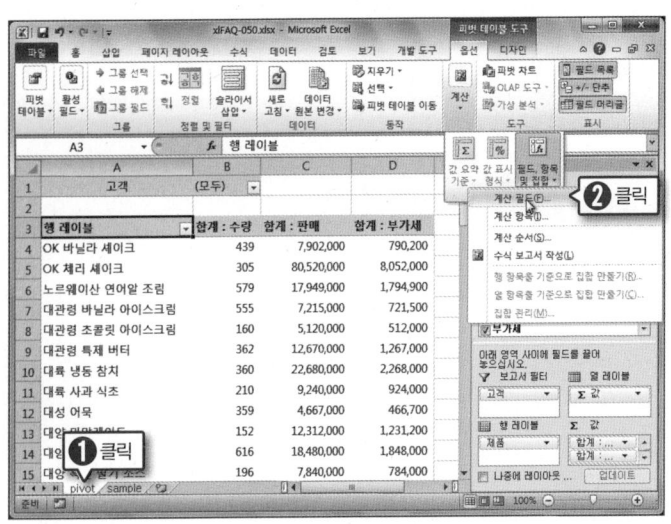

05 계산 필드로 만들 수 없는 유형 알기 (2)
피벗 테이블에서 동일한 계산식으로 계산 필드를 만들어 계산 결과가 합계 : 판매 필드의 결과와 동일한지 확인해 보겠습니다.

❶ [pivot] 시트 탭을 선택하여 시트를 표시합니다.

❷ [옵션] 탭-[계산] 그룹-[필드, 항목 및 집합]-[계산 필드]를 클릭합니다.

06 계산 필드로 만들 수 없는 유형 알기 (3)
❶ 계산 필드 삽입 대화상자가 표시되면 이름 목록을 **매출**, 수식란을 **=단가*수량**으로 지정합니다.

❷ [추가]를 클릭해 추가합니다.

❸ [닫기]를 클릭합니다.

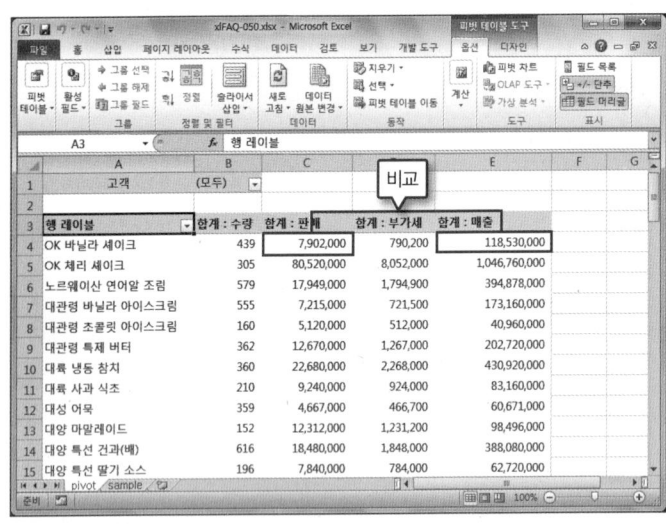

07 계산 필드로 만들 수 없는 유형 알기 (4)
값 영역에 합계 : 매출 필드의 값이 표시되면, C열의 합계 : 판매 필드 값과 비교해 봅니다. **Note 10**

대략적으로 계산 필드로 만들 수 있는 유형과 만들 수 없는 유형을 구별할 수 있을 것입니다.

Note 10 … 합계 : 판매 필드와 합계 : 매출 필드의 계산에 차이가 발생하는 이유 알아보기

계산 필드는 값 영역에 집계된 결과로 계산을 합니다. 보고서를 보면 C4셀(합계 : 판매)의 값은 7,902,000이지만, E4셀(합계 : 매출)의 값은 118,530,000으로 C4셀의 값보다 매우 큰 결과가 반환되는 것을 확인할 수 있습니다. 합계 : 매출 계산 필드의 계산식은 =단가*수량입니다. 이것은 =[합계 : 단가] * [합계 : 수량]과 동일합니다.

이런 계산식으로는 합계 : 판매 필드의 계산식과 동일할 수 없다는 것을 알 수 있습니다. 그러므로 계산 필드를 만들려면 기본적으로 값 영역에 집계된 결과로 계산해도 문제가 생기지 않는 경우여야 합니다.

> **질문 51** 구분 열의 입출고 항목으로 재고를 계산할 수 있나요?
>
> 제품별 입출고 내역을 기록한 표가 있습니다. 이 표를 가지고 제품별 재고 현황을 피벗 테이블 보고서로 집계할 경우 재고를 쉽게 관리할 수 있는 방법이 있다면 알려 주세요.

• 예제 파일 〉 Part2 : **xlFAQ-051.xlsx**   • 완성 파일 〉 Part2\완성 : **xlFAQ-051완성.xlsx**

답변 51 입출고 표에는 입고, 출고, 손실, 반품 등의 관리 항목별로 언제 몇 개의 수량이 들어오고 나갔는지 기록하게 됩니다. 관리 항목을 열 별로 나눠 기록한 경우라면 계산 필드를 이용해 재고를 계산할 수 있고, 관리 항목을 구분 열과 같이 하나의 열에 나눠 관리하는 경우라면 계산 항목을 이용해 재고를 계산할 수 있습니다.

실무실습 계산 항목을 사용해 재고 계산하기

다음 실무실습을 통해 계산 항목을 사용해 재고를 계산하는 방법을 알아보겠습니다.

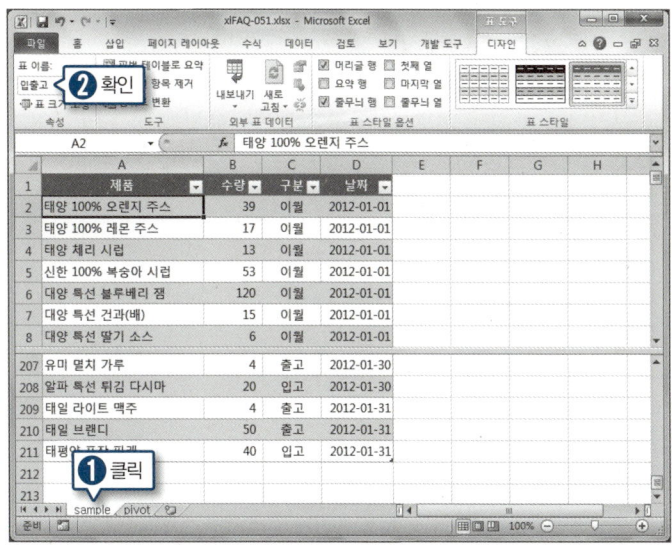

01 예제 확인하기

❶ [sample] 시트 탭을 선택합니다. 입출고 데이터를 확인합니다. 이 표는 C열의 구분 열에서 이월, 입고, 출고 항목을 관리하고 있으므로 재고를 계산하기 위해서는 계산 항목을 사용하면 됩니다.

❷ [sample] 시트의 표는 엑셀 표이므로 [디자인] 탭-[속성] 그룹-[**표 이름**]란에서 엑셀 표 이름이 **입출고**인 것을 확인합니다.

Tip ... 필드와 항목 구분하기

필드는 원본 표의 열 전체를 의미합니다. 예를 들어 입출고 표의 경우에는 제품, 수량, 구분, 날짜와 같은 4개의 필드가 존재합니다. 그에 반해 항목은 필드에 입력된 고유한 값을 의미합니다. 예를 들어 구분 필드는 이월, 입고, 출고와 같은 3개의 항목을 갖습니다.

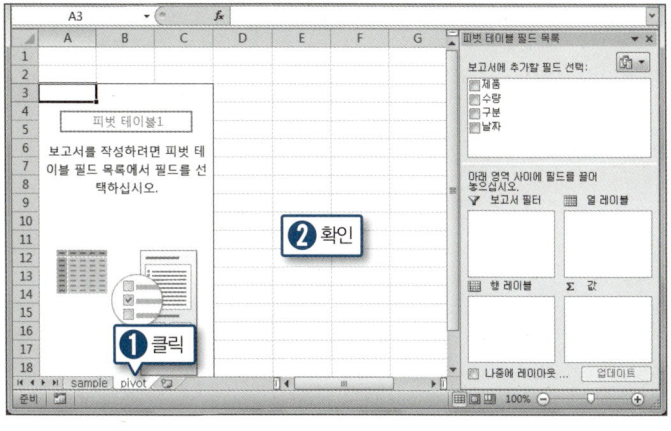

02 피벗 테이블 보고서 구성하기 (1)

❶ 피벗 테이블 보고서를 구성하기 위해 [pivot] 시트 탭을 클릭하여 시트를 표시합니다.

❷ 바로 피벗 테이블 보고서를 구성할 수 있는 것을 확인할 수 있으며, 피벗 테이블은 [sample] 시트의 입출고 엑셀 표를 원본 데이터로 사용하고 있습니다.

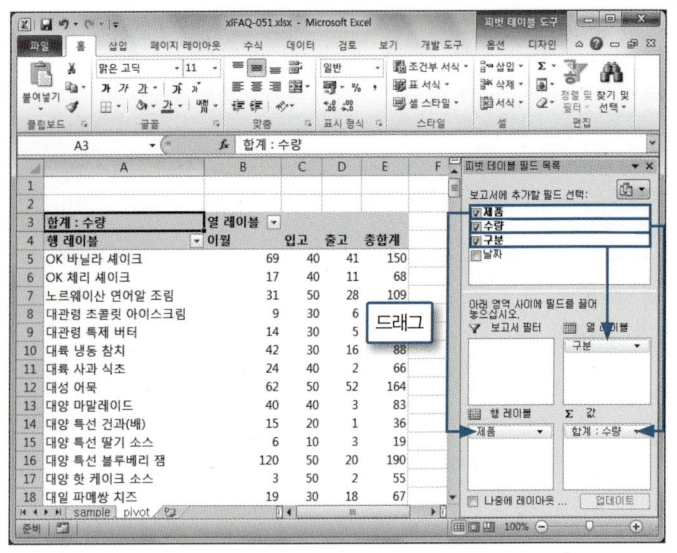

03 피벗 테이블 보고서 구성하기 (2)

피벗 테이블 보고서를 구성하기 위해 피벗 테이블 필드 목록 창에서 **제품** 필드를 행 레이블 영역, **구분** 필드를 열 레이블 영역, **수량** 필드를 값 영역으로 드래그합니다.

제품별 입출고 내역을 확인할 수 있는 피벗 테이블 보고서가 만들어집니다.

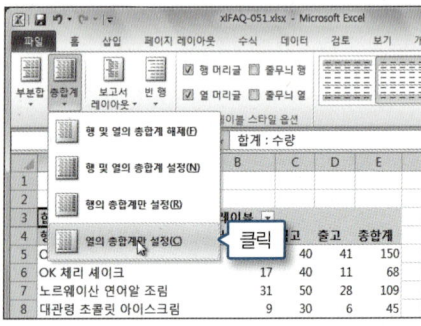

04 총합계 열 삭제하기 (1)

구성된 피벗 테이블 보고서의 E열에 있는 총합계 열은 열 레이블에 추가된 구분 필드의 항목(이월, 입고, 출고)을 모두 더한 값입니다. 이 수량은 의미가 없으므로 총합계 열을 보고서에서 삭제해 보겠습니다.

[디자인] 탭-[레이아웃] 그룹-[총합계] -[**열의 총합계만 설정**]을 클릭합니다.

Tip ... 총합계 옵션 이해하기

[디자인] 탭-[레이아웃] 그룹-[총합계]에서 총합계 열(또는 행)을 숨기면, 다시 옵션에서 총합계 열을 표시할 때까지 총합계 열은 나타나지 않습니다.

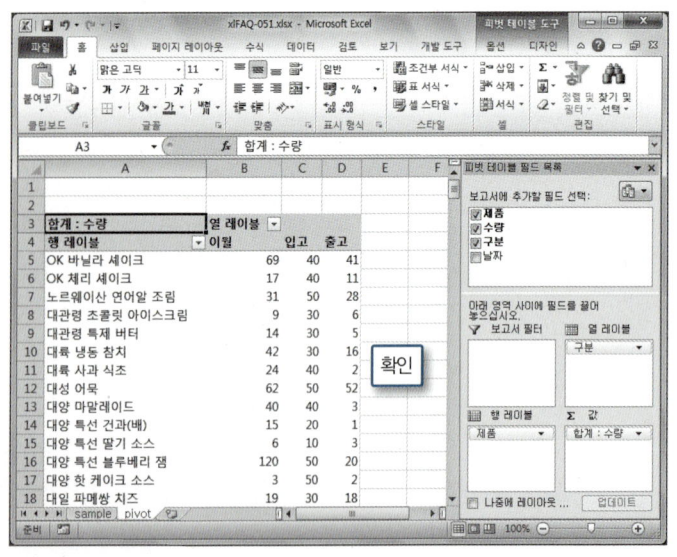

05 총합계 열 삭제하기 (2)

총합계 열이 삭제된 것을 확인합니다.

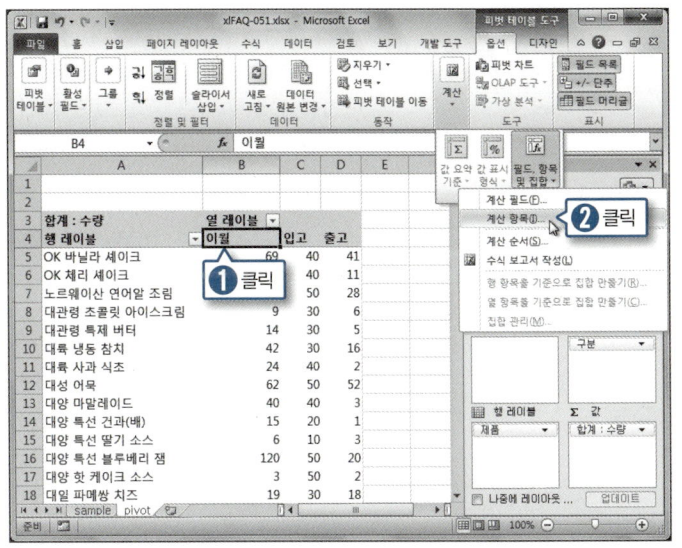

06 계산 항목으로 재고 계산하기 (1)

재고 항목을 구분 필드의 계산 항목으로 삽입하는 작업을 진행하겠습니다. 계산 항목을 만들 때는 계산 항목을 삽입할 필드의 항목 중 하나를 선택하고 명령을 클릭해야 합니다.

❶ B4셀을 선택합니다.

❷ [옵션] 탭-[계산] 그룹-[필드, 항목 및 집합]-[계산 항목]을 클릭합니다.

Tip... [계산 항목] 명령이 비활성화되어 선택할 수 없는 경우 알아보기

[필드, 항목 및 집합] 명령을 클릭했을 때 [계산 항목]이 비활성화되어 있는 경우가 있습니다. 이런 경우는 계산 항목을 삽입할 필드(여기서는 구분 필드)의 항목(이월, 입고, 출고가 표시된 B4:D4) 중 하나를 선택하지 않았기 때문입니다. 계산 항목을 만들려면 반드시 계산 항목을 삽입할 필드의 항목이 표시된 셀 중 하나를 선택해야 하므로, 계산 항목을 사용하려면 선택에 주의해야 합니다.

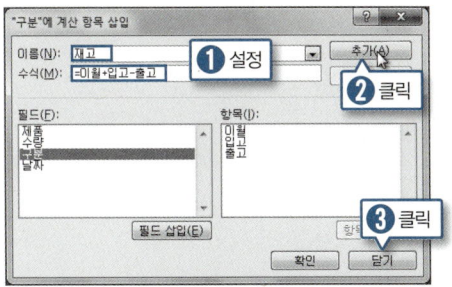

07 계산 항목으로 재고 계산하기 (2)

❶ "구분"에 계산 항목 삽입 대화상자가 표시되면 이름 목록을 **재고**, 수식란을 **=이월+입고-출고**로 지정합니다.

❷ [추가]를 클릭해 계산 항목을 추가합니다.

❸ [닫기]를 클릭해 닫습니다.

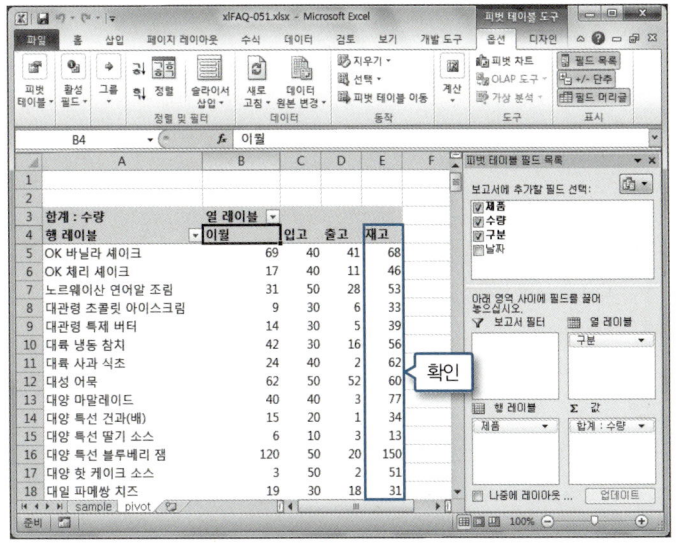

08 계산 항목으로 재고 계산하기 (3)

피벗 테이블 보고서의 E열에서 확인할 수 있듯이 구분 필드에 재고가 추가되어 계산 결과를 표시합니다.

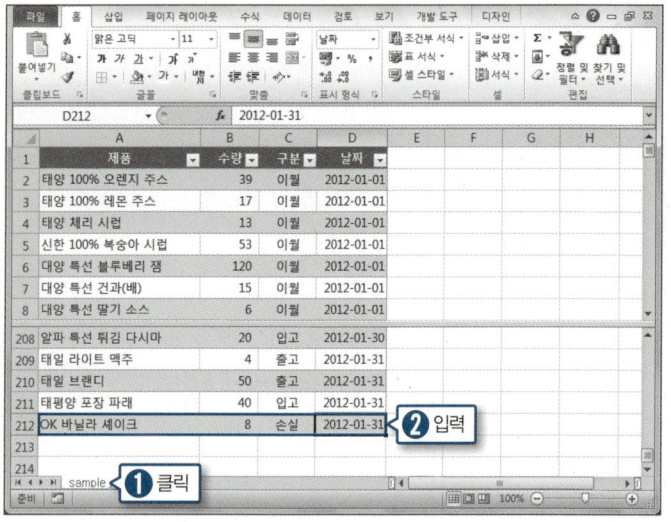

09 계산 항목 수식 수정하기 (1)

과정 07에서 확인할 수 있듯이 계산 항목은 집계한 수식에 맞는 결과만 표시할 수 있습니다. 새로운 항목을 추가하면 어떻게 되는지 확인해 보겠습니다.

❶ [sample] 시트 탭을 선택하여 시트를 표시합니다.

❷ A212에 OK 바닐라 셰이크, B212에 8, C212에 손실, D212에 2012-01-31을 입력합니다.

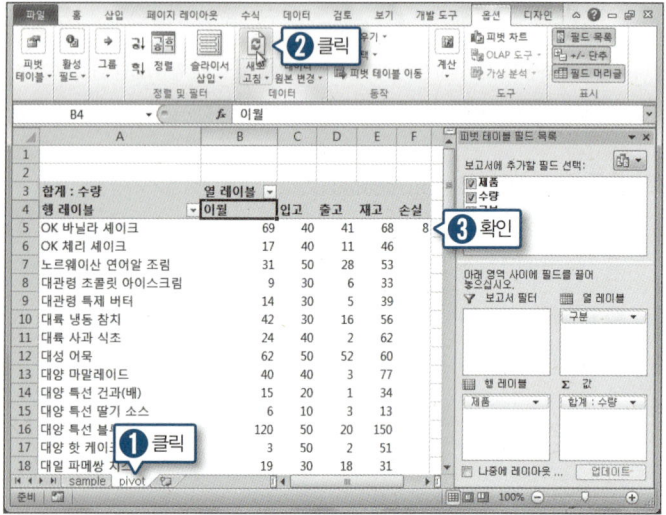

10 계산 항목 수식 수정하기 (2)

❶ 과정 09에서 추가한 데이터를 피벗 테이블 보고서에 표시하기 위해 [pivot] 시트 탭을 선택하여 시트를 표시합니다.

❷ [옵션] 탭-[데이터] 그룹-[새로 고침]을 클릭합니다.

❸ 피벗 테이블 보고서의 F열에서 과정 09에서 추가한 손실을 확인할 수 있습니다.

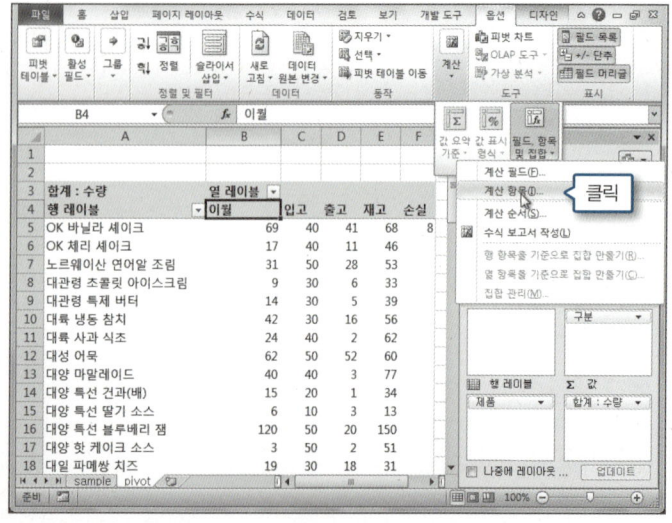

11 계산 항목 수식 수정하기 (3)

손실은 여러 이유로 판매되지 못하는 제품을 의미하는 것으로 재고 항목에서 빼야 하지만 기존 계산 항목의 수식에서는 손실을 계산하지 못하므로, 이런 경우에는 계산 항목의 수식을 수정해야 합니다.

B4셀이 선택된 상태로 [옵션] 탭-[계산] 그룹-[필드, 항목 및 집합]-[계산 항목]을 클릭합니다.

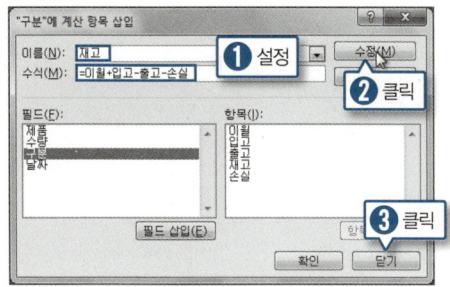

12 계산 항목 수식 수정하기 (4)

❶ "구분"에 계산 항목 삽입 대화상자가 표시되면 이름 목록을 **재고**, 수식란을 다음과 같이 지정합니다.

=이월+입고-출고-손실

❷ [수정]을 클릭합니다.

❸ [닫기]를 클릭해 닫습니다.

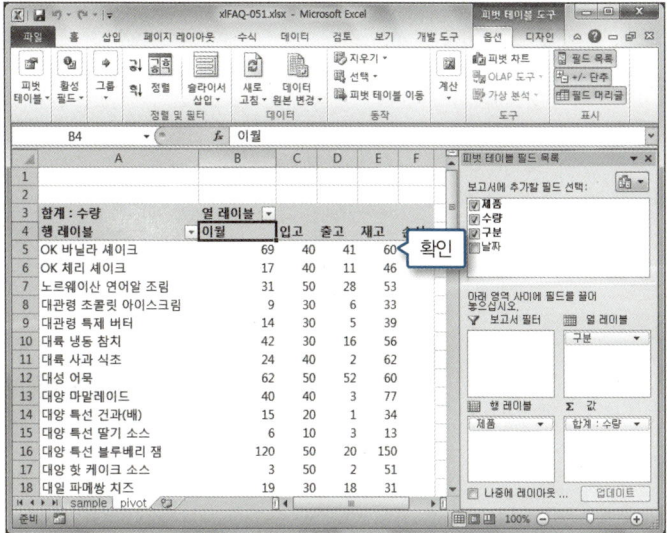

13 계산 항목 수식 수정하기 (5)

피벗 테이블 보고서의 **E5**셀을 확인합니다. 재고 항목의 계산 결과가 68에서 60으로 수정된 것을 확인할 수 있습니다.

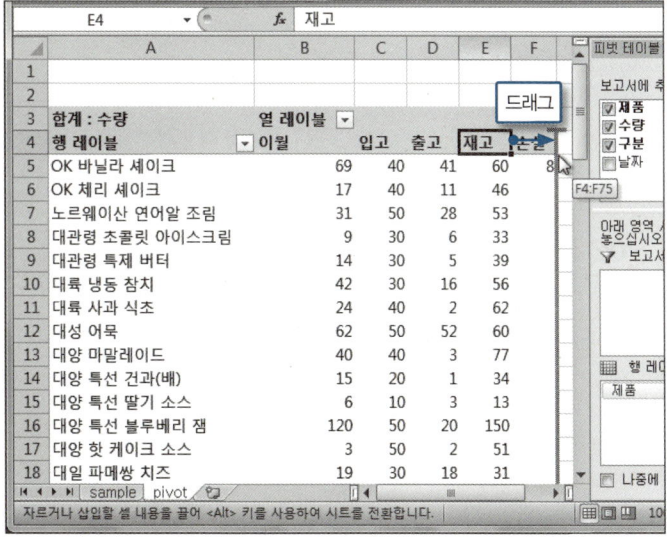

14 재고 항목 위치 옮기기

재고가 맨 마지막 위치에 있는 것이 좋으므로 위치를 옮기겠습니다. **E4**셀을 선택합니다.

셀 테두리 위치로 마우스 포인터를 옮기면 마우스 포인터가 ⊕ 모양이 됩니다.

F열 오른쪽으로 드래그하고 작업을 마칩니다.

질문 52 피벗 테이블 보고서의 총합계 열을 맨 앞에 표시할 수 있나요?

피벗 테이블 보고서를 사용하다 보면 총합계 행과 열의 위치를 변경해야 하는 경우가 있습니다. 총합계 행과 열을 생략하는 설정은 있지만 위치를 옮길 수 있는 설정은 찾을 수 없습니다. 총합계 열을 맨 앞에 표시할 수 있나요?

• 예제 파일 〉 Part2 : xlFAQ-052.xlsx   • 완성 파일 〉 Part2\완성 : xlFAQ-052완성.xlsx

답변 52 피벗 테이블 보고서의 총합계 행과 열의 위치는 변경할 수 없고 고정된 위치에만 표시됩니다. 다만 간단한 피벗 테이블 보고서의 경우는 [계산 항목]을 이용해 총합계 행이나 열을 대신하도록 추가한 다음 위치를 옮길 수 있습니다.

실무실습 계산 항목으로 총합계 열 위치 변경하기

다음 실무실습을 통해 계산 항목을 이용해 총합계 열 위치를 변경하는 방법을 알아보겠습니다.

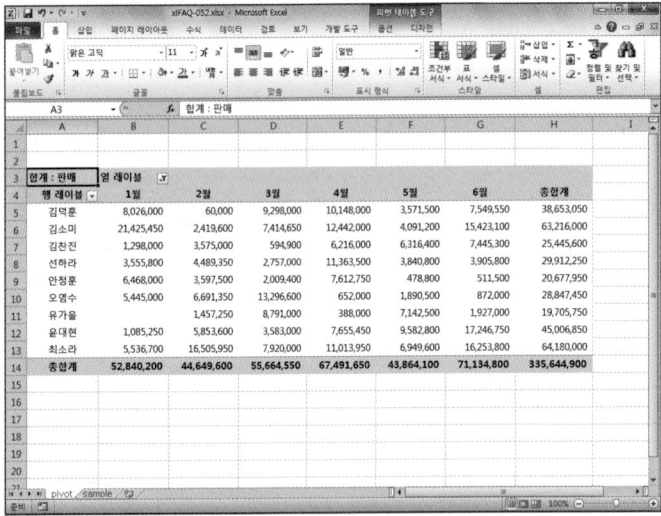

01 예제 확인하기

[pivot] 시트를 보면 행 레이블 영역이 담당, 열 레이블 영역이 월, 값 영역이 판매로 구성된 영업사원의 월별 판매 실적 보고서를 확인할 수 있습니다. [sample] 시트에서 열 레이블 영역에 삽입된 월 필드가 그룹 필드가 아닌 수식을 이용해 계산해 넣은 필드인 것을 알 수 있습니다. 마지막 H열의 총합계 열을 B열의 위치로 옮기는 작업을 진행하겠습니다.

Tip... 피벗 테이블 보고서 이해하기
예제의 피벗 테이블 보고서는 피벗 테이블 필드 목록 창이 숨겨져 있어 피벗 테이블 보고서 구성을 확인하기 쉽지 않습니다. 피벗 테이블 필드 목록 창을 표시하려면 [옵션] 탭-[표시] 그룹-[필드 목록]을 클릭합니다.

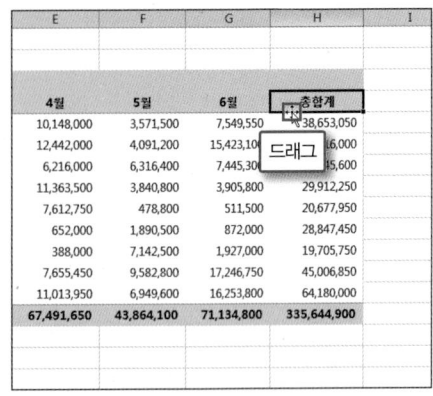

02 총합계 열 옮기기

총합계 열을 옮길 수 있는지 확인하기 위해 H4셀을 선택합니다. 셀 테두리 위치로 마우스 포인터를 옮겨 모양으로 만듭니다. 다른 위치로 드래그해 봅니다.

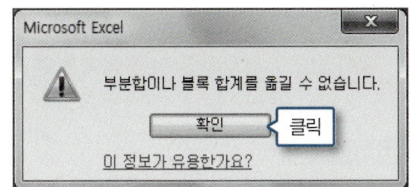

03 메시지 창 살펴보기

경고 메시지 대화상자가 표시되면 **[확인]**을 클릭합니다.
피벗 테이블 보고서의 필드는 드래그하여 옮길 수 있지만 총합계 열이나 행, 그리고 각 필드의 부분합 위치는 옮길 수 없습니다.
부분합은 옵션 설정에 따라 위나 아래에 표시할 수 있지만 총합계의 경우는 위치를 옮기려고 하면 경고 메시지 대화상자가 표시됩니다.

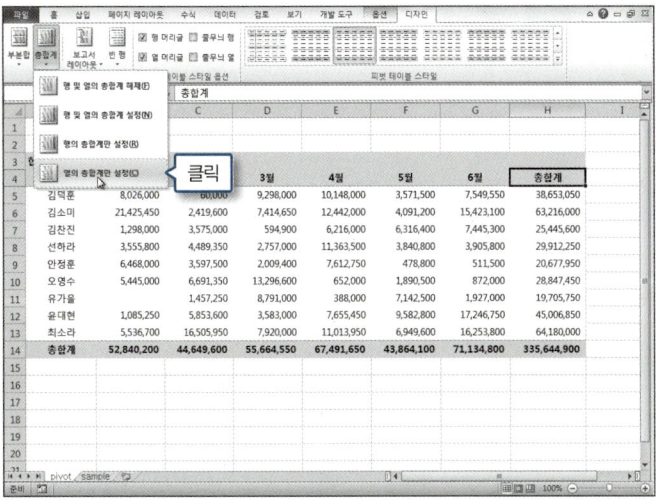

04 총합계 열 삭제하기

위치를 옮길 수 없다는 것을 확인했다면 총합계 열을 더 이상 표시하지 않도록 해야 합니다.
[디자인] 탭-[레이아웃] 그룹-[총합계] -**[열의 총합계만 설정]**을 클릭합니다.

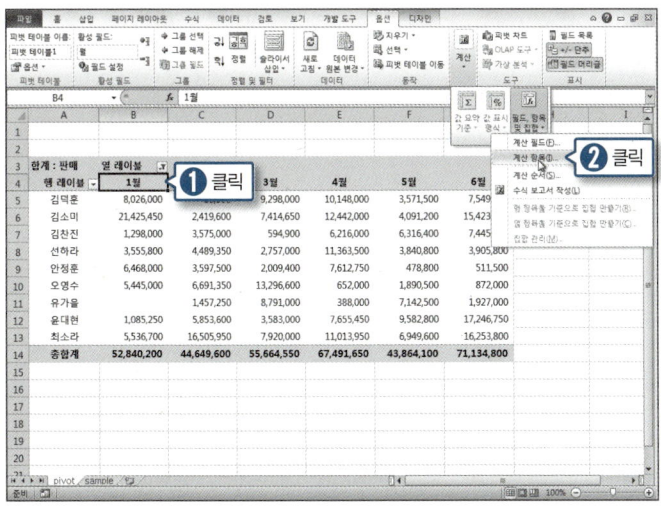

05 계산 항목으로 총합계 열 만들기 (1)

총합계 열이 보고서에서 삭제됩니다. 이제 총합계 계산 항목을 월 필드에 삽입하겠습니다.

❶ 월 필드의 항목인 B4:G4 범위에서 임의의 셀을 선택합니다. 예제에서는 **B4**셀을 선택했습니다.

❷ [옵션] 탭-[계산] 그룹-[필드, 항목 및 집합] -**[계산 항목]**을 클릭합니다.

Note 11

Note 11 ... 계산 항목 이름을 눌렀을 때 오류가 발생하는 경우 알아보기

그룹 필드로 만든 필드에는 계산 항목을 넣을 수 없습니다. 그룹 필드를 만든 필드에 계산 항목을 삽입하기 위해 **[계산 항목]**을 클릭하면 다음과 같은 경고 메시지 대화상자가 표시됩니다.
이런 경우에는 만들어진 그룹 필드를 해제하고 해당 그룹 필드를 원본 표에 새로운 열로 추가한 다음 작업해야 합니다.

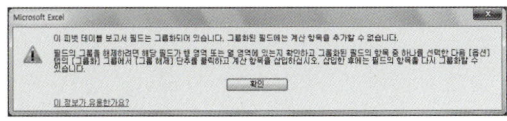

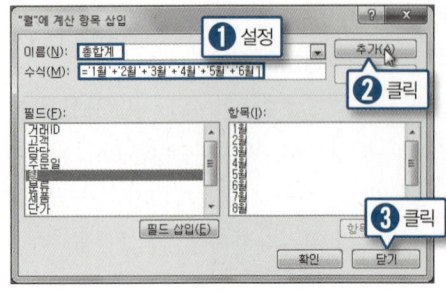

06 계산 항목으로 총합계 열 만들기 (2)

❶ "월"에 계산 항목 삽입 대화상자가 표시되면 이름 목록을 **총합계**, 수식란을 다음과 같이 지정합니다.

=′1월′+′2월′+′3월′+′4월′+′5월′+′6월′

❷ [추가]를 클릭합니다.

❸ [닫기]를 클릭해 대화상자를 닫습니다.

> **Tip ... 항목 이름을 작은 따옴표(′)로 묶는 이유 알아보기**
> 항목 이름은 1월과 같이 숫자가 먼저 표시되고 월이라는 텍스트와 연결되어 있습니다. 이러한 경우나 공백 문자(" ")가 포함된 경우에는 작은 따옴표(′)를 이용해 항목 이름을 묶어 입력합니다. 직접 입력하는 경우가 불편하다면 항목 목록에서 계산할 항목 이름을 더블 클릭하거나 선택하고 [항목 삽입]을 클릭하면 수식란에 자동으로 항목 이름이 삽입됩니다.

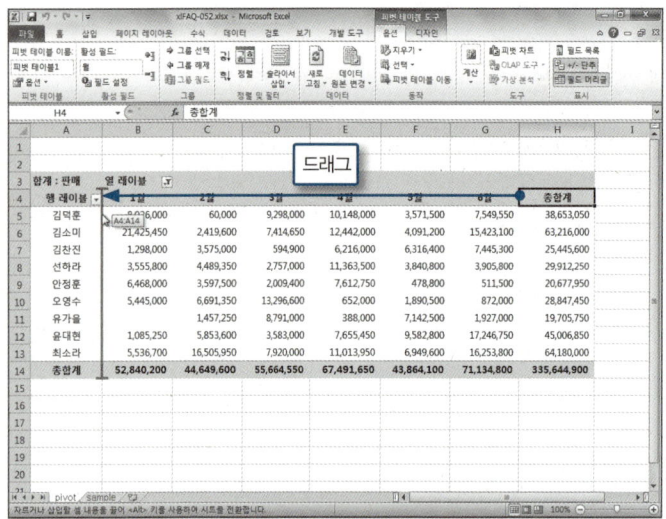

07 총합계 항목 위치 옮기기 (1)

H열에 새로운 계산 항목인 총합계가 표시됩니다. 총합계는 기존과는 달리 월 필드에 삽입된 항목이므로 월 필드에서는 어디로든지 위치를 옮길 수 있습니다.

H4셀을 선택합니다. 셀 테두리 위치로 마우스 포인터를 옮겨 모양으로 만듭니다. A열과 B열 사이로 드래그하여 월 필드 가장 처음에 배치합니다.

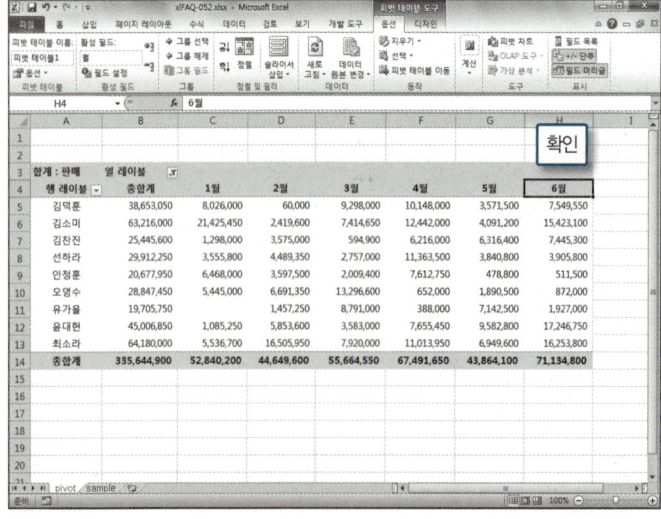

08 총합계 항목 위치 옮기기 (2)

과정 **07**이 제대로 이뤄지면 화면의 피벗 테이블 보고서와 같이 B열에 총합계 항목이 나타나게 됩니다.

14행에 위치한 총합계 행도 같은 방법으로 5행 위치로 옮겨 놓을 수 있으므로 필요한 분들은 이번 과정을 잘 참고해서 작업해 보기 바랍니다.

질문 53 피벗 테이블의 계산 필드나 항목의 계산식을 빠르게 확인할 수 있나요?

다른 분이 만든 피벗 테이블 보고서를 보면 원본 데이터에 없는 여러 가지 계산 필드나 계산 항목이 있는 경우가 있습니다. 필요한 계산식을 수정해 사용하기 위해 전체 계산 필드나 계산 항목이 무엇인지 그리고 계산식은 어떤 것인지 확인할 수 있나요?

• 예제 파일〉Part2〉**xlFAQ-053.xlsx** • 완성 파일〉Part2\완성〉**xlFAQ-053완성.xlsx**

답변 53 피벗 테이블 보고서에는 [수식 보고서] 기능이 있어, 피벗 테이블 보고서에서 사용한 계산 필드나 계산 항목을 별도의 시트에 요약된 정보로 받아 볼 수 있습니다. 이 기능을 이용해 계산 필드나 계산 항목의 수식을 빠르게 확인할 수 있으며, 수식을 수정해 사용자가 원하는 보고서로 재구성할 수 있습니다.

실무실습 수식 보고서와 계산 필드 사용하기

다음 실무실습을 통해 수식 보고서를 이용하는 방법과 계산 필드를 사용할 때 주의할 점에 대해 자세히 알아보겠습니다.

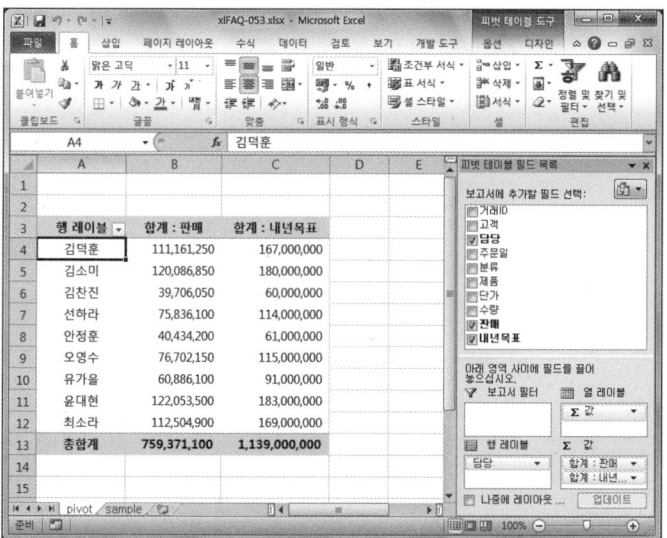

01 예제 확인하기

피벗 테이블 보고서에서 계산 필드나 계산 항목을 사용하고 있는 것을 확인하고, 합계 : 내년목표 필드의 합계를 12억에 맞추는 작업을 진행하겠습니다.

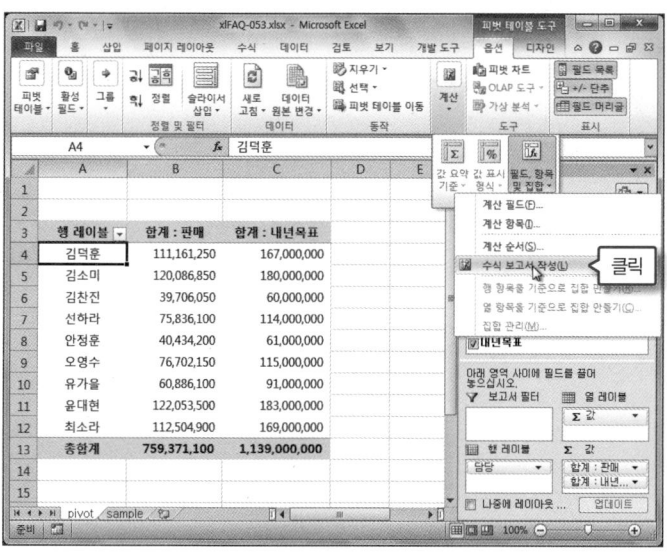

02 계산 필드, 계산 항목 확인하기 (1)

[옵션] 탭-[계산] 그룹-[필드, 항목 및 집합] -[**수식 보고서 작성**]을 클릭합니다.

Section 03 계산 필드와 계산 항목 만들어 보고서 구성하기 • **225**

03 계산 필드, 계산 항목 확인하기 (2)

새 워크시트가 하나 추가되면서 보고서가 표시됩니다. 보고서 내용을 보면 내년목표 계산 필드가 사용되고 있으며, 계산식은 다음과 같습니다.

`=ROUND(판매*1.5, -6)`

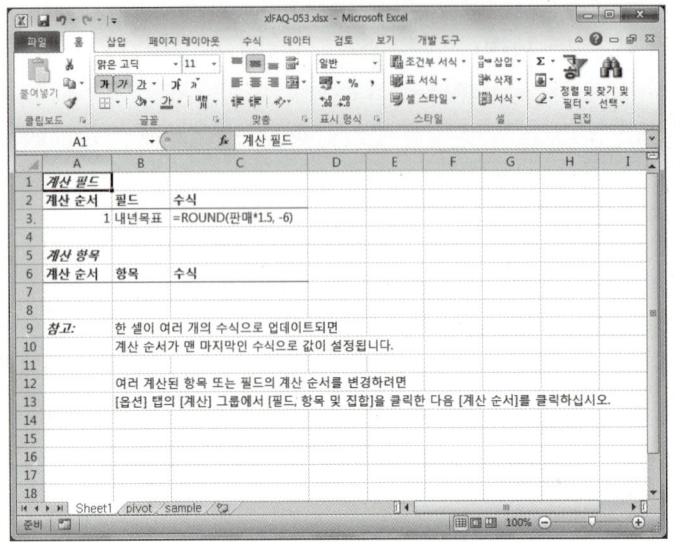

수식 설명 =ROUND(판매*1.5, -6)

ROUND 함수는 숫자 값을 지정한 위치에서 반올림하는 함수로, 구문은 다음과 같습니다.

ROUND(숫자, 반올림 위치)

반올림 위치는 소수점 위치에서 왼쪽으로 이동은 음수(-)로 지정하고, 오른쪽으로 이동은 양수로 지정합니다. 그러므로 이번 계산식은 판매 필드의 값에 1.5(150%)를 곱한 값을 소수점 왼쪽으로 6칸 이동한 위치(백만)에서 반올림하라는 의미입니다.

04 목표 달성을 위한 비율 조정하기 (1)

내년목표 필드의 총합이 12억이 되도록 계산 필드의 계산식을 조정하겠습니다.

❶ [pivot] 시트 탭을 선택하여 시트를 표시하고 ❷ 내년목표 필드와 동일한 값을 얻도록 E3셀에 **1.5**를 입력합니다. ❸ E4셀을 클릭하고 다음과 같이 입력합니다.

`=ROUND(B4*$E$3, -6)`

❹ E4셀을 선택하고 **채우기 핸들**을 E12셀까지 드래그합니다.

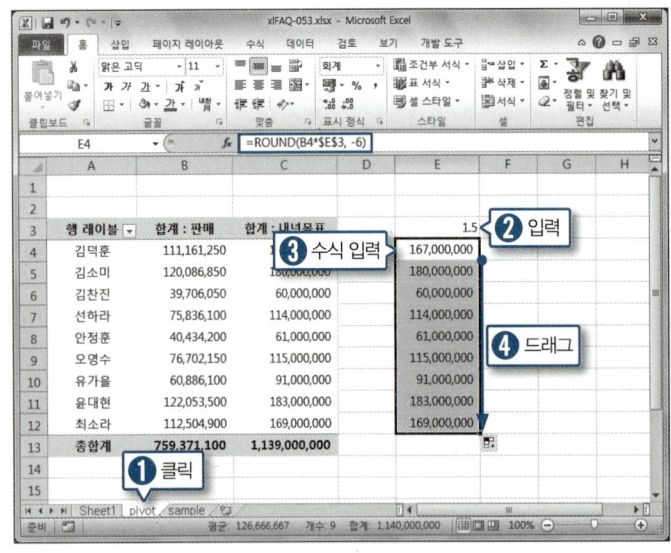

Tip ... ### 형식 또는 1.7E+08 형식으로 표시될 경우 수정하기

형식 또는 1.7E+08 형식으로 입력된다면 셀 너비를 드래그하여 넓혀 줍니다.

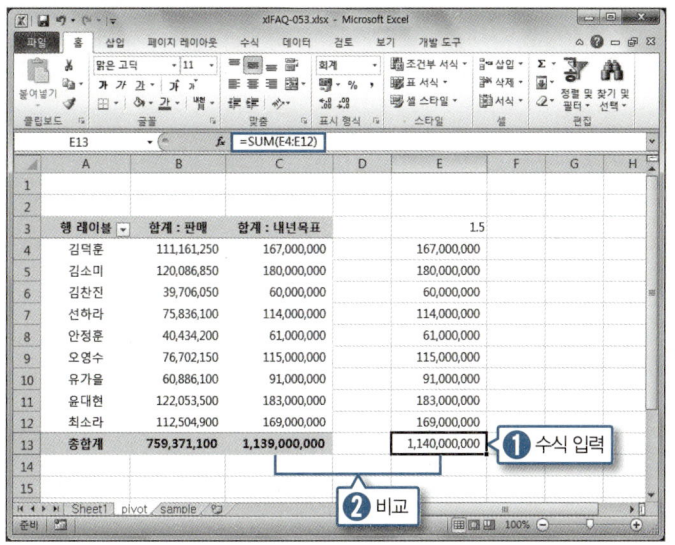

05 목표 달성을 위한 비율 조정하기 (2)

❶ E4:E12 범위의 집계 결과의 합을 구하기 위해 E13셀에 다음 수식을 입력합니다.

=SUM(E4:E12)

❷ E13셀의 결과와 C13셀의 결과를 비교해 보면 계산 필드의 계산 방법에 대해 보다 잘 이해할 수 있습니다.

Tip ... C13셀과 E13셀의 결과가 다른 이유 알아보기

이 차이를 이해하려면 계산 필드의 계산 방법은 필드의 값 계산뿐만이 아니라, 총합계 행에도 적용된다는 사실을 이해하고 있어야 합니다. B13셀의 값은 759,371,100입니다. 이 값에 내년목표 계산 필드의 계산식(=ROUND(판매*1.5, -6))을 적용하면 1,139,000,000이 됩니다. 하지만, C4:C12 범위의 합계를 구해 보면 E13셀의 결과와 동일한 1,140,000,000을 얻게 됩니다. 그러므로 계산 필드를 사용할 때는 총합계 행의 결과가 올바른지 확인해 볼 필요가 있습니다.

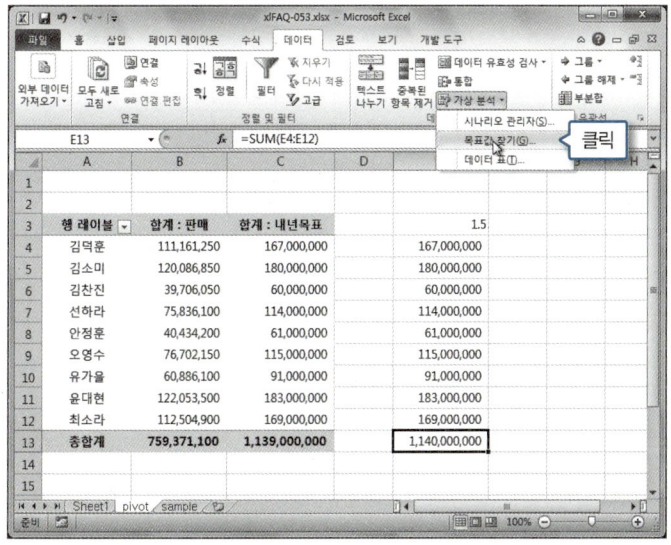

06 목표값 찾기로 최적의 비율 계산하기 (1)

[목표값 찾기] 기능을 이용해 E13셀의 결과가 12억이 되기 위한 증가율(E3) 값을 계산하겠습니다.

E13셀이 선택된 상태에서 [데이터] 탭-[데이터 도구] 그룹-[가상 분석]-[목표값 찾기]를 클릭합니다.

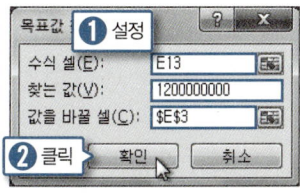

07 목표값 찾기로 최적의 비율 계산하기 (2)

❶ 목표값 찾기 대화상자가 표시되면 수식 셀란을 E13, 찾는 값란을 1200000000, 값을 바꿀 셀란을 $E$3으로 지정합니다.

❷ [확인]을 클릭합니다.

Tip ... 목표값 찾기 대화상자 설정 이해하기

A+B=C라는 계산식에서 C 대신 D를 얻고 싶을 때, A 또는 B 값이 어떻게 바뀌어야 하는지 계산해야 하는 경우 목표값 찾기를 이용합니다. 그러므로 목표값 찾기 대화상자의 설정은 E13셀의 계산 결과가 12억이 되기 위해 E3셀의 값이 얼마가 되어야 하는지를 찾기 위한 것입니다.

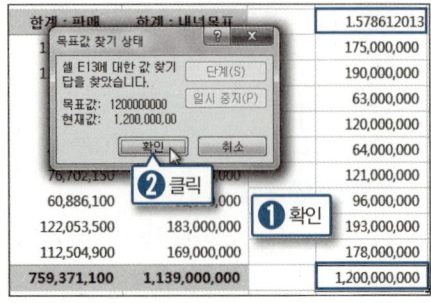

08 목표값 찾기로 최적의 비율 계산하기 (3)

❶ 값을 찾았다면 목표값 찾기 상태 대화상자에서 값을 찾았다는 메시지와 함께 E13셀과 E3셀의 값이 변경된 것을 확인할 수 있습니다.

❷ [확인]을 클릭해 대화상자를 닫습니다.

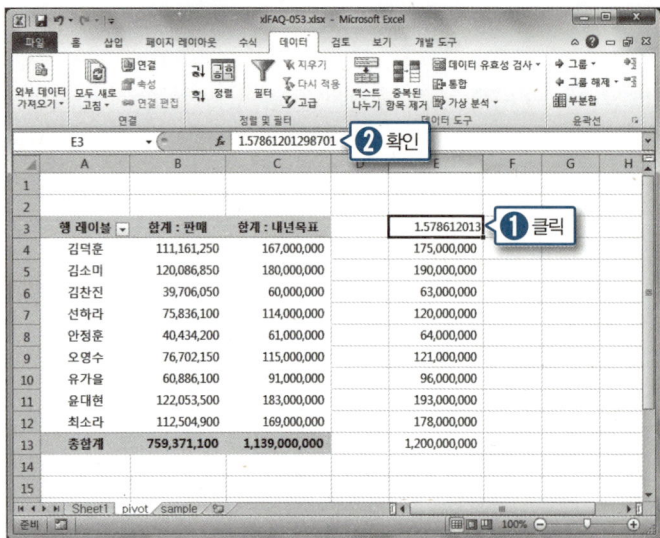

09 목표 비율 확인하기

❶ E3셀을 선택합니다.

❷ 수식 입력줄에서 내년목표가 12억이 되기 위해 E3셀의 증가율이 1.57861201298701이 되어야 함을 확인할 수 있습니다.

Tip … 셀에 표시된 값과 수식 입력줄의 값의 차이 알아보기

셀 값은 기본적으로 열 너비에 맞게 표시되도록 강제적으로 자릿수가 조정되며 화면에 표시되지 않는 위치에서 반올림된 결과가 표시됩니다. 그렇기 때문에 전체 값을 확인하고 싶을 때는 수식 입력줄의 값을 확인하는 것이 필요합니다.

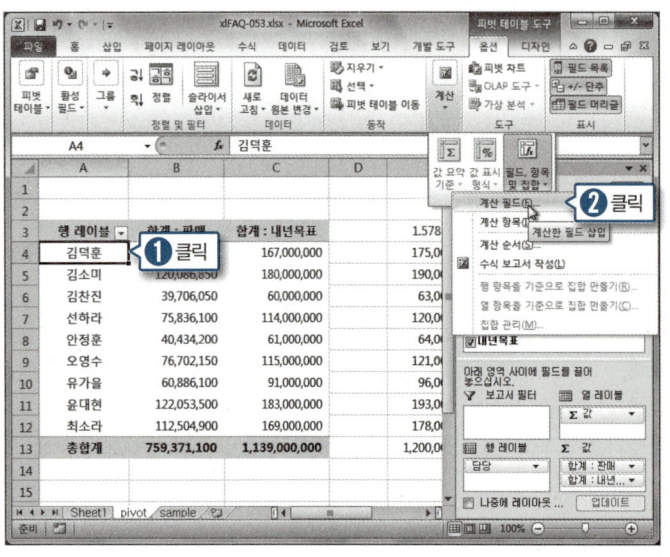

10 계산 필드의 계산식 수정하기 (1)

내년목표 계산 필드의 계산식을 수정하겠습니다.

❶ 피벗 테이블 안에 임의의 셀을 선택합니다.

❷ [옵션] 탭-[계산] 그룹-[필드, 항목 및 집합]-[계산 필드]를 클릭합니다.

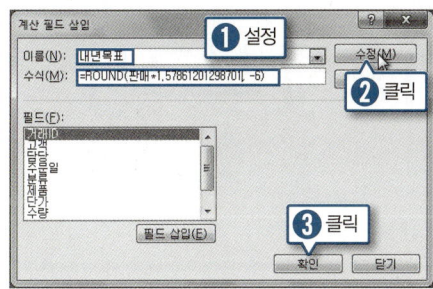

11 계산 필드의 계산식 수정하기 (2)

❶ 계산 필드 삽입 대화상자가 표시되면 이름 목록을 **내년목표**로 지정하고 수식란을 다음과 같이 수정합니다.

=ROUND(판매*1.57861201298701, -6)

❷ [수정]을 클릭합니다.

❸ [닫기]를 클릭해 대화상자를 닫습니다.

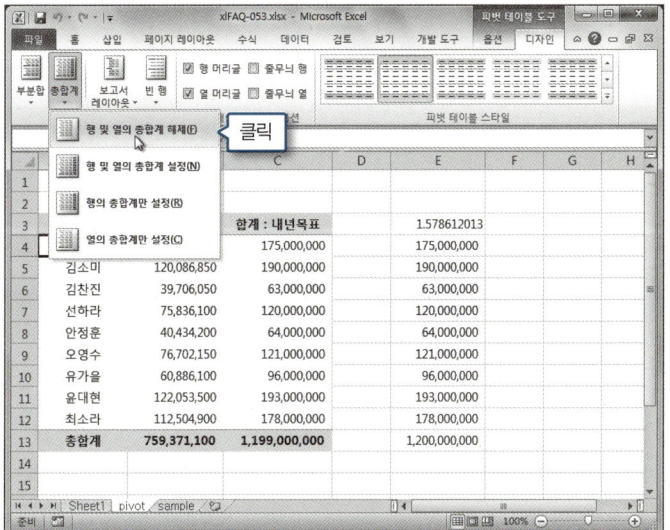

12 총합계 행 대체하기 (1)

합계 : 내년목표 필드의 계산 결과가 변경되며, 계산 결과는 E4:E12 범위의 값과 동일하다는 것을 확인할 수 있습니다. E13셀의 결과가 12억이 아닌 이유는 과정 **05**에서 설명한 바 있습니다.

총합계 행을 다른 방법으로 대체하기 위해 [디자인] 탭-[레이아웃] 그룹-[총합계] ▦-[행 및 열의 총합계 해제]를 클릭하여 총합계 행을 삭제합니다.

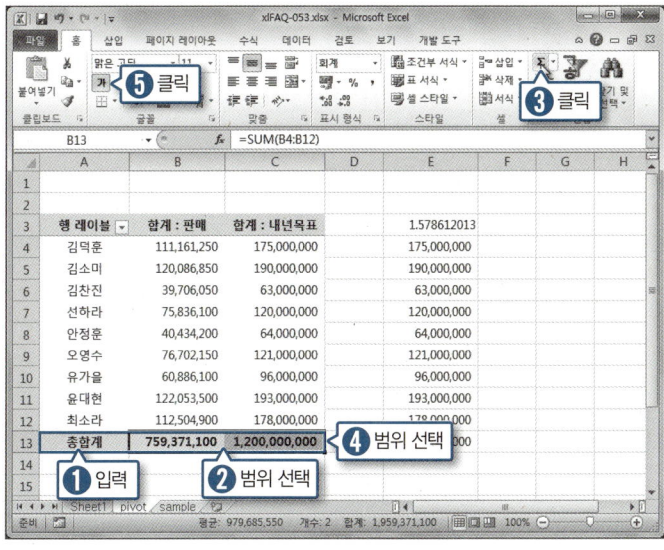

13 총합계 행 대체하기 (2)

❶ A13셀에 **총합계**를 입력합니다.

❷ B13:C13 범위를 선택합니다.

❸ [홈] 탭-[편집] 그룹-[**자동 합계**]∑를 클릭합니다.

❹ A13:C13 범위를 선택합니다.

❺ [홈] 탭-[글꼴] 그룹-[**굵게**(Ctrl+B)] 가 를 클릭하여 글꼴 굵게 서식을 적용하고 기존 총합계 행과 비슷하게 배경색을 지정한 다음 작업을 마칩니다.

Section 04 값 표시 형식을 이용해 보고서 구성하기

▶ 총합계 비율 ▶ [기준값]에 대한 비율 ▶ 누계 ▶ 내림차순 순위 지정

값 영역에 추가한 필드는 집계된 결과를 표시하며 비율, 증감률, 순위 등을 표시하도록 변경할 수 있습니다. 이런 기능을 값 표시 형식이라고 합니다. 이 기능을 이용하면 피벗 테이블 보고서를 더욱 효율적으로 구성할 수 있어 피벗 테이블 보고서의 활용성을 높일 수 있습니다. 특히 엑셀 2010에서는 이전 버전에 비해 좀 더 다양한 표시 형식(순위, 비율 누계 등)을 사용할 수 있습니다.

질문 54 피벗 테이블 보고서의 집계 값의 비율을 표시할 수 있나요?

피벗 테이블 보고서를 집계한 다음 전체 대비 비율을 계산할 때 보고서 바깥쪽에서 수식을 이용해 계산합니다. 하지만 불편한 점이 많습니다. 이런 비율 계산 작업을 피벗 테이블 보고서에서 할 수 있는 방법이 있나요?

• 예제 파일 〉 Part2 : **xlFAQ-054.xlsx**   • 완성 파일 〉 Part2\완성 : **xlFAQ-054완성.xlsx**

답변 54

피벗 테이블 보고서에는 값 영역에 삽입된 필드의 집계 값을 원하는 형식으로 변경할 수 있는 [값 표시 형식] 기능이 있습니다. 이 기능을 이용하면 보다 편리하게 전체 대비 비율을 표시할 수 있습니다. 특히 엑셀 2010부터는 좀 더 다양한 비율 계산 방법을 제공하므로, 보고서의 집계 결과를 보다 잘 설명할 수 있습니다.

실무실습 값 표시 형식으로 비율 표시하기

다음 실무실습을 통해 [값 표시 형식] 기능을 이용해 비율을 표시하는 방법을 알아보겠습니다.

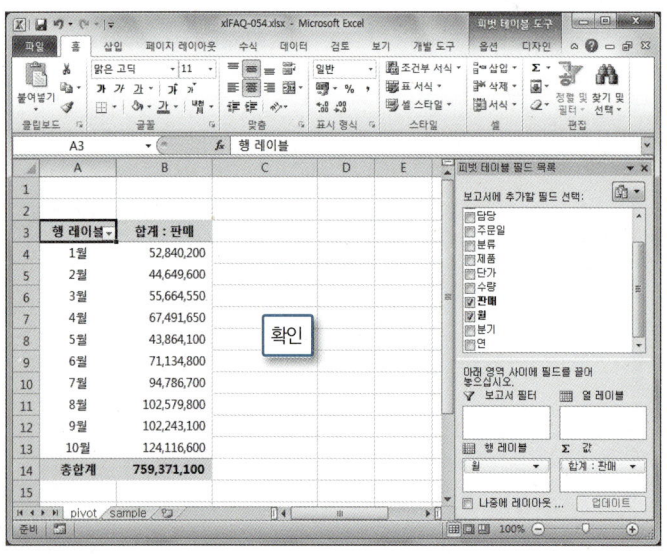

01 예제 확인하기

[pivot] 시트를 선택하면 화면과 같은 월별 매출 실적 보고서를 확인할 수 있습니다. 피벗 테이블 보고서에서 월별 매출 실적의 비율을 표시해 보겠습니다.

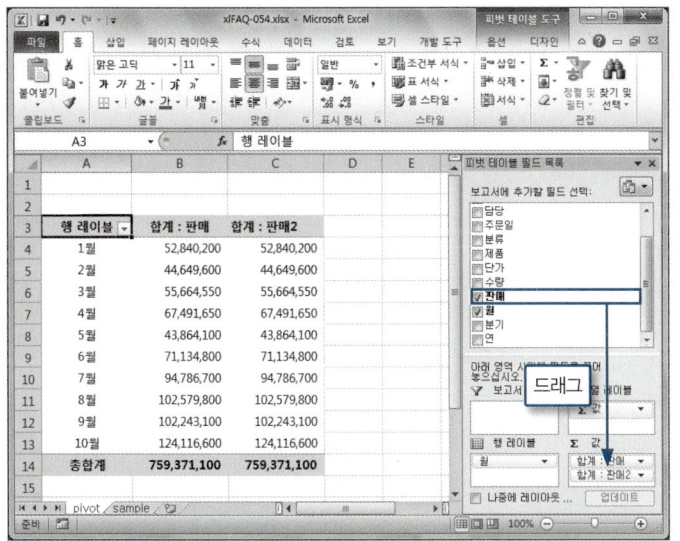

02 판매 필드 값 영역에 추가하기

비율을 표시하는 작업은 [값 표시 형식] 기능을 이용할 것이기 때문에 값 영역에 집계된 판매 필드를 한 번 더 값 영역에 추가하겠습니다.

피벗 테이블 필드 목록 창에서 **판매** 필드를 값 영역으로 드래그합니다.

값 영역에 합계 : 판매 필드와 합계 : 판매2 필드가 나타나게 됩니다.

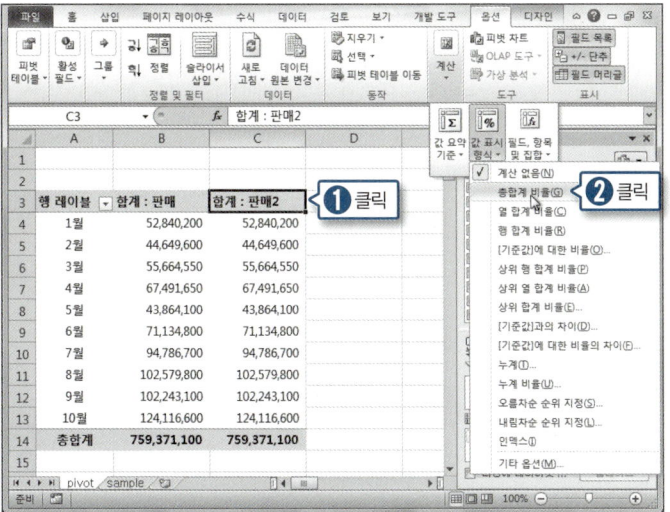

03 총합계 비율 이해하기 (1)

새로 추가한 합계 : 판매2 필드의 값을 값 표시 형식을 이용해 비율로 표시하겠습니다.

❶ 합계 : 판매2 필드인 C3셀을 선택합니다.

❷ [옵션] 탭-[계산] 그룹-[값 표시 형식]-**[총합계 비율]**을 클릭합니다.

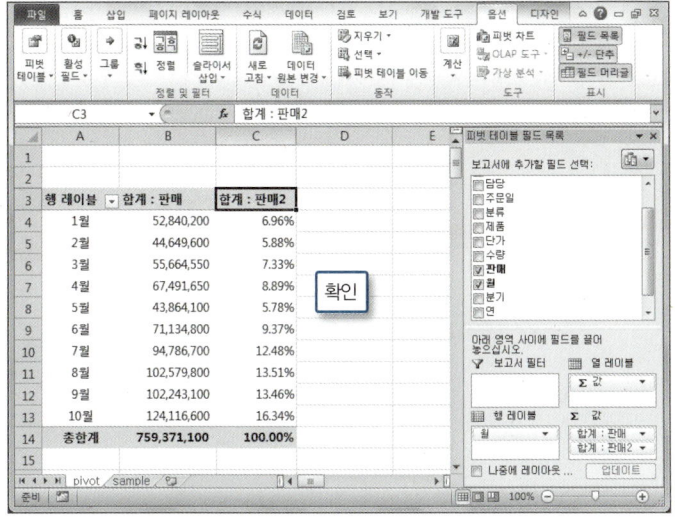

04 총합계 비율 이해하기 (2)

합계 : 판매2 필드의 값이 숫자 값에서 총합계 행의 집계 값으로 나눈 비율로 변경되는 것을 확인할 수 있습니다.

단 총합계 비율은 열 레이블 영역에 필드가 추가되면 각 열의 비율 값이 그에 맞게 나눠 표시됩니다.

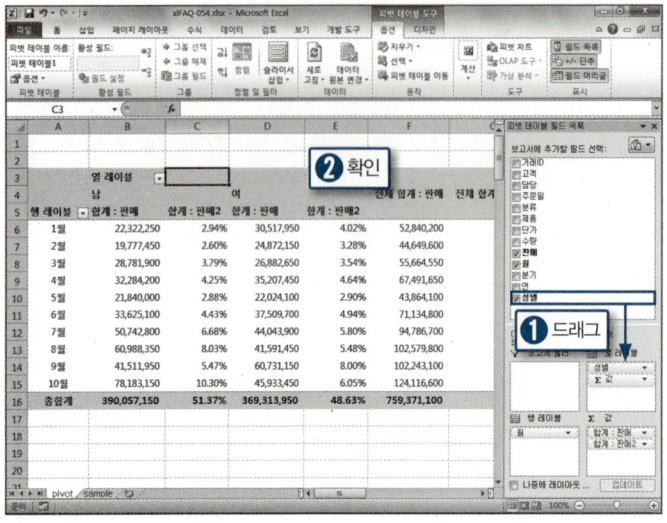

05 총합계 비율 이해하기 (3)

❶ 총합계 비율 표시 방법을 제대로 이해하기 위해 필드 선택 목록에서 **성별** 필드를 열 레이블 영역의 값 필드 위로 드래그합니다.

❷ 합계 : 판매2 필드의 값이 성별로 나눠져서 비율이 표시되는 것을 확인할 수 있습니다.

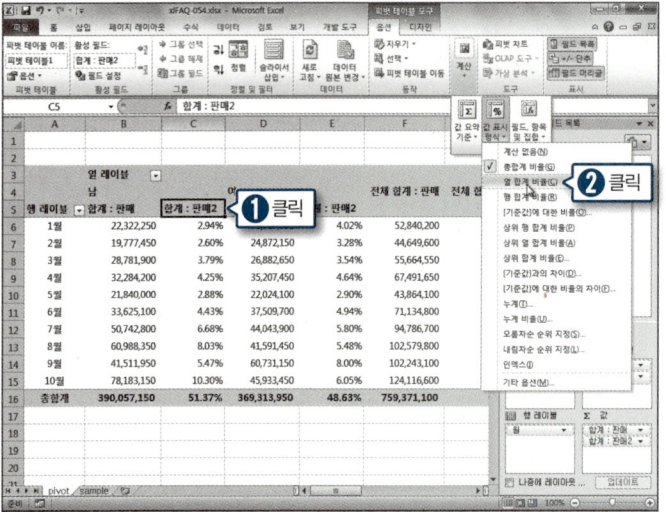

06 열 합계 비율 이해하기 (1)

만약 남 또는 여별로 비율을 표시하고 싶은 경우라면 총합계 비율 대신 [열 합계 비율]을 사용해야 합니다.

❶ 합계 : 판매2 필드인 **C5**셀을 선택합니다.

❷ [옵션] 탭-[계산] 그룹-[값 표시 형식] -[**열 합계 비율**]을 클릭합니다.

Tip ... [열 합계 비율] 알아보기

[열 합계 비율]은 엑셀 2007까지는 행 방향 비율이었으나 엑셀 2010부터 명칭이 변경되었습니다. 참고로 열 합계란 합계 : 판매2 필드의 C16셀에 계산된 총합계를 의미합니다.

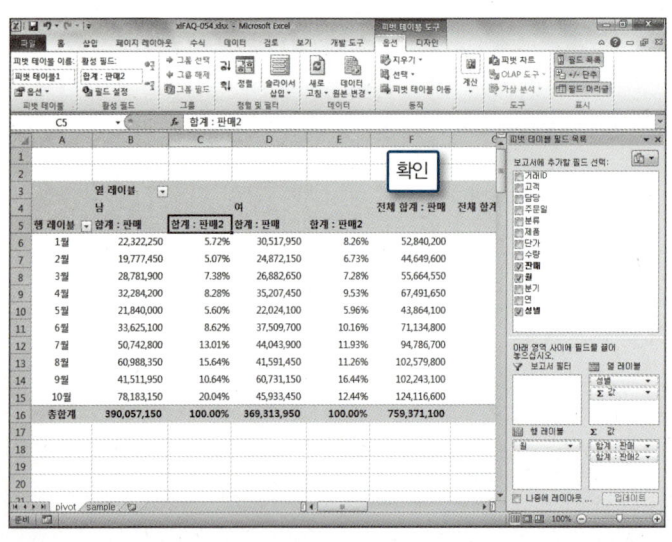

07 열 합계 비율 이해하기 (2)

합계 : 판매2 필드의 값이 각 열(C열, E열)별 비율로 변경됩니다. 그러므로 총합계 비율과 열 합계 비율은 각각 어떤 방식으로 비율을 표시할지 여부에 따라 선택하면 됩니다.

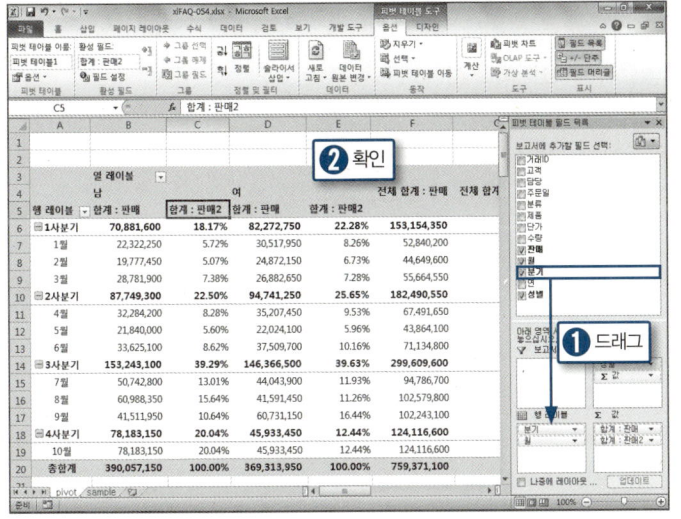

08 열 합계 비율 이해하기 (3)

만약 열 합계 비율을 사용할 때, 행 레이블 영역에 여러 개의 필드가 사용되면 비율은 그에 맞게 나눠 표시됩니다.

❶ 확인을 위해 피벗 테이블 필드 목록 창에서 **분기** 필드를 행 레이블 영역의 월 필드 위로 드래그합니다.

❷ 분기별 비율이 함께 표시되는 것을 확인할 수 있습니다.

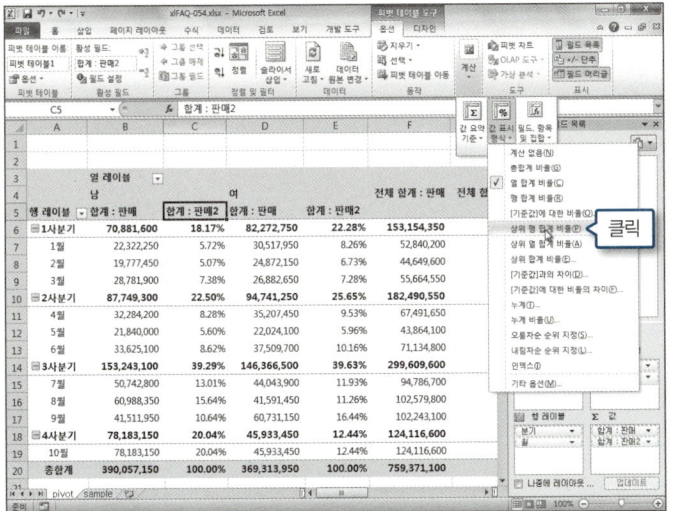

09 상위 행 합계 비율 이해하기 (1)

분기별 매출을 기준으로 월별 비율을 표시하고 싶다면 [상위 행 합계 비율] 표시 형식을 사용하면 됩니다.

C5셀이 선택된 상태에서 [옵션] 탭-[계산] 그룹-[값 표시 형식]-**[상위 행 합계 비율]**을 클릭합니다.

Tip ... [상위 행 합계 비율] 알아보기

[상위 행 합계 비율]은 엑셀 2010부터 제공되는 것으로, 행 레이블 영역에 추가된 필드가 둘 이상인 경우에 사용할 수 있으며, 바로 상위 필드의 부분합을 기준으로 비율을 표시합니다. 예제 보고서에서는 분기 필드와 월 필드순으로 삽입했으므로 상위 필드는 분기 필드입니다.

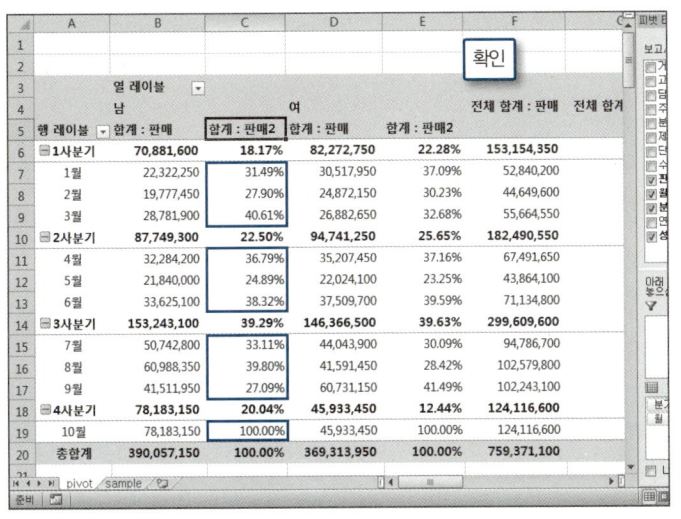

10 상위 행 합계 비율 이해하기 (2)

합계 : 판매2 필드의 월별 비율 값을 확인해 봅니다. 예제에서는 C7:C9, C11:C13, C15:C17, C19입니다.

이전과 달리 분기 필드의 값을 기준으로 비율을 표시되는 것을 확인할 수 있습니다. 단, 분기 필드의 비율 값인 C6, C10, C14, C18은 열 합계 비율 표시 형식을 사용할 때와 동일합니다.

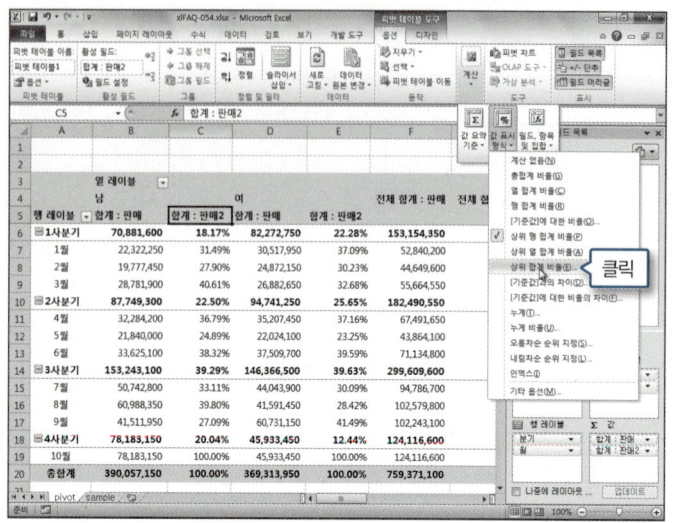

11 상위 합계 비율 이해하기 (1)

분기 필드의 비율을 100%로 표시하려면 상위 합계 비율 표시 형식을 사용해야 합니다.

C5셀이 선택된 상태에서 [옵션] 탭-[계산] 그룹-[값 표시 형식] ▦-[**상위 합계 비율**]을 클릭합니다.

Tip ... [상위 합계 비율] 알아보기

[상위 합계 비율]은 엑셀 2010부터 제공되는 것으로 행 레이블 영역에 추가된 필드가 둘 이상인 경우에 사용할 수 있으며, 기준 필드를 선택해 해당 필드를 기준으로 비율을 계산해 표시합니다.

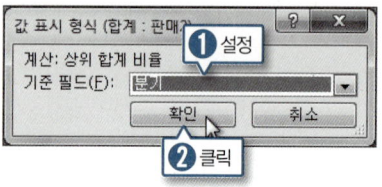

12 상위 합계 비율 이해하기 (2)

값 표시 형식 (합계 : 판매2) 대화상자가 표시됩니다.
어떤 필드를 기준으로 비율을 계산할지 지정해야 합니다.

❶ 기준 필드 목록을 **분기**로 지정합니다.
❷ [확인]을 클릭합니다.

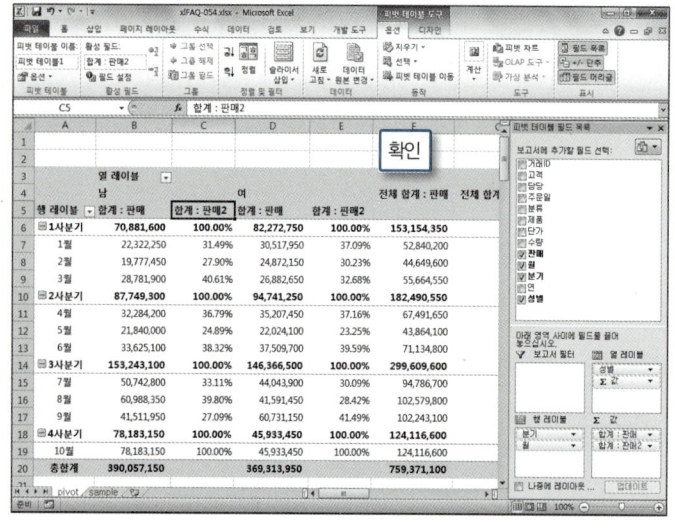

13 상위 합계 비율 이해하기 (3)

합계 : 판매2 필드의 비율 값이 상위 행 합계 비율 표시 형식 때와 동일하지만, 각 분기 필드의 비율이 100%로 표시되는 것을 확인할 수 있습니다. 이렇게 [값 표시 형식]을 이용하면 피벗 테이블 보고서에서 다양한 비율 표시 방법을 사용할 수 있어 편리합니다.

질문 55

피벗 테이블 보고서에서 증감률을 표시할 수 있나요?

피벗 테이블로 보고서를 집계하고 이전에 비해 얼마나 증가 또는 감소했는지 증감률을 표시하고 싶습니다.

• 예제 파일 〉 Part2 : xlFAQ-055.xlsx   • 완성 파일 〉 Part2\완성 : xlFAQ-055완성.xlsx

답변 55

[값 표시 형식]을 이용하면 피벗 테이블 보고서에 증감률을 표시하는 것이 가능합니다. 집계된 필드에서 증감률을 표시하는 작업을 할 때는, 어떤 필드를 기준으로 증감률을 계산할 것인지 정확하게 지정해야 합니다. 참고로 증감률은 [값 표시 형식] 중 [[기준값]에 대한 비율의 차이] 표시 형식을 사용해 표시합니다.

실무실습 피벗 테이블 보고서에 증감률 표시하기

다음 실무실습을 통해 피벗 테이블 보고서에 증감률을 표시하는 방법을 알아보겠습니다.

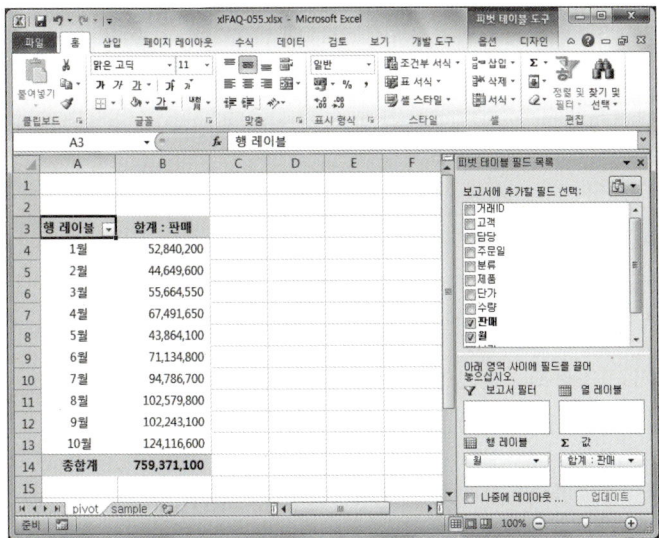

01 예제 확인하기

[pivot] 시트를 선택하면 월별 매출 실적 보고서를 확인할 수 있습니다.

합계 : 판매 필드인 월별 매출 증감률을 피벗 테이블 보고서에 표시하는 작업하 겠습니다.

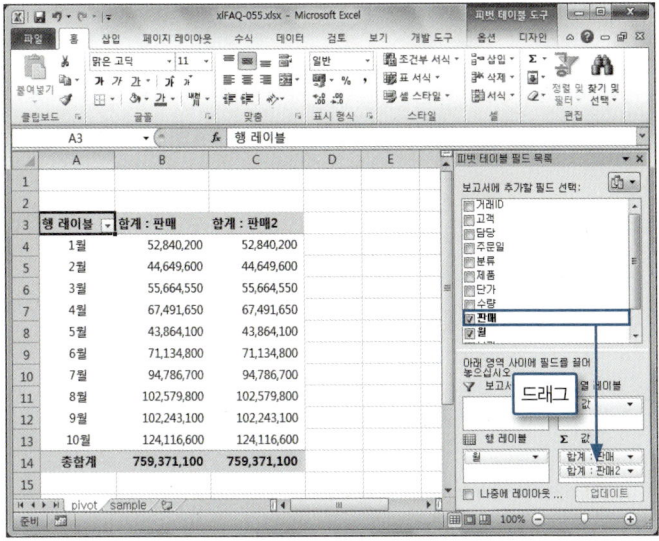

02 값 영역 필드 다시 추가하기

값 영역에 삽입된 판매 필드를 한 번 더 값 영역에 추가하겠습니다.

피벗 테이블 필드 목록 창의 필드 선택 목록에서 **판매** 필드를 값 영역으로 드래 그합니다.

피벗 테이블 보고서의 값 영역에 합계 : 판매2 필드가 표시됩니다.

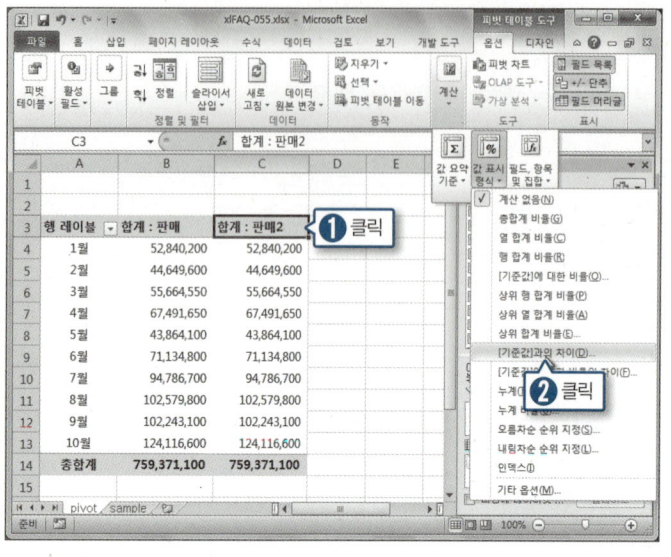

03 [기준값]과의 차이 이해하기 (1)

[값 표시 형식]에는 [기준값]과 관련한 3개의 표시 형식이 존재합니다. 3개의 표시 형식을 순서대로 설정해 증감률이 어떻게 계산되는지 확인해 보겠습니다.

❶ 합계 : 판매2 필드인 C3셀을 선택합니다.

❷ [옵션] 탭-[계산] 그룹-[값 표시 형식]-[[기준값]과의 차이]를 선택합니다.

TIP ... [[기준값]과의 차이] 이해하기
[기준값]은 계산에 기준이 되는 필드와 항목을 의미합니다. [[기준값]과의 차이]에서 차이라는 표현은 빼기(-) 연산을 의미하므로의 값을 [기준값]과 빼서 그 차이를 표시하는 형식이라고 이해하면 됩니다.

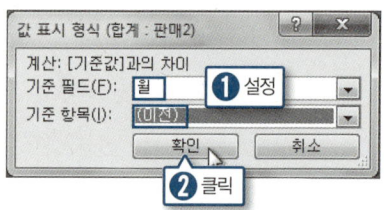

04 [기준값]과의 차이 이해하기 (2)

❶ 값 표시 형식 (합계 : 판매2) 대화상자가 표시되면 월별 차이를 구할 것이므로 기준 필드 목록을 **월**, 기준 항목 목록은 항상 전월과 비교해야 하므로 **(이전)**으로 지정합니다.

❷ [확인]을 클릭합니다.

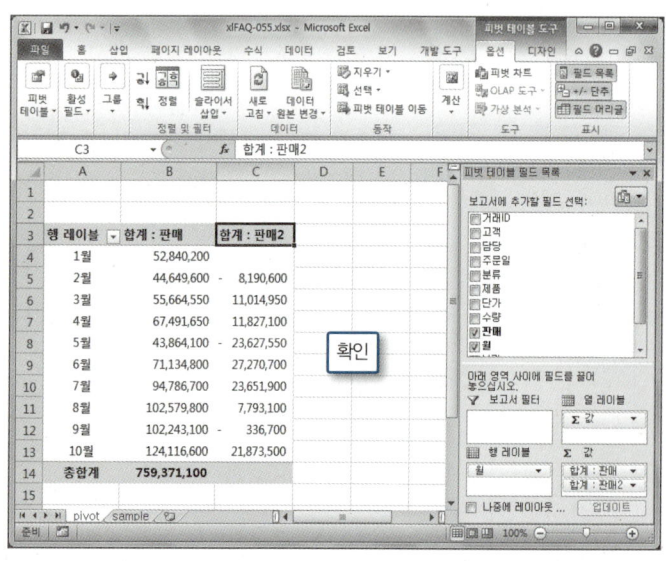

05 [기준값]과의 차이 이해하기 (3)

1월은 이전 항목이 없으므로 계산에서 제외되기 때문에 C4셀은 비워져 있습니다. 나머지 셀들은 현재 값에서 이전 월의 매출을 뺀 결과를 표시해 줍니다. 이것을 통해 전월 대비 얼마나 증감했는지 숫자로 확인할 수 있습니다.

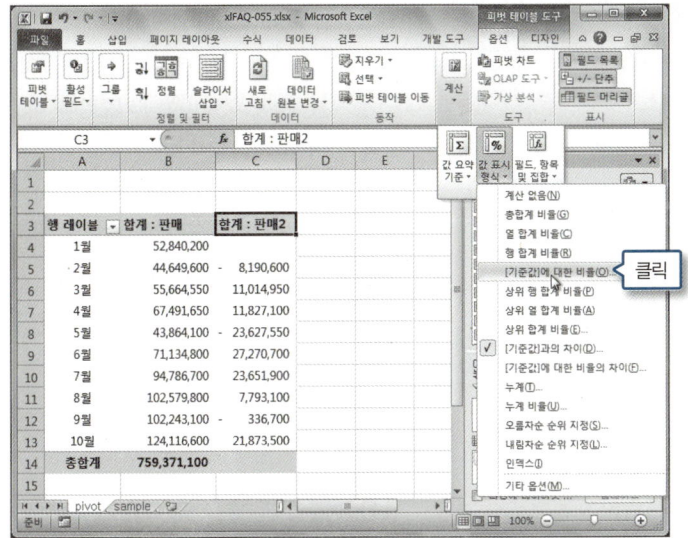

06 [기준값]에 대한 비율 이해하기 (1)

증감을 표시하는 숫자를 비율로 표시해 보겠습니다.

C3셀이 선택된 상태로 [옵션] 탭-[계산] 그룹-[값 표시 형식] -[[기준값]에 대한 비율]을 클릭합니다.

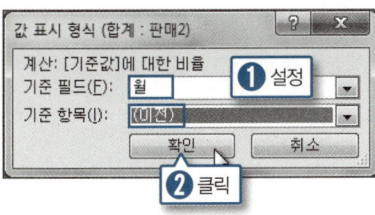

07 [기준값]에 대한 비율 이해하기 (2)

❶ 값 표시 형식 (합계 : 판매2) 대화상자가 표시되면 과정 04와 동일하게 기준 필드 목록을 월, 기준 항목 목록을 (이전)으로 지정합니다.
❷ [확인]을 클릭합니다.

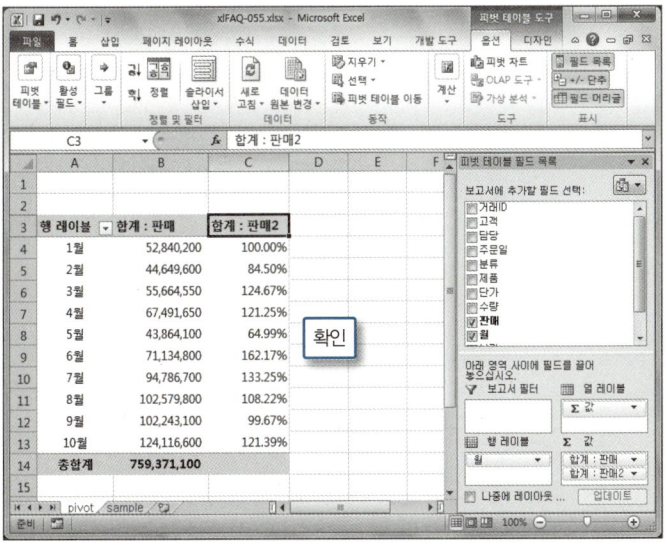

08 [기준값]에 대한 비율 이해하기 (3)

합계 : 판매2 필드의 값이 숫자 값이 아니라, 백분율로 표시됩니다. 이전 항목 (전월)의 값이 100%이고, 금월이 전월에 비해 몇 %인지 비율로 표시됩니다. 이 비율의 차이를 표시하면 바로 증감률이 됩니다.

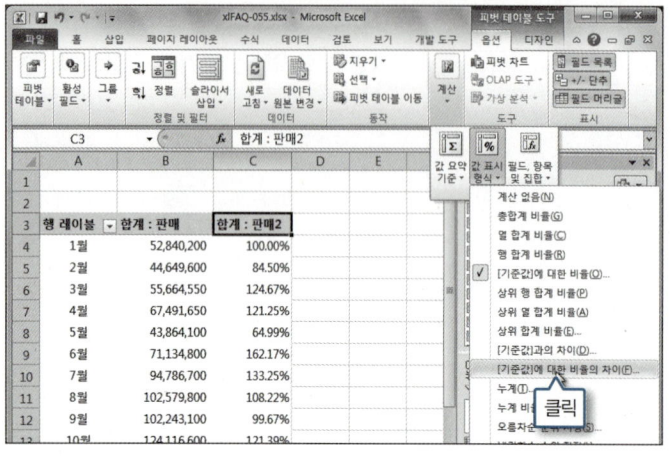

09 [기준값]에 대한 비율 차이 이해하기 (1)
C3셀이 선택된 상태로 [옵션] 탭-[계산] 그룹-[값 표시 형식] - [[기준값]에 대한 비율의 차이]를 클릭합니다.
값 표시 형식 (합계 : 판매2) 대화상자가 표시됩니다. 이전과 동일하게 기준 필드 목록을 **월**, 기준 항목 목록을 **(이전)**으로 지정하고 [확인]을 클릭합니다.

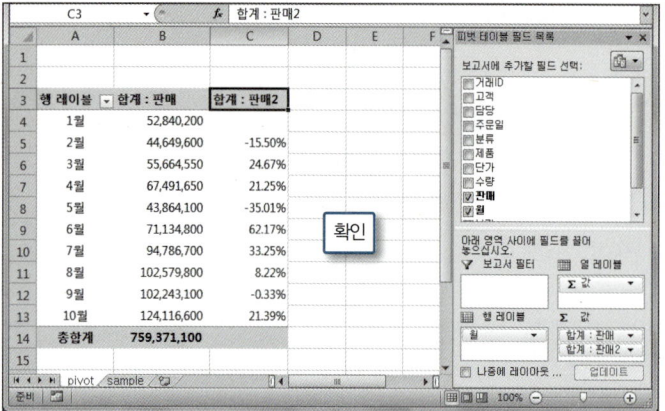

10 [기준값]에 대한 비율 차이 이해하기 (2)
합계 : 판매2 필드의 값이 증감률로 표시됩니다. 이렇게 증감률 계산이 필요한 경우에는 [[기준값]에 대한 비율의 차이] 표시 형식을 사용합니다.

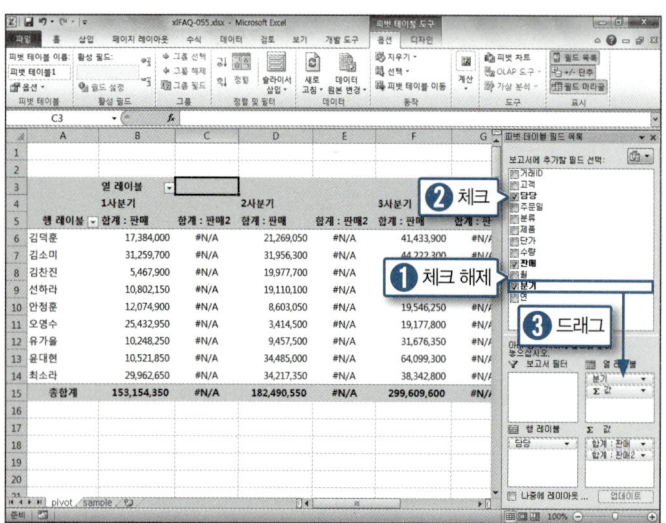

11 피벗 테이블 보고서 구성 변경하기
보고서의 구성을 변경해 증감률이 어떻게 표시되는지 확인해 보겠습니다.
❶ 피벗 테이블 필드 목록 창의 필드 선택 목록에서 **월** 필드에 체크 표시를 해제하고 ❷ **담당** 필드에 체크한 다음 ❸ **분기** 필드를 열 레이블 영역의 값 필드 위로 드래그합니다.

Tip ... #N/A! 오류가 발생하는 이유 알아보기
[[기준값]에 대한 비율의 차이] 표시 형식을 사용할 때 월 필드의 (이전) 항목을 기준으로 계산하라고 설정했습니다. 하지만 과정 **11**에서 월 필드를 피벗 테이블 보고서에서 삭제했으므로 [[기준값]에 대한 비율의 차이] 표시 형식을 제대로 계산할 수가 없기 때문에 #N/A! 오류가 발생합니다. 이 오류가 발생하지 않도록 하려면 [[기준값]에 대한 비율의 차이] 표시 형식을 재설정해야 합니다.

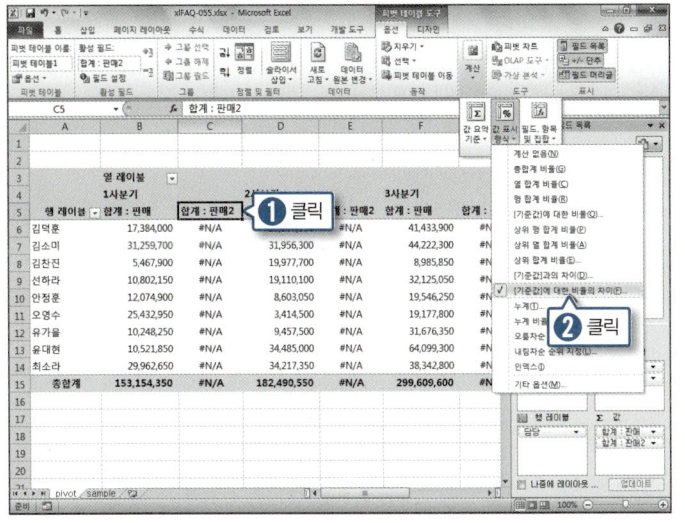

12 [값 표시 형식] 재설정하기 (1)

합계 : 판매2 필드의 증감률을 다시 제대로 표시하겠습니다. 테이블은 영업사원의 분기별 실적 보고서이므로 분기별 증감률을 계산해야 합니다.

❶ C5셀을 선택합니다.
❷ [옵션] 탭-[계산] 그룹-[값 표시 형식] 📊 -[[기준값]에 대한 비율의 차이]를 클릭합니다.

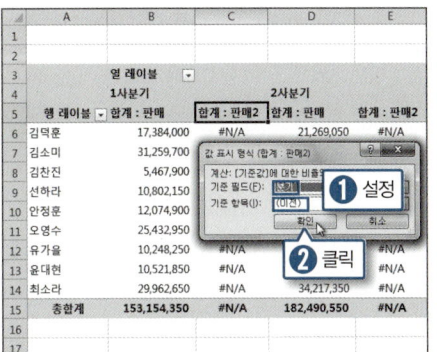

13 [값 표시 형식] 재설정하기 (2)

❶ 값 표시 형식 (합계 : 판매2) 대화상자가 표시되면 기준 필드 목록을 **분기**, 기준 항목 목록을 **(이전)**으로 지정합니다.
❷ [확인]을 클릭합니다.

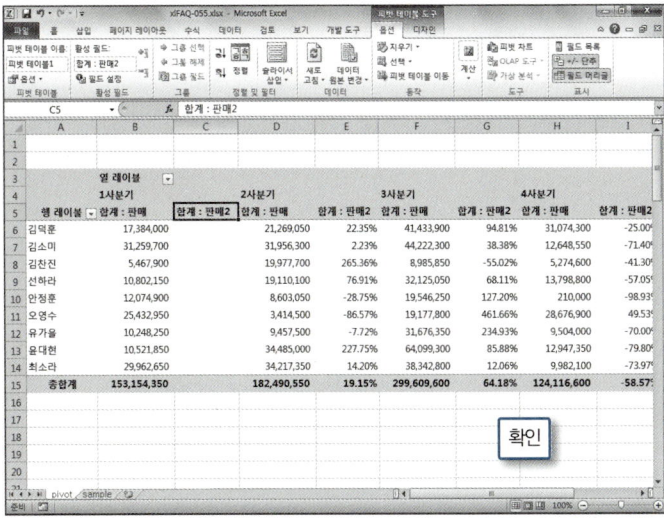

14 [값 표시 형식] 재설정하기 (3)

합계 : 판매2 필드의 증감률이 제대로 표시됩니다. 이렇게 피벗 테이블 보고서는 구성이 얼마든지 변경될 수 있으므로 [값 표시 형식]을 사용하는 경우, 보고서 구성을 변경하면 상황에 따라 설정을 변경해야 합니다.

Section 04 값 표시 형식을 이용해 보고서 구성하기 • 239

질문 56 피벗 테이블 보고서에서 누계를 집계할 수 있나요?

피벗 테이블 보고서에 집계한 결과의 누계 값이 필요한 경우가 있습니다. 그러나 집계 방법에는 누계가 없습니다. 매번 피벗 테이블 보고서 밖에서 수식을 사용해 누계를 계산하는 방법보다 더 편리한 방법이 있다면 알려 주세요.

• 예제 파일 〉 Part2 : **xlFAQ-056.xlsx**   • 완성 파일 〉 Part2 \완성 : **xlFAQ-056완성.xlsx**

답변 56 누계가 필요한 경우라면, [값 표시 형식] 기능의 누계 표시 형식을 사용하면 됩니다. 특히 엑셀 2010부터는 누계 비율 표시 형식을 추가로 제공해 주고 있어, 피벗 테이블 보고서에 좀 더 다양한 집계 방법을 표시할 수 있습니다.

실무실습 피벗 테이블 보고서에 누계와 누계 비율 표시하기

다음 실무실습을 통해 피벗 테이블 보고서에 누계와 누계 비율을 표시하는 방법을 알아보겠습니다.

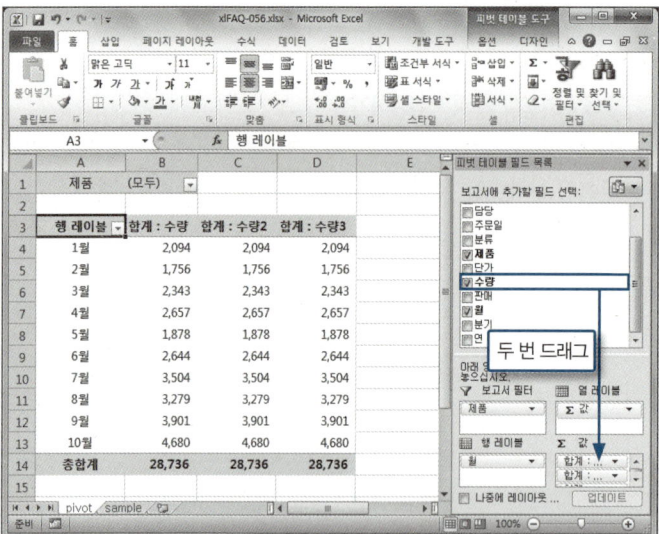

01 누계 표시할 수량 필드 삽입하기

[값 표시 형식] 기능을 이용해 월별 판매 수량 누계와 누계 비율을 표시해 보겠습니다. 판매수량의 누계와 누계 비율을 표시하기 위해, 피벗 테이블 필드 목록 창의 필드 선택 목록에서 **수량** 필드를 값 영역으로 두 번 드래그합니다.

피벗 테이블 보고서의 값 영역에 합계 : 수량2 필드와 합계 : 수량3 필드가 표시됩니다.

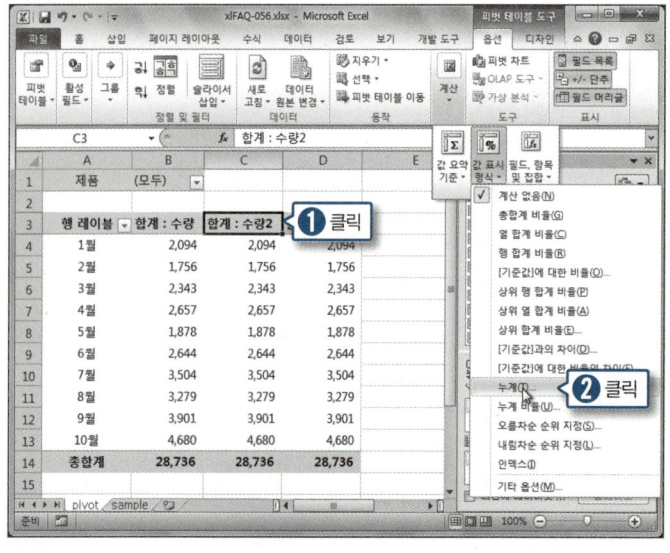

02 누계 표시 형식 이해하기 (1)

합계 : 수량2 필드의 값을 누계로 표시하겠습니다.

❶ 합계 : 수량2 필드를 선택하기 위해 **C3**셀을 선택합니다.

❷ [옵션] 탭-[계산] 그룹-[값 표시 형식] -[**누계**]를 클릭합니다.

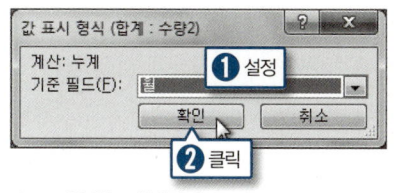

03 누계 표시 형식 이해하기 (2)

❶ 값 표시 형식 (합계 : 수량2) 대화상자가 표시되면 기준 필드 목록을 **월**로 지정합니다.

❷ [확인]을 클릭합니다.

Tip ... 기준 필드 선택하기
누계를 어떤 필드를 기준으로 누적시킬지 선택합니다. 예제의 피벗 테이블 보고서에서는 행 레이블 영역에 추가되어 있는 월 필드의 값으로 누계를 계산해야 하므로 기준 필드를 월로 설정해야 합니다. 행 레이블 영역에 여러 개의 필드가 삽입된 경우라면 선택할 기준 필드에 따라 누계가 달라질 수 있으므로 선택에 주의가 필요합니다.

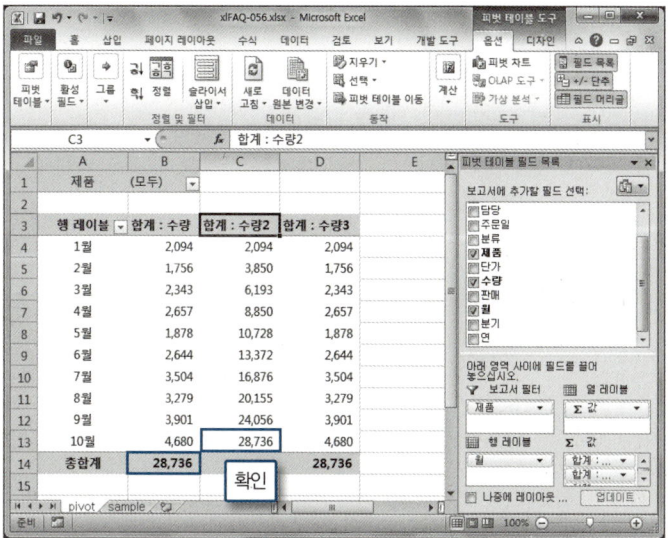

04 누계 표시 형식 이해하기 (3)

합계 : 수량2 필드의 값이 월별 누계 값으로 변경됩니다.

C13셀의 값과 **B14**셀의 값이 동일하므로 누계 값이 정확하다는 것을 확인할 수 있습니다.

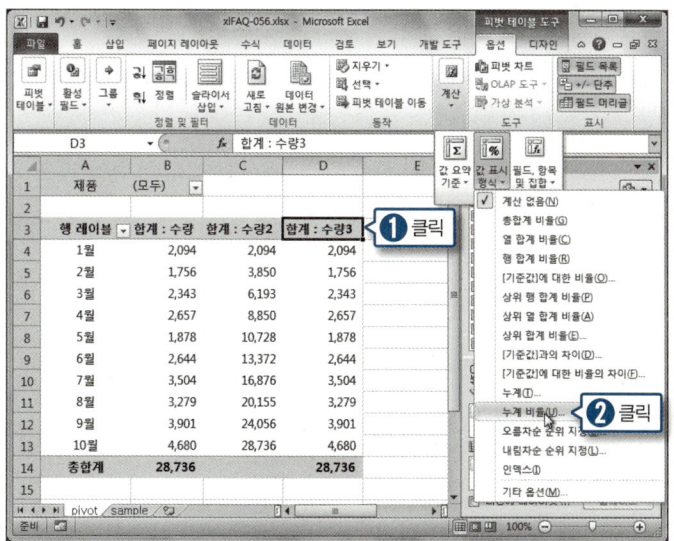

05 누계 비율 표시 형식 이해하기 (1)

합계 : 수량3 필드 값을 누계 비율로 표시하겠습니다.

❶ 합계 : 수량3 필드를 선택하기 위해 **D3**셀을 선택합니다.

❷ [옵션] 탭-[계산] 그룹-[값 표시 형식]-[**누계 비율**]을 클릭하고 과정 **03**과 같이 기준 필드 목록을 **월**로 지정한 다음 [**확인**]을 클릭합니다.

Tip ... 누계 비율 표시 형식을 사용한 파일을 엑셀 2007에서 열 경우 알아보기
누계 비율 표시 형식은 누계 값을 백분율로 표시한 것으로 엑셀 2010부터 제공합니다. 누계 비율 표시 형식을 사용한 파일을 엑셀 2007에서 열면, 피벗 테이블 보고서의 구성을 변경하지 않는다면 누계 비율은 정확하게 표시되지만, 피벗 테이블 보고서의 구성을 변경하면 누계 비율을 표시할 수 없어 기존 필드(예제에서는 합계 : 수량 필드) 값이 반환됩니다.

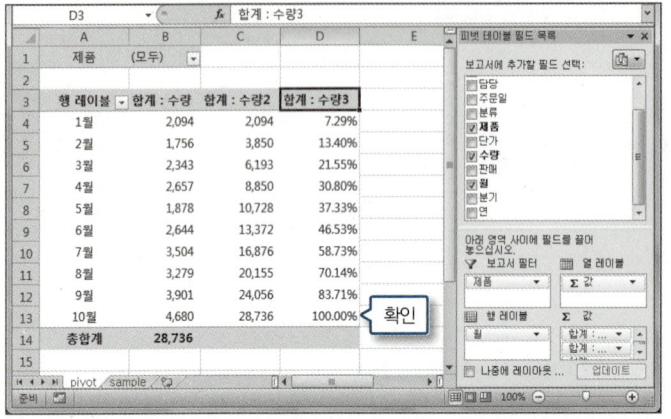

06 누계 비율 표시 형식 이해하기 (2)

합계 : 수량3 필드에 누계 비율 값이 표시됩니다. 누계 비율이 정확하게 집계됐다면 D13셀의 값이 100%인지 확인하면 됩니다.

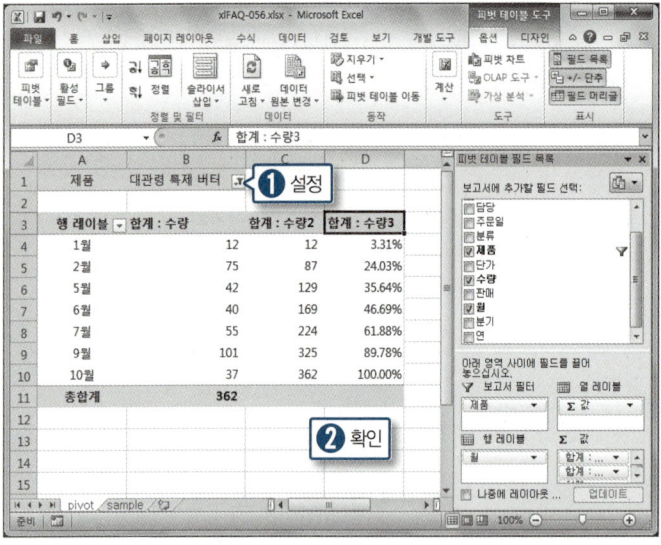

07 보고서 구성 변경하기 (1)

보고서 구성을 변경해 누계와 누계 비율이 제대로 계산되는지 확인하겠습니다.

❶ 보고서 필터 영역에 있는 제품 필드의 항목을 하나 선택하기 위해 B1셀 옵션 단추 ▼를 클릭하고 대관령 특제 버터를 선택합니다.

❷ 합계 : 수량2 필드와 합계 : 수량3 필드의 값이 모두 정확하게 집계된 것을 확인할 수 있습니다.

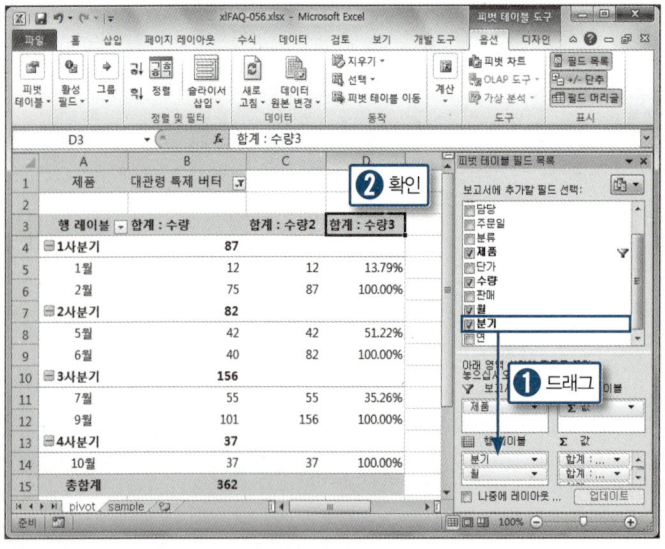

08 보고서 구성 변경하기 (2)

❶ 피벗 테이블 필드 목록 창의 필드 목록에서 분기 필드를 행 레이블 영역의 월 필드 위로 드래그합니다.

❷ 합계 : 수량2 필드와 합계 : 수량3 필드의 값이 분기별로 누계와 누계 비율을 표시하는 것을 확인할 수 있습니다. 그렇기 때문에 누계 또는 누계 비율을 표시할 때는 행 레이블 영역에 하나의 필드만 사용하는 것이 좋습니다.

질문 57 : 피벗 테이블 보고서로 순위를 집계할 수 있나요?

피벗 테이블 보고서를 집계한 다음 매출순으로 순위를 집계하는 방법을 알려 주세요.

• 예제 파일 〉 Part2 : **xlFAQ-057.xlsx**   • 완성 파일 〉 Part2\완성 : **xlFAQ-057완성.xlsx**

답변 57 : 엑셀 2010의 [값 표시 형식]에는 [내림차순 순위 지정]과 [오름차순 순위 지정] 표시 형식이 제공됩니다. 이 2가지 새로운 표시 형식으로 각각 큰 순서대로 순위를 표시하거나 작은 순서대로 순위를 표시할 수 있습니다.

실무실습 피벗 테이블 보고서에 순위 표시하기

다음 실무실습을 통해 피벗 테이블 보고서에 순위를 표시해 보겠습니다.

01 예제 확인하기

영업사원의 반기별 판매 실적 보고서가 피벗 테이블로 구성되어 있는 것을 확인할 수 있습니다.

[값 표시 형식]을 이용해 반기별 순위와 전체 순위를 표시하는 작업을 진행하겠습니다.

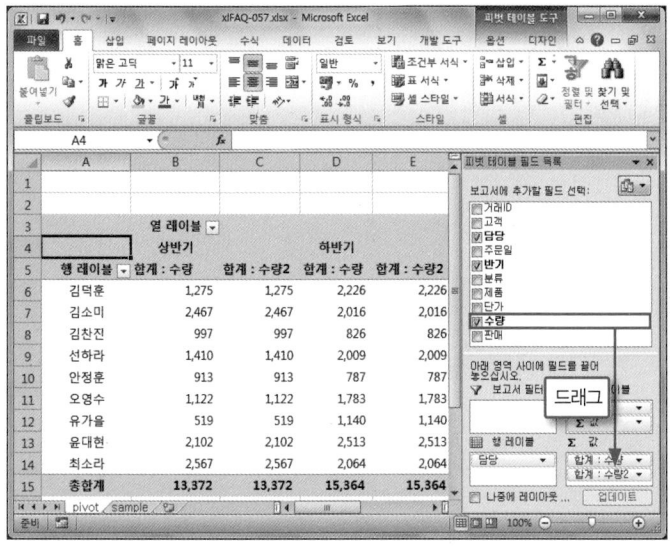

02 순위 구할 필드를 추가하기

피벗 테이블 필드 목록 창의 필드 선택 목록에서 **수량** 필드를 값 영역으로 드래그하여 다시 한번 추가합니다.

피벗 테이블 보고서의 값 영역에 합계 : 수량2 필드가 추가됩니다.

03 순위 표시하기 (1)

❶ 추가한 합계 : 수량2 필드를 순위로 표시하기 위해 **C5**셀을 선택합니다.
❷ [옵션] 탭-[계산] 그룹-[값 표시 형식]-[**내림차순 순위 지정**]을 클릭합니다.

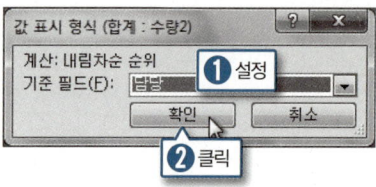

04 순위 표시하기 (2)

❶ 값 표시 형식 (합계 : 수량2) 대화상자가 표시되면 기준 필드 목록을 **담당**으로 지정합니다.
❷ [**확인**]을 클릭합니다.

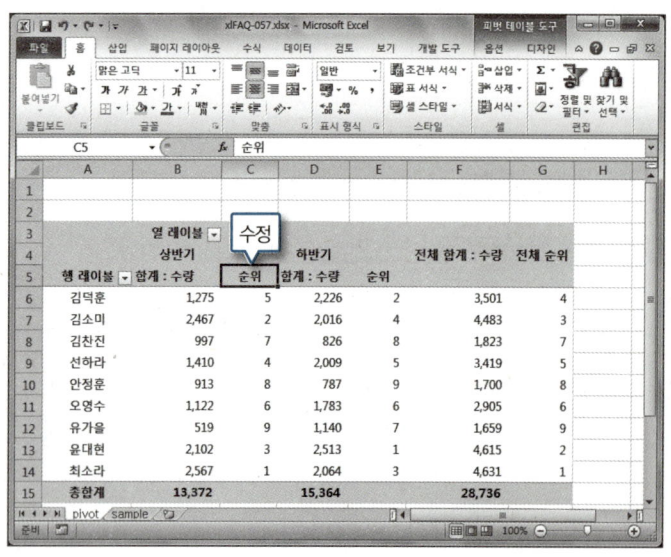

05 순위 표시하기 (3)

C5셀을 **순위**로 수정한 다음 피벗 테이블 보고서를 확인하면 상반기 순위, 하반기 순위 G열의 전체 순위를 확인할 수 있습니다.

Section 05 기타 유용한 피벗 테이블 보고서 기법 익히기

▶ 최소값 최대값 요약   ▶ COUNTIFS   ▶ 피벗 차트

앞에서 피벗 테이블 보고서를 구성하는 방법에 대해 설명했습니다. Section 05에서는 배운 내용을 응용해 만들수 있는 피벗 테이블 구성 방법을 알아보겠습니다. 피벗 테이블은 사용자의 경험이 쌓이면 쌓일수록 좀 더 유용한 보고서를 생산할 수 있습니다. Section 05를 통해 보고서 구성에 대한 다양한 아이디어를 얻기 바랍니다.

질문 58 고객 업체와의 거래 기간, 거래 횟수 등을 정리하는 보고서를 만들 수 있나요?

고객사와의 지속적인 거래 관리를 해 고객사와의 거래 기간 및 거래 횟수 등을 정리하는 보고서를 구성하고 싶습니다. 피벗 테이블 보고서를 이용해 이런 보고서를 구성할 수 있나요?

• 예제 파일 〉 Part2 : **xlFAQ-058.xlsx**   • 완성 파일 〉 Part2\완성 : **xlFAQ-058완성.xlsx**

답변 58

피벗 테이블 보고서의 값 영역은 여러 가지 집계 방법을 이용할 수 있습니다. 엑셀에서 날짜 역시 숫자이므로, 값 영역에 삽입한 다음 최대값, 최소값을 구하면 최초 거래일부터 최근 거래일까지 몇 건의 거래가 있었는지 요약할 수 있습니다.

 다양한 형식으로 요약하여 집계하기

다음 실무실습을 통해 피벗 테이블 보고서로 고객과의 거래 내역을 정리해 보겠습니다.

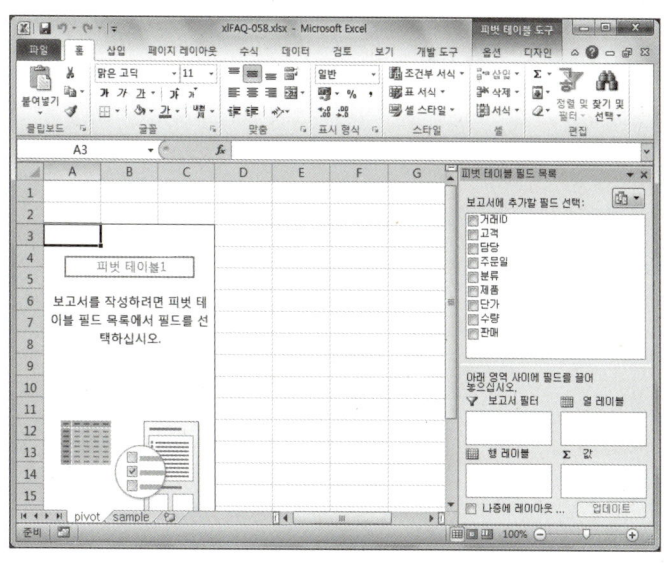

01 예제 확인하기

[pivot] 시트를 선택하면 화면과 같이 피벗 테이블 보고서를 구성할 준비가 되어 있습니다. 고객 업체와의 거래 시작일, 종료일, 거래 개월 수와 거래 횟수 등을 집계하는 보고서를 구성합니다.

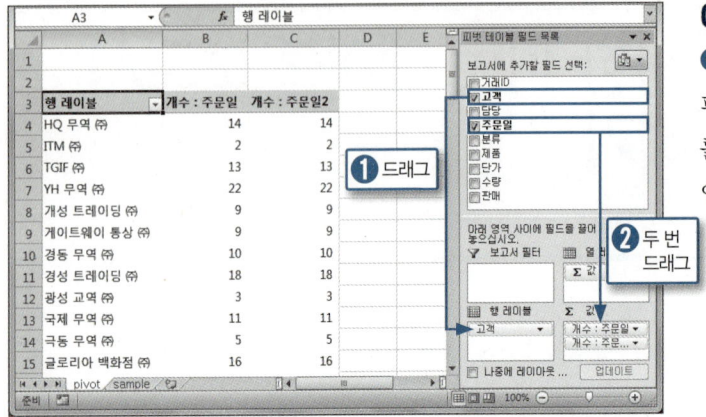

02 보고서 구성하기

❶ 피벗 테이블 보고서를 구성하기 위해 피벗 테이블 필드 목록 창에서 **고객** 필드를 행 레이블 영역, ❷ **주문일** 필드를 값 영역으로 두 번 드래그합니다.

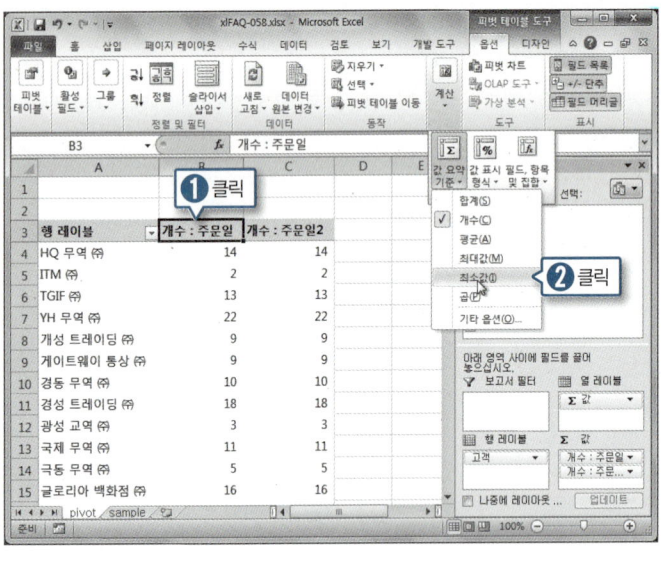

03 최초 거래일 표시하기 (1)

값 영역에 추가된 개수 : 주문일 필드의 집계 방법을 변경하겠습니다.

❶ B3셀을 선택해 개수 : 주문일 필드를 선택합니다.

❷ [옵션] 탭-[계산] 그룹-[값 표시 형식] ▦-[**최소값**]을 클릭합니다.

Tip ... 최소값으로 집계되는 이유 알아보기

날짜는 1900년 1월 1일을 1로 저장하고 하루가 지날 때마다 1씩 증가시키는 방법을 사용해 관리합니다. 그래서 날짜를 날짜 일련번호라고 표현합니다. 즉, 눈에 보이는 값은 yyyy-mm-dd와 같은 날짜 형식이지만 실제 셀에 저장되는 값은 1, 2, 3, …과 같은 일련번호 값입니다. 그렇기 때문에 값 영역에서 거래한 날짜의 최소값을 구하면 가장 처음에 거래를 했었던 날짜가 반환됩니다.

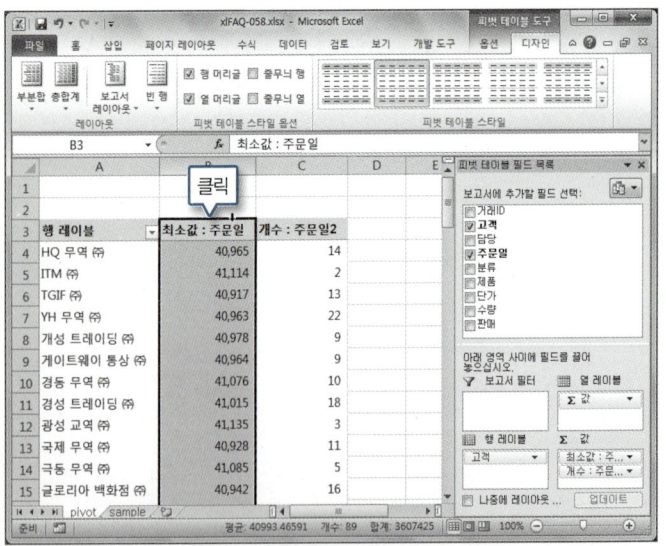

04 최초 거래일 표시하기 (2)

최소값 : 주문일 필드의 40,965와 같은 숫자는 1900년 1월 1일부터 4만 965번째 일이란 의미를 갖습니다.

B3셀의 위쪽 테두리에 마우스 포인터를 위치시키고 화살표 모양 ↓이 표시될 때 클릭하여 전체 필드를 선택합니다.

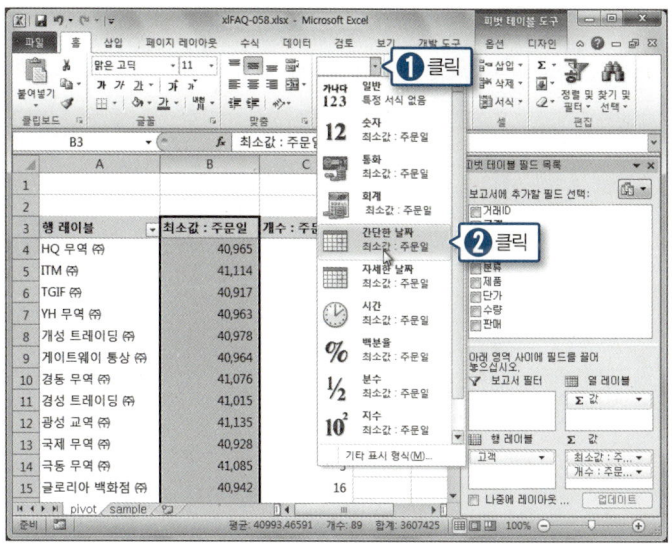

05 최초 거래일 표시하기 (3)

❶ [홈] 탭-[표시 형식] 그룹-**[표시 형식] 옵션** 단추 를 클릭합니다.

❷ **[간단한 날짜]**를 클릭합니다.

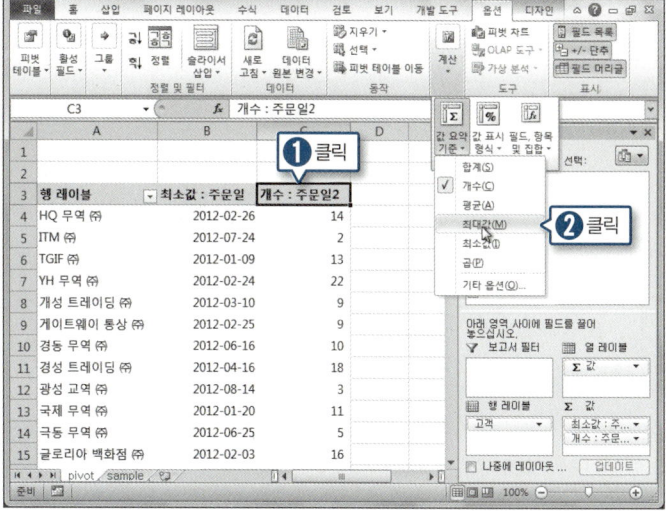

06 최근 거래일 표시하기 (1)

최소값 : 주문일 필드 값이 날짜 형식 (yyyy-mm-dd)으로 표시됩니다.

❶ 최근 거래일을 표시하기 위해 **C3**셀을 선택합니다.

❷ [옵션] 탭-[계산] 그룹-[값 요약 기준] -**[최대값]**을 클릭합니다.

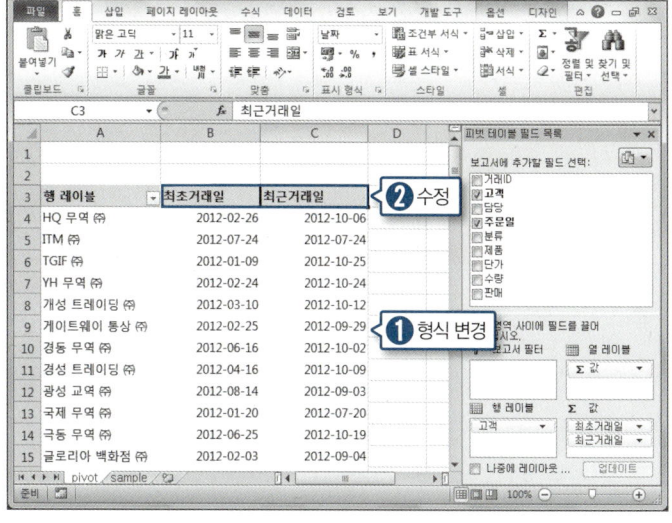

07 최근 거래일 표시하기 (2)

❶ 과정 **04~05**를 참고해 날짜 형식으로 변경합니다.

❷ 값 영역의 필드 머리글을 변경해 좀 더 이해하기 쉬운 보고서로 구성하겠습니다.

B3셀을 **최초거래일**, **C3**셀을 **최근거래일**로 수정합니다.

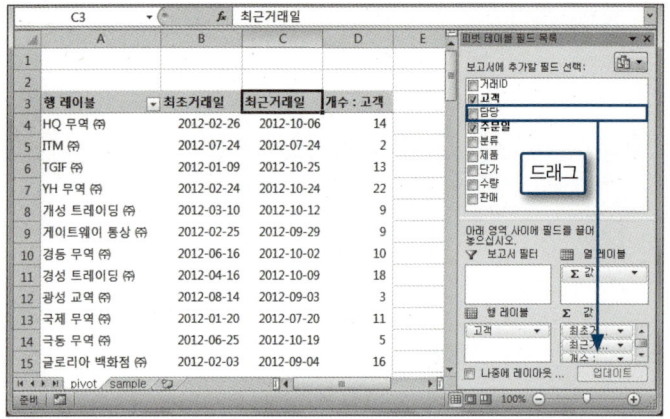

08 거래건수 집계하기

거래건수를 집계하기 위해 피벗 테이블 필드 목록 창에서 **담당** 필드를 값 영역으로 드래그하여 추가합니다.

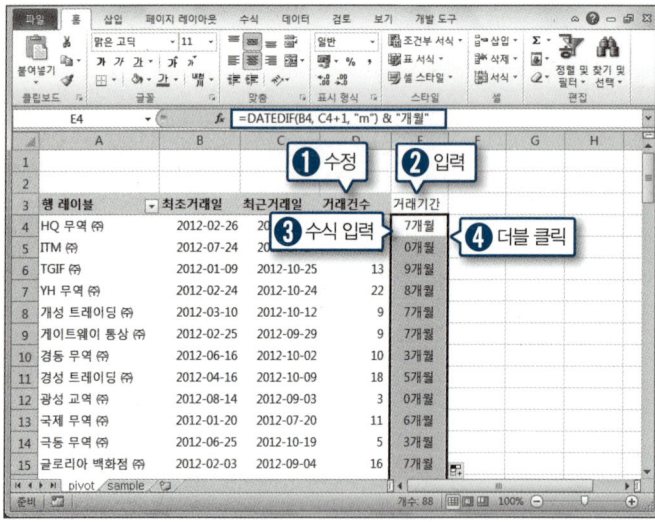

09 거래기간 집계하기

❶ D3셀을 **거래건수**로 수정합니다.

❷ 최초거래일과 최근거래일의 기간은 피벗 테이블 보고서로 계산할 수 없으므로 피벗 테이블 바깥쪽에서 E3셀에 **거래기간**을 입력합니다.

❸ E4셀에 다음과 같이 입력합니다.
=DATEDIF(B4, C4+1, "m") & "개월"

❹ **채우기 핸들**을 더블 클릭해 수식을 복사합니다.

수식 설명 =DATEDIF(B4, C4+1, "m") & "개월"

거래 기간을 계산하기 위해 DATEDIF 함수를 사용하였습니다. 이 함수는 두 기간을 다양한 옵션으로 계산하는 함수로, 구문은 다음과 같습니다.

DATEDIF(시작일, 종료일, 옵션)	
다음과 같은 인수를 사용해 두 날짜 사이의 기간을 계산합니다.	
옵션	설명
Y	시작일과 종료일의 연의 차이를 구합니다.
M	시작일과 종료일의 월의 차이를 구합니다.
D	시작일과 종료일의 일의 차이를 구합니다.
YM	시작일과 종료일의 연의 차이를 구하고 남은 기간의 월의 차이를 구합니다.
YD	시작일과 종료일의 연의 차이를 구하고 남은 기간의 일의 차이를 구합니다.
MD	시작일과 종료일의 연과 월의 차이를 구하고 남은 기간의 일의 차이를 구합니다.

이번 수식에서 보면 B4셀이 시작일이고 C4셀이 종료일입니다. C4셀의 경우는 1을 더하는 연산을 사용하고 있는 것을 확인할 수 있습니다. 이것은 DATEDIF 함수의 연산이 빼기 연산을 하기 때문에 추가해 놓은 것입니다.

예를 들어 2012년 1월 1일부터 1월 3일까지 근무를 했다면 3일 근무했다고 하지만, 두 날짜를 빼면 3일에서 1일을 빼므로 2(일)가 반환됩니다. 그러므로 날짜를 빼는 것이 아니라 세도록 하기 위해 1을 더하는 것이니, 날짜 계산을 위해 DATEDIF 함수를 사용한다면 이런 점에 주의해야 합니다.

질문 59
피벗 테이블에서 중복되지 않은 항목을 셀 수 있나요?

월별 거래 업체 수를 세려고 합니다. 그러나 피벗 테이블 보고서로 집계하면 중복된 항목도 모두 1건으로 세기 때문에 고유한 업체 수를 세는 것이 불가능합니다. 중복되지 않은 항목을 셀 수 있나요?

• 예제 파일 〉 Part2 〉 **xlFAQ-059.xlsx**　　• 완성 파일 〉 Part2\완성 : **xlFAQ-059완성.xlsx**

답변 59
피벗 테이블 보고서의 값 영역에 추가된 필드의 집계 방법에서 중복을 배제하고 건수를 세는 방법은 제공되지 않습니다. 그러므로 중복을 배제하고 건수를 셀 일이 있다면 원본 표에 중복되지 않는 건수를 셀 수 있도록 수식을 이용해 미리 계산해야 합니다.

실무실습 피벗 테이블에서 중복되지 않은 건수 세기

다음 실무실습을 통해 피벗 테이블에서 중복되지 않은 건수를 세어 보겠습니다.

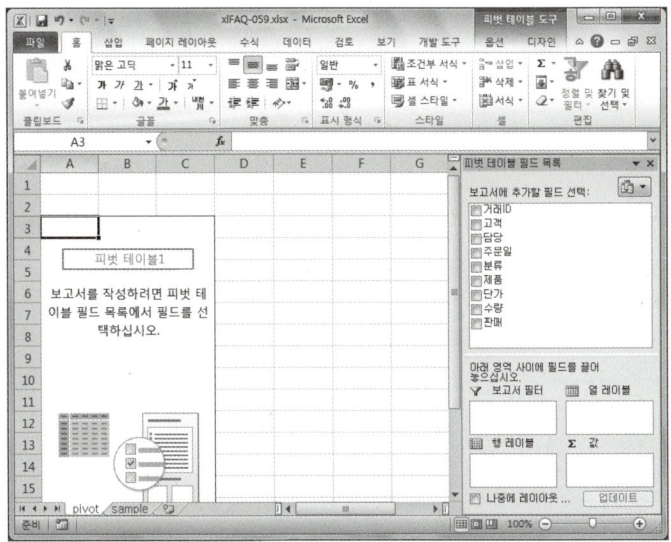

01 예제 확인하기

[pivot] 시트를 선택하면 피벗 테이블 보고서를 구성할 수 있습니다.

피벗 테이블 보고서에 월별 거래 고객 수를 세어 보겠습니다.

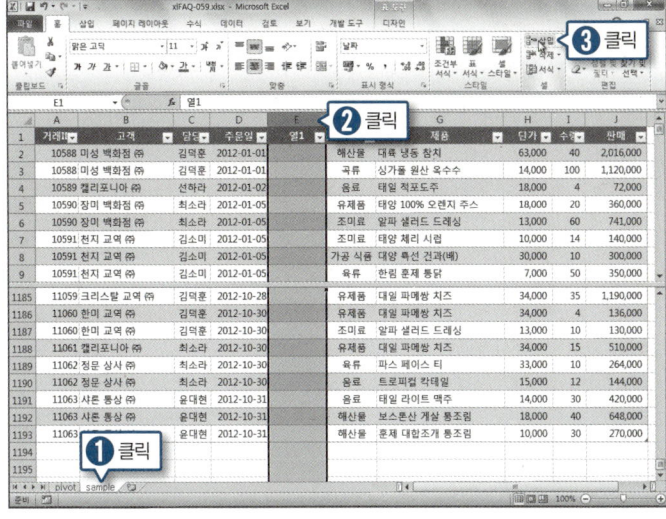

02 월 필드 추가하기(1)

❶ [sample] 시트 탭을 선택합니다.
B2:B3 범위에서 확인할 수 있듯이 같은 고객 업체 이름이 여러 번 반복해서 입력되어 있는 것을 확인할 수 있습니다. 월별로 중복되지 않은 업체 수를 세려면 월 값이 필요하므로 열을 하나 추가해 작업하겠습니다.

❷ **E열 머리글**을 선택하고 ❸ [홈] 탭-[셀] 그룹-**[삽입]**을 클릭합니다.

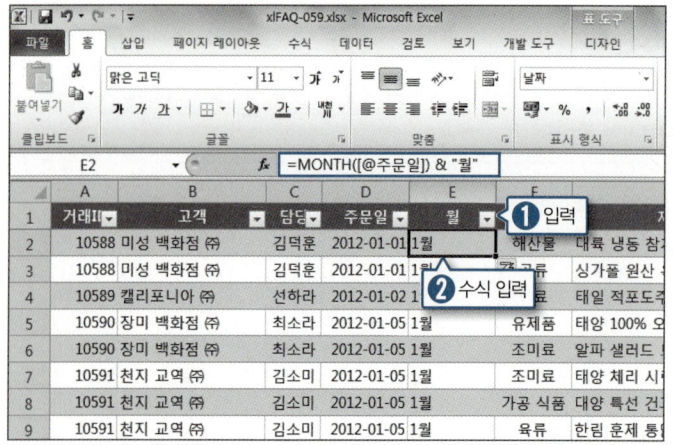

03 월 필드 추가하기 (2)

❶ 추가된 열에 열 값을 계산해 넣기 위해 E1셀에 **월**을 입력합니다.

❷ E2셀에 다음과 같이 입력합니다.

=MONTH([@주문일]) & "월"

수식 설명 =MONTH([@주문일]) & "월"

MONTH 함수는 날짜 값에서 월 값을 숫자로 반환하는 간단한 함수입니다. MONTH 함수에 전달한 [@주문일] 표현식은 엑셀 표의 구조적 참조로 주문일 열의 수식을 입력한 셀과 동일한 행에 위치한 셀을 가리키는 것으로 다음과 동일합니다.

=MONTH(D2)

이런 사용 방법이 익숙하지 않은 분께서는 이 책의 Part 1 〉 Chapter 1 〉 Section 02 엑셀 표 사용하기를 먼저 학습해 보세요. 참고로 월 값을 그룹 필드를 사용해 표시하지 않은 것은 월 값이 고유 항목 건수를 계산할 때 필요한 값이라 원본 표에 직접 수식을 이용해 계산해 넣었으며, 엑셀 표로 변환되어 있는 것도 추가되는 필드를 피벗 테이블에 전달하기 위함입니다.

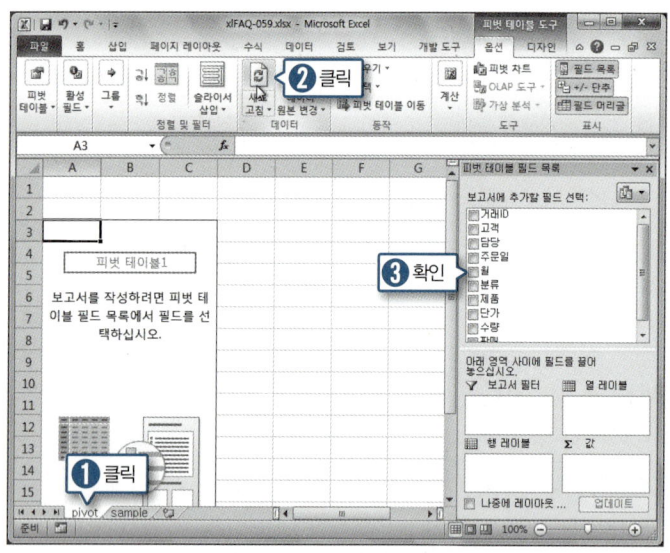

04 피벗 테이블 보고서 새로 고치기

❶ 추가한 월 필드를 피벗 테이블 보고서에 넣고 고객 업체 수를 세보기 위해 [pivot] 시트로 이동합니다.

❷ [옵션] 탭-[데이터] 그룹-[**새로 고침**]을 클릭합니다.

❸ 피벗 테이블 필드 목록 창에 월 필드가 나타나는 것을 확인할 수 있습니다.

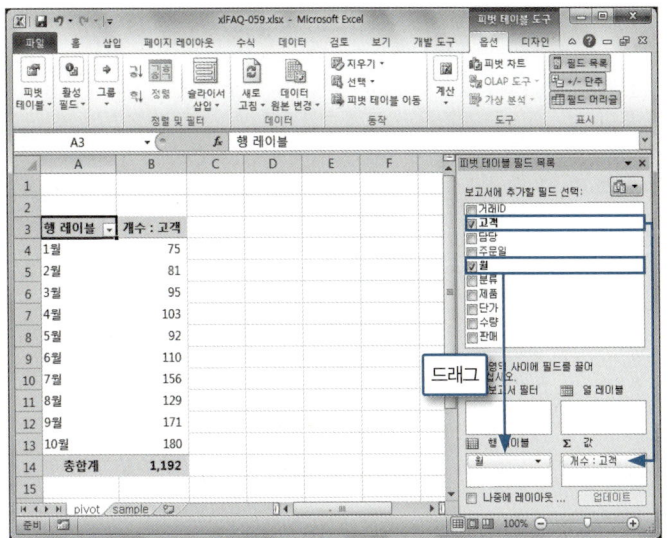

05 피벗 테이블 보고서 구성하기
피벗 테이블 보고서를 구성해 월별 거래 고객 수를 세는 작업을 진행하겠습니다. 피벗 테이블 필드 목록 창에서 **월** 필드를 행 레이블 영역, **고객**을 값 영역으로 드래그합니다.

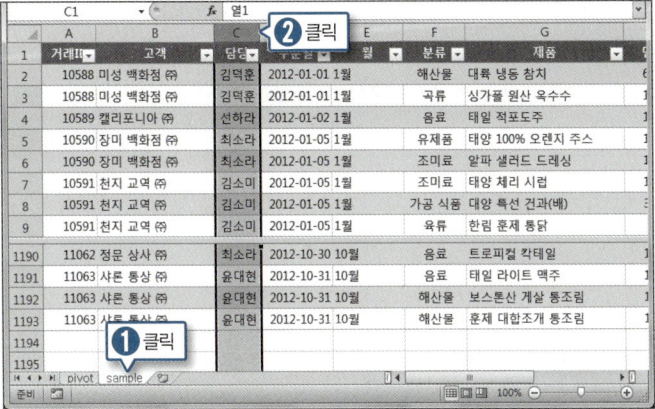

06 고유 항목 개수 계산 열 추가하기(1)
❶ 정확한 거래 고객 수를 세기 위해 다시 [sample] 시트 탭을 선택하여 시트를 표시합니다.
❷ **C열 머리글**을 선택합니다.

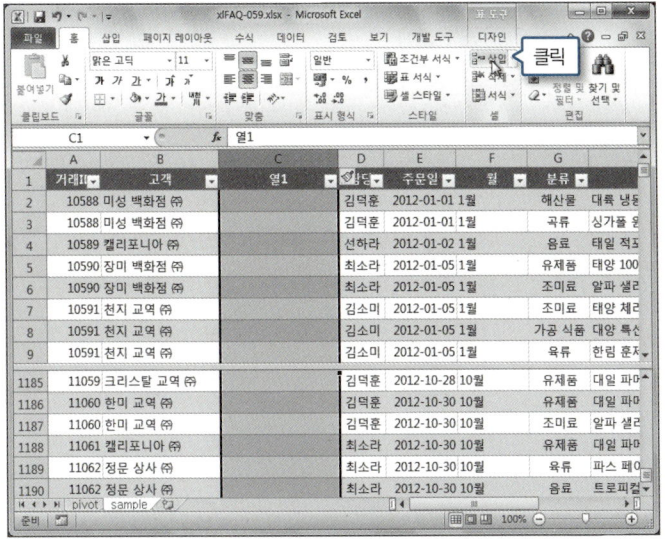

07 고유 항목 개수 계산 열 추가하기(2)
[홈] 탭-[셀] 그룹-[**삽입**]을 클릭해 빈 열을 하나 추가합니다.

08 고유 항목 개수 계산 열 추가하기 (3)

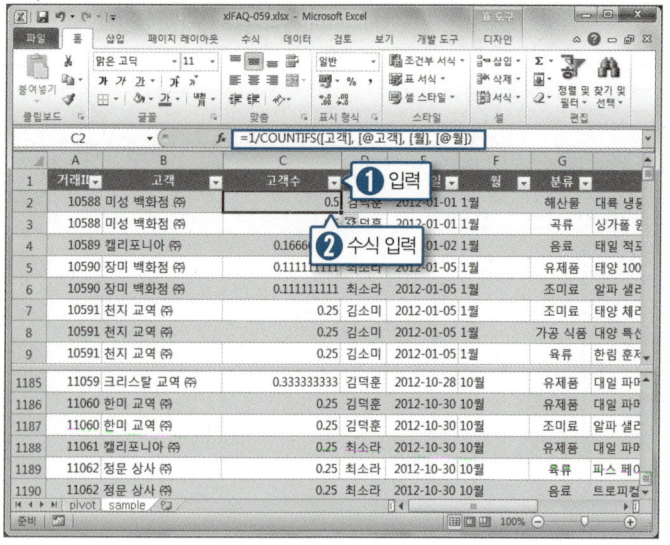

❶ 추가한 열에 고객 수를 세기 위해 C1 셀에 **고객수**를 입력합니다.

❷ C2셀에 다음과 같이 입력합니다.

=1/COUNTIFS([고객], [@고객], [월], [@월])

수식 설명 =1/COUNTIFS([고객], [@고객], [월], [@월])

월별로 거래한 업체 수를 센다고 했으니, 월별로 고객 수가 몇 인지를 세는 것이 중요합니다. 이때 사용하는 함수가 COUNTIFS 함수입니다. 이 함수는 여러 개의 조건을 판단해 모든 조건에 맞는 데이터가 개수를 세는 함수로, 구문은 다음과 같습니다.

COUNTIFS(범위1, 조건1, 범위2, 조건2, …)

그러므로 이번 수식에서 COUNTIFS 함수 부분은 고객 데이터가 입력된 범위(B2:B1193)에서 고객 이름(B2)이 같으면서 월 데이터가 입력된 범위(F2:F1193)에서 월(F2)이 같은 건수가 몇 개인지 셉니다.

예를 들어 고객 중에서 미성 백화점㈜이 1월에 총 2건이 있다면 이 수식은 미성 백화점㈜이 1월에 거래한 데이터가 입력된 행에 2, 2라는 값을 반환하게 됩니다. 이 값을 피벗 테이블 보고서에서 집계하면 4가 되므로 그냥 집계하도록 하면 안 되고, 이 값이 1이 반환되도록 COUNTIFS 함수의 결과에서 1을 나누는 연산을 한 것입니다.

그러면 2, 2가 반환되지 않고 1/2, 1/2가 반환되어, 이 값을 피벗 테이블 보고서에서 합치면 1이 되므로 중복되지 않는 건수를 셀 수 있게 됩니다.

09 보고서에 반영하기

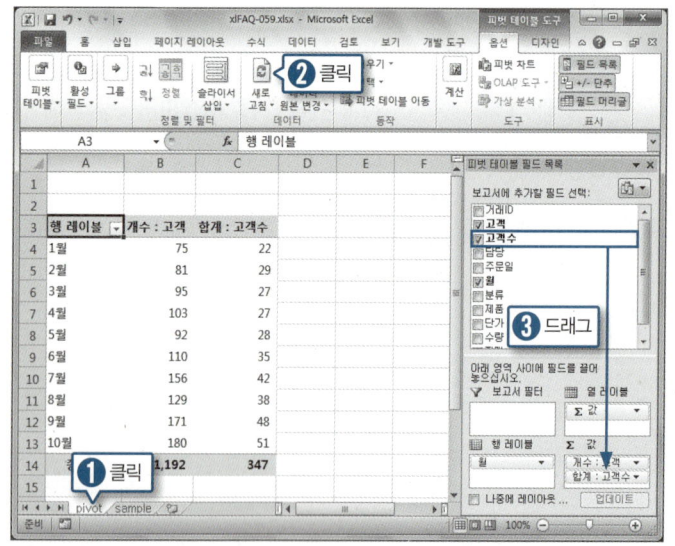

❶ 과정 **08**에서 추가한 필드를 피벗 테이블 보고서에 추가하기 위해 [pivot] 시트 탭을 선택하여 시트를 표시합니다.

❷ [옵션] 탭-[데이터] 그룹-[**새로 고침**]을 클릭합니다.

❸ 피벗 테이블 필드 목록 창에서 **고객수** 필드를 값 영역으로 드래그하여 추가합니다. C열에 중복되지 않은 고객 수를 세어 주는 것을 확인할 수 있습니다.

질문 60. 목표 대비 달성률을 피벗 테이블 보고서로 집계할 수 있나요?

영업사원들의 실적을 요약할 때 목표 대비 달성률을 피벗 테이블 보고서에 넣고 싶습니다. 그러나 목표를 정리한 테이블과 판매를 한 테이블을 하나의 보고서에 어떻게 정리해야 하는지 모르겠습니다. 목표 대비 달성률을 피벗 테이블 보고서로 집계하는 방법을 알려 주세요.

• 예제 파일〉Part2 : xlFAQ-060.xlsx   • 완성 파일〉Part2\완성 : xlFAQ-060완성.xlsx

답변 60.

엑셀의 피벗 테이블은 자체적으로 하나의 표에 대한 요약 보고서를 만들 수 있습니다. 그렇기 때문에 서로 다른 표에 있는 데이터를 하나의 피벗 테이블에 넣으려면 피벗 테이블 보고서로 구성할 표에 다른 표의 값을 참조해야 합니다. 이때 두 표의 날짜 단위를 서로 일치시켜야 합니다.

실무실습 여러 표 데이터를 하나의 피벗 테이블 보고서에서 분석하기

다음 실무실습을 통해 여러 표의 데이터를 합쳐 하나의 피벗 테이블 보고서에서 분석하는 방법을 알아보겠습니다.

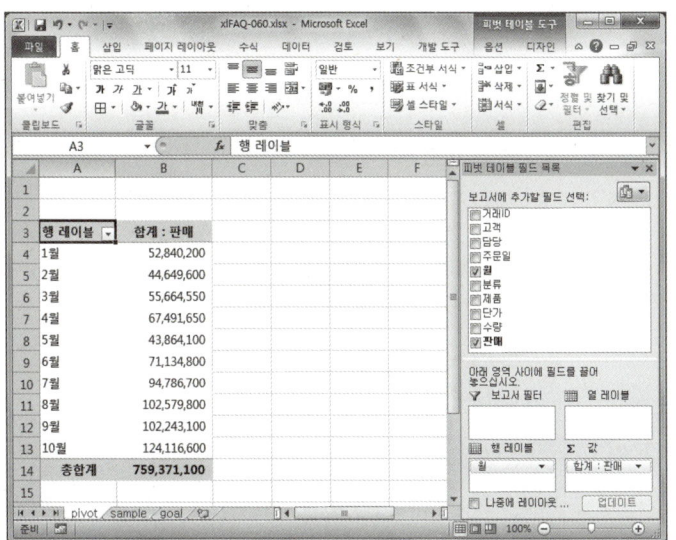

01 예제 확인하기

[pivot] 시트를 선택하면 월별 매출 실적 보고서를 확인할 수 있습니다. 예제 파일의 [sample] 시트는 피벗 테이블의 원본 판매대장 표가 존재하며, [goal] 시트는 월별 목표 금액이 기록된 표가 존재합니다. [sample] 시트와 [goal] 시트의 표를 연결해 현재 피벗 테이블 보고서에 목표 달성률을 계산해 보겠습니다.

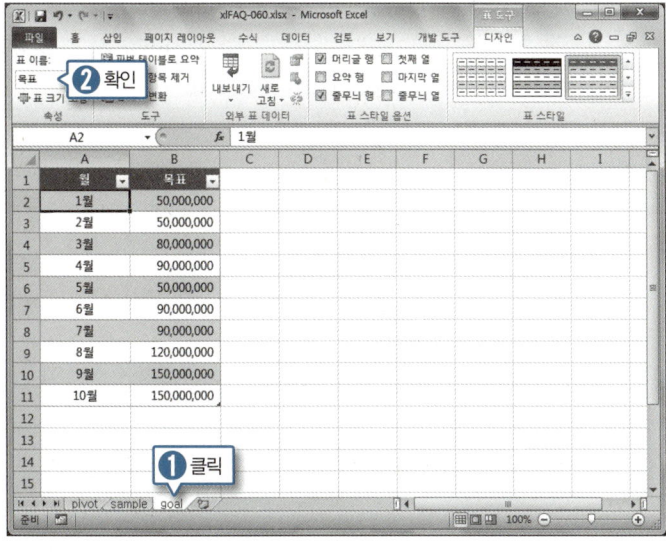

02 목표 표 확인하기

❶ [goal] 시트의 표를 확인하기 위해 [goal] 시트 탭을 선택하여 시트를 표시합니다.

엑셀 표로 변환된 월별 목표 금액이 기록된 표를 확인할 수 있습니다.

❷ [디자인] 탭-[속성] 그룹-[**표 이름**]란을 확인해 [goal] 시트의 엑셀 표 이름이 **목표**라는 것을 확인합니다.

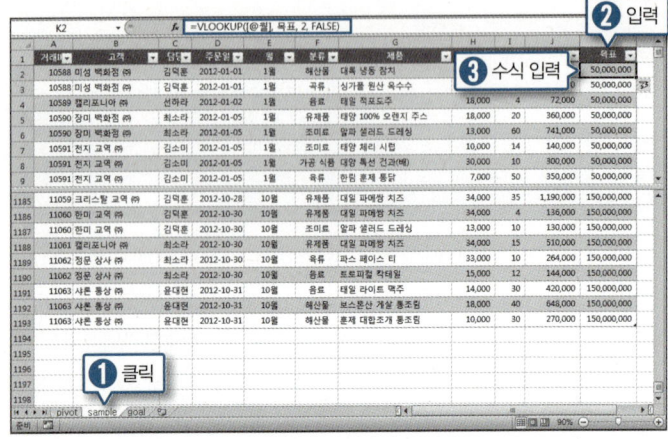

03 표 연결하기 (1)

[goal] 시트의 목표 엑셀 표의 목표 금액을 [sample] 시트로 참조해 오겠습니다.

❶ [sample] 시트 탭을 선택해 시트를 표시합니다.

❷ 표 오른쪽에서 **K1**에 **목표**, ❸ **K2**에 다음과 같이 입력하여 목표 금액을 참조해 옵니다.

=VLOOKUP([@월], 목표, 2, FALSE)

수식 설명 =VLOOKUP([@월], 목표, 2, FALSE)

VLOOKUP 함수는 다른 표에서 조건에 맞는 값을 참조해 오는 함수로 다음과 같은 구문을 사용합니다.

VLOOKUP(찾을 값, 표, 열 번호, 찾기 옵션)

[찾을 값] 인수를 [표] 인수의 첫 번째 열에서 어떻게 찾을지 지정하는 옵션으로 다음 값 중 하나를 사용할 수 있습니다.

옵션	설명
TRUE 또는 생략	근삿값을 찾습니다. [표]의 첫 번째 열이 오름차순으로 정렬되어 있다고 가정하고 찾으며, [찾을 값]보다 큰 값을 만날 때까지 같은 값을 찾지 못하면 [찾을 값]보다 작은 값 중에서 가장 큰 값의 위치를 찾습니다.
FALSE	정확하게 일치하는 첫 번째 위치를 찾습니다.

즉, VLOOKUP 함수는 [찾을 값]을 [표]의 왼쪽 첫 번째 열에서 찾으며 찾은 값과 같은 행에 위치한 값 중에서 [표]의 [열 번호] 위치의 값을 참조하는 함수입니다. 그러므로 이번 수식은 [@월] 값(E2)을 [목표] 엑셀 표의 첫 번째 열에서 찾아 같은 행에 위치한 두 번째 열의 값을 참조해 오는 수식입니다.

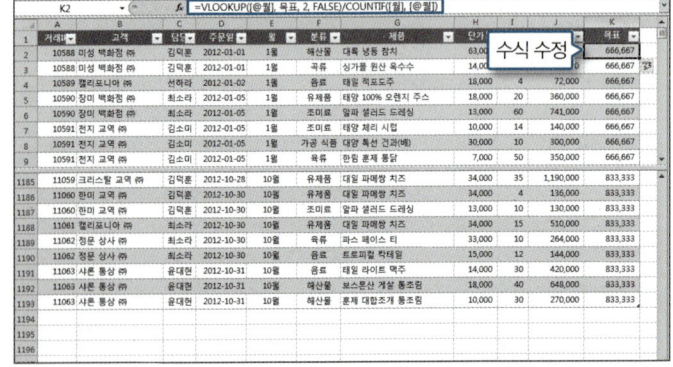

04 표 연결하기 (2)

[goal] 시트의 목표 엑셀 표의 목표 금액은 월 목표액이고, [sample] 시트의 판매 대장 엑셀 표는 건별이므로 참조해 온 월 목표액을 건별로 나눠 계산해야 합니다.

K2셀의 수식을 다음과 같이 수정합니다.

=VLOOKUP([@월], 목표, 2, FALSE)/ COUNTIF([월], [@월])

수식 설명 =VLOOKUP([@월], 목표, 2, FALSE)/COUNTIF([월], [@월])

과정 **03**에서 참조해 온 월별 목표 금액을 피벗 테이블 보고서에서 월별로 집계할 때 정확하게 한 번 나타나도록 하기 위해, [판매대장] 엑셀 표의 월별 판매 건수로 나누는 작업을 진행합니다.

예제에서 사용한 수식은 VLOOKUP 함수로 참조해 온 월별 목표 금액을, COUNTIF 함수로 구한 월 건수로 나누는 작업을 진행합니다. COUNTIF 함수는 조건 하나를 만족하는 셀의 개수를 세는 함수로, 구문은 다음과 같습니다.

COUNTIF(범위, 조건)

그러므로 이번 수식에서 COUNTIF 함수 부분은 [판매대장] 엑셀 표의 [월] 열(E2:E1193)에서 [@월] 셀(E2) 값과 동일한 셀이 몇 개인지 세어 계산식을 완성하게 됩니다.

=월별 목표 금액/월 건수

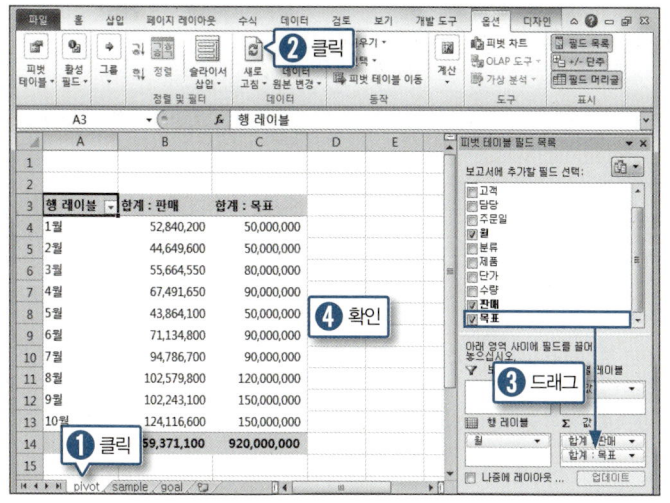

05 피벗 테이블 보고서에 목표 추가하기

목표 금액의 합계를 구해 제대로 된 결과가 반환되는지 확인하겠습니다.

❶ [pivot] 시트 탭을 선택합니다.

❷ [옵션] 탭-[데이터] 그룹-[새로 고침] 을 클릭하고 ❸ 추가된 **목표** 필드를 값 영역에 드래그하여 추가합니다.

❹ C열의 합계 : 목표 필드의 값이 과정 **02**에서 확인한 월별 목표액과 차이가 있는지 확인합니다.

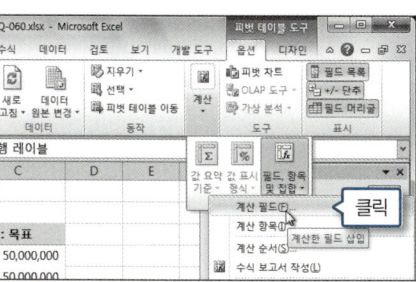

06 달성률 계산하기 (1)

목표를 얼마나 달성했는지 비율(달성률)로 나타내기 위해 계산 필드를 추가하겠습니다.

[옵션] 탭-[계산] 그룹-[필드, 항목 및 집합] -[**계산 필드**]를 클릭합니다.

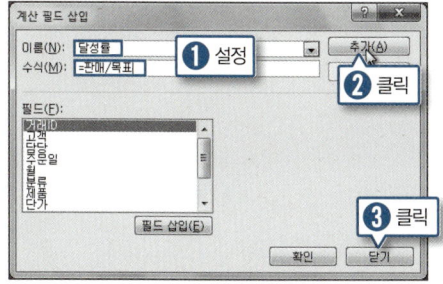

07 달성률 계산하기 (2)

❶ 계산 필드 삽입 대화상자가 표시되면 이름란을 **달성률**, 수식란을 **=판매/목표**로 지정합니다.

❷ [**추가**]를 클릭해 필드를 추가합니다.

❸ [**닫기**]를 클릭해 대화상자를 닫습니다.

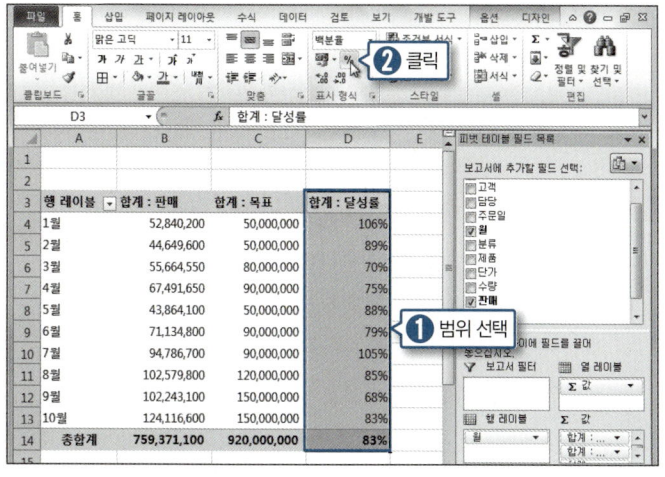

08 달성률 계산하기 (3)

피벗 테이블 값 영역에 합계 : 달성률 필드의 결과가 표시됩니다.

❶ 표시된 결과를 비율로 나타내기 위해 **D3:D14** 범위를 선택합니다.

❷ [홈] 탭-[표시 형식] 그룹-[**백분율 스타일**] 을 클릭합니다.

질문 61 값 영역에 등급 같은 텍스트를 표시할 수 있는 방법이 있나요?

피벗 테이블 보고서의 값 영역에 숫자 말고 텍스트 값을 표시할 수 있나요? 집계된 결과에 맞게 등급을 표시하는 방법을 알려 주세요.

• 예제 파일 〉 Part2 : xlFAQ-061.xlsx   • 완성 파일 〉 Part2\완성 : xlFAQ-061완성.xlsx

답변 61 피벗 테이블 보고서의 값 영역은 집계 방법에 따른 결과를 표시하므로 항상 숫자만 표시됩니다. 단, 상황에 따라 조건부 서식이나 셀 서식을 이용해 집계된 숫자를 텍스트로 표시할 수 있습니다.

실무실습 피벗 테이블 보고서의 값 영역에 텍스트 표시하기

다음 실무실습을 통해 피벗 테이블 보고서의 값 영역에 텍스트를 표시해 보겠습니다.

01 예제 확인하기

[pivot] 시트를 선택하면 제품별 판매 실적 보고서를 확인할 수 있습니다. 보고서의 값 영역에 있는 합계 : 수량 필드와 합계 : 판매 필드에 다음 기준으로 등급을 표시하는 작업을 해 보겠습니다.

합계 : 수량 필드는 다음 표의 기준을 사용해 등급을 표시합니다.

구간	등급
500개 이상	A
300개~499개	B
0~299개	C

합계 : 판매 필드는 다음 표의 기준을 사용해 등급을 표시합니다.

구간	등급
5,000만 원 이상	S
3,000만 원~4,999만 원	A
2,000만 원~2,999만 원	B
1,000만 원~1,999만 원	C
500만 원~999만 원	D
0~499만 원	F

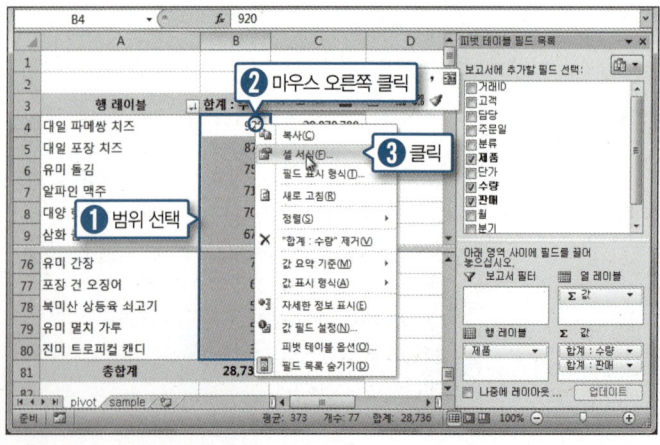

02 셀 서식을 이용해 등급 표시하기 (1)

합계 : 수량 필드의 등급을 표시하겠습니다. 이 작업은 등급이 3개이므로 [셀 서식] 기능을 이용합니다.

❶ B4:B80 범위를 선택합니다.
❷ 마우스 오른쪽 버튼을 누릅니다.
❸ [셀 서식] 메뉴를 선택합니다.

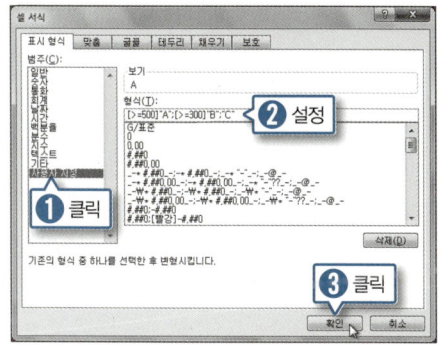

03 셀 서식을 이용해 등급 표시하기 (2)

❶ 셀 서식 대화상자가 표시되면 [표시 형식] 탭의 범주 목록을 **사용자 지정**으로 지정합니다.

❷ 형식란을 다음과 같이 지정합니다.

[>=500]"A";[>=300]"B";"C"

❸ [확인]을 클릭해 대화상자를 닫습니다.

수식 설명 [>=500]"A" ; [>=300]"B";"C"

셀 서식의 사용자 지정에서는 조건을 지정해 숫자 서식을 지정할 수 있는 기능이 있으며 형식은 다음과 같습니다.

[조건1] 서식 코드1 ; [조건2] 서식 코드2 ; 서식 코드3

위 서식을 사용자 지정 서식이라고 합니다. [조건1]을 만족하면, 서식 코드1에 사용한 서식 코드를 적용하고, [조건2]를 만족하면 서식 코드2에 사용한 서식 코드를 적용하고, [조건1]과 [조건2]를 모두 만족하지 않으면 서식 코드3에 사용한 서식 코드를 적용하라는 의미입니다.

그러므로 예제에서 사용한 사용자 지정 서식은 선택한 범위(B4:B80)의 값이 500 이상이면 "A" 서식을, 300 이상(앞에서 500 이상 조건이 사용됐으므로 300~499 구간)이면 "B" 서식을, 나머지(0~299 구간)는 "C" 서식을 표시하라는 의미를 갖습니다. 참고로 서식 코드 부분은 모두 큰 따옴표(")와 함께 텍스트 값을 사용했으므로, 큰 따옴표(") 안의 텍스트 값이 셀에 표시됩니다.

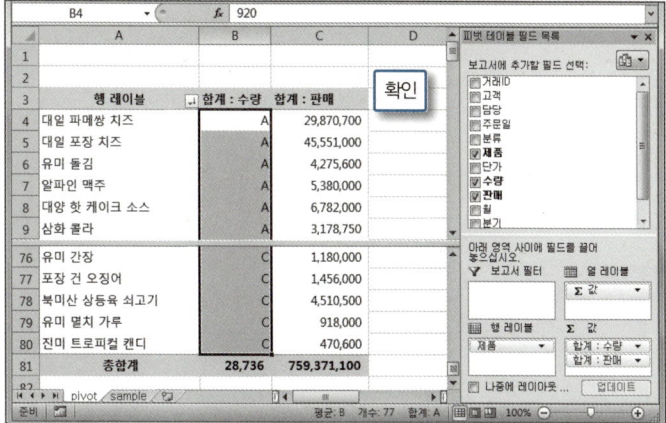

04 셀 서식을 이용해 등급 표시하기 (3)

합계 : 수량 필드의 값이 숫자에서 "A", "B", "C"와 같은 텍스트 값으로 표시되는 것을 확인할 수 있습니다. 다만 셀 서식은 셀 값 자체를 변경하는 것은 아니므로, 합계 : 수량 필드의 셀을 선택하고 수식 입력줄을 확인하면 원래 집계된 숫자 값을 확인할 수 있습니다.

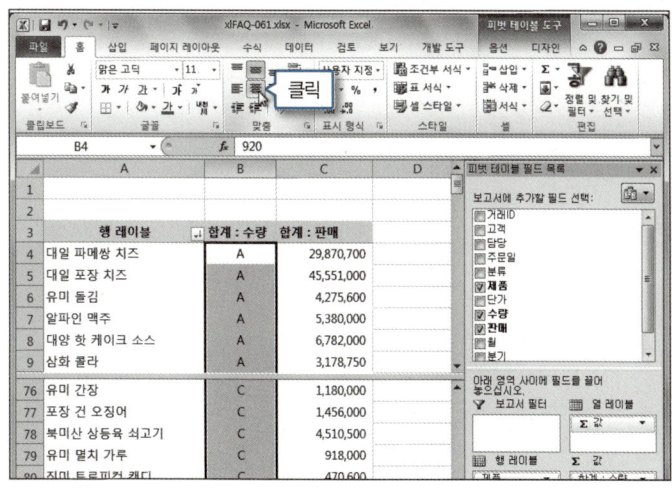

05 셀 서식을 이용해 등급 표시하기 (4)

[홈] 탭-[맞춤] 그룹-[**가운데 맞춤**]을 클릭해 가운데에 맞춥니다.

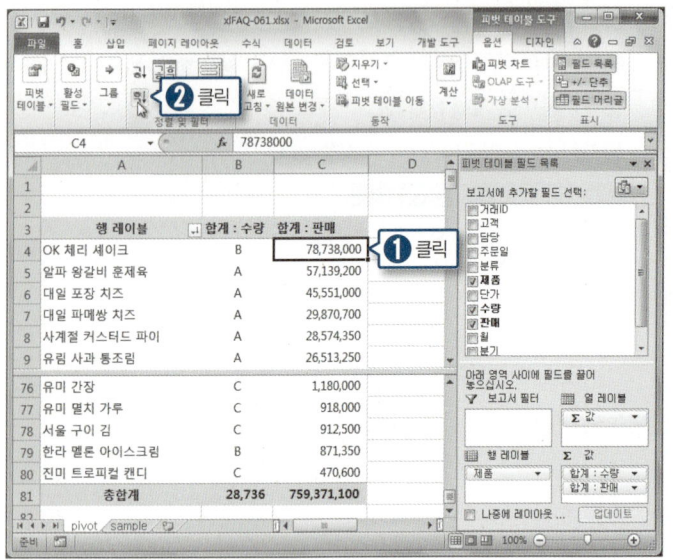

06 매출순으로 정렬하기

합계 : 판매 필드도 등급을 표시해야 합니다. 그에 앞서 매출순으로 정렬하겠습니다.

❶ C4셀을 선택합니다.

❷ [옵션] 탭-[정렬 및 필터] 그룹-[내림차순 정렬]을 클릭합니다.

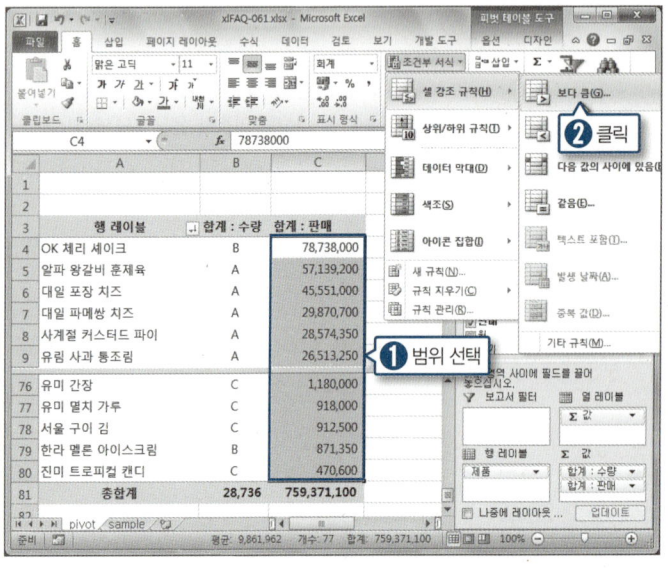

07 조건부 서식으로 등급 표시하기 (1)

합계 : 판매 필드의 등급은 좀 더 복잡하므로, 조건부 서식을 이용하겠습니다.

❶ 최소 등급부터 조건부 서식을 지정하기 위해 C4:C80 범위를 선택합니다.

❷ [홈] 탭-[스타일] 그룹-[조건부 서식]-[셀 강조 규칙]-[보다 큼]을 클릭합니다.

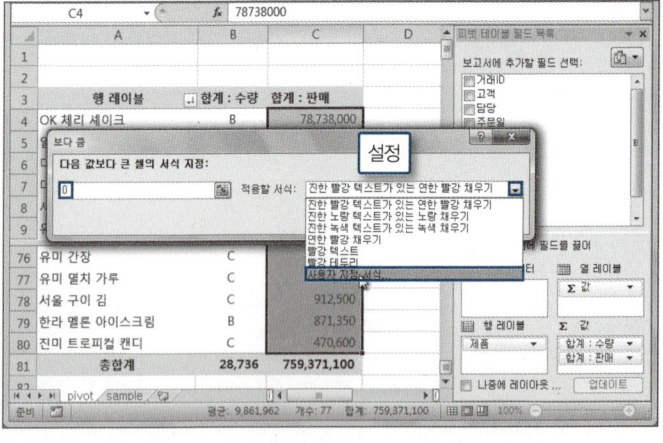

08 조건부 서식으로 등급 표시하기 (2)

보다 큼 대화상자가 표시되면 첫 번째 입력란을 0, 적용할 서식 목록을 **사용자 지정 서식**으로 지정합니다.

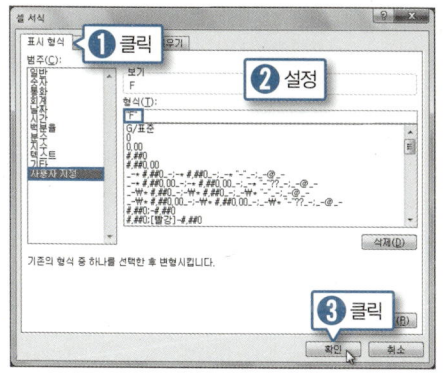

09 조건부 서식으로 등급 표시하기 (3)

❶ 셀 서식 대화상자가 표시되면 [**표시 형식**] 탭을 선택합니다.

❷ 범주 목록을 **사용자 지정**, 형식란을 "**F**"로 지정합니다.

❸ [확인]을 클릭합니다.

보다 큰 대화상자에서도 [확인]을 클릭해 닫습니다.

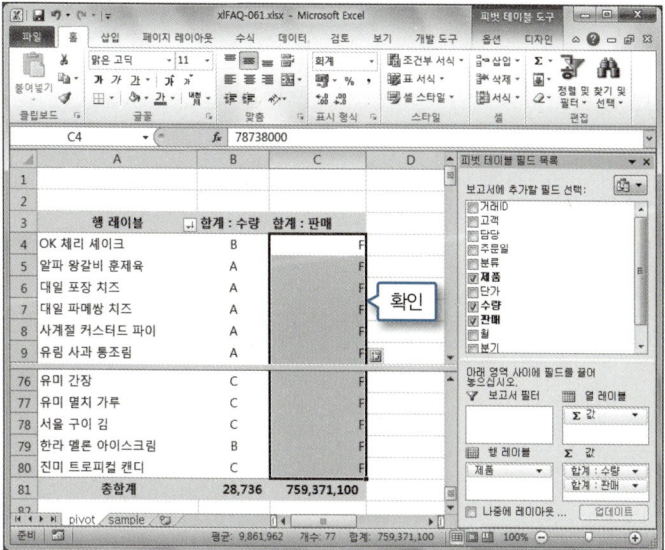

10 조건부 서식으로 등급 표시하기 (4)

합계 : 판매 필드의 전체 값이 "F" 등급으로 표시되는 것을 확인합니다.

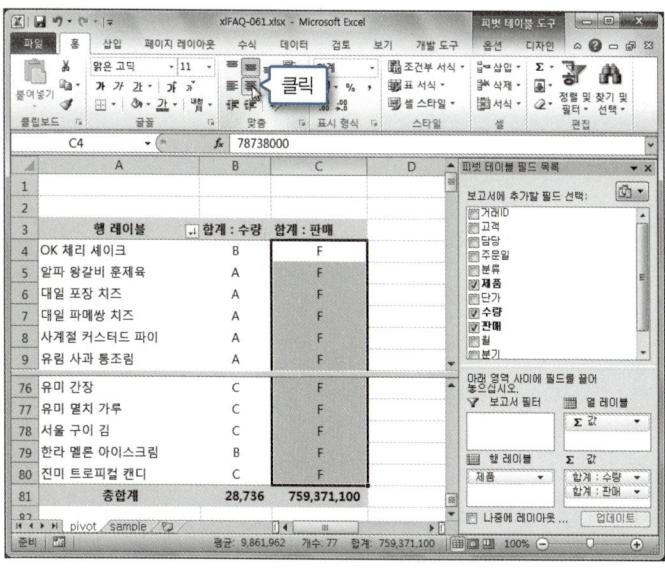

11 조건부 서식으로 등급 표시하기 (5)

등급을 선택한 채로 [홈] 탭-[맞춤]-[**가운데 맞춤**]을 클릭해 가운데로 정렬합니다.

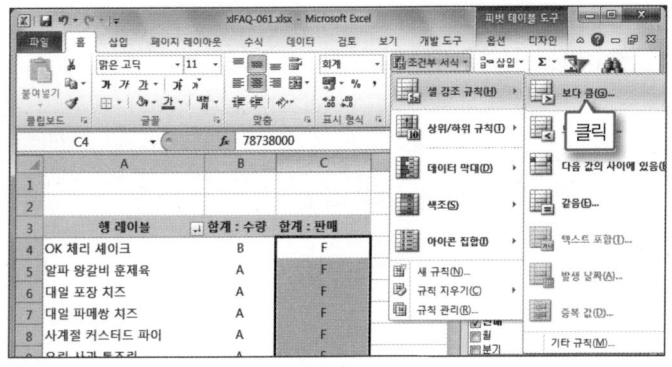

12 조건부 서식으로 등급 표시하기 (6)

D등급 조건을 지정하기 위해 **C4:C80** 범위가 선택된 상태로 [홈] 탭-[스타일] 그룹-[조건부 서식]-[셀 강조 규칙]-[보다 큼]을 클릭합니다.

13 조건부 서식으로 등급 표시하기 (7)

다음 표를 참고하여 D등급을 설정합니다. 조건부 서식은 낮은 등급순으로 등급별 서식을 지정하면 되며 각 등급에서 보다 큼 대화상자의 첫 번째 입력란에 입력할 값은 각 구간별 최소값으로, 보다 큼 대화상자와 셀 서식 대화상자에 입력할 값은 다음과 같습니다.

순서	등급	다음 값보다 큰 셀의 서식 지정	셀 서식 형식
1	D등급	5,000,000	"D"
2	C등급	10,000,000	"C"
3	B등급	20,000,000	"B"
4	A등급	30,000,000	"A"
5	S등급	50,000,000	"S"

Tip ... 조건부 서식 등록하기
이러한 방식의 조건부 서식을 등록하는 작업은 과정 **08~09**를 참고하세요.

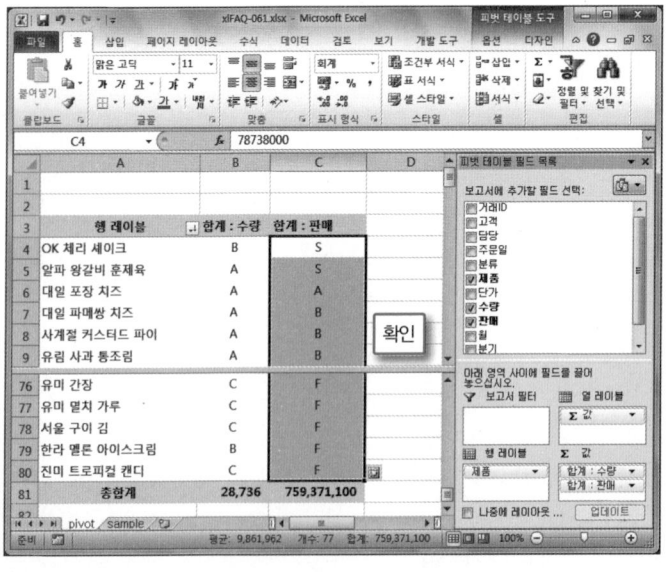

14 조건부 서식으로 등급 표시하기 (8)

모든 등급 조건을 설정하면 합계 : 판매 필드의 값이 등급 기준에 맞게 설정되어 나타납니다.

질문 62
피벗 차트를 사용하는 좋은 방법이 있나요?

피벗 테이블 보고서를 시각화하기 위해 피벗 차트를 이용하고자 합니다. 피벗 차트는 일반 차트와는 조금 다릅니다. 어떻게 사용해야 하나요?

• 예제 파일 〉 Part2 : **xlFAQ-062.xlsx**   • 완성 파일 〉 Part2\완성 : **xlFAQ-062완성.xlsx**

답변 62

피벗 차트는 피벗 테이블 보고서와 연동된다는 점만 빼면 일반 차트와 다른 점이 별로 없습니다. 다만 피벗 테이블 보고서와 연동되기 때문에 원하는 차트를 구성한 다음 피벗 테이블 보고서를 변경하면 그에 맞게 피벗 차트도 변화되므로 일반 차트를 사용하듯 피벗 차트를 사용할 수는 없습니다. 그러므로 피벗 차트를 이용할 때는 현재 피벗 차트 구성을 보관할 필요가 있습니다. 이 경우 그림으로 차트를 보관하는 방법이 가장 편리합니다. 참고로 피벗 차트는 분산형, 거품형, 주식형 차트를 만들 수 없습니다.

실무실습 | 피벗 차트 사용하기

다음 실무실습을 통해 피벗 차트를 사용하는 방법을 알아보겠습니다.

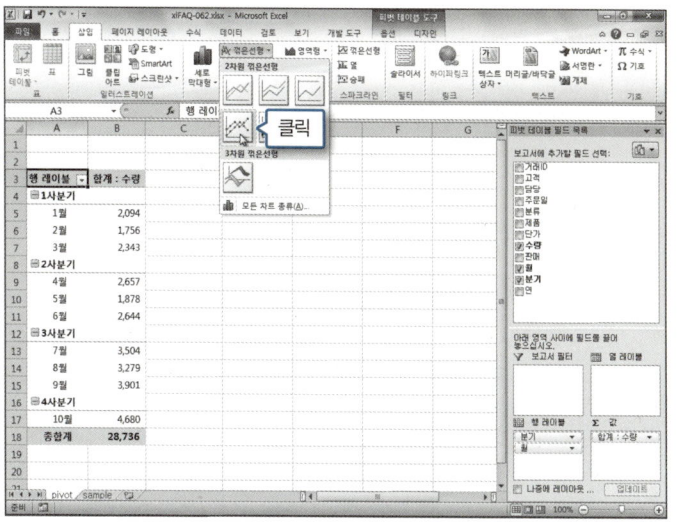

01 피벗 차트 만들기 (1)

피벗 차트는 피벗 테이블 보고서의 셀이 선택되어 있으면 손쉽게 만들 수 있습니다. A3셀이 선택된 상태에서 [삽입] 탭-[차트] 그룹-[꺾은선형]-[2차원 꺾은선형] 항목-**[표식이 있는 꺾은선형]**을 클릭합니다.

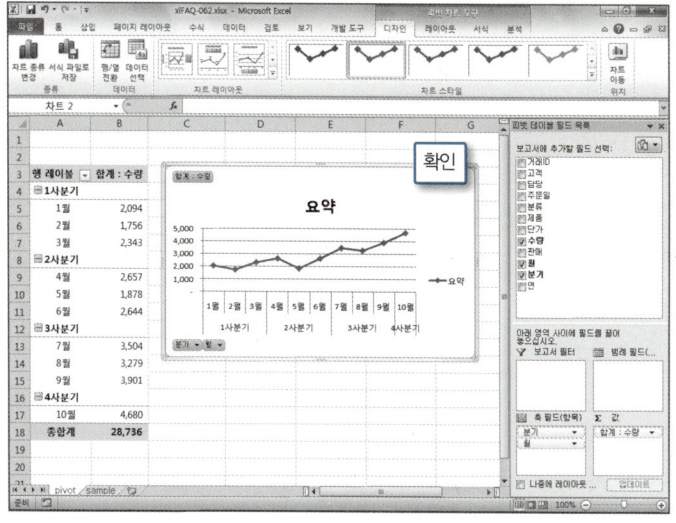

02 피벗 차트 만들기 (2)

피벗 테이블과 연동되는 피벗 차트 개체가 만들어집니다. 피벗 차트와 일반 차트의 차이점은 피벗 차트의 왼쪽 영역에서 확인할 수 있습니다. 피벗 차트의 왼쪽 윗부분은 피벗 테이블 보고서의 값 영역의 필드가 표시되고, 왼쪽 아랫부분에는 행 레이블 영역의 필드가 표시됩니다.

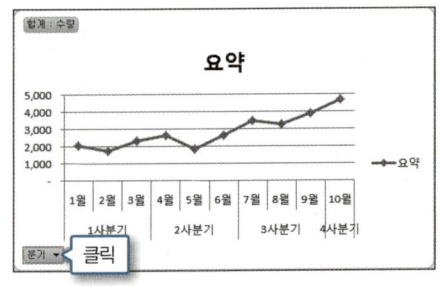

03 피벗 차트 구성 변경하기 (1)

피벗 차트에 표시된 필드 설정을 변경해 보겠습니다.
피벗 차트의 왼쪽 아랫부분 분기 필드 버튼을 클릭합니다.

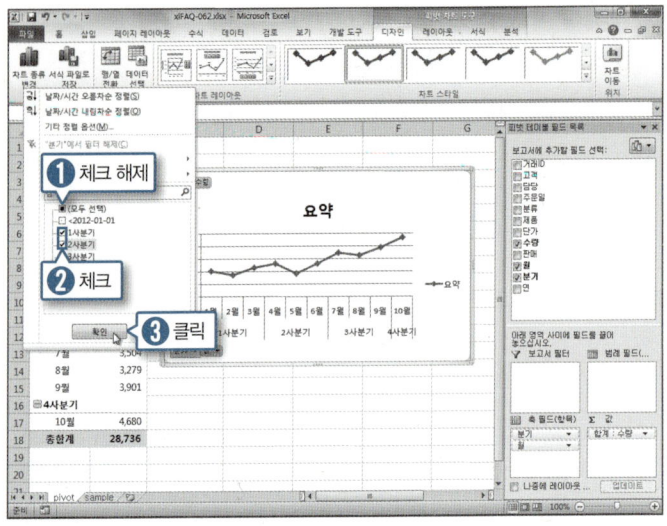

04 피벗 차트 구성 변경하기 (2)

❶ 필드 목록이 표시되면 (**모두 선택**)에 체크 표시를 해제합니다.
❷ **1사분기**와 **2사분기**만 체크합니다.
❸ [**확인**]을 클릭합니다.

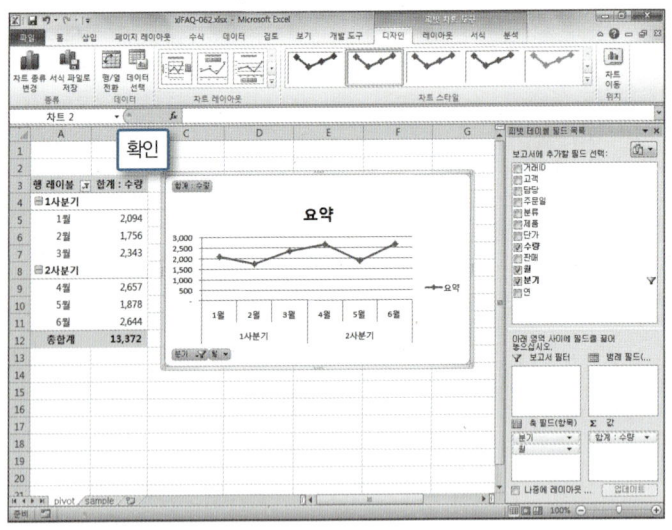

05 피벗 차트 구성 변경하기 (3)

피벗 차트의 구성이 1, 2사분기의 1월~6월 실적을 표시하는 것으로 변경되며, 피벗 테이블 역시 6월까지의 판매 실적만 나타내는 것을 확인할 수 있습니다.

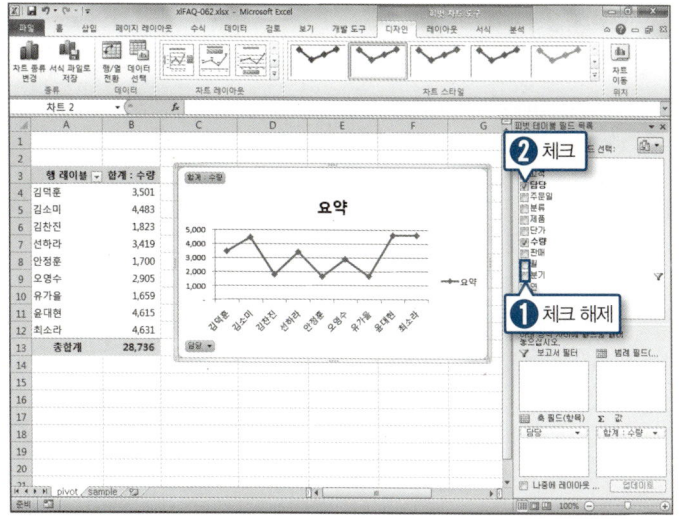

06 피벗 차트 구성 변경하기 (4)

피벗 테이블의 구성을 변경해 보겠습니다.

❶ 피벗 테이블 필드 목록 창에서 **분기** 필드와 **월** 필드에 체크 표시를 해제합니다.

❷ **담당** 필드에 체크하면 피벗 테이블과 피벗 차트가 동시에 변경되는 것을 확인할 수 있습니다. 이렇게 피벗 테이블이나 피벗 차트의 구성을 변경하면 서로 연동됩니다.

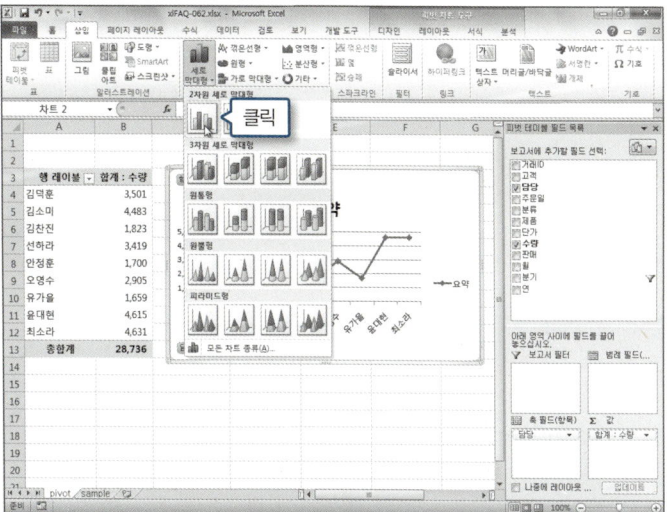

07 차트 종류 변경하기

차트 종류를 꺾은선형에서 막대 차트로 변경해 보겠습니다.

피벗 차트가 선택된 상태로 [삽입] 탭-[차트] 그룹-[세로 막대형]-[2차원 세로 막대형] 항목-[**묶은 세로 막대형**]을 클릭합니다.

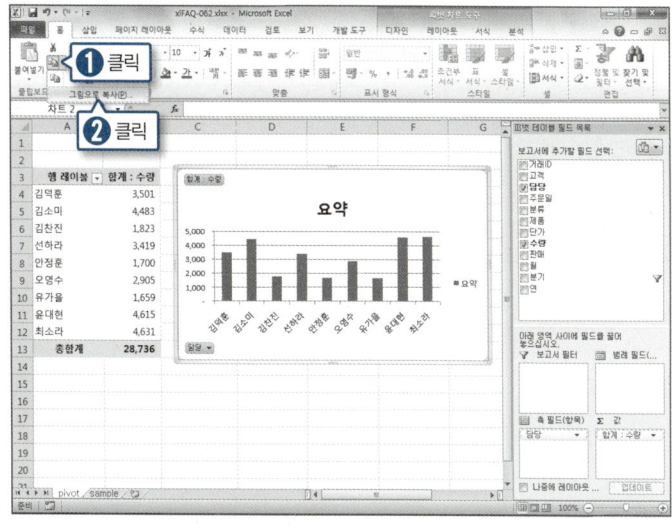

08 피벗 차트 그림으로 저장하기 (1)

차트가 변경됩니다. 피벗 차트는 피벗 테이블과 연동되므로 현재의 구성을 따로 보관할 수 없습니다. 만약 현재 차트 구성을 보관해 놓고 싶다면 그림으로 복사 기능을 이용합니다.

❶ 차트 개체가 선택된 상태로 [홈] 탭-[클립보드] 그룹-[복사]의 **옵션** 단추를 클릭합니다.

❷ **그림으로 복사**를 클릭합니다.

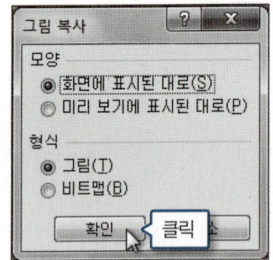

09 피벗 차트 그림으로 저장하기 (2)

그림 복사 대화상자가 표시되면 기본 값을 그대로 유지하고 **[확인]**을 클릭합니다. 선택한 차트 개체가 그림으로 클립보드에 복사됩니다.

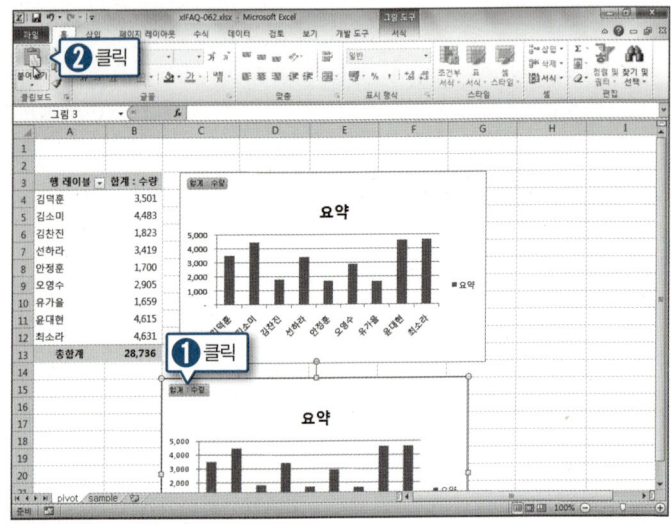

10 피벗 차트 그림으로 저장하기 (3)

❶ C15셀을 선택합니다.
❷ [홈] 탭-[클립보드] 그룹-**[붙여넣기]** 를 클릭하면 현재 차트 구성이 그림으로 붙여집니다.

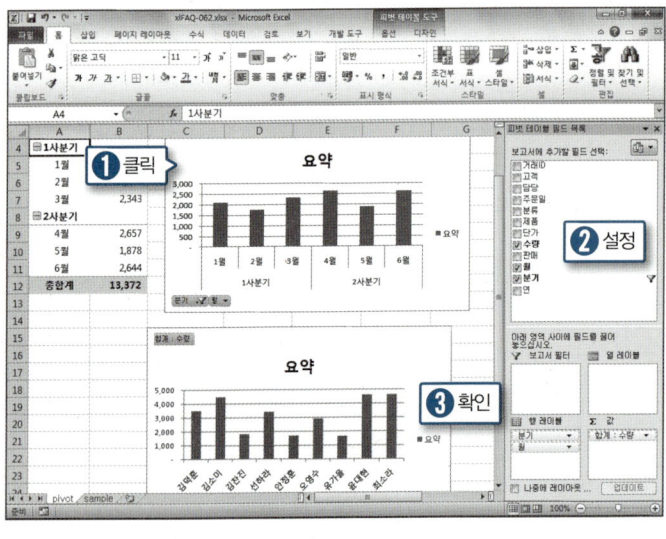

11 피벗 차트 그림으로 저장하기 (4)

❶ 피벗 테이블을 클릭합니다. ❷ 피벗 테이블 필드 목록 창에서 **담당** 필드에 체크 표시를 해제하고, 순서대로 **분기** 필드와 **월** 필드에 체크합니다.
❸ 윗부분 피벗 차트는 구성이 함께 변경되지만, 아랫부분 차트 그림은 이전 결과를 그대로 표시하고 있음을 확인할 수 있습니다.

Chapter 2.
차트를 이용해 보고서 시각화하기

집계된 표에는 많은 숫자가 포함되어 있으므로 한눈에 이해하기 쉽지 않습니다. 그러므로 대부분의 업무에서 집계된 표를 차트를 이용해 표현하는 방법을 주로 사용하게 됩니다. 차트는 쉬워 보이지만, 사용하기 위한 여러 규칙이 존재하며 차트를 잘못 사용하면 집계된 결과를 오인하게 만들 수 있으므로 차트를 통해 자신의 의도를 상대방에게 전달하는 방법을 잘 이해하고 사용해야 합니다.

Chapter 2에서는 목적에 맞는 올바른 차트의 선택 방법 및 자주 사용하는 차트 종류를 만드는 방법을 알아보겠습니다.

Chapter 2에서는 다음과 같은 내용에 대해 설명합니다.

- **Section 01** 차트 바르게 사용하기
- **Section 02** 실무에 적합한 차트 구성하기

Section 01 차트 바르게 사용하기

▶ 세로 막대형   ▶ 가로 막대형   ▶ 꺾은선형   ▶ 원형   ▶ 도넛형   ▶ 분산형
▶ 스파크라인   ▶ 승패 스파크라인

보고서의 유형과 목적에 따라 사용자가 선택해야 할 차트는 정해져 있습니다. 만약 잘못된 차트를 사용하게 되면 사용자의 의도를 전달하기 어려우므로 차트를 사용할 때는 보고 유형과 설명하고자 하는 내용에 따라 적합한 차트를 사용해야 합니다. 다음은 몇 가지 보고 유형에 따라 사용할 수 있는 차트를 정리해 놓은 표입니다.

보고 유형 \ 차트	세로 막대형	가로막대형	꺾은선형	원형	분산형
비교	●	●			
데이터 추이	●		●		
비율				●	
관계 설명					●
도수 분포	●		●		

질문 63
실적을 비교할 경우 어떤 차트를 사용하면 좋나요?

부서 또는 법인 사이의 실적을 비교할 경우 매번 같은 차트만 사용하다 보니 전달하고자 하는 의도가 제대로 전달되지 않는 것 같습니다. 올바른 차트 사용 방법에 대해 알려 주세요.

• 예제 파일 〉 Part2 : **xlFAQ-063.xlsx**   • 완성 파일 〉 Part2\완성 : **xlFAQ-063완성.xlsx**

답변 63
실적을 비교하는 보고서라면 막대형 차트를 선택하는 것이 가장 좋습니다. 막대형 차트 중에서 세로 막대형 차트는 가장 많이 사용되는 차트로, 여러 항목 간의 비교나 간단한 추이에 따른 변화를 표시하고자 할 때 유용합니다. 그에 비해 가로 막대형 차트는 두 집단의 항목을 1:1로 비교할 때 유용합니다.

실무실습 세로 막대형 차트 구성하기

다음 실무실습을 통해 세로 막대형 차트를 이용하는 방법을 알아보겠습니다.

01 예제 확인하기

부서의 판매 실적을 분야별로 정리해 놓은 표를 확인할 수 있습니다. 이 표를 가장 잘 설명하는 세로 막대형 차트를 구성하는 작업을 진행하겠습니다.

	A	B	C	D
1	부서\분야	반도체	자동차	화학
2	영업1부	8,763,600	15,218,100	19,885,700
3	영업2부	22,221,250	14,072,950	21,838,950
4	영업3부	15,866,500	19,435,050	43,664,100
5	합계	46,851,350	48,726,100	85,388,750

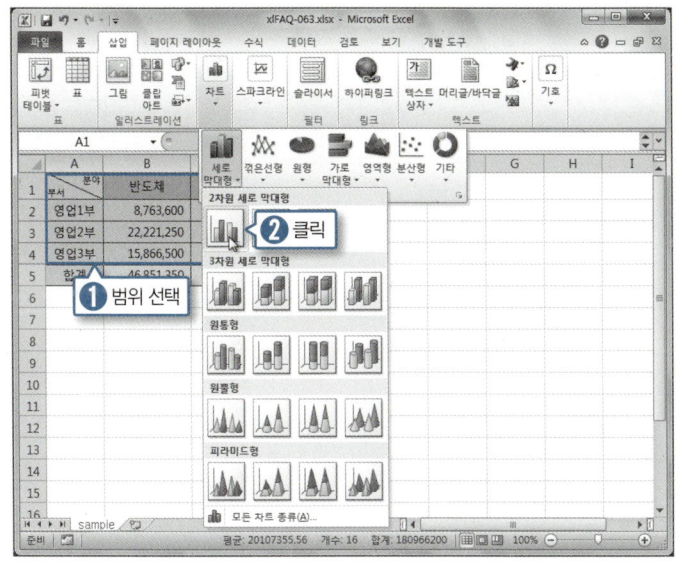

02 세로 막대형 차트 만들기 (1)

세로 막대형 차트를 만들려면 먼저 차트로 표시할 범위를 선택해야 합니다.

❶ A1:D4 범위를 선택합니다.
❷ [삽입] 탭-[차트] 그룹-[세로 막대형] -[2차원 세로 막대형] 항목-**[묶은 세로 막대형]** 을 클릭합니다.

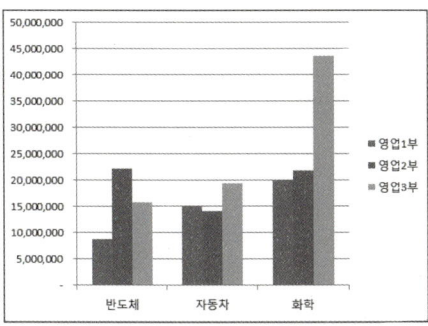

03 세로 막대형 차트 만들기 (2)

차트 개체가 새롭게 만들어집니다. 차트를 보면 X축에는 표의 B1:D1 범위열의 머리글이 표시되며, 막대그래프는 색상별로 부서를 표시하고 있는 것을 확인할 수 있습니다.

X축에 표시된 분야는 항목이라고 하며, 색상별 막대그래프는 데이터 계열(줄여서 계열이라고도 합니다)이라고 합니다. 데이터 계열은 범례에 정리되어 표시됩니다.

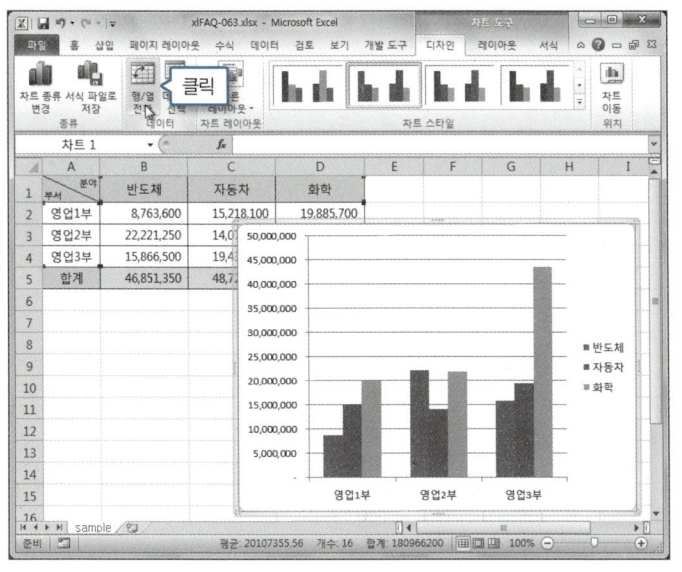

04 계열 ⇔ 항목 전환하기

X축의 항목에 부서를 표시하고 싶다면 차트의 [행/열 전환]을 이용하면 됩니다. 차트가 선택된 상태로 [디자인] 탭-[데이터] 그룹-**[행/열 전환]** 을 클릭합니다. X축 항목에 부서가 표시되고 분야가 데이터 계열이 됩니다.

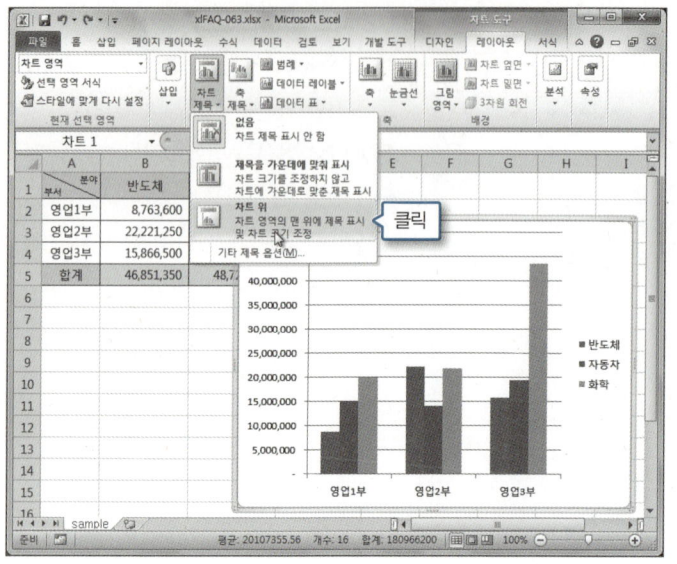

05 차트 제목 표시하기 (1)

차트 제목을 표시하기 위해 [레이아웃] 탭-[레이블] 그룹-[차트 제목] -[차트 위]를 클릭합니다.

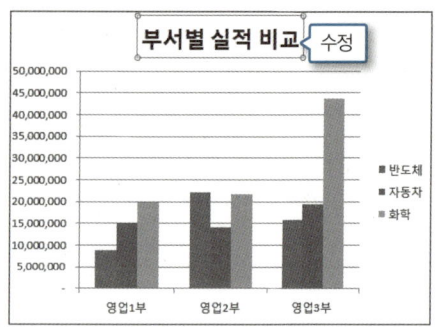

06 차트 제목 표시하기 (2)

차트 개체 윗부분에 차트 제목이 표시됩니다. 차트 제목을 클릭하여 **부서별 실적 비교**로 수정합니다.

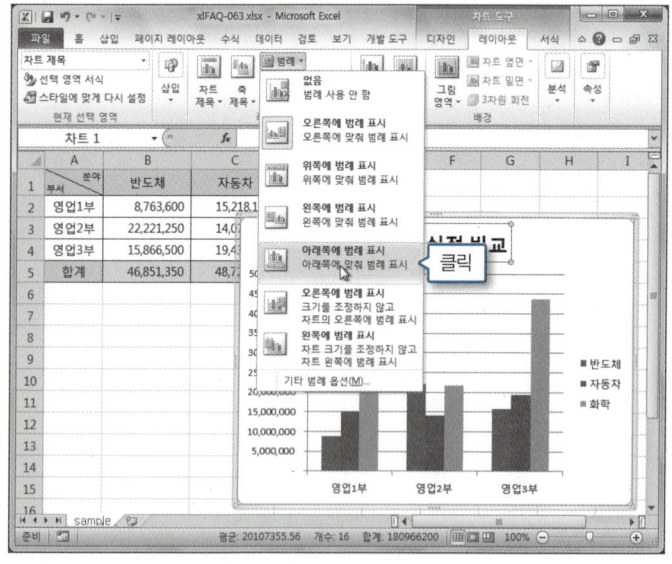

07 범례 위치 옮기기 (1)

범례 위치를 오른쪽에서 차트 개체의 아랫부분으로 옮겨 보겠습니다.

차트가 선택된 상태로 [레이아웃] 탭-[레이블] 그룹-[범례] -**[아래쪽에 범례 표시]**를 클릭합니다.

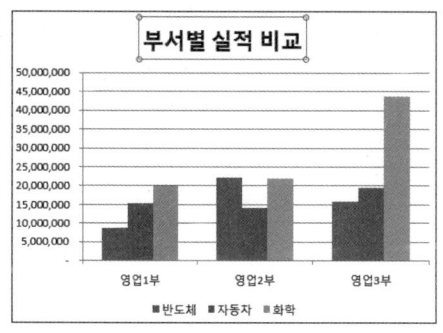

08 범례 위치 옮기기 (2)

범례가 차트 개체의 아랫부분 영역에 표시됩니다. 범례를 차트 아랫부분이나 윗부분에 옮겨 놓으면 차트의 그래프를 표시할 영역 너비가 넓어져 그래프에 좀 더 집중할 수 있습니다.

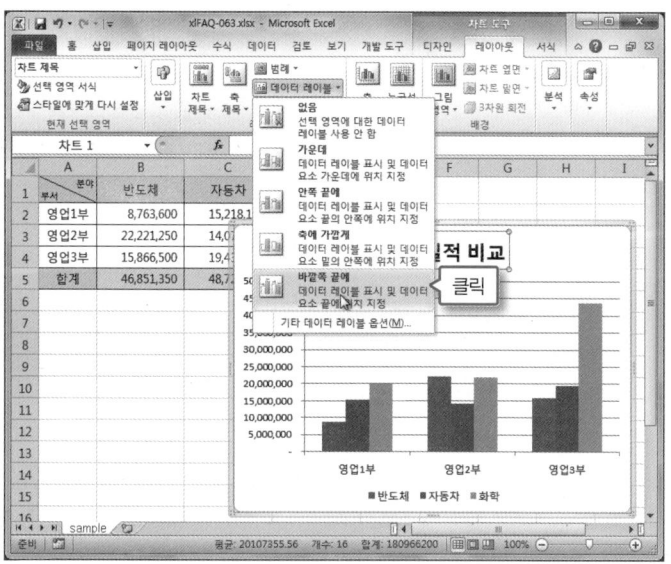

09 데이터 레이블 표시하기 (1)

막대그래프의 숫자 값을 표시하기 위해 [레이아웃] 탭-[레이블] 그룹-[데이터 레이블]-**[바깥쪽 끝에]**를 클릭합니다. 차트 종류에 따라 데이터 레이블을 표시할 수 있는 위치는 다르므로 여러 차트 종류에서 데이터 레이블을 표시하는 작업을 진행해 보기 바랍니다.

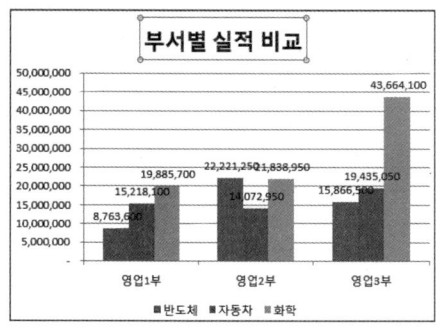

10 데이터 레이블 표시하기 (2)

막대그래프 윗부분에 그래프 숫자 값이 표시됩니다. 데이터 레이블을 표시하면 Y축을 숨겨도 막대그래프의 크기를 확인할 수 있기 때문에 자주 사용됩니다.

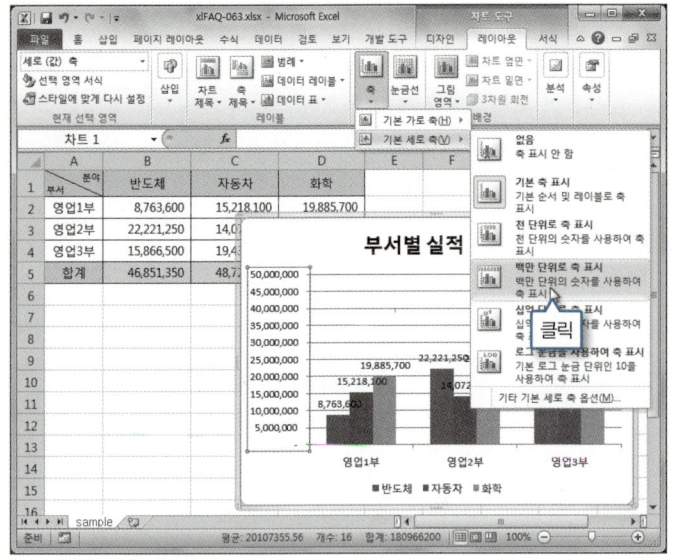

11 차트 숫자 단위 조정하기(1)

예제의 차트와 같이 막대그래프의 숫자 단위가 클 경우, 데이터 레이블을 표시해도 숫자를 쉽게 읽기가 어렵습니다.

숫자 단위를 조정하기 위해 [레이아웃] 탭-[축] 그룹-[축] -[기본 세로 축]-[**백만 단위로 축 표시**]를 클릭합니다.

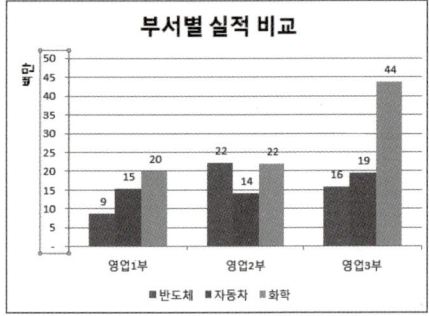

12 차트 숫자 단위 조정하기(2)

Y(세로) 축의 단위를 조정하면, 데이터 레이블의 숫자 단위도 함께 조정되어 숫자가 보다 단순하게 나타납니다. 지정된 단위는 Y축 왼쪽에 레이블 텍스트 상자에 표시됩니다.

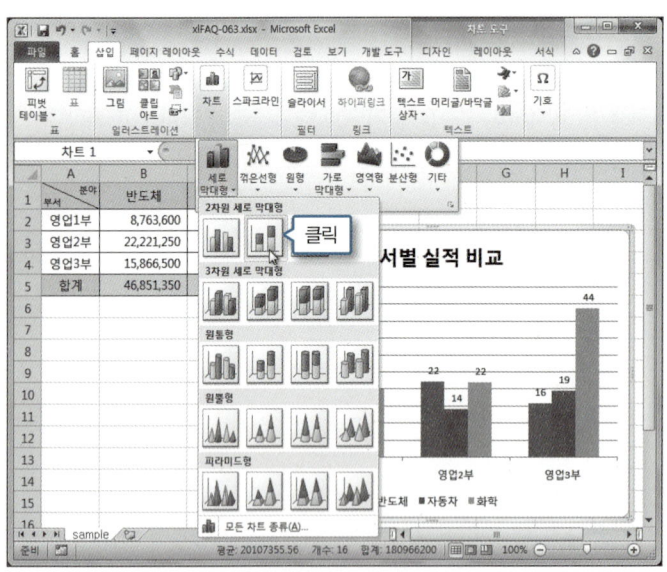

13 누적 막대 차트로 변경하기(1)

엑셀의 차트는 기본 차트, 누적형 차트, 100% 기준 누적형 차트로 변경할 수 있습니다.

차트를 누적형 차트로 변경해 누적형 차트의 특징을 파악해 보겠습니다.

피벗 차트가 선택된 상태로 [삽입] 탭-[차트] 그룹-[세로 막대형] -[2차원 세로 막대형] 항목-[**누적 세로 막대형**] 을 클릭합니다.

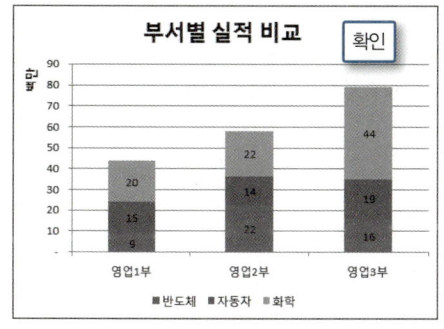

14 누적 막대 차트로 변경하기 (2)

X축 항목의 여러 막대그래프가 하나의 막대그래프에 누적되어 표시되는 것을 확인할 수 있습니다. 이렇게 하면 개별적으로 실적을 확인할 수도 있고, 누적된 결과를 확인할 수도 있습니다.

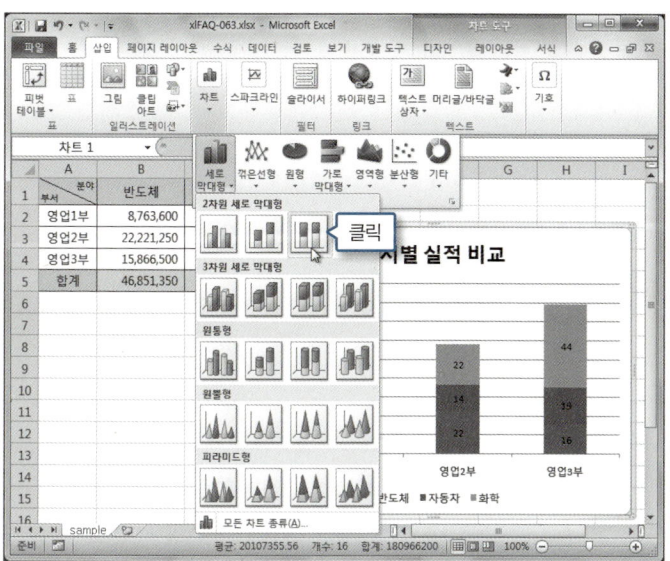

15 100% 기준 누적형 차트로 변경하기 (1)

100% 기준 누적형 차트로 변경해 보겠습니다.

피벗 차트가 선택된 상태로 [삽입] 탭-[차트] 그룹-[세로 막대형] -[2차원 세로 막대형] 항목-**[100% 기준 누적 세로 막대형]** 을 클릭합니다.

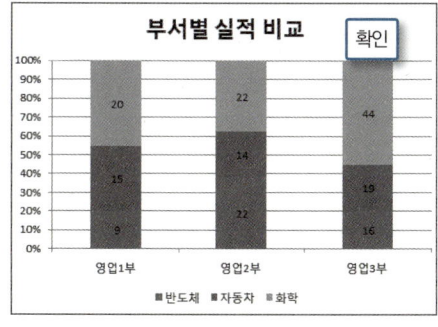

16 100% 기준 누적형 차트로 변경하기 (2)

막대그래프 크기가 동일하게 변경됩니다. Y축 레이블을 보면 숫자 값이 아니라 비율로 표시하고 있음을 확인할 수 있습니다. 이렇게 하면 각 부서의 분야별 실적을 동일한 크기로 파악할 수 있기 때문에 어떤 분야의 실적이 큰지 보다 분명하게 표시할 수 있습니다.

> **질문 64** 실적을 분야별로 비교하려면 어떤 차트를 사용하나요?
>
> 가로 막대형 차트를 사용하고 싶지만 양방향으로 막대그래프가 표현되지 않고 한쪽 방향으로만 막대그래프가 표시됩니다. 이렇게 밖에 표현할 수 없다면 세로 막대형 차트가 오히려 더 쉽고 편할 것 같습니다. 가로 막대형 차트를 사용할 때 양방향으로 막대그래프가 표시되도록 하는 방법이 있다면 알려 주세요.

• 예제 파일 〉 Part2 : xlFAQ-064.xlsx   • 완성 파일 〉 Part2\완성 : xlFAQ-064완성.xlsx

답변 64 가로 막대형 차트에서 세로축을 기준으로 오른쪽은 양수, 왼쪽은 음수 영역입니다. 그러므로 일반적인 숫자 값을 갖고 있는 표를 가로 막대형 차트로 표현하면 한쪽 방향(주로 오른쪽)으로 막대그래프가 표시됩니다. 그렇기 때문에 세로축을 중심으로 양방향으로 막대그래프를 표시하려면 요령이 필요합니다.

실무실습 가로 막대형 차트 구성하기

다음 실무실습을 통해 가로 막대형 차트를 구성하는 방법을 알아보겠습니다.

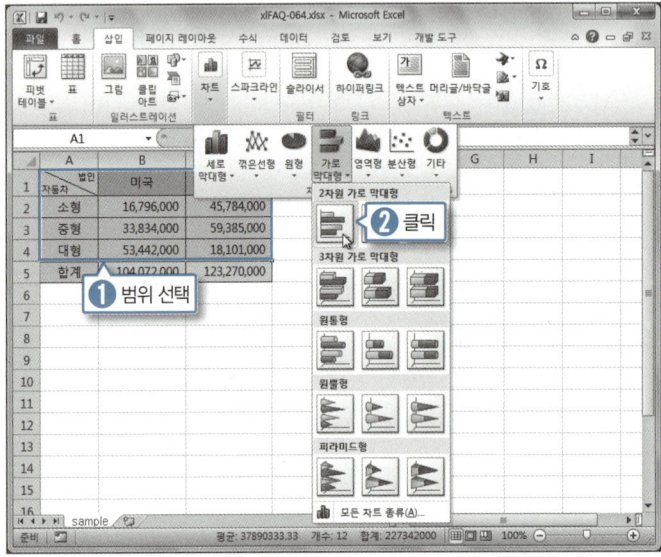

01 가로 막대형 차트 만들기
배기량 분류에 따른 판매 실적 집계표의 데이터를 가로 막대형 차트로 표시하는 작업을 진행하겠습니다.
❶ 가로 막대형 차트를 만들기 위해 **A1:C4** 범위를 선택합니다.
❷ [삽입] 탭-[차트] 그룹-[가로 막대형] -[2차원 가로 막대형] 항목-[**묶은 가로 막대형**] 을 클릭합니다.

Tip ... 가로 막대형 차트의 축 이해하기
가로 막대형 차트는 세로 막대형 차트를 눕혀 놓은 것과 같습니다. 그렇기 때문에 X축과 Y축도 세로 막대형 차트와 반대로 표시됩니다. 가로 막대형 차트의 Y축은 가로축이고, X축은 세로축입니다.

02 차트 레이아웃 변경하기 (1)
가로 막대형 차트가 만들어집니다. 이 차트를 보면 막대그래프가 모두 오른쪽 방향으로만 표시되고 있는 것을 확인할 수 있습니다.
차트가 선택된 상태에서 [디자인] 탭-[차트 레이아웃] 그룹-[빠른 레이아웃]-[**레이아웃 2**] 를 클릭합니다.

Tip ... 리본 메뉴가 다르게 보이는 이유 알아보기
리본 메뉴가 넓다면 빠른 레이아웃이 갤러리 형식으로 표시됩니다.

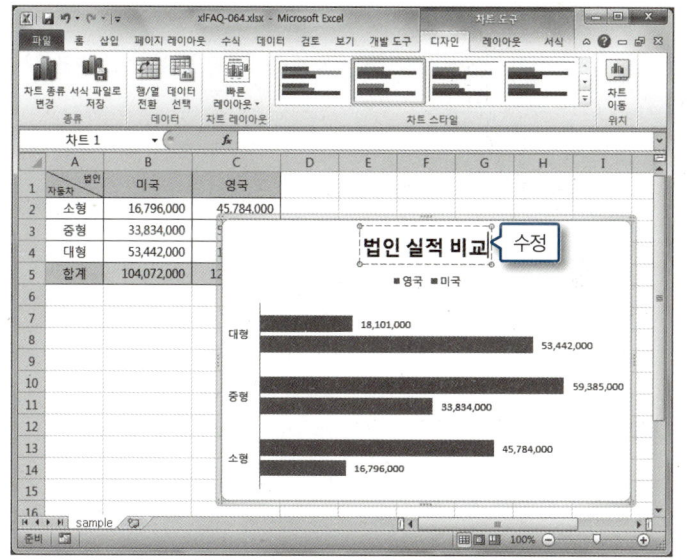

03 차트 레이아웃 변경하기 (2)

차트 제목이 표시되며 범례가 윗부분으로 옮겨지고 가로축 레이블이 모두 숨겨지면서 데이터 레이블(막대그래프의 숫자 값)이 차트에 표시됩니다.

이렇게 여러 개의 설정을 한 번에 변경하려고 할 때 미리 정의된 레이아웃을 선택해 작업하면 차트 편집 작업의 속도를 높일 수 있습니다.

차트 제목을 **법인 실적 비교**로 수정합니다.

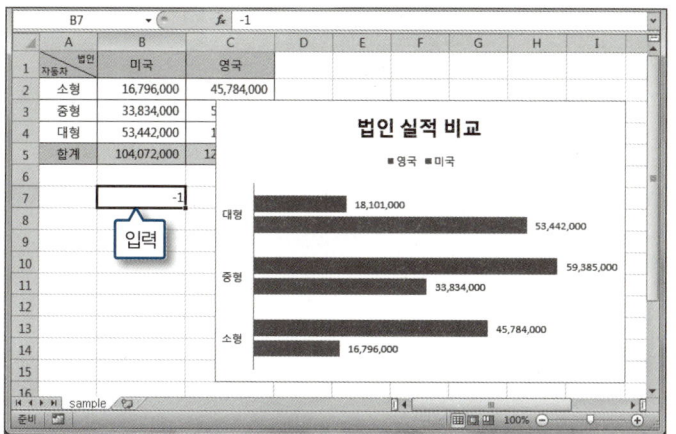

04 양방향 막대그래프 변형하기 (1)

미국 데이터 계열을 왼쪽에 표시되도록 설정하겠습니다. 왼쪽에 표시하려면 원본 표의 숫자가 음수가 되어야 합니다.

음수로 변경하는 작업을 손쉽게 하기 위해 빈 셀을 선택하고 **-1**을 입력합니다.

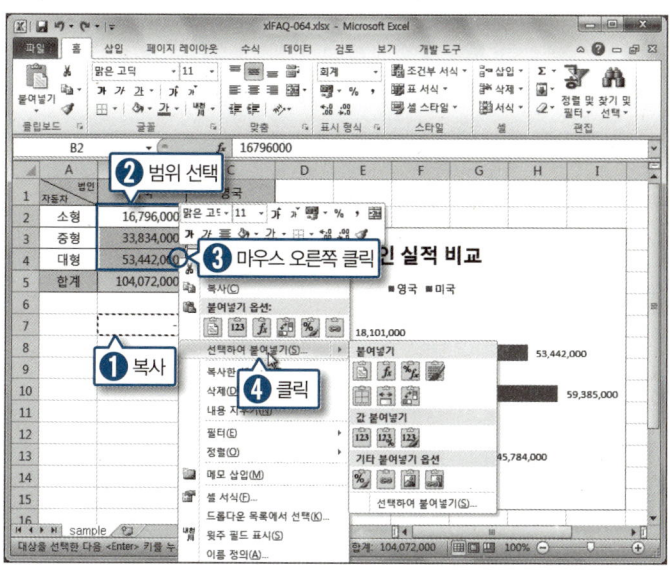

05 양방향 막대그래프 변형하기 (2)

❶ 음수를 입력한 셀을 복사합니다.
❷ B2:B4 범위를 선택합니다.
❸ 마우스 오른쪽 버튼을 누릅니다.
❹ [선택하여 붙여넣기] 메뉴를 선택합니다.

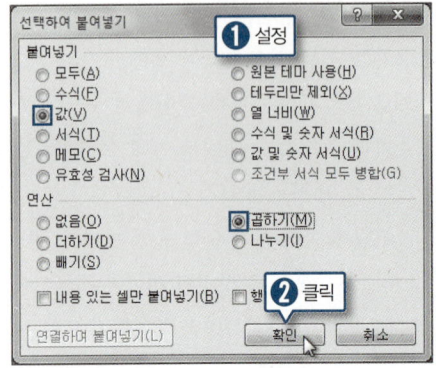

06 양방향 막대그래프 변형하기 (3)

❶ 선택하여 붙여넣기 대화상자가 표시되면 붙여넣기 옵션에서 **값**, 연산 옵션에서 **곱하기**를 선택합니다.

❷ [확인]을 클릭합니다.

이렇게 하면 복사된 값이 선택된 범위에 곱하게 되어 양수를 쉽게 음수로 변경할 수 있습니다.

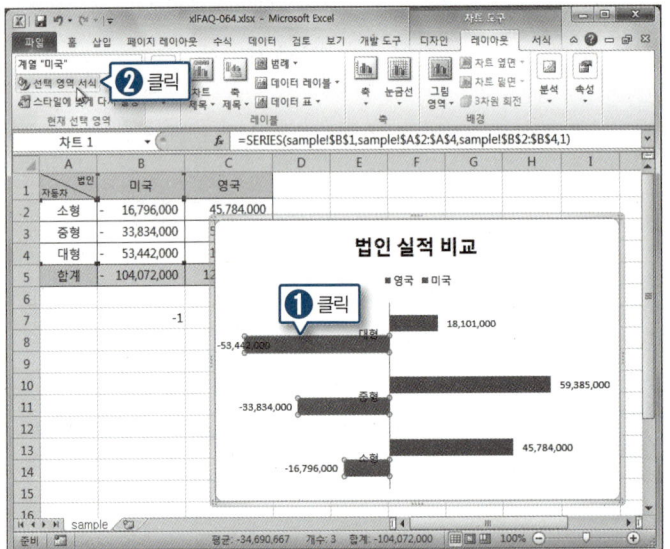

07 막대그래프 깔끔하게 정렬하기 (1)

미국 계열의 막대그래프가 세로축을 기준으로 왼쪽으로 표시됩니다. 세로축을 양쪽에 표시된 막대그래프가 일정하게 표시되도록 하기 위해 설정을 변경하는 작업을 진행하겠습니다.

❶❷ 왼쪽 파란색 막대그래프를 더블 클릭하거나, 막대그래프를 선택하고 [레이아웃] 탭-[현재 선택 영역] 그룹-**[선택 영역 서식]**을 클릭합니다.

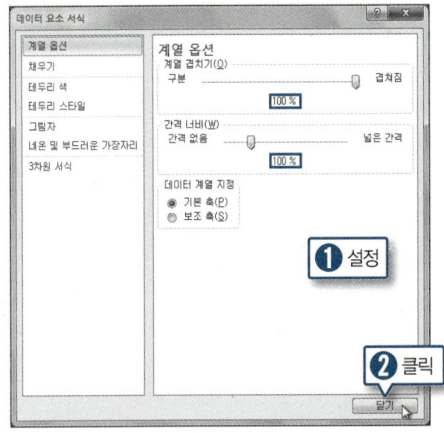

08 막대그래프 깔끔하게 정렬하기 (2)

데이터 계열 서식 대화상자가 표시됩니다.

❶ [계열 옵션] 범주에서 계열 겹치기 옵션을 **100%**, 간격 너비 옵션을 **100%**로 설정합니다.

❷ [닫기]를 클릭합니다.

Tip ... 데이터 계열 서식 대화상자의 옵션 변경 사항 이해하기

계열 겹치기 옵션을 100%로 설정하면 두 막대그래프가 세로축 같은 위치에 표시됩니다. 또한 간격 너비는 막대그래프의 간격을 의미하는 것으로 값이 작아질수록 막대그래프의 너비를 넓게 표시합니다.

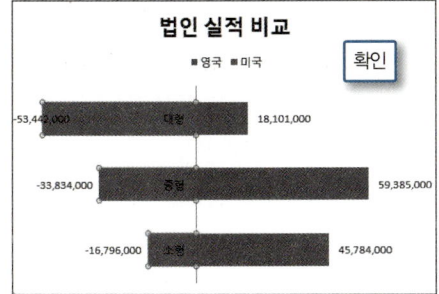

09 막대그래프 깔끔하게 정렬하기 (3)

설정된 옵션에 의해 가로 막대그래프가 세로축의 같은 위치에 표시되며, 막대그래프의 너비도 이전에 비해 넓어진 것을 확인할 수 있습니다.

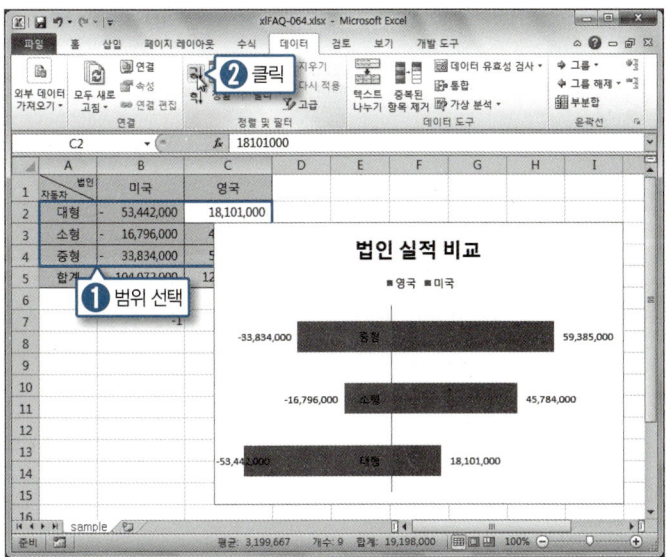

10 막대그래프 정렬하기

영국 계열의 막대그래프를 실적순으로 정렬해 보겠습니다.

❶ C2:A4 범위를 선택합니다. Note 1

❷ [데이터] 탭-[정렬 및 필터] 그룹-[오름차순 정렬]을 클릭합니다.

Note 1 ... 정렬 기능과 범위 선택하기

엑셀에서 정렬 기능을 이용할 때는 일반적으로 값이 입력된 첫 번째 셀 위치를 선택하고 정렬합니다. 예제와 같은 경우는 C2셀을 선택하고 정렬하는 방법이 일반적이지만 5행에 입력된 합계 행이 있기 때문에 C2셀을 선택하고 정렬하면 5행도 정렬되어 원하는 결과를 얻지 못합니다. 이렇게 첫 번째 머리글 행과 마지막 요약(합계) 행을 제외하고 가운데 데이터 부분만 정렬할 때는 이번과 같이 범위를 선택하고 정렬하는 방법을 사용해야 합니다.

범위를 선택했을 때는 선택된 범위의 흰색 셀(예제에서 C2셀)이 어디에 있는지가 중요합니다. 이 흰색 셀을 활성 셀이라고 합니다. 이 셀이 포함된 열을 기준으로 정렬 작업이 진행되므로 정렬 작업을 할 때는 활성 셀의 위치가 중요합니다. A2:C4 범위와 같이 왼쪽 윗부분 셀부터 선택하게 되면, A2셀이 활성 셀이 되지만, C2:A4 범위와 같이 오른쪽 윗부분 셀을 먼저 선택하게 되면 활성 셀이 C2셀이 됩니다. 이런 선택 방법은 기준 열을 원하는 열로 선택하려고 할 때 사용하는 방법입니다.

만약 가운데 열을 선택하려면 범위를 선택하고 Tab을 누르는 방법을 사용하면 됩니다. 예를 들어 A2:C4 범위를 선택한 다음 Tab을 누르면 B2셀이 활성 셀이 되며, 다시 한 번 더 누르면 C2셀이 활성 셀이 됩니다.

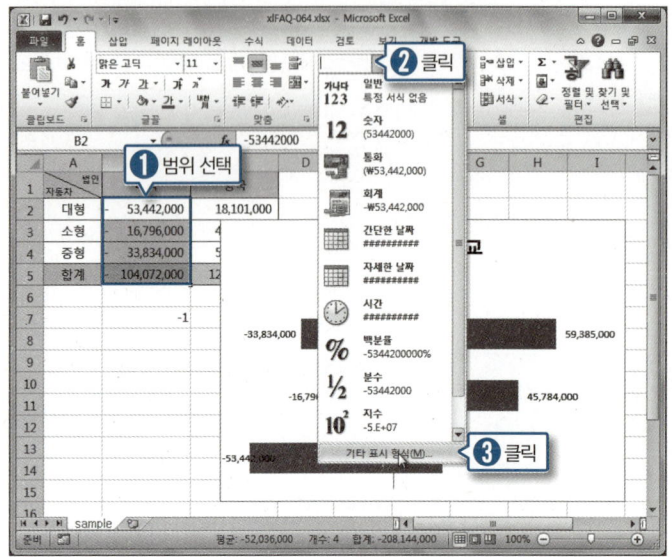

11 원본 표의 음수 표현 삭제하기 (1)

원본 표의 음수 표현을 숨기겠습니다. 이런 작업은 셀 서식의 표시 형식을 이용하는 것이 가장 좋습니다.

❶ **B2:B5** 범위를 선택합니다.

❷ [홈] 탭-[표시 형식] 그룹-[표시 형식]의 옵션 단추를 클릭합니다.

❸ [기타 표시 형식]을 클릭합니다.

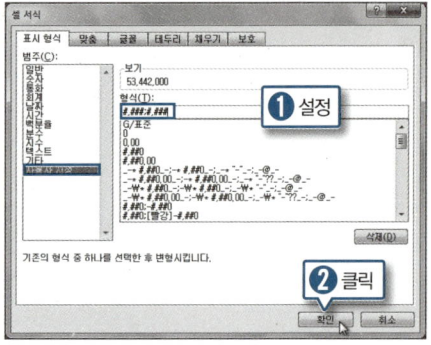

12 원본 표의 음수 표현 삭제하기 (2)

❶ 셀 서식 대화상자가 표시되면 [표시 형식] 탭을 선택하고 범주 목록을 **사용자 지정**, 형식란을 다음과 같이 지정합니다.

#,###;#,###

❷ [확인]을 클릭합니다.

수식 설명 #,###;#,###

양수와 음수의 표시 형식을 다르게 하려면, 다음과 같은 사용자 지정 서식 형식을 사용해야 합니다.

양수 서식;음수 서식;0 서식;텍스트 서식

예제와 같이 세미콜론(;)으로 2개의 서식 코드를 구분해 사용하면 양수와 음수에 대한 서식만 원하는 서식으로 지정하겠다는 의미입니다. 사용한 2개의 서식 코드가 모두 천 단위 구분 기호를 표시하는 숫자 서식인 #,###로 동일하며 두 번째 서식 코드에 음수 기호가 사용되지 않았기 때문에 이렇게 숫자 서식을 지정하게 되면 셀에 표시된 음수 기호가 더 이상 나타나지 않게 되는 효과를 얻을 수 있습니다.

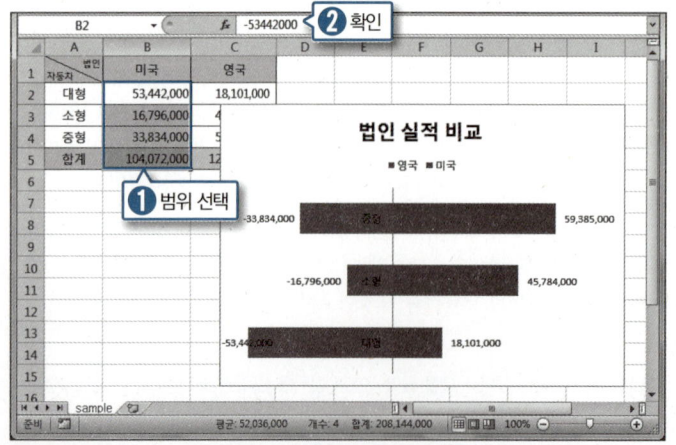

13 원본 표의 음수 표현 삭제하기 (3)

B2:B5 범위에 더 이상 음수 기호가 나타나지 않는 것을 확인할 수 있습니다. 하지만 셀 서식을 이용하는 방법은 숫자 값 자체를 변경하는 것은 아니므로 셀에 저장된 값은 음수라는 것을 잊으면 안 됩니다. ❶ 셀에 저장된 숫자 값을 확인하려면 **B2:B5** 범위의 셀을 선택하고 ❷ 수식 입력줄을 확인합니다.

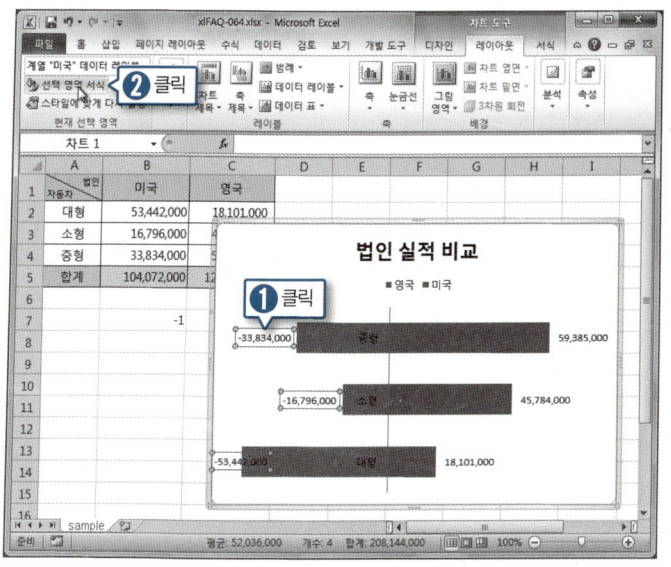

14 차트의 음수 표현 삭제하기 (1)

차트의 데이터 레이블에 표시되는 음수 기호를 숨겨 보겠습니다.

①② 미국 계열의 데이터 레이블을 마우스로 더블 클릭하거나 데이터 레이블을 선택하고 [레이아웃] 탭-[현재 선택 영역] 그룹-[**선택 영역 서식**] 을 클릭합니다.

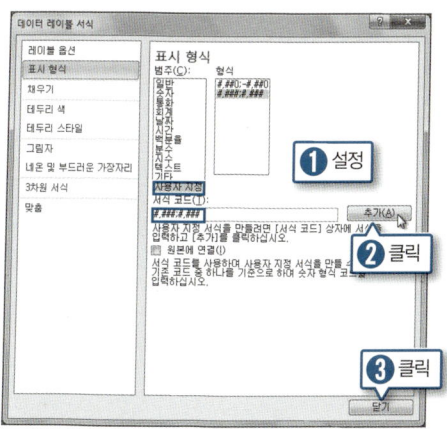

15 차트의 음수 표현 삭제하기 (2)

① 데이터 레이블 서식 대화상자가 표시되면 [표시 형식] 범주를 선택하고 범주 목록을 **사용자 지정**, 서식 코드란을 다음과 같이 지정합니다.

#,###;#,###

② [**추가**]를 클릭합니다.

③ [**닫기**]를 클릭하여 설정을 적용합니다.

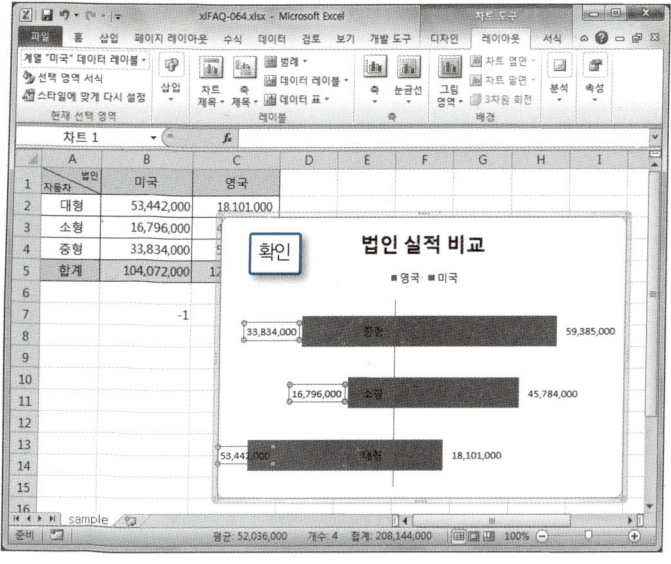

16 차트의 음수 표현 삭제하기 (3)

데이터 레이블 역시 음수 기호가 더 이상 나타나지 않는 것을 확인할 수 있습니다. 이런 작업을 하면 좀 더 깔끔한 가로 막대형 차트를 구성하는 것이 가능합니다.

Section 01 차트 바르게 사용하기 • **277**

질문 65	긴 기간의 데이터 추이를 표시할 때 어떤 차트가 좋나요?
	수십 개월 혹은 수십 년에 걸친 데이터 등, 긴 기간의 데이터 추이를 표시할 때는 어떤 차트를 사용해야 깔끔하게 표시할 수 있나요?

• 예제 파일 〉 Part2 : **xlFAQ-065.xlsx**   • 완성 파일 〉 Part2\완성 : **xlFAQ-065완성.xlsx**

답변 65 데이터 추이를 표시할 때, 짧은 기간(X축 항목이 12개 이내)일 경우에는 세로 막대형 차트를 많이 사용하지만 그것보다 기간이 길다면 꺾은선형 차트를 사용하는 것이 좋습니다.

엑셀에서는 꺾은선형 차트와 유사한 차트로 영역형 차트가 제공됩니다. 이 두 차트를 혼합하면 꺾은선 그래프의 흐름을 보다 분명하게 표시할 수 있기 때문에 자주 함께 사용되므로 두 차트를 함께 사용하는 방법을 아는 것이 좋습니다.

실무실습 꺾은선형 차트 **구성하기**

다음 실무실습을 통해 꺾은선형 차트를 구성하는 방법을 알아보겠습니다.

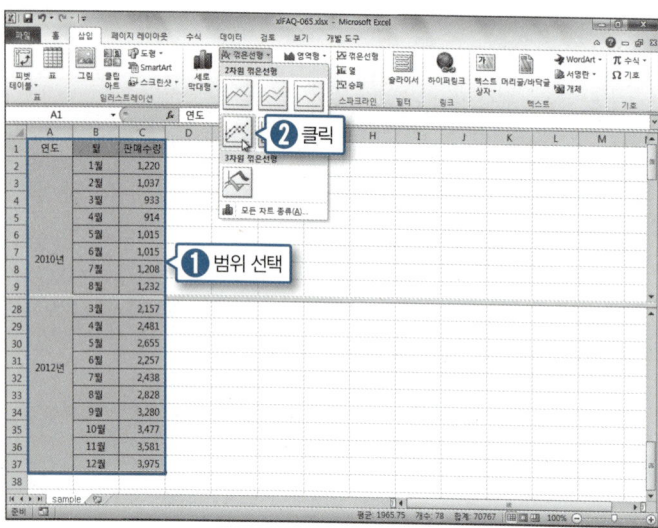

01 꺾은선형 차트 만들기 (1)

2010년~2012년 동안의 월 판매수량을 집계한 표의 판매수량 추이를 시각적으로 표시하기 위해 꺾은선형 차트를 만드는 작업을 진행하겠습니다.

❶ A1:C37 범위를 선택합니다.

❷ [삽입] 탭–[차트] 그룹–[꺾은선형] –[2차원 꺾은선형] 항목–[**표식이 있는 꺾은선형**]을 클릭합니다.

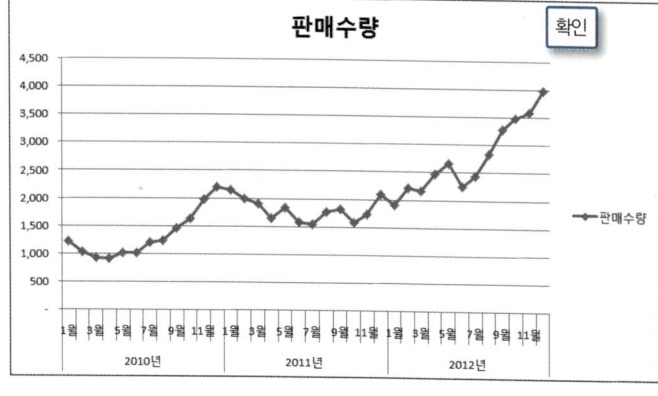

02 꺾은선형 차트 만들기 (2)

차트가 만들어집니다. 차트를 보면 2010년~2012년까지의 판매수량 추이가 꺾은선 그래프로 표시되고 있음을 확인할 수 있습니다.

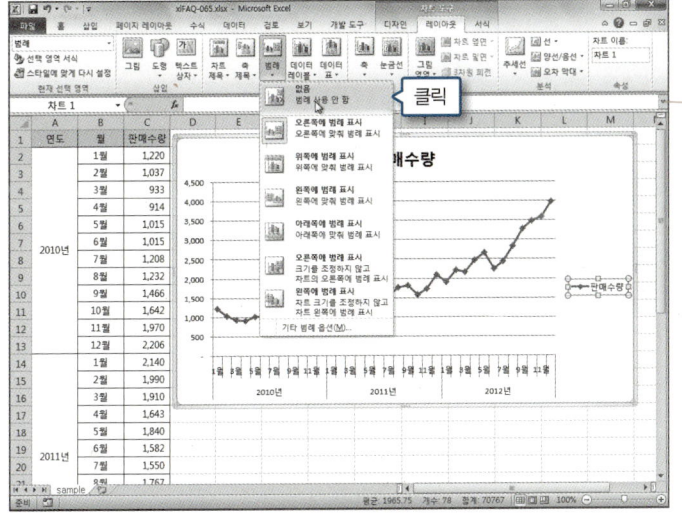

03 범례 없애기

차트가 하나이기 때문에 범례는 필요하지 않습니다.

범례를 삭제하기 위해 [레이아웃] 탭-[레이블] 그룹-[범례]-**[없음]**을 클릭합니다.

또는 차트에서 범례를 선택하고 Delete를 눌러 삭제해도 됩니다.

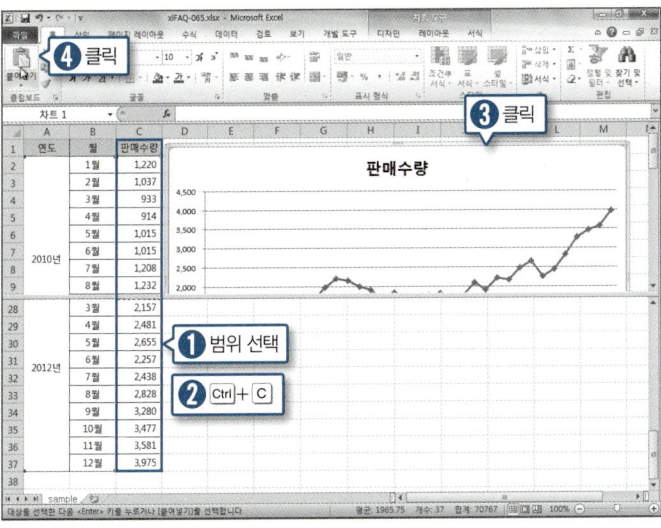

04 동일한 계열 추가하기

꺾은선 그래프 밑에 그림자를 넣기 위해 영역형 차트를 이용하는 작업을 진행하겠습니다.

❶ 동일한 계열을 한 번 더 삽입하기 위해 **C1:C37** 범위를 선택합니다.

❷ Ctrl+C 글쇠를 눌러 복사합니다.

❸ 차트를 선택하고 ❹ [홈] 탭-[클립보드] 그룹-**[붙여넣기]**를 클릭합니다.

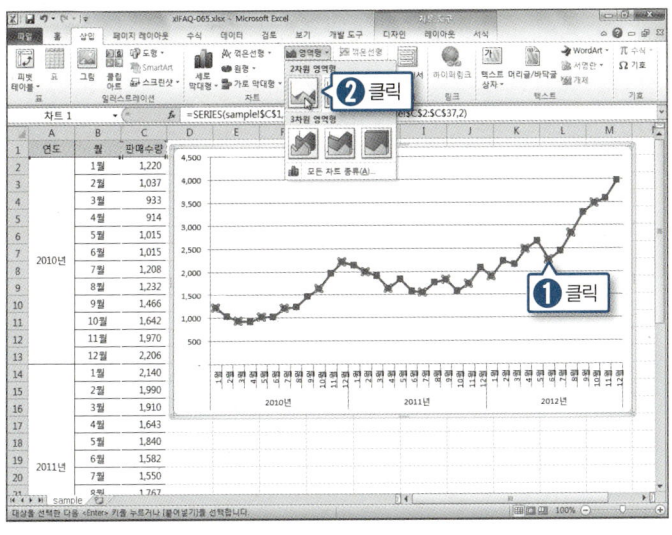

05 영역형 차트로 그림자 표시하기 (1)

❶ 색상이 다른 계열이 하나 더 차트에 표시됩니다. 추가된 꺾은선 그래프를 선택합니다.

❷ [삽입] 탭-[차트] 그룹-[영역형]-[2차원 영역형] 항목-**[영역형]**을 클릭합니다.

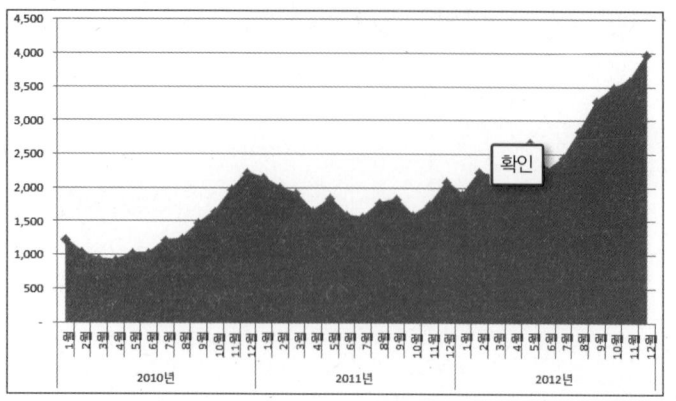

06 영역형 차트로 그림자 표시하기 (2)

기존 선 그래프 아랫부분에 영역형 그래프가 표시됩니다. 이것은 마치 선 그래프 아랫부분에 그림자 효과를 넣은 것과 유사합니다.

이 방법은 꺾은선형 차트를 만들 때 자주 사용되는 방법이므로 잘 기억해 두기 바랍니다.

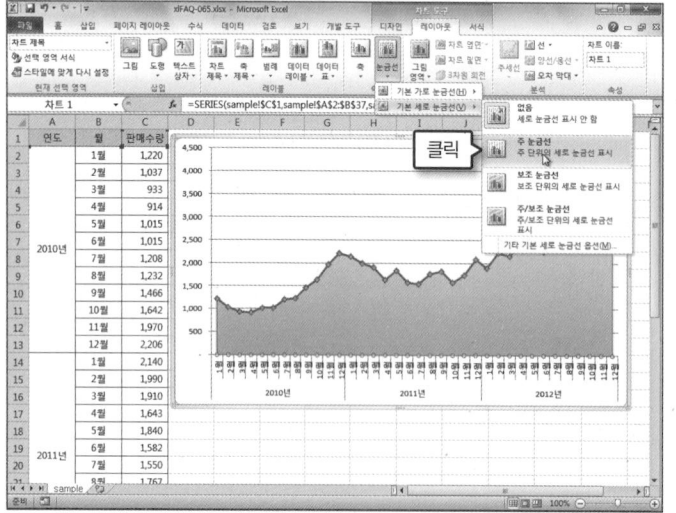

07 영역형 차트로 그림자 표시하기 (3)

추가된 영역형 그래프의 색상을 기존 선 그래프와 맞추겠습니다.

❶ 영역형 그래프를 선택하고 ❷ [서식] 탭–[도형 스타일] 그룹–[빠른 갤러리]에서 선 그래프와 유사한 색상을 갖는 스타일을 선택합니다.

08 세로 눈금선 추가하기 (1)

꺾은선 차트를 그릴 때, X축 항목이 많다면 세로 눈금선을 추가로 표시해 주는 것이 좋습니다. 차트가 선택된 상태에서 [레이아웃] 탭–[축] 그룹–[눈금선] –[기본 세로 눈금선]–**[주 눈금선]**을 클릭합니다.

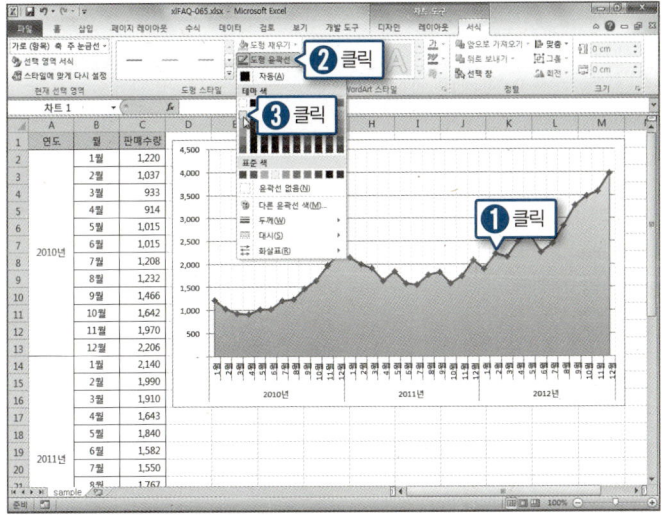

09 세로 눈금선 추가하기 (2)

눈금선 색상이 너무 진하면 차트를 볼 때 방해가 되므로 옅은 색으로 변경하겠습니다.

❶ 추가한 세로 눈금선을 클릭하여 선택합니다.

❷ [서식] 탭-[도형 스타일] 그룹-[도형 윤곽선] 의 **옵션** 단추를 클릭하고 ❸ 색상표의 1열 2행에 위치한 색을 선택합니다.

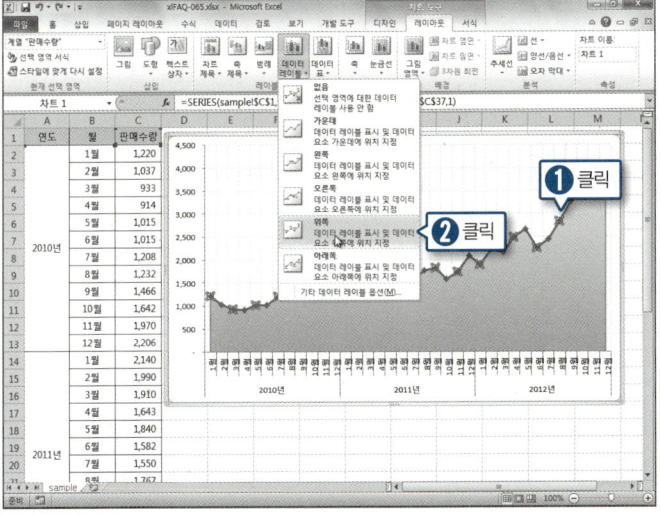

10 데이터 레이블 추가하기 (1)

가로 눈금선 역시 과정 **09**와 동일한 방법을 사용해 눈금선 색상을 변경합니다. 데이터 레이블을 추가하겠습니다.

❶ 꺾은선형 그래프를 선택합니다.

❷ [레이아웃] 탭-[레이블] 그룹-[데이터 레이블] -[**위쪽**]을 클릭합니다.

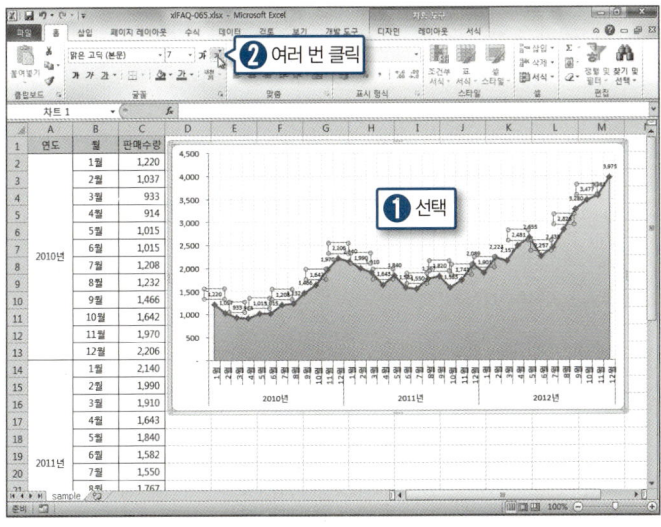

11 데이터 레이블 추가하기 (2)

❶ 추가된 데이터 레이블을 선택하고 ❷ [홈] 탭-[글꼴] 그룹-[**글꼴 크기 작게**] 를 여러 번 클릭해 데이터 레이블에 표시된 값이 구분될 수 있도록 크기를 조정하고 작업을 마칩니다.

질문 66	영업사원별 실적을 한눈에 보기 좋게 표시하려면 어떤 차트를 사용하나요?
	세로 막대형 차트는 자주 사용하는 차트이지만 하나의 실적이 전체 실적에 비해 어느 정도인지 정확하게 구분하기가 쉽지 않습니다. 영업사원별 실적이나 사업 부문별, 또는 부서별 실적을 한눈에 보기 좋게 표시하려면 어떤 차트를 이용하는 것이 좋을까요?

• 예제 파일 〉 Part2 : **xlFAQ-066.xlsx**   • 완성 파일 〉 Part2\완성 : **xlFAQ-066완성.xlsx**

답변 66	특정 값이 전체 대비 어느정도 인지 차트로 설명하고 싶다면 백분율을 표시할 수 있는 원형 차트나 도넛형 차트를 사용하는 것이 좋습니다. 원형 차트는 이런 작업에 가장 일반적인 차트이며 원형 대 원형 차트를 만들 수 있는 등의 장점이 있어 많이 사용됩니다. 도넛형 차트는 원형 차트에서 처리하지 못하는 여러 개의 계열을 사용할 수 있다는 장점이 있습니다.

실무실습 원형 차트와 도넛형 차트 구성하기

다음 실무실습을 통해 꺾은 원형 차트와 도넛형 차트를 사용하는 방법을 알아보겠습니다.

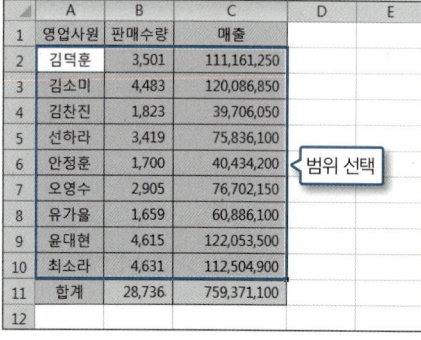

01 예제 확인하기

영업사원별 판매 실적표를 확인할 수 있습니다. 영업사원별 판매 수량을 원형 차트로 표시하고, 판매수량과 매출을 도넛형 차트로 표시하겠습니다.

02 표 정렬하기 (1)

원형 차트는 차트를 구성하기 전에 먼저 데이터를 정렬해야 보기 좋게 표시됩니다. 판매수량별로 정렬하기 위해 **A2:C10** 범위를 선택합니다.

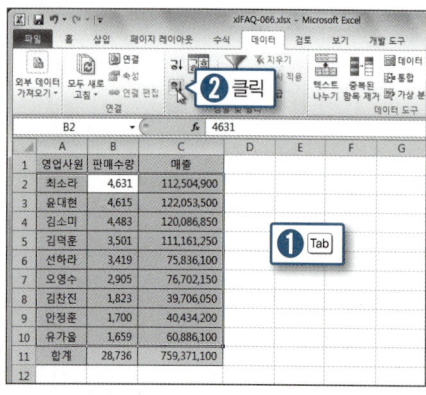

03 표 정렬하기 (2)

❶ Tab 을 눌러 활성 셀을 B2셀로 옮깁니다.

❷ [데이터] 탭-[정렬 및 필터] 그룹-[**내림차순 정렬**]을 클릭합니다.

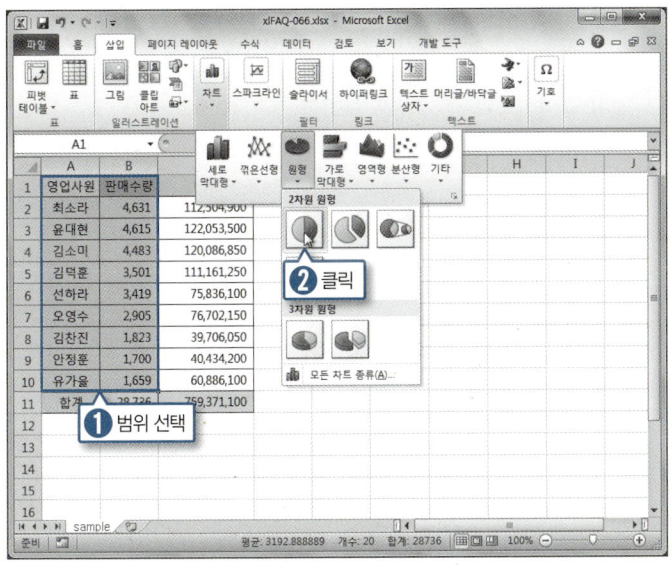

04 원형 차트 만들기 (1)

❶ 차트로 표현할 데이터 범위로 **A1:B10** 범위를 선택합니다.

❷ [삽입] 탭-[차트] 그룹-[원형] -[2차원 원형] 항목-**[원형]** 을 클릭합니다.

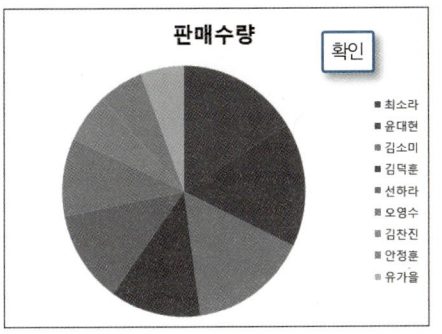

05 원형 차트 만들기 (2)

원형 차트가 만들어집니다. 원형 차트는 12시 방향부터 오른쪽으로 항목을 나열합니다.

만약 원형 차트를 만들기 전에 정렬 작업을 하지 않았다면 만든 다음 정렬해도 원하는 결과를 얻을 수 있습니다.

Tip ... 원형 차트의 범례 이해하기
차트의 범례에는 차트의 계열 이름이 표시되지만, 원형 차트에서는 항목 이름이 표시됩니다. 이것은 원형 차트가 하나의 데이터 계열만 사용할 수 있기 때문에 원형 그래프의 각 조각 색상을 구별하기 위함입니다.

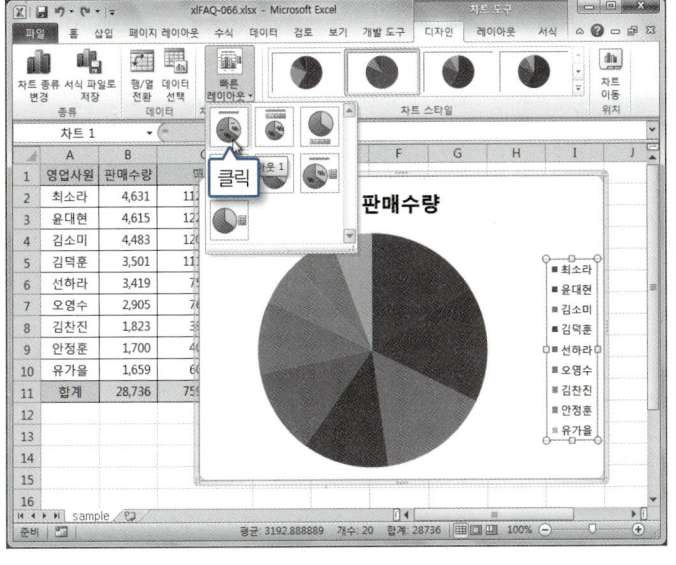

06 차트 레이아웃 변경하기 (1)

원형 차트의 레이아웃을 빠르게 변경하기 위해 [디자인] 탭-[차트 레이아웃] 그룹-[빠른 레이아웃]-**[레이아웃1]** 을 클릭합니다.

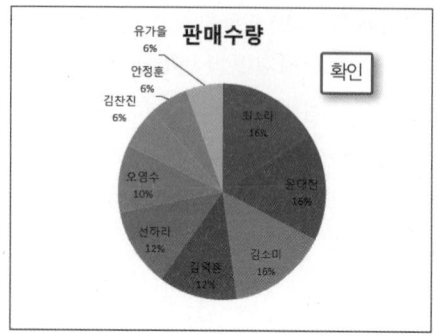

07 차트 레이아웃 변경하기 (2)

범례가 삭제되면서 원형 차트의 데이터 레이블에 항목 이름과 백분율 수치가 나타나는 것을 확인할 수 있습니다.

과정 **06**에서 선택했던 레이아웃 외에도 다양한 레이아웃이 제공되므로 어떤 것들이 제공되는지 직접 확인해 보세요.

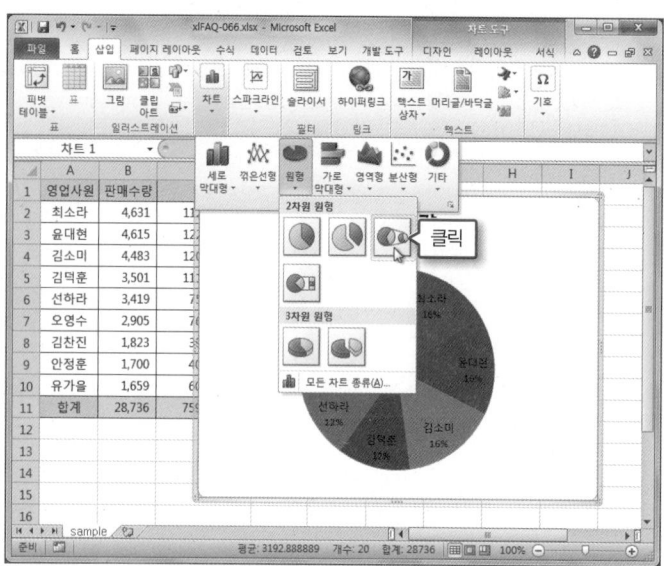

08 원형 대 원형 차트로 변경하기 (1)

원형 차트의 항목이 많을 경우 조각이 너무 많아져 원형 차트를 보기가 쉽지 않습니다. 그런 경우에는 원형 대 원형 차트로 변경하면 중요한 부분을 강조할 수 있습니다.

차트를 변경하기 위해 [삽입] 탭-[차트] 그룹-[원형] ◉-[2차원 원형] 항목-**[원형 대 원형]**◉을 클릭합니다.

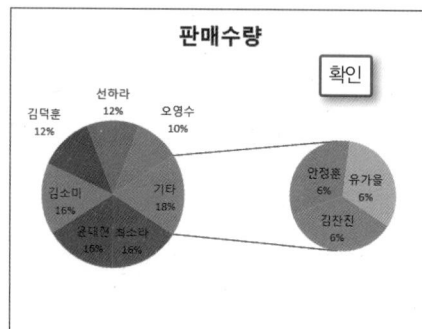

09 원형 대 원형 차트로 변경하기 (2)

원형 그래프가 왼쪽과 오른쪽 원형 그래프로 나뉘어 표시됩니다. 이전 원형 그래프와 비교해 보면 가장 작은 값을 갖는 조각 3개가 오른쪽의 작은 원형 그래프로 나누어지며 왼쪽의 원형 그래프에는 3개의 조각 값의 합계가 기타 항목으로 나타나는 것을 확인할 수 있습니다.

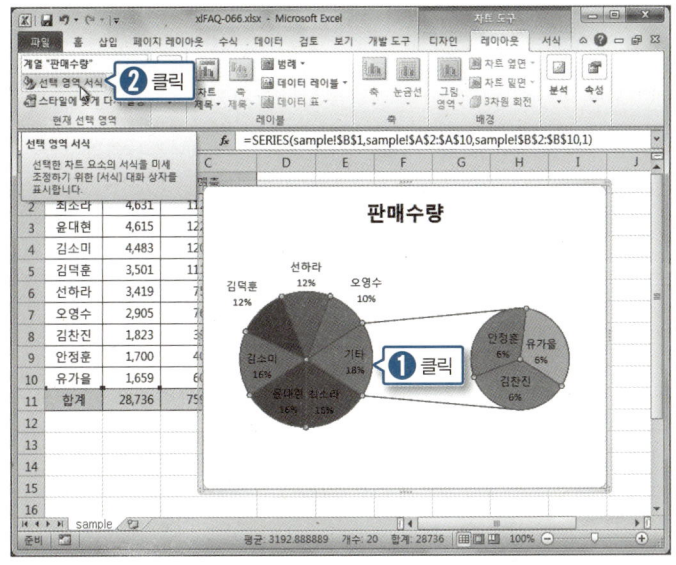

10 원형 대 원형 차트 구성 변경하기 (1)

❶❷ 오른쪽의 작은 원형 그래프에 대한 설정 작업을 진행하기 위해, 원형 그래프를 마우스로 더블 클릭하거나 원형 그래프를 선택하고 [레이아웃] 탭-[현재 선택 영역] 그룹-[**선택 영역 서식**] 을 클릭합니다.

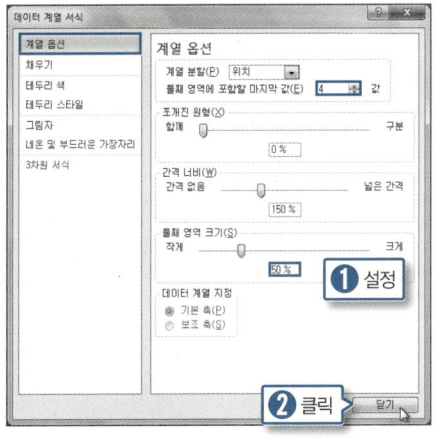

11 원형 대 원형 차트 구성 변경하기 (2)

❶ 데이터 계열 서식 대화상자가 표시되면 [계열 옵션] 범주에서 둘째 영역에 포함할 마지막 값란을 **4값**, 둘째 영역 크기란을 **50%**로 설정합니다.

❷ [**닫기**]를 클릭합니다.

Tip ... 데이터 계열 서식 대화상자의 옵션 값 이해하기
원형 차트의 데이터 계열 서식 대화상자에서 수정한 옵션 중 둘째 영역에 포함할 마지막 값란은 오른쪽의 원형 그래프에 포함할 조각 수를 결정합니다. 그리고 둘째 영역 크기란은 오른쪽의 원형 그래프의 크기를 왼쪽 원형 그래프 크기의 몇 %로 표시할지를 결정합니다.

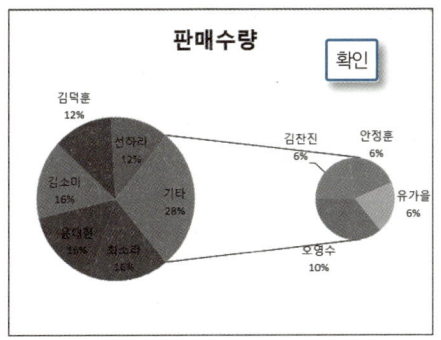

12 원형 대 원형 차트 구성 변경하기 (3)

오른쪽의 작은 원형 그래프는 이전보다 한 개 더 많은 4개의 조각을 표시하고 있으며, 왼쪽의 원형 그래프의 절반 크기로 표시됩니다.

Section 01 차트 바르게 사용하기 • 285

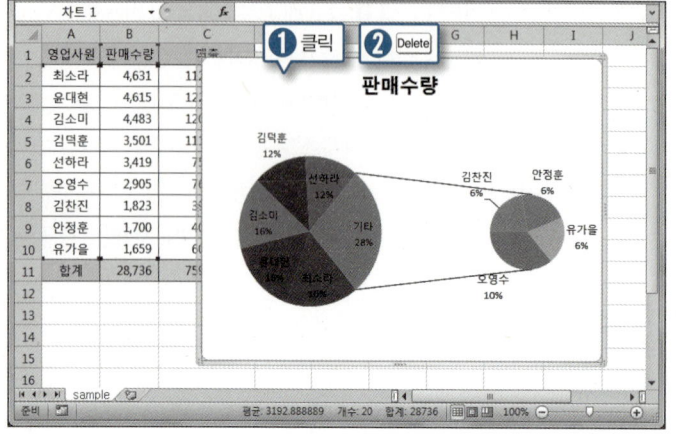

13 차트 삭제하기

판매수량과 매출을 모두 한 번에 표시하는 차트를 만들겠습니다.

❶ 기존에 작업한 차트를 선택합니다.
❷ Delete를 눌러 삭제합니다.

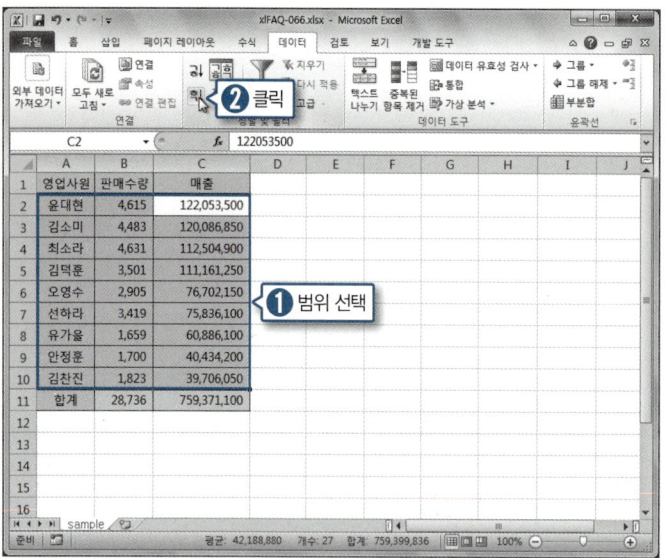

14 매출순으로 데이터 정렬하기

❶ 차트가 매출순으로 표시되도록 하기 위해 **C2:A10** 범위를 선택하고 ❷ [데이터] 탭-[정렬 및 필터] 그룹-**[내림차순 정렬]**을 클릭합니다.

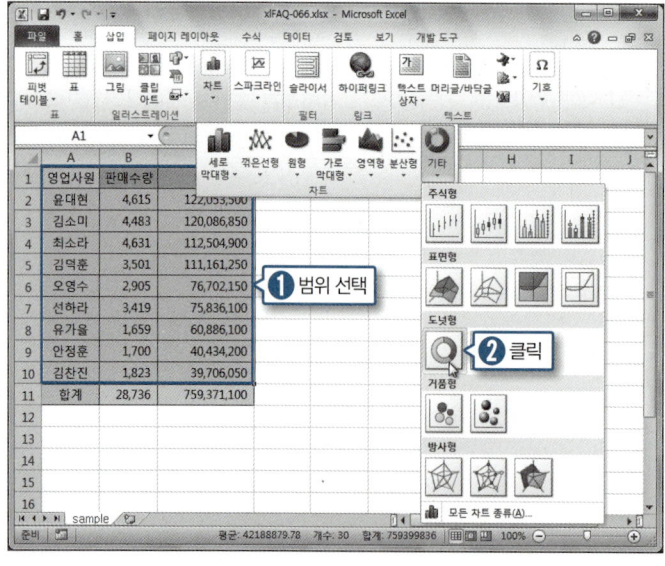

15 도넛형 차트 만들기

❶ A1:C10 범위를 선택합니다.

❷ [삽입] 탭-[차트] 그룹-[기타]-[도넛형] 항목-**[도넛형]**을 클릭합니다.

Tip ... 도넛형 차트 알아보기
엑셀의 원형 차트는 기본적으로 하나의 계열만 표시할 수 있습니다. 원본 표에 맞춰 설명하면 하나의 열만 원형 차트로 표시할 수 있기 때문에 예제의 표와 같이 판매수량과 매출 실적이 함께 입력된 표를 한 번에 원형 차트로 표시할 수 없습니다. 하지만 도넛형 차트는 원형 차트와 유사하면서 여러 개의 계열을 동시에 표시하는 것이 가능하기 때문에 여러 개의 열을 갖는 표를 한 번에 원형 차트로 표시하고 싶은 경우에는 도넛형 차트를 선택해 작업하면 됩니다.

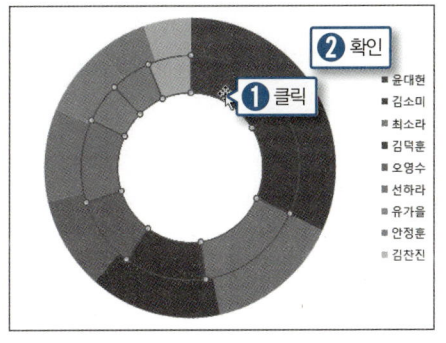

16 계열 확인하기

도넛형 차트가 만들어집니다. ❶ 가운데 구멍 쪽의 그래프를 클릭해 봅니다.

❷ 원본 표의 판매수량 열(B열)에 파란색 실선이 나타나는 것을 확인할 수 있습니다. 이것은 선택된 그래프의 원본 범위를 표시하는 것으로 구멍에 가까운 그래프가 판매수량 데이터를 표시하고 있으며, 바깥쪽 원형 그래프가 매출을 표시한다는 것을 확인할 수 있습니다.

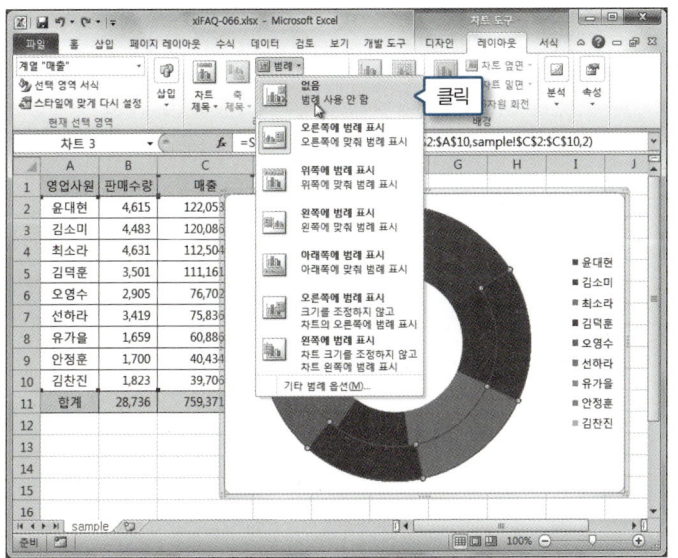

17 범례 삭제하기

범례에 표시되는 항목 이름은 원형 그래프에 표시할 것이므로 삭제하겠습니다. 범례를 선택하고 Delete 를 누르거나, 차트가 선택된 상태로 [레이아웃] 탭-[레이블] 그룹-[범례]-**[없음]**을 클릭합니다.

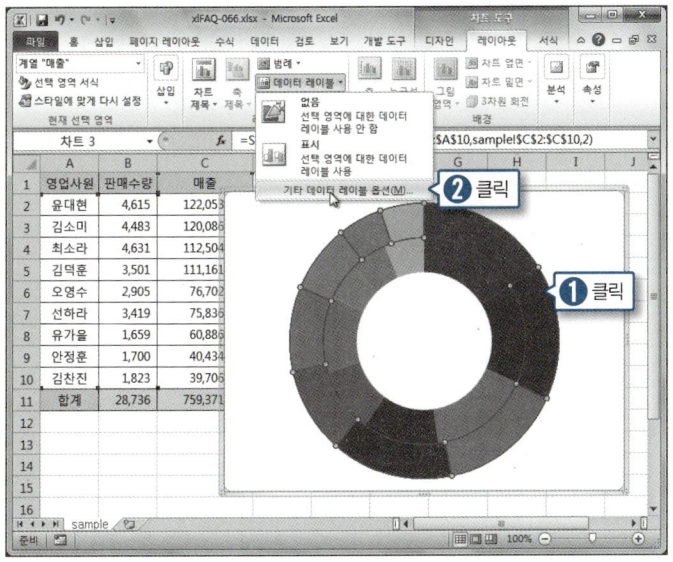

18 데이터 레이블 표시하기 (1)

❶ 데이터 레이블을 표시하기 위해 바깥쪽 원형 그래프를 클릭하여 선택합니다.

❷ [레이아웃] 탭-[레이블] 그룹-[데이터 레이블]-**[기타 데이터 레이블 옵션]**을 클릭합니다.

Section 01 차트 바르게 사용하기 • **287**

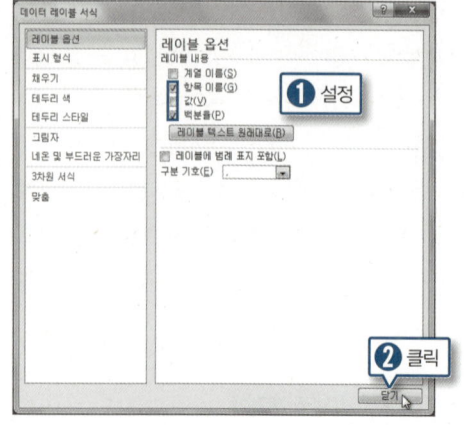

19 데이터 레이블 표시하기 (2)

❶ 데이터 레이블 서식 대화상자가 표시되면 [레이블 옵션] 범주의 레이블 내용 옵션에서 **값**에 체크 표시를 해제하고, **항목 이름**과 **백분율**에 체크합니다.

❷ [닫기]를 클릭합니다.

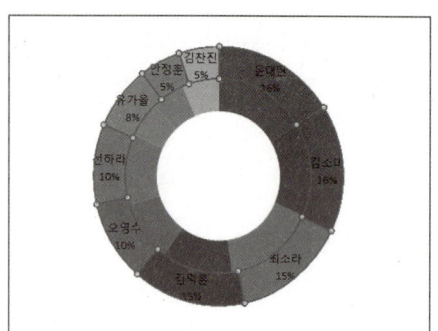

20 데이터 레이블 표시하기 (3)

바깥쪽 원형 그래프의 조각에 항목 이름과 백분율 값이 데이터 레이블로 표시됩니다.

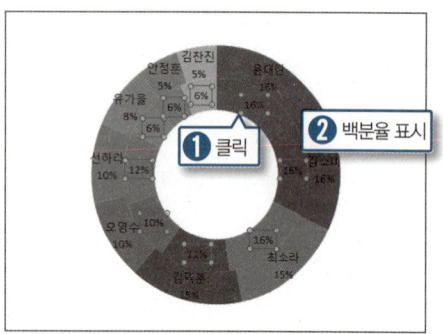

21 데이터 레이블 표시하기 (4)

❶ 안쪽의 원형 그래프를 클릭하여 선택합니다.

❷ 과정 **18~19**를 참고해 백분율만 데이터 레이블에 표시되도록 작업합니다.

항목 이름은 바깥쪽 원형 그래프에 나타나 있으므로 생략한 것입니다.

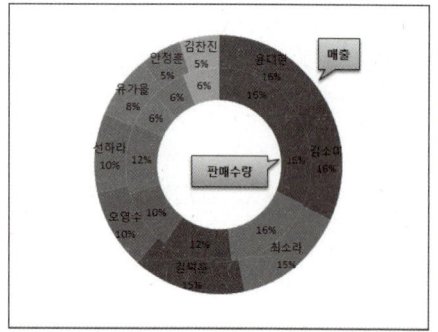

22 계열 이름 도형으로 표시하기

도넛형 차트는 계열을 범례에 표시할 수 없습니다. 이유는 원형 차트와 도넛형 차트가 범례에 항목 이름만 표시할 수 있기 때문입니다.

도형을 적당한 위치에 삽입한 다음 계열 이름을 입력해 계열을 표시하는 작업을 하면 깔끔한 도넛형 차트를 완성할 수 있습니다.

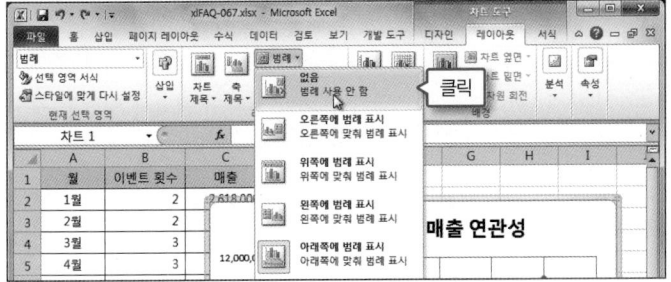

06 차트 레이아웃 변경하기 (3)

범례를 삭제하기 위해 [레이아웃] 탭-[레이블] 그룹-[범례]-**[없음]**을 클릭합니다.

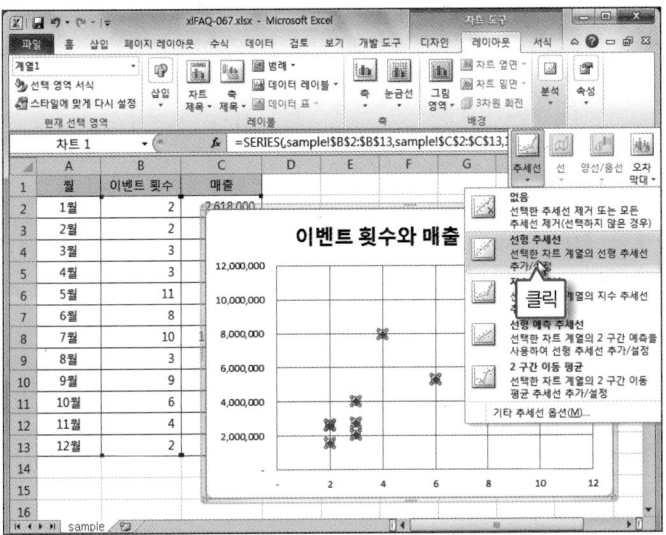

07 선형 추세선 추가하기 (1)

분산형 차트에 표시된 각 점(표식)의 연관성을 설명하기 위해 추세선을 추가하겠습니다.

[레이아웃] 탭-[분석] 그룹-[추세선]-[선형 추세선]을 클릭합니다. <u>Note 2</u>

Note 2 … 선형 추세선 이해하기

분산형 차트에 선형 추세선을 추가하고, 추세선의 결정계수 값을 확인하면 X축과 Y축(예제에서는 이벤트 횟수와 매출)의 연관성을 파악할 수 있습니다. 두 집단의 연관성을 파악할 때 얼마나 연관이 있는지를 파악하는 것이 상관관계입니다. 상관관계는 아래와 같이 2가지 관계로 설명합니다.

양의 상관관계에서 두 집단은 서로 연관이 있으며 한쪽이 증가하면 다른 한쪽도 증가합니다.

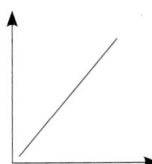

음의 상관관계에서 두 집단은 서로 연관이 있으며 한쪽이 증가하면 다른 한쪽은 감소합니다.

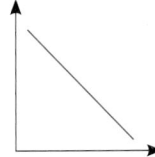

두 집단의 연관성의 정도를 수치로 계산한 것이 상관계수이며, 양의 상관관계일 경우에는 0에서 1 사이의 값이 반환(1에 가까울수록 연관성이 높음)되며, 음의 상관관계일 경우에는 -1에서 0 사이의 값이 반환(-1에 가까울수록 연관성이 높음)됩니다.

그러므로 상관계수는 -1에서 1 사이의 값이 반환되며, 단순하게 연관성만 측정하려면 상관계수의 제곱 값을 계산(-1의 제곱은 1이므로)해 1에 가까운지를 확인하면 됩니다. 이 값을 결정계수라고 합니다.

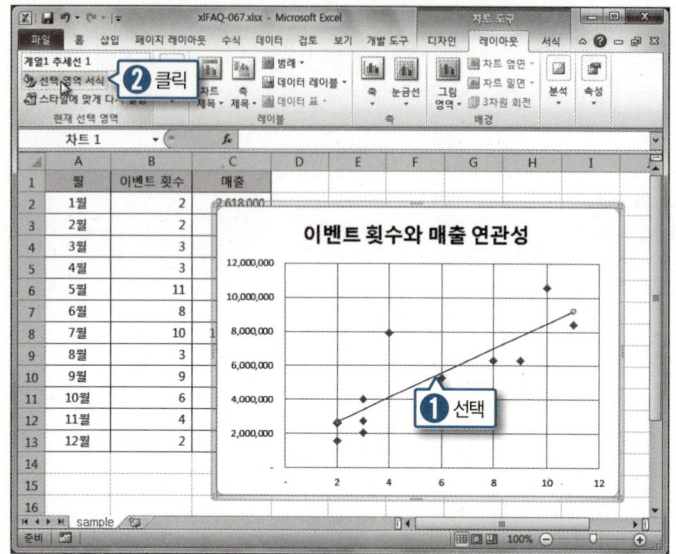

08 선형 추세선 추가하기 (2)

차트에 표시되는 직선 그래프가 추세선입니다. 추세선으로 매출과 이벤트 횟수의 관계에 대해 설명할 수 있습니다.

❶❷ 추세선은 두 집단(매출과 이벤트 횟수)의 연관성 정도를 수치로 표시할 수 있습니다. 추세선을 더블 클릭하거나, 추세선을 선택하고 [레이아웃] 탭-[현재 선택 영역] 그룹-[**선택 영역 서식**]을 클릭합니다.

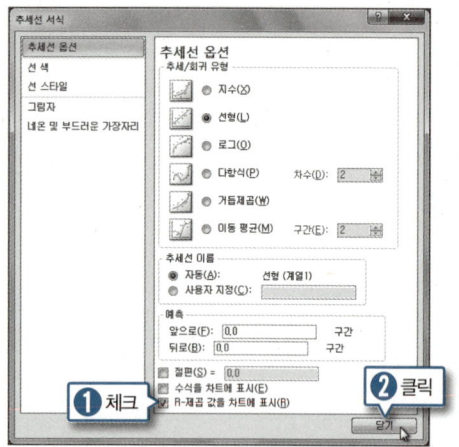

09 선형 추세선 추가하기 (3)

❶ 추세선 서식 대화상자가 표시되면 [추세선 옵션] 범주에서 **R-제곱 값을 차트에 표시**에 체크합니다.

❷ [닫기]를 클릭합니다.

Tip ... R-제곱 값 의미 알아보기
R은 상관계수를 의미하며 R-제곱 값은 상관계수의 제곱 값인 결정계수를 의미합니다.

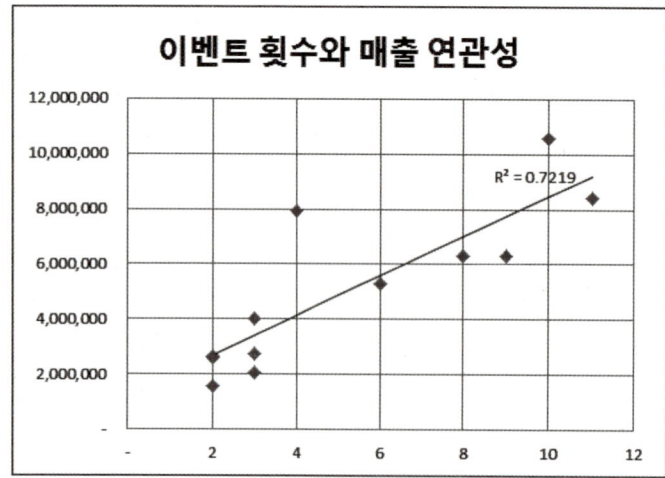

10 분산형 차트 이해하기

차트에 $R^2=0.\text{xxxx}$ 값이 표시됩니다. 차트에 표시된 값은 0.7219이므로 매출과 이벤트 횟수와의 연관성이 높다는 설명을 할 수 있습니다.

참고로 결정계수는 0에서 1 사이의 값을 반환하므로, 72.2% 정도의 연관성이 있다고 설명할 수 있습니다.

질문 67 2가지 항목의 연관성을 설명하고자 할 때 차트를 활용할 수 있나요?

이벤트 횟수와 매출이 상관관계가 있는지, 있다면 얼마나 있는지 설명하고 싶지만 어떤 차트를 사용해야 할지 모르겠습니다. 2가지 항목의 연관성을 차트로 설명하는 방법을 알려 주세요.

• 예제 파일 〉 Part2 : **xlFAQ-067.xlsx**   • 완성 파일 〉 Part2\완성 : **xlFAQ-067완성.xlsx**

답변 67 두 집단 또는 변수 사이의 연관성이 있는지 설명하고 싶다면 분산형 차트를 사용하면 됩니다. 분산형 차트는 그 유용함에 비해 사용자들이 자주 사용하지 않는 차트입니다. 논리적인 설명이 필요한 작업에서는 가장 많이 사용될 수 있는 차트이므로 알아 두기 바랍니다.

실무실습 **분산형 차트 구성하기**

다음 실무실습을 통해 분산형 차트를 구성하는 방법을 알아보겠습니다.

	A	B	C
1	월	이벤트 횟수	매출
2	1월	2	2,618,000
3	2월	2	1,560,000
4	3월	3	2,730,000
5	4월	3	4,009,000
6	5월	11	8,440,000
7	6월	8	6,330,000
8	7월	10	10,550,000
9	8월	3	2,052,000
10	9월	9	6,330,000
11	10월	6	5,280,000
12	11월	4	7,920,000
13	12월	2	2,650,000

01 예제 확인하기

표에 집계된 이벤트 횟수와 매출과의 연관성을 분산형 차트로 설명하는 작업을 해 보겠습니다.

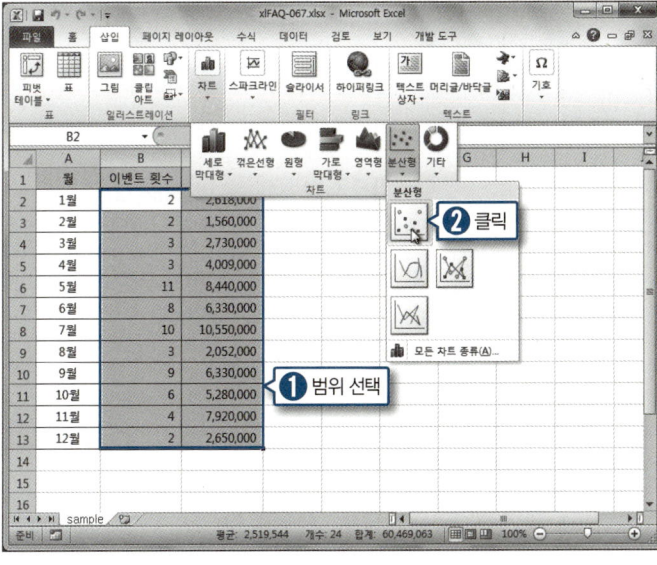

02 분산형 차트 만들기(1)

분산형 차트는 집계표의 숫자 데이터 범위만 선택해 작업해야 합니다.

❶ B2:C13 범위를 선택합니다. ❷ [삽입] 탭-[차트] 그룹-[분산형] -[분산형] 항목-[**표식만 있는 분산형**] 을 클릭합니다.

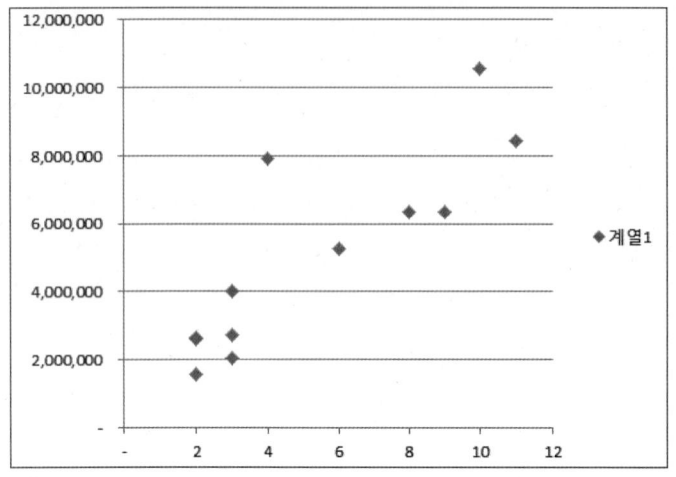

03 분산형 차트 만들기 (2)
분산형 차트가 표시되는 X축과 Y축이 교차되는 지점에 표식이 나타납니다. 만들어진 분산형 차트로 이벤트 횟수와 매출의 상관 관계를 설명할 수 있습니다.

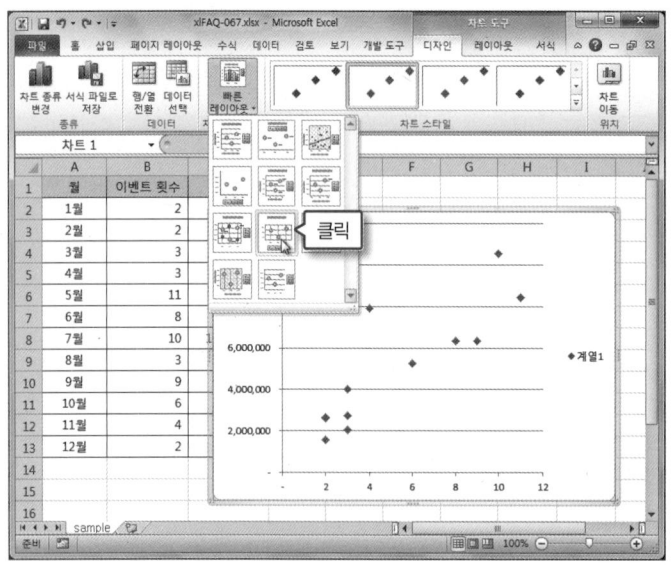

04 차트 레이아웃 변경하기 (1)
차트 레이아웃을 손쉽게 변경하기 위해 차트가 선택된 상태에서 [디자인] 탭-[차트 레이아웃] 그룹-[빠른 레이아웃]-**[레이아웃 8]**을 클릭하여 레이아웃을 적용합니다.

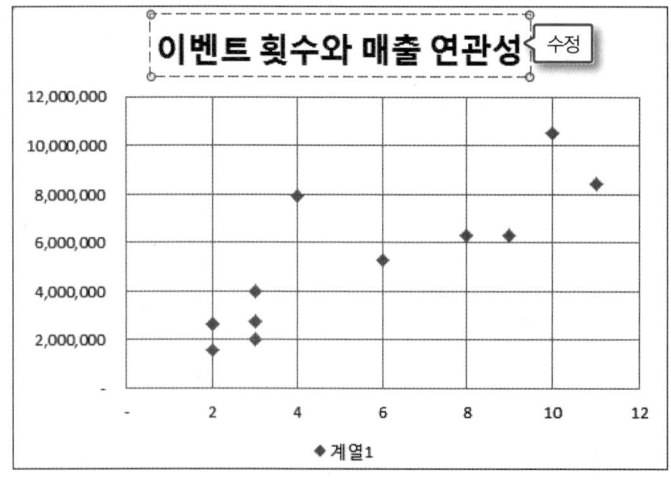

05 차트 레이아웃 변경하기 (2)
차트 레이아웃이 변경되면 차트 제목을 **이벤트 횟수와 매출 연관성**으로 수정합니다.

> **질문 68** 적은 공간에 차트를 효율적으로 표시할 수 있는 방법이 있나요?
>
> 차트는 집계된 표를 시각적으로 설명할 경우 좋은 도구이지만 너무 많은 공간을 차지합니다. 좀 더 적은 공간에 그래프를 표시할 수 있는 방법이 있나요?

• 예제 파일 〉 Part2 : **xlFAQ-068.xlsx**   • 완성 파일 〉 Part2\완성 : **xlFAQ-068완성.xlsx**

답변 68 엑셀 2010은 [스파크라인]이라는 셀 차트 도구를 제공합니다. 셀 차트란 말 그대로 셀 안에 차트를 표시한다는 의미입니다. 스파크라인이 모든 차트를 대체할 수는 없지만 특정한 상황에서는 기존 차트보다 더욱 효율적으로 데이터를 설명할 수 있어 편리합니다.

실무실습 스파크라인 구성하기

다음 실무실습을 통해 스파크라인을 구성해 보겠습니다.

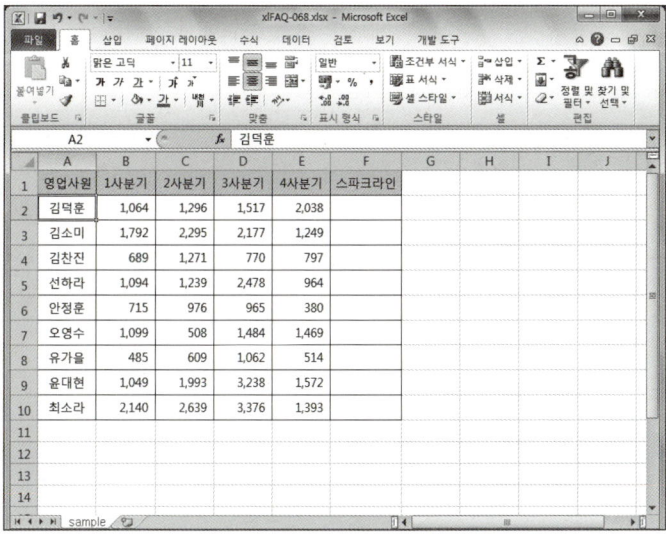

01 예제 이해하기

영업사원의 분기별 판매수량을 집계한 표를 확인할 수 있습니다. 기존 차트의 문제를 확인하고 엑셀 2010에서 새롭게 제공되는 스파크라인을 이용하는 작업을 진행하겠습니다.

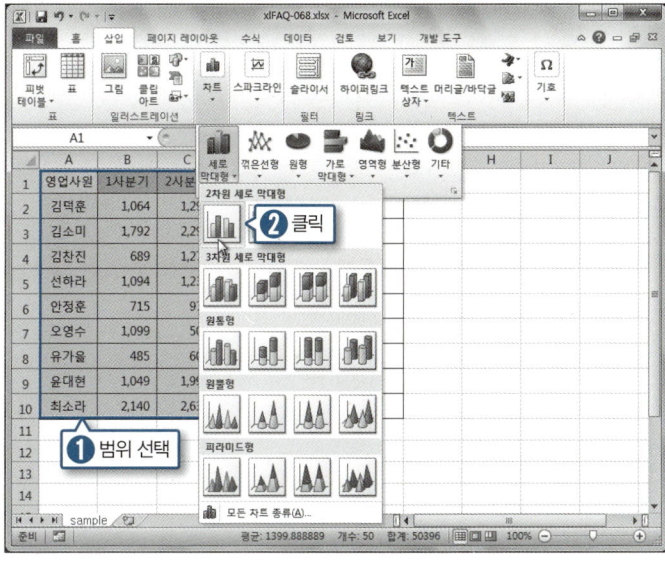

02 세로 막대형 차트 만들기 (1)

가장 많이 사용하는 세로 막대형 차트를 만들어 보겠습니다.

❶ **A1:E10** 범위를 선택합니다.

❷ [삽입] 탭-[차트] 그룹-[세로 막대형]-[2차원 세로 막대형] 항목-**[묶은 세로 막대형]**을 클릭합니다.

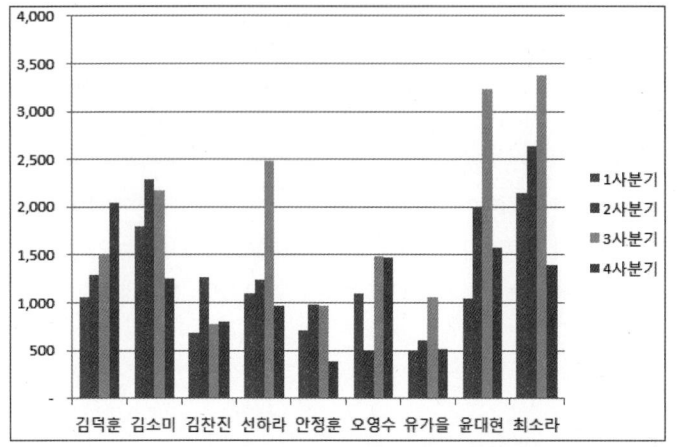

03 세로 막대형 차트 만들기 (2)

차트가 표시됩니다.
그러나 공간도 많이 차지하고 항목과 계열이 많아 한눈에 차트를 이해하기 쉽지 않습니다. Note 3

04 누적 세로 막대형 차트로 변경하기 (1)

세로 막대형 차트에서 하나의 항목별로 표시해야 할 계열이 많다면 막대를 개별적으로 표시하는 것보다 누적해 표시하는 것이 좋습니다.

차트가 선택된 상태에서 [삽입] 탭-[차트] 그룹-[세로 막대형] -[2차원 세로 막대형] 항목-[**누적 세로 막대형**] 을 클릭합니다.

Note 3 ... 스파게티 차트 알아보기

만약 세로 막대형 차트 대신 꺾은선형 차트를 사용한다면 다음과 같은 차트를 얻을 수 있습니다.
다음 그림과 같이 여러 선이 복잡하게 엉켜있는 구성의 차트를 스파게티 차트라고 합니다. 이런 차트는 선 그래프가 서로 뒤엉켜 표시되기 때문에 차트를 사용하는 목적에 맞지 않습니다.

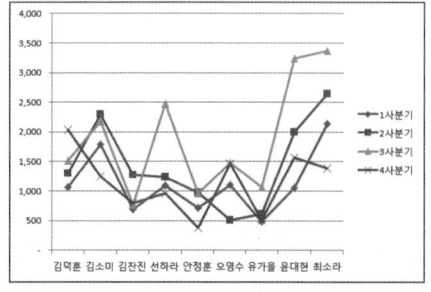

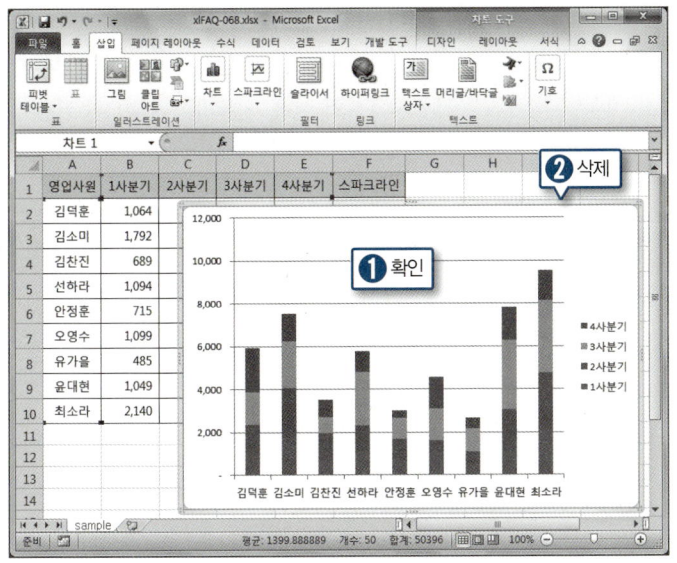

05 누적 세로 막대형 차트로 변경하기 (2)

❶ 좀 더 깔끔하게 표시되지만 여전히 그래프를 확인하는 것이 쉽지 않다는 것을 확인할 수 있습니다.

❷ 차트를 지우고 스파크라인을 이용하는 작업을 진행하겠습니다.

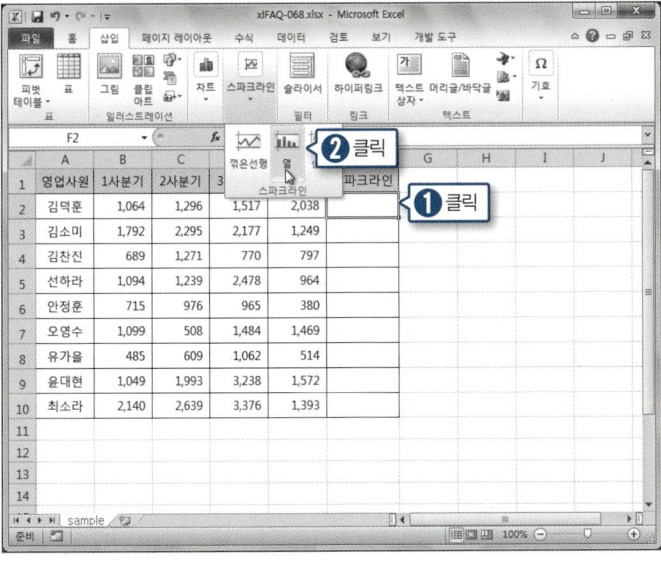

06 스파크라인 추가하기 (1)

❶ 스파크라인은 셀에 추가하는 차트이므로 스파크라인을 추가할 F2셀을 선택합니다.

❷ [삽입] 탭-[스파크라인] 그룹-[열] 을 클릭합니다.

Tip ... 스파크라인을 추가하는 방법 알아보기

스파크라인은 차트와는 달리 셀 안에 삽입하는 차트이므로, 과정 06과 같이 셀을 하나 선택하고 작업하거나 F2:F10 범위를 선택하고 작업할 수 있습니다. 예제에서는 셀 하나를 선택해 작업하는 방법을 사용하지만 299쪽 과정 03에서는 범위를 선택하고 작업하는 방법을 사용합니다. 두 방법은 각각 사용 방법에 따라 후속 설정 작업이 달라지므로 실무실습에서 설명하는 방법을 잘 익혀 두기 바랍니다.

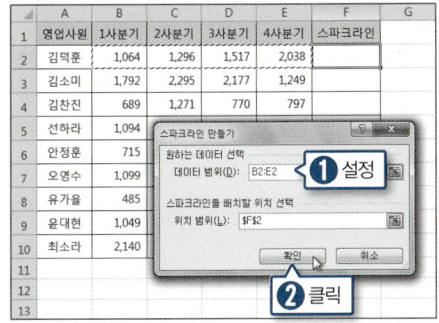

07 스파크라인 추가하기 (2)

❶ 스파크라인 만들기 대화상자가 표시되면 데이터 범위란을 F2셀에 표시될 스파크라인의 데이터 범위인 **B2:E2**로 지정합니다.

❷ [확인]을 클릭합니다.

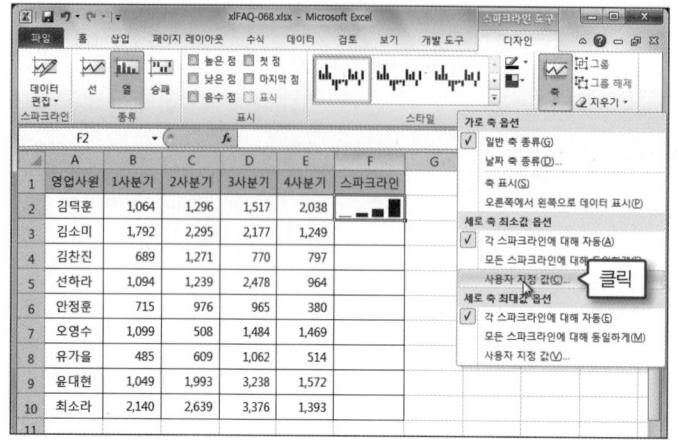

08 스파크라인 축 조정하기 (1)

F2셀에 세로 막대형 차트가 표시됩니다. F2셀의 아래 테두리가 X축, 왼쪽 테두리가 Y축이 됩니다. 스파크라인은 Y축이 선택된 범위의 최소값~최대값 구간이 됩니다. Y축 구간을 차트와 동일하게 0부터 시작되도록 변경하겠습니다.
F2셀이 선택된 상태에서 [디자인] 탭-[그룹] 그룹-[축] ▣-[세로축 최소값 옵션] 항목-[**사용자 지정 값**]을 클릭합니다.

09 스파크라인 축 조정하기 (2)

❶ 스파크라인 세로축 설정 대화상자가 표시되면 입력란을 0.0으로 설정하고 ❷ [**확인**]을 클릭합니다.

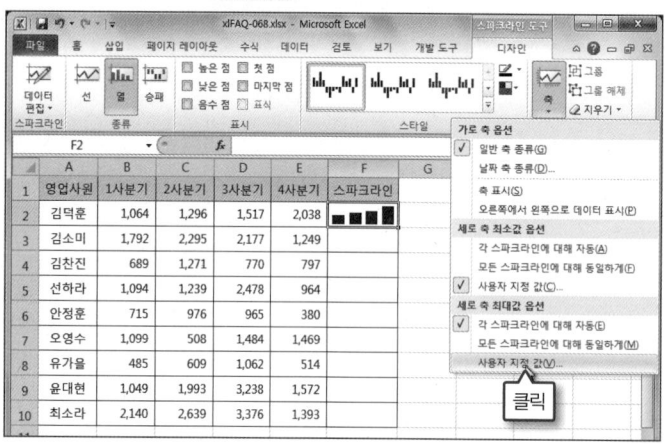

10 스파크라인 축 조정하기 (3)

F2셀의 스파크라인은 F10셀까지 복사해 사용할 것입니다. 그러므로 Y축 최대값도 동일하게 설정해 놓는 것이 좋습니다. [디자인] 탭-[그룹] 그룹-[축] ▣-[세로축 최대값 옵션] 그룹의 [**사용자 지정 값**]을 클릭합니다.

11 스파크라인 축 조정하기 (4)

❶ 스파크라인 세로축 설정 대화상자의 입력란을 3500으로 설정합니다. ❷ [**확인**]을 클릭합니다.

Tip ··· 왜 3500을 입력하는지 알아보기

과정 **03**에서 완성된 세로 막대형 차트의 Y축을 보면 4,000이란 값을 확인할 수 있습니다. 그 값은 B2:E10 범위의 값을 모두 표시하기에 적당한 값을 엑셀에서 자동으로 지정해 놓은 것입니다. 이번 스파크라인은 B2:E2 범위만 대상으로 그린 것이기 때문에 스파크라인의 막대 크기를 다른 사원들 것과 비교하기 위해 최대값도 지정해 준 것입니다. 최대값을 3,500으로 잡은 것은 스파크라인이 차트에 비해 막대그래프를 표시할 수 있는 영역이 작으므로 최대한 전체 범위(B2:E10)의 최대값(D10셀의 3,376)에 근접한 값을 입력해 놓은 것입니다.

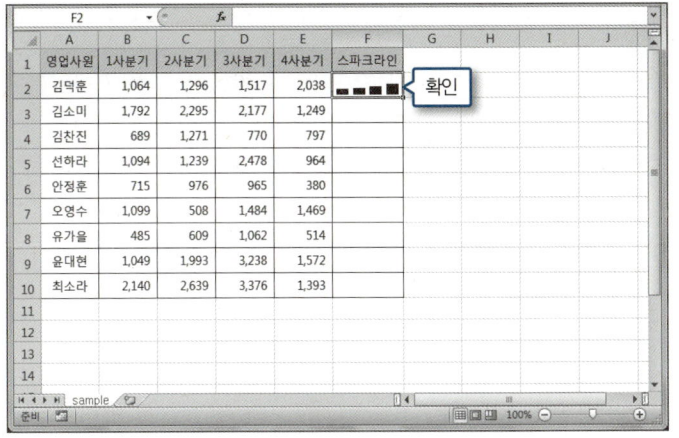

12 스파크라인 축 조정하기 (5)

F2셀의 스파크라인의 막대그래프가 이전에 비해 좀 더 작게 표시되는 것을 확인할 수 있습니다.

이렇게 스파크라인은 셀 안에 그려지기 때문에 좀 더 적은 공간을 차지하는 장점은 있지만 막대그래프의 설정 등에 좀 더 신경 써야 합니다.

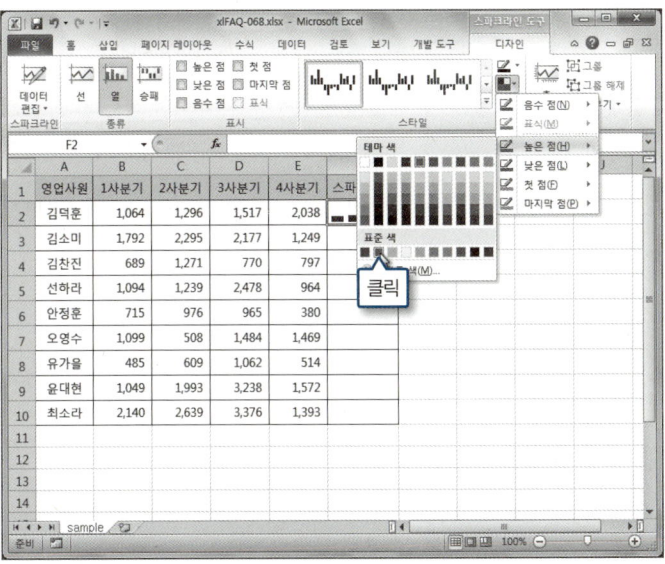

13 높은 점 표시하기 (1)

스파크라인의 막대를 좀 더 이해하기 쉽게 하기 위해, 최대값을 갖는 막대에 별도의 서식을 지정하겠습니다.

F2셀이 선택된 상태에서 [디자인] 탭-[스타일] 그룹-[표식 색]■-높은 점에서 원하는 색상을 선택합니다.

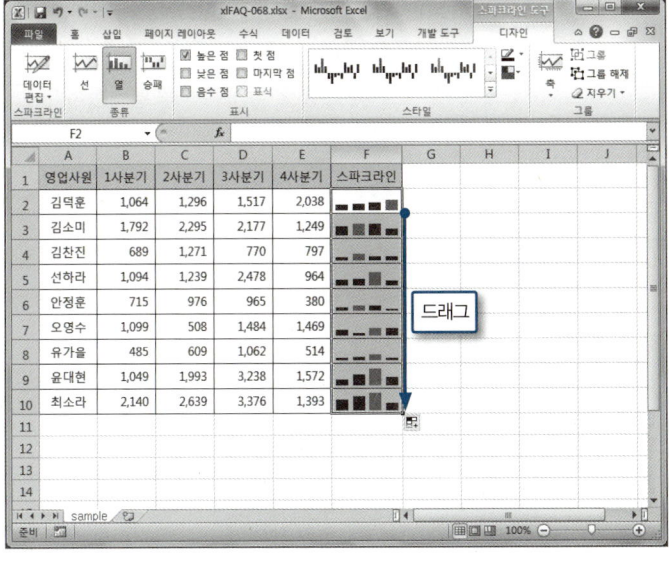

14 높은 점 표시하기 (2)

완성된 스파크라인을 다른 위치에 복사해 사용하겠습니다.

F2셀의 **채우기 핸들**■을 **F10**셀까지 드래그합니다. 다른 사원들의 스파크라인이 한 번에 표시되는 것을 확인할 수 있습니다.

> **Tip ... 스파크라인 지우기**
> 셀에 삽입한 스파크라인을 삭제하려고 Delete 를 눌러도 스파크라인은 지워지지 않습니다. 스파크라인을 지우려면 스파크라인이 삽입된 범위를 선택하고 [디자인] 탭-[그룹] 그룹-[**지우기**] ■를 클릭하면 됩니다.

질문 69 스파크라인의 승패는 언제 사용하나요?

스파크라인의 [꺾은선형]은 꺾은선형 차트와 대응하고, [열]은 세로 막대형 차트와 유사하다고 이해하고 있습니다. 그러나 [승패]는 세로 막대형 차트 같으면서도 다릅니다. 승패 스파크라인은 언제 사용하나요?

• 예제 파일 〉 Part2 : **xlFAQ-069.xlsx**   • 완성 파일 〉 Part2\완성 : **xlFAQ-069완성.xlsx**

답변 69 스파크라인의 [승패]는 용어 그대로 특정 상황에 도달했는지, 아닌지를 차트로 표시하는 역할을 합니다. 승패 스파크라인을 효율적으로 사용할 수 있는 곳이 바로 목표를 달성했는지 여부를 표시해야 하는 경우입니다.

실무실습 승패 스파크라인 구성하기

다음 실무실습을 통해 승패 스파크라인을 구성하는 방법을 알아보겠습니다.

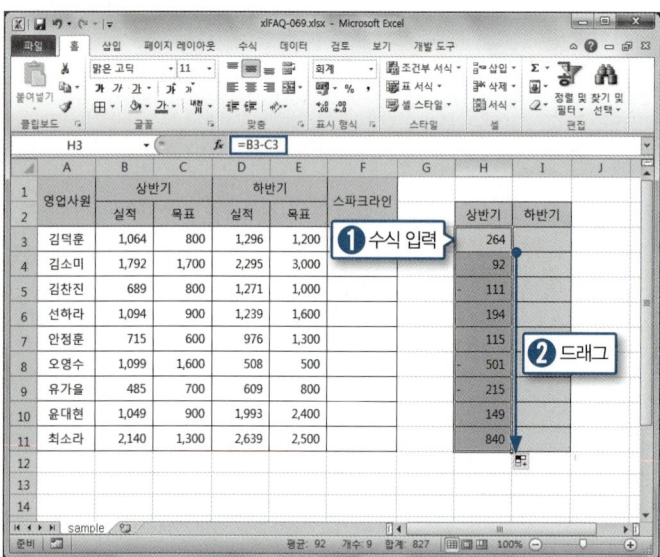

01 목표 초과치 계산하기 (1)
승패를 이용해 영업사원이 목표를 달성했는지 여부를 표시해 보겠습니다. 승패는 양수와 음수를 구분해 막대그래프를 표시하므로 목표 달성 여부를 계산하는 수식을 만들어야 합니다.
❶ H3셀에 다음 수식을 입력합니다.
=B3-C3
❷ H3셀의 **채우기 핸들**을 H11셀까지 드래그해 수식을 복사합니다.

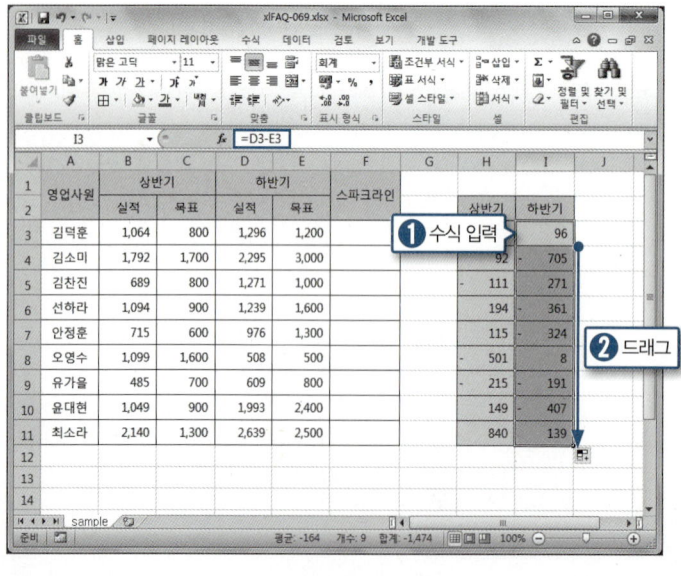

02 목표 초과치 계산하기 (2)
❶ 하반기 역시 같은 방법으로 계산하기 위해 I3셀에 다음 수식을 입력합니다.
=D3-E3
❷ I3셀의 **채우기 핸들**을 I11셀까지 드래그해 수식을 복사합니다.

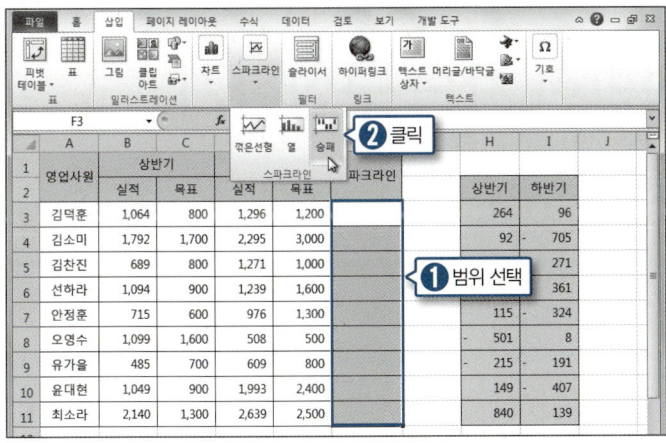

03 스파크라인 추가하기 (1)

H3:I11 범위에 실적이 목표 대비 얼마나 초과 또는 미달했는지 계산해 뒀으므로 이 값을 가지고 스파크라인을 추가하겠습니다.

❶ F3:F11 범위를 선택합니다.

❷ [삽입] 탭-[스파크라인] 그룹-[승패] 를 클릭합니다.

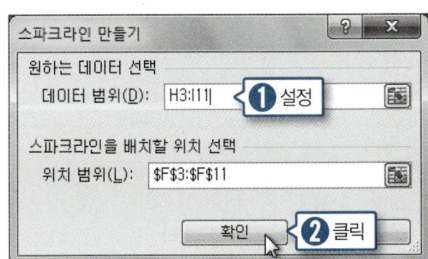

04 스파크라인 추가하기 (2)

❶ 스파크라인 만들기 대화상자가 표시되면 데이터 범위란을 H3:I11로 지정합니다.

❷ [확인]을 클릭합니다.

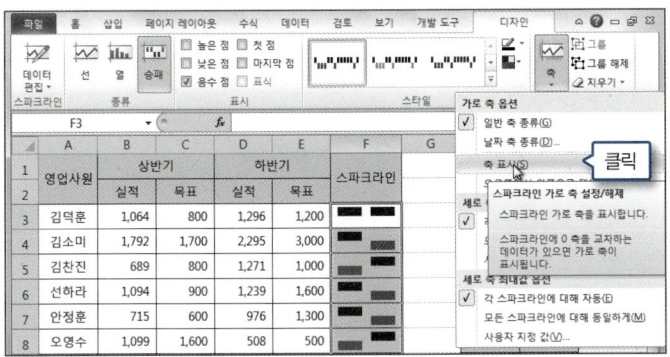

05 가로축 표시하기

남색과 빨간색 막대가 표시됩니다. 이해를 돕기 위해 축을 표시하겠습니다.

F3:F11 범위가 선택된 상태로 [디자인] 탭-[그룹] 그룹-[축] -[가로축 옵션] 항목-[축 표시]를 클릭합니다.

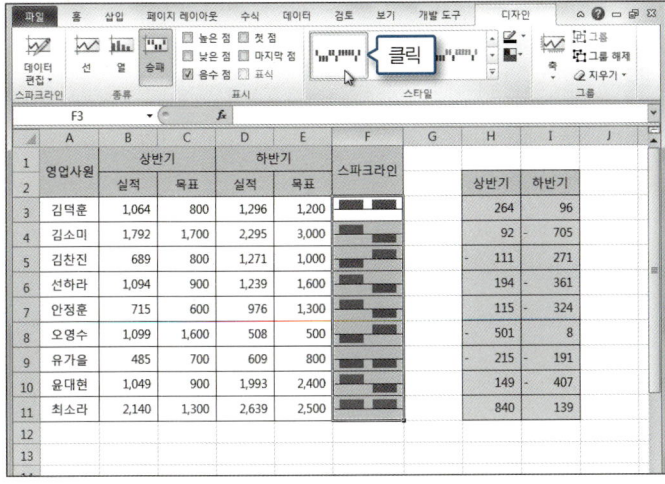

06 스타일 변경하기

스파크라인의 위 방향 막대(가로축 위에 표시)는 목표를 달성했다는 의미가 되며, 아래 방향 막대는 달성하지 못한 것을 의미합니다.

좀 더 깔끔한 색상을 원하면 F3:F11범위가 선택된 상태로 [디자인] 탭-[스타일] 그룹-[빠른 스타일]에서 원하는 스타일을 선택하여 적용합니다.

Section 02 실무에 적합한 차트 구성하기

▶ 그림 삽입   ▶ 로그 차트   ▶ 이중 축 혼합형 차트   ▶ 차트 서식 파일

엑셀에서 기본적으로 제공하는 차트만으로도 집계표의 데이터를 설명할 수 있지만, 약간씩 차트의 구성을 변경할 수 있다면 더 효율적인 정보를 차트로 담아 전달할 수 있습니다. 이번에는 실무에서 자주 사용하는 차트를 만들기 위해 기존 차트의 구성을 변경하는 방법을 설명합니다. 이를 통해 차트의 활용 방법에 대해 더 많이 이해할 수 있게 됩니다.

질문 70　차트에 그림을 이용하여 꾸밀 수 있나요?

경제 신문 등에서 다양한 그림을 이용한 멋진 차트를 볼 수 있습니다. 엑셀로도 그림을 이용한 차트를 표현할 수 있나요?

• 예제 파일 〉 Part2 : **xlFAQ-070.xlsx, car1.jpg, car2.jpg**　　• 완성 파일 〉 Part2\완성 : **xlFAQ-070완성.xlsx**

답변 70

엑셀 차트는 차트 영역, 그림 영역, 막대그래프 등에 사용자가 원하는 그림을 삽입할 수 있습니다. 그러므로 그림을 활용해 차트로 보다 분명한 의미를 전달할 수 있도록 구성할 수 있습니다.

실무실습　차트에 그림 넣기

다음 실무실습을 통해 차트에 그림을 사용해 보겠습니다.

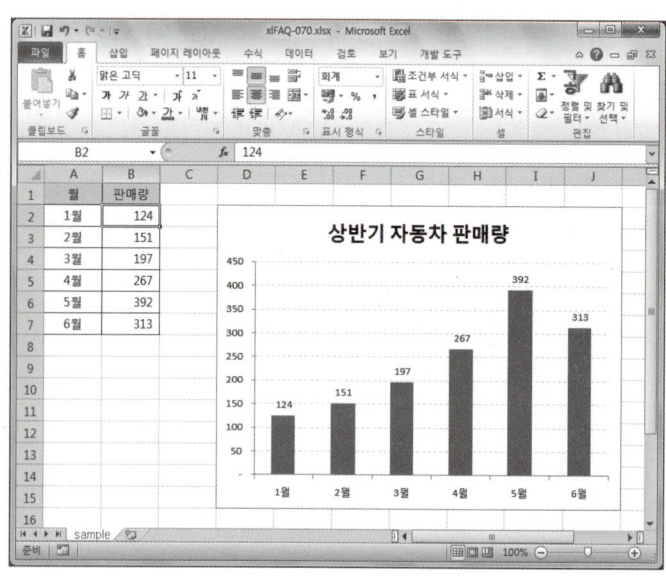

01 예제 확인하기

세로 막대형 차트의 차트 영역, 그림 영역, 막대그래프에 각각 그림을 삽입해 차트를 구성하는 방법을 알아보겠습니다.

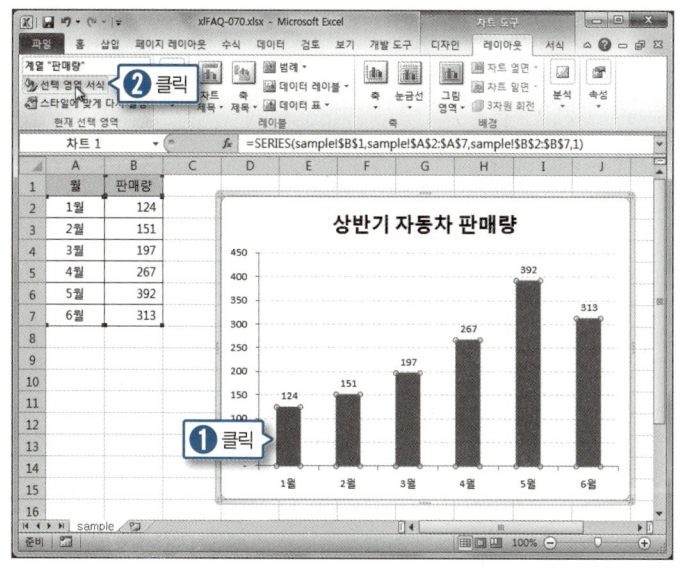

02 막대그래프에 그림 넣기(1)

막대그래프에 그림을 넣어 표시해 보겠습니다.

❶❷ 차트의 막대그래프를 더블 클릭하거나, 막대그래프를 클릭하여 선택하고 [레이아웃] 탭-[현재 선택 영역] 그룹-[선택 영역 서식] 을 클릭합니다.

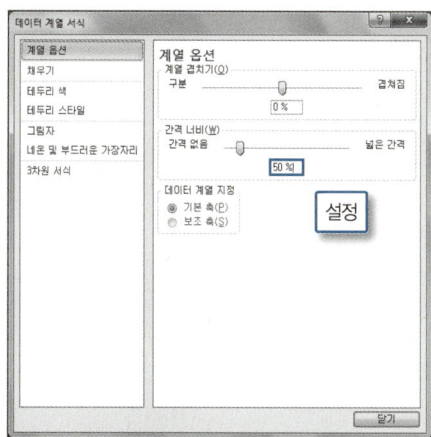

03 막대그래프에 그림 넣기(2)

데이터 계열 서식 대화상자가 표시되면 막대그래프의 너비를 키우기 위해 [계열 옵션] 범주의 간격 너비란을 **50%**로 설정합니다.

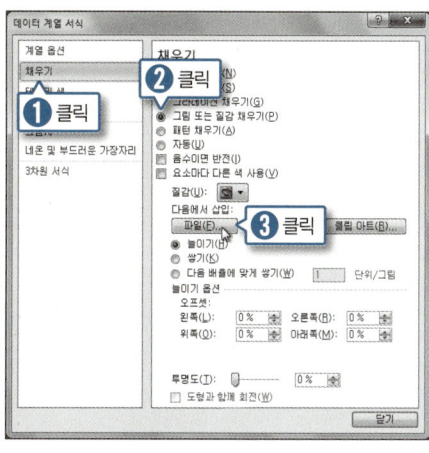

04 막대그래프에 그림 넣기(3)

❶ [채우기] 범주를 선택합니다.

❷ **그림 또는 질감 채우기**를 선택합니다.

❸ 막대그래프에 넣을 그림을 선택하기 위해 **[파일]**을 클릭합니다.

Tip ... 막대그래프에 그림 넣는 3가지 방법 이해하기
과정 **04**의 대화상자의 [파일] 아랫부분에 늘이기, 쌓기, 다음 배율에 맞게 쌓기와 같은 3가지 옵션 단추를 확인할 수 있으며, 기본 값으로 늘이기가 선택되어 있습니다. 이 3가지 옵션은 그림을 막대그래프에 표시하는 방법을 제공하며, 이번 실무실습에서 모두 설명합니다. 일단 기본 값인 **늘이기** 방식으로 작업합니다.

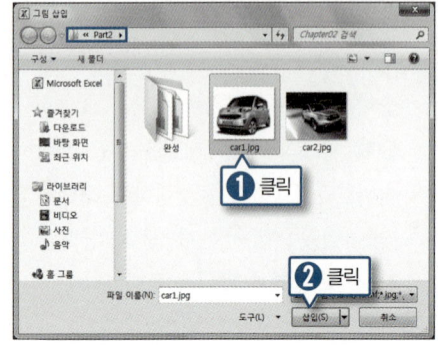

05 막대그래프에 그림 넣기 (4)

❶ 그림 삽입 대화상자가 표시되면 Part2 폴더의 **car1.jpg** 파일을 선택합니다.

❷ **[삽입]**을 클릭합니다.

데이터 계열 서식 대화상자에서 **[닫기]**를 클릭합니다.

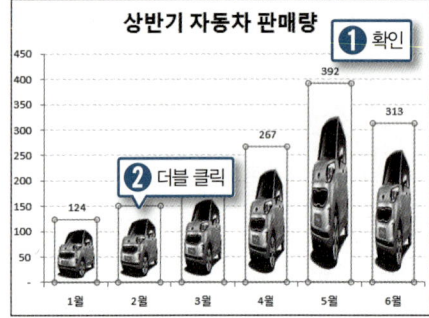

06 막대그래프에 그림 넣기 (5)

❶ 막대그래프 안에 과정 **05**에서 선택한 그림이 표시되는 것을 확인할 수 있습니다. 이때 그림은 막대그래프 길이에 맞게 늘려져 표시되며, 이 방식은 과정 **04**의 대화상자에서 확인할 수 있듯이 **늘이기** 옵션을 선택한 경우입니다.

❷ 데이터 계열 서식 대화상자를 표시하기 위해 막대그래프를 더블 클릭합니다.

Tip ... **데이터 계열 서식 대화상자 표시하기**
막대그래프 하나가 아닌 전체를 선택한 채로 데이터 계열 서식 대화상자를 표시합니다.

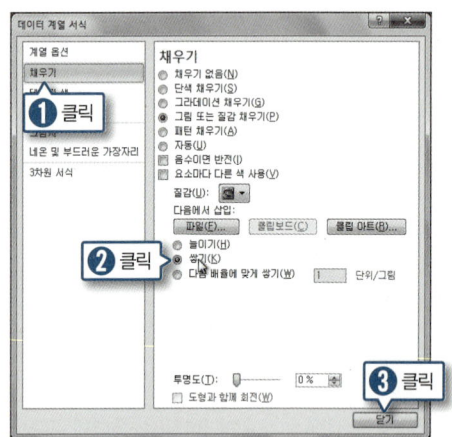

07 그림 표시 방법 변경하기 (1)

❶ 그림을 표시하는 방법을 변경하기 위해 [채우기] 범주를 선택합니다.

❷ **쌓기**를 선택하고 ❸ **[닫기]**를 클릭합니다.

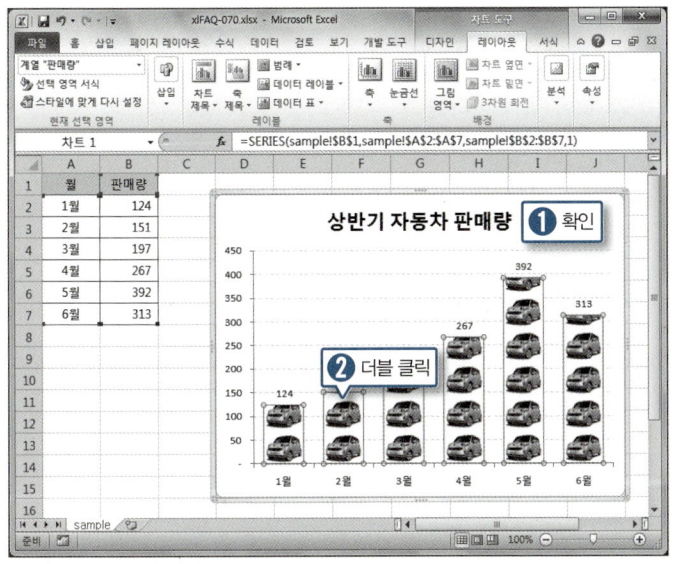

08 그림 표시 방법 변경하기 (2)

❶ 그림이 늘려져 표시되지 않고, 그림 비율이 유지된 상태로 하나씩 쌓여 표시되는 것을 확인할 수 있습니다. 이 방법은 그림의 비율을 유지하므로 그림의 가독성이 가장 뛰어나지만 자동차 그림 한 대가 몇 대를 판매한 것인지에 대한 의미를 전달하기에는 부적합합니다.

❷ 데이터 계열 서식 대화상자를 표시하기 위해 막대그래프를 더블 클릭합니다.

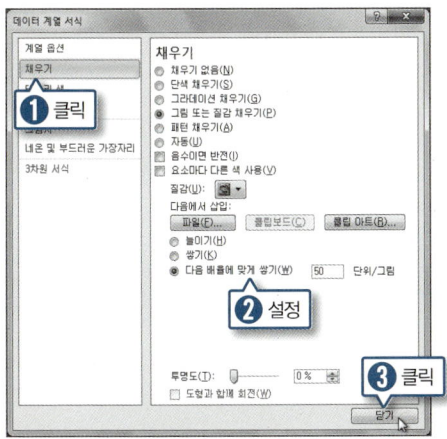

09 그림 표시 방법 변경하기 (3)

❶ 그림을 표시하는 방법을 변경하기 위해 [채우기] 범주를 선택합니다.

❷ **다음 배율에 맞게 쌓기**를 선택하고 Y축 단위가 50 간격으로 표시되므로 값을 **50단위/그림**으로 설정합니다.

❸ [닫기]를 클릭합니다.

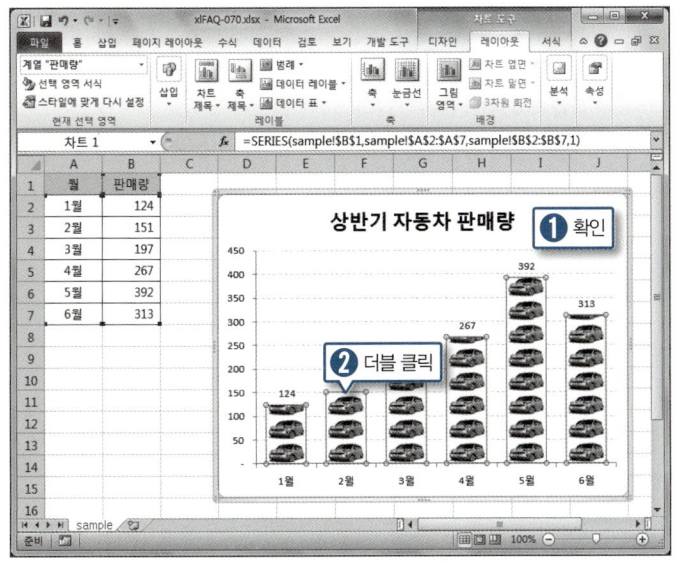

10 그림 표시 방법 변경하기 (4)

❶ Y축 50 단위에 맞춰져 하나씩 쌓이는 방식으로 표시됩니다.

이제 막대그래프의 그림만 봐도 대략의 판매량을 확인할 수 있습니다. 이렇게 막대그래프에 그림을 넣는 방법은 다양하게 사용자 취향에 맞춰 선택할 수 있습니다.

❷ 데이터 계열 서식 대화상자를 표시하기 위해 막대그래프를 더블 클릭합니다.

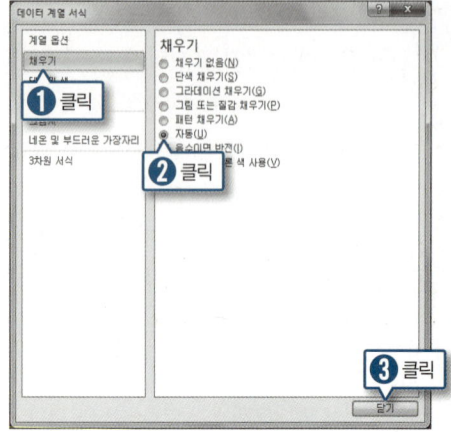

11 막대그래프 그림 초기화하기

❶ [채우기] 범주를 선택합니다.

❷ **자동**을 선택합니다.

❸ [닫기]를 클릭합니다.

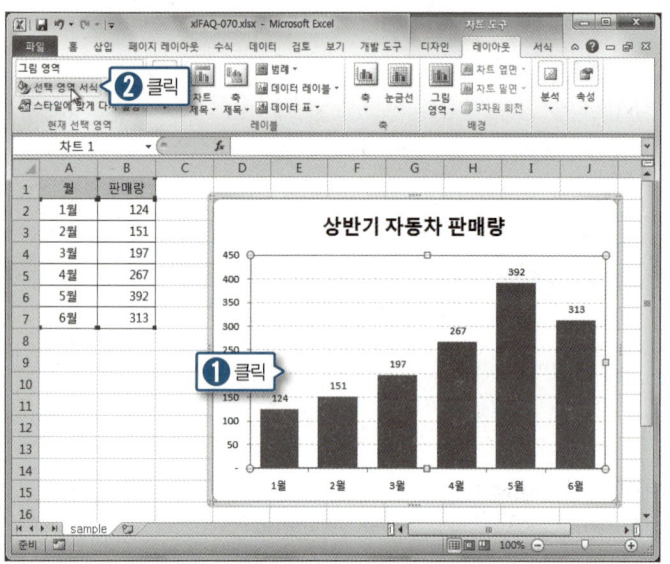

12 그림 영역에 그림 넣기 (1)

그림 영역에 그림을 넣어 보겠습니다. 그림 영역은 차트에서 실제 그래프가 표시되는 X축과 Y축 안의 영역입니다.

❶❷ 차트의 그림 영역인 눈금선과 눈금선 사이를 더블 클릭하거나, [레이아웃] 탭-[현재 선택 영역] 그룹-[**선택 영역 서식**]을 클릭합니다.

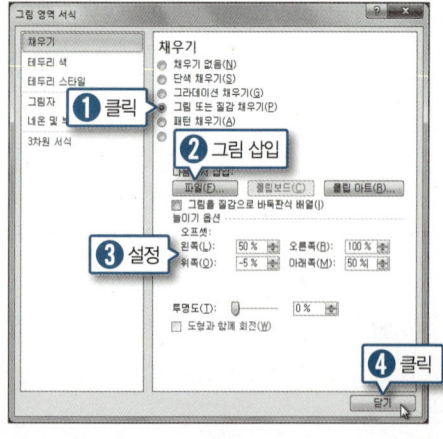

13 그림 영역에 그림 넣기 (2)

❶ 그림 영역 서식 대화상자가 표시되면 [채우기] 범주에서 **그림 또는 질감 채우기**를 선택합니다.

❷ [**파일**]을 클릭해 car1.jpg 파일을 선택하고 [**삽입**]을 클릭합니다.

❸ 늘이기 옵션에서 왼쪽란을 **50%**, 오른쪽란을 **100%**, 위쪽란을 **-5%**, 아래쪽란을 **50%**로 설정합니다.

❹ [**닫기**]를 클릭합니다.

> **Tip** ... 그림 채우기 기능 사용하기
>
> 엑셀 차트 작업을 할 때 채우기에서 한 번 그림을 선택하면 이후 채우기에서 그림 또는 질감 채우기를 선택했을 때 앞에서 선택한 그림이 자동으로 적용됩니다. 예제의 경우 막대그래프에 그림을 채워 넣는 작업을 통해 이미 파일을 한 번 선택했으므로 같은 그림을 사용하려는 경우에는 과정 **13**에서 굳이 [파일]을 클릭하고 동일한 그림을 선택하지 않아도 됩니다.

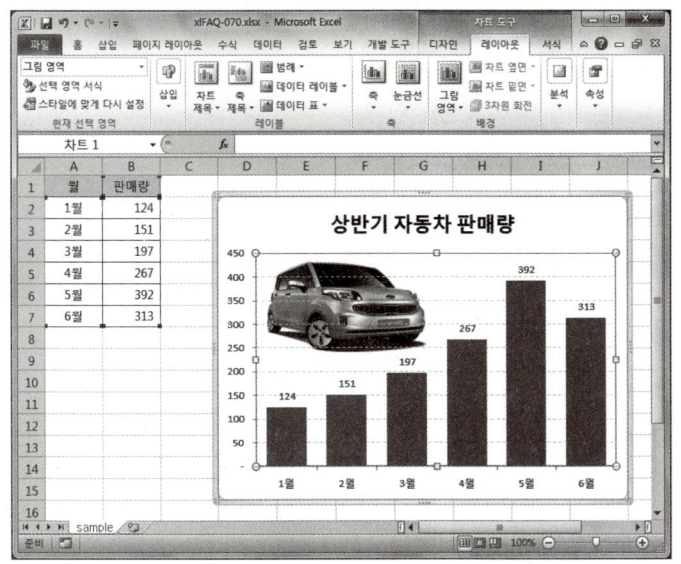

14 그림 영역에 그림 넣기 (3)

그림 영역 왼쪽 윗부분에 삽입한 그림이 나타납니다. 그림의 위치 및 크기는 과정 13에서 진행한 늘이기 옵션 값을 조정하면 됩니다.

해당 옵션은 미리 보기 효과가 적용되므로 값을 조정할 때마다 차트의 어느 위치에 어떤 크기로 나타나는지 바로 확인해 볼 수 있어서 편리합니다.

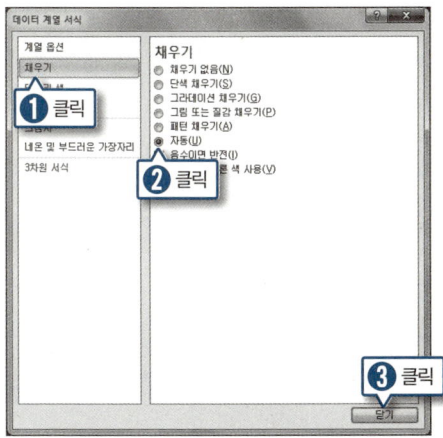

15 막대그래프 그림 초기화하기

차트 영역에 그림을 삽입해 보겠습니다. 과정 11을 참고하여 기존 그림 영역에 삽입된 그림을 초기화합니다.

❶ [채우기] 범주를 선택합니다.
❷ **자동**을 선택합니다.
❸ [닫기]를 클릭합니다.

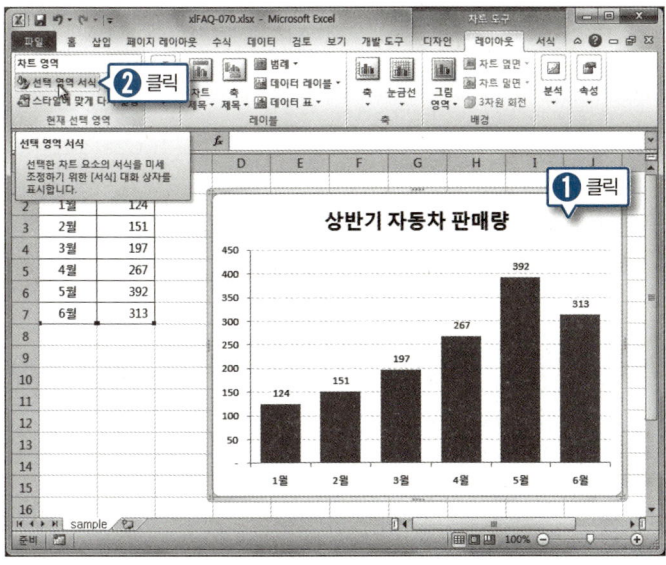

16 차트 영역에 그림 넣기 (1)

❶❷ 차트 제목 왼쪽이나 오른쪽 빈 영역을 더블 클릭하거나 차트 영역을 클릭하고 [레이아웃] 탭-[현재 선택 영역] 그룹-[**선택 영역 서식**]을 클릭합니다.

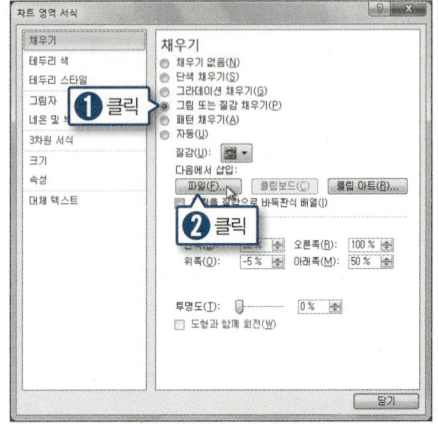

17 차트 영역에 그림 넣기 (2)

❶ 차트 영역 서식 대화상자가 표시되면 [채우기] 범주에서 **그림 또는 질감 채우기**를 선택합니다.

❷ 삽입할 이미지 선택을 위해 **[파일]**을 클릭합니다.

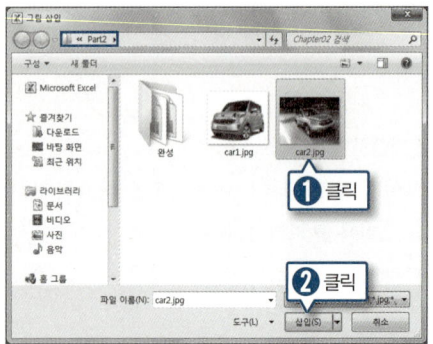

18 차트 영역에 그림 넣기 (3)

❶ 그림 삽입 대화상자가 표시되면 예제 파일이 위치한 폴더로 이동한 다음 car2.jpg 파일을 선택합니다.

❷ [삽입]을 클릭합니다.

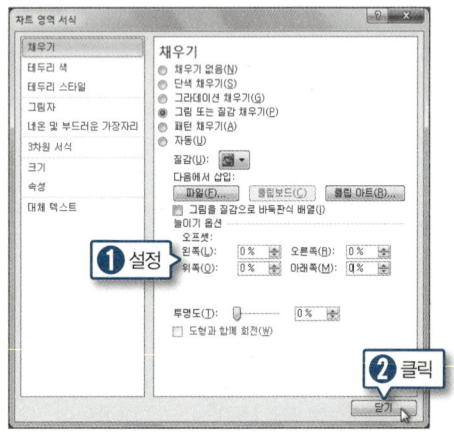

19 차트 영역에 그림 넣기 (4)

❶ 차트 영역 서식 대화상자의 늘이기 옵션에서 왼쪽란을 **0%**, 오른쪽란을 **0%**, 위쪽란을 **0%**, 아래쪽란을 **0%**로 설정하여 초기화합니다.

❷ [닫기]를 클릭합니다.

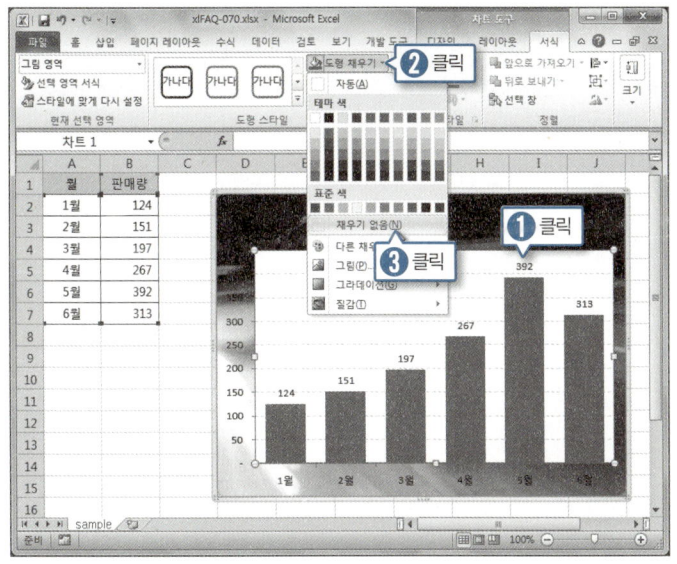

20 그림 영역 투명하게 설정하기
차트 영역에 선택한 그림이 삽입되지만 그림 영역이 가려져 보기가 좋지 않습니다.

❶ 그림 영역의 배경을 투명하게 하기 위해 그림 영역을 선택합니다.
❷ [서식] 탭-[도형 스타일] 그룹-[도형 채우기]의 옵션 단추를 클릭합니다.
❸ [채우기 없음]을 클릭합니다.

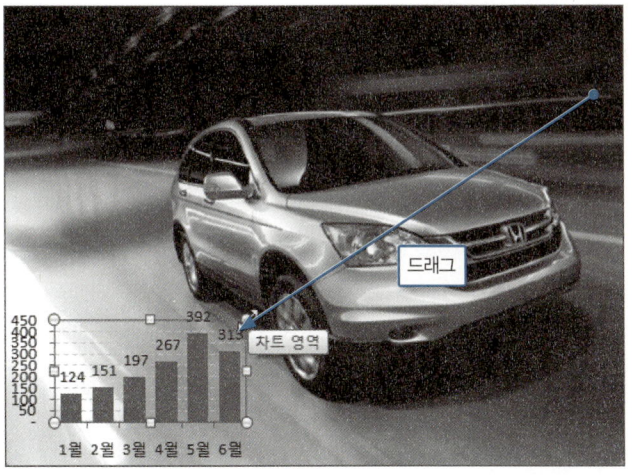

21 그림 영역의 위치 옮기기
그림 영역을 선택하고 테두리에 표시된 크기 조정 핸들을 드래그해 왼쪽 아랫부분 영역으로 크기를 줄입니다.

22 차트 제목 서식 변경하기
차트 제목도 삽입된 그림 때문에 보이지 않아 색을 바꾸겠습니다.

❶ 차트 제목을 선택합니다.
❷ [홈] 탭-[글꼴] 그룹-[글꼴 색]의 옵션 단추를 클릭합니다.
❸ 1열 1행에 위치한 흰색을 선택하여 적용한 다음 작업을 마칩니다.

질문 71
긴 막대그래프를 잘라 표시할 수 없나요?
세로 막대형 차트는 단위가 일정한 차트는 보기 좋게 표현하지만 단위가 큰 항목이 포함되어 있으면 나머지 막대그래프가 너무 작게 표시되어 보기가 좋지 않습니다. 긴 막대그래프를 잘라 표시할 수 없나요?

• 예제 파일 〉Part2 : **xlFAQ-071.xlsx**   • 완성 파일 〉Part2\완성 : **xlFAQ-071완성.xlsx**

답변 71
세로 막대형 차트의 하위 차트 종류에는 단위가 큰 막대그래프를 잘라 표시하는 차트는 제공되지 않지만, 차트의 Y축 눈금을 조정하는 로그 단위 차트(로그 차트)를 구성하면 비슷한 효과를 얻을 수 있습니다.
로그 차트는 Y축의 눈금 단위를 1, 10, 100, …과 같은 10 제곱 값으로 표시하는 차트를 의미하며, 큰 단위 차를 갖는 항목이 포함된 막대그래프를 표시할 경우 적절합니다.

실무실습 로그 차트 **구성하기**

다음 실무실습을 통해 로그 차트를 구성해 보겠습니다.

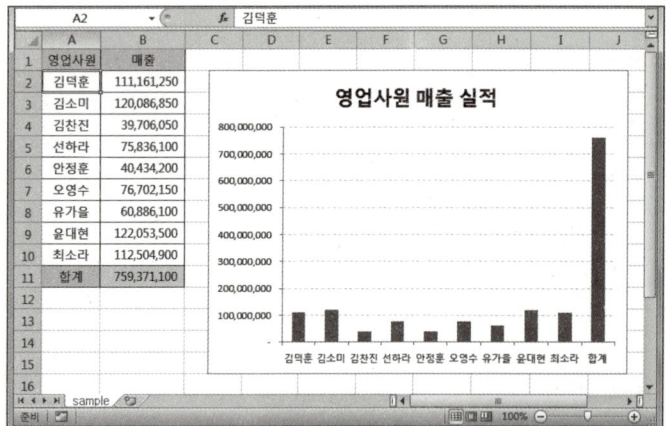

01 예제 확인하기
A1:B11 범위의 표를 차트로 만든 화면을 확인할 수 있습니다.
오른쪽 차트의 세로 막대그래프 중에서 합계 항목의 값이 크기 때문에 다른 그래프가 제대로 표시되지 못합니다. 합계 항목의 그래프를 잘라 표시할 수 있도록 로그 차트로 변경하는 작업을 진행하겠습니다.

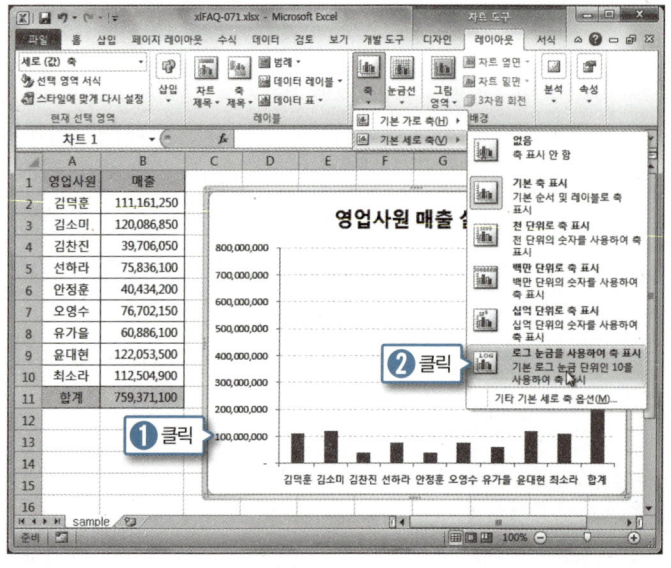

02 로그 눈금 적용하기(1)
로그 차트는 로그 눈금을 사용하는 차트이므로 Y축 설정을 조정합니다.
❶ 차트를 선택합니다.
❷ [레이아웃] 탭-[축] 그룹-[축] -[기본 세로축]-[**로그 눈금을 사용하여 축 표시**]를 클릭합니다.

308 • Chapter 02 차트를 이용해 보고서 시각화하기

03 로그 눈금 적용하기 (2)

1, 10, 100, 1,000, …과 같은 로그 단위로 표시됩니다. Y축 눈금 중에서 모든 막대그래프가 통과한 마지막 단위를 Y축 최소값으로 설정해야 합니다. 현재 차트에서는 10,000,000이 모든 막대그래프가 통과한 마지막 단위입니다.

❶❷ Y축을 더블 클릭하거나, Y축을 선택하고 [레이아웃] 탭-[현재 선택 영역] 그룹-**[선택 영역 서식]** 을 클릭합니다.

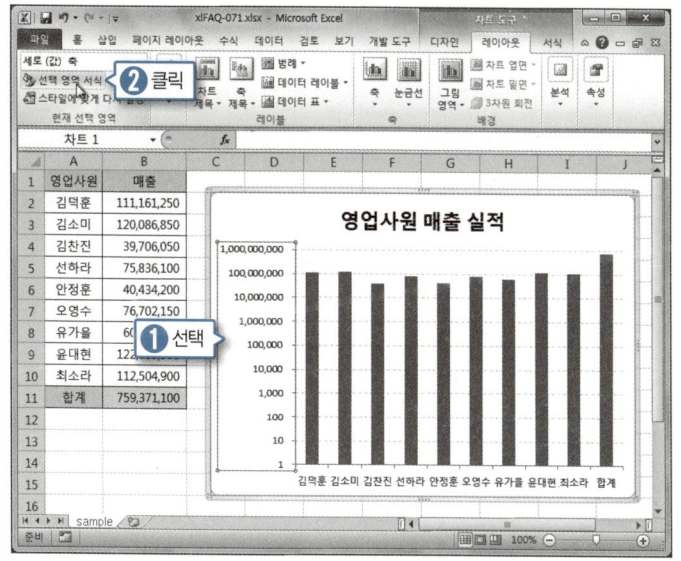

04 로그 눈금 설정 변경하기

❶ 축 서식 대화상자가 표시되면 [축 옵션] 범주에서 최소값을 **고정, 1E7**, 표시 단위 목록을 **백만**으로 지정하고, **차트에 단위 레이블 표시**에 체크 표시를 해제한 다음, 주 눈금 목록을 **없음**, 축 레이블 목록을 **없음**으로 지정합니다.

❷ **[닫기]**를 클릭합니다.

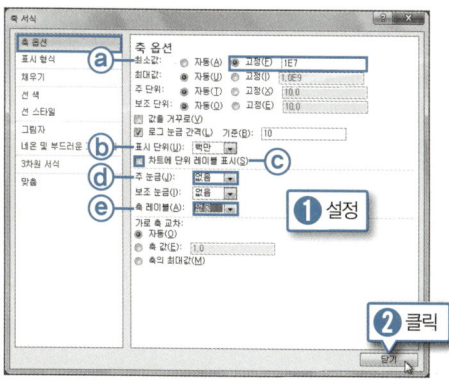

Tip... 축 서식 옵션 이해하기
변경한 옵션은 다음과 같습니다.

ⓐ 최소값 : 과정 **03**에서 설명했듯이 모든 막대그래프가 통과한 마지막 단위 값을 입력합니다. 값은 10,000,000이므로 좀 더 쉽게 입력하기 위해 지수 방식(1E7은 1×10^7을 의미합니다)으로 입력한 것입니다. 실제 10,000,000으로 입력해도 됩니다.

ⓑ 표시 단위 : 매출을 표시해야 하므로 숫자 단위를 **원**에서 **백만**으로 변경했습니다.

ⓒ 차트에 단위 레이블 표시 : 차트에 단위(백만)을 표시하는 것을 생략합니다.

ⓓ 주 눈금 : Y축은 로그 눈금으로 표시되므로, 로그 차트를 만들면 Y축이 의미가 없어집니다. 그래서 눈금 표시를 생략합니다.

ⓔ 축 레이블 : Y축을 표시하지 않을 목적으로 레이블 표시를 생략합니다. 처음 로그 차트를 만든다면 주 눈금과 축 레이블을 변경하지 말고, 결과를 확인한 다음 다시 해당 옵션을 변경하는 것이 이해하기 쉽습니다.

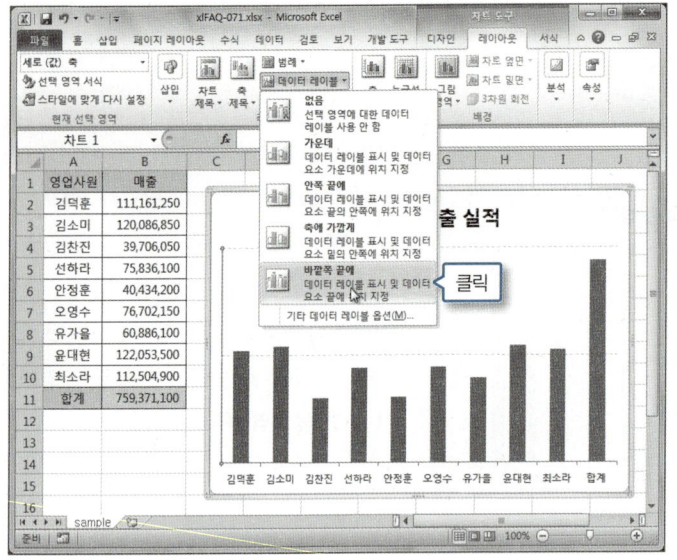

05 데이터 레이블 표시하기

차트의 막대그래프가 비교적 일정하게 표시되는 것을 확인할 수 있습니다. Y축을 표시하지 않고 있으므로 데이터 레이블을 추가해 막대그래프의 값을 표시하겠습니다.

[레이아웃] 탭-[레이블] 그룹-[데이터 레이블]-[바깥쪽 끝에]를 클릭합니다.

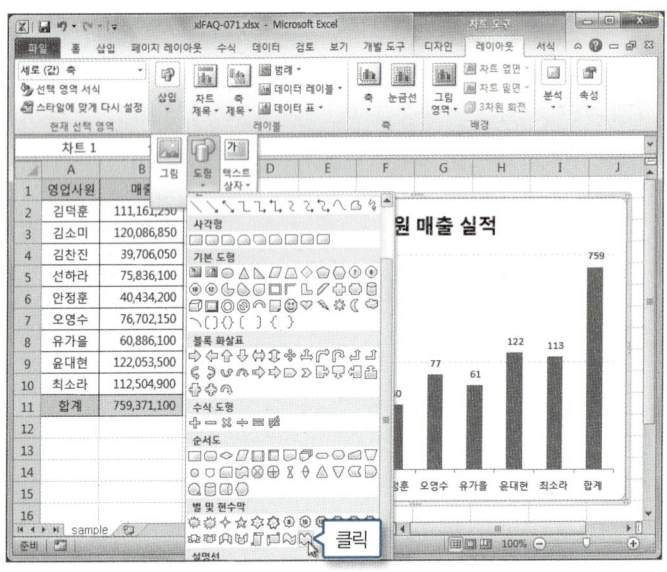

06 도형 이용해 막대 구분선 표시하기 (1)

합계 항목을 끊어 표시한 것처럼 도형을 삽입해 표시하겠습니다.

[레이아웃] 탭-[삽입] 그룹-[도형] -[이중 물결] 을 클릭합니다.

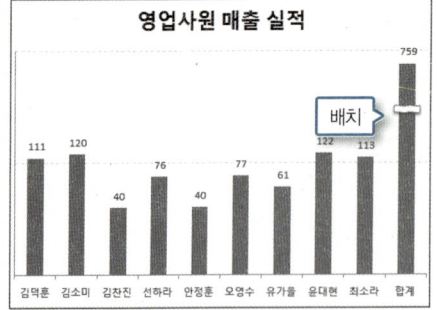

07 도형 이용해 막대 구분선 표시하기 (2)

선택한 도형을 합계 항목의 막대그래프 윗부분에 위치시킨 다음 적절한 서식을 이용해 적용하면 막대그래프를 끊어 표시한 것으로 처리할 수 있습니다.

질문 72 단위 차가 큰 계열을 동시에 표시할 수 있나요?

판매수량이나 매출과 같은 서로 다른 2개의 값을 비교할 때 두 값의 단위 차가 크면 하나의 차트에 제대로 표시가 되지 않아 차트를 2개로 나눠 그려야 해서 불편합니다. 이런 경우 적절한 표시 방법이 있나요?

• 예제 파일 〉 Part2 : **xlFAQ-072.xlsx**   • 완성 파일 〉 Part2\완성 : **xlFAQ-072완성.xlsx**

답변 72 차트는 X, Y축을 기본 축, 보조 축으로 나눠 사용할 수 있도록 하며, 데이터 계열을 기본 축 또는 보조 축에 속하도록 할 수 있습니다. 기본 축, 보조 축의 위치는 다음과 같습니다.

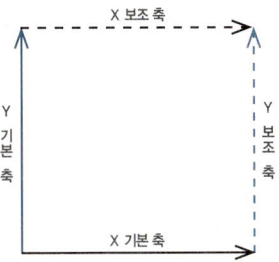

보조 축을 이용하면 서로 단위가 큰 계열을 하나는 기본 축, 다른 하나는 보조 축에 표시하는 방법을 사용해 표시할 수 있습니다. 이렇게 보조 축을 이용해 표시하는 차트를 [이중 축] 차트라고 합니다. 또한 이중 축 차트에서 계열의 그래프가 중첩되는 경우가 많아 계열별로 차트 종류를 다르게 설정할 경우 하나의 차트 안에 2개 이상의 차트 종류를 혼합해 표시하는 것이 일반적이며, 이런 차트를 [혼합형] 차트라고 합니다. 보조 축을 사용하면서 둘 이상의 차트 종류를 혼합하면 [이중 축 혼합형] 차트라고 합니다.

실무실습 이중 축 혼합형 차트 구성하기

다음 실무실습을 통해 이중 축 혼합형 차트를 구성해 보겠습니다.

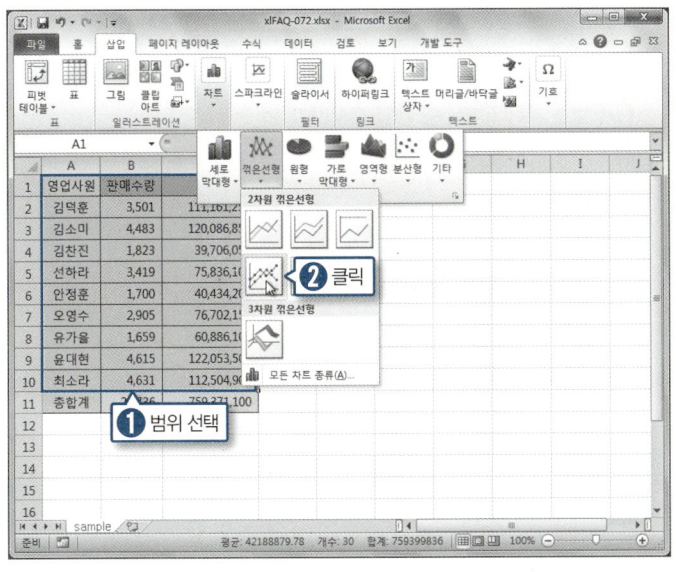

01 꺾은선형 차트 만들기(1)

판매수량과 매출을 함께 차트에 표시하기 위해 이중 축 혼합형 차트를 만들어 보겠습니다.

❶ A1:C10 범위를 선택합니다.

❷ [삽입] 탭-[차트] 그룹-[꺾은선형] -[2차원 꺾은선형] 항목-[**표식이 있는 꺾은선형**]을 클릭합니다.

Tip ... 꺾은선형 차트를 선택하는 이유 알아보기

이중 축 차트는 한 번에 만들 수 없고 만들어진 차트를 변경하는 작업을 진행해야 합니다. 세로 막대형 차트로 시작하는 것보다 꺾은선형 차트로 시작하는 것이 훨씬 차트 구성을 변경하기 쉽기 때문에 이중 축 혼합형 차트를 구성할 때는 꺾은선형 차트로 시작하는 것이 좋습니다.

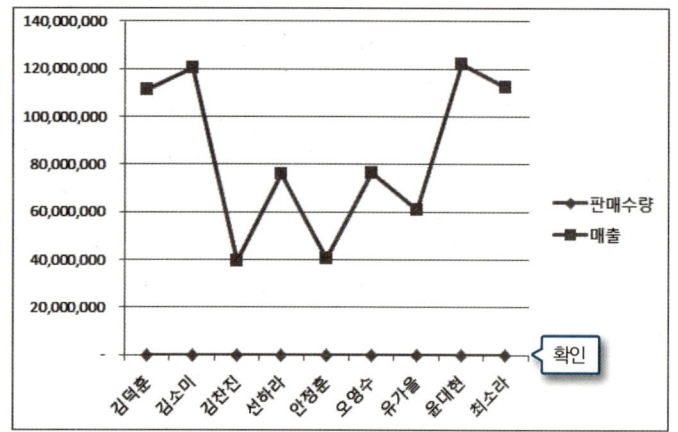

02 꺾은선형 차트 만들기 (2)

꺾은선형 차트가 만들어집니다. 매출 계열은 제대로 표시되지만, 판매수량 계열은 X축에 붙어 표시됩니다.
이는 판매수량과 매출의 숫자가 서로 현격하게 차이가 나서 판매수량 계열의 선 그래프가 X축에 붙어 있는 것처럼 표시되는 것입니다.

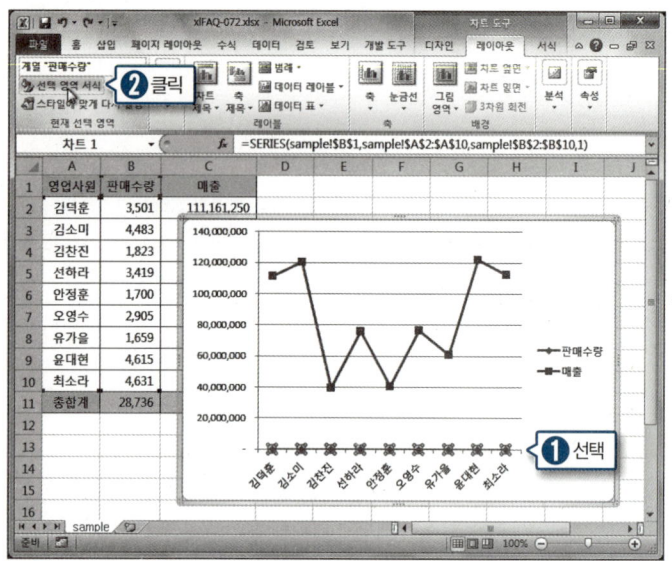

03 보조 축에 판매수량 계열 표시하기 (1)

판매수량 계열이 Y 보조 축을 사용하도록 설정하겠습니다.
❶❷ 판매수량 계열의 선 그래프를 더블클릭하거나, 선 그래프를 선택하고 [레이아웃] 탭–[현재 선택 영역] 그룹–[**선택 영역 서식**]을 클릭합니다.

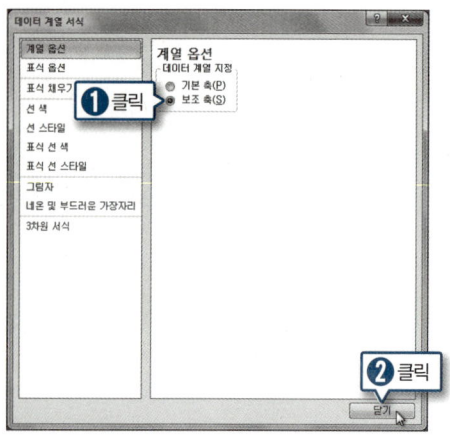

04 보조 축에 판매수량 계열 표시하기 (2)

❶ 데이터 계열 서식 대화상자가 표시되면 [계열 옵션] 범주를 선택하고 **보조 축**을 선택합니다.
❷ [**닫기**]를 클릭합니다.

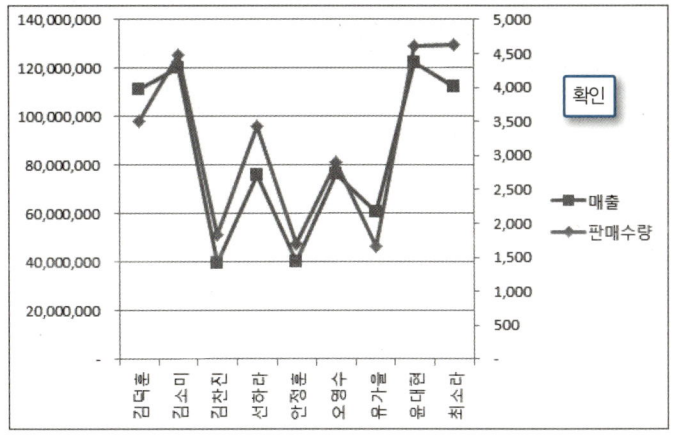

05 보조 축에 판매수량 계열 표시하기 (3)

차트의 Y축이 2개가 되며 판매수량 계열은 오른쪽의 Y 보조 축을 사용해 표시됩니다.

이렇게 되면 단위 차가 큰 2개의 계열을 효과적으로 하나의 차트에 표시할 수 있습니다.

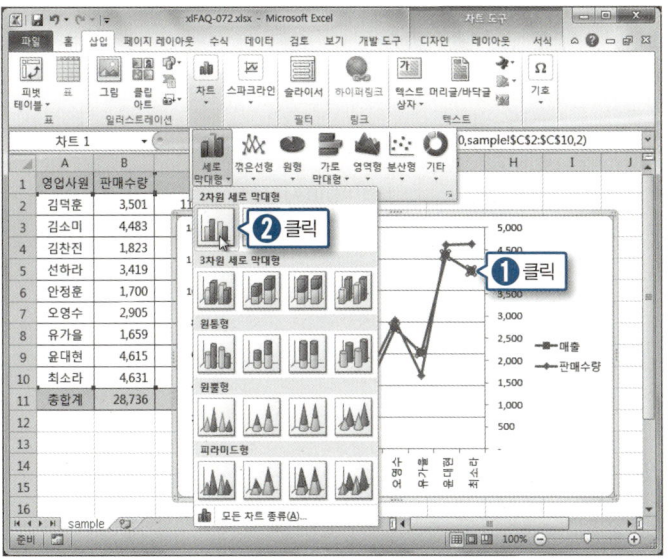

06 매출 계열을 세로 막대로 변경하기 (1)

보조 축을 사용하면 두 꺾은선 그래프가 겹치는 부분이 생기므로 하나의 선 그래프를 다른 차트 종류로 변경하는 것이 좋습니다.

❶ 매출 계열의 선 그래프를 선택합니다.
❷ [삽입] 탭-[차트] 그룹-[세로 막대형] -[2차원 세로 막대형] 항목-**[묶은 세로 막대형]** 을 클릭합니다.

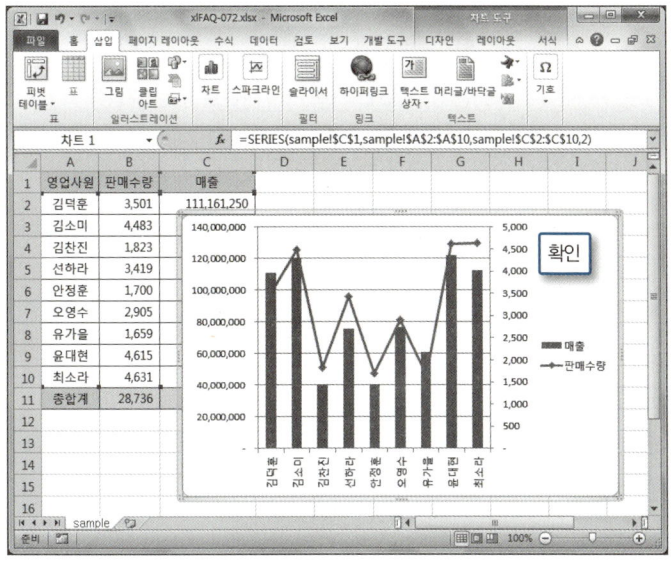

07 매출 계열을 세로 막대로 변경하기 (2)

매출 계열의 그래프가 세로 막대형으로 변경되어 하나의 차트의 둘 이상의 차트 종류를 사용해 표시하게 됩니다.

이런 차트를 이중 축 혼합형 차트라고 합니다.

Tip ... 이중 축 혼합형 차트를 읽는 방법 알아보기
이중 축 차트를 만들게 되면 두 계열의 관계를 이해할 때 도움이 됩니다. 예제의 경우에도 판매수량과 매출 2개의 계열을 서로 다른 Y축에 표시했기 때문에 어느 그래프가 위쪽에 표시되느냐에 따라 판매 성향을 이해할 수 있게 됩니다. 예를 들어, 선 그래프(판매수량)가 막대그래프(매출) 위쪽에 있으면 단가가 낮은 제품을 많이 판매했다는 것을 의미하며, 그 반대는 단가가 높은 제품을 많이 판매한 경우로 이해할 수 있습니다.

질문 73 차트 서식을 저장하여 사용할 수 있나요?

차트 작업에서 항상 일정하게 서식을 변경하는 작업을 할 경우 차트 작업이 많은 경우에는 매우 불편합니다. 차트 서식을 한 번에 적용할 수 있는 방법은 없나요?

답변 73

• 예제 파일 〉 Part2 : xlFAQ-073.xlsx   • 완성 파일 〉 Part2\완성 : 이중 축 혼합형.crtx, xlFAQ-073완성.xlsx

차트는 만든 이후에도 레이아웃을 변경하고 서식을 변경하는 등의 부가적인 작업이 많이 발생합니다. 작업을 하다 보면 사용자 별로 자주 사용하는 패턴이 있어 이런 패턴을 등록해 놓고 사용할 수 있다면 매우 편리하게 차트 작업을 진행할 수 있습니다.

엑셀에서 완성된 차트를 차트 서식 파일로 저장하는 기능을 제공합니다. 이 기능을 이용하면 완성된 차트를 등록해 놓고 필요할 때 불러다 사용할 수 있어 편리합니다.

실무실습 차트 서식 파일 사용하기

다음 실무실습을 통해 차트 서식 파일을 사용해 보겠습니다.

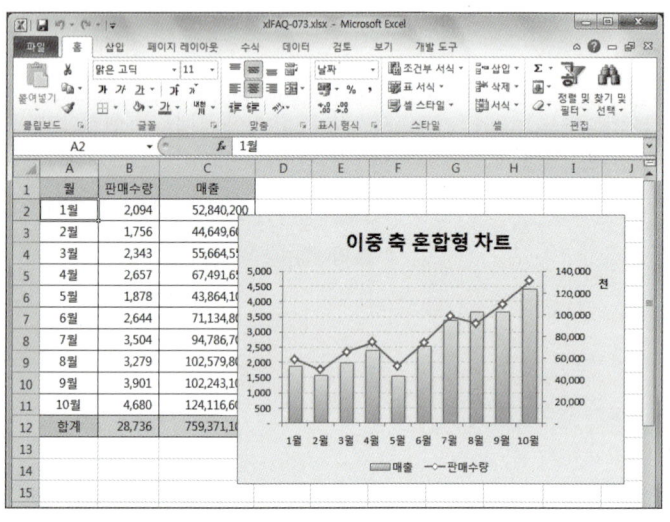

01 예제 확인하기

[sample1] 시트에서 여러 서식이 적용된 이중 축 혼합형 차트를 확인할 수 있습니다. 이 차트를 나중에 다시 사용하기 위해 차트 서식 파일로 저장해 사용하는 작업을 진행하겠습니다.

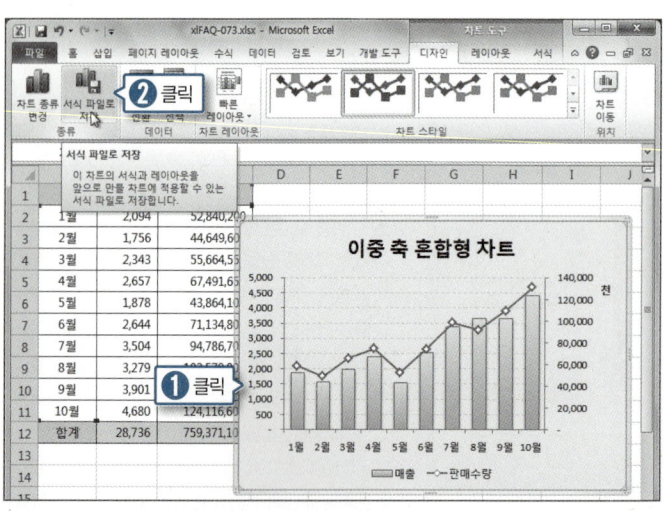

02 차트 서식 파일로 저장하기 (1)

❶ 만들어진 차트를 서식 파일로 저장하기 위해 차트를 선택합니다.

❷ [디자인] 탭-[종류] 그룹-[**서식 파일로 저장**]을 클릭합니다.

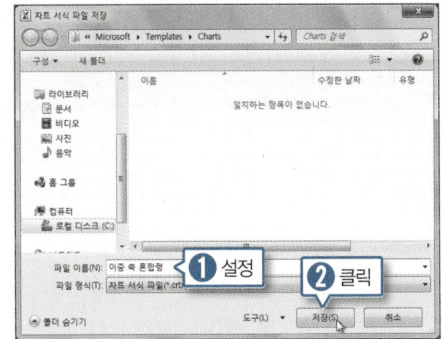

03 차트 서식 파일로 저장하기 (2)

❶ 차트 서식 파일 저장 대화상자가 표시되면 파일 이름란에 원하는 차트 이름을 지정합니다.

예제에서는 **이중 축 혼합형**으로 지정하였습니다.

❷ [**저장**]을 클릭합니다.

Tip ... **차트 서식 파일이 저장되는 폴더 살펴보기**
차트 서식 파일이 저장되는 기본 폴더는 변경하면 안 됩니다. 이 폴더에 저장된 차트 서식 파일을 다른 PC의 폴더로 복사하면 해당 PC에서도 차트 서식 파일을 사용할 수 있습니다. 경로는 윈도우 7의 경우 C:₩Users₩사용자명₩AppData₩Roaming₩Microsoft₩Templates₩Charts입니다.

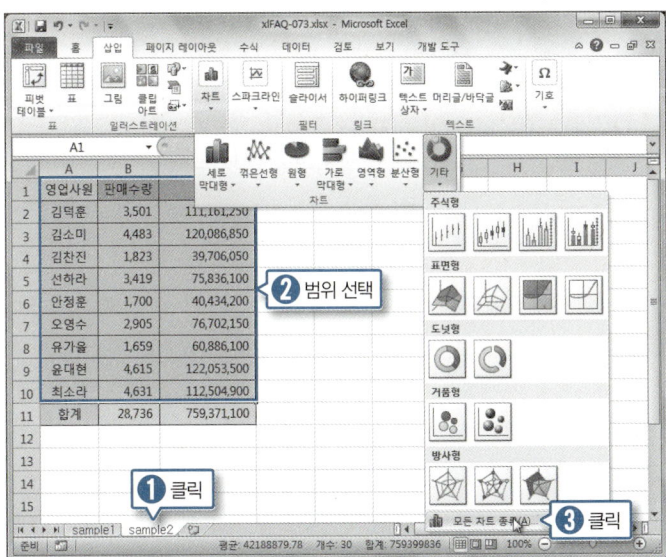

04 차트 서식 파일로 차트 만들기 (1)

저장된 차트 서식 파일을 이용해 차트를 만들어 보겠습니다.

❶ [sample2] 시트 탭을 선택하여 시트를 표시하면 영업사원별 판매 실적표를 확인할 수 있습니다.

❷ A1:C10 범위를 선택합니다.

❸ [삽입] 탭-[차트] 그룹-[기타] ⊙ -[**모든 차트 종류**]를 클릭합니다.

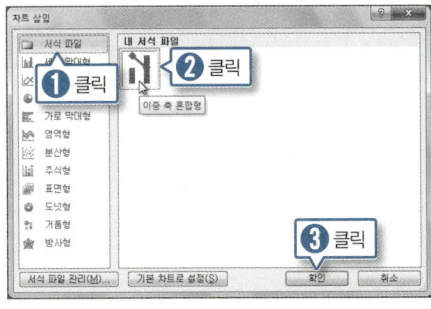

05 차트 서식 파일로 차트 만들기 (2)

❶ 차트 삽입 대화상자가 표시되면 [서식 파일] 범주를 선택합니다.

❷ 과정 **02**에서 저장해 둔 차트를 확인해 볼 수 있습니다. 서식 파일을 클릭합니다.

❸ [**확인**]을 클릭합니다.

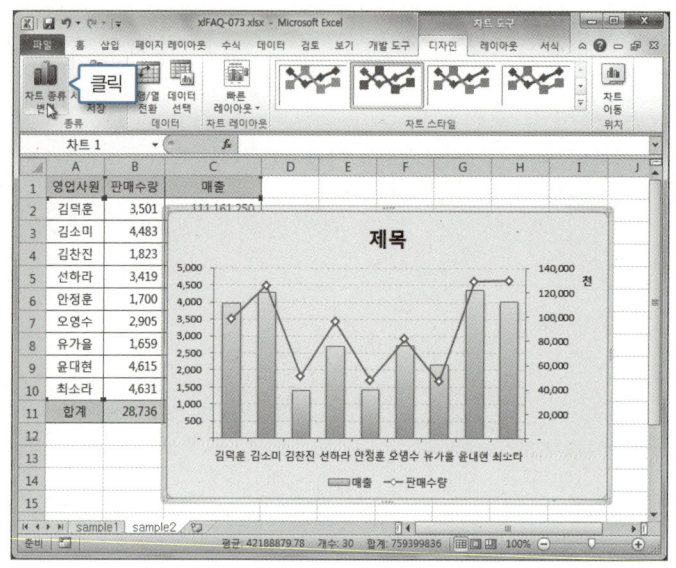

06 차트 서식 파일로 차트 만들기 (3)

[sample1] 시트의 차트와 동일한 서식의 차트가 완성되는 것을 확인할 수 있습니다. 단, 차트 제목은 따로 수정해야 합니다.

저장한 차트 서식 파일을 더 이상 사용하지 않으려면 [디자인] 탭-[종류] 그룹-[**차트 종류 변경**]을 클릭합니다.

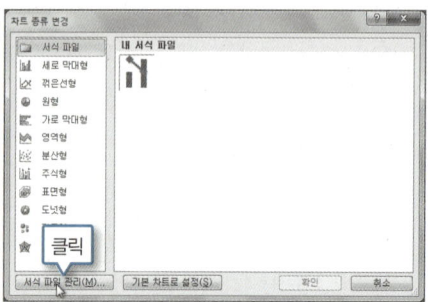

07 차트 서식 파일 삭제하기 (1)

차트 종류 변경 대화상자가 표시되면 대화상자 아래쪽에서 [**서식 파일 관리**]를 클릭합니다.

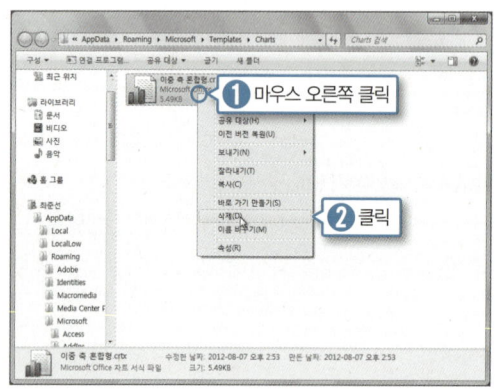

08 차트 서식 파일 삭제하기 (2)

윈도우 탐색기 창이 열리면서 앞에서 저장한 서식 파일을 확인할 수 있습니다.

❶ 해당 파일을 마우스 오른쪽 버튼으로 클릭하고 ❷ [**삭제**] 메뉴를 선택해 파일을 제거합니다.

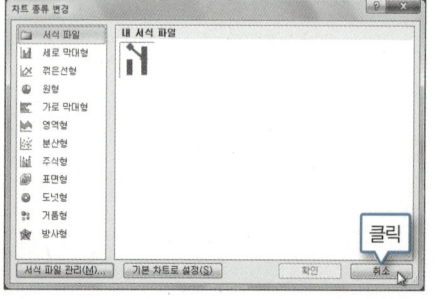

09 차트 서식 파일 삭제하기 (3)

윈도우 탐색기를 닫은 다음 차트 종류 변경 대화상자에서 [**취소**]를 클릭하여 대화상자를 닫습니다.

Chapter 3.
집계, 통계 작업을 위한 수식과 기술 통계법 이해하기

차트를 이용해 집계된 표를 설명한다고 하더라도 그 의미까지 구체적으로 설명하기는 어렵습니다. 이런 경우 데이터의 분포를 파악하고 관계를 설명할 수 있는 방법에 대해 학습할 필요가 있습니다. 통계라고 하면 많은 분들이 너무 어렵게 생각하는 경우가 많습니다. 물론 매우 복잡한 수학적인 개념이 필요한 것들도 있지만 일상적인 업무를 처리할 경우 사용하는 통계는 그렇게 어렵지만은 않습니다. Chapter 3을 통해 사무직 종사자들이 반드시 이해하고 있어야 할 기술 통계법에 대해 설명합니다.

Chapter 3에서는 다음과 같은 내용에 대해 설명합니다.
- **Section 01** 실무에서 자주 사용하는 계산식 이해하기
- **Section 02** 기술 통계법을 이용한 데이터 이해하기

Section 01 실무에서 자주 사용하는 계산식 이해하기

▶ 백분율 스타일 ▶ 할인율/증감률 ▶ 음수 비율 ▶ 평균 비율

엑셀에는 수많은 함수가 제공되지만 이것만으로 업무를 모두 해결할 수는 없습니다. 함수가 제공되지 않는 비율, 증감률, 성장률 등을 구하는 계산식은 원리만 알면 쉽게 계산할 수 있지만 많은 분들이 이런 계산 방법을 어려워 합니다.
Section 01에서는 이런 계산에 필요한 비율의 원리와 계산 방법에 대해 자세하게 설명합니다.

질문 74 비율은 수식을 이용해 어떻게 계산하나요?
표를 집계하다 보면 빈번하게 전체 대비 비율이나 달성률, 경쟁률, 출석률과 같은 항목을 계산해야 하는 경우가 있습니다. 이런 값을 손쉽게 계산할 수 있는 방법이 있나요?

・예제 파일 〉 Part2 : **xlFAQ-074.xlsx**   ・완성 파일 〉 Part2\완성 : **xlFAQ-074완성.xlsx**

답변 74 비율을 계산하려면 비교하려는 값(비교값)과 기준이 되는 값(기준값)을 구분하는 것이 필요합니다. 예를 들어 영업사원별 실적이 전체 판매 실적에서 몇 %에 해당하는지 비율을 계산하려면 비교값은 영업사원의 실적이 되고, 기준값은 전체 판매 실적이 됩니다. 그러므로 비율은 비교값과 기준값을 파악해 두 값을 나눠 계산하는 식을 작성하면 됩니다.

    =비교값/기준값

예를 들어 달성률 계산에서 비교값은 실적이 되고, 기준값은 목표가 됩니다.

> **실무실습** 비율을 계산하는 수식 만들기

다음 실무실습을 통해 비율을 계산하는 수식을 만들어 보겠습니다.

01 예제 확인하기
집계표의 비율, 달성률, 경쟁률 등을 수식을 이용해 계산하는 작업을 진행하겠습니다.

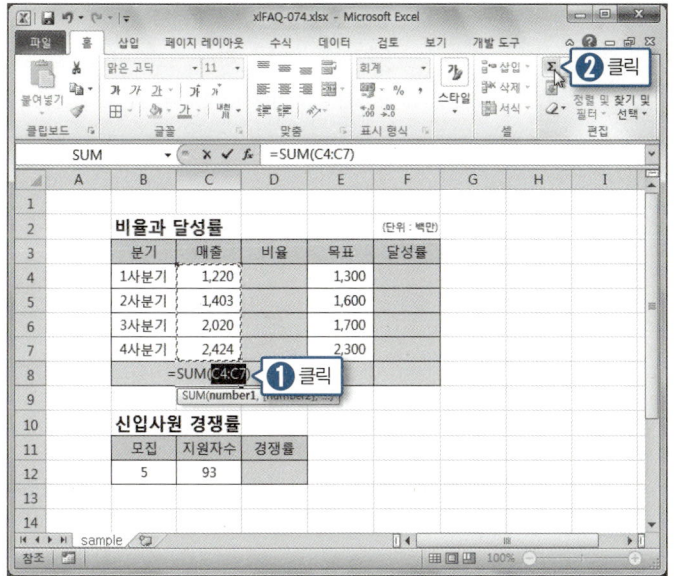

02 전체 대비 비율 구하기 (1)

각 분기별 매출 비율을 구하려면 먼저, C열의 매출 합계 값을 계산해야 합니다.

❶ C8셀을 선택합니다.

❷ [홈] 탭-[편집] 그룹-[**자동 합계**] ∑를 클릭합니다.

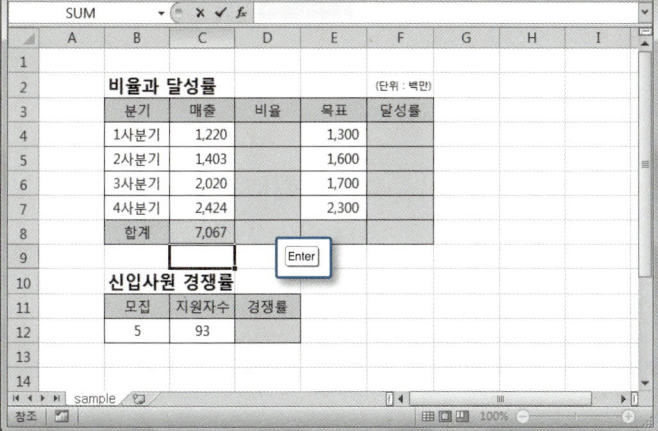

03 전체 대비 비율 구하기 (2)

Enter 를 눌러 수식을 입력합니다.

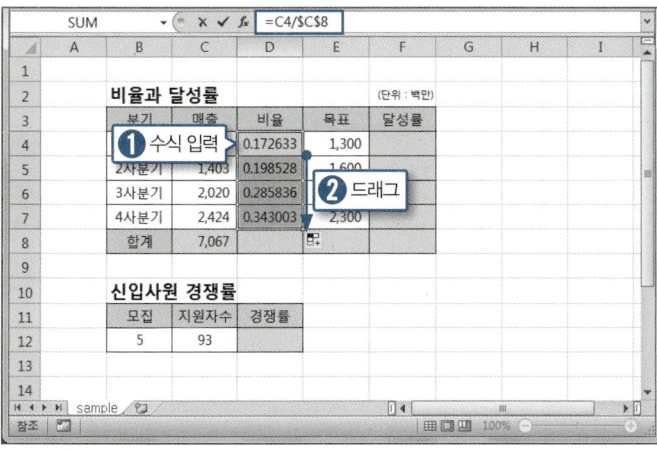

04 전체 대비 비율 구하기 (3)

D열의 비율을 계산해 보겠습니다. C8셀에서 구한 매출 합계 값에 각 분기별 매출이 어느 정도 비율인지 표시하는 것입니다. ❶ D4셀에 다음을 입력합니다.

=C4/$C$8

❷ D4셀의 **채우기 핸들**을 D7셀까지 드래그해 수식을 복사합니다.

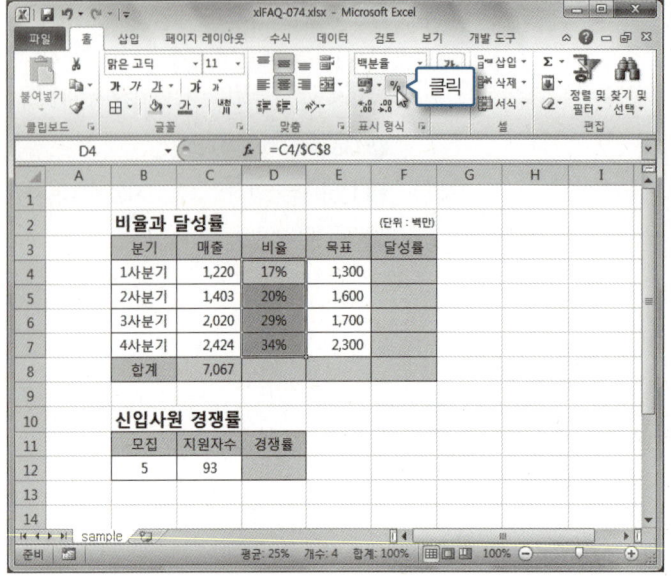

05 전체 대비 비율 구하기 (4)

[홈] 탭-[표시 형식] 그룹-[**백분율 스타일**] %을 클릭합니다.

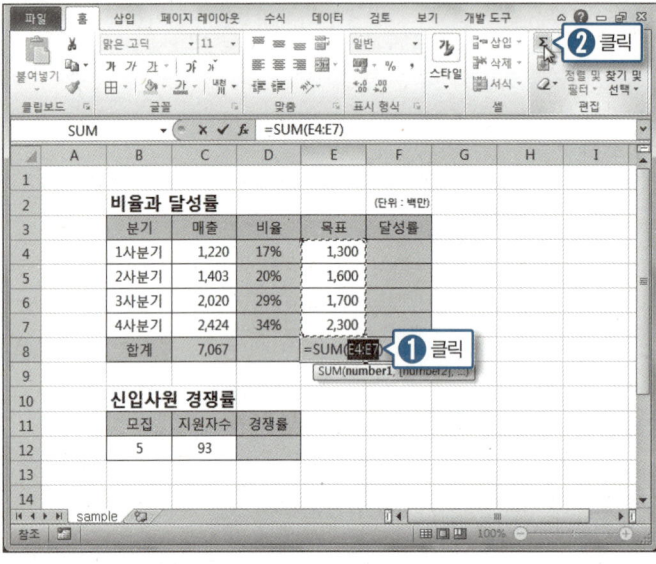

06 달성률 구하기 (1)

분기별로 목표를 어느 정도 달성했는지 F열에 계산해 넣겠습니다. 연도별 달성률도 함께 계산하기 위해 목표액의 합계를 먼저 계산하겠습니다.

❶ **E8**셀을 선택합니다.

❷ [홈] 탭-[편집] 그룹-[**자동 합계**] Σ를 클릭합니다.

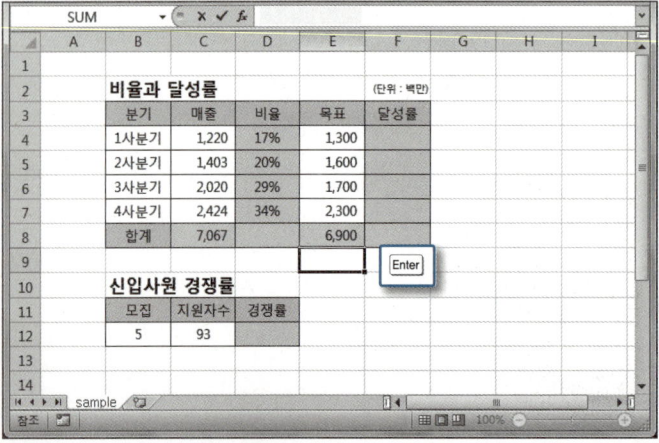

07 달성률 구하기 (2)

Enter를 눌러 수식을 입력합니다.

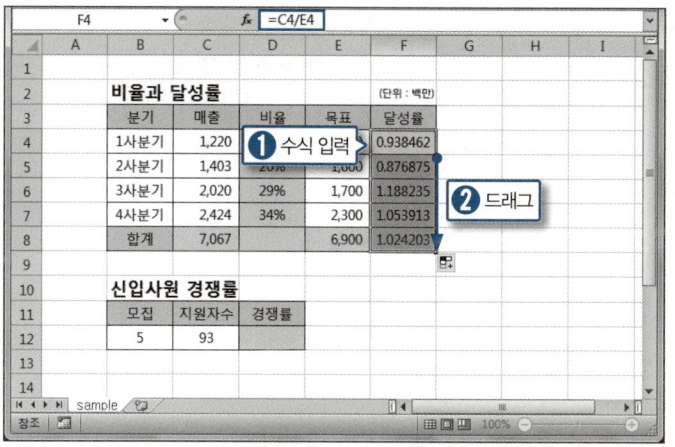

08 달성률 구하기 (3)

❶ 달성률은 목표를 기준으로 매출이 어느 정도 달성됐는지 여부를 계산하는 것이므로 F4셀을 선택하고 다음을 입력합니다.

`=C4/E4`

❷ F4셀의 채우기 핸들을 F8셀까지 드래그해 복사합니다.

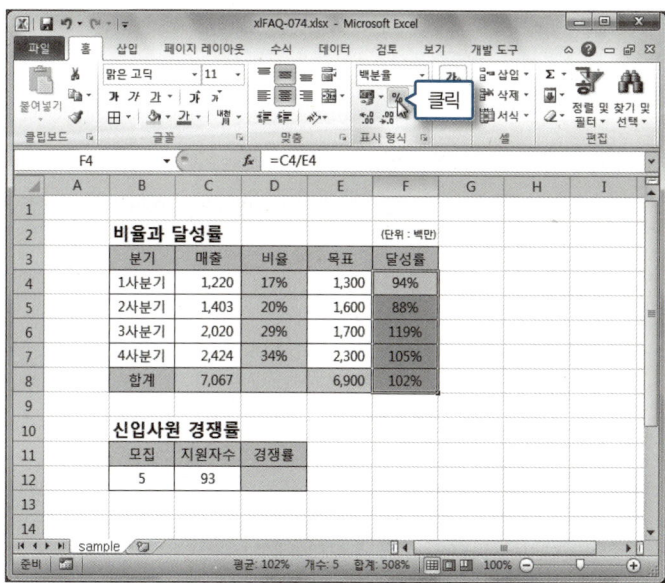

09 달성률 구하기 (4)

[홈] 탭-[표시 형식] 그룹-[백분율 스타일]을 클릭합니다.

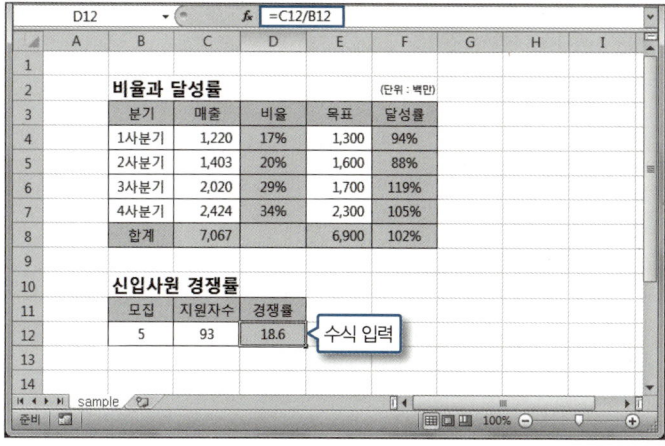

10 경쟁률 구하기

신입사원 경쟁률을 계산하겠습니다. 경쟁률 역시 모집 인원이 기준이 되고, 몇 명이나 지원했는지 비율을 계산하면 됩니다.

D12셀을 선택하고 다음과 같은 수식을 입력합니다.

`=C12/B12`

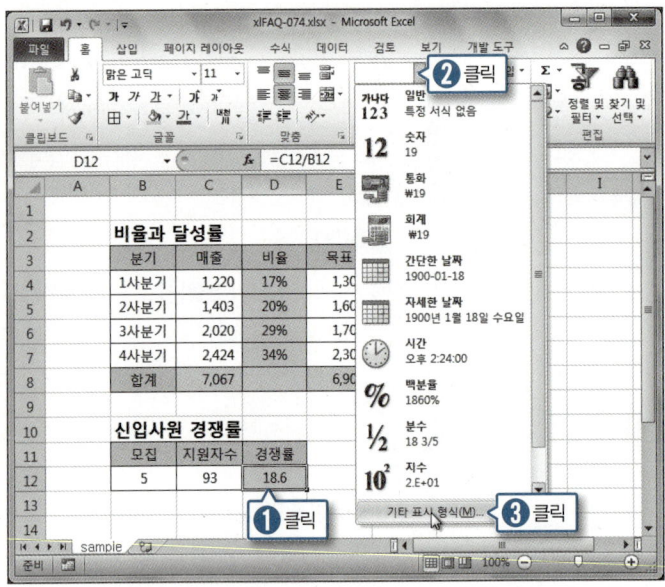

11 경쟁률 표시 방법 변경하기 (1)

경쟁률은 보통 몇 대 몇과 같은 방식으로 표시합니다. 이것은 과정 10에서 계산된 결과 뒤에 : 1이라는 텍스트만 추가되면 됩니다. 셀 서식을 이용해 이 표시를 추가하겠습니다.

❶ D12셀을 선택합니다.
❷ [홈] 탭-[표시 형식] 그룹-[표시 형식]의 **옵션** 단추를 클릭합니다.
❸ [기타 표시 형식]을 클릭합니다.

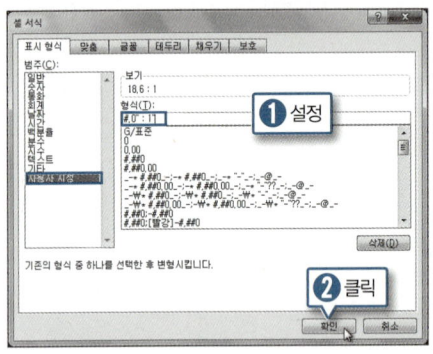

12 경쟁률 표시 방법 변경하기 (2)

❶ 셀 서식 대화상자가 표시되면 범주 목록을 **사용자 지정**, 형식란을 다음과 같이 지정합니다.

#.0" : 1"

❷ [확인]을 클릭합니다.

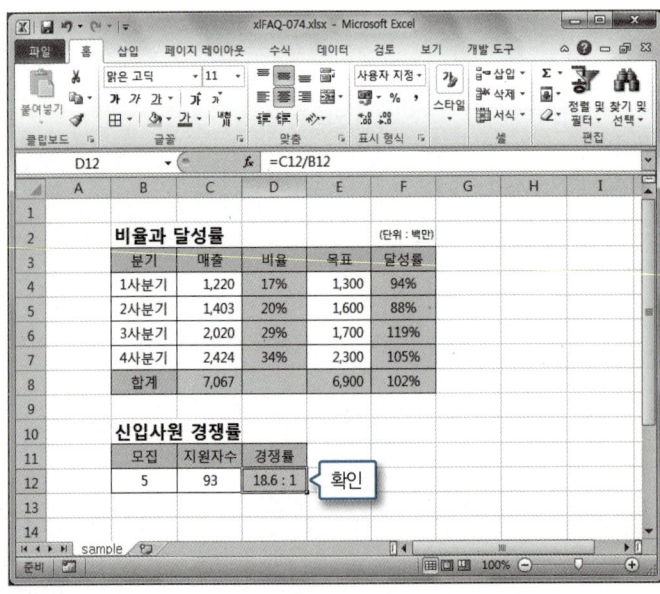

13 경쟁률 표시 방법 변경하기 (3)

과정 10에서 구한 결과 뒤에 : 1이라는 텍스트가 추가로 표시되어, 경쟁률은 18.6 : 1이라는 것을 확인할 수 있습니다. 이렇게 비율, 달성률, 경쟁률과 같은 항목은 모두 비교할 값을 기준값으로 나눠 표시하면 손쉽게 계산할 수 있습니다.

질문 75 할인율이나 증감률 등은 어떻게 계산하나요?

할인율이나 증감률은 앞에서 설명한 비율 계산 방법에 맞지 않는 것 같습니다. 어떻게 계산해야 하는지 알려 주세요.

• 예제 파일 〉 Part2 〉 xlFAQ-075.xlsx   • 완성 파일 〉 Part2\완성 : xlFAQ-075완성.xlsx

답변 75

할인율이나 증감률도 비율이므로 동일한 계산 방법을 사용합니다. 다만 할인이나 증감이란 표현에서 확인할 수 있듯이, 할인 금액이 얼마인지, 증가 또는 감소한 금액이 얼마인지 먼저 계산한 다음, 기준이 되는 값으로 나눠 계산하면 됩니다.

실무실습 할인율이나 증감률 계산하기

다음 실무실습을 통해 할인율이나 증감률을 계산하는 수식을 만들어 보겠습니다.

01 할인율 구하기 (1)

견적서 서식의 빈 셀을 수식으로 채우면서 할인율이나 증감률 등의 비율을 계산하는 작업을 진행하겠습니다.

먼저 할인율을 구하기 위해서는 얼마나 할인해 줬는지를 알아야 합니다. 이 값을 알기 위해서는 받을 돈이 얼마였는지 계산해 보면 됩니다.

E5셀에 다음 수식을 입력합니다.

`=C5*D5`

02 할인율 구하기 (2)

할인해 준 금액은 받을 돈에서 받은 돈(F5)을 빼면 됩니다. 이 금액을 받을 돈으로 나누면 할인율을 구할 수 있습니다.

❶ E5셀을 다음과 같이 수정합니다.

`=((C5*D5)-F5)/(C5*D5)`

❷ E5셀의 **채우기 핸들**을 E8셀까지 드래그해 복사합니다. ❸ [홈] 탭-[표시 형식] 그룹-[**백분율 스타일**]을 클릭합니다.

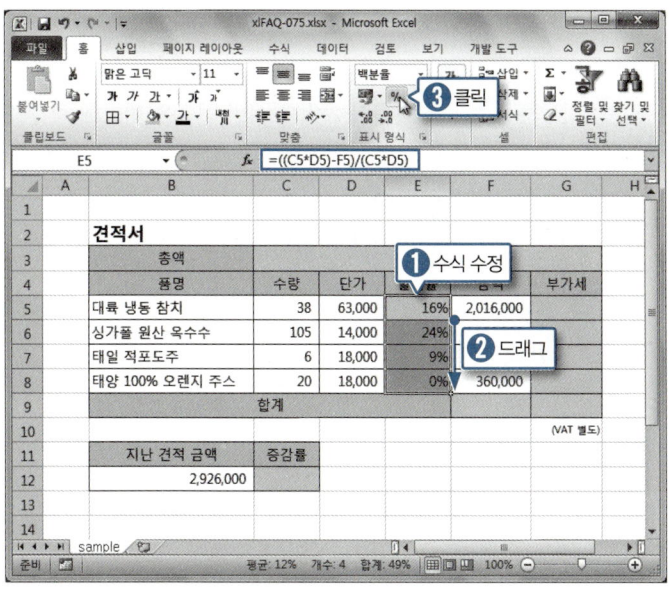

수식 설명 =((C5*D5)-F5)/(C5*D5)

비율은 **=비교값/기준값**으로 계산하면 됩니다. 할인율에서 기준값은 받아야 할 돈(수량*단가)이며, 비교값은 할인해 준 금액((수량*단가)-금액)입니다. 이것을 그대로 계산식으로 적용한 것입니다.

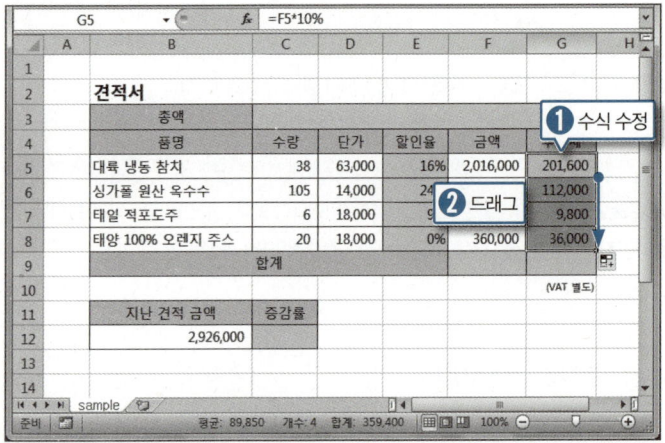

03 부가세 계산하기

부가세를 계산하겠습니다. G10셀에 부가세 별도 표시가 있으므로 받은 돈(F5)에서 10%를 곱해 계산하면 됩니다.

❶ G5셀에 다음 수식을 입력합니다.
=F5*10%

❷ G5셀의 **채우기 핸들**을 G8셀까지 드래그해 복사합니다.

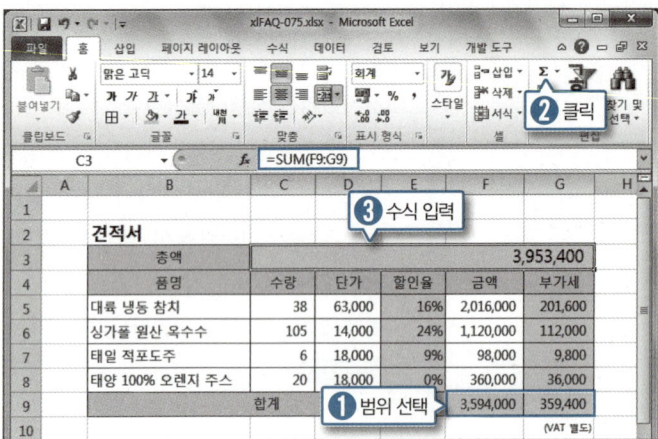

04 견적 총액 구하기

견적 총액은 받은 돈과 부가세를 모두 더해야 합니다.

❶ F9:G9 범위를 선택합니다.

❷ [홈] 탭-[편집] 그룹-[**자동 합계**]를 클릭합니다.

❸ C3:G3에 다음 수식을 입력해 견적 총액을 구합니다.
=SUM(F9:G9)

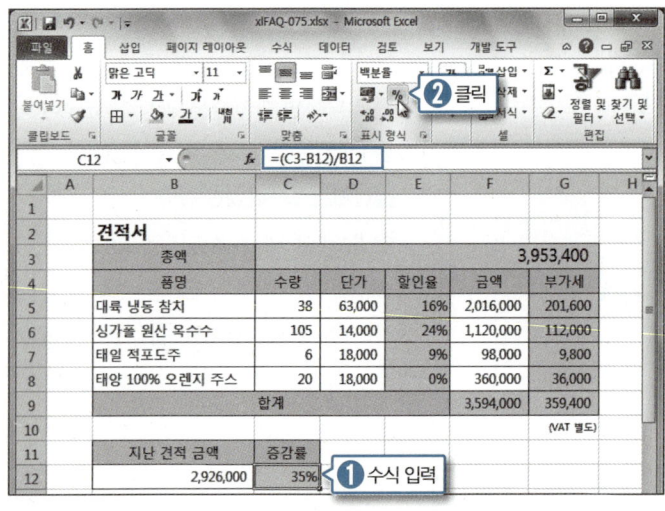

05 증감률 구하기

이전 견적과 이번 견적을 비교해 증감률을 계산하겠습니다.

❶ C12셀에 다음 수식을 입력합니다.
=(C3-B12)/B12

❷ C12셀을 선택하고 [홈] 탭-[표시 형식]-[**백분율 스타일**]을 클릭합니다.

수식 설명 =(C3-B12)/B12

증감률 역시 비율이므로 기준값과 비교값을 구별할 수 있으면 됩니다. 증감률은 이전 견적에 비해 증가 또는 감소한 비율이므로 기준값은 지난 견적 금액인 B12셀이 됩니다. 증가하고 감소한 수치는 이번 견적에서 지난 견적 금액을 빼면 되므로, 이번 수식은 이런 구성을 그대로 옮겨 놓은 것입니다.

질문 76	비율을 계산할 때 음수가 포함된 경우에는 어떻게 하나요?
	증감률과 달성률 등을 계산할 때, 음수가 포함되는 경우에는 계산 결과가 잘못됩니다. 음수가 포함된 경우에는 어떻게 계산해야 하나요?

• 예제 파일 〉 Part2 : **xlFAQ-076.xlsx**   • 완성 파일 〉 Part2\완성 : **xlFAQ-076완성.xlsx**

답변 76 증감률은 **=(이번 실적 – 지난 실적)/지난 실적**으로 계산하지만, 음수가 포함되어 있다면, 기존 증감률 계산 수식으로는 계산할 수 없습니다.

이런 경우에는 다음과 같이 분모 부분이 항상 양수가 되도록 다음과 같은 계산식을 사용해야 합니다.

=(이번 실적 - 지난 실적)/ABS(지난 실적)

달성률의 경우도 **=실적/목표** 계산식을 사용하면 되지만, 음수가 포함된 경우에는 계산식을 다음과 같이 변경해야 합니다.

=1+(실적-목표)/ABS(목표)

위 계산식은 잘 보면 다음과 같은 구조를 갖고 있다는 점을 확인할 수 있습니다.

=1+증감률 계산식

> **실무실습** 음수가 포함된 비율 계산하기

다음 실무실습을 통해 음수가 포함된 숫자를 가지고 증감률이나 달성률을 계산하는 수식 작성 방법을 알아보겠습니다.

	A	B	C	D	E	F	G
1							
2		증감률과 달성률				(단위 : 백만)	
3		분기	목표	손익	증감률	달성률	
4		1사분기	- 1,200	- 850			
5		2사분기	500	210			
6		3사분기	100	- 310			
7		4사분기	1,400	980			
8		합계	- 200	30			

01 예제 확인하기
분기별 목표와 손익을 정리해 놓은 표를 확인할 수 있습니다. 빈 셀에 수식을 이용해 증감률과 달성률을 계산하는 작업을 진행하겠습니다.

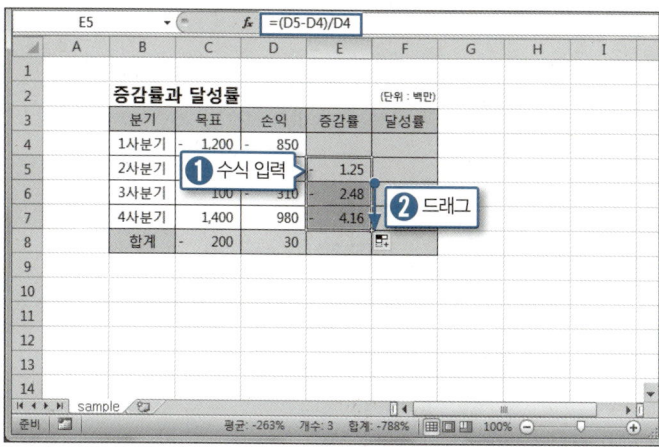

02 증감률 계산하기 (1)
D열의 손익 값에는 음수가 포함되어 있습니다. 증감률 계산식을 이용해 분기별 손익의 증감률을 계산하겠습니다.
❶ E5셀에 다음 수식을 입력합니다.
=(D5-D4)/D4
❷ E5셀의 **채우기 핸들**을 E7셀까지 드래그해 복사합니다.

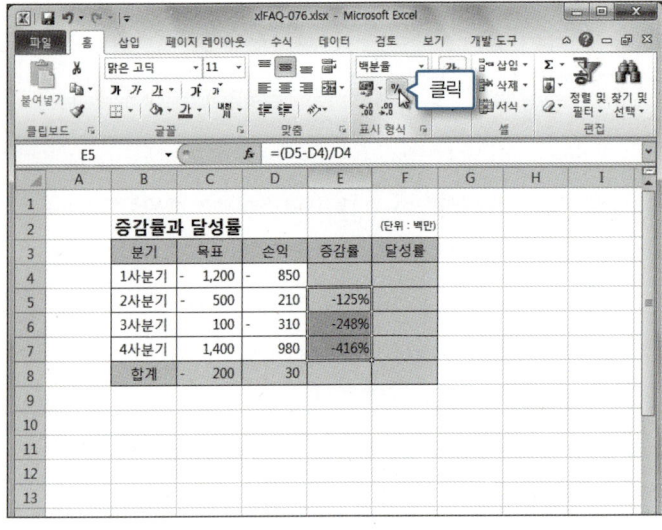

03 증감률 계산하기 (2)

[홈] 탭-[표시 형식] 그룹-[**백분율 스타일**] %을 클릭합니다.

Tip ... 수식 결과 이해하기

증감률을 계산하기 위해 기준값과 비교값을 확인해 보면 기준값은 이전 분기의 손익이 되고, 비교값은 증감액이 됩니다. 그러므로 (D5-D4) 부분이 증감액이 되며, D4셀의 값이 이전 분기의 손익이 되어 계산식 자체는 맞습니다. E5셀의 결과를 보면 −125%이지만, 1사분기의 손익과 2사분기의 손익을 보면 각각 −850에서 210으로 증가된 것을 확인할 수 있습니다. 그러므로 음수가 포함된 경우에는 이전의 증감률 계산식이 제대로 된 결과를 반환하지 못하는 것을 확인할 수 있습니다.

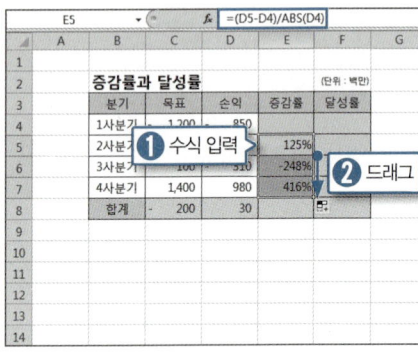

04 증감률 수정하기

음수가 포함된 경우에는 분모 부분의 값을 양수로 변환해 계산해야 합니다.

❶ E5셀의 수식을 다음과 같이 수정합니다.

`=(D5-D4)/ABS(D4)`

❷ E5셀의 **채우기 핸들**을 E7셀까지 드래그해 복사합니다.

수식 설명 =(D5−D4)/ABS(D4)

이번 계산식이 이전과 달라진 것은 분모 부분에 ABS 함수를 사용한 것밖에 없습니다. ABS 함수는 절대값을 반환하는 함수로, 구문은 다음과 같습니다.

ABS(숫자)

E5셀을 참고하면 1사분기의 손익은 −850이고 2사분기는 210이므로 125% 증가한 것으로 확인됩니다. −850에서 0이 될 경우가 100% 증가한 것이며, 0에서 210으로 증가한 것은 =210/850 계산식으로 계산해 보면 24.7%이므로 소수점 자리에서 반올림하면 25%입니다. 그러므로 125%가 증가한 것이 맞습니다. 이것으로 음수가 포함된 경우에는 분모 값을 양수로 전환해서 계산하면 된다는 사실을 알 수 있습니다.

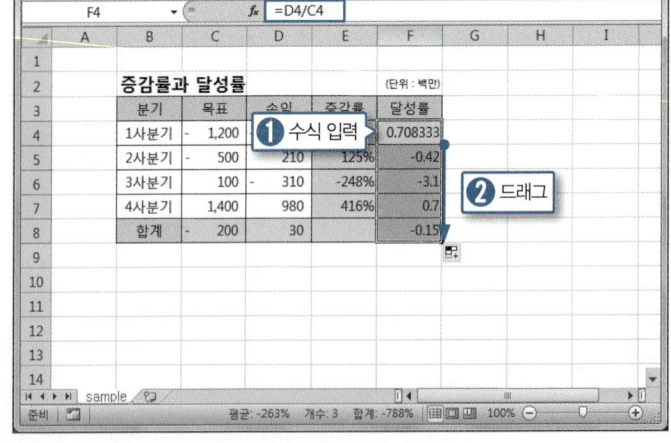

05 달성률 계산하기 (1)

목표 대비 손익을 달성했는지 여부를 계산해 보겠습니다.

❶ F4셀에 다음 수식을 입력합니다.

`=D4/C4`

❷ F4셀의 **채우기 핸들**을 F8셀까지 드래그해 복사합니다.

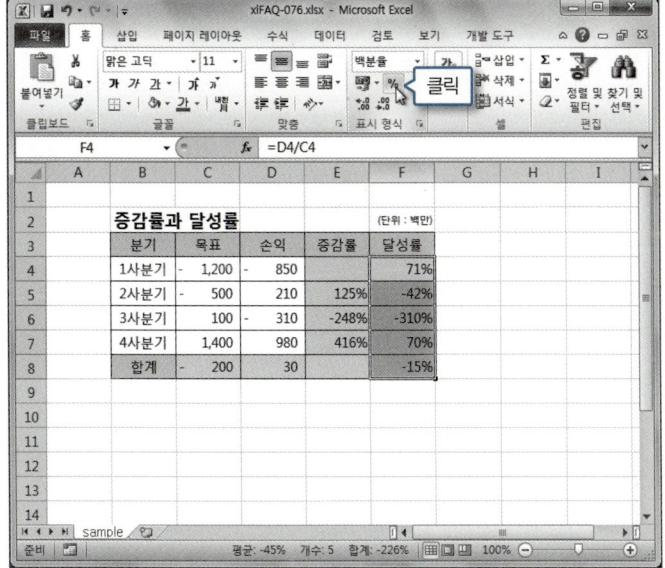

06 달성률 계산하기 (2)

[홈] 탭-[표시 형식] 그룹-[**백분율 스타일**]을 클릭합니다.

Tip ... 수식 결과 이해하기

달성률을 계산하기 위해 기준값과 비교값을 확인해 보면 기준값은 목표가 되고, 비교값은 손익이 됩니다. 그러므로 D4셀의 값을 C4셀의 값으로 나눠 보면 달성률을 계산할 수 있습니다. 이번에 계산된 결과를 보면 C4셀의 목표는 -1,200이고, 손익은 -850입니다. 음수는 값이 적을수록 큰 값이므로 목표를 초과 달성한 것을 확인할 수 있습니다. 단, F4셀의 달성률은 71%이므로 계산이 잘못된 것을 확인할 수 있습니다. 이렇게 음수가 포함된 경우에 달성률 계산식은 이전의 것을 그대로 사용할 수 없습니다.

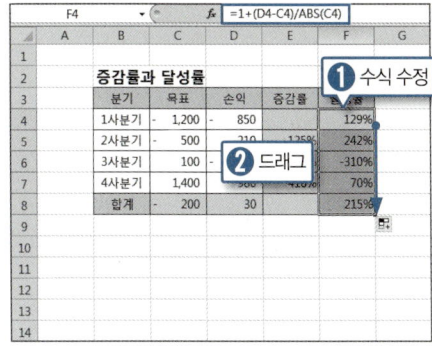

07 달성률 수정하기

❶ **F4**셀에 다음과 같이 수정합니다.

=1+(D4-C4)/ABS(C4)

❷ **F4**셀의 **채우기 핸들**을 **F8**셀까지 드래그해 복사하여 달성률을 수정하고 작업을 마칩니다.

수식 설명 =1+(D4-C4)/ABS(C4)

이번 계산식이 이전과 달라진 것은 증감률 계산식을 사용한다는 것과 해당 계산식에 1을 더하는 것입니다. 이것은 언뜻 이해가 잘되지 않을 수 있습니다. 간단하게 예를 들어 설명하겠습니다. 목표가 1000이고 손익이 1200이면 달성률은 120%입니다. 이것을 증감률 계산식으로 계산해 보면 (120-100)/100이 되어, 20%가 반환됩니다. 이 값에 1을 더하면 120%가 되어 기존 달성률 계산 결과와 같아집니다.

계산식을 이렇게 변경한 것은 음수가 포함된 경우를 제대로 계산하기 위한 것으로 F4셀의 결과를 보면 129%가 반환됩니다. 이 값은 C4셀의 목표 -1200을 달성(100%)하고도 29%((1200-850)/1200)를 초과 달성했다는 것을 설명합니다. 나머지 셀들의 경우도 제대로 계산되는지 확인할 수 있습니다.

질문 77: 평균 비율은 어떻게 계산하나요?

회사의 연평균 성장률을 계산해야 하는 경우 성장률을 증감률 계산 방법으로 구한 다음 평균을 구하면 결과가 맞지 않습니다. 연평균 성장률 계산 방법을 알려 주세요.

· 예제 파일 > Part2 > **xlFAQ-077.xlsx** · 완성 파일 > Part2\완성 > **xlFAQ-077완성.xlsx**

답변 77

연평균 성장률은 증감률을 구하는 방식을 사용해서는 원하는 결과를 얻을 수 없습니다. 다음은 연평균 성장률을 계산하는 계산식입니다.

=(마지막/처음)^(1/기간)-1

연평균 성장률은 N번 째 기간의 실적을 구하는 계산식에도 함께 자주 사용되므로 이 계산 방법도 이해해 둘 필요가 있습니다. 계산식은 다음과 같습니다.

=처음*((1+연평균 성장률)^n)

실무실습 평균 성장률 계산하기

다음 실무실습을 통해 연평균 성장률을 계산하는 수식 작성 방법을 알아보겠습니다.

01 예제 확인하기

연도별 매출 실적을 정리해 놓은 표 실적에서 연평균 성장률을 구하고, 해당 성장률이 지속된다고 가정할 때 2015년 매출 실적은 얼마일지 계산해 보겠습니다.

02 성장률 구하기

❶ 연도별 성장률을 계산하기 위해 D5셀에 다음 수식을 입력합니다.

=(C5-C4)/C4

❷ D5셀의 **채우기 핸들**을 D12셀까지 드래그해 수식을 복사합니다.

❸❹ [홈] 탭-[표시 형식] 그룹-[**백분율 스타일**] %과 [**자릿수 늘림**]을 각각 클릭합니다.

수식 설명 =(C5-C4)/C4

성장률은 이전 연도의 매출 실적에서 얼마나 더 성장(증감)했는지 비율로 표시하면 되므로 증감률 계산 방법과 동일하게 계산하면 됩니다.

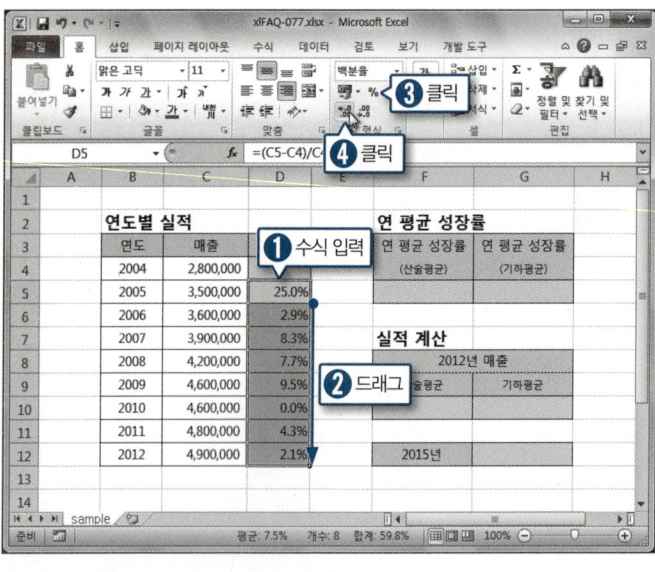

03 연평균 성장률 구하기 (1)

과정 **02**에서 구한 성장률의 평균을 구해 연평균 성장률을 계산해 보겠습니다. **F5**셀에 다음 수식을 입력합니다.

=AVERAGE(D5:D12)

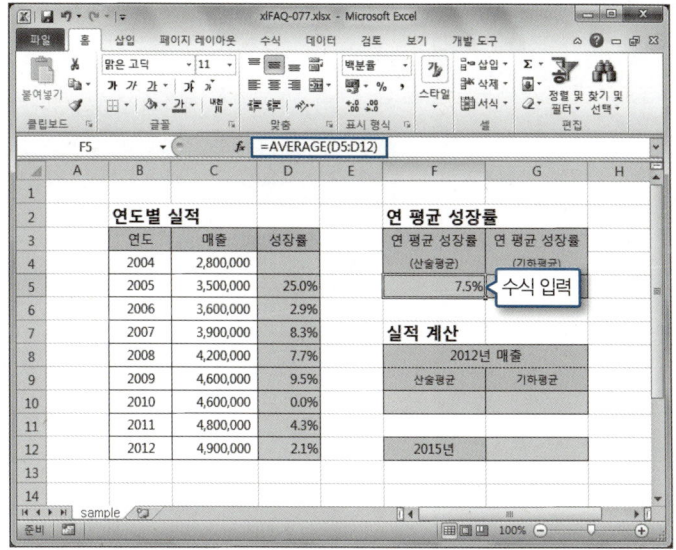

Tip ... 산술평균과 기하평균 알아보기

평균을 구하는 방법은 여러 가지가 있습니다. 우리가 알고 있는 평균은 숫자의 합을 개수로 나눈 값, 즉, 산술평균으로 이번 과정과 같은 AVERAGE 함수를 사용합니다. 예를 들어 2, 3, 100 값의 평균은 =(2+3+100)/3이 되어 산술평균은 35(100의 영향으로 산술평균이 커지게 됩니다)가 됩니다. 기하평균은 산술평균과는 달리 값을 모두 곱한 다음, 개수로 거듭제곱한 값입니다. 즉, =2*3*100의 결과를 3으로 거듭제곱한 값 8.40이 기하평균입니다. 예로 든 값에서 확인할 수 있듯이 산술평균은 계산 값 중 하나가 다른 값과 확연히 다를 때 해당 값의 영향을 크게 받게 됩니다. 하지만 기하평균은 영향을 받는 정도를 줄일 수 있는 방법으로 물가 상승률이나 인구 증가율, 연평균 성장률 같이 변화하는 비율의 평균을 계산할 때 주로 사용합니다.

04 연평균 성장률 구하기 (2)

기하평균 방식으로 연평균 성장률을 계산하겠습니다.

❶ **G5**셀에 다음 수식을 입력합니다.

=(C12/C4)^(1/8)-1

❷❸ G5셀을 선택하고 [홈] 탭-[표시 형식] 그룹-[**백분율 스타일**] 과 [**자릿수 늘림**] 을 각각 클릭합니다.

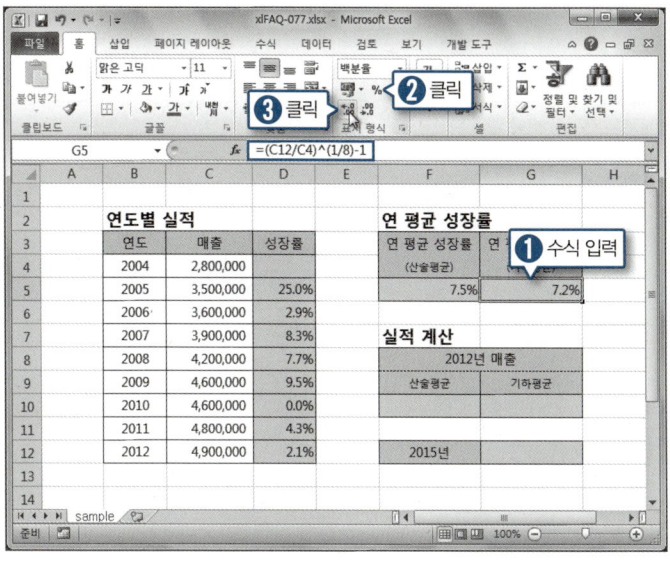

수식 설명 =(C12/C4)^(1/8)-1

이번에 사용한 수식은 연평균 성장률을 구하는 공식을 이용한 계산식이므로, 올바르게 값을 대입하면 제대로 된 결과를 반환합니다. 이 수식에서 주의할 점은 (1/8) 부분으로 왜 1/8을 거듭제곱하는지에 대해 궁금증을 갖는 분들이 있을 것입니다. 8은 =2012-2004 계산식의 값으로 2004년에서 2012년까지의 기간의 연평균 성장률을 구하는 것이므로, 2,012에서 2,004를 뺀 8을 이용해 계산한 것입니다.

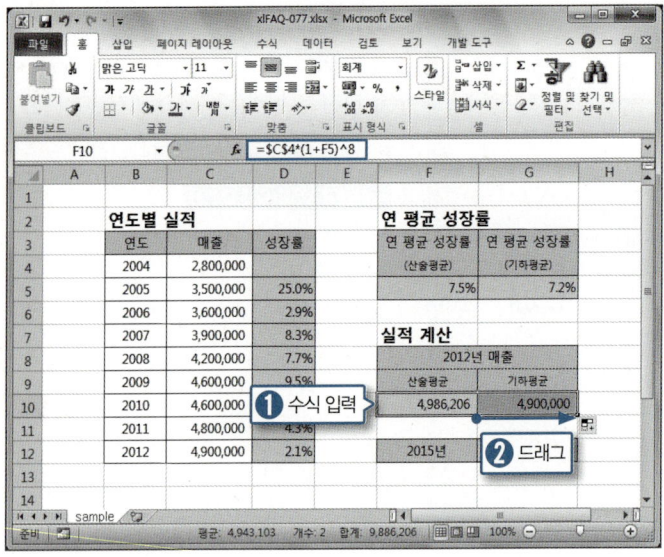

05 실적 계산하기 (1)

F5:G5 범위에 구해진 연평균 성장률을 이용해 2012년 실적을 계산해 보겠습니다.

❶ F10셀에 다음 수식을 입력합니다.
=$C$4*(1+F5)^8

❷ F10셀의 **채우기 핸들**을 G10셀까지 드래그해 복사합니다.

수식 설명 =$C$4*(1+F5)^8

2012년 매출 실적은 C12셀에서 확인할 수 있습니다. C4셀의 매출에서 연평균 성장률을 적용해 2012년도의 매출 실적을 계산하려면 이번과 같은 계산식을 사용해야 합니다. 이번 계산에서는 F10셀과 G10셀의 계산 결과가 다릅니다. 이것은 연평균 성장률을 각각 산술평균(F5)과 기하평균(G5)을 이용해 계산했기 때문입니다. F10셀의 결과에서 확인할 수 있듯이 산술평균을 이용해 계산한 결과는 C12셀의 매출과 차이가 있으며, G10셀의 기하평균을 이용해 계산한 결과는 C12셀과 동일합니다. 이번 수식에서 기하평균으로 구한 연평균 성장률을 이용해 이후 매출을 예상할 수 있다는 것을 확인할 수 있습니다. 참고로 8을 제곱한 것은 2,012에서 2,004를 뺀 결과 값입니다.

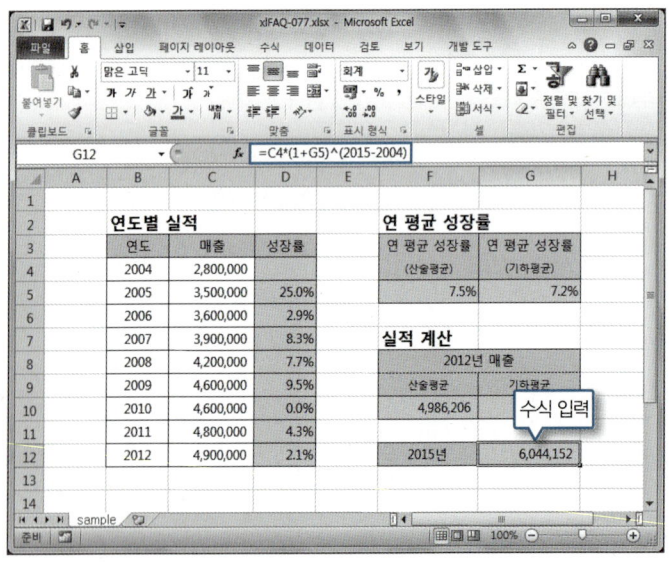

06 실적 계산하기 (2)

같은 방법으로 연평균 성장률만큼 성장한다고 가정하고 2015년 실적을 예상해 보겠습니다.

G12셀을 선택하고 다음 수식을 입력합니다.
=C4*(1+G5)^(2015-2004)

2015년 예상 실적을 확인할 수 있습니다.

Section 02 기술 통계법을 이용한 데이터 이해하기

▶ 모집단   ▶ 표본   ▶ 대표값   ▶ 산포도   ▶ 산포도 차트   ▶ 도수 분포표
▶ 히스토그램 차트   ▶ 분석 도구 추가 기능

모든 논리적인 설명을 위해서는 데이터를 올바로 설명할 수 있어야 합니다. 엑셀에는 데이터의 특성을 설명할 때 사용하는 여러 수치, 예를 들면 평균, 표준 편차, 분산, 중앙값, 최빈도 등의 값을 계산할 수 있는 함수나 기능이 제공됩니다. 이런 통계 작업은 사용자가 갖고 있는 데이터를 올바로 이해할 수 있도록 도움을 주는 항목들이므로 각 분석 값을 어떻게 구하고 이해해야 하는지 알아 둘 필요가 있습니다.

모집단과 표본은 무엇인가요?

모집단과 표본 등의 용어가 나오지만 비전공자는 통계에서 사용하는 용어가 어렵게 느껴집니다. 집계와 통계를 구분하고 모집단과 표본을 이해할 수 있도록 표를 통해 알려 주세요.

• 예제 파일 〉 Part2 : xlFAQ-078.xlsx

모집단(Population)은 통계를 계산하기 위해 필요한 전체 데이터를 의미합니다. 그에 반해 표본(Sample)은 전체 모집단의 데이터를 갖고 있지 못하거나 구하기 힘들 때, 모집단을 대표할 수 있는 값으로 구성된 일부 데이터를 의미합니다.

통계에서 사용하는 용어가 매우 어렵게 느껴지는 분들이 많을 것입니다. 특히 수학이나 통계 비전공자들에게 이런 통계 관련 용어는 매우 부담스럽게 느껴질 수 있지만 용어에 휘둘리기보다는, 실무 실습을 통해 원리와 계산 방법에 보다 집중할 필요가 있습니다.

실무실습 집계와 통계의 차이 구분하기

다음 실무실습을 통해 집계와 통계의 차이를 구분해 보겠습니다.

01 대량의 데이터 확인하기

먼저 집계(Summary)와 통계(Statistic) 차이에 대해 구분해 보겠습니다.

[sample] 시트 탭의 표는 대량의 데이터가 기록되어 있어 한 번에 보고 이해하기 쉽지 않습니다. 그렇기 때문에 표를 보기 좋게 정리하는 작업이 많아집니다.

02 집계 이해하기

[summary] 시트 탭을 선택하여 시트를 표시합니다.

왼쪽 표는 월별로 판매 실적을 정리한 집계(Summary)입니다. 단순한 작업이며 가장 빈번하게 발생하는 일입니다.

집계된 데이터는 월별로 정리된 간단한 표이지만 한눈에 집계표의 의미를 파악하기는 어렵습니다.

03 통계 이해하기

오른쪽 표는 상반기에는 월 얼마 정도의 매출을 달성했고 어떤 월이 가장 실적이 좋았는지를 설명하는 통계(Statistic)입니다. 즉, 데이터를 보기 좋게 정리하는 것이 집계라고 한다면 데이터를 이해하기 쉽게 하는 것은 통계입니다. 모집단과 표본을 생각했을 때 통계를 구한 값에서 사용한 원본 테이블이 전체 지점 중 하나라면, 모집단이 아닌 표본의 데이터를 가지고 계산한 것이 됩니다.

질문 79 평균 이외에 데이터를 대표할 수 있는 것으로는 무엇이 있나요?

전체 데이터를 설명하기 위해 평균이란 개념을 가장 많이 사용하지만 사용하면 할수록 평균이란 개념만으로는 잘 설명되지 않는 것이 많습니다. 평균을 대체하거나 보완할 수 있는 방법이 있나요?

• 예제 파일 〉 Part2 : xlFAQ-079.xlsx • 완성 파일 〉 Part2\완성 : xlFAQ-079완성.xlsx

답변 79 데이터를 대표할 수 있는 값을 대표값이라고 하며 기술통계법에서는 평균, 중앙값, 최빈도를 대표값이라고 합니다.

● **평균**

전체 데이터 합계를 개수로 나눈 산술평균을 의미하며 함수로는 AVERAGE 함수를 사용합니다.

=AVERAGE(숫자1, 숫자2, ⋯)

● **중앙값**

데이터를 크기순으로 정렬한 다음 가장 중앙에 위치한 값을 의미합니다. 함수로는 MEDIAN 함수를 사용합니다.

=MEDIAN(숫자1, 숫자2, ⋯)

● **최빈도**

데이터에서 가장 빈번하게 출현하는 값으로 최빈값이라고도 합니다. 여러 개가 동시에 존재할 수 있으며, 함수로는 MODE 함수를 사용하고 엑셀 2010부터는 MODE.SNGL 함수와 MODE.MULT 함수가 추가로 제공됩니다.

=MODE(숫자1, 숫자2, ⋯)

실무실습 대표값을 이용해 데이터 이해하기

다음 실무실습을 통해 대표값을 이용해 데이터를 이해해 보겠습니다.

01 평균 구하기

신입사원 오피스 실무 평가 점수표를 기준으로 대표값을 계산해 데이터를 어떻게 이해해야 하는지 설명하겠습니다. 먼저 평균을 계산하겠습니다.

F4셀에 다음 수식을 입력합니다.

=AVERAGE(C4:C18)

75.7점이 반환되는 것을 확인할 수 있습니다. 평균은 가장 계산하기 쉽고, 일반적으로 통용이 되는 대표값입니다.

02 중앙값 구하기 (1)

범위의 가운데에 있는 값을 계산하기 위해 F5셀에 다음 수식을 입력합니다.

`=MEDIAN(C4:C18)`

	A	B	C	D	E	F	G
1							
2		오피스 실무 평가			기술통계법		
3		번호	점수		대표값	수식	
4		1	65		평균	75.7	
5		2	60		중앙값	66	← 수식 입력
6		3	64		최빈도		
7		4	58				
8		5	91				
9		6	85				
10		7	94				
11		8	61				
12		9	94				
13		10	57				
14		11	100				
15		12	58				
16		13	90				
17		14	66				
18		15	93				

Tip ... 평균과 중앙값 이해하기

평균과 중앙값을 구해 보면 데이터가 어떻게 구성되어 있는지 이해할 수 있습니다. 과정 **01**에서 구한 평균은 75.7이며, 과정 **02**에서 구한 중앙값은 66입니다. 평균이 중앙값보다 더 크다는 것은 중앙값이 평균이 되기 위해 더 큰 점수가 필요하다는 것을 의미하므로, 점수 역시 평균보다 높은 점수를 받은 사람들이 많다는 것을 의미합니다. 특히 평균과 중앙값의 차이가 거의 10점이므로 바로 상위인 80점대 인원보다는 90점대 인원이 훨씬 많을 것으로 이해할 수 있습니다. 실제 C4:C18 범위를 보면 80점대는 1명이지만, 90점대(100점 포함)는 6명인 것을 확인할 수 있습니다.

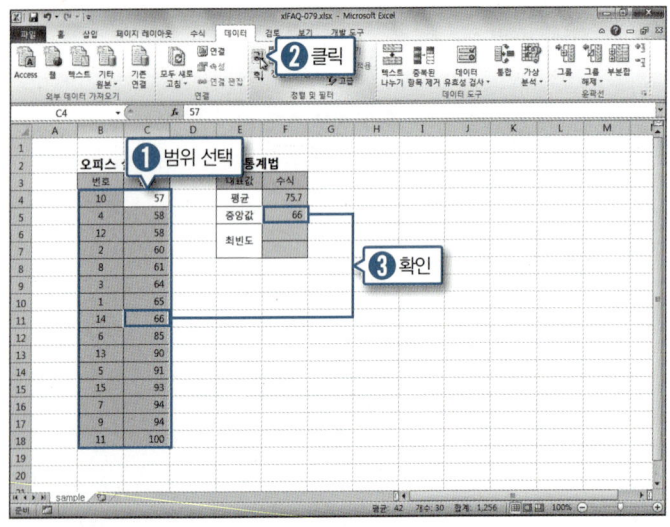

03 중앙값 구하기 (2)

중앙값을 정확하게 이해하기 위해 점수를 정렬하겠습니다.

❶ C4:B18 범위를 선택합니다.

❷ [데이터] 탭-[정렬 및 필터] 그룹-[오름차순 정렬]을 클릭합니다.

❸ 여덟 번째 위치에 자리한 C11셀의 값과 F5셀의 값이 동일한 것을 확인할 수 있습니다.

Tip ... 중앙값 계산하기

중앙값은 데이터 범위의 가운데에 위치한 값입니다. 그렇기 때문에 데이터 개수가 홀수인 경우에는 가운데가 하나의 값만 나오지만, 짝수인 경우에는 가운데에 2개의 값이 나옵니다.

홀수인 경우에는 셀 값이 그대로 반환되지만, 짝수인 경우에는 가운데 두 값의 평균이 반환됩니다.

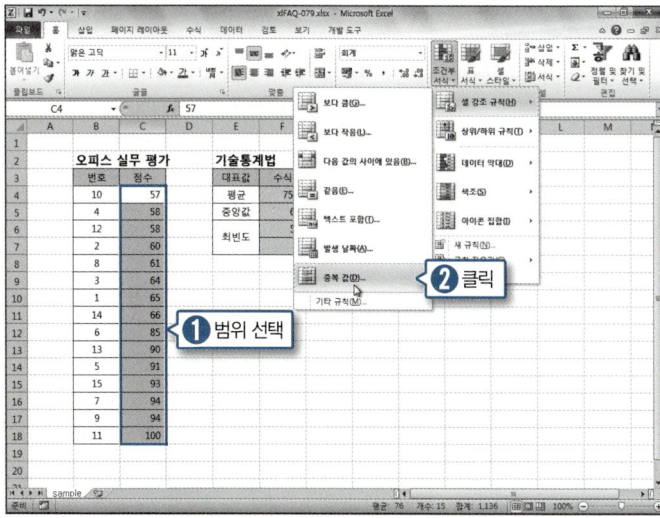

04 최빈도 구하기 (1)

❶ 가장 빈번하게 출현하는 값을 구해 보기 위해 **F6**셀에 다음 수식을 입력합니다.

=MODE(C4:C18) **Note 1**

❷ 58이 반환됩니다.

C4:C18 범위에서 확인해 보면 C5:C6 범위에 58 점수가 두 번 연속해 나오는 것을 확인할 수 있습니다.

05 최빈도 구하기 (2)

최빈도는 중복값을 확인해 보는 방법으로 이해하는 것이 가장 쉽습니다.

❶ **C4:C18** 범위를 선택하고 ❷ [홈] 탭-[스타일] 그룹-[조건부 서식]-[셀 강조 규칙]-[**중복 값**]을 클릭합니다.

중복 값 대화상자가 표시되면 바로 [**확인**]을 클릭해 닫습니다.

Note 1 ... 최빈도 함수 이해하기

엑셀에서 최빈도를 구하는 함수는 다음과 같은 3개의 함수를 사용합니다.

함수	버전	설명
MODE	모든 버전	인수로 전달된 데이터 범위에서 가장 빈번하게 나온 첫 번째 숫자 값을 반환합니다.
MODE.SNGL	엑셀 2010	인수로 전달된 데이터 범위에서 빈번하게 나온 숫자 값을 배열로 반환합니다. 함수는 전달 받을 셀을 모두 선택하고 Ctrl+Shift+Enter로 입력합니다.
MODE.MULT		

엑셀 2010부터는 MODE 함수 이름 뒤에 SNGL과 MULT가 붙은 함수를 사용합니다. 여러 개의 최빈도 값이 있는 경우에는 MODE.MULT 함수를 사용하는 것이 좋고, 하위 버전과의 호환을 위해서는 MODE 함수를 사용해야 합니다.

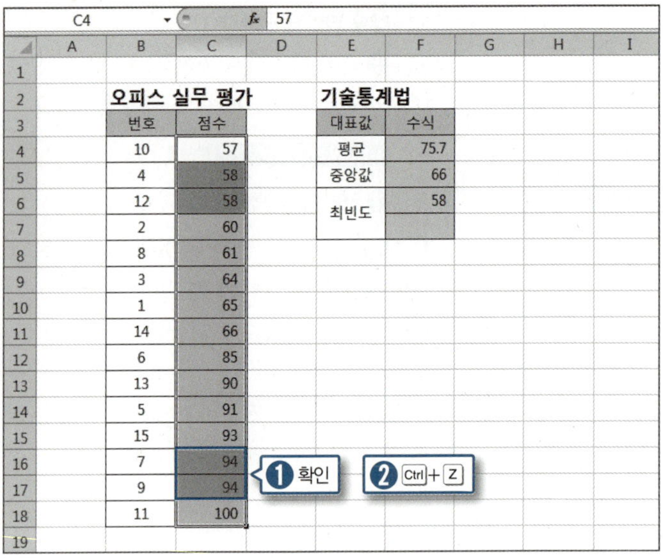

06 최빈도 구하기 (3)

❶ 중복 값이 아래에도 있는 것을 확인할 수 있습니다. 둘 다 두 번씩 나왔으므로 최빈값은 58과 94가 나와야 합니다.

❷ Ctrl + Z 를 눌러 서식을 해제합니다.

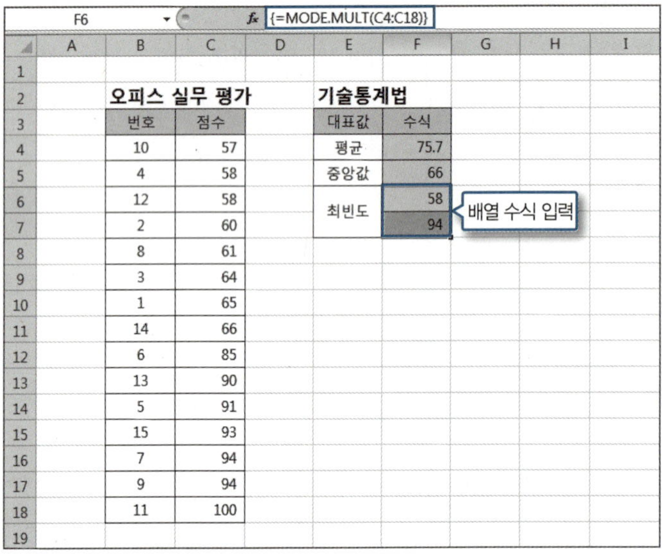

07 최빈도 구하기 (4)

2개의 값을 반환 받기 위해 **F6:F7** 범위를 선택하고 수식 입력줄에 다음 수식을 입력합니다.

=MODE.MULT(C4:C18)

Ctrl + Shift + Enter 를 누릅니다.

Tip ... 최빈도 이해하기

최빈도는 평균과 무관하게 가장 많이 반복된 숫자 값을 나열하므로, 기성복의 표준 치수를 결정하거나 설문과 같이 응답이 가장 많은 항목을 정리하는 경우 자주 사용됩니다.

> **질문 80** 입사 가능 회사의 동일 직급 연봉을 안다면, 이것으로 어떤 정보를 알 수 있나요?
>
> 입사할 몇몇 기업의 정보로 해당 회사를 어느 정도까지 파악할 수 있나요? 회사를 선택하는 것에 있어서 도전적이며, 열정적으로 일하고 싶고 그에 합당한 대우를 해 줄 회사를 찾습니다.

• 예제 파일 〉 Part2 : **xlFAQ-080.xlsx**   • 완성 파일 〉 Part2\완성 : **xlFAQ-080완성.xlsx**

답변 80 동일 직급 연봉 데이터가 있다면 제한적이긴 하지만 데이터에서 여러 가지 정보를 얻을 수 있습니다. 산포도에 해당하는 통계 수치를 활용하면 연봉으로 회사의 사원 평가 및 지원에 대한 내용을 파악할 수 있습니다.

평균을 구한 다음, 각각의 값이 평균에서 얼마나 떨어져 있는지를 파악할 수 있다면 데이터를 이해하기 위한 많은 도움이 됩니다. 이렇게 평균에서 떨어진 정도를 산포도라고 하며, 산포도의 대표적인 통계 값이 바로 분산과 표준편차입니다. 이 두 가지 개념을 대표값과 함께 이해하면 데이터를 이해하기 위한 많은 도움을 얻을 수 있습니다.

● **분산**(Variance)

데이터가 평균을 뺀 값을 거듭제곱한 값의 평균으로 함수로는 표본의 분산을 계산하는 VAR, 모집단의 분산을 계산하는 VARP 함수를 사용합니다.

`=VAR(숫자1, 숫자2, …)`

● **표준 편차**(Standard Deviation)

분산의 루트 값이 표준 편차로, 표본의 표준 편차는 STDEV, 모집단의 표준 편차는 STDEVP 함수를 사용합니다.

`=STDEV(숫자1, 숫자2, …)`

실무실습 산포도 구하고 데이터 이해하기

다음 실무실습을 통해 산포도를 구하고, 데이터를 이해해 보겠습니다.

01 평균 계산하기

A 회사와 B 회사의 같은 직급에 있는 무작위 15명의 연봉 데이터를 확인할 수 있습니다.

두 회사의 연봉 평균을 계산하겠습니다.

I4셀에 다음을 입력합니다.

`=AVERAGE(C4:C18)`

J4셀에 다음을 입력합니다.

`=AVERAGE(E4:E18)`

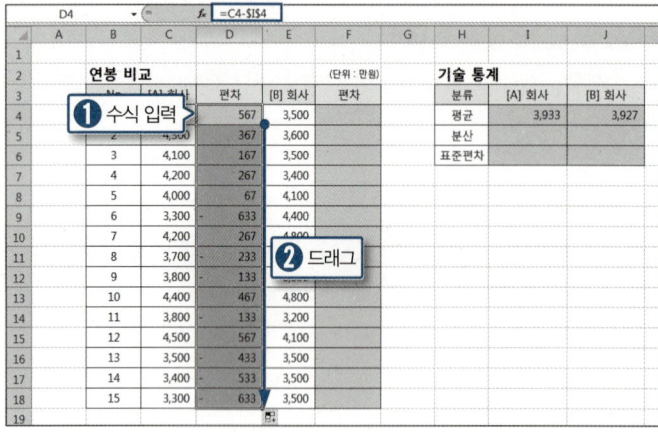

02 분산 구하기 (1)

분산을 계산해 보기 위해 먼저 개개인의 연봉에서 평균을 빼는 작업을 진행하겠습니다.

❶ D4셀을 선택하고 다음 수식을 입력합니다.

=C4-$I$4

❷ D4셀의 **채우기 핸들**을 D18셀까지 드래그해 수식을 복사합니다.

Tip ... 편차 이해하기

과정 **02**에서 계산한 편차는 평균과의 차이를 구한 값이므로 이 값을 더하거나 평균을 구하면 0이 반환됩니다. D4:D18 범위가 선택된 상태에서 상태 표시줄의 자동 요약 값을 확인하면 합계 값과 평균이 0이라는 사실을 이해할 수 있습니다. 그러므로 분산은 계산된 편차의 평균을 구하기 위해 편차의 거듭제곱을 이용합니다.

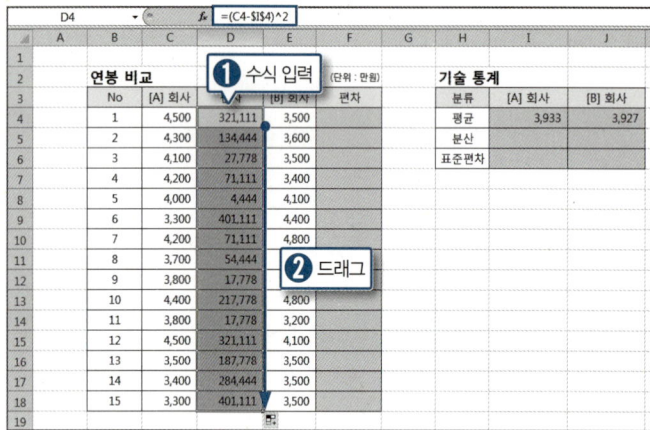

03 분산 구하기 (2)

과정 **02**에서 구한 편차의 거듭제곱을 계산하겠습니다.

❶ D4셀의 수식을 다음과 같이 수정합니다.

=(C4-$I$4)^2 **Note 2**

❷ D4셀의 **채우기 핸들**을 D18셀까지 드래그해 복사합니다.

Note 2 ... 거듭제곱을 구하는 POWER 함수 살펴보기

엑셀에서 제공되는 함수 중에서 거듭제곱을 계산할 때 사용할 수 있는 POWER 함수를 제공합니다. POWER 함수의 구문은 다음과 같습니다.

POWER(숫자, 지수)

이번 수식을 POWER 함수를 사용한 수식으로 변환하려면 다음과 같은 수식을 사용합니다.

=POWER(C4-$I$4, 2)

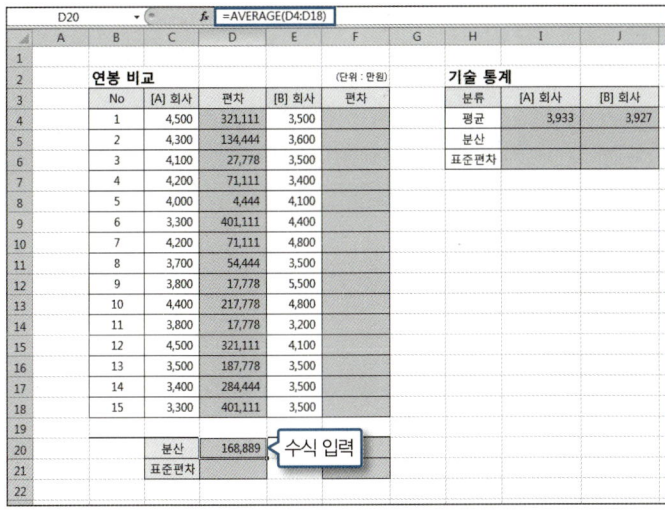

04 분산 구하기 (3)

AVERAGE 함수를 사용해 분산을 구하겠습니다.

D20셀에 다음을 입력합니다.

`=AVERAGE(D4:D18)`

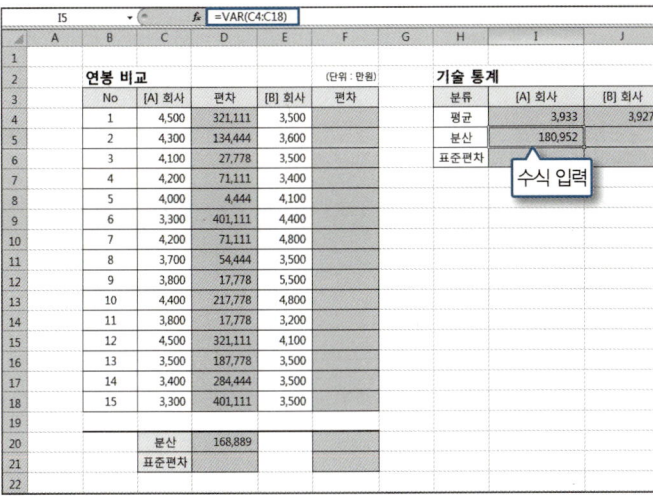

05 분산 구하기 (4)

엑셀에서 분산을 구하는 함수는 VAR, VARP이며, 이번 데이터는 모집단이 아니라 표본이므로 VAR 함수를 사용해 계산합니다.

I5셀에 다음을 입력합니다.

`=VAR(C4:C18)`

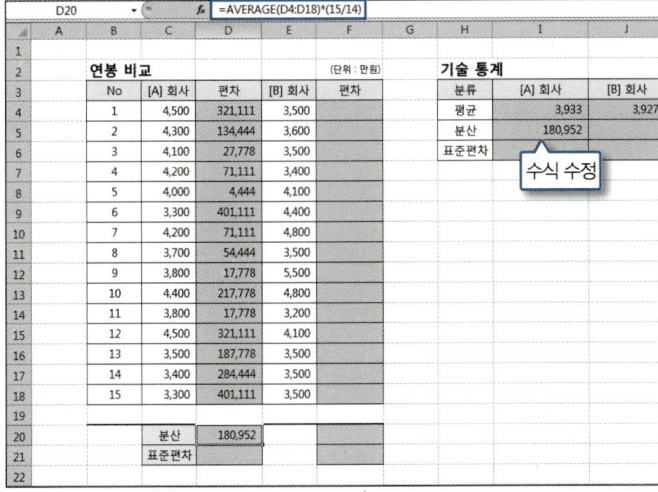

06 분산 구하기 (5)

과정 05의 수식 결과가 D20셀의 결과와 다른 것을 확인할 수 있습니다. 이것은 편차의 거듭제곱을 평균한 값은 모집단의 분산이므로 VAR 함수의 결과와 맞지 않아 생기는 차이입니다.

표본의 분산을 구하도록 D20셀을 다음과 같이 수정합니다.

`=AVERAGE(D4:D18)*(15/14)`

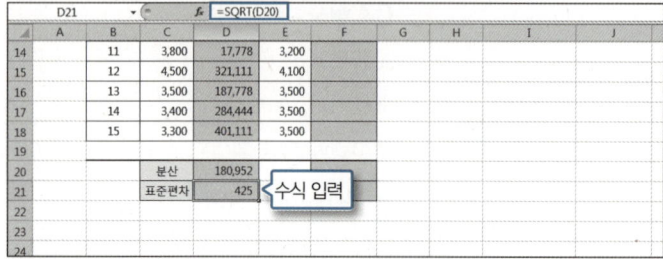

07 표준 편차 구하기 (1)

표준 편차는 분산의 루트 값이므로 D21 셀을 선택하고 다음 수식을 입력해 표준 편차를 계산합니다.

`=SQRT(D20)`

수식 설명 `=SQRT(D20)`

루트(제곱근) 값을 구할 때 사용하는 함수가 SQRT입니다. 이 함수는 다음과 같은 구문을 사용합니다.

`SQRT(숫자)`

이 함수는 다음과 같은 수식으로 변경할 수 있습니다.

`=숫자^(1/2)`
`=POWER(숫자, 1/2)`

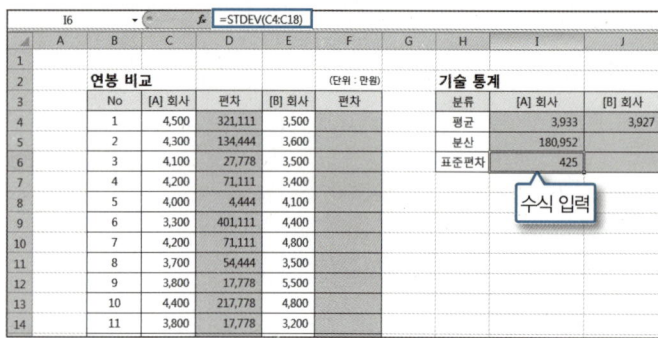

08 표준 편차 구하기 (2)

❶❷ 표준 편차를 구하는 함수는 STDEV이며, 이 함수는 표본의 표준 편차를 구합니다.

I6셀에 다음을 입력합니다.

`=STDEV(C4:C18)`

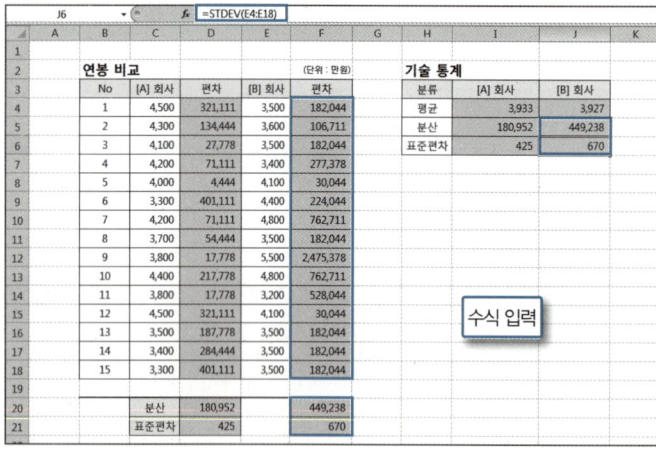

09 B 회사의 분산, 표준편차 구하기

B 회사의 표준편차와 분산을 계산하겠습니다. F4셀에 `=(E4-$J$4)^2`를 입력하고 **채우기 핸들**을 F18셀까지 드래그하여 편차를 구합니다.

F20셀에 다음을 입력합니다.

`=AVERAGE(F4:F18)*(15/14)`

F21셀에 `=SQRT(F20)`을 입력합니다.
J5셀에 `=VAR(E4:E18)`을 입력합니다.
J6셀에 `=STDEV(E4:E18)`을 입력합니다.

Tip ... 산포도 결과 이해하기

계산된 결과를 보면 연봉 평균은 A 회사(3,933)가 B 회사(3,927)에 비해 약간 높은 것을 확인할 수 있습니다. 표준편차는 A 회사가 425이고, B 회사가 670입니다. 이것으로 A 회사는 B 회사에 비해 연봉도 많이 지급하면서 같은 직급의 연봉 격차가 크지 않다는 것으로 이해할 수 있으며, B 회사는 연봉이 약간 적은 대신 연봉 격차가 크다는 것으로 이해할 수 있습니다.

이것을 좀 더 풀어보면 A 회사는 호봉제와 비슷한 구조로 안정적인 연봉을 받을 수 있다고 판단되며, B 회사는 연봉제와 비슷한 구조로 같은 직급 내라도 많은 연봉 또는 반대로 적은 연봉을 받을 수 있다는 것을 의미합니다. 물론 정확한 분석을 위해서는 좀 더 다양한 데이터가 필요하겠지만 A 회사는 안정적인 업무와 급여를 원하는 사람에게 적당하며, B 회사는 도전적인 업무와 능력에 따른 연봉을 원하는 사람에게 어울린다는 것을 이해할 수 있습니다.

질문 81. 분산, 표준 편차와 같은 산포도를 좀 더 시각적으로 표시할 수 있나요?

산포도를 분석하기 위해서는 평균이나 분산, 표준 편차 등을 계산해야 하지만, 계산을 하는 시간이나 숫자를 일일이 설명해야 하는 것은 불편합니다. 좀 더 한눈에 연봉의 산포 정도를 표시하거나 설명할 수 있는 방법이 있나요?

• 예제 파일 〉 Part2 : **xlFAQ-081.xlsx**   • 완성 파일 〉 Part2\완성 : **xlFAQ-081완성.xlsx**

답변 81.

산포도를 시각적으로 표시하고 싶다면 차트로 그리는 방법이 있습니다. 엑셀의 분산형 차트가 대표적인 산포도 차트이므로 산포도를 구해 설명하려는 데이터는 분산형 차트로 그려 표시하면 두 회사 사이 연봉의 관계를 좀 더 단순하게 설명할 수 있습니다.

실무실습 산포도 차트 구성하기

다음 실무실습을 통해 산포도 차트를 구성하는 방법을 알아보겠습니다.

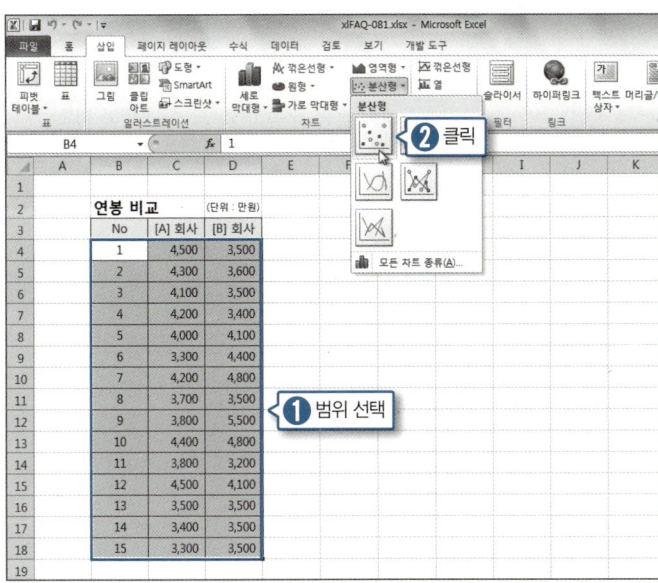

01 산포도 차트 작성하기 (1)

A, B 두 회사의 동일 직급의 무작위 15명의 연봉을 확인할 수 있습니다. 이 표를 분산형 차트로 표시해 두 회사의 특색을 이해해 보겠습니다.

❶ B4:D18 범위를 선택합니다.

❷ [삽입] 탭-[차트] 그룹-[분산형]-[분산형] 항목-**[표식만 있는 분산형]**을 클릭합니다.

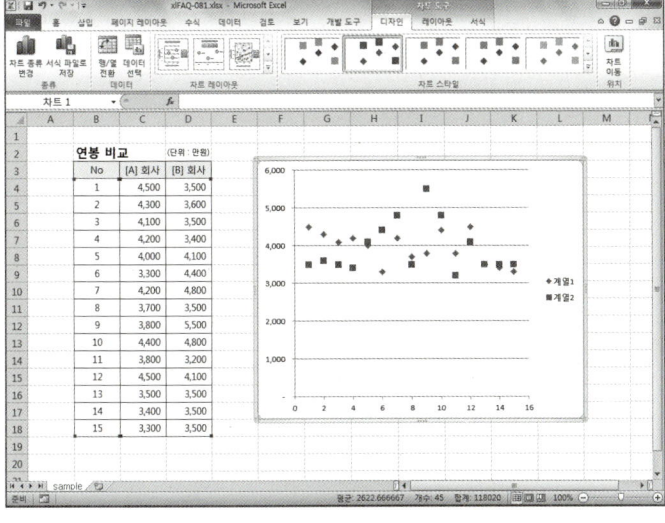

02 산포도 차트 작성하기 (2)

산점도 차트가 확인됩니다. 분산형 차트를 만들 때는 B3:D3과 같은 머리글 범위를 선택하지 않으므로 계열 이름 등이 계열1, 계열2로 표시되는 것을 확인할 수 있습니다.

차트는 열 순서로 만들어지므로 계열1은 A 회사이고 계열2는 B 회사입니다.

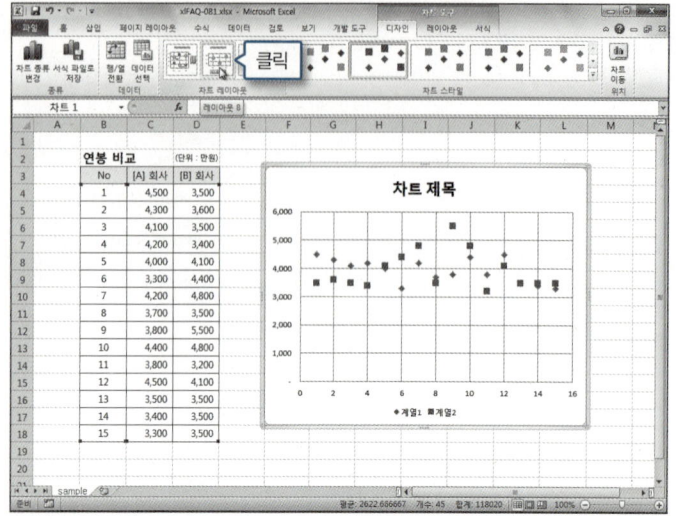

03 차트 레이아웃 변경하기

먼저 만들어진 분산형 차트의 레이아웃을 빠르게 변경하겠습니다.
[디자인] 탭-[차트 레이아웃] 그룹-[빠른 레이아웃] 그룹에서 **[레이아웃 8]** 을 클릭합니다.
차트 제목이 표시되며 범례가 아래쪽으로 이동하고 세로 눈금선이 표시됩니다.

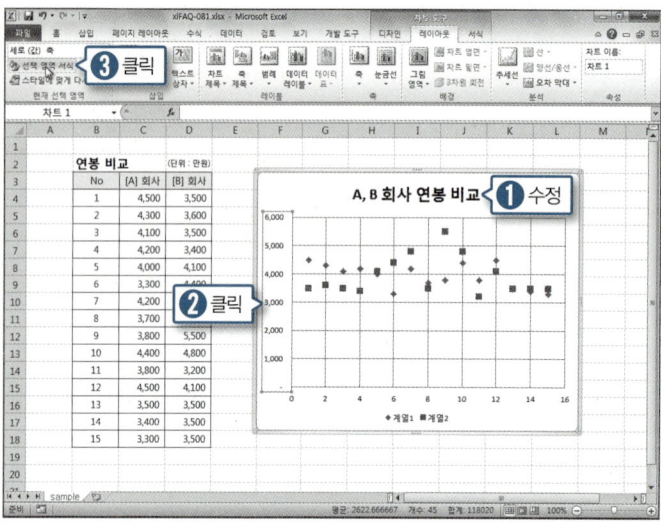

04 Y축 단위 조정하기 (1)

❶ 차트 제목을 **A, B 회사 연봉 비교**로 수정합니다.
Y축 단위에서 불필요한 구간(0~3,000)을 사용하지 않기 위해 축 설정을 변경하겠습니다.
❷❸ 차트의 Y축을 더블 클릭하거나, Y축을 선택하고 [레이아웃] 탭-[현재 선택 영역] 그룹-**[선택 영역 서식]** 을 클릭합니다.

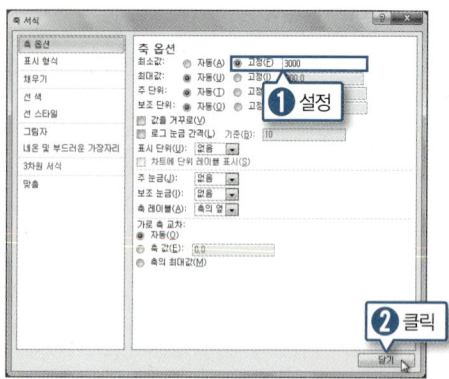

05 Y축 단위 조정하기 (2)

❶ 축 서식 대화상자가 표시되면 [축 옵션] 범주의 최소값을 **고정**, **3000**으로 지정합니다.
❷ **[닫기]**를 클릭합니다.

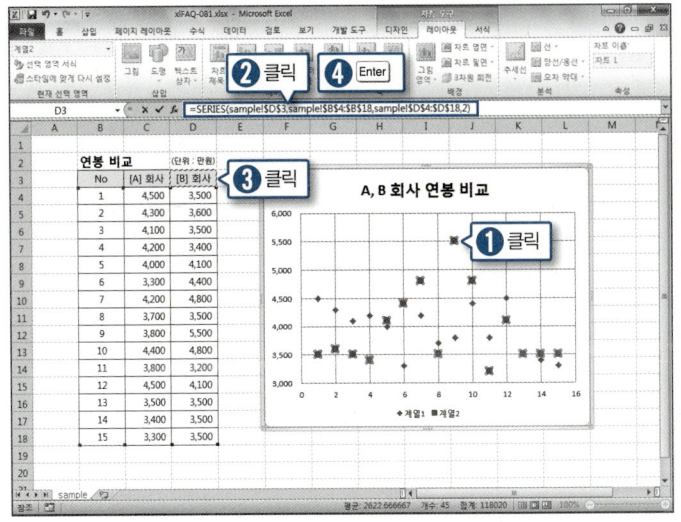

06 데이터 계열 이름 설정하기 (1)

계열 이름을 표시하겠습니다. ❶ 차트에서 계열2의 표식을 선택합니다. 수식 입력줄에서 다음과 같이 SERIES 함수를 사용한 수식을 확인할 수 있습니다.

=SERIES(,sample!$B$4:$B$18, sample!$D$4:$D$18, 2)

❷ 첫 번째 쉼표 앞을 클릭합니다.

❸ D3셀을 마우스로 클릭합니다.

❹ Enter 를 눌러 수식을 입력합니다.

수식 설명 =SERIES(sample!$D$3,sample!$B$4:$B$18,sample!$D$4:$D$18,2)
SERIES 함수는 차트의 데이터 계열을 구성하는 함수로 다음과 같은 구문을 사용합니다.

SERIES(계열 이름, X축 데이터 범위, Y축 데이터 범위, 계열 순서)

그러므로 이번 작업은 SERIES 함수의 첫 번째 인수인 [계열 이름]을 왼쪽 표의 열 머리글로 지정하기 위한 것입니다. SERIES 함수를 수정하는 방법을 이용하면 차트에서 참조하는 대상 범위를 손쉽게 변경할 수 있어 편리합니다.

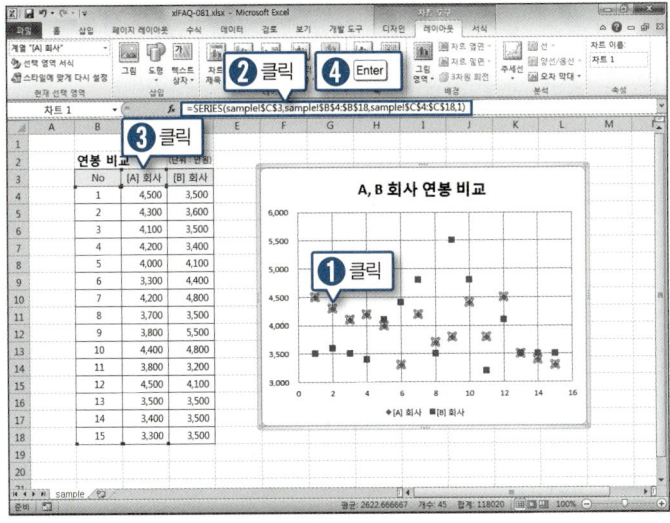

07 데이터 계열 이름 설정하기 (2)

❶ 차트에서 계열1의 표식을 선택합니다. 수식 입력줄에서 다음과 같은 수식을 확인할 수 있습니다.

=SERIES(,sample!$B$4:$B$18, sample!$C$4:$C$18, 1)

❷ 첫 번째 쉼표 앞을 클릭하고 ❸ C3셀을 마우스로 클릭한 다음 ❹ Enter 를 눌러 수식을 입력합니다.

산포도가 시각적으로 표현되었습니다.

질문 82: 데이터를 보다 잘 이해하기 위해 구간별로 데이터 건수를 셀 수 있나요?

전체 데이터 현황을 알기 위해 데이터를 지정한 구간별로 몇 건인지 세는 작업을 하려고 합니다. 이러한 작업을 쉽게 할 수 있는 방법이 있나요?

• 예제 파일 〉 Part2 : xlFAQ-082.xlsx   • 완성 파일 〉 Part2\완성 : xlFAQ-082완성.xlsx

답변 82

특정 구간에 속한 데이터가 몇 건인지 세는 작업을 도수 분포(Frequency Distribution)이라고 합니다. 도수 분포는 계급과 도수라는 용어를 사용하며 계급은 구간을, 도수는 건수를 의미합니다.

예를 들어 90점~100점 몇 명, 80점~89점 몇 명과 같이 구간별 인원 수를 측정하는 경우라면 90점~100점, 80점~89점과 같은 구간이 계급이 되고, 각 계급별 인원 수를 도수라고 합니다. 이것을 표로 정리한 것을 도수 분포표라고 하며 엑셀에서는 FREQUENCY 함수를 사용해 구합니다.

실무실습 도수 분포표 구하기

다음 실무실습을 통해 도수 분포표를 구하는 방법을 알아보겠습니다.

01 최대값, 최소값 구해 범위 인식하기

회사 직원의 연봉을 입력해 놓은 표(B3:C23)와 분석할 구간이 정리된 표(E3:E11)를 확인할 수 있습니다. 구간별 직원이 몇 명인지 도수 분포표를 만들겠습니다.

연봉 데이터의 최소값과 최대값을 구해 도수 분포표의 계급을 설정할 것입니다.

❶ H4셀에 =MAX(C4:C23), ❷ H5셀에 =MIN(C4:C23)을 입력합니다.

02 도수 분포표 구성하기 (1)

과정 01을 통해 C열의 연봉이 2,600~6,200 사이라는 것을 확인했으므로 도수 분포표의 구간은 2,000만 원대~6,000만 원대까지 구성하겠습니다.

❶ E6:E10 범위를 선택하고 ❷ Ctrl + C를 눌러 복사합니다.

❸ E15셀을 선택하고 ❹ Ctrl + V를 눌러 붙입니다.

03 도수 분포표 구성하기 (2)

과정 02에서 복사한 계급은 사람은 이해할 수 있지만 엑셀은 이해할 수 없습니다. 계급의 가장 큰 값을 대표값으로 입력하겠습니다.

❶ **F15:F19** 범위에 순서대로, **2999, 3999, 4999, 5999, 6999**를 입력합니다.
❷ [홈] 탭-[글꼴] 그룹-**[테두리]**를 이용하여 도수 분포표에 테두리를 만듭니다.

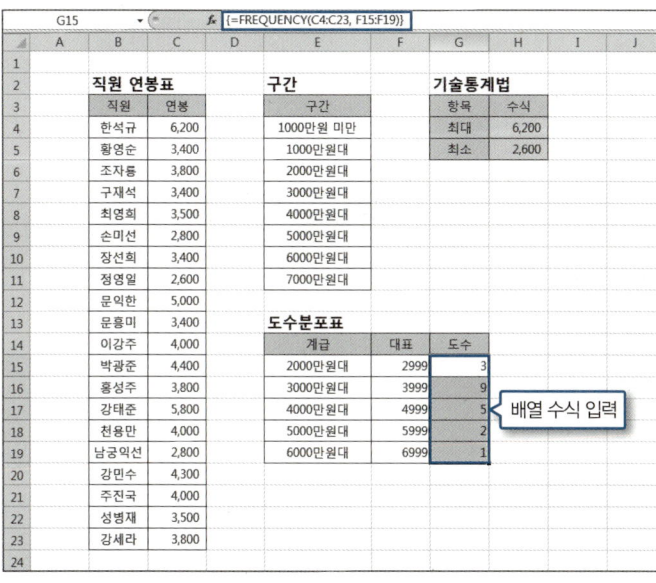

04 도수 분포표 구성하기 (3)

계급의 도수를 구하기 위해 FREQUENCY 함수를 사용하겠습니다.

G15:G19 범위를 선택하고 다음 수식을 입력한 다음 Ctrl + Shift + Enter 를 누릅니다.

=FREQUENCY(C4:C23, F15:F19)

수식 설명 **=FREQUENCY(C4:C23, F15:F19)**

FREQUENCY 함수는 도수 분포를 구하는 함수로 다음과 같은 구문을 사용합니다.

FREQUENCY(데이터 범위, 계급 범위)

예제에서 데이터 범위는 연봉이 입력된 C4:C23 범위이며, 계급 범위는 계급의 대표값이 입력된 F15:F19 범위입니다. 그러므로 이 범위를 전달해 구하면 됩니다. FREQUENCY 함수는 필연적으로 여러 개의 값(배열)을 반환하며 예제와 같은 경우는 F15:F19 범위에 입력된 계급의 도수를 반환하므로 총 5개의 값이 반환됩니다. 그러므로 수식을 입력할 때 G15:G19 범위와 같이 5개의 셀을 선택해야 하며, 배열이 반환될 수 있도록 Ctrl + Shift + Enter 로 입력해야 합니다. Ctrl + Shift + Enter 로 입력하는 수식을 배열 수식이라고 하며, 올바로 입력하면 수식 입력줄의 수식 앞뒤에 중괄호({})가 표시됩니다.

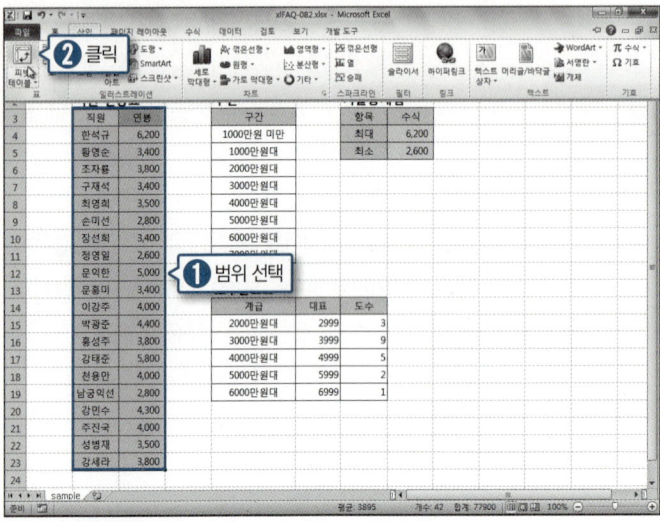

05 피벗 테이블로 도수 분포표 구성하기(1)
피벗 테이블을 이용해서도 도수 분포표를 만들 수 있습니다.
❶ B3:C23 범위를 선택하고 ❷ [삽입] 탭-[표] 그룹-[**피벗 테이블**]을 클릭합니다.

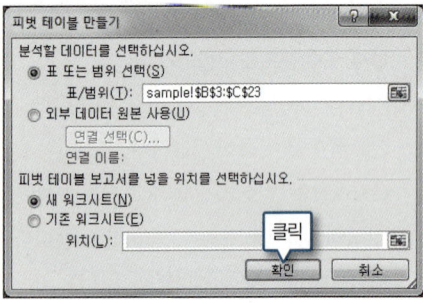

06 피벗 테이블로 도수 분포표 구성하기(2)
피벗 테이블 만들기 대화상자가 표시되면 [**확인**]을 클릭합니다.

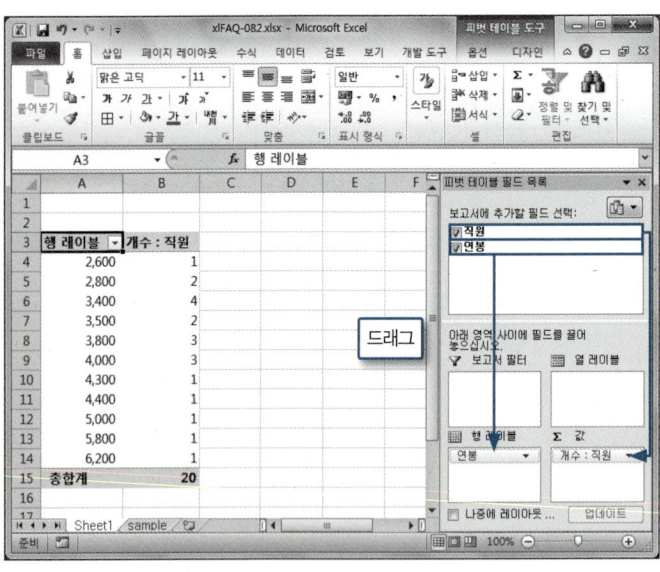

07 피벗 테이블로 도수 분포표 구성하기(3)
피벗 테이블 보고서를 구성하기 위해 피벗 테이블 필드 목록 창에서 **연봉** 필드를 행 레이블 영역으로 드래그하여 추가하고, **직원** 필드를 값 영역으로 드래그하여 추가합니다.

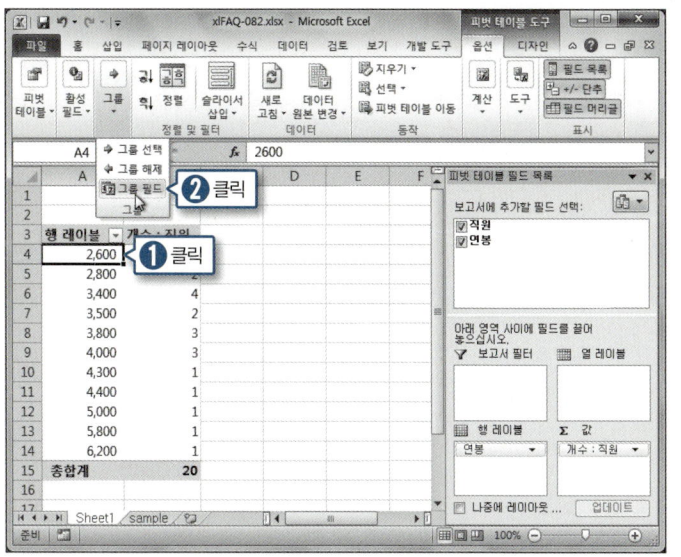

08 피벗 테이블로 도수 분포표 구성하기 (4)
행 레이블 영역에 추가된 연봉 필드를 그룹 필드로 묶는 작업을 진행하겠습니다.
❶ A4셀을 선택하고 ❷ [옵션] 탭-[그룹] 그룹-[**그룹 필드**]를 클릭합니다.

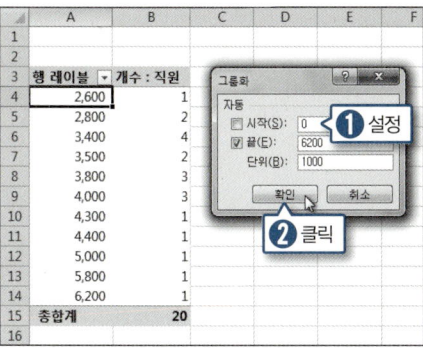

09 피벗 테이블로 도수 분포표 구성하기 (5)
❶ 그룹화 대화상자가 표시되면 시작란을 0으로 설정합니다.
❷ [확인]을 클릭합니다.

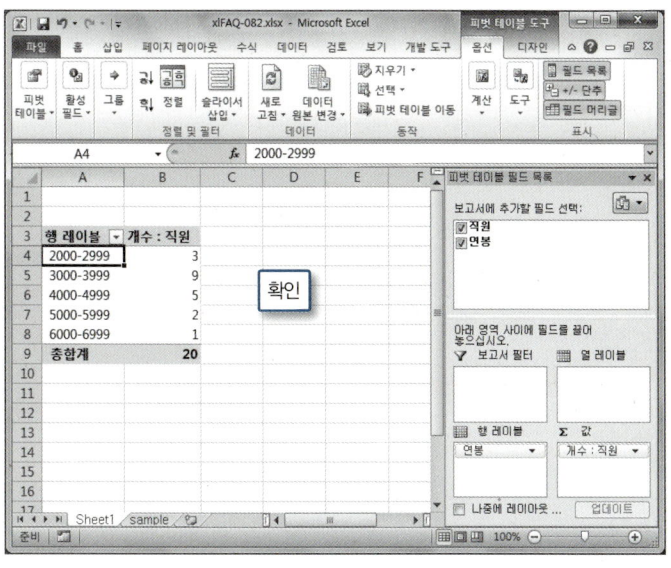

10 피벗 테이블로 도수 분포표 구성하기 (6)
각각 2000-2999, 3000-3999, … 와 같이 연봉이 그룹으로 묶이게 되며, 값 영역의 직원 수(도수)도 앞에서 FREQUENCY 함수를 사용해 구한 값과 동일하다는 것을 확인합니다.

질문 83 | 도수 분포표를 이용해 히스토그램 차트를 만들 수 있나요?

도수 분포표로 히스토그램 차트를 만들려고 할 경우 차트 종류 중에는 히스토그램 차트라는 것이 없습니다. 도수 분포표로 히스토그램 차트를 어떻게 만드나요?

• 예제 파일 〉 Part2 : **xlFAQ-083.xlsx**   • 완성 파일 〉 Part2\완성 : **xlFAQ-083완성.xlsx**

답변 83

히스토그램 차트는 도수 분포표를 통한 전체 데이터 분포를 한눈에 들어오도록 세로 막대형 차트를 이용해 구성한 차트를 의미합니다. 도수 분포표와 히스토그램 차트는 함께 작업하는 경우가 많으며, 이 작업은 통계 작업을 위한 사전 데이터 이해에 도움이 많이 되므로 잘 이해해 두는 것이 좋습니다.

실무실습 | 히스토그램 차트 구성하기

다음 실무실습을 통해 히스토그램 차트를 구성하겠습니다.

01 예제 확인하기

사내 연봉 구간의 건수를 계산한 도수 분포표를 가지고 히스토그램 차트를 만들겠습니다.

도수분포표	
계급	도수
2500 미만	3
2500 ~ 2999	6
3000 ~ 3499	14
3500 ~ 3999	17
4000 ~ 4499	10
4500 ~ 4999	6
5000 ~ 5499	3
5500 ~ 5999	2
6000 ~ 6499	1
6500 이상	-

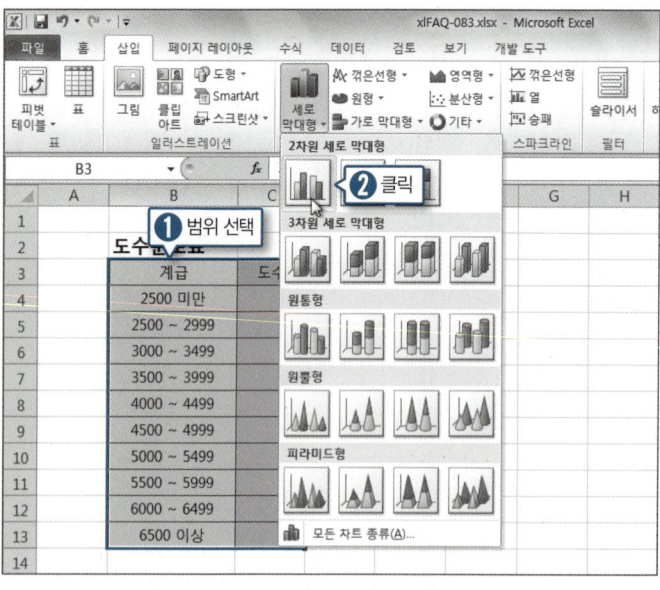

02 세로 막대형 차트 만들기 (1)

❶ B3:C13 범위를 선택합니다.
❷ [삽입] 탭-[차트] 그룹-[세로 막대형] -[2차원 세로 막대형] 항목-**[묶은 세로 막대형]** 을 클릭합니다.

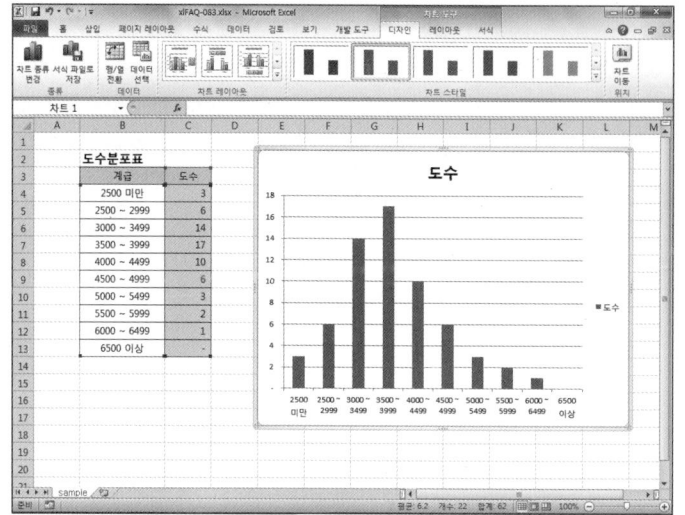

03 세로 막대형 차트 만들기 (2)
세로 막대 차트가 만들어집니다.

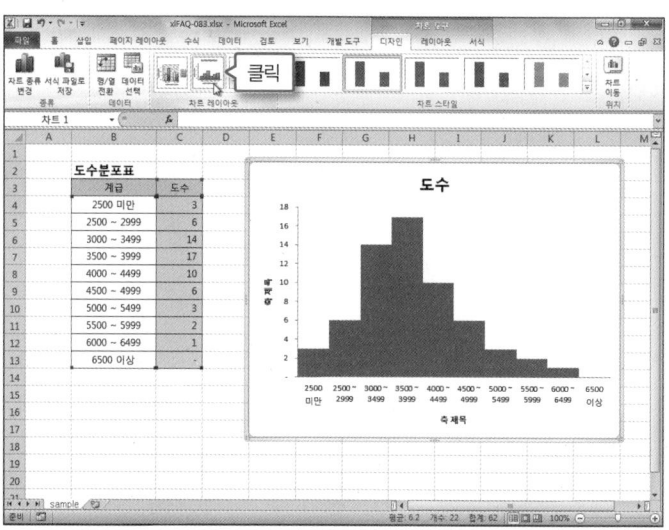

04 차트 레이아웃 변경하기
차트 레이아웃을 변경하기 위해 [디자인] 탭-[차트 레이아웃] 그룹-[빠른 레이아웃]-[레이아웃 8]을 클릭해 구성을 변경합니다.

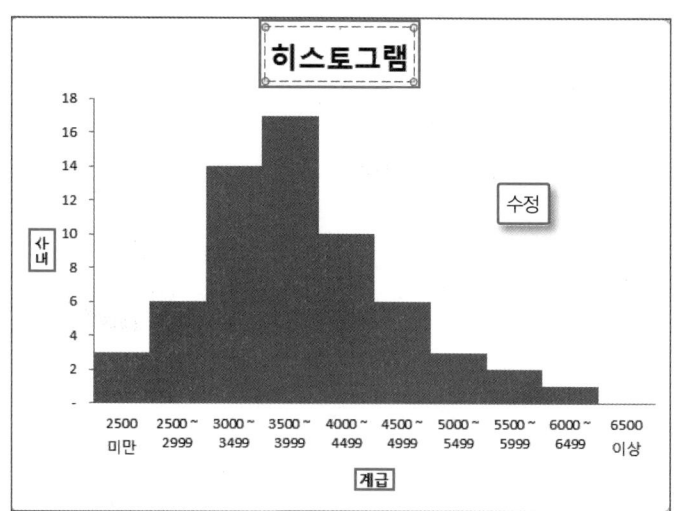

05 차트 제목, 축 제목 입력하기
X축 제목을 **계급**, Y축 제목을 **도수**로 변경합니다.
차트 제목을 **히스토그램**으로 변경합니다.

06 선 그래프 추가하기 (1)

히스토그램 차트는 막대그래프 외에도 꺾은선 그래프가 표시되어야 하므로 도수 계열을 한 번 더 추가하겠습니다.

❶ 계열을 추가하기 위해 **C3:C13** 범위를 선택합니다.

❷ Ctrl + C 를 눌러 복사합니다.

07 선 그래프 추가하기 (2)

❶ 차트를 선택하고 ❷ [홈] 탭-[클립보드] 그룹-**[붙여넣기]** 를 클릭합니다. 세로 막대그래프가 하나 더 표시됩니다.

08 선 그래프 추가하기 (3)

추가된 빨간색 막대그래프를 꺾은선 그래프로 변경하겠습니다.

❶ 빨간색 막대그래프를 선택합니다.

❷ [삽입] 탭-[차트] 그룹-[꺾은선형]-[2차원 꺾은선형] 항목-**[꺾은선형]**을 클릭합니다.

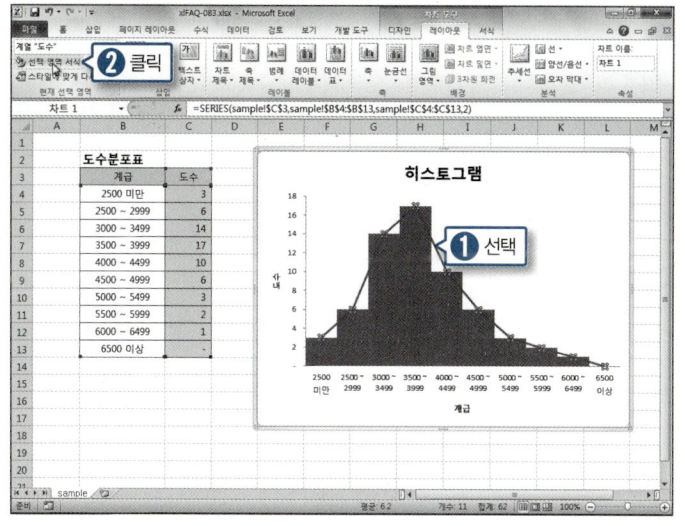

09 선 그래프 곡선으로 표시하기 (1)

추가된 막대그래프가 꺾은선 그래프로 변경됩니다.

❶❷ 꺾은선 그래프를 완만하게 표시하기 위해 꺾은선 그래프를 더블 클릭하거나, 꺾은선 그래프를 선택하고 [레이아웃] 탭-[현재 선택 영역] 그룹-[**선택 영역 서식**]을 클릭합니다.

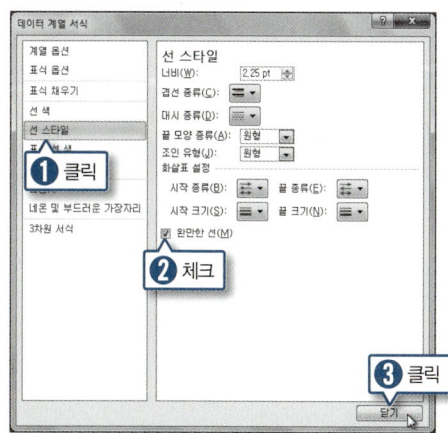

10 선 그래프 곡선으로 표시하기 (2)

❶ 데이터 계열 서식 대화상자가 표시되면 [선 스타일] 범주를 선택하고 ❷ **완만한 선**에 체크합니다.

❸ [닫기]를 클릭합니다.

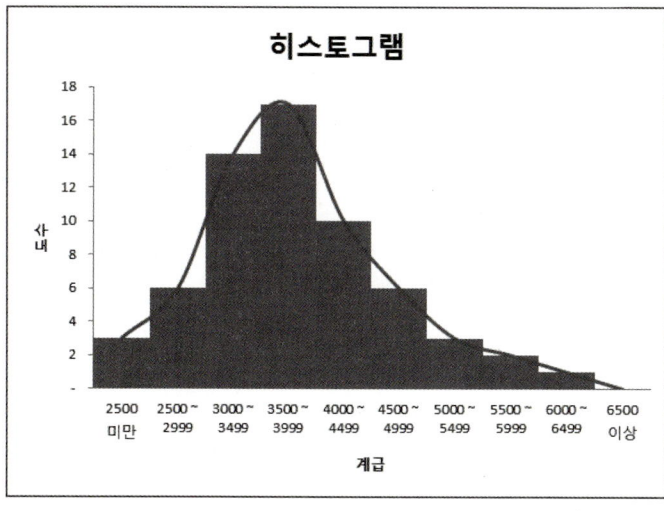

11 선 그래프 곡선으로 표시하기 (3)

선 그래프가 완만하게 표시되면서 히스토그램 차트가 완성됩니다.

질문 84	한번에 기술 통계 값을 얻을 수 있나요?
	평균, 표준 편차, 분산 등의 기술 통계법과 도수 분포표를 이용한 히스토그램 차트 작성 등 방법은 잘 알고 있지만, 과정이 수식을 사용하다 보니 복잡하게 느껴집니다. 좀 더 쉽게 작업을 진행할 수 있는 방법은 없을까요?

• 예제 파일 〉 Part2 : xlFAQ-084.xlsx   • 완성 파일 〉 Part2\완성 : xlFAQ-084완성.xlsx

답변 84 엑셀에서 제공하는 추가 기능 중에서 [분석 도구]라는 툴이 있습니다. 이 기능을 이용하면 기술 통계법이나 도수 분포표, 히스토그램 차트를 손쉽게 만들 수 있습니다. 분석 도구 추가 기능은 그 외에도 여러 가지 통계 작업을 손쉽게 처리할 수 있도록 돕기 때문에 분석 업무가 많은 사용자라면 이런 기능을 이용하는 방법을 잘 이해할 필요가 있습니다.

실무실습 분석 도구 추가 기능 설치하고 사용하기

다음 실무실습을 통해 분석 도구 추가 기능을 설치하고 사용하는 방법을 알아보겠습니다.

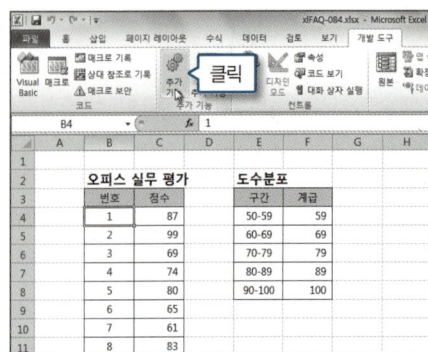

01 분석 도구 추가 기능 설치하기 (1)

오피스 시험의 성적을 정리해 놓은 표와 도수 분포표 작성을 위해 계급을 확정해 놓은 표의 데이터를 참고하여 기술 통계법을 이용해 데이터를 분석하고 도수 분포표를 완성하겠습니다.

분석 도구 추가 기능을 설치하기 위해 [개발 도구] 탭−[추가 기능] 그룹−**[추가 기능]**을 클릭합니다. **Note 3**

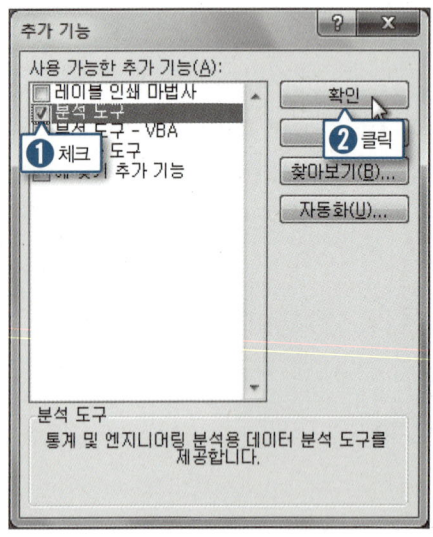

02 분석 도구 추가 기능 설치하기 (2)

❶ 추가 기능 대화상자가 표시되면 사용 가능한 추가 기능 목록에서 **분석 도구**에 체크합니다.

❷ **[확인]**을 클릭합니다.

Note 3 ... 리본 메뉴에 개발 도구 탭 추가하기

개발 도구 탭이 표시되지 않은 사용자는 다음 과정을 참고해 작업합니다.

〔1〕[파일] 탭−**[옵션]**을 클릭합니다.

〔2〕Excel 옵션 대화상자가 표시되면 [리본 사용자 지정] 범주를 선택하고, 오른쪽 목록에서 **개발 도구**에 체크한 다음 **[확인]**을 클릭합니다.

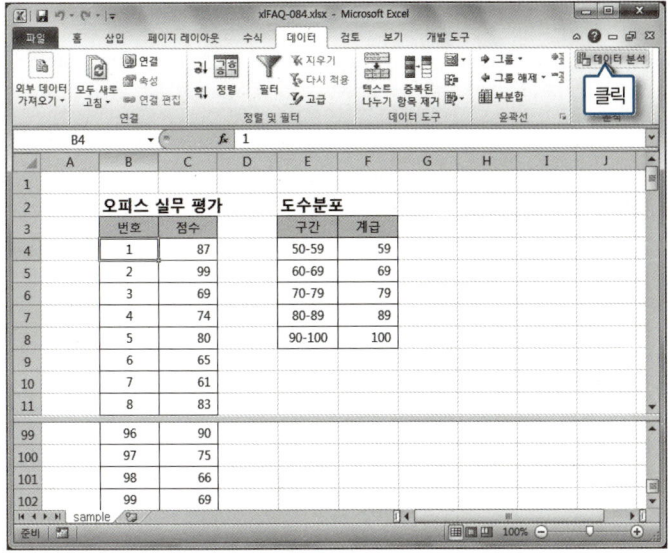

03 분석 도구로 기술 통계 결과 얻기 (1)

[데이터] 탭-[분석] 그룹-[**데이터 분석**]을 클릭합니다.

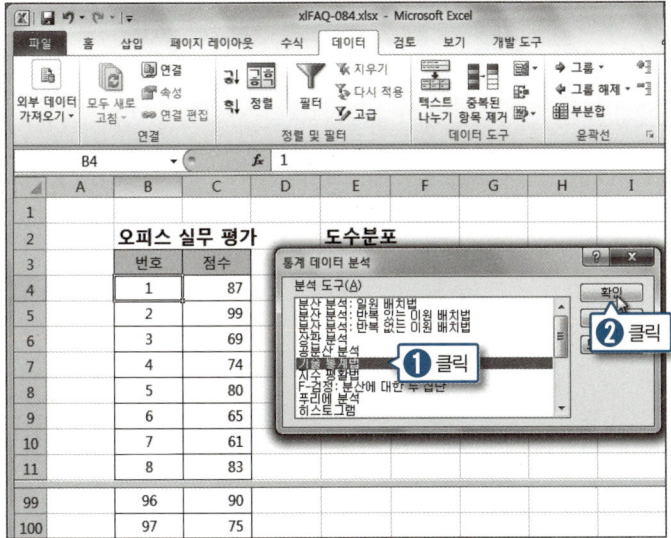

04 분석 도구로 기술 통계 결과 얻기 (2)

❶ 통계 데이터 분석 대화상자가 표시되면 분석 도구 목록에서 **기술 통계법**을 선택합니다.

❷ [확인]을 클릭합니다.

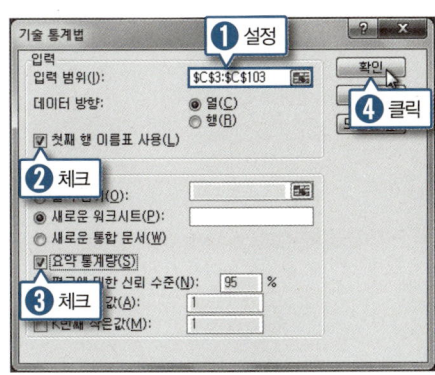

05 분석 도구로 기술 통계 결과 얻기 (3)

❶ 기술 통계법 대화상자가 표시되면 입력 범위란을 다음과 같이 지정합니다.

$C$3:$C$103

❷ C3셀은 머리글이므로 **첫째 행 이름표 사용**에 체크합니다.

❸ 평균, 표준편차, 분산 등의 기술 통계 결과를 반환해야 하므로 **요약 통계량**에 체크합니다.

❹ [확인]을 클릭합니다.

Section 02 기술 통계법을 이용한 데이터 이해하기 • **353**

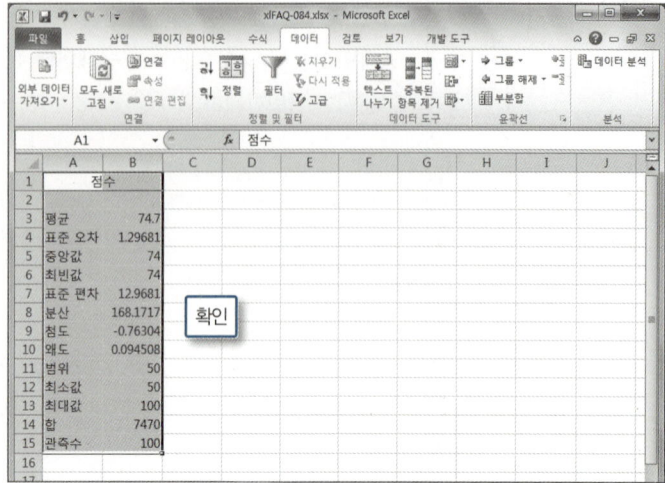

06 분석 도구로 기술 통계 결과 얻기 (4)

[Sheet1]과 같은 새 워크시트가 삽입되면서, 평균, 표준 오차, 중앙값, 최빈값 등의 기술 통계 결과를 반환합니다.
이 모든 계산은 엑셀의 함수로 계산할 수 있습니다. **Note 4**

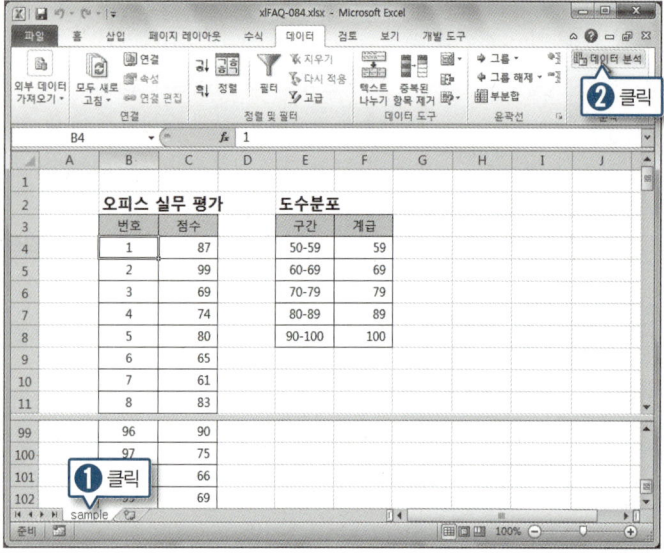

07 분석 도구로 히스토그램 만들기 (1)

❶ [sample] 시트 탭을 선택하여 시트를 표시합니다.
❷ 도수 분포표를 완성하고 히스토그램 차트를 만들어 보겠습니다. [데이터] 탭–[분석] 그룹–[데이터 분석]을 클릭합니다.

Note 4 ... 기술 통계법 함수 사용해 계산하기

분석 도구의 기술 통계법을 이용해 얻은 결과를 수식으로 계산하려면 다음과 같은 계산식을 사용합니다.

〔1〕 평균 : =AVERAGE(C4:C103)
〔2〕 표준 오차 : =STDEV(C4:C103)/SQRT(COUNT(C4:C103))
〔3〕 중앙값 : =MEDIAN(C4:C103)
〔4〕 최빈값 : =MODE(C4:C103)
〔5〕 표준 편차 : =STDEV(C4:C103)
〔6〕 분산 : =VAR(C4:C103)
〔7〕 첨도 : =KURT(C4:C103)
〔8〕 왜도 : =SKEW(C4:C103)
〔9〕 범위 : =MAX(C4:C103)−MIN(C4:C103)
〔10〕 최소값 : =MIN(C4:C103)
〔11〕 최대값 : =MAX(C4:C103)
〔12〕 합 : =SUM(C4:C103)
〔13〕 관측수 : =COUNT(C4:C103)

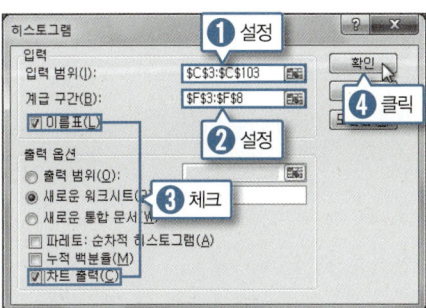

08 분석 도구로 히스토그램 만들기 (2)

❶ 통계 데이터 분석 대화상자가 표시되면 **히스토그램**을 선택합니다.

❷ **[확인]**을 클릭합니다.

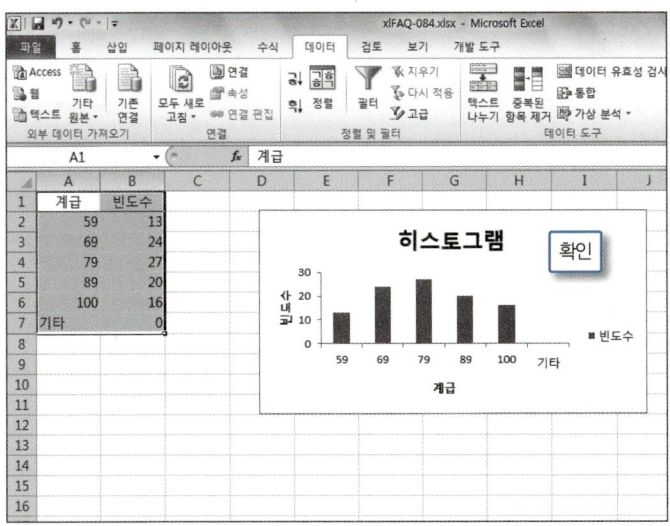

09 분석 도구로 히스토그램 만들기 (3)

❶ 히스토그램 대화상자가 표시되면 입력 범위란을 다음과 같이 지정합니다.

$C$3:$C$103

❷ 계급 구간란을 다음과 같이 지정합니다.

$F$3:$F$8

❸ **이름표**와 **차트 출력**에 체크하고 ❹ **[확인]**을 클릭합니다.

10 분석 도구로 히스토그램 만들기 (4)

[Sheet2] 시트가 새로 만들어지면서 도수 분포표와 히스토그램 차트가 표시되는 것을 확인할 수 있습니다.

다만, 히스트로그램 차트는 완전하지 않기 때문에 이전 히스토그램 차트를 만드는 방법을 참고해 좀 더 보완할 필요가 있습니다.

Part 3.
데이터 분석 & 예측 실무 익히기

Part 3에서는 실무에서 가장 많이 진행되는 데이터 분석 실무에 대해 설명합니다. 회사는 진행해야 하는 많은 일들에 비해 투입할 수 있는 자원에는 한계가 있습니다. 그러므로 한정된 자원을 효율적으로 사용할 수 있는 방법이 필요합니다. 또한 계획에 의해 진행된 업무의 효과를 분석하고, 이를 통해 업무를 개선할 수 있도록 과거 데이터를 통해 미래 시점의 값을 예측할 수 있어야 합니다. 물론 예측된 결과와 목표는 항상 다르므로, 목표를 달성하기 위해 계획을 어떻게 수정해야 하는지에 대한 몇 가지 시나리오를 준비할 수 있다면 더욱 좋을 것입니다.

위에서 언급한 모든 데이터 분석 & 예측 실무에 대한 검증된 분석 기법을 사용해 독자분들이 어떻게 이런 업무를 실제로 구현 가능한지에 대해 설명하겠습니다. 가급적 전문적인 용어나 수학적 모델보다는 각 기법의 원리에 대한 자세한 설명과 계산 결과를 어떻게 이해해야 하는지 설명함으로서 독자 여러분들의 업무에 바로 적용해 나갈 수 있도록 하겠습니다.

Chapter 1.
고객 및 제품 분류 기법 사용하기

Chapter 1에서는 분류 기법에 대해 설명합니다. 분류는 기존 데이터를 좀 더 잘 이해하기 위한 방법으로 많은 항목을 효율적으로 묶어 관리 효율을 높이려고 할 때 사용합니다. 다양한 분류 기법 중에서 가장 쉽고 효율적인 ABC 분석과 RFM 분석 기법을 이용해 제품과 고객을 분류하는 방법을 알아보겠습니다.

Chapter 1에서는 다음과 같은 내용에 대해 설명합니다.

- **Section 01** ABC 분석 기법 사용하기
- **Section 02** RFM 분석으로 고객 분류하기

Section 01 ABC 분석 기법 사용하기

▶ ABC 분석 기법   ▶ A, B, C 등급 부여   ▶ 파레토 차트   ▶ ABC 분석 결과 이해

80 대 20 법칙을 많이 들어 보았을 것입니다. 이 법칙은 이탈리아의 경제학자인 빌프레도 파레토(Vilfredo Pareto, 1848~1923)에 의해 발견되었으며 각종 경제 현상을 분석하는 과정에서 상위 20%가 전체 80%의 재화를 독점하는 현상 등을 발견해 이론적으로 정리한 법칙입니다. 이런 현상은 일반 회사에서도 발견할 수 있습니다. 대부분의 회사에서 매출 80%는 상위 20%의 제품 또는 고객에서 얻게 됩니다. 80 대 20 법칙을 이용해 제품이나 고객을 분류해, 회사의 한정된 자원을 투입하는 시간 또는 비용을 차별화할 수 있다면 효율적인 작업이 가능해지게 됩니다.

이렇게 80 대 20 법칙을 활용해 제품이나 고객을 분류하는 기법이 바로 ABC 분석입니다.

질문 85 ABC 분석을 위해 필요한 데이터는 어떤 것들이고 무엇을 집계해야 하나요?

제품을 분류해 새로운 관리 방안을 수립하고자 합니다. ABC 분석 기법을 이용해 제품을 관리할 경우 필요한 데이터와 어떤 값을 집계해야 하는지 알고 싶습니다.

• 예제 파일 〉 Part3 : xlFAQ-085.xlsx   • 완성 파일 〉 Part3\완성 : xlFAQ-085완성.xlsx

답변 85 ABC 분석은 관리 대상(제품 또는 고객)에게 제한된 자원(관리 사원, 시간, 비용 등)을 효율적으로 분배하기 위해 A, B, C 3개의 그룹으로 분류해 관리합니다.

ABC 분석을 하기 위해서는, 제품을 판매한 데이터에서 제품별 판매량 또는 매출과 판매 비율의 누계를 집계해야 합니다. 여기서 판매량은 판매된 제품의 건수를 의미하며, 이는 매출로 대체되는 경우가 많습니다. 판매 비율의 누계 값은 판매량을 전체 대비 비율로 계산한 다음, 이 값의 누계를 구하면 됩니다.

실무실습 ABC 분석을 하기 위해 데이터 집계하기

다음 실무실습을 통해 ABC 분석을 하기 위해 데이터를 집계하는 방법을 알아보겠습니다.

01 예제 확인하기

제품 판매 데이터를 집계해 제품의 판매 실적과 판매 비율 누계를 구하는 작업을 진행하겠습니다.

엑셀의 기능 중에서 대량의 데이터를 가장 빨리 요약할 수 있는 것은 피벗 테이블입니다.

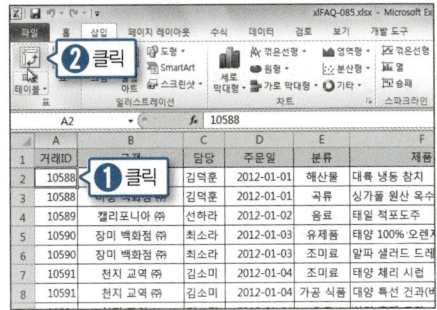

02 피벗 테이블 만들기 (1)

❶ 피벗 테이블을 이용하기 위해 셀을 하나 선택합니다.

❷ [삽입] 탭-[표] 그룹-[**피벗 테이블**] 을 클릭합니다.

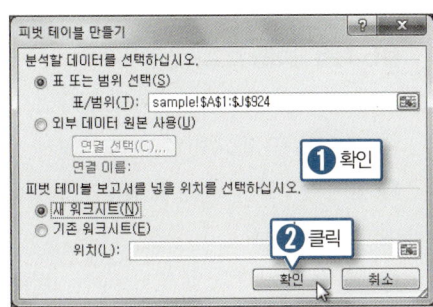

03 피벗 테이블 만들기 (2)

❶ 피벗 테이블 만들기 대화상자가 표시되면 표/범위란에 표 전체가 선택되었는지 확인합니다.

❷ 문제가 없으면 [**확인**]을 클릭합니다.

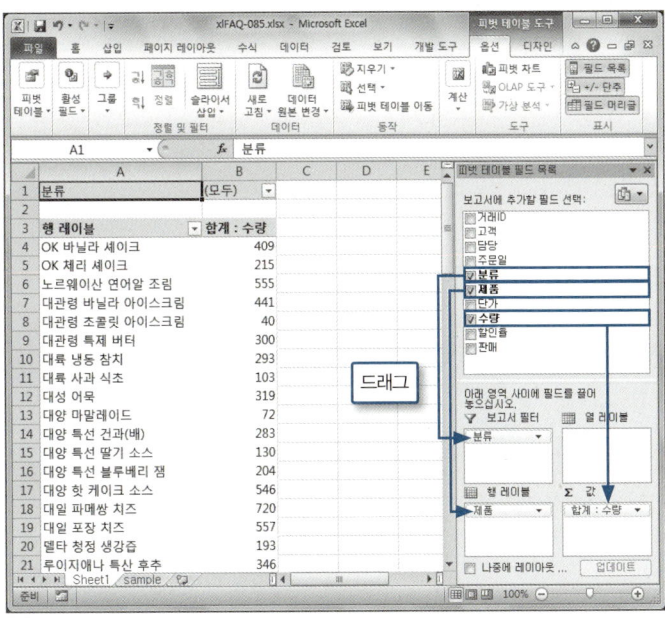

04 피벗 테이블 구성하기

피벗 테이블 필드 목록 창에서 **분류** 필드를 보고서 필터 영역, **제품** 필드를 행 레이블 영역, **수량** 필드를 값 영역으로 드래그하여 피벗 테이블 보고서를 구성합니다.

Tip... 분류 필드를 보고서 필터 영역에 추가한 이유 알아보기

ABC 분석 작업을 할 때 분류 필드를 보고서 필터 영역에 위치시키는 것은 꼭 필요한 설정은 아닙니다. 전체 제품 데이터를 가지고 ABC 분석 작업을 진행하면 제품 데이터가 너무 많기 때문에 몇몇 분류 항목만 가지고 작업하기 위해 분류 필드를 추가한 것이므로 실제 작업을 진행할 때는 행 레이블 영역과 값 영역의 필드만 정확하게 삽입해 작업하면 됩니다.

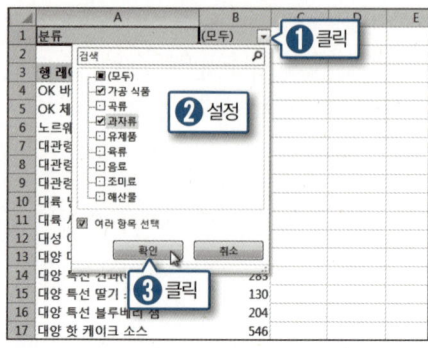

05 피벗 테이블 제한하기

보고서에 표시된 제품이 너무 많으므로 분류 필드의 가공 식품과 과자류만 추려 작업하겠습니다.

❶ B1셀 옵션 단추▼를 클릭합니다.

❷ 필터 목록에서 **여러 항목 선택**에 체크하고 **(모두)**에 체크 표시를 해제한 다음 **가공 식품**과 **과자류**에 체크합니다.

❸ **[확인]**을 클릭합니다.

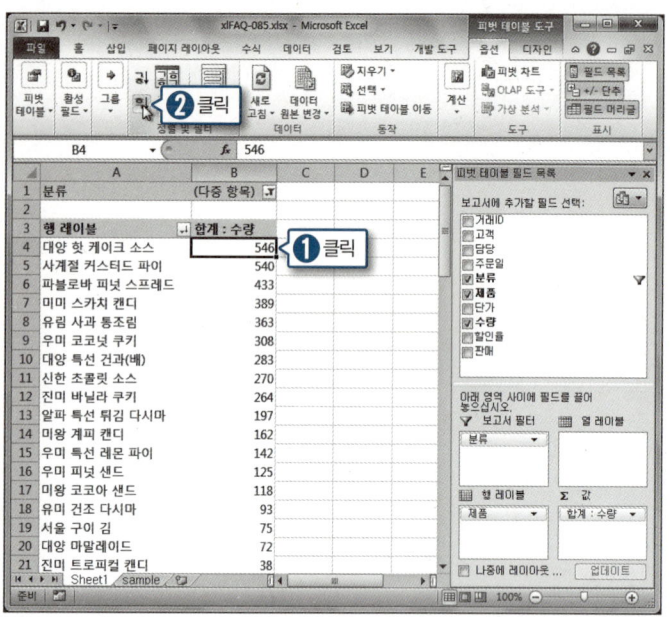

06 피벗 테이블 보고서 정렬하기

ABC 분석을 위해서는 판매량을 내림차순으로 정렬할 필요가 있습니다.

❶ 합계 : 수량 필드의 첫 번째 셀인 **B4** 셀을 선택합니다.

❷ [옵션] 탭-[정렬 및 필터] 그룹-**[내림차순 정렬]**을 클릭합니다.

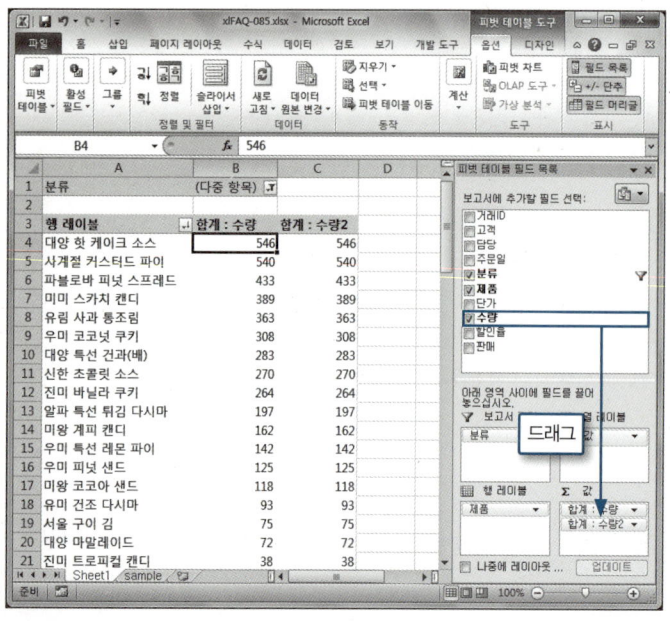

07 비율 누계 표시하기 (1)

엑셀 2010의 값 표시 형식 기능에는 누계 비율 형식이 존재하므로 이 기능을 이용해 판매량의 누계 비율을 표시하겠습니다.

피벗 테이블 필드 목록 창에서 **수량** 필드를 값 영역으로 드래그하여 한번 더 추가합니다.

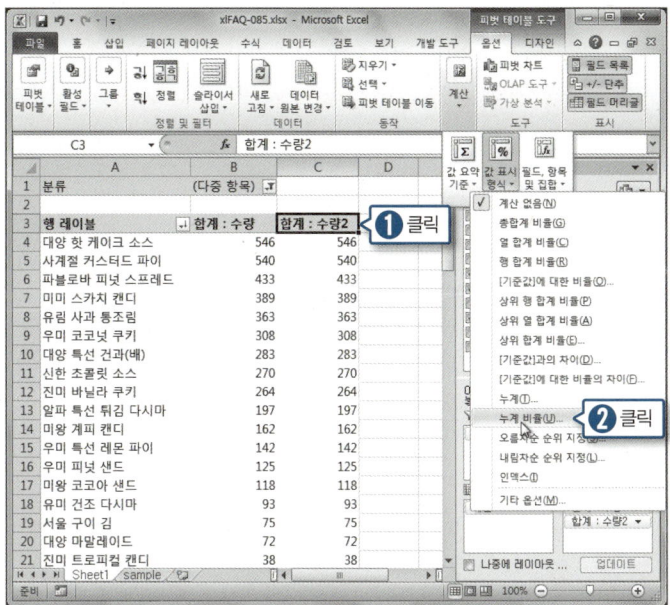

08 비율 누계 표시하기 (2)

❶ C3셀을 선택하여 합계 : 수량2 필드를 선택합니다.

❷ [옵션] 탭-[계산] 그룹-[값 표시 형식] -[누계 비율]을 클릭합니다. Note 1

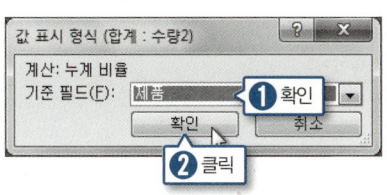

09 비율 누계 표시하기 (3)

❶ 값 표시 형식 (합계 : 수량2) 대화상자가 표시되면 기준 필드란이 제품인 것을 확인합니다.

❷ [확인]을 클릭해 대화상자를 닫습니다.

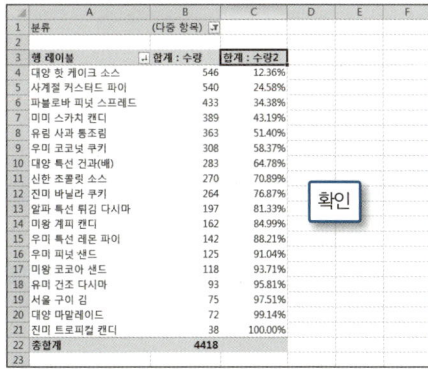

10 비율 누계 표시하기 (4)

합계 : 수량2 필드에 비율의 누계가 표시되는 것을 확인할 수 있습니다.

ABC 분석에 필요한 데이터 집계 작업이 끝났습니다.

Note 1 ... 엑셀 2007 이하 버전에서 비율 누계 계산하기

과정 08에서 사용하는 누계 비율 형식은 엑셀 2010부터 제공되어 하위 버전에서는 사용할 수 없는 방법입니다. 엑셀 2007 이하 버전에서는 수식을 이용해 비율 누계를 계산하는 방법을 알면 편리합니다.

엑셀 2007 이하에서 누계를 계산하려면 과정 06을 실행하고 다음 과정을 진행합니다.

〔1〕합계 : 수량 필드가 B4:B21 범위에 있고, 합계 : 수량2 필드를 추가하지 않은 경우 비율을 구하기 위해 C4셀에 다음 수식을 입력하고, C21셀까지 복사합니다.

`=B4/$B$22`

〔2〕비율 누계를 구하기 위해 D4셀에 다음 수식을 입력하고 D21셀까지 복사해 사용합니다.

`=SUM($C$4:C4)`

질문 86. A, B, C 등급은 어떻게 부여하나요?

판매량과 비율 누계를 모두 구한 다음 A, B, C 세 등급을 지정하고 싶습니다. 그러나 어떤 기준으로 분류해야 할지 판단이 서지 않습니다. 분류 기준을 알려 주세요.

• 예제 파일 〉 Part3 : xlFAQ-086.xlsx   • 완성 파일 〉 Part3\완성 : xlFAQ-086완성.xlsx

답변 86.

등급은 비율 누계 값에 따라 부여하면 됩니다. 일반적으로 다음과 같은 기준으로 분류하지만, 이것은 절대적인 기준이 아니며 회사마다 별도로 사용하는 기준이 있기도 하므로 참고용으로 사용합니다.

판매 비율 누계	등급
0%~70%	A
71%~90%	B
91%~100%	C

기준을 수정할 필요가 있는 경우는 등급별로 다음과 같은 사항을 참고합니다.

등급	설명
A	판매량이 다른 제품에 비해 월등한 제품들로, 중점 관리가 필요한 대상입니다.
B	현재 판매량은 월등하진 않지만, A등급으로 승급할 가능성이 있는 제품들이 대상이 됩니다.
C	판매량도 미진하며, 이후 개선의 여지가 크지 않은 제품들이 대상이 됩니다.

실무실습 A, B, C 등급 부여하기

다음 실무실습을 통해 A, B, C 등급을 부여하는 방법을 알아보겠습니다.

01 A, B, C 등급 표시하기

가장 간단하게 등급을 부여하기 위해 IF 함수를 사용한 수식을 작성하겠습니다.

❶ D2셀을 선택하고 다음 수식을 입력합니다.

`=IF(C2<=70%, "A", IF(C2<=90%, "B", "C"))`

❷ D2셀을 선택하고 **채우기 핸들**을 D19셀까지 드래그하여 수식을 복사합니다.

수식 설명 =IF(C2<=70%, "A", IF(C2<=90%, "B", "C"))

과정 01에서는 IF 함수 안에 IF 함수를 중첩한 수식을 사용하였습니다. 수식을 풀어 보면 다음과 같습니다.

=IF(C2<=70%, "A", IF(C2<=90%, "B", "C"))
  ⓐ   ⓑ   ⓒ

ⓐ 수식은 C2셀의 값이 70% 이하인지를 판단해 TRUE인 경우 A를 반환합니다. 만약 ⓐ 수식의 결과가 FALSE이면 ⓑ 수식에서 C2셀이 다시 90% 이하(이미 ⓐ에서 70% 이하인지를 확인했으므로 이 조건은 정확하게는 70%를 초과하면서 90% 이하인 경우를 판단합니다)인지를 판단해 B를 반환합니다.
ⓐ, ⓑ 수식이 모두 FALSE이면 ⓒ 부분에서 C를 반환합니다.

이렇게 IF 함수를 한 번 정도 중첩해 사용하는 수식은 이해하기가 쉽지만, 등급이 A, B, C, D, F와 같이 많아진다면 수식을 구성하기가 쉽지 않습니다. 그렇기 때문에 이런 경우에는 기준표를 따로 만든 다음, VLOOKUP 함수를 사용하는 수식으로 대체하는 것이 좋습니다. 이 방법은 이후 과정을 진행하면서 설명합니다.

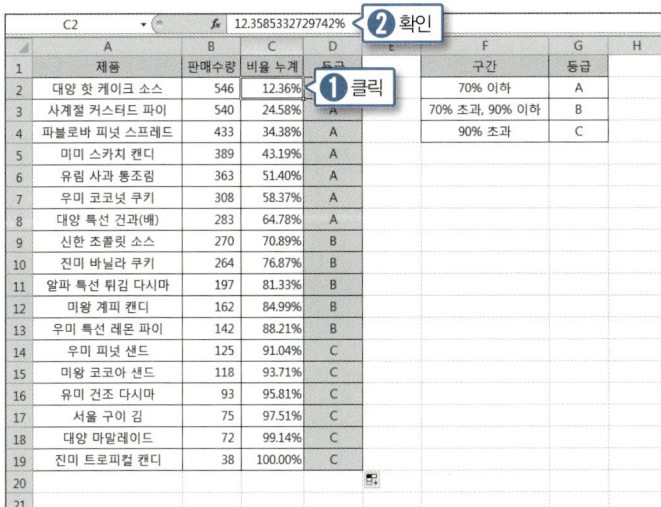

02 비율 누계, 소수점 2자리에서 정리하기 (1)
IF 함수 대신 오른쪽 등급 기준표를 이용해 등급을 부여하겠습니다. 이 경우, C열의 비율 누계 값의 소수점 자릿수가 일정한 자릿수를 사용해야 합니다.

❶ C2셀을 선택합니다.

❷ 수식 입력줄에서 소수점 자리가 13자리나 표시되는 것을 확인할 수 있습니다. 표에 표시되는 것처럼 소수점 2자리까지에서 반올림할 것입니다.

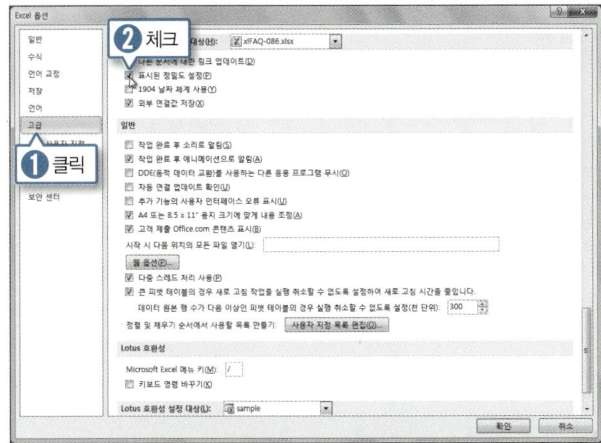

03 비율 누계, 소수점 2자리에서 정리하기 (2)
화면에 표시된 소수점 자릿수로 숫자를 변환하려면 엑셀 옵션을 변경하는 것이 가장 쉽습니다.

❶ [파일] 탭-[옵션]을 클릭하고 Excel 옵션 대화상자가 표시되면 [고급] 범주를 선택합니다.

❷ 이 통합 문서의 계산 대상 항목에서 **표시된 정밀도 설정**에 체크합니다.

데이터 정밀도를 영구히 잃게 된다는 대화상자가 표시되면 [**확인**]을 클릭하고 Excel 옵션 대화상자에서 [**확인**]을 클릭합니다.

Tip ... 표시된 정밀도 설정 이해하기
표시된 정밀도 설정은 셀에 표시되지 않은 소수점 이하 값을 버리는 옵션입니다.
이 옵션에 체크하면 경고 메시지 대화상자가 표시되며 [**확인**]을 클릭하면 옵션이 적용됩니다.
표시된 정밀도 설정은 현재 워크시트뿐만이 아니라 현재 파일 전체에 적용되는 옵션이므로, 전체 워크시트를 확인해 잘못 변환된 결과를 얻지 않도록 주의해야 합니다.

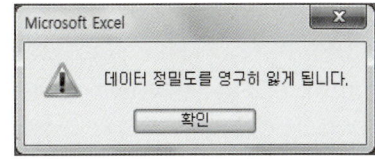

04 비율 누계, 소수점 2자리에서 정리하기 (3)

C2셀의 수식 입력줄을 다시 보면 과정 02에서 확인했을 때와는 다르게 소수점 2자리 아래 값이 모두 제거된 것을 확인할 수 있습니다. **Note 2**

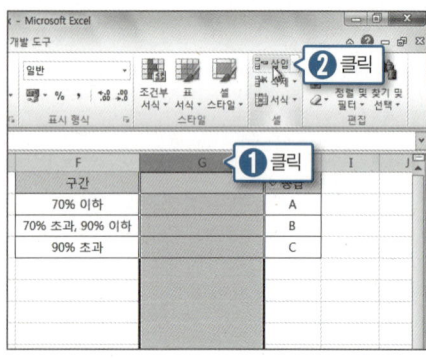

05 등급표를 참조해 등급 표시하기 (1)

오른쪽 등급 기준표를 참조해 등급을 표시하겠습니다. F열의 구간 값은 사람은 이해할 수 있지만, 컴퓨터는 이해할 수 없으므로 구간의 대표값을 먼저 입력해야 합니다.

❶ **G열 머리글**을 선택합니다.

❷ [홈] 탭-[셀] 그룹-[**삽입**]을 클릭해 빈 열을 추가합니다.

Tip ... 빈 열을 추가하거나 삭제하는 단축키 알아보기

열을 선택한 다음 Ctrl + Shift + + 를 누르면 빈 열이 추가됩니다. 반대로 선택한 열을 삭제하려면 Ctrl + - 를 누릅니다.

Note 2 ... 수식을 이용해 처리하기

표시된 정밀도 설정을 이용하지 않고 수식을 이용해 처리하려면, 오른쪽에 빈 열을 하나 추가하고 다음과 같은 수식을 사용한 다음, 결과 값만 C열로 다시 붙이면 됩니다.

`=ROUND(C2, 2)`

참고로 ROUND 함수는 반올림하는 함수로 다음과 같은 구문을 사용합니다.

`ROUND(값, 소수점 위치)`

즉, 위의 수식은 C2셀의 값을 소수점 2자리에서 반올림하라는 의미입니다.

06 등급표를 참조해 등급 표시하기 (2)

G1셀에 **대표값**, G2셀에 **0%**, G3셀에 **70.01%**, G4셀에 **90.01%**를 입력합니다.

> **Tip** ... 구간별 대표값으로 최소값을 사용하는 이유 알아보기
>
> F2:F4 범위의 구간을 보면, 점점 값이 커지는 오름차순으로 구간이 정리된 것을 확인할 수 있습니다. VLOOKUP 함수나 MATCH 함수 등과 같은 참조 함수에서 구간별로 정리된 표의 값을 참조하려고 할 때, 표의 정렬 방향이 중요합니다.
>
> 구간별 표가 오름차순으로 되어 있다면 최소값이 구간별 대표값이 되며 이 경우 VLOOKUP 함수나 INDEX, MATCH 함수를 조합한 수식을 사용할 수 있습니다. 하지만, 내림차순으로 되어 있다면 최대값이 구간별 대표값이 되며 이 경우에는 VLOOKUP 함수는 사용하지 못하고 INDEX, MATCH 함수를 조합한 수식만 사용할 수 있습니다.

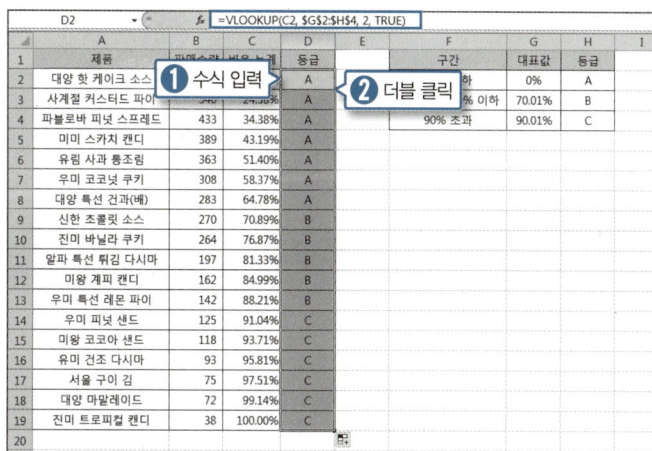

07 등급표를 참조해 등급 표시하기 (3)

정리된 기준 표에서 등급을 참조해 오기 위해 D열의 수식을 변경하겠습니다.

❶ D2셀을 선택하고 수식을 다음과 같이 수정합니다.

=VLOOKUP(C2, $G$2:$H$4, 2, TRUE)

❷ D2셀을 선택하고 **채우기 핸들**을 더블 클릭해 수식을 복사하면 등급이 부여되는 것을 확인할 수 있습니다.

수식 설명 =VLOOKUP(C2, $G$2:$H$4, 2, TRUE)

VLOOKUP 함수는 대표적인 참조 함수로 다른 표에서 필요한 값을 참조할 때 사용합니다. 구문은 다음과 같습니다.

VLOOKUP(찾을 값, 표, 열 번호, 찾기 옵션)

구문 그대로 동작을 설명하면, [찾을 값]을 [표]의 왼쪽 첫 번째 열에서 [찾기 옵션] 방식으로 찾은 다음, 같은 행에 있는 [표]의 [열 번호] 위치 값을 참조합니다. 이 함수에서 [찾기 옵션] 인수는 다음과 같은 2가지의 값을 사용합니다.

찾기 옵션	설명
TRUE 또는 생략	[표]의 왼쪽 첫 번째 열이 오름차순으로 정렬되어 있다고 가정하고 찾으며, [찾을 값]보다 큰 값을 만날 때까지 [찾을 값]과 동일한 값을 찾지 못하면 [찾을 값]보다 작은 값 중에서 가장 큰 값의 위치를 찾습니다.
FALSE	[표]의 왼쪽 첫 번째 열에서 [찾을 값]과 정확하게 일치하는 첫 번째 위치를 찾습니다.

좀 더 쉽게 정리해 보면, [찾기 옵션]이 TRUE인 경우는 구간별 표의 값을 참조할 때, FALSE인 경우는 정확하게 일치하는 표의 값을 참조할 때 사용합니다.

위 설명을 참고해, 이번에 사용한 수식을 그대로 설명하면 C2셀의 값(12.36%)을 $G$2:$H$4 범위의 첫 번째 열(G2:G4 범위)에서 찾으며 이때 찾을 값보다 큰 값(G3셀의 70%)을 만날 때까지 정확하게 일치하는 값을 찾지 못하면 찾을 값보다 작은 값 중에서 가장 큰 값(G2셀의 0%)을 찾아 두 번째 열(H2:H4 범위에서 같은 행에 있는 H2셀)에 값을 반환하는 것입니다.

VLOOKUP 함수는 다른 위치의 값을 참조할 때 자주 사용하는 함수로 잘 익혀 놓으면 많은 도움이 됩니다.

질문 87	**ABC 분석으로 등급을 지정한 표를 차트로 표시할 수 있나요?**

ABC 분석 결과를 보고해야 할 경우 결과를 표시할 적합한 차트가 무엇인지 궁금합니다. 어떤 차트를 사용해 표시해야 하는지 알려 주세요.

• 예제 파일 〉 Part3 : **xlFAQ-087.xlsx**　　• 완성 파일 〉 Part3\완성 : **xlFAQ-087완성.xlsx**

답변 87	ABC 분석 결과를 차트로 보기 좋게 정리하려면 다음과 같은 차트를 만들면 됩니다. 이 차트를 파레토 차트라고 합니다. 파레토 차트는 판매량과 판매 비율 누계를 각각 세로 막대 차트와 꺾은선형 차트로 표시한 것으로 엑셀에서는 이중 축 혼합형 차트를 구성해 완성할 수 있습니다.

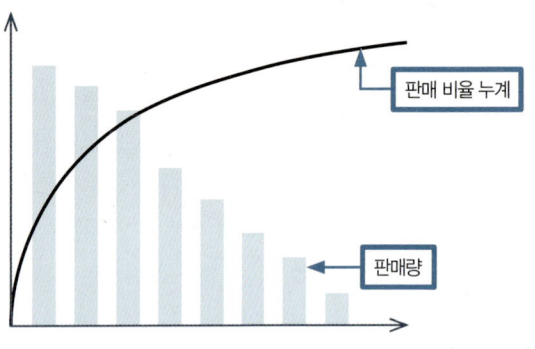

실무실습 　**파레토 차트 구성하기**

다음 실무실습을 통해 파레토 차트를 구성하는 방법을 알아보겠습니다.

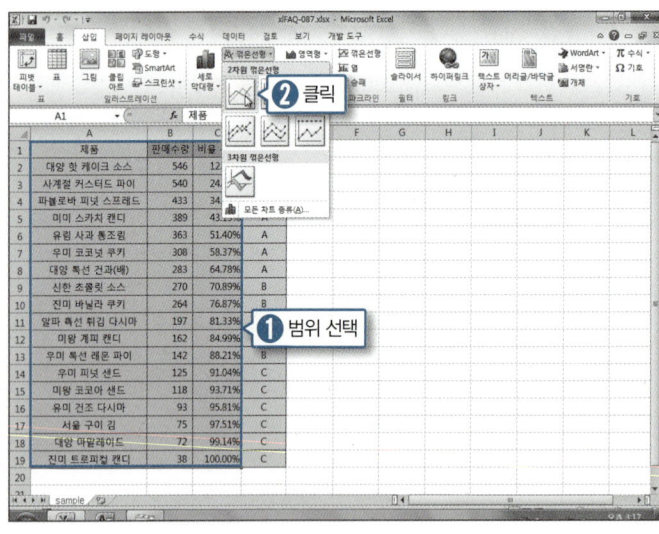

01 꺾은선형 차트 만들기

ABC 분석 결과를 정리한 표를 파레토 차트로 표현해 보겠습니다. 이중 축 혼합형 차트로 구성하기 위해 꺾은선형 차트로 구성한 다음 차트를 변경하는 작업을 진행합니다.

❶ **A1:C19** 범위를 드래그하여 선택합니다. ❷ [삽입] 탭-[차트] 그룹-[꺾은선형] -[2차원 꺾은선형] 항목-**[꺾은선형]** 을 클릭합니다.

Tip … 꺾은선형 차트를 만드는 이유 알아보기
이중 축 혼합형은 설정을 변경하는 작업이 많기 때문에 세로 막대형 차트를 만들면 데이터 계열을 선택하기가 쉽지 않아서 꺾은선형 차트를 만들어 변경하는 것이 편리합니다.

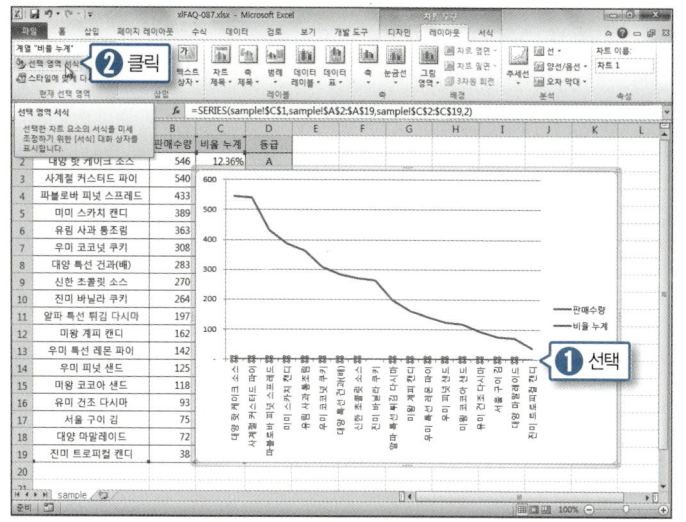

02 누계 비율 보조 축에 표시하기 (1)

판매수량 계열은 막대그래프로 변경한 다음 기본 축에 표시하고, 비율 누계 계열은 보조 축에 표시하는 작업을 진행하겠습니다. 먼저 비율 누계 계열을 보조 축에 표시해 보겠습니다.

❶❷ 비율 누계 계열을 선택하고 [레이아웃] 탭-[현재 선택 영역] 그룹-[**선택 영역 서식**]을 클릭하거나 차트에서 비율 누계 계열을 더블 클릭합니다.

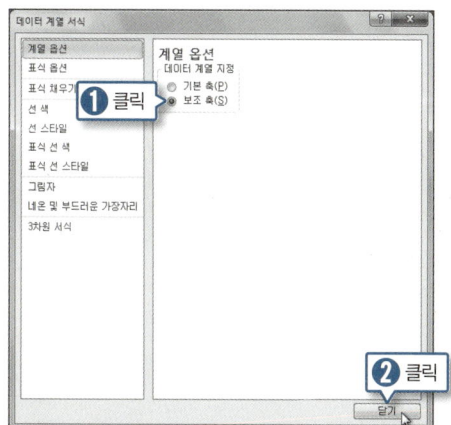

03 누계 비율 보조 축에 표시하기 (2)

❶ 데이터 계열 서식 대화상자가 표시되면 [계열 옵션] 범주의 데이터 계열 지정 옵션에서 **보조 축**을 선택합니다.

❷ [닫기]를 클릭합니다.

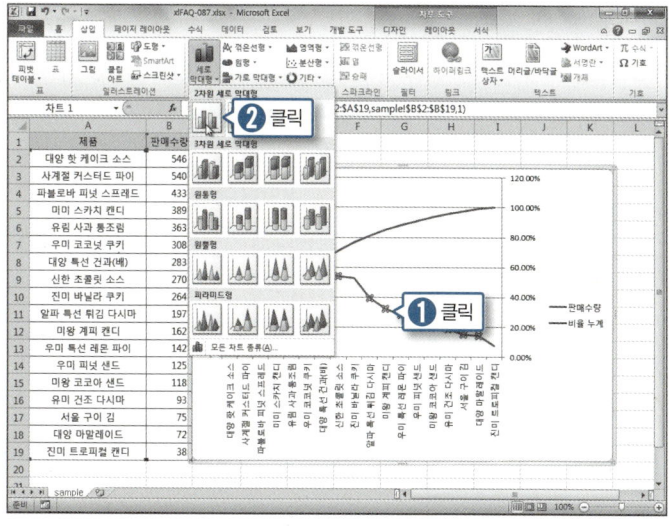

04 차트 구성 변경하기 (1)

비율 누계 계열이 보조 축에 표시됩니다. 판매수량 계열을 세로 막대그래프로 변경해 보겠습니다.

❶ 판매수량 계열을 선택합니다.

❷ [삽입] 탭-[차트] 그룹-[세로 막대형]-[2차원 세로 막대형] 항목-[**묶은 세로 막대형**]을 클릭합니다.

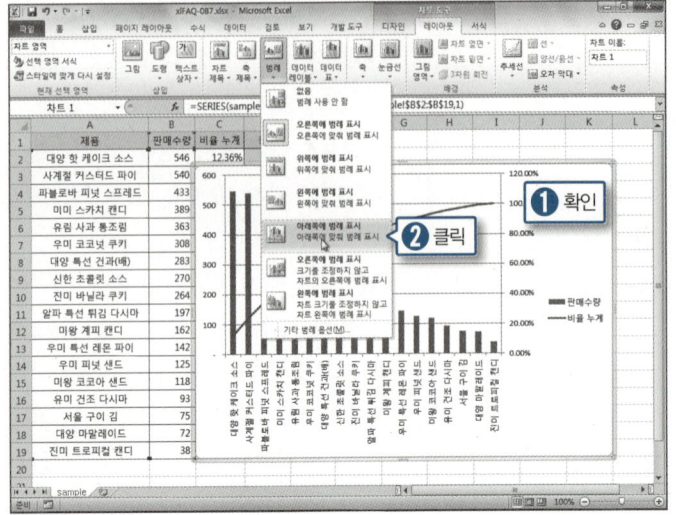

05 차트 구성 변경하기 (2)

❶ 판매수량 계열이 막대그래프로 변경된 것을 확인합니다.

❷ 범례 위치를 차트 아랫부분으로 위치를 변경하기 위해 [레이아웃] 탭-[레이블] 그룹-[범례] ▦ -[아래쪽에 범례 표시]를 클릭합니다.

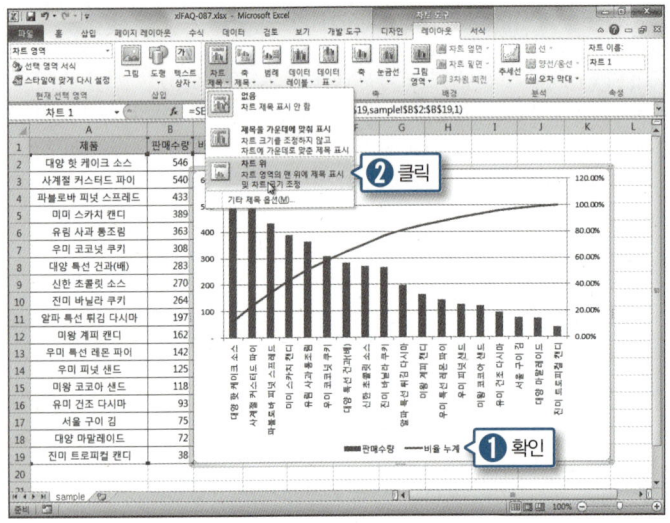

06 차트 구성 변경하기 (3)

❶ 범례가 차트 아래 영역에 표시된 것을 확인합니다.

❷ 이번에는 차트 제목을 표시하겠습니다. [레이아웃] 탭-[레이블] 그룹-[차트 제목] ▦ -[차트 위]를 클릭합니다.

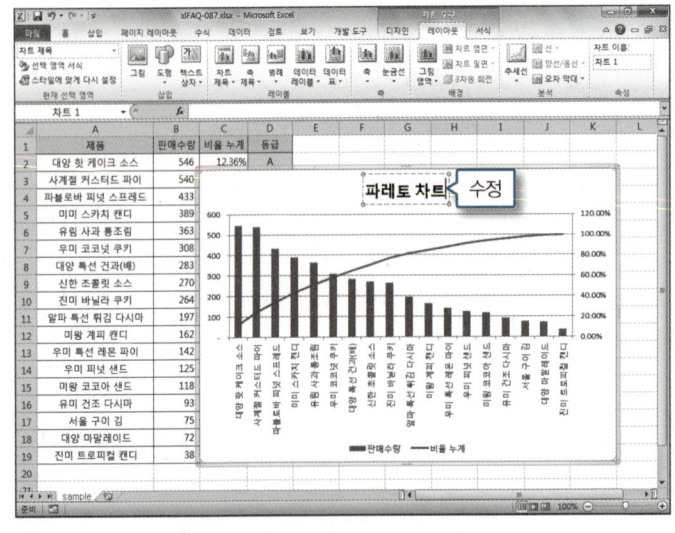

07 차트 구성 변경하기 (4)

차트 제목이 표시되면 레이블을 **파레토 차트**로 수정합니다.

이제 기본적인 파레토 차트 구성이 끝났습니다. 차트를 확인할 사람들을 위해 차트에 등급을 표시하는 작업을 진행하겠습니다.

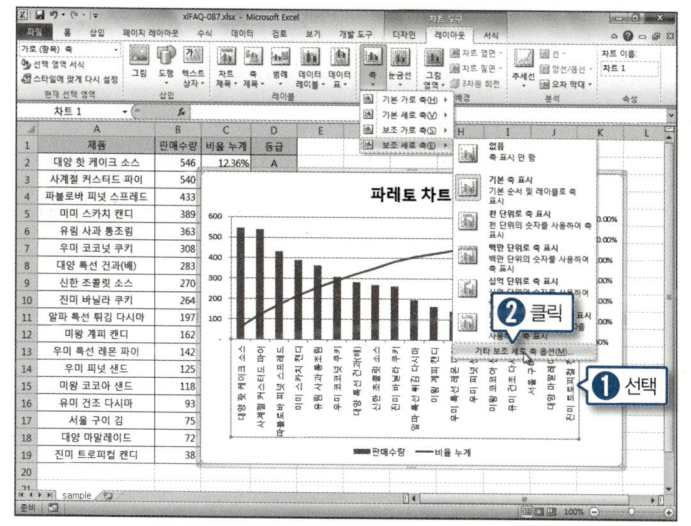

08 Y 보조 축 눈금 세밀하게 표시하기 (1)

등급을 표시하기 위해 Y 보조 축의 눈금 단위가 보다 세밀해야 합니다. 이유는 현재 Y축 눈금 간격이 20%이기 때문에 등급을 구분하는 기준인 70%와 90% 위치를 확인하기 어렵기 때문입니다.

❶ 가로 축을 선택합니다. ❷ 눈금 간격을 조정하기 위해 [레이아웃] 탭-[축] 그룹-[축] ▦ -[보조 세로 축]-[기타 보조 세로 축 옵션]을 클릭합니다.

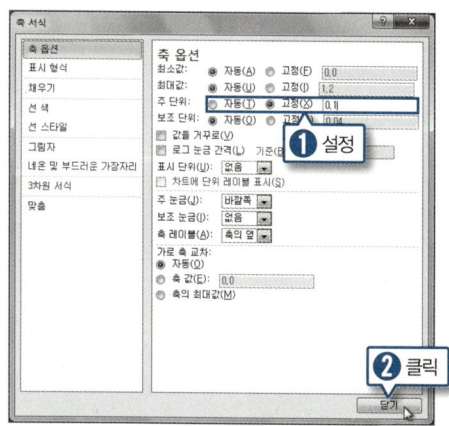

09 Y 보조 축 눈금 세밀하게 표시하기 (2)

❶ 축 서식 대화상자가 표시되면 [축 옵션] 범주의 주 단위에서 고정을 선택하고 0.1로 설정합니다.

❷ 이렇게 하면 Y 보조 축 눈금 간격이 10%로 조정되어 10%, 20%, 30%, …, 100%순으로 표시됩니다. [닫기]를 클릭해 대화상자를 닫습니다.

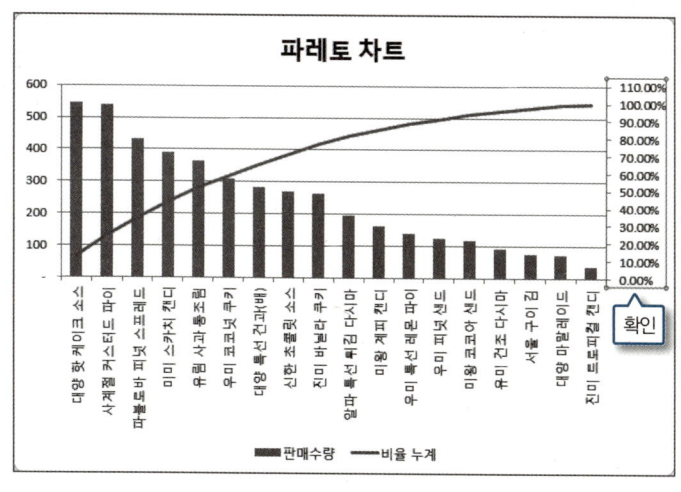

10 보조 세로 축 눈금 확인하기

보조 세로 축 눈금을 확인해 과정 09의 설정이 제대로 반영됐는지 확인합니다.

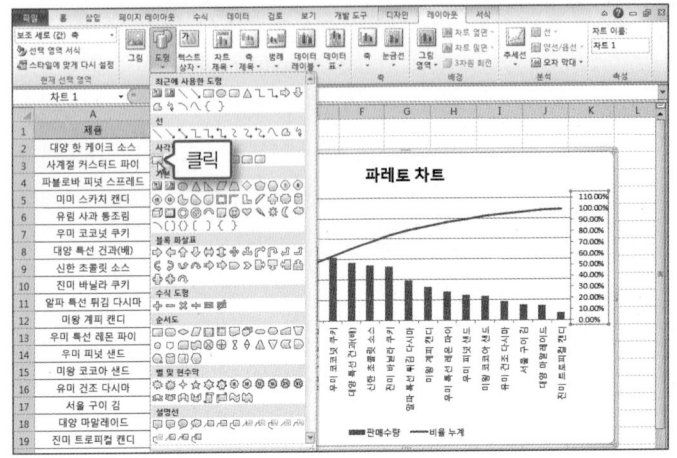

11 파레토 차트에 등급 표시하기 (1)
도형을 삽입해 등급 위치를 표시하기 위해 [레이아웃] 탭-[삽입] 그룹-[도형]-[**직사각형**]을 클릭합니다.

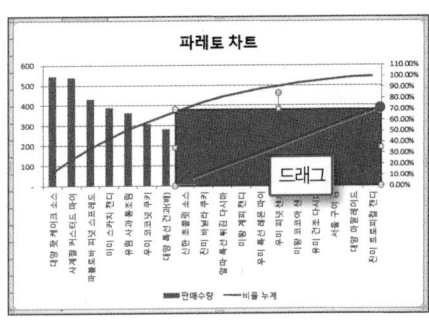

12 파레토 차트에 등급 표시하기 (2)
Y 보조 축 눈금의 70% 위치부터 왼쪽 윗부분 모서리가 꺾은선형 그래프를 만날 때까지 드래그하여 도형을 삽입합니다.

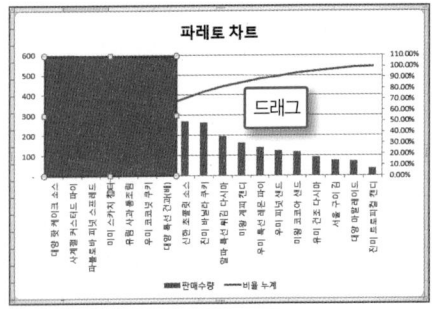

13 파레토 차트에 등급 표시하기 (3)
과정 **12**에서 추가한 도형의 모서리를 드래그해서 Y 기본 축의 왼쪽 윗부분 모서리에 맞추도록 도형을 조정하고 아랫부분도 도형으로 채웁니다.
이렇게 조정된 도형 뒷부분에 위치한 세로 막대그래프가 바로 A 등급에 해당하는 제품군입니다.

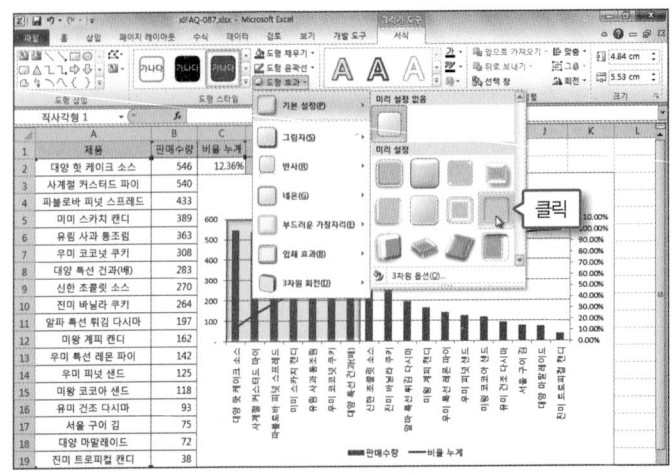

14 파레토 차트에 등급 표시하기 (4)
도형 뒷부분이 표시되도록 서식을 변경하겠습니다.
도형이 선택된 상태로 [서식] 탭-[도형 스타일] 그룹-[도형 효과]-[기본 설정]-[**기본 설정 8**]을 선택하여 적용합니다.
도형에 투명 서식이 적용되어 뒷부분의 막대그래프를 확인할 수 있습니다.

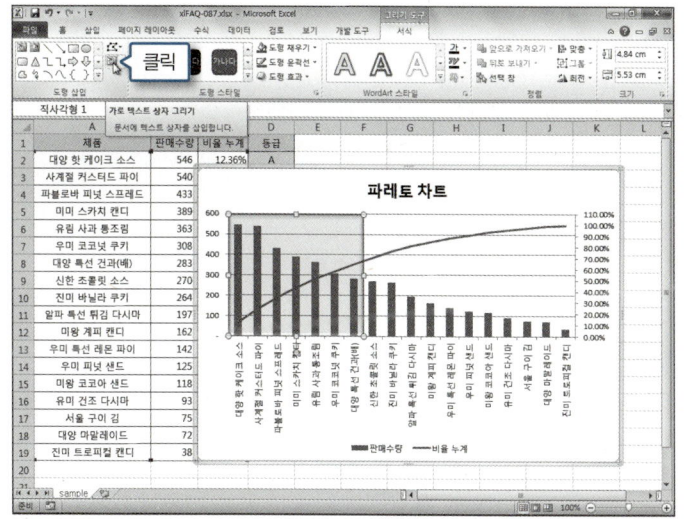

15 파레토 차트에 등급 표시하기 (5)

도형에 등급을 나타내는 레이블을 삽입하기 위해 텍스트 상자를 하나 더 삽입하겠습니다.

차트에 삽입한 도형이 선택된 상태에서 [서식] 탭-[도형 삽입] 그룹-**[텍스트 상자]**를 클릭합니다.

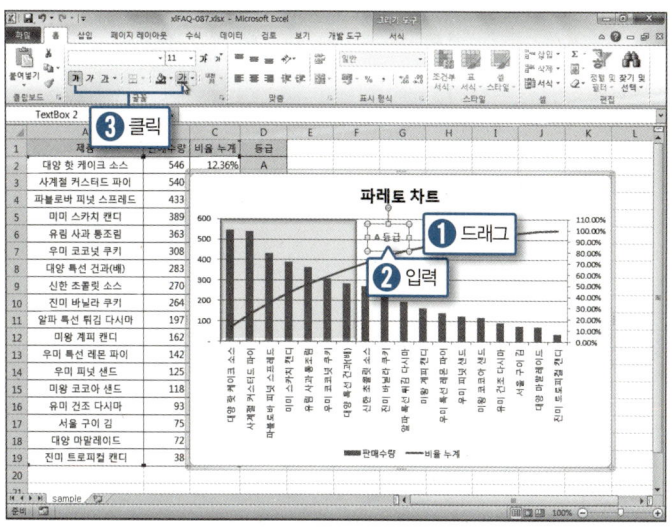

16 파레토 차트에 등급 표시하기 (6)

❶ 투명 도형을 드래그하여 텍스트 상자를 추가합니다.

❷ **A 등급**을 입력합니다.

❸ 텍스트 상자 도형의 테두리 영역이 선택된 상태로 [홈] 탭-[글꼴] 그룹-**[굵게]**와 [글꼴 색]을 한 번씩 클릭해 서식을 변경합니다.

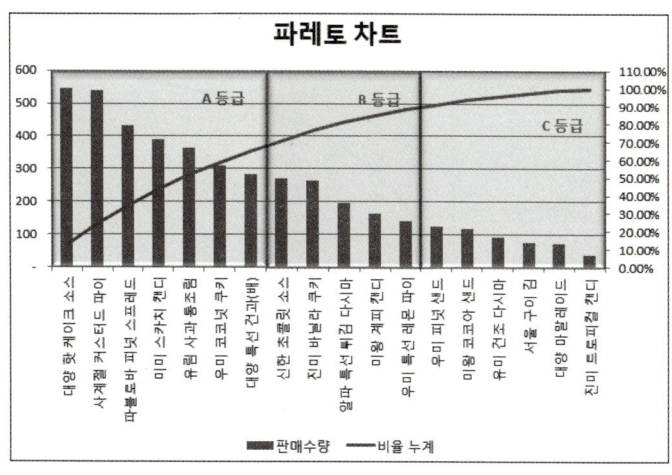

17 파레토 차트에 등급 표시하기 (7)

투명 도형 오른쪽 윗부분에 위치하도록 텍스트 상자를 드래그합니다.

동일한 방법으로 Y축 눈금의 90%에 맞춰 사각형 도형을 하나 더 삽입하고 위치를 조정한 다음, 나머지 부분도 도형을 추가합니다. 도형에 투명 서식을 지정하고 텍스트 상자를 추가한 다음 등급을 표시하면 파레토 차트를 얻을 수 있습니다.

> **ABC 분석 결과를 어떻게 이해해야 하나요?**
>
> ABC 분석을 통해 제품별 등급 지정 작업과 파레토 차트까지 그리는 작업을 모두 끝냈습니다. 분석 결과를 어떻게 이해하는 방법을 알려 주세요.

ABC 분석을 통해 제품 또는 고객을 어떻게 관리해야 하는지에 대한 방안을 마련할 수 있습니다. 다음과 같이 만들어진 파레토 차트 유형을 분류해, 등급별 제품 또는 고객을 관리하는 방법에 대해 정리합니다.

● **첫 번째, A, B, C 등급별로 일정하게 분포된 경우**

파레토 차트에서 A, B, C 등급의 분류가 균등하게 유지되고 있는 경우에는 A등급 제품에 보다 많은 기회를 부여해 보다 높은 충성도를 보이도록 유도합니다. B등급과 C등급의 제품이 관리되지 않아 발생하는 손실은 A등급에서 얻어지는 이익으로 대체할 수 있습니다.

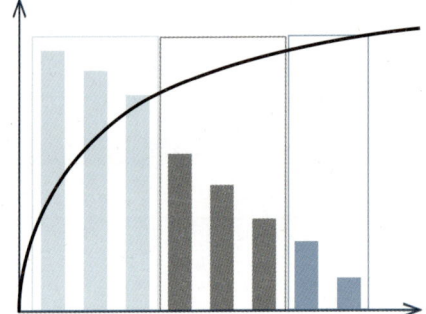

● **두 번째, A등급이 적은 경우**

파레토 차트에서 A등급 제품이 많지 않은 경우라면 B등급 제품에 대한 관리를 집중해 A등급 제품으로 유도해 내는 정책이 필요합니다.

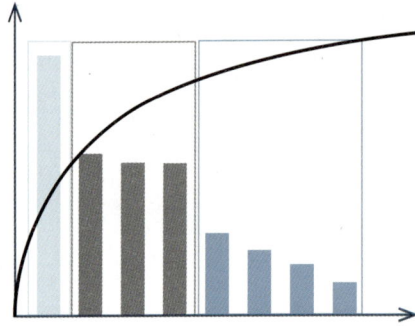

● **세 번째, 몇몇 제품에 의존적인 경우**

파레토 차트에서 몇몇 제품이 매출의 전체 비율을 차지하는 경우라면 관리 방안을 수립하기 어렵습니다. 이런 경우에는 등급을 부여하는 기준을 변경하거나 새로운 제품을 기획하는 것도 좋은 방안이지만 매출 상위 제품에 대한 세부 분류 작업을 통한 관리 방안을 마련해 보는 것이 좋습니다.

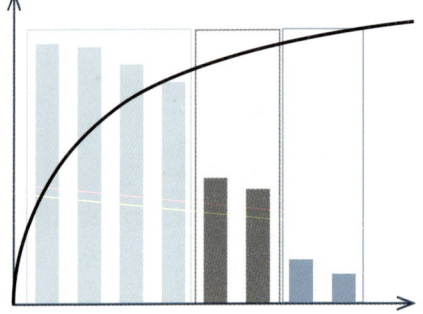

Section 02 RFM 분석을 이용해 고객 분류하기

▶ RFM 분석   ▶ 집계표   ▶ 구간 정리

RFM 분석은 CRM(Customer Relationship Management, 고객 관계 관리)의 대표적인 고객 분류 기법으로 ABC 분석에 비해 상세한 고객 분류가 가능합니다. RFM 분석은 Recency(최근 구매 시기), Frequency(구매 횟수), Monetary(구매 금액)의 3가지 기준으로 고객을 분류하는 방법이기 때문에 RFM 분석이라고 불립니다. 3가지 기준으로 고객을 분류하고 분류된 고객 데이터를 바탕으로 고객의 등급을 분류해 각 등급에 맞는 최적화된 마케팅 정책을 수립하기 위한 도움을 얻을 수 있습니다.

RFM 분석 기법은 회사마다 고객의 특징이 다르고, 고객의 가치에 대한 기준이 다르기 때문에 기본 RFM 분석에 추가적인 개념을 혼합해 사용하는 것이 일반적입니다.

RFM 분석을 통한 고객 데이터 분류 방법을 알아보겠습니다.

> **질문 89** RFM 분석을 위해서는 어떤 데이터가 있어야 하고 집계는 어떻게 해야 하나요?
> 고객 관리 업무에서 가장 일반적인 분석 기법인 RFM 분석을 이용하려면 어떤 데이터가 필요한지, 그리고 어떤 데이터를 집계해야 하는지 알고 싶습니다.

· 예제 파일 〉 Part3 \ **xlFAQ-089.xlsx**   · 완성 파일 〉 Part3 \ 완성 : **xlFAQ-089완성.xlsx**

답변 89 RFM 분석은 고객을 분석하기 위해 Recency, Frequency, Monetary와 같은 항목을 이용하는 기법입니다.

① Recency : 가장 최근에 거래한 날짜를 확인하는 항목입니다.
② Frequency : 얼마나 자주 거래했는지 여부를 측정하기 위한 항목입니다.
③ Monetary : 거래 규모를 측정하기 위한 항목입니다.

이 3가지 항목을 분석하기 위해서는 거래 또는 주문 내역이 담긴 테이블에서 최근 구매일, 구매 횟수, 구매 총액을 계산할 수 있어야 합니다. 이 계산을 위해 거래 내역 테이블에 필요한 열(필드)은 다음과 같으며 RFM 분석을 위한 작업은 대량의 데이터가 필요하므로 피벗 테이블을 이용해 집계하는 것이 가장 좋습니다.

RFM 분석	필요한 원본 표의 열
Recency	주문일
Frequency	주문번호
Monetary	판매 금액

실무실습 RFM 분석을 위해 집계표 구성하기

다음 실무실습을 통해 RFM 분석을 위한 집계표를 구성하는 방법을 알아보겠습니다.

01 예제 이해하기

거래 내역 데이터가 정리된 표를 피벗 테이블로 집계해 RFM 분석의 기본 집계 자료를 만들겠습니다.

A열의 거래ID는 주문 건수를 셀 때 사용하며, D열의 주문일은 가장 최근의 거래일을 확인하기 위해 사용하고, I열의 판매는 고객별 거래 금액을 계산할 때 사용합니다.

02 피벗 테이블 만들기

❶ 표 내부의 셀을 선택합니다.
❷ [삽입] 탭-[표] 그룹-[피벗 테이블]을 클릭합니다.
❸ 피벗 테이블 만들기 대화상자가 표시되면 표/범위란의 주소가 정확한지 확인합니다.
❹ [확인]을 클릭합니다.

03 고객 필드 추가하기

새 워크시트에 피벗 테이블 보고서를 구성할 준비가 되면 피벗 테이블 필드 목록 창에서 **고객** 필드에 체크하거나 **고객** 필드를 행 레이블 영역으로 드래그합니다.

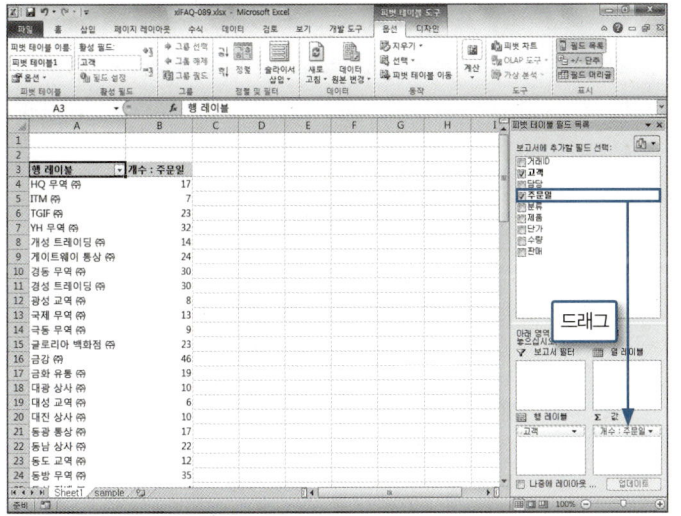

04 최근 거래일 표시하기 (1)

Recency(최근 구매일)를 값 영역에 표시하기 위해 **주문일** 필드를 값 영역으로 드래그합니다.

값 영역에 개수 : 주문일 필드가 표시됩니다.

Tip ... 주문일 필드를 값 영역에 넣을 때 개수가 계산되는 이유 알아보기

값 영역에 추가하는 필드 중에서 숫자 값을 가진 필드를 제외하면 모두 개수가 집계됩니다. 참고로 필드의 숫자 값이 입력되어 있더라도 빈 셀이나 다른 데이터 형식이 혼합되어 있다면 개수가 집계됩니다.

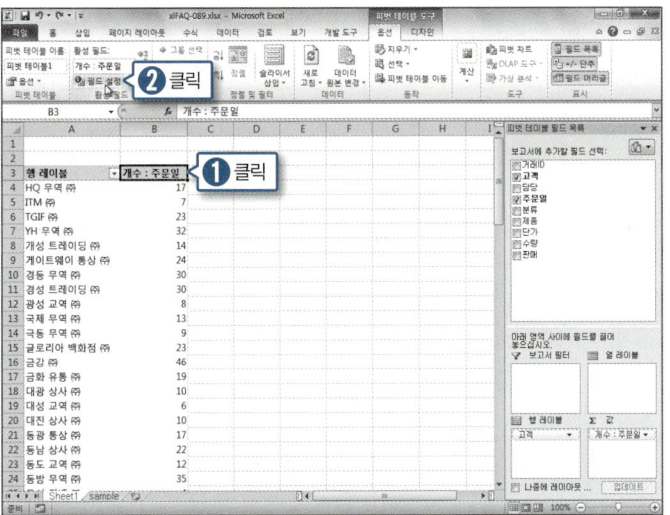

05 최근 거래일 표시하기 (2)

❶ 개수 : 주문일 필드의 집계 방식을 변경하고, 날짜 데이터 형식을 지정하는 작업을 한 번에 처리하기 위해 **B3**셀을 선택합니다.

❷ [옵션] 탭-[활성 필드] 그룹-[**필드 설정**]을 클릭합니다.

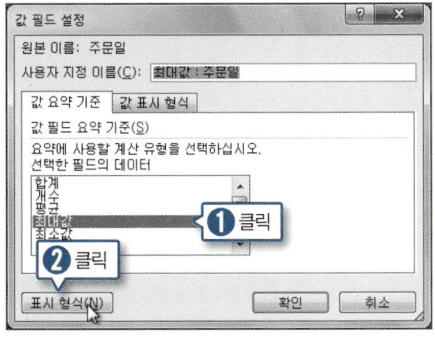

06 최근 거래일 표시하기 (3)

❶ 값 필드 설정 대화상자가 표시되면 [값 요약 기준] 탭 화면의 선택한 필드의 데이터 목록에서 **최대값**을 선택하여 집계 방식을 변경합니다.

❷ 집계 결과를 날짜 형식으로 표시하기 위해 [**표시 형식**]을 클릭합니다.

Tip ... 집계 방법을 최대값으로 변경하는 이유 알아보기

엑셀에서 날짜 값은 숫자이므로 값 영역에 넣어 집계할 수 있습니다. 날짜 값을 갖는 필드의 경우는 예제에서 변경한 집계 방법 같이 최대값이나 최소값 방식으로 집계하는 경우가 많습니다. 최대값은 가장 최근의 날짜를 반환하며, 최소값은 제일 처음 기록된 날짜를 반환하기 때문에 의미 있는 자료로 활용할 수 있기 때문입니다. 하지만 날짜 일련번호로 표시되기 때문에 사용자가 이해할 수 있으려면 반드시 날짜 형식으로 변환해야 합니다.

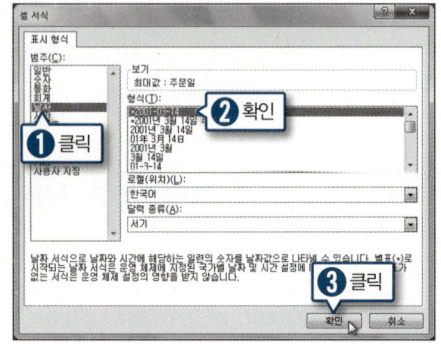

07 최근 거래일 표시하기 (4)

① 셀 서식 대화상자가 표시되면 범주 목록을 **날짜**로 지정합니다.
② 형식 목록에 *2001-03-14가 선택되어 있는 것을 확인합니다.
③ [확인]을 클릭합니다.
값 필드 설정 대화상자에서도 [확인]을 클릭해 대화상자를 닫습니다.

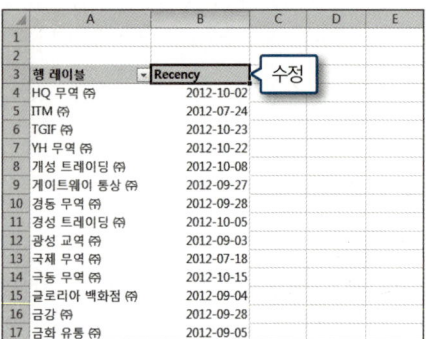

08 최근 거래일 표시하기 (5)

최대값 : 주문일 필드의 값이 날짜 형식으로 변경됩니다. 이 값은 고객과의 최근 거래일 데이터를 의미합니다.
필드 이름을 변경하기 위해 B3셀을 Recency로 수정합니다.

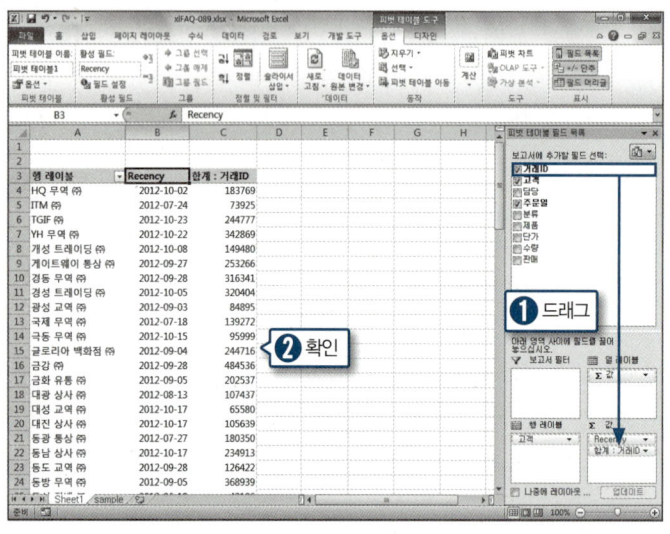

09 주문 건수 계산하기 (1)

① Frequency(주문 횟수)를 집계하기 위해 피벗 테이블 필드 목록 창에서 **거래 ID** 필드를 값 영역으로 드래그하여 추가합니다.
② 거래ID 필드의 합계가 구해집니다.

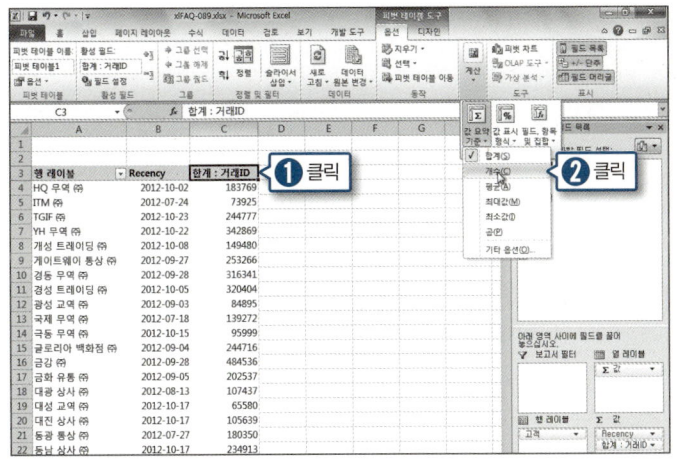

10 주문 건수 계산하기 (2)

거래ID 필드의 합계가 구해지는 것은 데이터 형식이 숫자이기 때문으로 주문 건수를 구하기 위해서는 집계 방법을 개수로 변경해야 합니다.

❶ C3셀을 클릭해 합계 : 거래ID 필드를 선택합니다.

❷ [옵션] 탭-[계산] 그룹-[값 요약 기준] □-[개수]를 클릭합니다.

Tip ... 동일한 거래ID를 한 건의 주문으로 처리하기

[sample] 시트를 보면 동일한 거래ID가 여러 번 나오는 것을 확인할 수 있습니다. 이것은 하나의 거래ID에 여러 개의 제품을 주문한 경우로, 피벗 테이블에서 거래ID 필드를 값 영역에서 집계하면 하나의 행이 한 건의 거래 건수로 세어집니다.

예제에는 편의상 하나의 행을 한 건의 주문으로 처리했지만, 거래 내역 데이터를 제대로 처리하려면 동일한 거래ID는 한 건의 주문으로 처리해야 합니다. 만약 동일한 거래ID를 한 건의 주문으로 처리하려면 [sample] 시트의 표에 열을 추가한 다음, 아래와 같은 수식을 입력해 사용하면 됩니다.

`=1/COUNTIF($A$2:$A$2097, A2)`

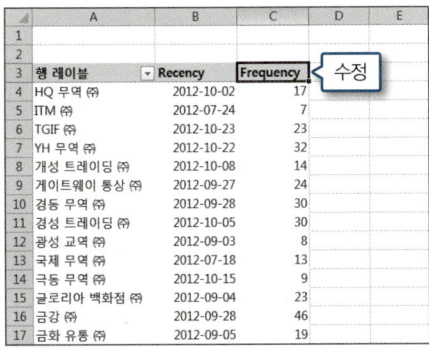

11 주문 건수 계산하기 (3)

주문 건수가 표시됩니다. 정확한 명칭을 사용하기 위해 C3셀의 개수 : 거래ID 필드 이름을 Frequency로 수정합니다.

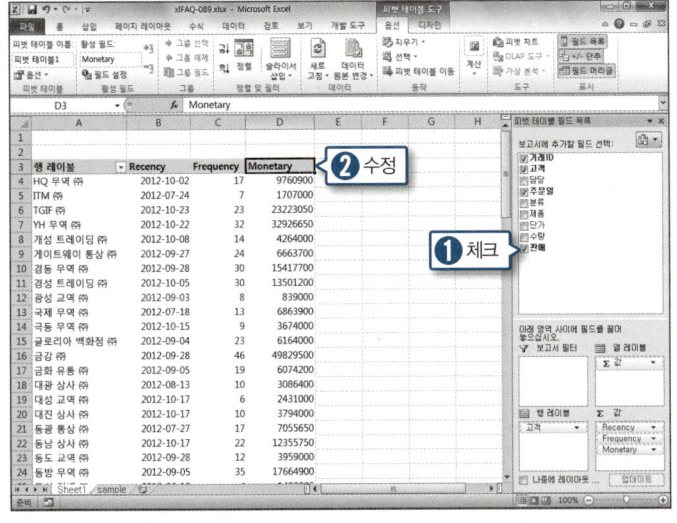

12 거래 금액 계산하기

❶ 마지막으로 Monetary(구매 금액)를 표시하기 위해 피벗 테이블 필드 목록 창에서 **판매** 필드에 체크하여 값 영역에 합계 : 판매 필드를 표시합니다.

❷ D3셀의 필드 이름을 **Monetary**로 수정합니다.

RFM 분석 작업을 진행하기 위한 집계 보고서가 만들어졌습니다.

질문 90. 집계한 데이터를 어떻게 분류하고 등급을 나눌 수 있나요?

Recency, Frequency, Monetary별로 집계하는 방법은 알겠지만, 이 항목을 어떤 식으로 분류해야 하는지를 모르겠습니다. 집계한 데이터를 분류하고 등급을 나누는 방법을 알려 주세요.

• 예제 파일 〉 Part3 : xlFAQ-090.xlsx   • 완성 파일 〉 Part3\완성 : xlFAQ-090완성.xlsx

답변 90.

피벗 테이블 보고서로 Recency, Frequency, Monetary를 구했다면 RFM 분석을 위한 기본 데이터 준비가 모두 끝납니다. 이후에는 각 항목별 값에 대한 분포를 구하고, 대상을 구분할 구간을 확정한 다음 점수를 부여하는 작업을 진행합니다. 이때 구간을 결정하는 방법이나 점수를 부여하는 방법은 기업의 비즈니스 유형이나 가중치를 두는 항목에 따라 차등해서 적용할 수 있습니다.

실무실습에서는 가장 간략한 점수 부여 방법을 사용하겠습니다. 각 항목별 값의 개수와 비율 누계를 구해 상위 20%, 중간 60%, 하위 20%로 구분해 점수를 3, 2, 1점으로 부여합니다.

각 항목별 분포를 구분해 적용하기 위해서는 앞에서 집계한 피벗 테이블 보고서의 값 영역에 값을 다시 한 번 더 집계해야 합니다. 값 영역에 집계된 값이 몇 개씩 있는지 개수를 구하고 해당 개수에 대한 비율 누계를 구해 상위 20%, 중간 60%, 하위 20%에 대한 구간별 값을 확인한 다음 이를 표로 정리하는 작업을 진행합니다.

구분	Recency	Frequency	Monetary
상위 20%	3	3	3
중간 60%	2	2	2
하위 20%	1	1	1

실무실습 분석 항목별로 점수를 부여할 구간 정리하기

다음 실무실습을 통해 각 분석 항목별로 점수를 부여할 구간을 정리하는 방법을 알아보겠습니다.

01 예제 확인하기

이전에 피벗 테이블로 집계한 결과를 표로 복사해 놓은 것을 피벗 테이블로 다시 요약해 R, F, M 항목별 값과 비율 누계 값을 계산하겠습니다.

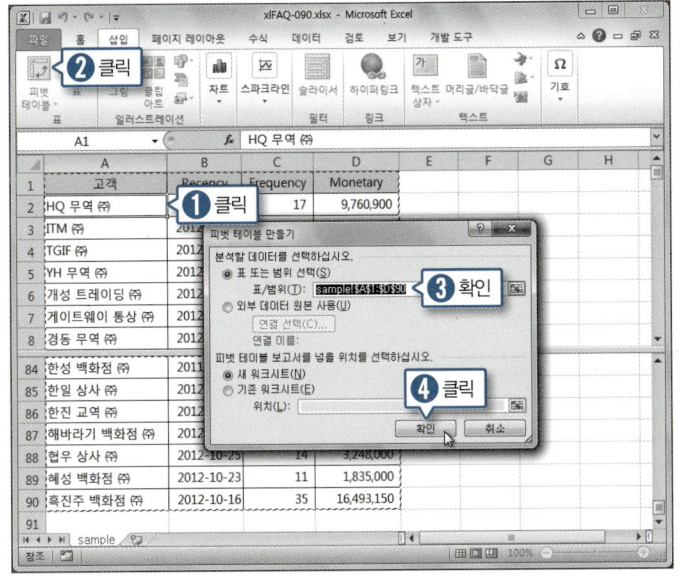

02 피벗 테이블 만들기

B열에 있는 Recency(최근 주문일)의 각 항목별 개수에 대한 비율 누계를 구해 상위 20%, 중간 60%, 하위 20%에 해당하는 구간을 확정하겠습니다.

❶ 표 내부의 셀을 하나 선택합니다.

❷ [삽입] 탭-[표] 그룹-[피벗 테이블]을 클릭합니다.

❸ 표/범위란의 주소가 정확한지 확인하고 ❹ [확인]을 클릭합니다.

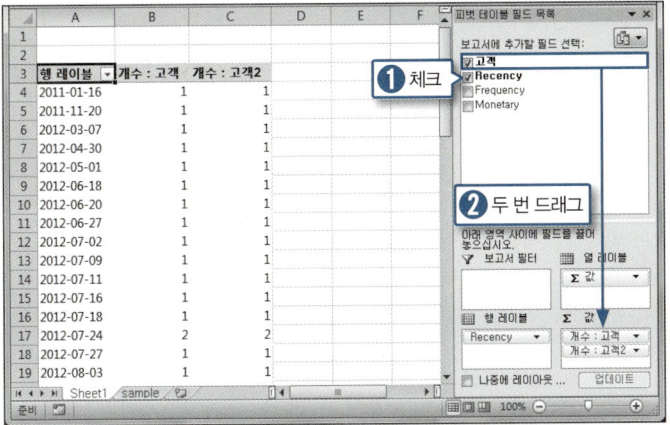

03 Recency 점수표 만들기 (1)

❶ 피벗 테이블 필드 목록 창의 필드 선택 목록에서 Recency에 체크하고 ❷ 고객 필드를 값 영역으로 두 번 드래그합니다. 두 번째로 넣은 개수 : 고객 필드는 비율 누계를 구하는 용도로 사용하기 위함입니다.

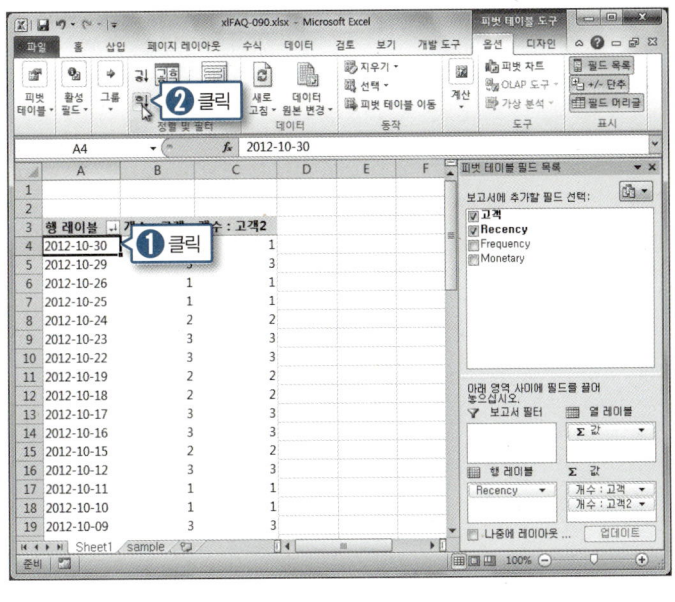

04 Recency 점수표 만들기 (2)

Recency 필드는 고객별 최근 주문일을 의미하므로 당연히 가장 최근 날짜의 고객 등급이 가장 높게 책정됩니다. 그렇기 때문에 Recency 필드의 항목을 최근 날짜가 윗부분에 표시되도록 정렬해야 합니다.

❶ A4셀을 선택합니다.

❷ [옵션] 탭-[정렬 및 필터] 그룹-[내림차순 정렬]을 클릭합니다.

Section 02 RFM 분석을 이용해 고객 분류하기 • 379

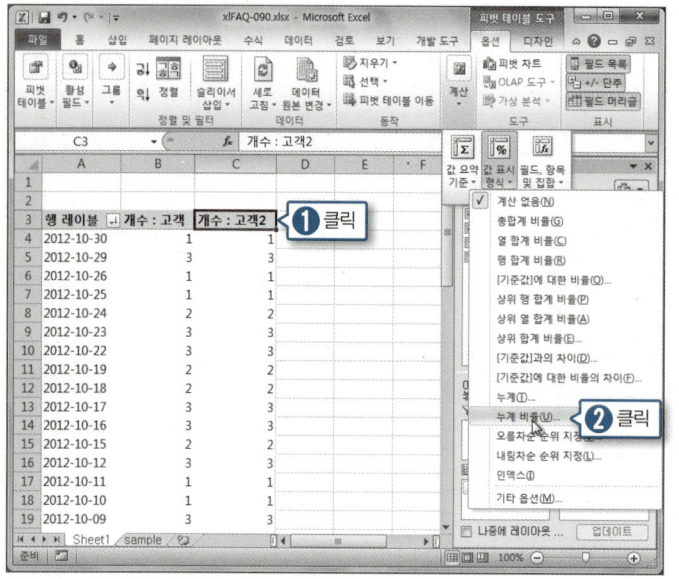

05 Recency 점수표 만들기 (3)

개수 : 고객2 필드의 값을 비율 누계로 변경하겠습니다.

❶ C3셀을 클릭해 개수 : 고객2 필드를 선택합니다.

❷ [옵션] 탭-[계산] 그룹-[값 표시 형식]-[누계 비율]을 클릭합니다.

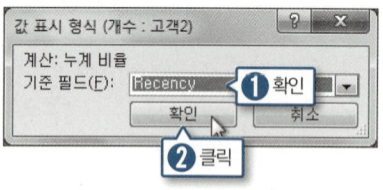

06 Recency 점수표 만들기 (4)

❶ 값 표시 형식 (개수 : 고객2) 대화상자가 표시되면 기준 필드 목록이 Recency로 지정된 것을 확인합니다.

❷ [확인]을 클릭합니다.

이렇게 하면 행 레이블 영역의 Recency 필드 항목순으로 비율 누계 값이 피벗 테이블 보고서에 표시됩니다.

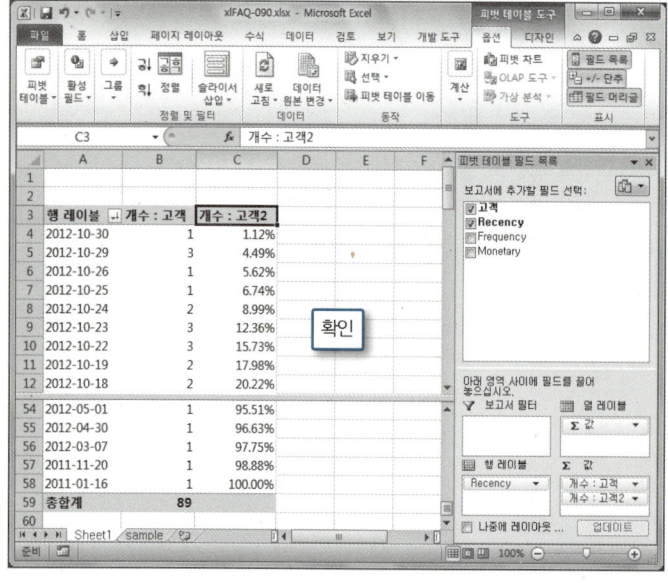

07 Recency 점수표 만들기 (5)

피벗 테이블 보고서가 Recency 항목에 대한 건수와 비율 누계를 표시합니다.

C4:C58 범위를 참고해 상위 20%, 중간 60%, 하위 20%에 해당하는 Recency 값을 확인합니다.

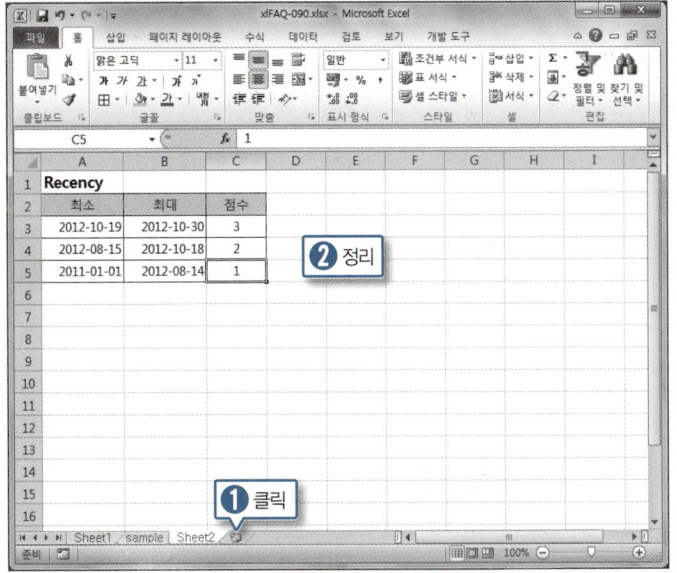

08 Recency 점수표 만들기 (6)

❶ 시트 탭에서 [**워크시트 삽입**(Shift+F11)] 탭 을 클릭해 워크시트를 추가합니다.

❷ 과정 **07**의 피벗 테이블에서 확인할 수 있듯이, 비율 누계가 20%를 초과하는 날짜가 2012-10-18이므로 상위 20% 구간에 해당하는 날짜는 2012-10-19~2012-10-30이 됩니다. 이렇게 확인된 날짜와 점수를 **A1:C5** 범위에 표로 정리합니다. **Note 3**

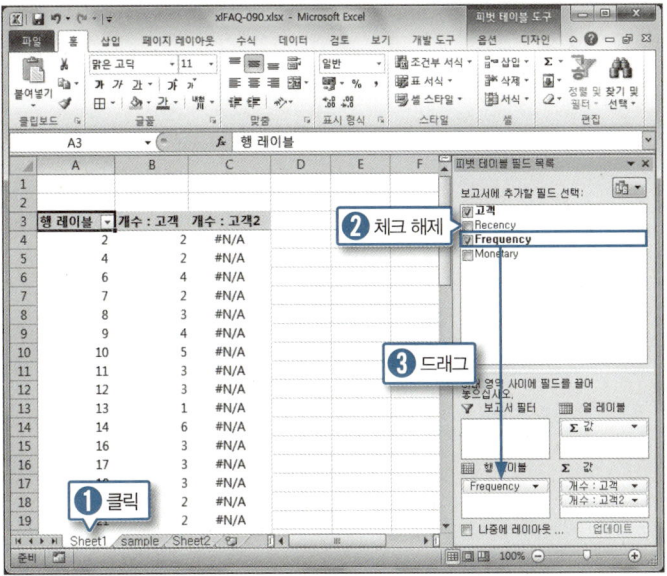

09 Frequency 점수표 만들기 (1)

Frequency 필드를 기준으로 보고서를 수정하겠습니다.

❶ 피벗 테이블 보고서가 위치한 [**Sheet 1**] 시트로 이동합니다.

❷ 피벗 테이블 필드 목록 창에서 Recency 필드에 체크 표시를 해제합니다.

❸ **Frequency** 필드를 행 레이블 영역으로 드래그하여 추가합니다.

Tip ... 개수 : 고객2 필드의 #N/A 오류 이해하기

개수 : 고객2 필드는 과정 **06**에서 Recency 필드를 기준으로 비율 누계를 표시하도록 설정했습니다. 이번에 Recency 필드를 보고서에서 제거했으므로 비율 누계를 계산할 기준 필드가 사라진 것입니다. 그러므로 다시 비율 누계를 표시하도록 하려면 기준 필드를 다시 설정해야 합니다. 이 작업은 과정 **12**에서 다시 진행합니다.

Note 3 ... Recency 점수표 만들기

점수표는 상위 20%, 중간 60%, 하위 20%로 처리한다고 했으므로 피벗 테이블 보고서의 개수 : 고객2 필드의 값이 20%와 80%를 초과하는 지점을 찾아 해당 구간의 날짜를 표로 정리하면 됩니다. 표를 정리할 때, 최소값과 최대값을 나눠 입력해야, 나중에 쉽게 점수를 부여할 수 있습니다.

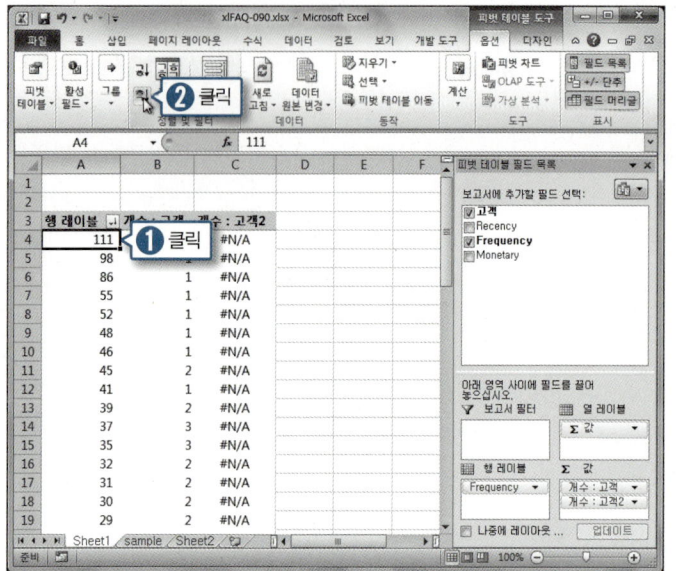

10 Frequency 점수표 만들기 (2)

Frequency 필드 역시 구매 횟수가 많은 고객이 더 높은 평가를 받아야 하므로 행 레이블 영역의 Frequency 필드를 정렬하겠습니다.

❶ A4셀을 선택합니다.

❷ [옵션] 탭-[정렬 및 필터] 그룹-**[내림차순 정렬]**을 클릭합니다.

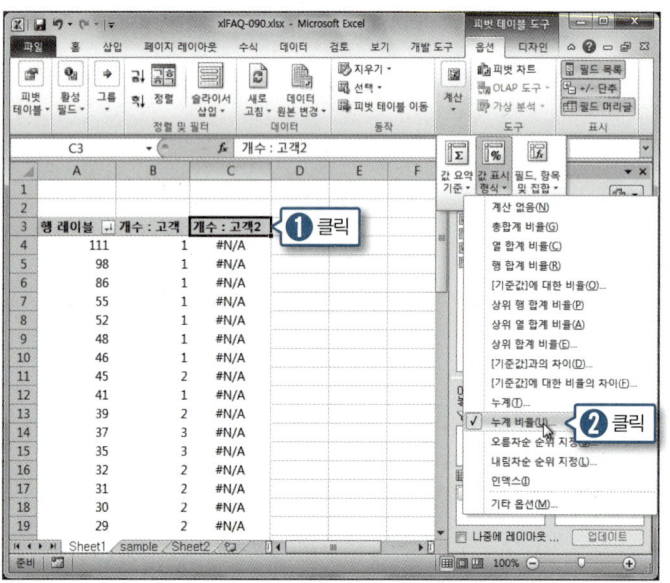

11 Frequency 점수표 만들기 (3)

개수 : 고객2 필드의 비율 누계가 제대로 계산되도록 하겠습니다.

❶ C3셀을 선택합니다.

❷ [옵션] 탭-[계산] 그룹-[값 표시 형식]-**[누계 비율]**을 클릭합니다.

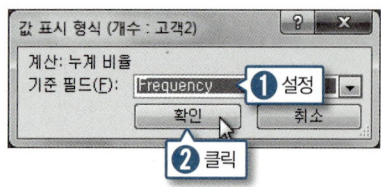

12 Frequency 점수표 만들기 (4)

❶ 값 표시 형식 (개수 : 고객2) 대화상자가 표시되면 기준 필드 목록을 Recency에서 **Frequency**로 지정합니다.

❷ [확인]을 클릭합니다.

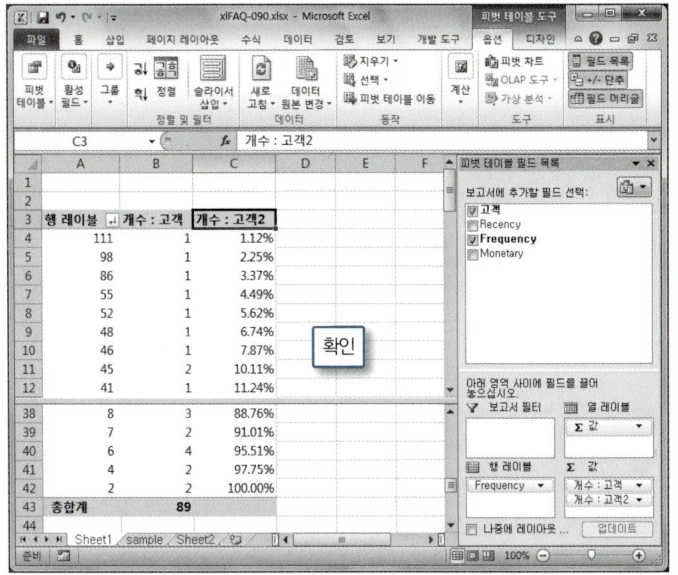

13 Frequency 점수표 만들기 (5)

Frequency 항목별 개수와 비율 누계가 피벗 테이블 보고서에 표시됩니다. C열의 개수 : 고객2 필드에서 20%와 80%를 초과하는 Frequency 항목의 값을 확인합니다.

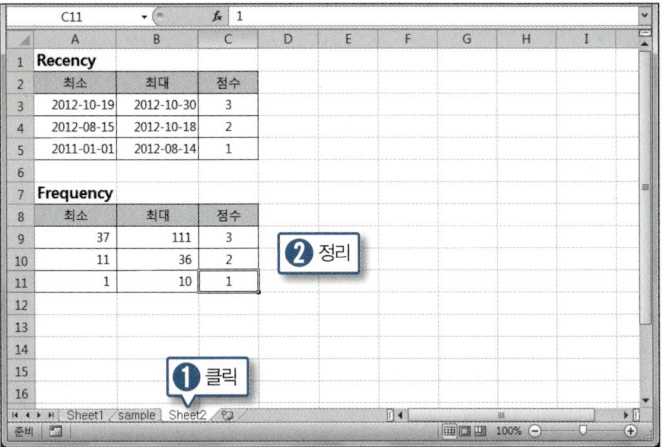

14 Frequency 점수표 만들기 (6)

❶ [Sheet2] 시트로 이동합니다.
❷ A7:C11 범위에 점수표를 구성합니다. 과정 **13**에서 확인한 값을 정리해 넣으면 됩니다.

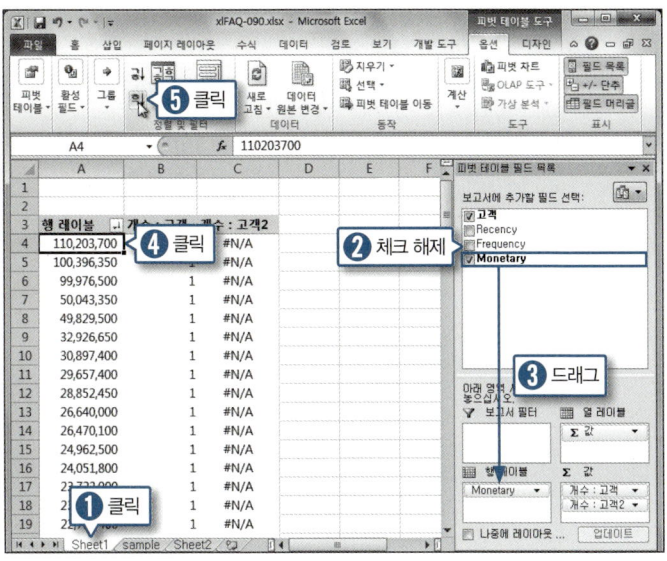

15 Monetary 점수표 만들기 (1)

❶ [Sheet1] 시트로 이동합니다.
❷ 테이블 안 임의의 셀이 선택된 상태로 피벗 테이블 필드 목록 창에서 **Frequency**에 체크 표시를 해제합니다.
❸ **Monetary** 필드를 행 레이블 영역에 드래그합니다. ❹ A4셀을 선택합니다.
❺ [옵션] 탭-[정렬 및 필터] 그룹-**[내림차순 정렬]**을 클릭해 정렬합니다.

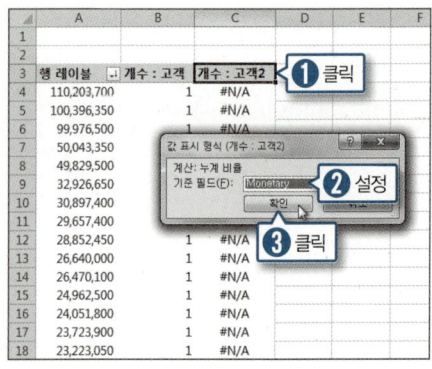

16 Monetary 점수표 만들기(2)

❶ 개수 : 고객2 필드의 비율 누계를 표시하기 위해 **C3**셀을 선택합니다.

❷ [옵션] 탭-[계산] 그룹-[값 표시 형식]-[**누계 비율**]을 클릭하여 값 표시 형식 (개수 : 고객2) 대화상자가 표시되면 기준 필드 목록을 **Monetary**로 지정합니다.

❸ [확인]을 클릭합니다.

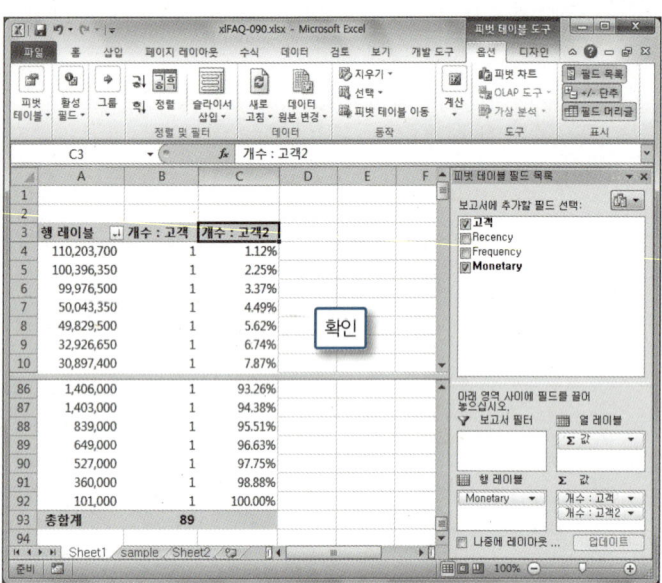

17 Monetary 점수표 만들기(3)

개수 : 고객2 필드에 표시된 비율 누계 값에서 20%, 80%를 초과할 때의 Monetary 필드 항목 값을 확인합니다.

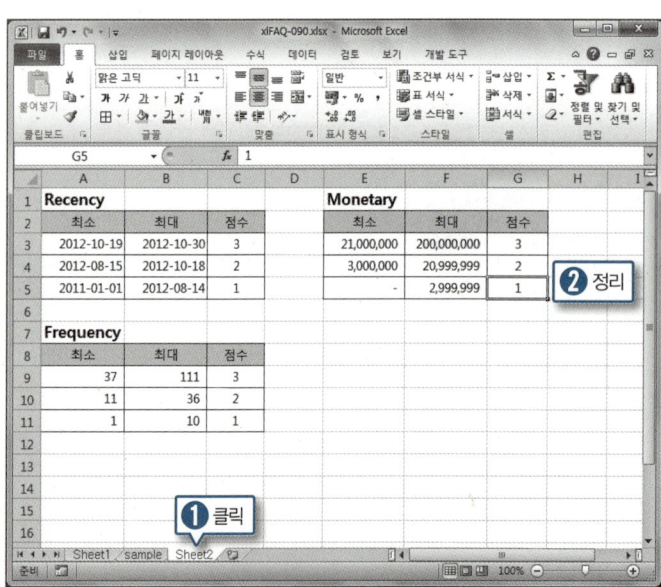

18 Monetary 점수표 만들기(4)

❶ [Sheet2] 시트로 이동합니다.

❷ E1:G5 범위에 과정 **17**에서 확인한 Monetary 항목별 금액을 입력하고 점수를 부여합니다.

분석 항목별로 점수를 부여할 구간이 정리되었습니다.

질문 91 R, F, M별 점수를 통해 고객을 어떻게 분류해야 하나요?

앞의 과정을 참고해, 각 항목별 점수표를 모두 만들었습니다. 완성된 점수표로 RFM 점수를 부여하고 등급을 매기는 방법을 설명해 주세요.

• 예제 파일 〉 Part3 : **xlFAQ-091.xlsx**　• 완성 파일 〉 Part3\완성 : **xlFAQ-091완성.xlsx**

답변 91 점수표가 완성됐다면, 각 고객별 점수를 계산할 수 있습니다. 완성된 점수표를 참조해 R, F, M별 점수를 참조하고 합산한 다음, 고객 등급을 부여합니다. 고객 등급을 부여하는 방법은 꼭 이렇게 해야 한다는 원칙은 없기 때문에 일반적인 분류 방법을 사용해 오른쪽과 같이 고객별 등급을 부여한 다음, 고객 등급에 맞는 관리 정책을 수립하면 됩니다.

RFM 점수의 합산	등급
8~9	VIP
6~7	우수
4~5	일반
1~3	잠재

실무실습 고객 등급 부여하기

다음 실무실습을 통해 고객 등급을 부여하는 방법을 알아보겠습니다.

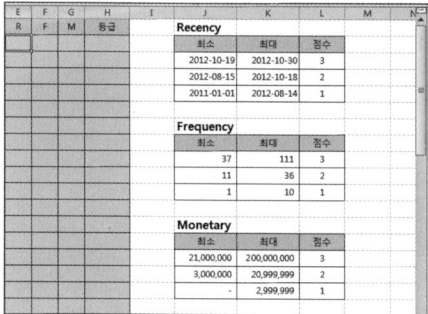

01 RFM 점수표 확인하기

이전 예제에서 진행한 RFM 점수표를 J1:L17 범위에서 확인할 수 있습니다.

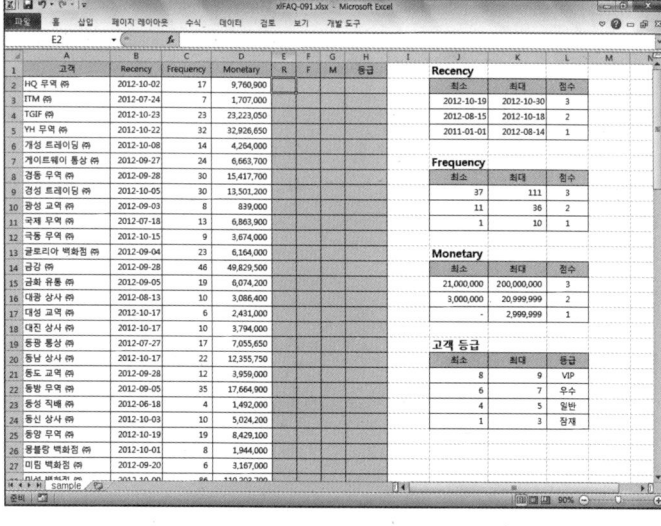

02 예제 확인하기

이번에 작업할 등급표도 J19:L24 범위에서 확인할 수 있습니다.

이번에는 고객별 Recency, Frequency, Monetary 집계 값(B:D열)을 오른쪽 점수표에서 확인해 점수를 부여한 다음, 합산 점수를 등급표에서 찾아 고객 등급을 부여하는 작업을 진행하겠습니다.

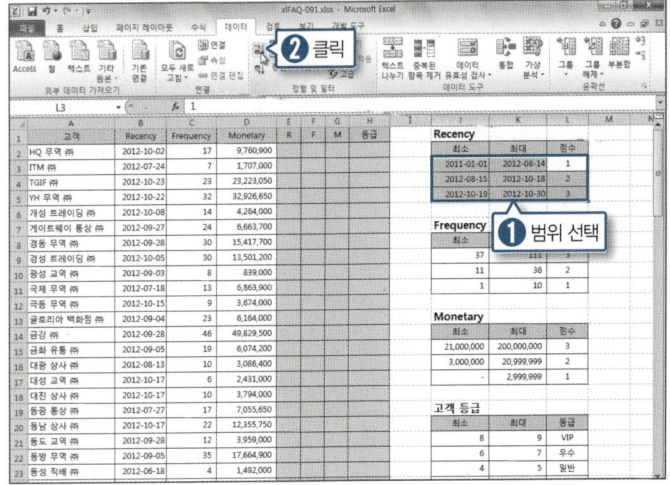

03 Recency 점수 참조하기 (1)

Recency 점수를 참조하는 작업을 진행합니다. J2:L5 범위에서 점수를 참조해 오는 작업을 VLOOKUP 함수로 처리하려면 먼저 표를 오름차순으로 정렬해야 합니다. Note 4

❶ L3:J5 범위를 선택합니다.

❷ [데이터] 탭-[정렬 및 필터] 그룹-[오름차순 정렬]을 클릭합니다.

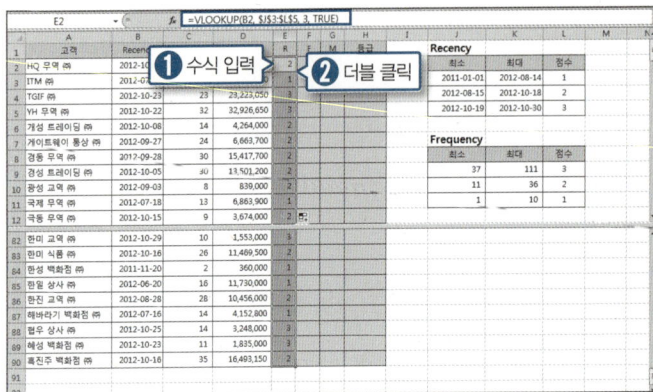

04 Recency 점수 참조하기 (2)

표가 정렬되었으므로 Recency 점수를 참조해 옵니다.

❶ E2셀을 선택하고 다음과 같은 수식을 입력합니다.

=VLOOKUP(B2, $J$3:$L$5, 3, TRUE)

❷ E2셀의 **채우기 핸들**을 더블 클릭해 수식을 복사합니다.

수식 설명 =VLOOKUP(B2, $J$3:$L$5, 3, TRUE)

예제에서 오름차순으로 정렬된 구간별 표의 값을 참조하기 위해 사용한 VLOOKUP 함수의 마지막 인수가 TRUE입니다. 그러므로 점수를 참조하기 위해서는 VLOOKUP 함수의 첫 번째에서 세 번째 인수를 정확하게 지정할 수 있으면 됩니다. VLOOKUP 함수의 구문은 다음과 같습니다.

VLOOKUP(찾을 값, 표, 열 번호, 찾기 옵션)

위 구문을 토대로 수식을 살펴보면, B2셀의 값(2012-10-02)을 J3:L5 범위의 첫 번째 열(J3:J5)에서 찾으며 찾는 값보다 큰 값(J5셀의 2012-10-19)을 만날 때까지 동일한 값을 찾지 못하면 작은 값(J3:J4) 중에서 가장 큰 값(J4)의 위치를 찾아, 같은 행에 위치한 값 중에서 세 번째 열(L3:L5)의 값을 참조하라는 의미입니다.

그러므로 E2셀의 경우 2012-10-02을 J3:J5 범위에서 찾을 때, J5셀의 2012-10-19를 만날 때까지 동일한 값을 찾지 못했으므로 J4셀의 위치가 찾아져, 같은 행에 있는 세 번째 열의 값인 L4셀의 2가 참조됩니다.

이런 방법을 사용하면, 오름차순으로 정렬된 표에서 원하는 값을 참조할 수 있습니다.

Note 4 ... 표를 정렬하는 이유와 범위 선택 방법 알아보기

구간별로 정리된 표의 값을 참조해 올 때 표의 값이 오름차순으로 정렬되어 있으면 VLOOKUP 함수를 이용해 값을 쉽게 참조할 수 있습니다. 만약 현재와 같은 내림차순 방식으로 정리된 표를 그대로 사용하려면 INDEX, MATCH 함수를 사용해야 합니다.

또한 표를 정렬할 때, 정렬할 열의 첫 번째 셀이 흰색으로 표시되도록 범위를 선택해야 합니다. 흰색 셀은 활성 셀이라고 하며, 기능이 적용되는 기준 셀입니다.

L3셀 방향에서부터 J5셀까지 드래그해서 선택한 이유는 L열의 점수를 기준으로 오름차순으로 정렬하기 위함입니다. 이번과 같은 표는 모든 값이 입력되어 있으므로 J3셀부터 L5셀 방향으로 범위를 선택하고 정렬해도 표가 오름차순으로 제대로 정렬되지만, 이런 표에 간혹 최소, 최대값이 생략되는 경우가 있으므로 안전하게 점수를 기준으로 정렬한 것입니다.

05 Frequency 점수 참조하기

① 같은 방법으로 L9:J11 범위를 선택합니다.

② [데이터] 탭-[정렬 및 필터] 그룹-[오름차순 정렬]을 클릭해 정렬합니다.

③ F2셀을 선택하고 다음 수식을 입력합니다.

=VLOOKUP(C2, $J$9:$L$11, 3, TRUE)

④ F2셀의 채우기 핸들을 더블 클릭해 수식을 복사합니다.

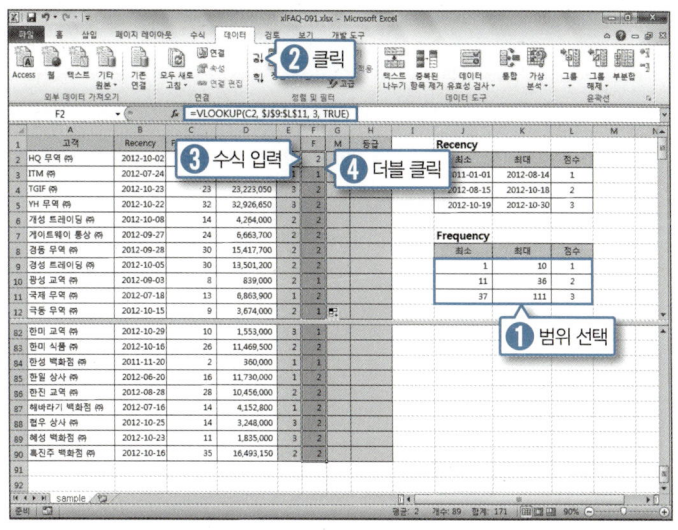

수식 설명 =VLOOKUP(C2, $J$9:$L$11, 3, TRUE)

이번 수식도 앞의 과정 **04**의 수식과 동일한 것으로, C2셀의 17을 J9:J11 범위에서 찾습니다. J11셀의 37을 만날 때까지 동일한 값을 찾지 못했으므로 J10셀의 위치가 찾아지며, 같은 행에 위치한 L10셀의 2가 참조됩니다.

06 Monetary 점수 참조하기

① Monetary 점수를 부여하기 위해 L15:J17 범위를 선택합니다.

② [데이터] 탭-[정렬 및 필터] 그룹-[오름차순 정렬]을 클릭해 정렬합니다.

③ G2셀을 선택하고 다음 수식을 입력합니다.

=VLOOKUP(D2, $J$15:$L$17, 3, TRUE)

④ G2셀의 채우기 핸들을 더블 클릭해 수식을 복사합니다.

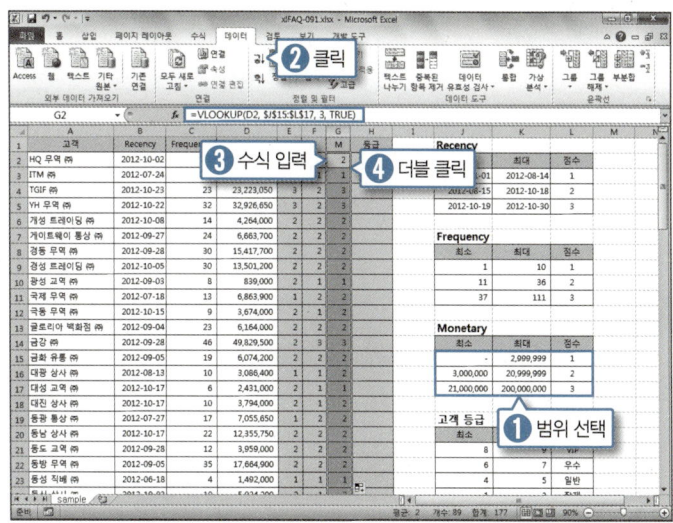

수식 설명 =VLOOKUP(D2, $J$15:$L$17, 3, TRUE)

이번 수식도 앞의 과정의 **04~05** 수식과 동일한 것으로, D2셀의 976만 900원을 J15:J17 범위에서 찾습니다. J17셀의 2,100만 원을 만날 때까지 동일한 값을 찾지 못했으므로 J16셀의 위치가 찾아지며, 같은 행에 위치한 L16셀의 2가 참조됩니다.

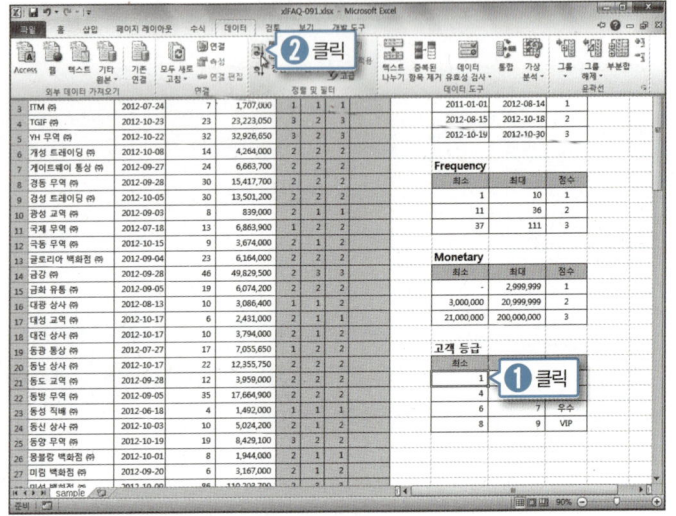

07 고객 등급 표시하기 (1)

❶ J21:L24 범위의 고객 등급표도 정렬하기 위해 **J21**셀을 선택합니다.

❷ [데이터] 탭-[정렬 및 필터] 그룹-**[오름차순 정렬]**을 클릭해 정렬합니다.

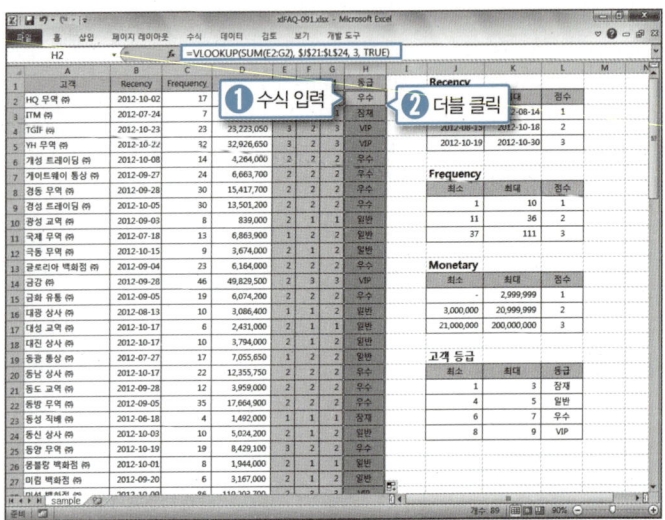

08 고객 등급 표시하기 (2)

등급을 참조해 오겠습니다.

❶ **H2**셀을 선택하고 다음 수식을 입력합니다.

=VLOOKUP(SUM(E2:G2), $J$21:$L$24, 3, TRUE)

❷ **H2**셀의 **채우기 핸들**을 더블 클릭해 수식을 복사합니다.

R, F, M별 점수를 통해 고객 등급이 부여되었습니다.

수식 설명 =VLOOKUP(SUM(E2:G2), $J$21:$L$24, 3, TRUE)

이번 수식도 앞의 과정 **04~06**의 수식과 동일하며, VLOOKUP 함수의 첫 번째 인수에 SUM 함수를 사용해 R, F, M 점수의 합계를 계산했다는 점만 다릅니다. 자세한 설명은 앞의 과정 설명을 참고합니다.

Chapter 2.
회귀 분석으로 데이터 예측 기법 사용하기

매출이나 판매량에 대한 정확한 예측은 불가능한 것이 사실입니다. 다만, 예측 또는 설명하려는 값(종속 변수)과 연관성이 높은 값(독립 변수)을 찾을 수만 있다면 두 값의 관계를 설명하고, 이 관계를 통해 독립 변수의 값을 계산하는 방법으로 종속 변수의 값을 추정할 수 있습니다.
이런 분석 기법이 회귀 분석입니다. 회귀 분석은 독립 변수가 하나인 경우에는 단순 회귀 분석이라고 하며, 여러 개일 경우에는 다중 회귀 분석이라고 합니다. Chapter 2에서는 회귀 분석 입문에 가장 좋은 추세선, 두 값의 관계를 설명하는 산점도, 점과 점 사이를 계산할 때 유용한 보간법에 대해 설명합니다.

Chapter 2에서는 다음과 같은 내용에 대해 설명합니다.
- **Section 01** 회귀 분석 입문을 위한 추세선 이용하기
- **Section 02** 산점도로 두 변수 사이의 상관관계 설명하기
- **Section 03** 보간법을 이용해 점 사이 값 계산하기

Section 01 회귀 분석 입문을 위한 추세선 이용하기

▶ 추세선 ▶ 추세/회귀 유형 ▶ 상관계수 ▶ 결정계수 값 ▶ 회귀 방정식

과거의 데이터 흐름을 통해 미래 시점의 값을 예측하는 것은 업무상 꼭 필요한 일이지만, 누구나 쉽게 할 수 있는 것은 아닙니다. 사실 과거의 흐름이 계속해서 이어진다면 미래의 실적을 예측하는 것은 그리 어려운 일은 아니지만 예측해야 하는 실적에 영향을 주는 여러 가지 변수들이 있으며 그런 변수들을 모두 감안하지 못하기 때문에 예측이라는 것은 어려운 작업입니다.

하지만 짧은 기간 동안의 변화는 과거의 흐름이 계속해서 유지될 가능성이 높기 때문에 이러한 가정을 바탕으로 미래를 예측하는 방법에 대해 설명하고자 합니다. 이번에 설명하는 추세선을 이용하는 방법은 차트를 사용하기 때문에 쉽고, 초보자도 어렵지 않게 결과를 도출할 수 있기 때문에 간단한 예측 작업에 유용하게 사용할 수 있습니다.

> **질문 92** 과거 실적을 집계한 표에 다음 분기의 판매량을 예측할 수 있나요?
> 다음 분기의 판매량을 예측할 경우 FORECAST 함수만 사용하는 것은 무언가 부족한 것 같습니다. 쉽게 사용할 수 있는 예측 기법이 있다면 알려 주세요.

• 예제 파일〉Part3 : xlFAQ-092.xlsx   • 완성 파일〉Part3\완성 : xlFAQ-092완성.xlsx

> **답변 92** 현재의 흐름이 지속된다는 가정 하에 미래의 값을 계산하는 간단한 예측은 이동 평균 기법이나 회귀분석을 자주 사용합니다. 엑셀에는 회귀 분석 입문에 아주 유용한 [추세선]이라는 기능이 제공되며 이 기능을 이용하면 현재의 데이터 흐름을 설명하고 이를 바탕으로 미래의 값을 예측할 수 있습니다.

실무실습 추세선 선택과 미래 값 예측하기

다음 실무실습을 통해 추세선을 선택하고, 이를 통해 미래의 값을 예측하는 방법을 알아보겠습니다.

01 예제 이해하기

2011년 1월에서 2012년 12월까지 판매 실적을 집계해 놓은 집계표를 분석하여 2013년 1사분기 판매량을 차트의 추세선을 이용해 예측하는 작업을 진행하겠습니다.

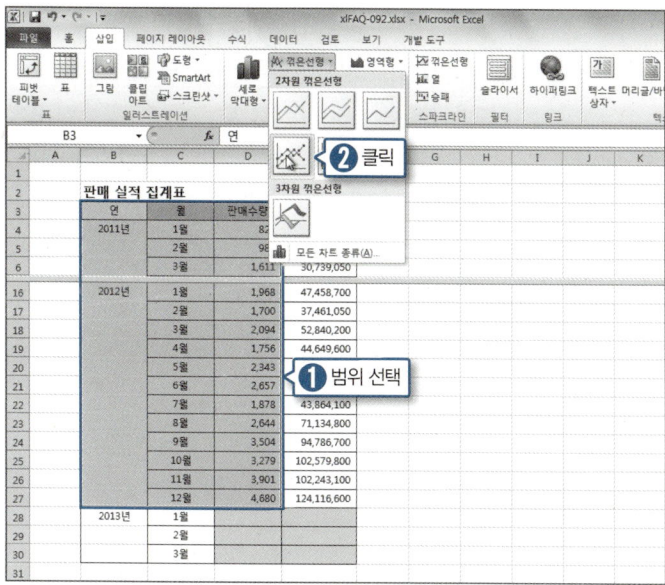

02 꺾은선형 차트 만들기

먼저 기존 데이터를 차트로 표시합니다. 데이터 양이 많으므로 꺾은선형 차트를 사용하겠습니다.

❶ **B3:D27** 범위를 선택합니다.

❷ [삽입] 탭-[차트] 그룹-[꺾은선형] -[2차원 꺾은선형] 항목-**[표식이 있는 꺾은선형]** 을 클릭합니다. Note 1

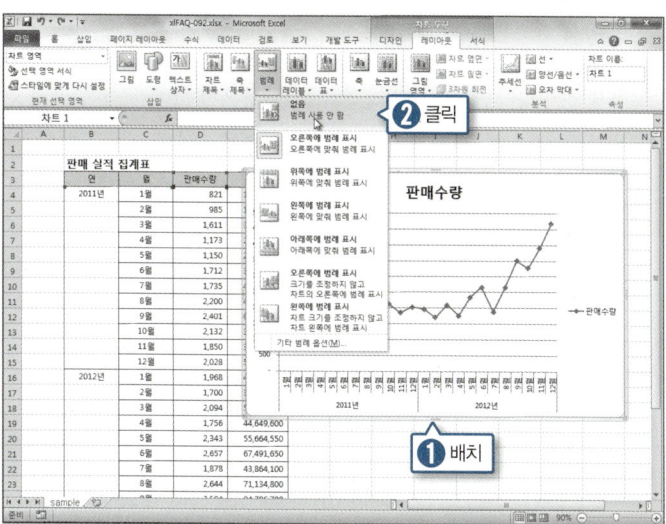

03 범례 숨기기

❶ 꺾은선형 차트가 만들어지면 오른쪽 빈 영역에 적당한 크기로 배치합니다.

❷ 차트의 범례를 숨기기 위해 [레이아웃] 탭-[레이블] 그룹-[범례] -**[없음]** 을 클릭합니다.

Note 1 ... 추세선을 사용할 수 있는 차트와 사용하지 못하는 차트 알아보기

추세선은 모든 차트에서 사용할 수 없기 때문에, 처음에 차트를 만들 때 주의해야 합니다. 추세선을 사용할 수 있는 차트와 없는 차트는 다음과 같습니다.

추세선을 사용할 수 있는 차트	추세선을 사용할 수 없는 차트
· 막대형 차트(가로, 세로)	· 원형 차트
· 꺾은선형 차트	· 도넛형 차트
· 분산형 차트	· 표면형 차트
· 영역형 차트	· 방사형 차트
· 주식형 차트	· 기본 차트에서 만들 수 있는 3D 차트 전체
· 거품형 차트	· 기본 차트에서 만들 수 있는 누적형 차트 전체

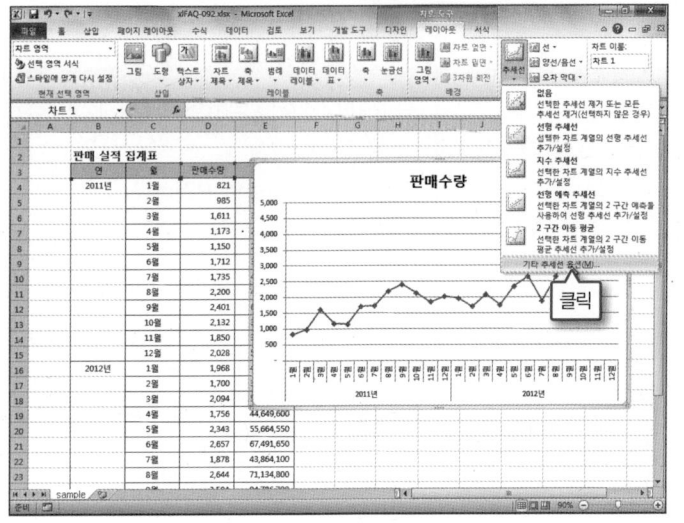

04 추세선 추가하기 (1)

꺾은선형 차트에 추세선을 추가하기 위해 [레이아웃] 탭-[분석] 그룹-[추세선]-[기타 추세선 옵션]을 클릭합니다.

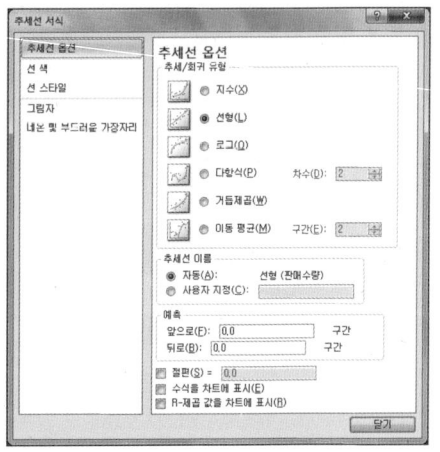

05 추세선 추가하기 (2)

추세선 서식 대화상자가 표시되면 추세선 옵션 범주에서 6가지 옵션 단추를 선택할 수 있으며, 원하는 유형을 선택하면 차트에 추세선이 나타납니다. 이 작업은 기존 꺾은선 그래프 흐름과 가장 유사한 선을 하나 선택하는 과정으로 지수, 선형, 로그, 다항식, 거듭제곱 추세선이 회귀 방정식을 사용하는 추세선이며, 이동 평균 추세선은 기존 그래프의 흐름을 분명하게 표시하는 역할만 합니다.

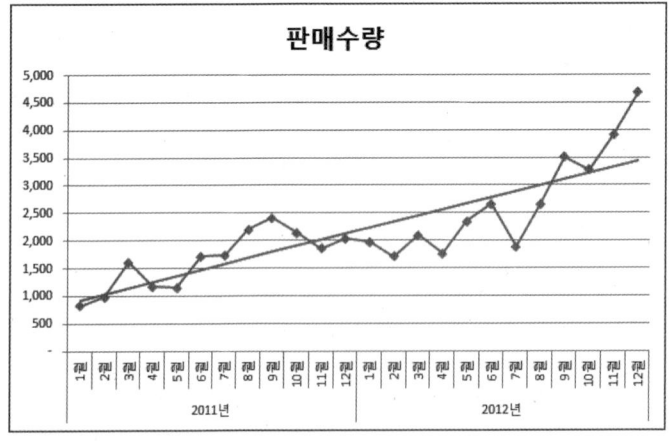

06 선형 추세선 이해하기

과정 **05**의 추세선 서식 대화상자에서 **선형**을 선택하면 차트에 해당 추세선이 미리 보기 효과로 표시됩니다.

선형 추세선은 1차 방정식으로 그리는 직선 그래프로, 꺾은선 그래프의 흐름이 직선에 가까운 경우 사용하면 좋습니다.

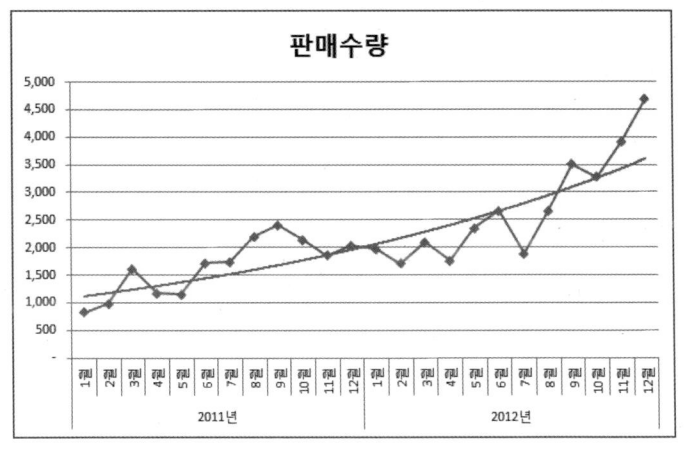

07 지수 추세선 이해하기
과정 **05**의 추세선 서식 대화상자에서 **지수**를 선택하게 되면 볼 수 있는 추세선입니다.
지수 추세선은 꺾은선 그래프의 흐름이 어떤 계기로 급증하거나 급감하는 경우 사용하면 좋습니다.

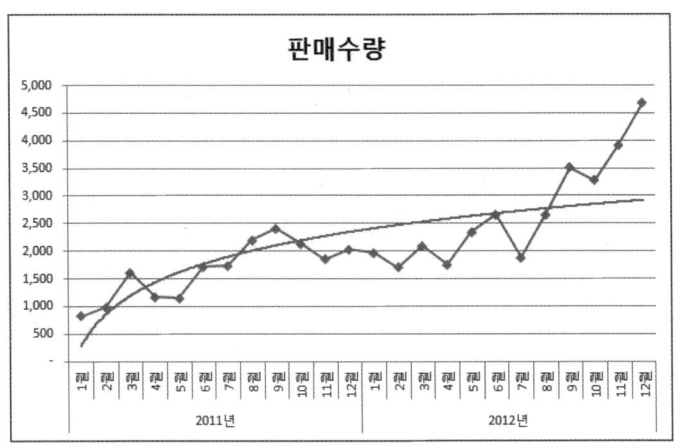

08 로그 추세선 이해하기
과정 **05**의 추세선 서식 대화상자에서 **로그**를 선택하면 볼 수 있는 추세선입니다.
로그 추세선은 꺾은선 그래프의 흐름이 급격하게 상승 또는 하락하다가 완만한 흐름을 보이는 경우 사용하면 좋습니다.

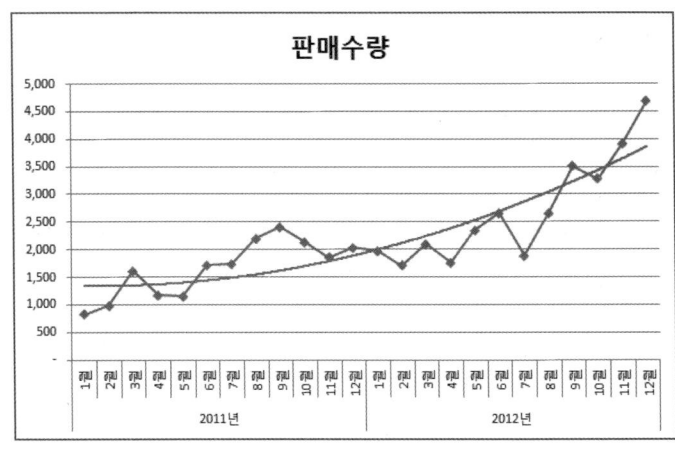

09 다항식 추세선 이해하기 (1)
과정 **05**의 추세선 서식 대화상자에서 **다항식**을 선택하면 볼 수 있는 추세선입니다.
다항식 추세선은 2차부터 6차 방정식을 사용해 그릴 수 있는 추세선으로 일정 주기를 반복하는 패턴을 분석하고자 할 때 사용합니다.

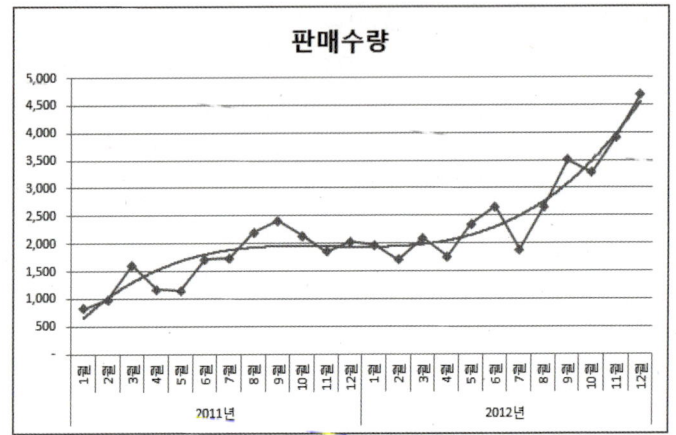

10 다항식 추세선 이해하기 (2)

추세선 서식 대화상자에서 다항식 추세선을 선택하면 오른쪽의 차수란 값을 2에서 6까지 변경할 수 있습니다. 기본 값은 2입니다. 3으로 변경하면 화면과 같은 결과를 확인할 수 있습니다. **Note 2**

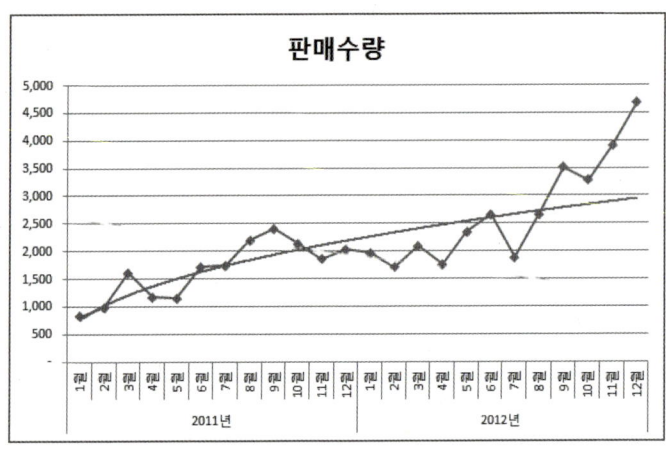

11 거듭제곱 추세선 이해하기

추세선 서식 대화상자에서 **거듭제곱**을 선택하면 볼 수 있는 추세선입니다.
거듭제곱 추세선은 꺾은선 그래프의 흐름이 일정 비율로 증가하거나 감소하는 경우에 사용합니다.

Note 2 ... 다항식 추세선 올바로 이해하기

다항식 추세선의 차수를 2에서 6까지 변경할수록, 다른 어떤 추세선보다 기존 꺾은선 그래프의 모습과 잘 매칭됩니다. 차수는 다항식 추세선의 상승, 하락 횟수를 의미한다고 이해해도 좋으며, 2차는 한 번의 상승과 한 번의 하락을 표시한다고 이해해도 됩니다. 오른쪽 그림은 순서대로 1차, 2차, 3차 방정식의 그래프를 표시한 것입니다.

방정식의 차수가 높을수록 기존 선 그래프와 유사해질 수는 있지만, 데이터를 예측할 경우에는 엉뚱한 결과를 반환하는 경우가 많습니다. 예를 들어 예제에서 6차 다항식 추세선을 사용한 다음, 6개월 정도의 판매량을 예측해 보면 오른쪽 그림 같은 결과를 반환합니다. 예측된 실적이 너무 크게 나타나거나 음수가 나타날 수도 있습니다.

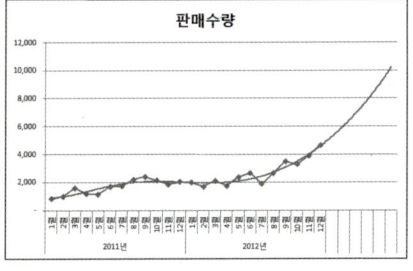

이렇게 잘못된 결과를 반환할 수 있기 때문에 추세선을 예측 목적으로 사용할 경우에는 다항식 추세선을 잘 사용하지 않으며, 특정 계절이나 주기를 반복하는 오른쪽 그림 같은 데이터를 예측할 때 사용합니다.

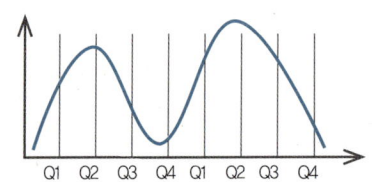

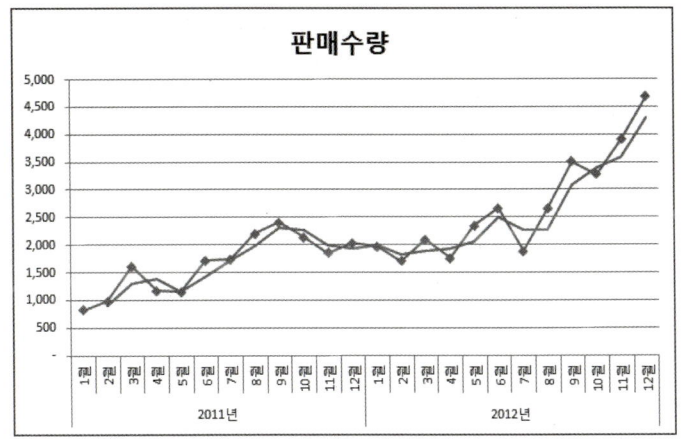

12 이동 평균 추세선 이해하기

마지막으로 추세선 서식 대화상자에서 **이동 평균**을 선택하면 볼 수 있는 추세선으로 구간란의 값을 변경할 수 있습니다.

Note 3

구간란은 몇 구간의 평균을 구해 추세선으로 표시할지 여부를 결정하는 값으로 변경하면 추세선의 길이가 짧아집니다.

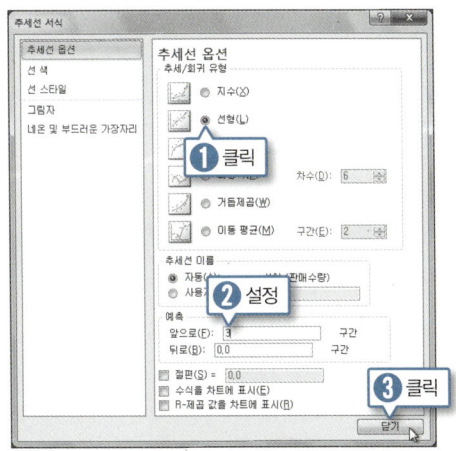

13 추세선 선택과 예측 결과 표시하기 (1)

❶ 추세선 서식 대화상자가 표시되면 추세선 옵션 범주의 추세/회귀 유형 옵션에서 **선형**을 선택합니다.

❷ 예측 항목의 앞으로란을 **3구간**으로 설정합니다.

❸ **[닫기]**를 클릭합니다.

예측 항목의 앞으로란은 미래의 예측할 구간을 표시하기 위한 옵션이며, 뒤로란은 과거의 예측할 구간을 표시합니다.

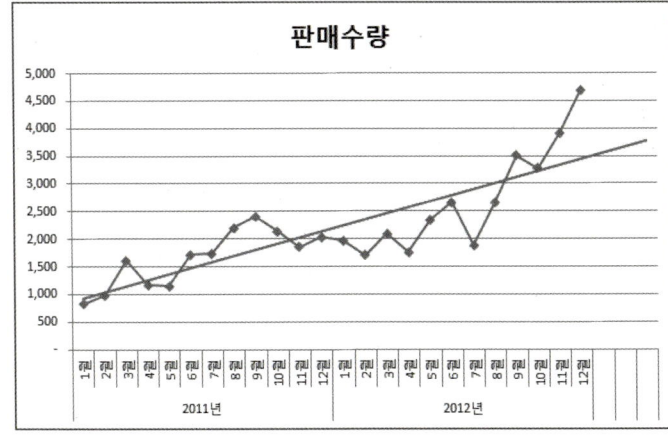

14 추세선 선택과 예측 결과 표시하기 (2)

선형 추세선이 연장되어 X축의 3개 구간의 값이 추가로 표시됩니다. 이 구간의 값이 예측된 값입니다.

Tip ... 선 색 지정하기
선 색은 추세선 서식 대화상자의 선 색 범주에서 지정할 수 있습니다.

Note 3 ... 이동 평균으로 미래 값 예측하기

추세선을 이용할 때 이동 평균 추세선은 데이터 예측 작업을 진행할 수 없으며, 기존 그래프의 흐름을 보다 완만하게 표시하여 전체 흐름을 보다 분명하게 표시하는 용도로 사용합니다. 하지만, 이동 평균 기법을 이용해도 미래 구간의 값을 예측할 수 있습니다. 이동 평균 기법을 이용하는 대표적 예측 기법은 단순 이동 평균, 가중 이동 평균, 지수 평활법 등이 있습니다.

질문 93. 추세선 선택을 위한 가이드라인이 있나요?

추세선의 종류가 많고, 데이터 흐름이 추세선과 일치하지 않는 경우가 많아 추세선을 선택하기가 쉽지 않습니다. 사용자가 추세선을 선택할 때 참고할만한 지표가 있나요?

• 예제 파일 〉 Part3 : xlFAQ-093.xlsx   • 완성 파일 〉 Part3\완성 : xlFAQ-093완성.xlsx

답변 93.

추세선은 무엇보다도 과거 데이터 흐름을 잘 설명해야 합니다. 과거 데이터 흐름을 잘 설명한다는 것은 차트에 표시된 그래프와 유사한 흐름을 갖는 추세선이어야 한다는 것을 의미합니다. 그래프와 추세선의 관계를 측정하는 지표로 상관계수라는 항목이 있습니다. 상관계수는 두 변수 사이의 관계를 수치로 표시할 수 있는데 −1에서 1 사이의 값을 갖습니다.

상관관계	상관계수 및 의미
음의 상관관계	상관계수는 −1에서 0 사이의 값을 반환하며, −1에 가까울수록 연관성이 높습니다. 두 변수는 서로 반대되는 특성을 가지며, 한쪽이 증가하면 다른 한쪽은 감소하고, 한쪽이 감소하면 다른 한쪽은 증가하는 특성을 갖습니다.
양의 상관관계	상관계수는 0에서 1 사이의 값을 반환하며, 1에 가까울수록 연관성이 높습니다.

2가지 타입을 구분하지 않고, 연관성이 높은 정도만 측정할 때는 상관계수의 제곱 값을 구해 이해합니다. 이렇게 하면 −1의 제곱은 1이므로 0에서 1 사이의 값만 반환됩니다. 이 값을 결정계수라고 하며, 상관계수의 약어가 R이므로 결정계수는 R-제곱값이라고도 합니다.

추세선은 결정계수 값을 표시하며, 이 값이 1에 가까울수록 그래프와 추세선의 연관성이 높다는 것을 의미합니다. 그러므로 어떤 추세선을 선택해야 할지 애매한 경우에는 추세선의 결정계수 값(결정계수)을 차트에 표시한 후 이 값이 1에 가까운 추세선을 선택하는 것이 좋습니다.

단, 이 경우 추세선은 지수, 선형, 로그, 거듭제곱 중 하나여야 하며, 다항식 추세선과 이동 평균 추세선은 사용하지 않습니다.

실무실습 결정계수를 참고해 올바른 추세선 선택하기

다음 실무실습을 통해 올바른 추세선을 선택하는 방법을 알아보겠습니다.

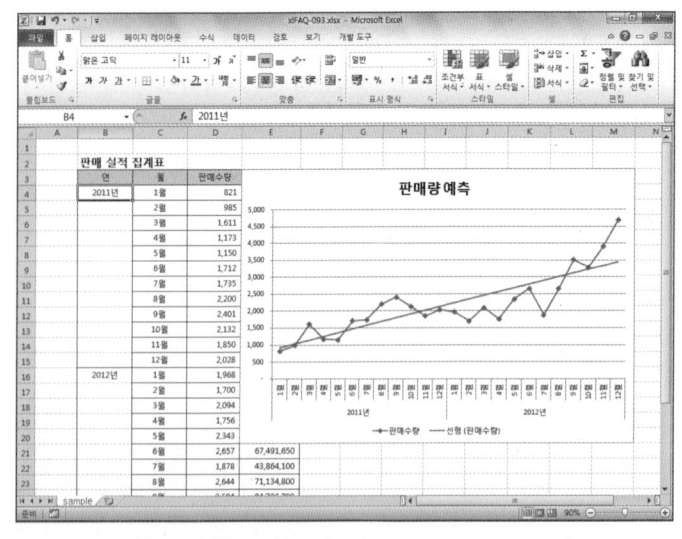

01 예제 이해하기

이전 예제에서 작업해 놓은 결과를 확인할 수 있습니다.

차트에는 선형 추세선이 표시됩니다. 이 추세선을 계속 사용할지 아니면 다른 추세선 중에서 좀 더 데이터와 연관이 높은 추세선을 사용할지, 추세선의 결정계수 값을 확인해 결정하는 작업을 진행하겠습니다.

02 추세선 서식 대화상자 호출하기

추세선의 결정계수 값을 확인하기 위해 추세선 서식 대화상자를 호출하겠습니다.

❶❷ 추세선을 더블 클릭하거나 차트의 추세선을 클릭하여 선택하고 [레이아웃] 탭-[현재 선택 영역] 그룹-**[선택 영역 서식]**을 클릭합니다.

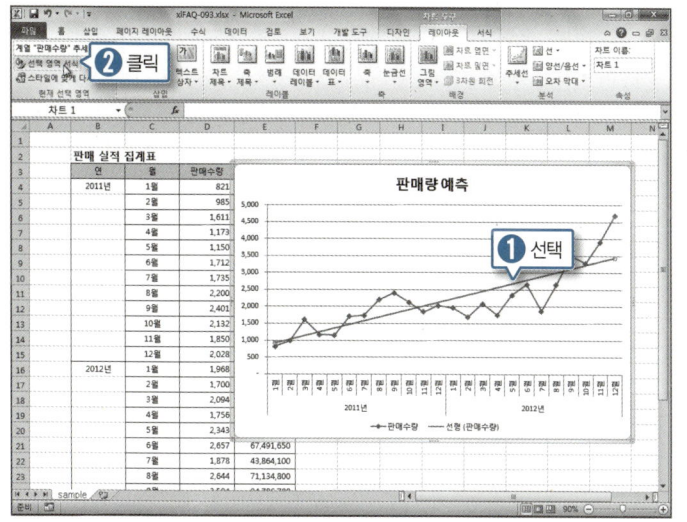

03 선형 추세선 결정계수 값 확인하기 (1)

추세선 서식 대화상자가 표시되면, 아랫부분에서 **R-제곱 값을 차트에 표시**에 체크하여 추세선 주변에 R^2 값이 얼마인지 차트에 표시합니다.

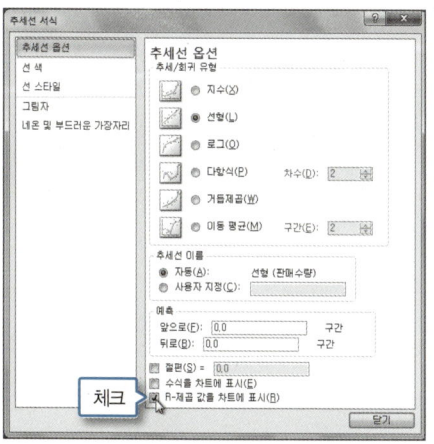

04 선형 추세선 결정계수 값 확인하기 (2)

선형 추세선의 R^2 값은 0.7096으로 확인됩니다.

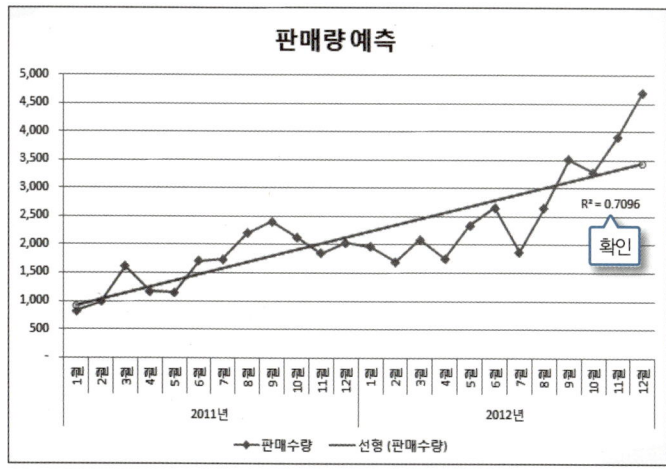

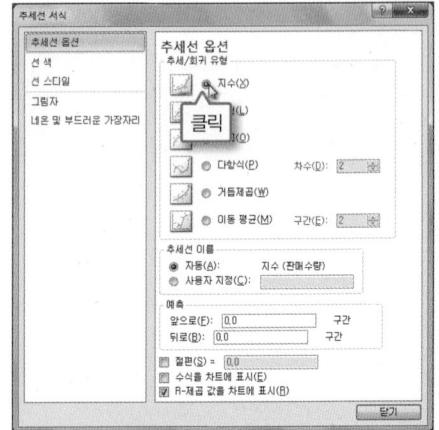

05 지수 추세선 결정계수 값 확인하기 (1)
추세/회귀 유형 옵션에서 **지수**를 선택합니다.

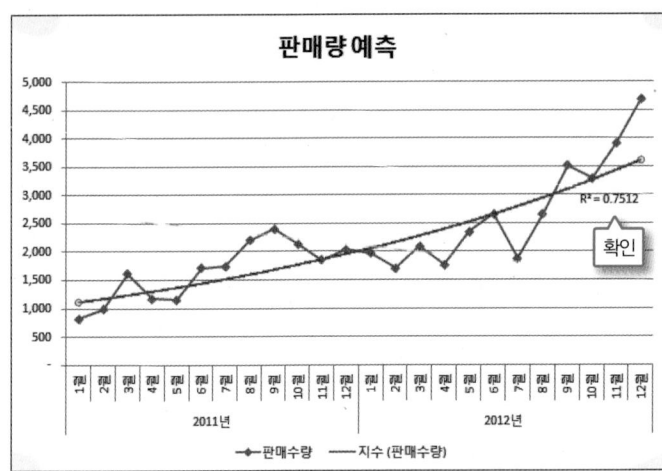

06 지수 추세선 결정계수 값 확인하기 (2)
차트의 추세선이 지수 추세선으로, R^2 값이 0.7512로 변경됩니다.
선형 추세선에 비해 지수 추세선의 R^2 값이 더 높으므로 선형 추세선보다는 지수 추세선이 기존 데이터 흐름과 더 연관성이 높다고 이해할 수 있습니다.

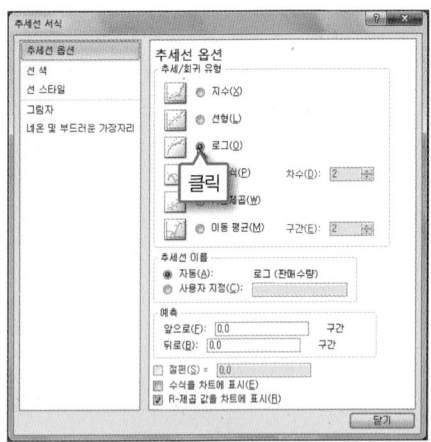

07 로그 추세선 결정계수 값 확인하기 (1)
추세/회귀 유형 옵션에서 **로그**를 선택합니다.

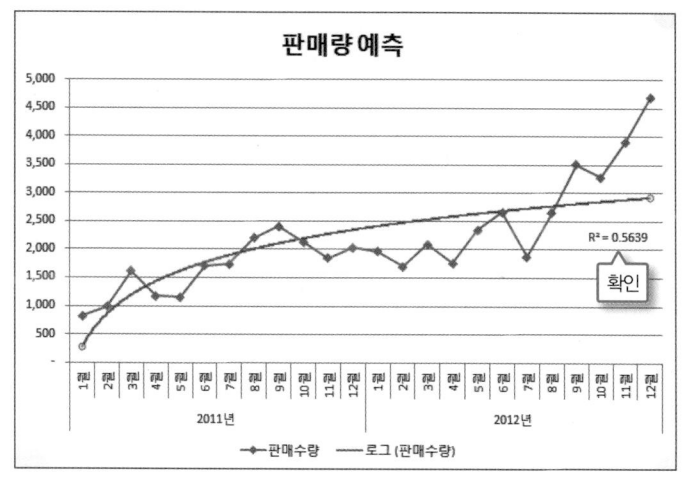

08 로그 추세선 결정계수 값 확인하기 (2)
차트의 추세선이 로그 추세선으로, R^2 값이 0.5639로 변경됩니다.
로그 추세선의 R^2 값이 지수 추세선보다 낮으므로, 로그 추세선은 사용하지 않습니다.

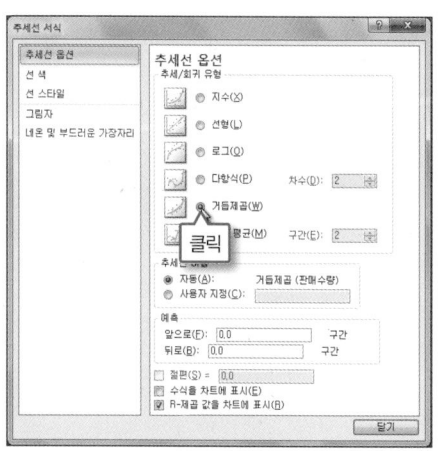

09 거듭제곱 추세선 결정계수 값 확인하기 (1)
추세/회귀 유형 옵션에서 **거듭제곱**을 선택합니다.

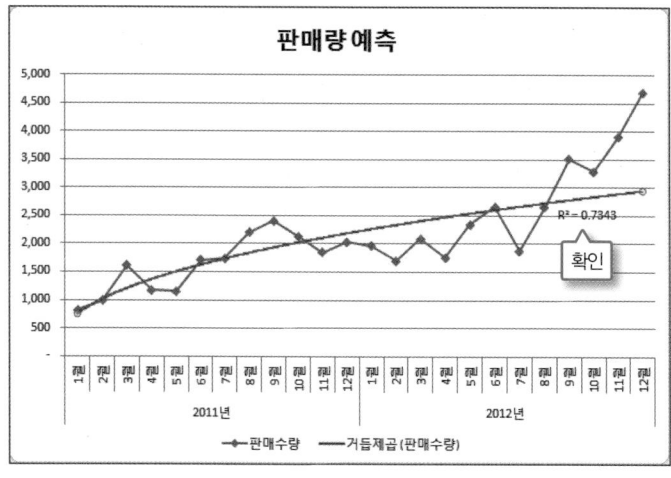

10 거듭제곱 추세선 결정계수 값 확인하기 (2)
차트의 추세선이 거듭제곱 추세선으로, R^2 값이 0.7343으로 변경됩니다.
거듭제곱 추세선의 R^2 값이 지수 추세선보다 낮으므로, R^2 값이 가장 높은 추세선이 지수 추세선이라는 것을 확인할 수 있습니다.

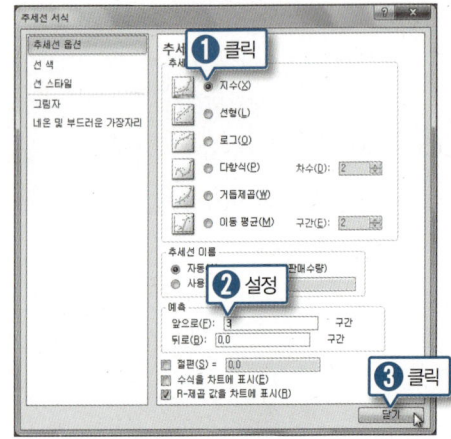

11 추세선 선택하고 예측 구간 표시하기 (1)

추세선을 결정하고, 이후 예측할 3개월 구간을 확장해 표시하겠습니다.

❶ 추세/회귀 유형 옵션에서 **지수**를 선택합니다.
❷ 예측 옵션의 앞으로란을 **3구간**으로 설정해, 향후 3구간(X축 항목이 월이므로 3개월)의 추세를 추세선으로 미리 확인할 수 있습니다.
❸ [닫기]를 클릭해 대화상자를 닫습니다.

Tip... 회귀 분석의 예측 방법 알아보기

추세선에서 이동 평균을 제외한 나머지 5개 추세선은 모두 회귀 방정식을 사용합니다. 방정식을 사용하므로, 동일한 추세가 계속해서 이어진다면, 앞으로의 값도 계산할 수 있습니다. 이 방법은 회귀 분석의 전형을 보여 주는 것으로 꺾은선 그래프가 앞으로 어떻게 흘러갈지는 모르지만(예측은 불가능하지만), 추세선은 일정한 방정식으로 그려지는 것이기 때문에 추세선을 확장하면 미래 구간의 값이 얼마일지 추정할 수 있기 때문입니다.

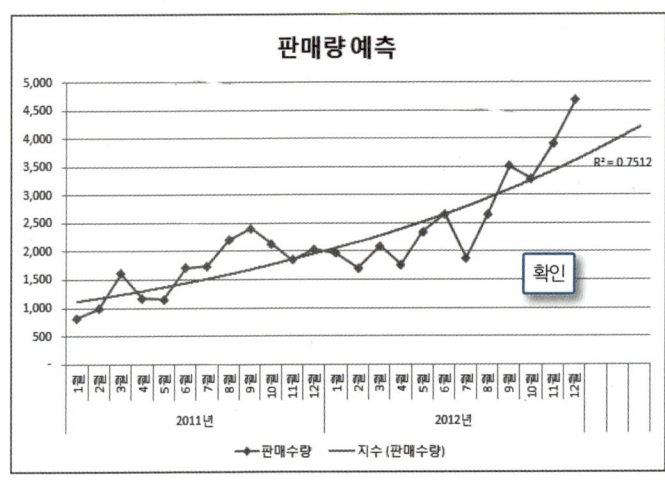

12 추세선 선택하고 예측 구간 표시하기 (2)

차트의 X축 항목에 레이블이 표시되지 않는 3개 구간이 추가로 표시됩니다. 지수 추세선이 계속해서 확장된다면, 3개월 동안의 판매량이 어떨지 확인할 수 있습니다.

질문 94. 추세선의 결정계수 값을 높일 수 있나요?

추세선을 선택하는 방법은 알았지만, 선택된 추세선의 결정계수 값이 그렇게 높지 않아 추세선을 신뢰하기 어렵습니다. 결정계수 값을 좀 더 높일 수 있는 방법은 없는지 궁금합니다.

답변 94.

• 예제 파일 〉 Part3 : **xlFAQ-094.xlsx**   • 완성 파일 〉 Part3\완성 : **xlFAQ-094완성.xlsx**

추세선을 이용할 때는 정확한 데이터를 사용하는 것이 중요합니다. 정확한 데이터란 추세선 흐름과 일치하는 데이터를 의미하며, 이것은 데이터마다 다를 수밖에 없으므로 사용자가 후속 작업을 통해 정리해야 합니다.

차트의 그래프와 추세선의 관련성을 높일 때 주로 다음과 같은 2가지 방법을 사용합니다.

● 차트의 원본 데이터 구간의 범위를 조정해 추세선 패턴과 일치하는 구간 사용하기

차트의 원본으로 그래프를 그린 다음, 이 그래프가 추세선의 흐름과 일치하지 않는다면 원본 범위를 조정해 차트와 추세선의 흐름을 일치하도록 할 수 있습니다. 이 작업은 한 번에 끝나지 않고 여러 번 반복해야 정확한 결과를 얻을 수 있습니다.

● 추세선에서 멀리 떨어진 구간의 값을 차트에서 배제하기

과거 데이터 가운데는 회사 또는 환경적 요인의 사정에 의해, 전체 흐름과 동떨어진 데이터가 있을 수 있습니다. 예측 작업을 할 때는 이런 데이터를 배제할 필요가 있습니다.

실무실습 추세선의 결정계수 값 높이기

다음 실무실습을 통해 추세선의 결정계수 값을 높이는 방법을 알아보겠습니다.

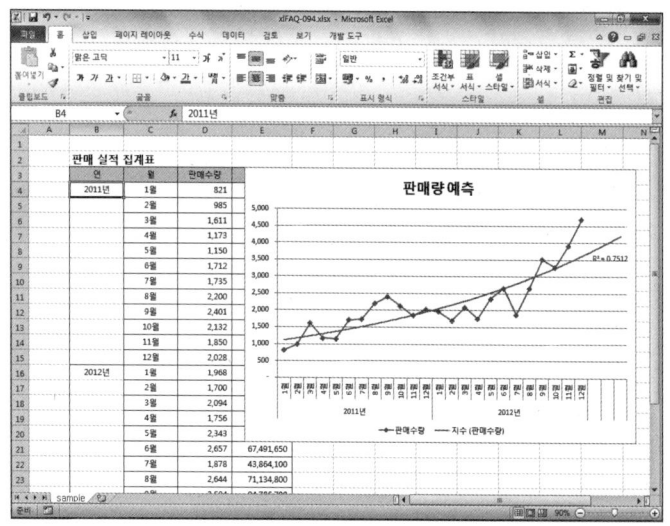

01 예제 이해하기

선택한 추세선과 꺾은선 그래프가 좀 더 연관이 깊어지도록 원본 데이터 범위를 조정하거나 불필요한 항목을 배제하는 작업을 진행하겠습니다.

02 차트의 원본 구간 조정하기 (1)

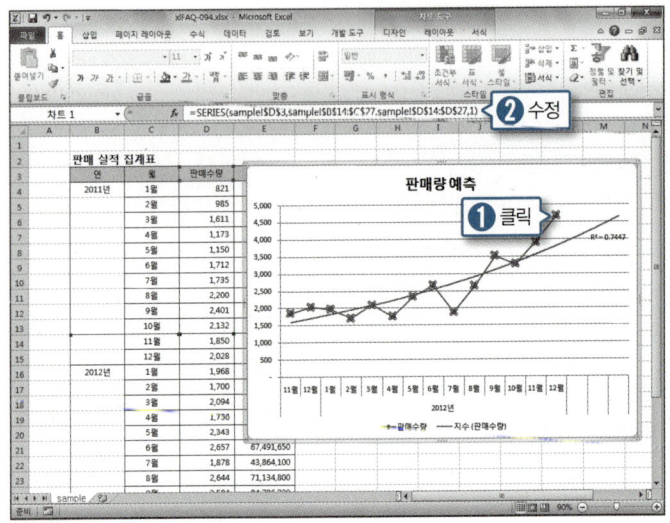

❶ 차트에서 판매수량 계열의 꺾은선 그래프를 선택합니다.

❷ 수식 입력줄의 수식을 다음과 같이 수정해 2011년 11월부터 꺾은선 그래프가 표시되도록 원본 범위를 조정합니다.

=SERIES(sample!$D$3,sample!$B$14:$C$27,sample!$D$14:$D$27, 1)

Tip ... 차트 원본 범위를 2011년 11월부터 표시되도록 조정한 이유와 결과 이해하기

과정 01의 추세선과 꺾은선 그래프를 확인해 보면 2011년 11월, 12월, 2012년 1월이 거의 유사하다는 것을 확인할 수 있습니다. 그렇기 때문에 차트의 시작 위치를 2011년 11월이 되도록 SERIES 함수의 X축과 Y축 범위를 조정한 것입니다.

다만 이렇게 조정한 다음, 추세선의 결정계수 값이 0.7512에서 0.7447로 조정된 것을 확인할 수 있습니다. 이것은 조정된 범위가 이전에 비해 연관성이 떨어졌다는 것을 의미하므로 추가적인 조정 작업이 필요합니다.

03 차트의 원본 구간 조정하기 (2)

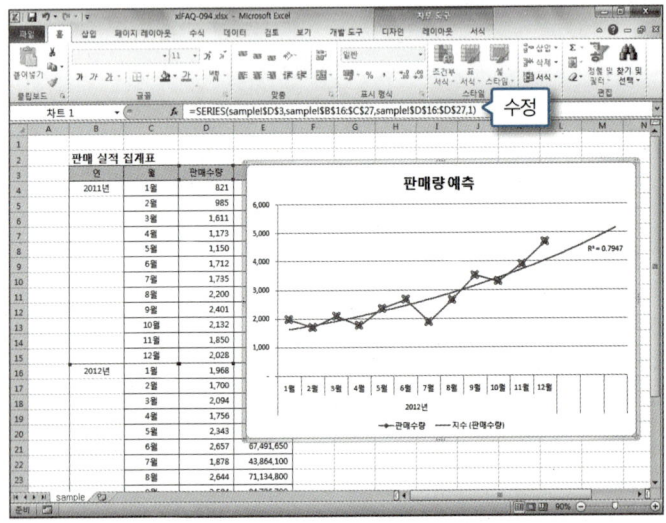

이전 결과가 오히려 좋지 못하므로, 범위를 다시 재조정해야 합니다.

수식 입력줄의 수식을 다음과 같이 변경해 2012년 1월부터 꺾은선 그래프가 표시되도록 원본 범위를 조정합니다.

=SERIES(sample!$D$3, sample!$B$16:$C$27, sample!$D$16:$D$27, 1)

Tip ... 차트 원본 범위를 2012년 1월부터 표시되도록 조정한 이유와 결과 이해하기

과정 02의 조정된 결과 2011년 11월, 12월이 추세선에서 벗어나 있으므로 2012년 데이터만 차트에 나타나도록 차트 원본 범위에서 배제하는 작업을 진행하였습니다. 추가로 조정한 결과 추세선의 결정계수 값이 0.7447에서 0.7947로 상향된 것을 확인할 수 있습니다. 이것은 조정된 범위가 이전에 비해 연관성이 높아졌으므로 좀 더 정확도가 높은 판매량을 예측할 수 있다는 것을 의미합니다.

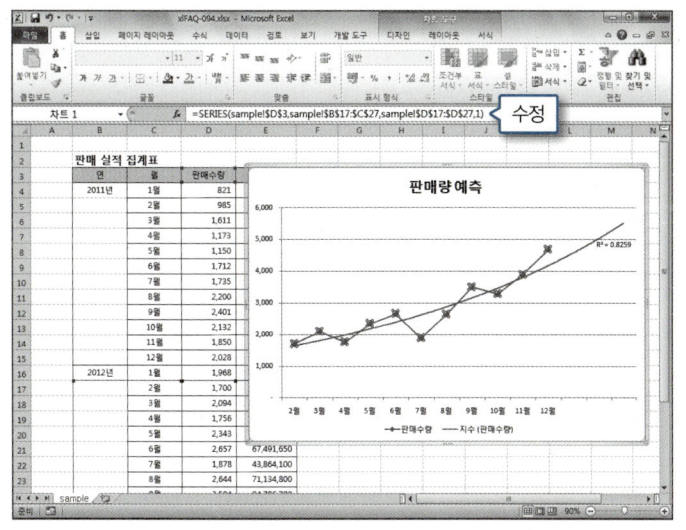

04 차트의 원본 구간 조정하기 (3)

과정 **03**에서 끝내도 되지만, 1월의 판매량이 추세선과 떨어져 있으므로 범위를 추가로 조정합니다. 수식 입력줄의 수식을 다음과 같이 변경해 2012년 2월부터 꺾은선 그래프가 표시되도록 원본 범위를 조정합니다.

=SERIES(sample!$D$3, sample!$B$17:$C$27, sample!$D$17:$D$27, 1)

Tip ... 차트 원본 범위를 2012년 2월부터 표시되도록 조정한 이유와 결과 이해하기
과정 **03**의 조정된 결과 처음보다 높은 결정계수 값을 얻었지만, 과정 **03**의 차트에서 확인할 수 있듯이 1월의 꺾은선 그래프와 추세선이 차이가 나므로, 1월을 추가로 배제해 본 것입니다. 조정한 결과 추세선의 결정계수 값이 0.7947에서 0.8259로 상향됐으므로 2월부터 표시하는 것이 연관성이 높다는 것을 확인할 수 있습니다.

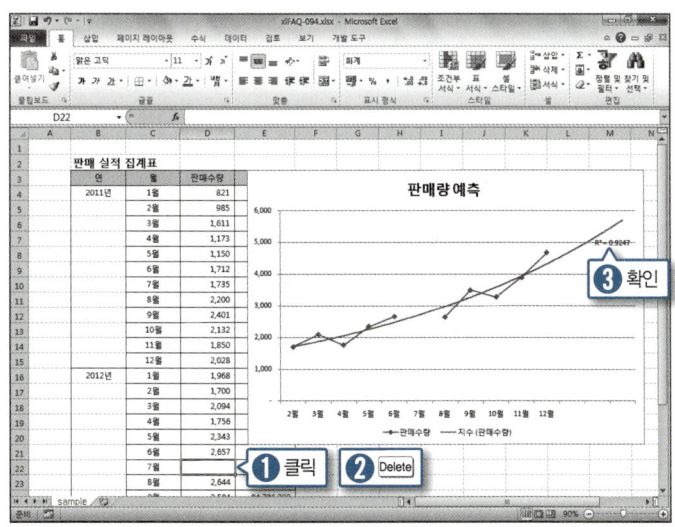

05 불필요한 구간 배제하기

마지막으로 추세선에서 크게 벗어난 월을 차트에서 배제하겠습니다.

❶ 7월 판매량과 추세선의 차이가 매우 크므로 **D22**셀을 선택합니다.
❷ Delete 를 눌러 값을 지웁니다.
❸ 추세선의 결정계수 값이 0.8259에서 0.9247로 변경되어 연관성을 높일 수 있습니다.

Tip ... 차트 원본 범위에서 7월 판매량을 지운 이유와 결과 이해하기
이전 과정에서 범위를 조정하는 것만으로도 추세선의 결정계수 값이 1에 더 가까워지는 것을 확인할 수 있습니다. 하지만 7월 판매량은 추세선과 많이 동떨어진 위치에 자리하는 것으로 보아, 7월 판매에 어떤 외부 요인이 영향을 주었을 것을 유추할 수 있습니다. 그러므로 추세선의 예측 정확도를 높이기 위해 7월 판매량을 배제하면 추세선과 꺾은선 그래프가 거의 같은 움직임을 보이는 것을 확인할 수 있습니다.

질문 95 추세선으로 예측된 구간의 값은 어떻게 계산하나요?

추세선을 선택하고 미래 구간의 값을 표시하도록 작업했습니다. 추세선이 표시하는 구간의 값이 얼마인지 정확하게 알려면 어떻게 해야 하나요?

• 예제 파일 〉 Part3 : xlFAQ-095.xlsx   • 완성 파일 〉 Part3\완성 : xlFAQ-095완성.xlsx

답변 95 추세선에서 미래 구간의 값을 예측할 때 사용하는 지수, 선형, 로그, 다항식, 거듭제곱 추세선은 모두 회귀 방정식을 이용해 그려진 것입니다. 그러므로 간단하게 생각하면 사용된 회귀 방정식을 엑셀의 계산식으로 변환하는 방법만 알면, 예측한 구간의 값을 계산해 넣을 수 있습니다. 다음 표는 각 추세선의 회귀 방정식과 방정식을 계산식으로 변경해 놓은 것입니다.

추세선	회귀 방정식	계산식
지수	$Y = me^{bx}$	$= m*EXP(b*x)$
선형	$Y = mx+b$	$= m*x+b$
로그	$Y = mLN(x)+b$	$=m*LN(x)+b$
다항식	$Y = m_1x^2+m_2x+b$	$= m_1*x^2+m_2*x+b$
거듭제곱	$Y = mx^b$	$= m*x^b$

* m은 기울기 값으로 추세선의 회귀 방정식에 나타납니다.
* b는 상수 b로 역시 추세선의 회귀 방정식에 나타납니다.
* e는 자연 로그 값을 의미하며 엑셀에서는 EXP() 함수를 사용하면 됩니다.
* x는 x축의 값을 의미하며 이 값이 텍스트 값인 경우에는 1, 2, 3 … 등의 일련번호를 사용합니다.

실무실습 회귀 방정식으로 추세선의 미래 구간 계산하기

다음 실무실습을 통해 선택한 추세선의 회귀 방정식을 이용해 추세선의 미래 구간을 값을 계산하는 방법을 알아보겠습니다.

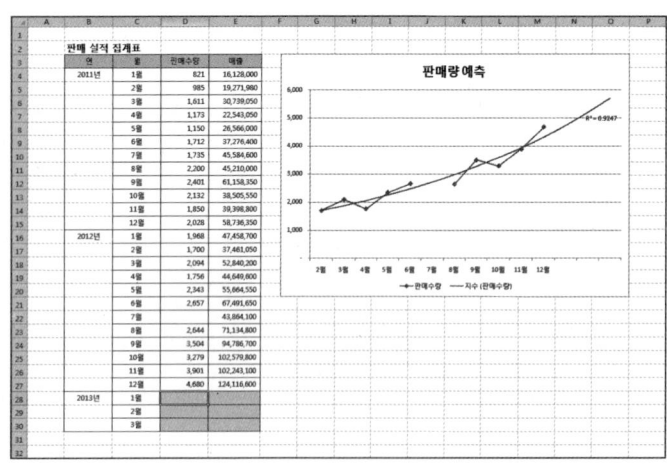

01 예제 이해하기

추세선을 사용해 미래 구간을 예측해 놓은 차트를 확인할 수 있습니다.

추세선의 회귀 방정식을 사용해 예측된 구간의 값을 D28:D30 범위에 계산해 넣는 작업을 진행하겠습니다.

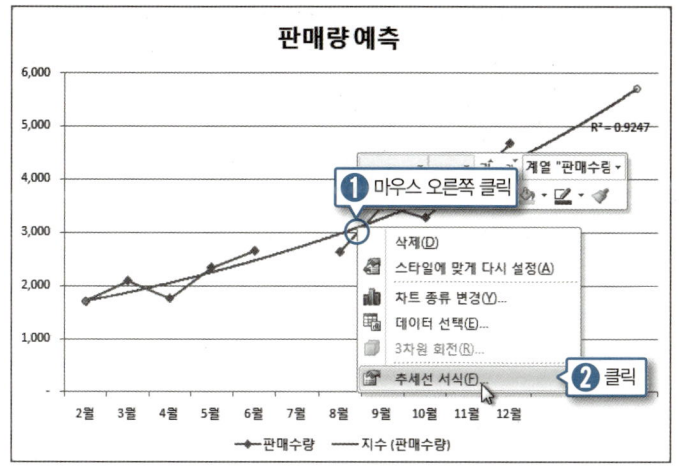

02 회귀 방정식 표시하기 (1)

❶❷ 추세선의 회귀 방정식을 표시하기 위해, 추세선을 더블 클릭하거나 추세선을 마우스 오른쪽 버튼으로 누르고 **[추세선 서식]** 메뉴를 선택합니다.

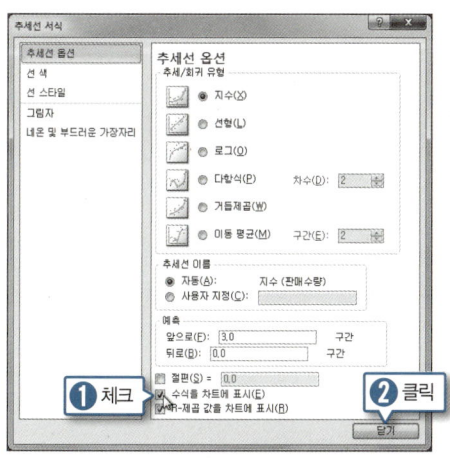

03 회귀 방정식 표시하기 (2)

❶ 추세선 서식 대화상자가 표시되면 추세선 옵션 범주의 아랫부분에서 **수식을 차트에 표시**에 체크합니다.

❷ **[닫기]**를 클릭합니다.

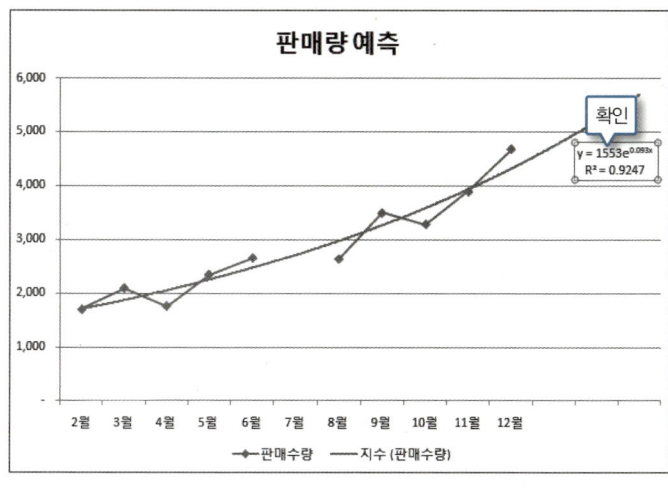

04 회귀 방정식 표시하기 (3)

추세선의 R^2 값이 표시된 텍스트 상자에 추세선의 회귀 방정식이 표시됩니다. 회귀 방정식은 다음과 같습니다.

$y = 1553e^{0.093x}$

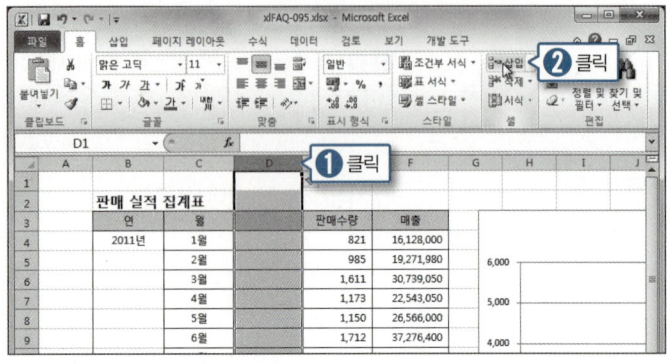

05 X축 일련번호 추가하기 (1)

회귀 방정식을 계산하기 위해 X축 항목 위치에 일련번호를 추가하겠습니다.

❶ **D열 머리글**을 선택합니다.

❷ [홈] 탭-[셀] 그룹-[**삽입**]을 클릭합니다.

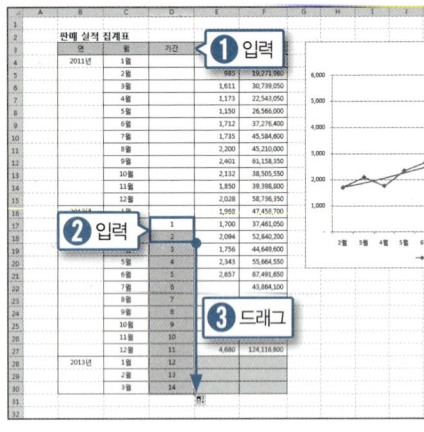

06 X축 일련번호 추가하기 (2)

꺾은선 그래프는 2012년 2월부터 데이터를 표시하고 있으므로 D17셀부터 1, 2, 3과 같은 일련번호를 입력해야 합니다.

❶ **D3**셀에 **기간**을 입력합니다.

❷ **D17:D18** 범위에 **1**, **2**를 순서대로 입력합니다.

❸ **D17:D18** 범위의 **채우기 핸들**을 **D30**셀까지 드래그해 일련번호를 채웁니다.

Tip ... 일련번호를 넣는 이유 알아보기

차트 X축에 월 값이 입력되어 있지만 이 값은 숫자가 아니기 때문에 회귀 방정식 계산에 사용할 수 없습니다. 그렇기 때문에 X축 범위에 맞게 일련번호를 추가해 회귀 방정식 계산에 사용합니다. 그러므로 1, 2, 3, …과 같은 일련번호는 의미가 있는 값이기 보다는 일정한 시간의 흐름을 표시한다고 이해하면 됩니다.

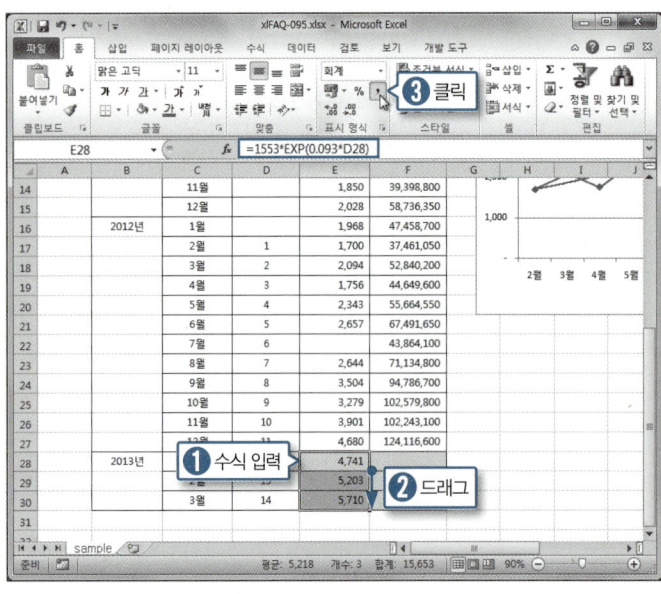

07 회귀 방정식 계산하기

❶ **E28**셀을 선택하고 과정 **04**에서 확인된 회귀 방정식을 다음과 같이 수식으로 입력합니다.

=1553*EXP(0.093*D28)

❷ **E28**셀의 **채우기 핸들**을 **E30**셀까지 드래그해 복사합니다.

❸ [홈] 탭-[표시 형식] 그룹-[**쉼표 스타일**]을 클릭합니다.

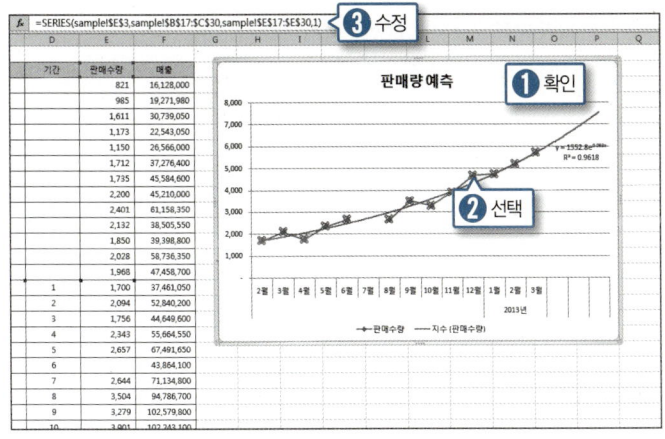

08 계산된 구간 차트에 표시하기

❶ 과정 07에서 계산된 값이 추세선과 일치하는지 확인합니다.

❷ 차트의 꺾은선 그래프를 선택합니다.

❸ 수식 입력줄의 SERIES 함수를 다음과 같이 수정합니다.

=SERIES(sample!$E$3, sample!$B$17:$C$30, sample!$E$17:$E$30, 1)

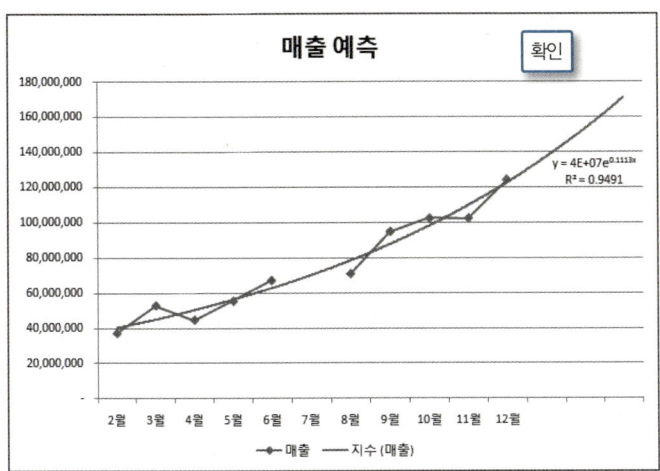

09 매출 예측하기

F열의 매출도 같은 방법으로 예측해 보겠습니다. 꺾은선 그래프가 선택된 채로 SERIES 함수를 다음과 같이 수정합니다.

=SERIES(sample!$F$3, sample!$B$17:$C$27, sample!$F$17:$F$27, 1)

F22셀의 값을 지우면 화면과 같은 결과를 얻을 수 있습니다. Note 4

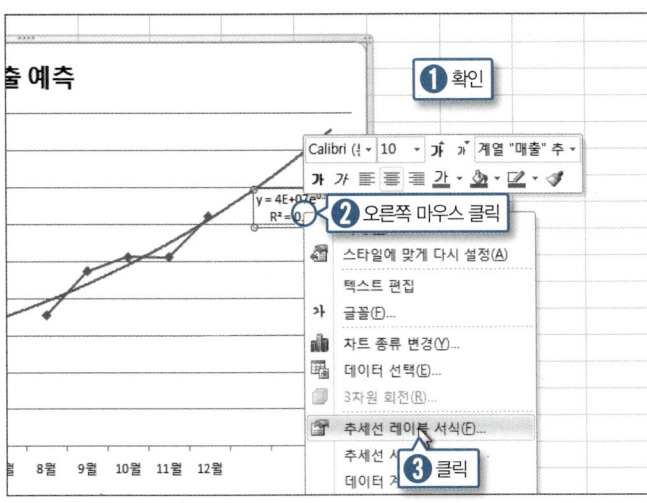

10 회귀 방정식 표시 방법 변경하기 (1)

❶ 회귀 방정식을 확인하면 지수 방식으로 숫자 값이 표시되고 있음을 확인할 수 있습니다.

$y=4E+07e^{0.1113x}$

❷ 지수 표시 방식을 숫자로 변환하기 위해 회귀 방정식이 입력된 텍스트 상자를 마우스 오른쪽 버튼으로 누릅니다.

❸ [추세선 레이블 서식] 메뉴를 선택합니다.

Note 4 ... 추가 예측하기

09 과정은 유사한 데이터라 별도의 과정 없이 판매수량 계열을 분석한 결과를 그대로 사용하지만, 원래라면 추세선을 추가하고 선택해야 하며 데이터 원본 범위를 조정하는 작업을 처음부터 진행해야 합니다. 그리고 차트 제목은 분석할 매출 계열에 맞게 수정해 놓은 것이므로 사용자는 필요에 따라 수정해도 되고 수정하지 않아도 됩니다.

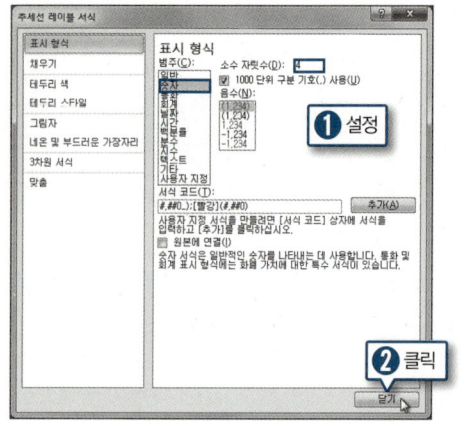

11 회귀 방정식 표시 방법 변경하기 (2)

❶ 추세선 레이블 서식 대화상자가 표시되면 범주 목록을 **숫자**, 소수 자릿수란을 4로 지정하여 소수점 이하 4자리까지 표시되도록 합니다.

❷ **[닫기]**를 클릭하여 대화상자를 닫습니다.

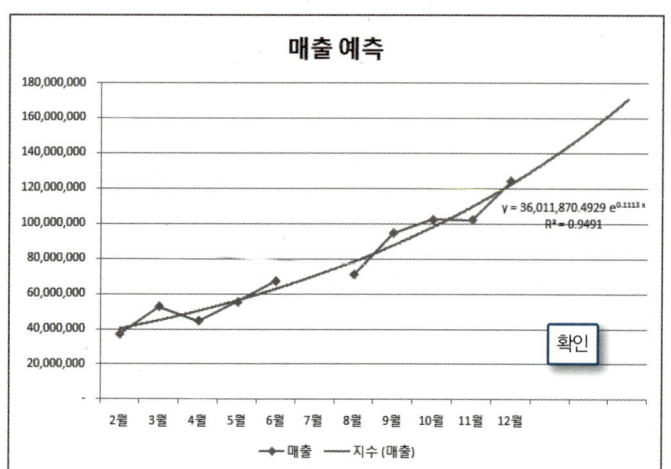

12 회귀 방정식 확인하기

차트가 표시되면, 회귀 방정식이 지수 표시 방법을 사용하지 않고 숫자를 이용해 다음과 같이 표시되는 것을 확인할 수 있습니다.

$y=36,011,870.4929e^{0.1113x}$

13 매출 예측하기

❶ 과정 **12**에서 확인된 회귀 방정식을 이용하여 F28셀에 다음과 같은 계산식을 입력합니다.

=36011870.4929*EXP(0.1113*D28)

❷ F28셀의 **채우기 핸들**을 F30셀까지 드래그해 복사합니다.

Section 02 산점도로 두 변수 사이의 상관관계 설명하기

▶ 산점도　▶ 선형 추세선　▶ RSQ 함수　▶ 선택하여 붙여넣기

산점도(산포도)는 두 변수 사이 관계를 설명하기 위해, 차트로 두 변수의 값을 찍어 본 것으로 엑셀에서는 분산형 차트를 이용해 만듭니다. 산점도에서 두 변수의 상관관계를 측정할 때는 차트의 선형 추세선을 사용하며 선형 추세선의 결정계수 값을 확인해 두 변수의 연관성을 설명합니다. 앞에서 확인했듯이, 결정계수는 0에서 1 사이의 값을 반환하며, 결정계수를 통해 다음과 같은 연관성을 확인할 수 있습니다.

결정계수	의미
0.7 초과	매우 강한 연관성
0.4~0.7	강한 연관성
0.2~0.4	약간의 연관성

질문 96 광고 효과를 분석할 때 매출과 연관성이 높은 항목을 어떻게 선별하나요?
월별 광고 횟수와 모델 등급, 광고비 등의 항목을 정리해 놓고, 매출과의 연관성이 높은 항목을 선별하려는 경우에는 어떻게 작업해야 하는지 설명해 주세요.

• 예제 파일 〉 Part3 : xlFAQ-096.xlsx　• 완성 파일 〉 Part3\완성 : xlFAQ-096완성.xlsx

답변 96 두 변수 사이 연관성을 측정할 때 산점도 차트를 그려보는 것이 가장 좋습니다. 산점도는 엑셀에서 분산형 차트로 그릴 수 있으며, 선형 추세선을 사용해 결정계수 값을 확인하는 방법을 사용하면 됩니다.
이때, 추세선 선택에 주의해야 합니다. 특별한 데이터가 아닌 경우 두 변수 사이의 연관성을 측정할 때 두 변수의 상관관계는 선형 관계로 이해해야 하므로, 반드시 선형 추세선을 사용해야 합니다.

실무실습 산점도 차트로 광고 효과 분석하기

다음 실무실습을 통해 산점도 차트를 이용해 광고 효과를 분석하는 방법을 알아보겠습니다.

01 예제 이해하기

광고 효과 분석을 위해 2년 간의 광고횟수, 모델등급, 광고비 등의 항목과 매출을 집계해 놓은 표를 확인해 볼 수 있습니다. 참고로 E열의 모델등급은 S, A, B 등급을 구분해 놓은 것으로, 오른쪽 I3:J6 범위에 정리해 놓은 표에서 확인할 수 있습니다.

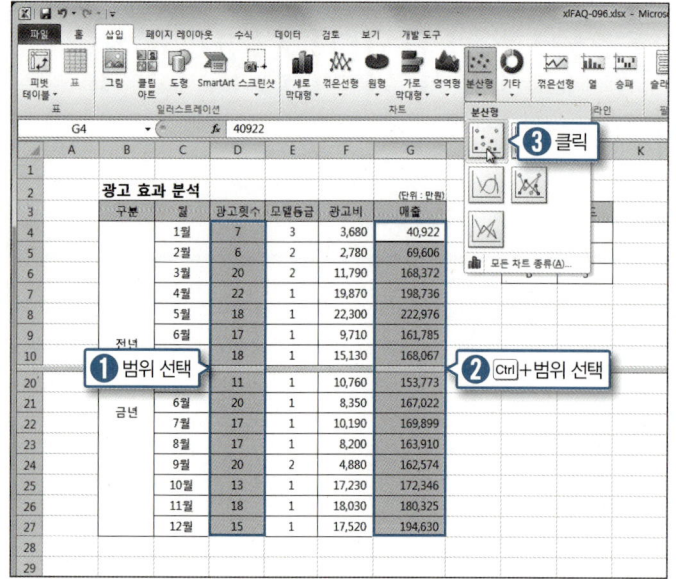

02 산점도 차트 만들기 (1)

광고횟수와 매출과의 연관 관계를 확인하기 위해 산점도 차트를 만들겠습니다.

❶ **D4:D27** 범위를 선택합니다.

❷ Ctrl을 누르고 **G4:G27** 범위를 선택합니다.

❸ [삽입] 탭-[차트] 그룹-[분산형] -[표식만 있는 분산형] 을 클릭합니다.

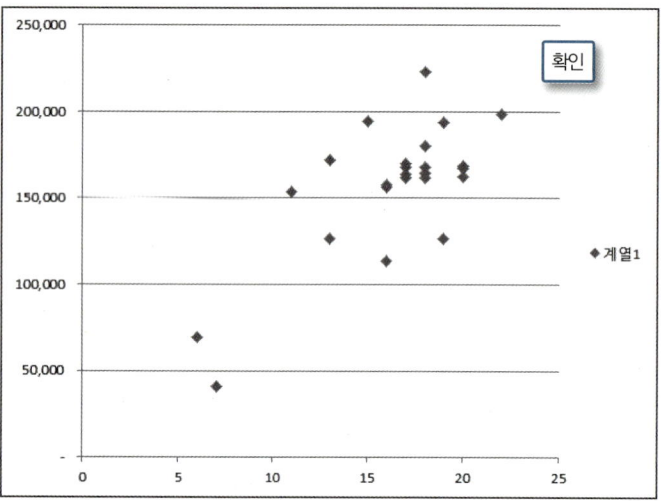

03 산점도 차트 만들기 (2)

과정 **02**에서 선택한 범위의 값이 차트에 표시됩니다. X축이 광고횟수이고, Y축이 매출입니다.

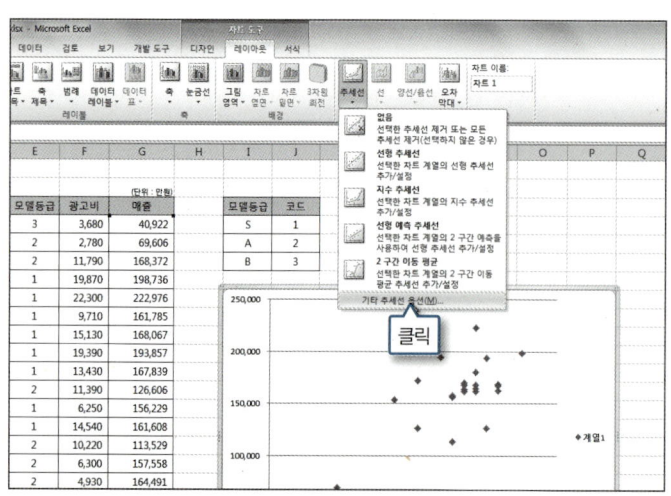

04 선형 추세선 추가하기 (1)

광고횟수와 매출의 연관성을 확인하기 위해, 선형 추세선을 추가하겠습니다.

차트가 선택된 상태에서 [레이아웃] 탭-[분석] 그룹-[추세선] -**[기타 추세선 옵션]**을 클릭합니다.

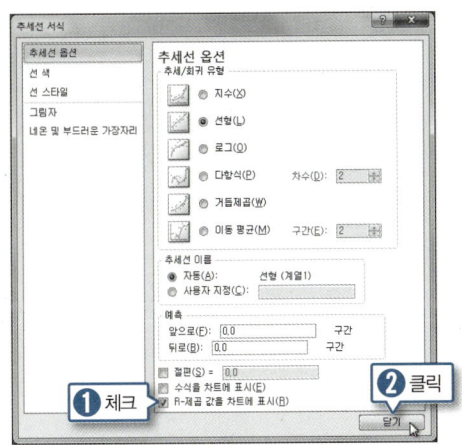

05 선형 추세선 추가하기 (2)

❶ 추세선 서식 대화상자가 표시되면 추세선 옵션 범주의 아랫부분에서 **R-제곱 값을 차트에 표시**에 체크합니다.

❷ [닫기]를 클릭합니다.

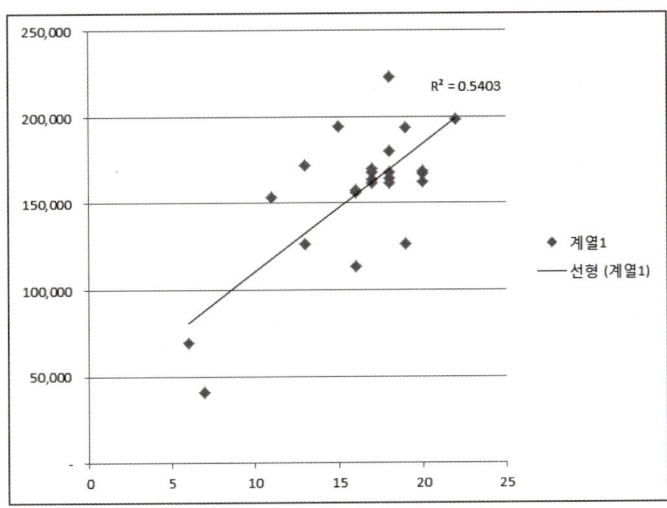

06 선형 추세선 추가하기 (3)

분산형 차트에 선형 추세선과 결정계수 값을 확인할 수 있습니다.

0.5403 값은 연관성은 있다고 판단되지만, 관련이 아주 깊다고 설명하기는 어려운 수치입니다.

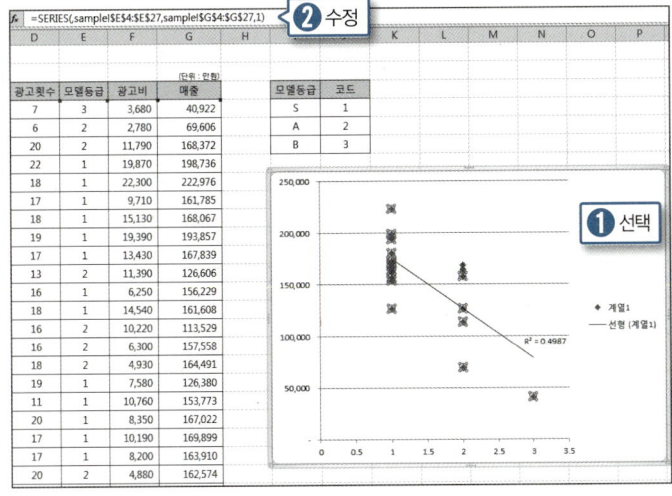

07 모델 등급과 매출 관계 이해하기

E열의 모델 등급과 매출과의 상관관계를 확인해 보겠습니다.

❶ 분산형 차트의 표식을 선택합니다.

❷ 수식 입력줄에서 SERIES 함수의 두 번째 인수를 다음과 같이 수정합니다.

=SERIES(,sample!$E$4:$E$27,sample!$G$4:$G$27,1)

Tip ... 모델등급과 매출의 상관관계 이해하기

SERIES 함수의 두 번째 인수를 E4:E27 범위로 변경하면 모델등급과 매출의 산점도 차트가 완성되며, 선형 추세선의 결정계수 값도 0.4987로 변경됩니다. 과정 **06**에서 확인한 광고횟수와 매출의 결정계수 값(0.5403)보다 떨어지는 것으로 보아, 광고횟수가 모델등급보다 매출에 좀 더 영향력이 큰 것을 알 수 있습니다.

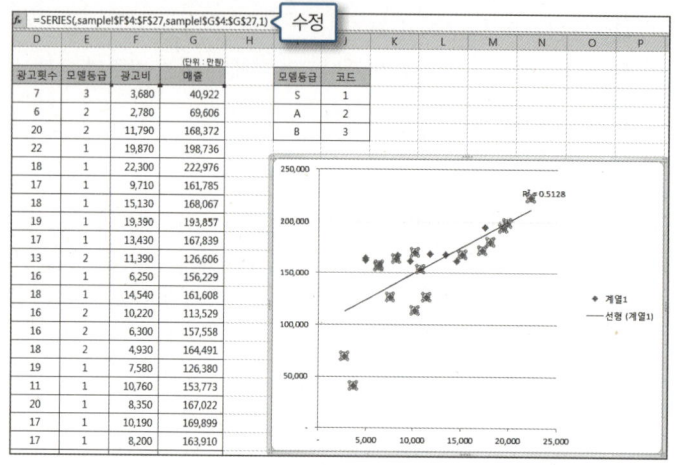

08 광고비와 매출 관계 이해하기

광고비와 매출의 연관성을 확인하기 위해, 차트의 원본 범위를 변경하겠습니다. 차트의 표식이 선택된 상태로 수식 입력줄의 SERIES 함수 두 번째 인수 범위를 다음과 같이 수정합니다.

=SERIES(,sample!$F$4:$F$27, sample!$G$4:$G$27,1)

Tip ... 광고비와 매출의 연관성 이해하기

SERIES 함수의 두 번째 인수를 F4:F27 범위로 변경하면 광고비와 매출의 산점도 차트가 완성되며, 선형 추세선의 결정계수 값이 0.5128로 변경됩니다. 과정 **06**에서 확인한 광고횟수와 매출의 결정계수 값(0.5403)보다 떨어지는 것으로 보아, 광고횟수가 광고비보다 매출에 좀 더 영향력이 큰 것을 알 수 있습니다.

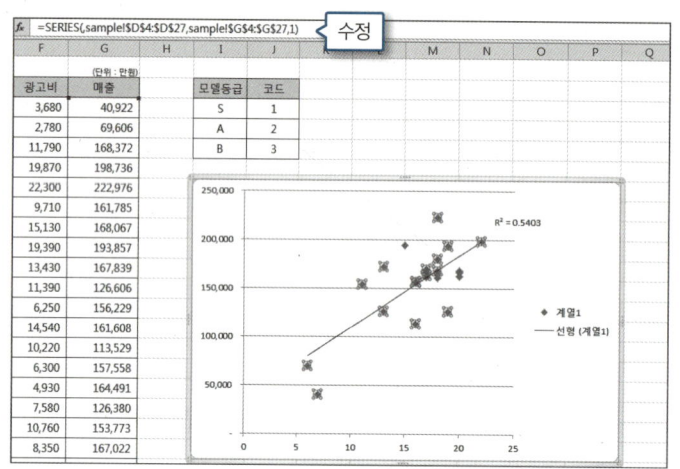

09 산점도 완성하기

산점도 차트를 완성하기 위해, 차트의 원본 범위를 수정하겠습니다. 표식이 선택된 채로 SERIES 함수를 다음과 같이 수정합니다.

=SERIES(,sample!$D$4:$D$27, sample!$G$4:$G$27,1)

10 차트 제목 추가하기

[레이아웃] 탭-[레이블] 그룹-[차트 제목]-[차트 위]를 클릭해 차트 제목을 추가하고 **광고 횟수와 매출 산점도**로 수정합니다.

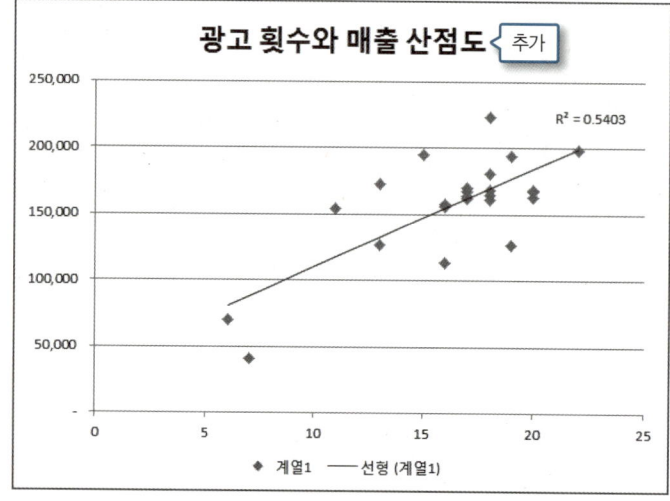

412 • Chapter 02 회귀 분석으로 데이터 예측 기법 사용하기

질문 97 연관성 있는 항목을 좀 더 자세하게 분석할 수 있나요?

선택한 항목의 결정계수 값이 그렇게 높지 않습니다. 추가적으로 확인해야 하는 사항이 있나요?

• 예제 파일 〉 Part3 : **xlFAQ-097.xlsx**   • 완성 파일 〉 Part3\완성 : **xlFAQ-097완성.xlsx**

답변 97 취합한 데이터 중에서 연관성이 높은 항목을 선택한 다음, 추가적으로 작업할 수 있는 사항이 있습니다. 앞에서 했듯이 산점도 차트에서 사용할 데이터 범위를 제한해 연관성이 가장 높았던 시기를 찾는 것입니다. 보통 담당자의 교체나 이직 등으로 데이터에 영향을 줄 수 있는 요인이 있었다면 이 부분을 산점도에 반영해 추가적인 정보를 얻는 것이 가능합니다.

산점도 차트의 데이터 범위를 제한할 때, SERIES 함수의 인수를 조정해도 되지만, 이런 작업은 조금 불편한 것이 사실이므로 결정계수 값을 반환하는 RSQ 함수를 사용해 데이터 범위를 조정하는 것 자체가 의미가 있는지 먼저 확인해 보는 것이 좋습니다.

실무실습 RSQ 함수로 결정계수 값 계산하기

다음 실무실습을 통해 RSQ 함수로 특정 기간의 결정계수 값을 계산하는 방법을 알아보겠습니다.

01 예제 확인하기

각 항목별로 오른쪽에 빈 열을 삽입해 놓은 것을 확인할 수 있습니다.

RSQ 함수를 사용해 특정 기간 동안의 결정계수 값을 확인해, 산점도의 데이터 범위를 제한하는 것이 필요한지 확인하겠습니다.

02 결정계수 확인하기 (1)

이전 산점도 차트에서 확인했었던 결정계수 값과 RSQ 함수로 돌려받은 결과가 동일한지 확인해 보겠습니다. 광고횟수와 매출과의 결정계수 값을 확인하기 위해 **E28**셀을 선택합니다.

03 결정계수 확인하기 (2)

다음 수식을 입력합니다.

=RSQ($J$4:$J$27, D4:D27)

수식 설명 =RSQ($J$4:$J$27, D4:D27)

RSQ 함수는 결정계수 값을 계산하는 함수로 인수는 산점도 차트의 Y축 범위와 X축 범위를 순서대로 전달하면 됩니다. RSQ 함수의 구문은 다음과 같습니다.

> RSQ(Y축 데이터 범위, X축 데이터 범위)

산점도 차트에서 매출이 Y축에, 광고횟수가 X축에 표시됐으므로 순서대로 데이터 범위를 전달한 것입니다. 참고로 매출 범위인 J4:J27 범위는 절대 참조로 지정한 것은 수식을 복사해 사용하기 위함입니다.

되돌려지는 값은 0.540264로 앞에서 만들었던 산점도 차트에서 확인했을 때, 0.5403인 값(차트에서는 소수점 4자리까지가 기본으로 표기되므로)과 동일한 결과라는 것을 확인할 수 있습니다.

참고로 RSQ 함수에 인수 순서를 반대로 전달해도 계산에는 문제가 없습니다. 이것은 분산형 차트의 X축과 Y축의 데이터 위치를 변경해도 동일한 차트라는 사실을 떠올리면 이해할 수 있습니다.

04 결정계수 확인하기 (3)

E28셀의 수식을 복사해 사용하겠습니다. ❶ E28셀을 선택합니다. ❷ Ctrl + C 를 눌러 복사합니다. ❸ G28셀과 I28셀을 각각 선택하고 [홈] 탭-[클립보드] 그룹-[붙여넣기]를 클릭해 붙입니다.

❹ G28셀과 I28셀의 결정계수 값은 0.498677과 0.512769로 산점도 차트의 결과와 동일합니다.

Tip 떨어진 위치로 수식 복사하기

같은 열에서 수식을 복사할 때는 보통 자동 채우기 기능을 이용하지만, 떨어진 위치로 수식을 복사할 때는 복사한 다음 붙여넣기 방법을 사용하면 됩니다. 이 경우 참조 방식을 지정할 때, 위치가 변경되지 않아야 하는 곳은 절대 참조 방식을 사용해야 합니다.

E28셀의 수식에서 RSQ 함수의 첫 번째 인수 범위는 $J$4:$J$27 범위를 절대 참조 방식으로 참조했기 때문에 수식을 복사해도 위치가 변경되지 않지만, 두 번째 인수 범위인 D4:D27 범위인 상대 참조 방식으로 참조해서 수식을 복사하면 D4:D27에서 F4:F27 그리고 H4:H27 범위로 변경되게 됩니다.

이렇게 동일한 구조의 표에서는 수식을 일일이 입력하는 것보다, 수식을 복사해 넣는 방법이 편리합니다.

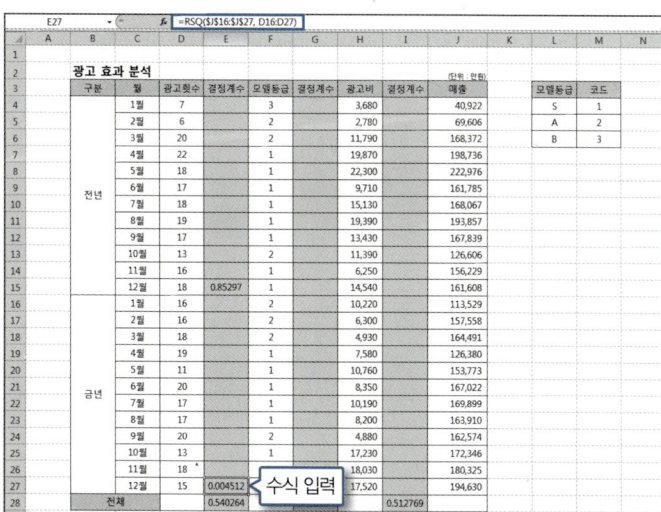

05 전년도 데이터로 결정계수 확인하기

전년도로만 데이터 범위를 제한해 결정계수 값을 확인해 보겠습니다.

E15셀을 선택하고 다음 수식을 입력합니다.

`=RSQ($J$4:$J$15, D4:D15)`

결정계수 값은 0.85297로 전년도의 광고횟수와 매출의 연관성이 매우 높은 것을 확인할 수 있습니다.

06 금년도 데이터로 결정계수 확인하기

이번에는 금년도의 광고횟수와 매출의 연관성을 확인해 보겠습니다.

E27셀을 선택하고 다음 수식을 입력합니다.

`=RSQ($J$16:$J$27, D16:D27)`

결정계수 값이 0.004512로 광고횟수와 매출은 연관성이 거의 없다는 것을 확인할 수 있습니다.

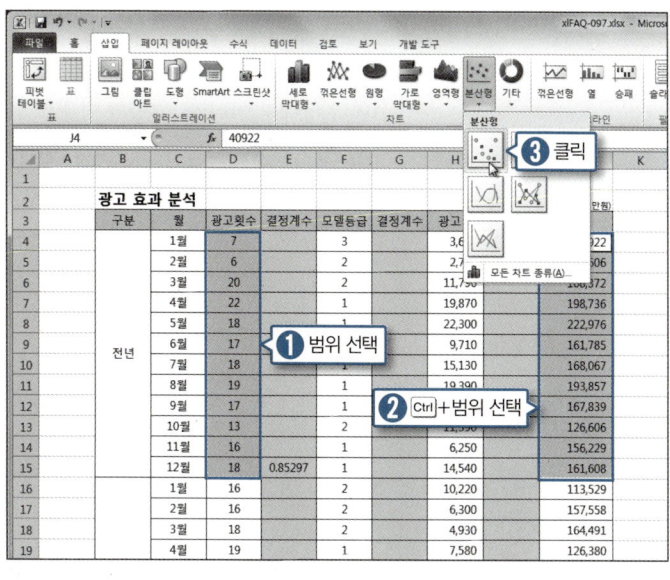

07 산점도 차트 만들기

전년도와 금년도 데이터 범위로 산점도 차트를 만들어 결정계수 값의 결과를 눈으로 확인해 보겠습니다.

❶ D4:D15 범위를 선택합니다.

❷ Ctrl을 누른 상태에서 J4:J15 범위를 선택합니다.

❸ [삽입] 탭-[차트] 그룹-[분산형]-[표식만 있는 분산형]을 클릭합니다.

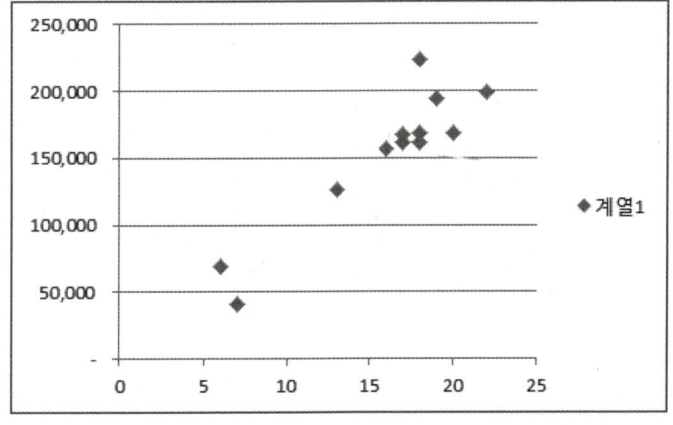

08 전년도 광고횟수와 매출 산점도 이해하기
분산형 차트가 만들어집니다.
표식이 위치한 위치를 보면 일정하게 증가하는 선형 추세를 보이고 있는 점을 확인할 수 있습니다.

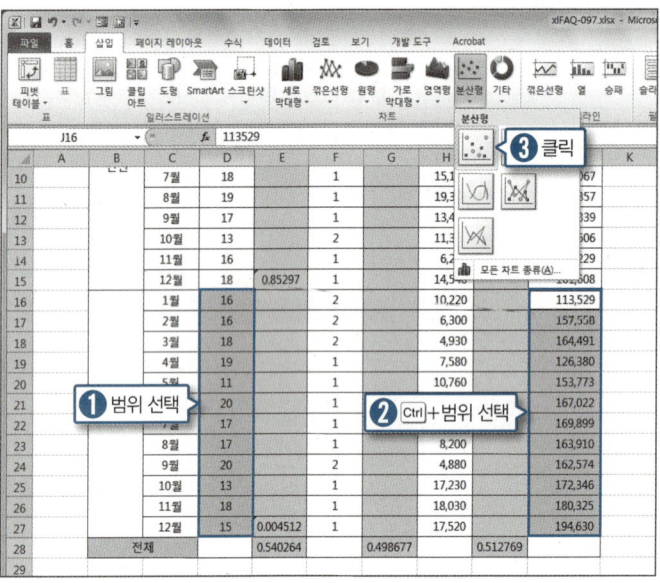

09 산점도 차트 만들기
❶ 금년도 차트를 만들기 위해 **D16:D27** 범위를 선택합니다.
❷ Ctrl 을 누른 상태에서 **J16:J27** 범위를 선택합니다.
❸ [삽입] 탭-[차트] 그룹-[분산형] -[표식만 있는 분산형] 을 클릭합니다.

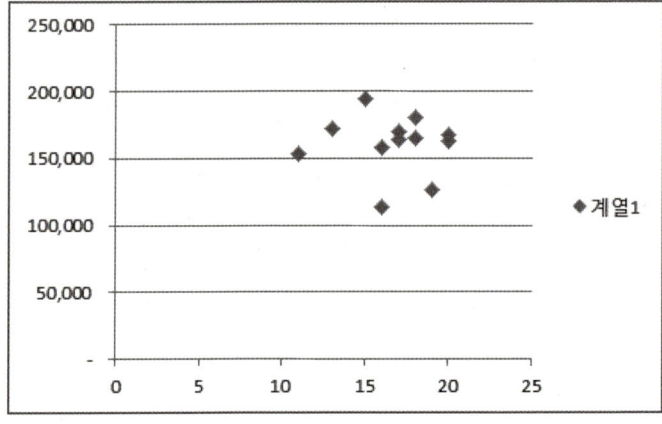

10 금년도 광고횟수와 매출 산점도 이해하기
분산형 차트가 만들어집니다. 이 차트는 선형의 형태가 아니라, 원형의 형태로 표식이 위치하고 있는 것을 확인할 수 있습니다.

416 • Chapter 02 회귀 분석으로 데이터 예측 기법 사용하기

질문 98 하나의 산점도 차트에서 계열을 나눠 표시할 수 있나요?

전년도와 금년도 데이터를 표시하기 위해 각각 산점도 차트를 그리지 않고, 하나의 차트에서 구분해 표시할 수 있는 방법이 있나요?

• 예제 파일 〉 Part3 : **xlFAQ-098.xlsx**   • 완성 파일 〉 Part3\완성 : **xlFAQ-098완성.xlsx**

 답변 98 산점도 차트에서 계열을 여러 개 등록해, 한 번에 표시하는 작업이 가능합니다. 다만 열이 구분되어 있는 형태가 아니라면, 계열로 나눠 표시하기 위해서는 [선택하여 붙여넣기] 기능을 이용해야 합니다. 선택하여 붙여넣기 기능을 차트에서 사용하면 새 계열로 붙여 넣을지, 이전 계열에 이어 표시할지를 결정할 수 있어 편리합니다.

실무실습 산점도 차트에서 계열 구분해 표시하기

다음 실무실습을 통해 하나의 산점도 차트에서 계열을 구분해 표시하는 방법을 알아보겠습니다.

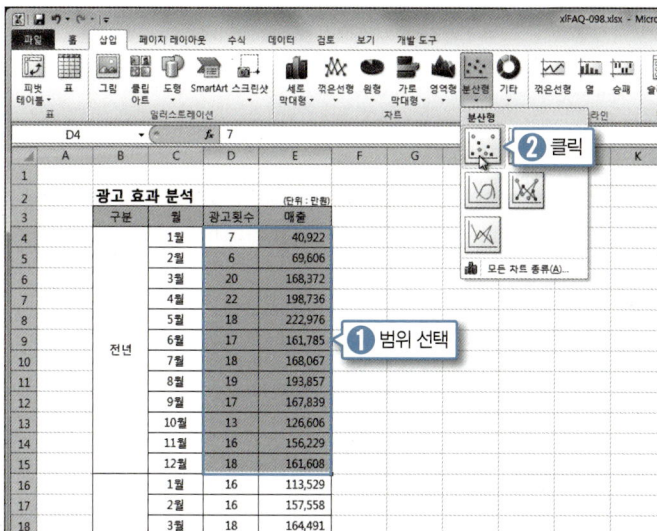

01 산점도 차트 만들기(1)

광고횟수와 매출 데이터만 정리한 표로 산점도 차트를 구성하면서 전년과 금년을 별도의 계열로 구분해 표시하겠습니다. 전년도 데이터 범위로 산점도 차트를 구성하겠습니다.

❶ **D4:E15** 범위를 선택합니다.

❷ [삽입] 탭-[차트] 그룹-[분산형]-[표식만 있는 분산형]을 클릭합니다.

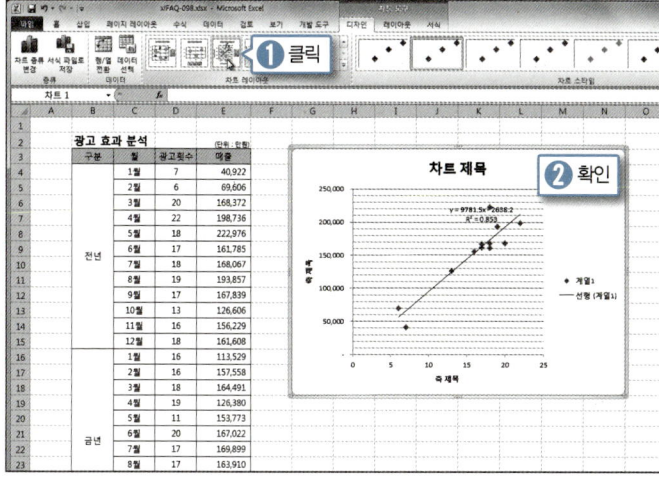

02 산점도 차트 만들기(2)

❶ 분산형 차트가 만들어지면 [디자인] 탭-[차트 레이아웃] 그룹-[레이아웃 9]를 클릭합니다.

❷ 차트에 선형 추세선과 결정계수 값, 회귀 방정식이 모두 표시됩니다.

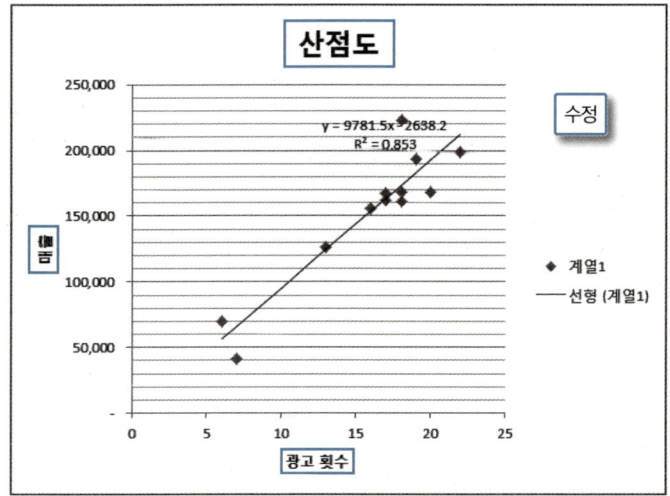

03 레이블 제목 변경하기

차트 제목을 **산점도**, X축 레이블을 **광고 횟수**, Y축 레이블을 **매출**로 수정합니다.

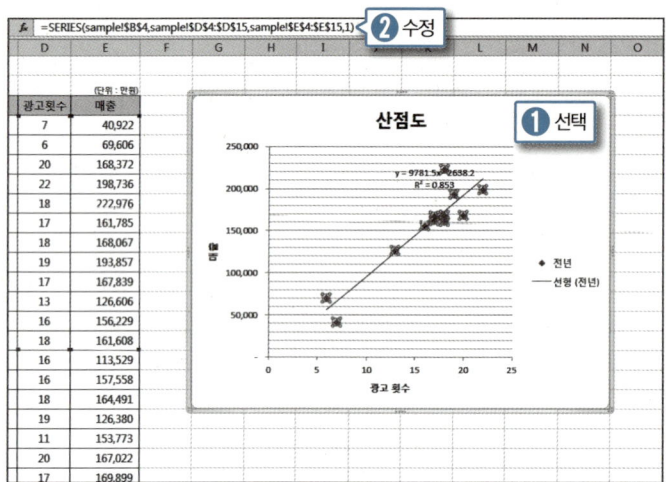

04 계열 이름 지정하기

❶ 계열 이름을 적용하기 위해 분산형 차트의 표식을 선택합니다.

❷ SERIES 함수의 첫 번째 인수 부분에 B4셀을 참조하도록 다음과 같이 수식을 구성합니다.

=SERIES(sample!$B$4,sample!$D$4:$D$15,sample!$E$4:$E$15,1)

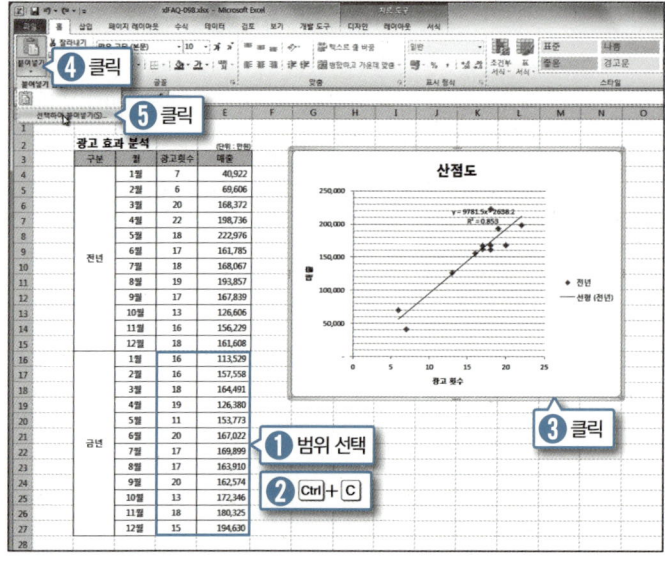

05 금년 계열 추가하기 (1)

❶ 금년 계열을 추가하기 위해 D16:E27 범위를 선택합니다.
❷ Ctrl+C 를 눌러 복사합니다.
❸ 차트를 선택합니다.
❹ [홈] 탭-[클립보드] 그룹-[붙여넣기] 의 **옵션** 단추 를 클릭합니다.
❺ [선택하여 붙여넣기]를 클릭합니다.

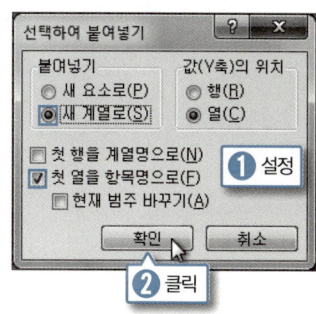

06 금년 계열 추가하기 (2)

① 선택하여 붙여넣기 대화상자가 표시되면 붙여넣기 옵션에서 **새 계열로**를 선택하고 **첫 열을 항목명으로**에 체크된 것을 확인합니다.

② [확인]을 클릭합니다.

Tip ... 첫 열을 항목명으로 옵션 이해하기
과정 06에서 확인한 **첫 열을 항목명으로**는 선택한 범위의 첫 번째 열을 X축에 표시한다는 의미입니다. 그러므로 선택 범위의 구성에 따라 이 옵션을 체크하거나 해제하는 방법을 사용해야 계열을 추가하는 작업을 제대로 수행할 수 있습니다.

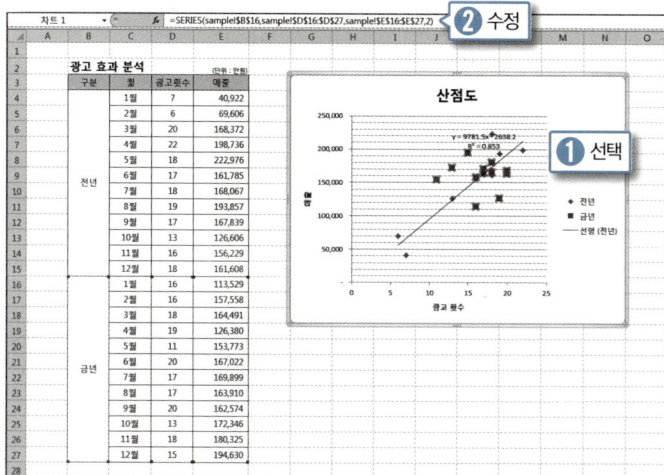

07 계열 이름 지정하기

① 추가한 계열의 이름을 지정하기 위해, 분산형 차트의 두 번째 계열의 표식을 선택합니다.

② 수식 입력줄의 SERIES 함수의 첫 번째 인수를 다음과 같이 지정합니다.

=SERIES(sample!$B$16,sample!$D$16:$D$27, sample!$E$16:$E$27, 2)

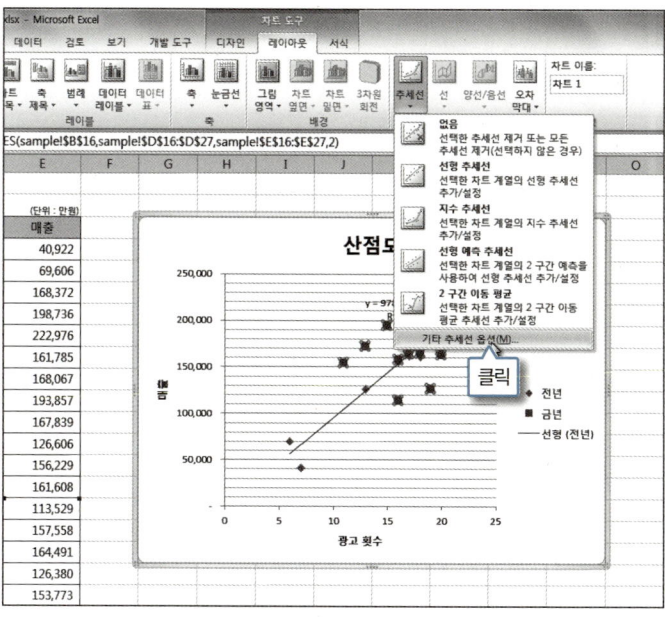

08 금년 계열 선형 추세선 추가하기 (1)

추가된 금년 계열에 추세선과 결정계수 값을 표시하겠습니다.

금년 계열이 선택된 채로 [레이아웃] 탭-[분석] 그룹-[추세선] -[기타 추세선 옵션]을 클릭합니다.

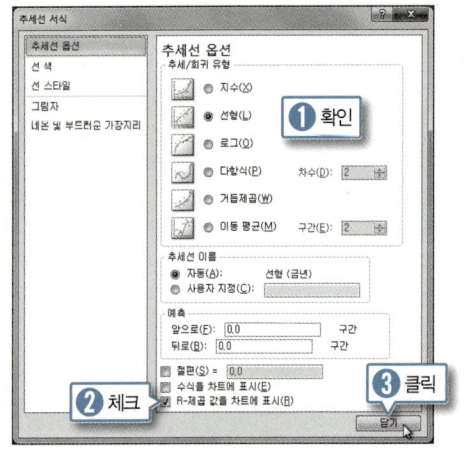

09 금년 계열 선형 추세선 추가하기 (2)

① 추세선 서식 대화상자가 표시되면 추세선 옵션 범주의 추세/회귀 유형 옵션에서 **선형**이 선택되어 있는지 확인합니다.
② R-제곱 값을 차트에 표시에 체크합니다.
③ [닫기]를 클릭합니다.

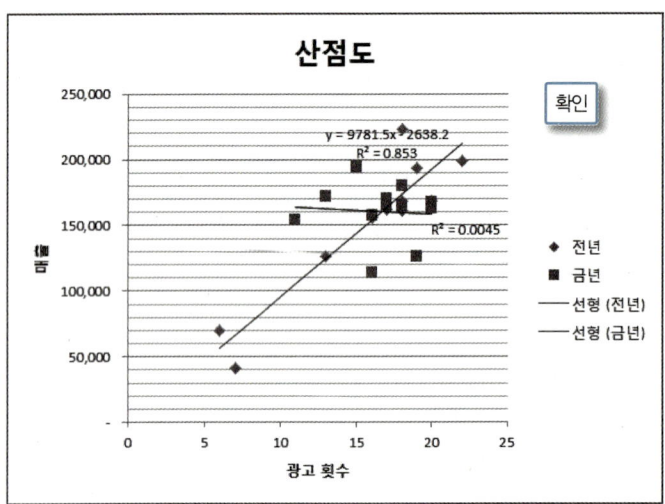

10 금년 계열 선형 추세선 추가하기 (3)

금년 계열의 추세선과 결정계수 값을 차트에서 확인할 수 있습니다.
단 추세선 서식이 금년이나 전년 계열 모두 동일하기 때문에 이런 경우에는 차트의 가독성이 떨어질 수 있습니다.

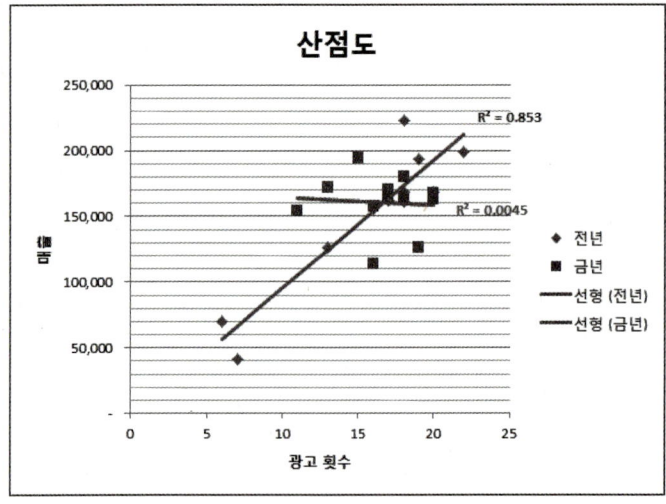

11 추세선 서식 변경해 산점도 완성하기

계열의 표식 색과 추세선의 색, 그리고 결정계수 값의 글꼴 색을 동일하게 설정하고, 금년 계열의 추세선의 회귀 방정식을 추세선 서식 대화상자를 호출해 없애면 산점도 차트를 완성할 수 있습니다.

Section 03 보간법을 이용해 점 사이 값 계산하기

▶ 선형 보간법   ▶ 2차 다항식 보간법

보간법은 산점도에서 점과 점 사이의 함수 값을 추정하기 위한 기법입니다. 예를 들면 이벤트 진행 횟수와 매출의 상관관계를 산점도로 확인했다면, 이벤트를 몇 회 진행하면 매출이 어느 정도 될지 추정할 수 있습니다. 이때 사용되는 기법이 보간법입니다.

보간법은 다양한 계산 방법이 있습니다. 가장 쉽게 사용할 수 있는 방법이 선형 보간법과 2차 다항식 보간법입니다. 이번 과정을 통해 두 기법에 대해 모두 설명합니다.

 광고횟수와 매출이 연관성이 있을 때 이벤트 횟수로 매출을 계산할 수 있나요?
질문 99   산점도 차트를 이용해 확인된 연관성을 통해, 앞으로 계획된 광고횟수로 매출을 계산할 경우 어떤 방법을 사용해야 하나요?

• 예제 파일 〉 Part3 : **xlFAQ-099.xlsx**   • 완성 파일 〉 Part3\완성 : **xlFAQ-099완성.xlsx**

 보간법은 두 점을 알고 있을 때, 두 점의 사이의 값을 추정하기 위한 방법으로 다양한 분석 기법이 있습니다. 이번에 설명하는 선형 보간법은 계산에 필요한 두 점을 알고 있을 때 가장 유용한 방법으로 두 점을 직선으로 이어 가운데 함수 값을 추정합니다. 아래 그래프를 보면 X1, X2와 Y1, Y2 값을 알 때, X0 값을 통해 Y0 값을 계산하고 싶은 경우 두 점을 직선으로 이어 Y0을 계산합니다. 이러한 방법이 바로 선형 보간법입니다.

이 기법은 쉽고 간단해, 보간법에 처음 입문하는 분들이 자주 사용하는 방법이지만 두 점의 사이가 직선이 아닌 경우에는 오차가 발생할 수 있다는 단점이 있습니다.

선형 보간법의 계산식은 다음과 같습니다.

y0 = y1+(y2-y1)/(x2-x1)*(x0-x1)

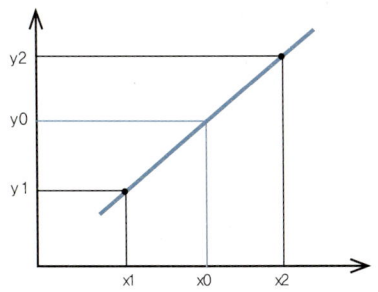

실무실습 선형 보간법으로 X0 값 계산하기

다음 실무실습을 통해 선형 보간법을 이용해 X0 값을 계산하는 방법을 알아보겠습니다.

01 예제 이해하기

왼쪽에 연간 월별 광고횟수와 매출 실적을 집계해 놓은 표와 오른쪽의 선형 보간법 계산을 위한 표가 준비되어 있습니다. 광고횟수와 매출이 연관성이 높다고 가정하고 G4:G5 병합 셀에 입력된 광고횟수를 월 15회 진행한다고 했을 때 예상되는 매출을 계산하는 작업을 진행하겠습니다.

02 분산형 차트 만들기

광고횟수와 매출의 산점도 차트를 만들겠습니다.

❶ C4:D15 범위를 선택합니다.
❷ [삽입] 탭-[차트] 그룹-[분산형] -[표식만 있는 분산형]을 클릭합니다.

03 오름차순으로 정렬하기

산점도 차트가 표시됩니다.
광고횟수를 15회 진행할 때 매출을 추정해야 하기 때문에, 광고횟수 별로 표를 정렬하고 15회가 속한 구간을 확인해야 합니다.

❶ 표를 정렬하기 위해 **C4**셀을 선택합니다.
❷ [데이터] 탭-[정렬 및 필터] 그룹-[**오름차순 정렬**]을 클릭합니다.

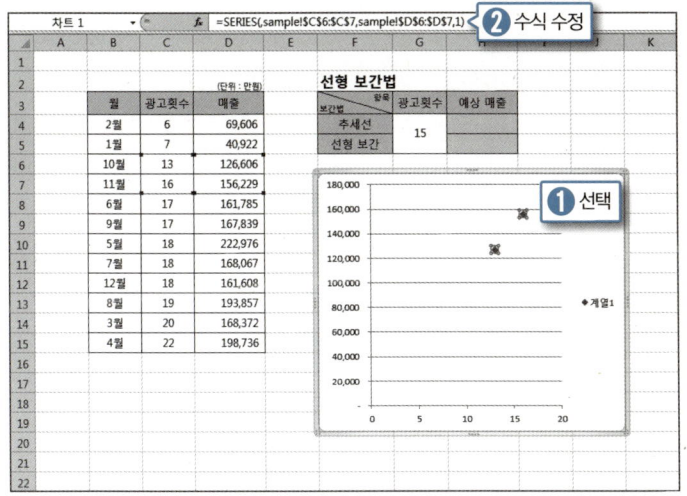

04 차트 원본 데이터 범위 조정하기

광고횟수를 15회 진행하면 산점도 차트에서는 13회와 16회를 진행했을 때의 사이가 됩니다.

❶ 산점도 차트의 원본 범위를 해당 위치로 제한하기 위해 산점도 차트의 표식을 선택하고 ❷ 수식 입력줄에서 함수 구성을 다음과 같이 변경합니다.

`=SERIES(,sample!$C$6:$C$7, sample!$D$6:$D$7, 1)`

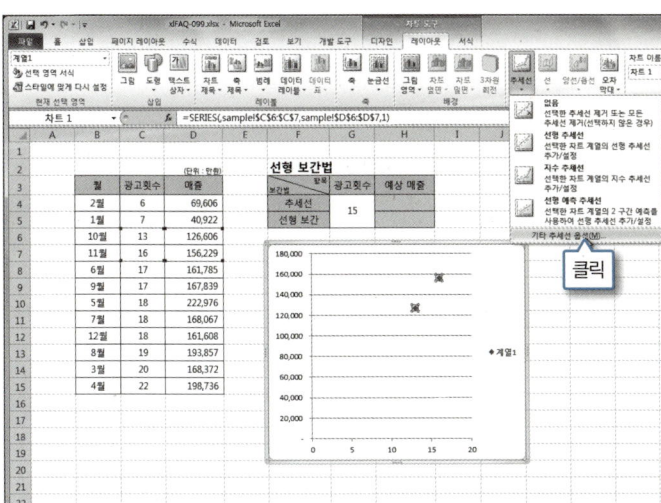

05 추세선과 회귀방정식 표시하기 (1)

산점도 차트의 두 점을 선형 추세선으로 연결하겠습니다.

차트가 선택된 상태에서 [레이아웃] 탭-[분석] 그룹-[추세선]-[**기타 추세선 옵션**]을 클릭합니다.

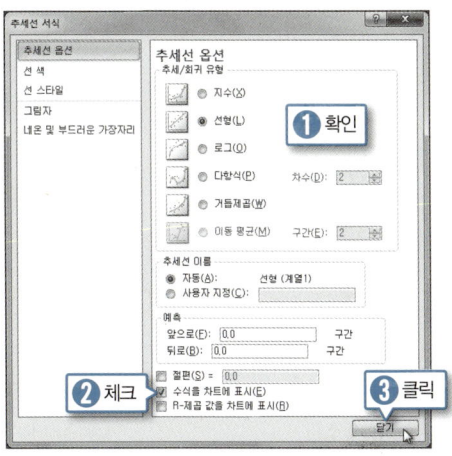

06 추세선과 회귀방정식 표시하기 (2)

❶ 추세선 서식 대화상자가 표시되면 추세선 옵션 범주의 추세/회귀 유형 옵션에서 **선형**이 선택되어 있는지 확인합니다.

❷ 아랫부분에서 **수식을 차트에 표시**에 체크합니다.

❸ [**닫기**]를 클릭합니다.

Section 03 보간법을 이용해 점 사이 값 계산하기 • **423**

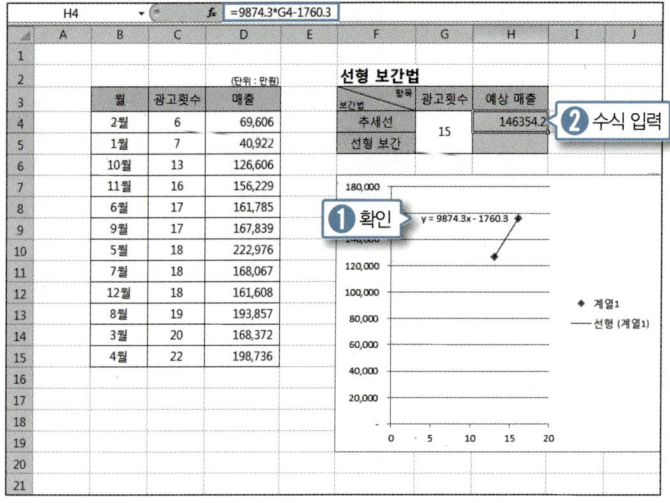

07 회귀 방정식 계산하기

❶ 두 점이 선형 추세선으로 연결되면서 차트에 다음과 같은 회귀 방정식이 표시되는 것을 확인합니다.

`y=9874.3x-1760.3`

❷ H4셀을 선택하고 다음 수식을 입력합니다.

`=9874.3*G4-1760.3`

수식 설명 =9874.3*G4-1760.3

광고횟수 15회가 포함된 두 점을 확인했으므로, 두 점을 선으로 이은 방정식을 풀면 선형 보간법 계산을 마칠 수 있습니다. 이 계산으로 얻은 결과는 14억 6,354만 원이므로 광고횟수와 매출이 연관성이 있다면 이 값도 신뢰할 수 있습니다.

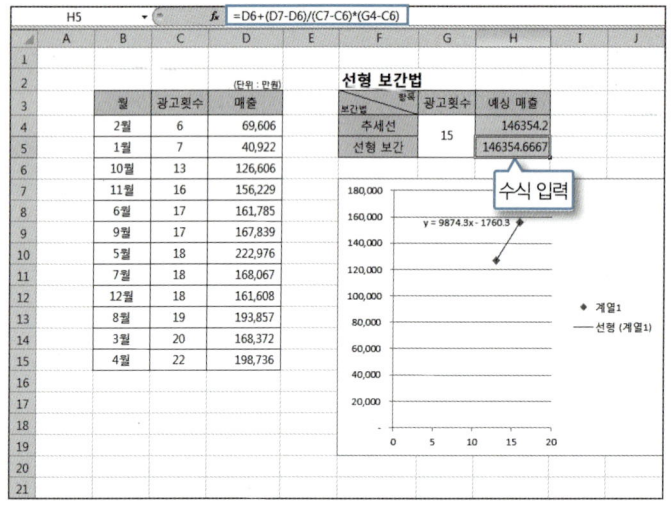

08 선형 보간법 계산식으로 계산하기

동일한 계산을 선형 보간법 계산식으로 계산해 보겠습니다.

H5셀을 선택하고 다음 수식을 입력합니다.

`=D6+(D7-D6)/(C7-C6)*(G4-C6)`

수식 설명 =D6+(D7-D6)/(C7-C6)*(G4-C6)

선형 보간법을 이용해 계산할 때는 추세선을 사용하지 않고 바로 계산 결과를 얻을 수 있습니다. 이번 수식은 선형 보간법의 계산식을 그대로 적용해 계산한 것으로, 아래 선형 보간법의 계산 방법과 이번 수식을 비교해 보세요.

$y0 = y1+(y2-y1)/(x2-x1)*(x0-x1)$

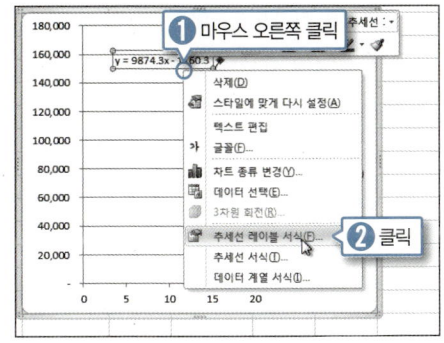

09 회귀 방정식 소수점 자릿수 조정하기 (1)

과정 **07~08**에서 얻은 결과 값의 소수점 이하 값에 차이가 나는 것은 선형 추세선의 회귀 방정식의 소수점 표시 방법 때문입니다.

❶ 소수점 이하 자릿수를 늘리기 위해 차트에 표시된 회귀 방정식 부분을 마우스 오른쪽 버튼으로 누릅니다.

❷ [**추세선 레이블 서식**] 메뉴를 선택합니다.

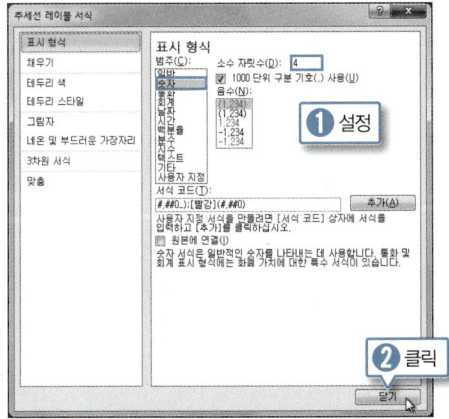

10 회귀 방정식 소수점 자릿수 조정하기 (2)

❶ 추세선 레이블 서식 대화상자가 표시되면 표시 형식 범주에서 범주 목록을 **숫자**, 소수 자릿수란을 **4**로 지정합니다.

❷ [**닫기**]를 클릭합니다.

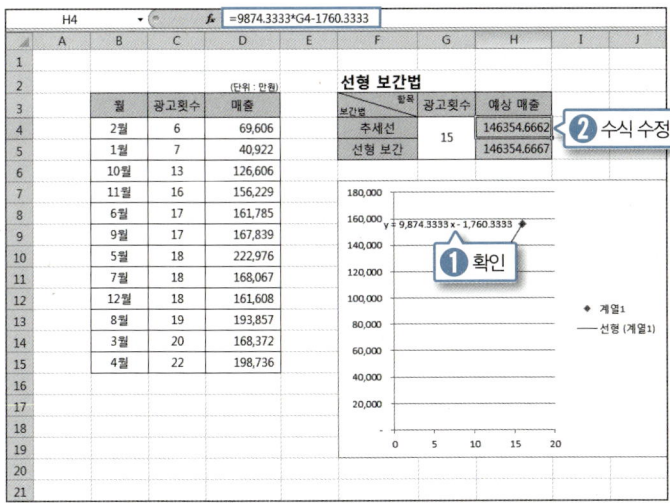

11 회귀 방정식 계산식 수정하기

❶ 추세선의 회귀 방정식이 소수점 4자리까지 표시됩니다.

❷ **H4**셀의 계산식을 방정식대로 다음과 같이 변경해 보면 H5셀의 결과와 유사한 값을 반환 받을 수 있습니다.

`=9874.3333*G4-1760.3333`

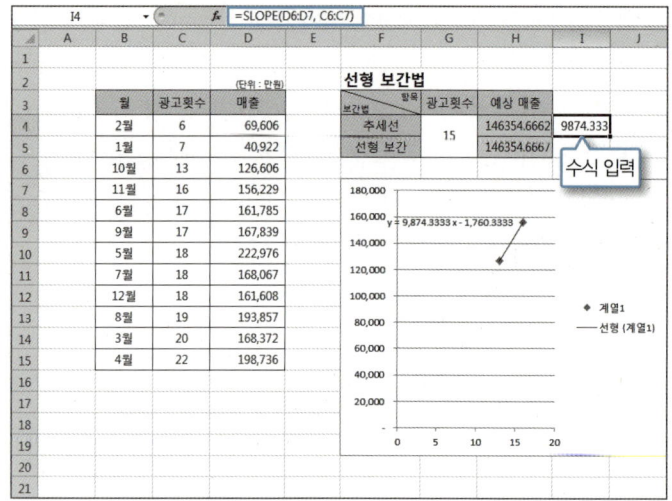

12 선형 회귀 방정식의 기울기 계산하기

y=mx+b와 같은 선형 회귀 방정식의 기울기 m과 상수 b 값은 각각 SLOPE 함수와 INTERCEPT 함수로 계산할 수 있습니다. 이 두 값을 다른 셀에 직접 계산해 보겠습니다.

I4셀을 선택하고 다음 수식을 입력합니다.

=SLOPE(D6:D7, C6:C7)

수식 설명 =SLOPE(D6:D7, C6:C7)

SLOPE 함수는 선형 회귀 방정식(y=mx+b)의 기울기 m 값을 계산하는 함수로 구문은 다음과 같습니다.

SLOPE(Y축 데이터 범위, X축 데이터 범위)

산점도 차트에서 Y축의 원본 데이터 범위와, X축의 원본 데이터 범위를 순서대로 전달하면 기울기가 계산됩니다.

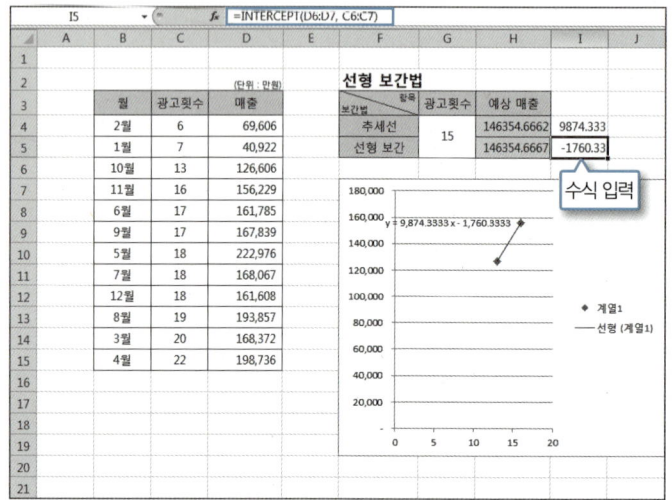

13 선형 회귀 방정식의 상수 b 계산하기

상수 b 부분을 계산하기 위해 INTERCEPT 함수를 사용하겠습니다.

I5셀을 선택하고 다음 수식을 입력합니다.

=INTERCEPT(D6:D7, C6:C7)

수식 설명 =INTERCEPT(D6:D7, C6:C7)

INTERCEPT 함수는 선형 회귀 방정식(y=mx+b)의 상수 b 값을 계산해 주는 함수로 사용 방법은 SLOPE 함수와 동일하며 구문은 다음과 같습니다.

INTERCEPT(Y축 데이터 범위, X축 데이터 범위)

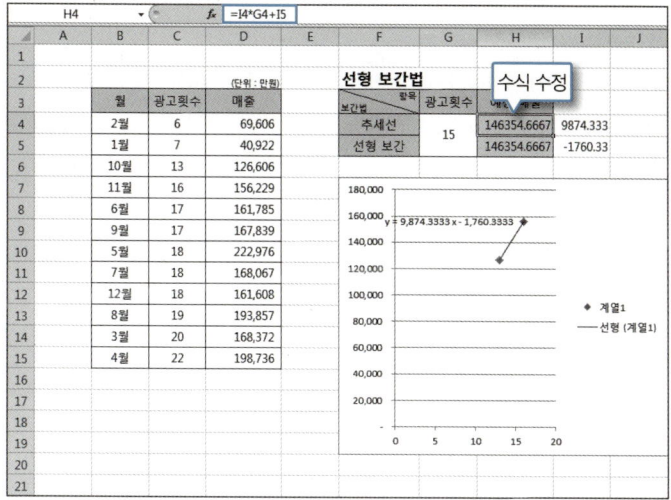

14 회귀 방정식 계산식 수정하기 (1)

과정 **12~13**에서 구한 기울기와 상수 b로 계산식을 변경하겠습니다.

H4셀을 선택하고 수식을 다음과 같이 변경합니다.

`=I4*G4+I5`

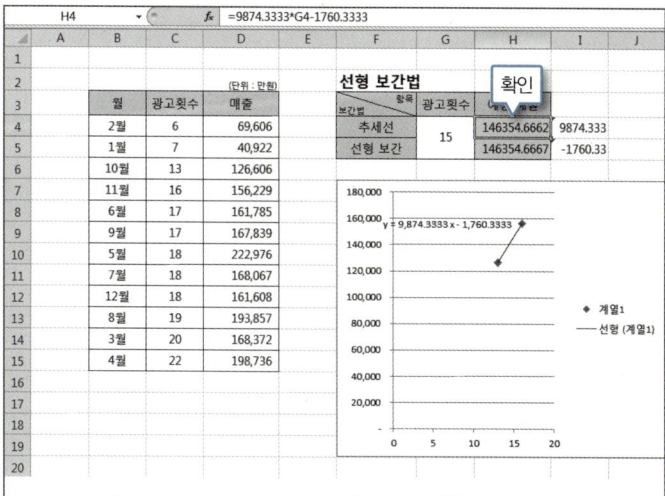

15 회귀 방정식 계산식 수정하기 (2)

H5셀과 동일한 결과를 되돌려 받는 것을 확인할 수 있습니다. <u>Note 5</u>

Note 5 ... 선형 회귀 방정식의 결과를 반환하는 FORECAST 함수 살펴보기

엑셀 함수 중에는 선형 회귀 방정식의 계산 결과를 반환하는 FORECAST 함수가 제공됩니다. 구문은 다음과 같습니다.

`FORECAST(새 X 값, Y축 데이터 범위, X축 데이터 범위)`

이 함수를 사용하려면 H4셀의 수식을 다음과 같이 변경할 수 있습니다.

`=FORECAST(G4, D6:D7, C6:C7)`

산점도 차트는 시각적인 정보를 제공하는 측면에서는 유용하지만, 계산 결과를 손쉽게 얻으려고 할 때는 SLOPE 함수와 INTERCEPT 함수의 조합이나 FORECAST 함수를 사용하는 것이 훨씬 편리합니다.

질문 100 **보간법을 이용할 때 두 점을 선형이 아닌 곡선으로 연결할 수 있나요?**
데이터가 선형으로만 이해할 수 있다면 좋겠지만, 회사 데이터는 곡선에 가까우므로 선형 보간법으로 구한 결과에는 약간의 오차가 생길 수 있습니다. 곡선으로 연결해 작업하려면 지수, 로그, 거듭제곱 추세선을 사용해야 하나요?

• 예제 파일 〉 Part3 〉 **xlFAQ-100.xlsx**   • 완성 파일 〉 Part3\완성 : **xlFAQ-100완성.xlsx**

답변 100 선형 보간법은 두 점을 직선으로 이어 계산하는 방법이기 때문에 쉽지만, 대부분의 데이터가 직선보다는 상승과 하락을 반복하는 곡선 패턴이기 때문에 기존의 방법을 보완할 필요가 있습니다. 2차 다항식 보간법은 선형 보간법보다 하나 더 많은 세 점을 가지고, 세 점을 곡선으로 이어 가운데 함수 값을 추정하는 방법입니다. 아래 그래프를 보면 x1, x2, x3와 y1, y2, y3 값을 알 때, x0 값을 통해 y0 값을 계산하고 싶은 경우 사용하는 방법이 바로 2차 다항식 보간법입니다. 이 방법은 곡선이 다양한 방식이기 때문에 정해진 계산식으로 계산이 어렵지만 2차 다항식 추세선을 이용해 계산하는 방법을 사용하면 쉽게 계산할 수 있습니다.

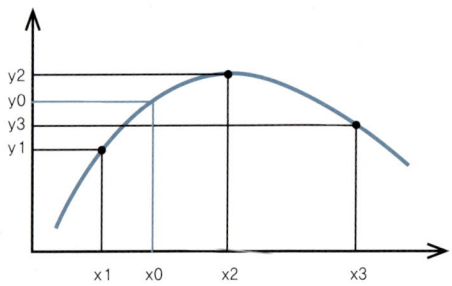

실무실습 **2차 다항식 보간법 이용하기**

다음 실무실습을 통해 2차 다항식 보간법을 이용하는 방법을 알아보겠습니다.

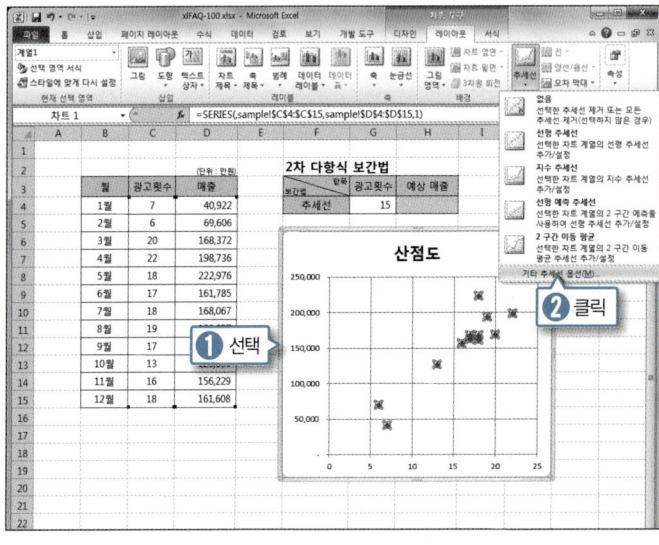

01 추세선 추가하기 (1)

2차 다항식 보간법을 이용해 광고횟수가 15회일 때 예상 매출을 계산하도록 표와 산점도 차트가 구성되어 있습니다.

산점도 차트에 추세선을 넣어 표식 사이의 관계를 파악해 보겠습니다.

❶ 산점도 차트를 선택합니다.

❷ [레이아웃] 탭-[분석] 그룹-[추세선] -[**기타 추세선 옵션**]을 클릭합니다.

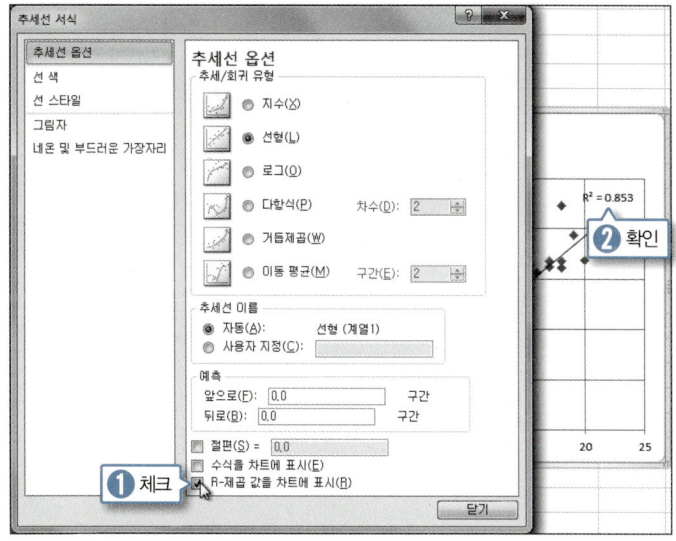

02 추세선 추가하기 (2)

① 추세선 서식 대화상자가 표시되면 추세선 옵션 범주의 추세/회귀 유형 옵션에서 **선형**이 선택된 채로 **R-제곱 값을 차트에 표시**에 체크합니다.

② 산점도 차트에 결정계수 값이 0.853으로 매우 높은 것을 확인할 수 있습니다.

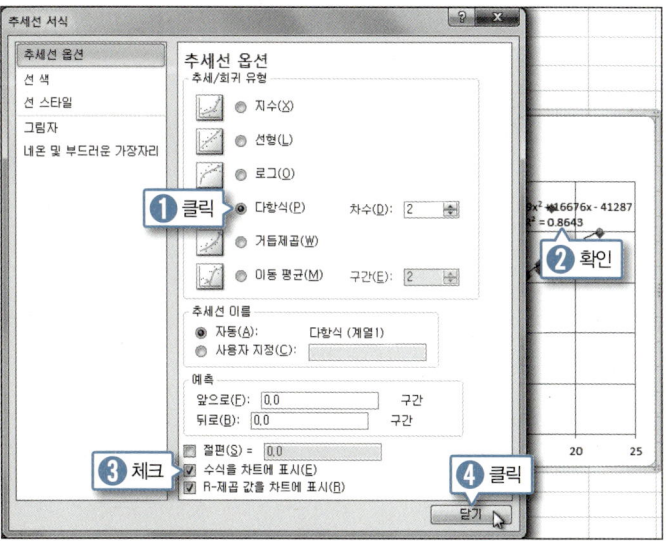

03 추세선 추가하기 (3)

① 추세/회귀 유형 옵션에서 **다항식**을 선택합니다.

② 결정계수 값을 확인해 보면 0.8643으로 선형 추세선보다 높습니다. 그러므로 선형보다는 2차 다항식으로 매출을 예측하는 것이 좋습니다.

③ 2차 다항식 보간법으로 계산하기 위해 **수식을 차트에 표시**에 체크합니다.

④ **[닫기]**를 클릭합니다.

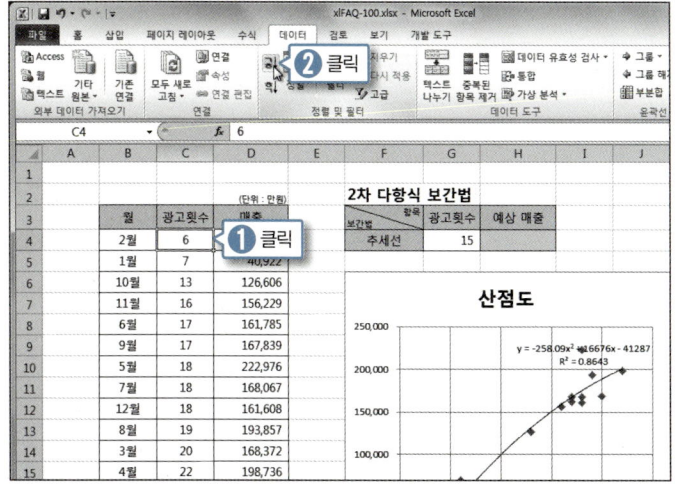

04 표 정렬하기

산점도 차트의 원본 데이터 범위를 제한하기 위해 표를 먼저 정렬하겠습니다.

① C4셀을 선택합니다.

② [데이터] 탭-[정렬 및 필터] 그룹-**[오름차순 정렬]**을 클릭합니다.

광고횟수 15를 설명하기 위한 구간을 확인할 수 있습니다.

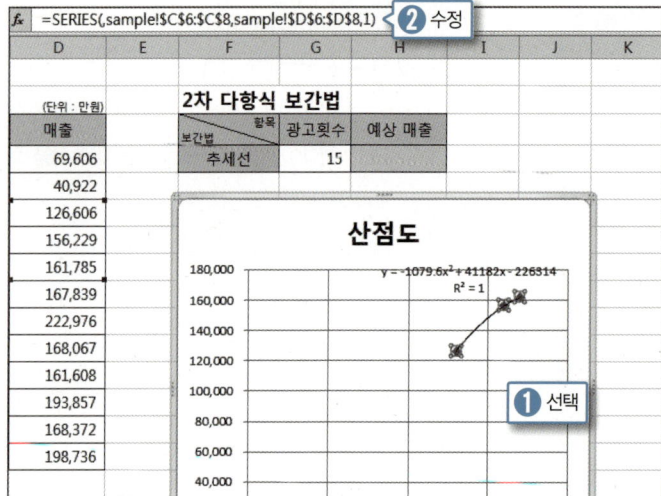

05 산점도 범위 조정하기

❶ 산점도 차트의 원본 데이터 범위를 조정하기 위해 산점도 차트의 표식을 선택합니다. Note 6

❷ 수식 입력줄의 SERIES 함수의 두 번째, 세 번째 인수 범위를 아래와 같이 수정합니다.

=SERIES(,sample!$C$6:$C$8,sample!$D$6:$D$8,1)

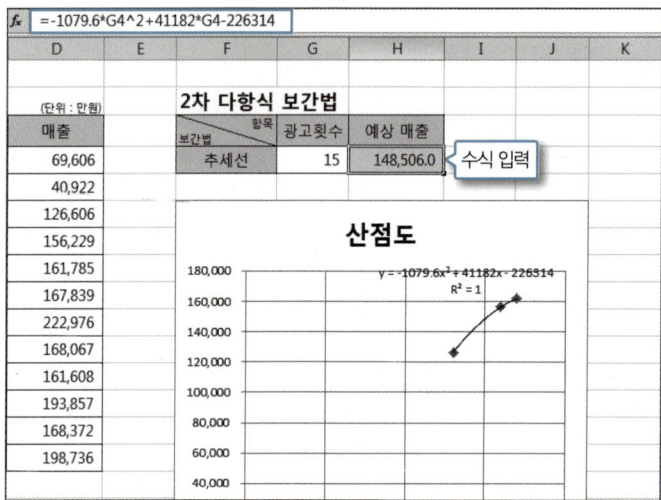

06 회귀 방정식으로 예상 매출 계산하기

과정 05에서 데이터 범위를 변경하면, 회귀 방정식이 변경되므로 해당 방정식을 이용해 매출을 수정하겠습니다.

H4셀을 선택하고 다음 수식을 입력해 넣습니다.

=-1079.6*G4^2+41182*G4-226314

Note 6 ... 원본 데이터 범위를 제한하는 방법 알아보기

2차 다항식 보간법을 사용하려면 총 3개의 점이 필요하며, 산점도 차트에서는 계산하려고 하는 광고횟수 15 지점에서 가까운 3개의 점을 지정하면 됩니다. 이렇게 하면 2차원 다항식 추세선은 결정계수 값이 1이 되며(2차 방정식을 이용하면 정확하게 3점을 연결하는 선 그래프를 반환) 회귀 방정식은 다음과 같이 변경됩니다. 이 방정식을 풀어 계산하면 광고횟수를 15회 진행할 때의 매출을 추정할 수 있습니다.

y=-1079.6*x^2+41182x-226314

Chapter 3.
고급 회귀 분석 및 시나리오 기법 사용하기

Chapter 2에서 추세선을 통해 회귀 분석의 원리와 사용 방법에 대해 이해할 수 있었을 것입니다. 이번에는 좀 더 다양한 실무에 적용하기 위해, 일정 주기를 반복하는 데이터를 예측하는 방법과 여러 개의 독립 변수를 사용하는 다중 회귀 분석을 사용하는 방법을 알아보겠습니다. 그리고 예측된 결과와 목표를 일치시킬 때 사용하는 시나리오 기법 등 실무에 꼭 필요한 내용을 묶어 설명합니다.

Chapter 3에서는 다음과 같은 내용에 대해 설명합니다.
- **Section 01** 일정 주기를 반복하는 데이터 예측하기
- **Section 02** 목표 달성을 위한 다중 회귀 분석으로 데이터 예측하기
- **Section 03** 목표 달성을 위한 시나리오 설계하기

Section 01 일정 주기를 반복하는 데이터 예측하기

▶ TREND 함수 ▶ GROWTH 함수 ▶ 월별 지수(계절 지수) ▶ 더미변수

데이터를 예측하고 싶지만 일정 주기를 반복하는 경우에는 데이터 예측을 하기가 쉽지 않습니다. 2차 다항식 추세선이 일정 주기를 반복하는 데이터를 설명하기에 적합하지만, 해당 추세선의 방식으로는 데이터를 예측하기가 어렵습니다. 그러므로 일정 주기를 반복하는 데이터의 경우는 추세선을 사용할 수 없으며, 2차 다항식을 풀어 계산해야 합니다. 2차 다항식을 적용하는 방법은 계절 지수를 사용하는 방법과 더미 변수를 사용하는 방법이 있으며, 두 방법 모두 장단점이 있습니다.

질문 101 일정 주기를 반복하는 데이터는 어떻게 예측하나요?

몇몇 제품의 경우, 계절적 원인에 의해 판매량이 일정하게 반복되는 패턴을 갖습니다. 기존의 추세선으로는 예측할 수 없으며, 다항식 추세선도 맞지 않습니다. 어떻게 예측하나요?

• 예제 파일 〉 Part3 : **xlFAQ-101.xlsx**   • 완성 파일 〉 Part3\완성 : **xlFAQ-101완성.xlsx**

답변 101 일정 주기로 반복하는 패턴을 갖는 데이터의 경우, 추세선으로 예측할 수 없습니다. 이 경우 2차 다항식을 이용해 계산해야 하며, 선형(y=mx+b)과 지수(y=b*m^x) 추세 방식을 각각 계산하는 TREND 함수와 GROWTH 함수를 사용해 계산합니다.

참고로 선형 추세는 1, 2, 3, …이나 1, 3, 5, …와 같이 일정한 간격으로 증가 또는 감소하는 추세를 의미하며, 지수 추세는 1, 2, 4, 8, …과 같은 2의 제곱이나, 1, 3, 9, 27, …과 같이 3의 제곱과 같은 패턴으로 증가 또는 감소하는 추세를 의미합니다.

두 함수는 모두 배열 함수로 결과를 되돌려 받을 범위를 선택하고 사용해야 하며, TREND 함수 구문은 다음과 같습니다. GROWTH 함수는 지수 추세의 결과를 계산한다는 점만 다르며 함수 사용 방법은 TREND 함수와 동일합니다.

> TREND (기존 Y 범위, 기존 X 범위, 새 X 범위, 상수 b 계산 여부)
> ❶ 기존 Y 범위 : 차트의 Y축에 표시될 데이터 범위입니다.
> ❷ 기존 X 범위 : 차트의 X축에 표시될 데이터 범위입니다.
> ❸ 새 X 범위 : 예측하려는 X축 구간의 값이 입력된 데이터 범위입니다.
> ❹ 상수 b 계산 여부 : y=mx+b와 같은 회귀 방정식의 상수 b를 계산할지 여부를 결정하는 옵션으로 다음과 같은 2가지 인수를 사용합니다.
>
> | 옵션 | 설명 |
> |---|---|
> | TRUE | 상수 b를 계산합니다. |
> | FALSE | 상수 b를 0으로 설정하며, 회귀 방정식은 y = mx가 됩니다. |

실무실습 일정 주기를 반복하는 데이터 예측하기

다음 실무실습을 통해 일정 주기를 반복하는 데이터를 확인하고, 예측하는 방법을 알아보겠습니다.

01 예제 이해하기

2010년부터 2012년까지의 겨울 시즌에 잘 팔리는 제품 판매량이 기록된 표를 확인할 수 있습니다. 지난 3년 사이의 데이터를 통해 2013년의 판매량을 예측하는 작업을 진행하겠습니다.

Tip... 계절 변동과 같은 분석을 할 때 준비할 데이터 양 알아보기

예제는 향후 1년 간의 판매량을 예측하기 위해 지난 3년 사이의 판매량을 정리했습니다. 예측할 사이클의 기간에 따라 준비해야 할 데이터의 양에 차이가 있습니다. 한 사이클이 1년이라면 적어도 3년 이상의 데이터가 필요합니다.

02 꺾은선형 차트로 추세 확인하기 (1)

판매량 추이를 확인해 보기 위해 차트를 만들겠습니다.

❶ B3:D39 범위를 선택합니다.

❷ [삽입] 탭-[차트] 그룹-[꺾은선형] -[2차원 꺾은선형] 항목-**[표식이 있는 꺾은선형]** 을 클릭합니다.

03 꺾은선형 차트로 추세 확인하기 (2)

표시된 꺾은선형 그래프의 추이를 보면, 일정하게 상승했다 하락하는 패턴을 반복해서 보이고 있음을 확인할 수 있습니다. 이렇게 일정 패턴을 반복하는 경우, 추세선만으로 예측할 수 없습니다.

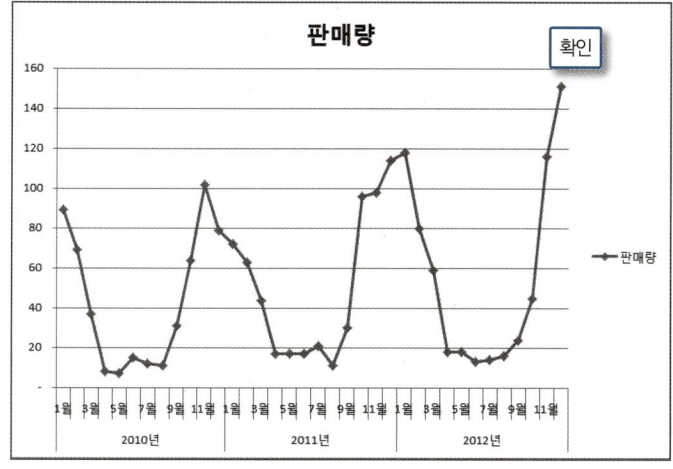

04 다항식 추세선으로 추이 예측하기 (1)

먼저 추세선을 사용해 보겠습니다.

❶ 꺾은선 그래프를 선택합니다.

❷ [레이아웃] 탭-[분석] 그룹-[추세선] -[기타 추세선 옵션]을 클릭합니다.

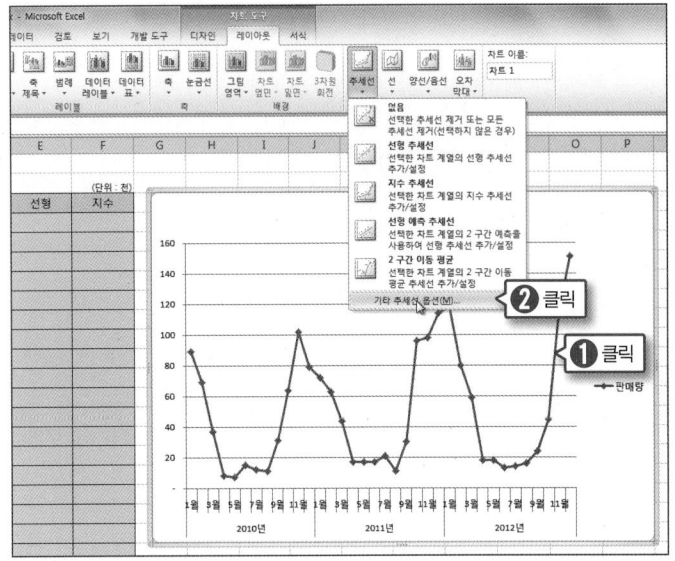

05 다항식 추세선으로 추이 예측하기 (2)

추세선 서식 대화상자가 표시되면 추세선 옵션 범주의 추세/회귀 유형 옵션에서 **다항식**을 선택하고 차수란을 **6**으로 설정합니다.

Note 1

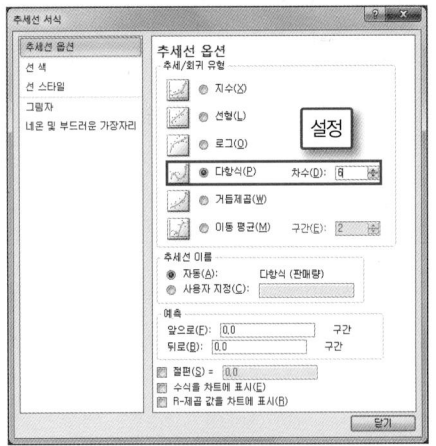

Note 1 ... 다항식 6차를 선택했을 때의 차트 모습 이해하기

차수를 변경하면 대화상자 뒤의 차트에 추세선이 다음과 같은 모습으로 표시됩니다. 다항식 추세선의 차수는 상승과 하락을 의미합니다. 2차는 한 번의 상승과 한 번의 하락을 의미하므로 6차는 세 번의 상승과 세 번의 하락을 표시합니다. 이렇게 하면 다음 차트와 같은 다항식 추세선을 확인할 수 있습니다.

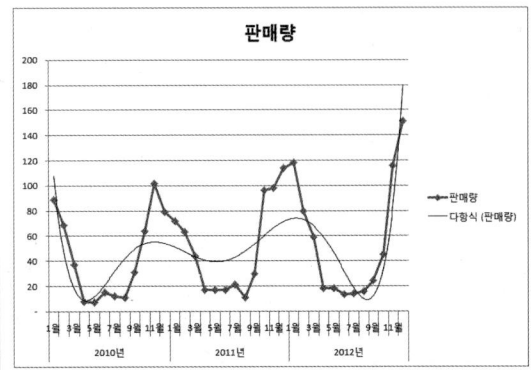

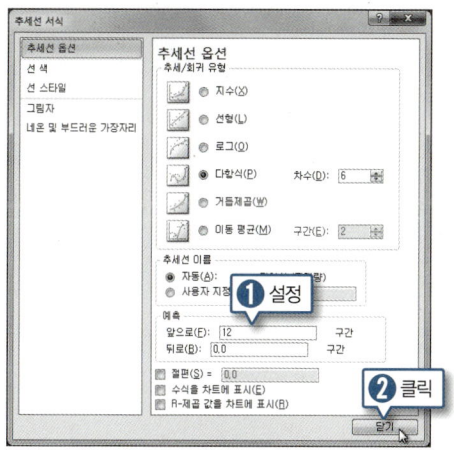

06 다항식 추세선으로 추이 예측하기 (3)

❶ 다항식 추세선의 문제를 확인하기 위해 추세선 서식 대화상자의 예측 옵션에서 앞으로란을 **12구간**으로 설정합니다.

❷ [닫기]를 클릭합니다.

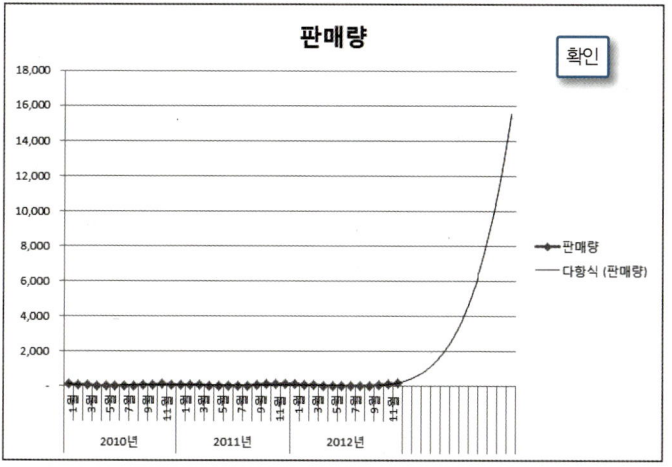

07 다항식 추세선으로 추이 예측하기 (4)

추세선의 마지막 상승 곡선이 12구간 동안 계속 상승해서 예측 작업을 하는 것은 불가능하다는 것을 알 수 있습니다.

Tip ... 추세선의 상승 곡선이 지속되는 이유 알아보기

다항식 추세선이 6차로 설정되었고, 꺾은선 그래프는 하락 추이로 시작하므로, 다항식 추세선은 하락, 상승, 하락, 상승, 하락, 상승 패턴을 보이게 됩니다. 이때, 앞으로란을 12구간으로 설정했으므로 마지막 상승 패턴을 12구간 표시하라는 의미가 되어 추세선이 화면과 같이 표시된 것입니다. 이렇게 다항식 추세선을 사용해서는 원하는 예측 작업을 할 수 없습니다.

그러므로 추세선이 화면과 같이 사이클을 반복하는 차트의 패턴을 예측하도록 하려면 상승과 하락을 반복하는 2차 다항식으로 문제를 풀어야 하며, 이런 계산식을 직접 풀기 위해 엑셀에서 제공되는 TREND 함수와 GROWTH 함수를 사용하는 것이 편리합니다.

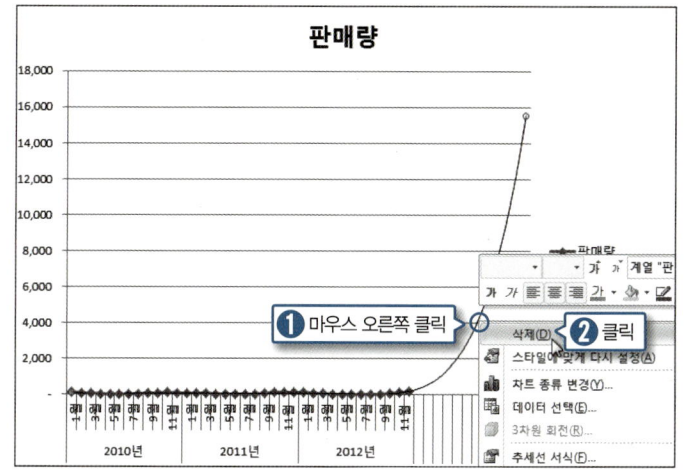

08 다항식 추세선 삭제하기

추가된 추세선을 삭제하고, 직접 계산 작업을 통해 판매량을 예측해 보겠습니다.

❶ 차트의 추세선을 마우스 오른쪽 버튼으로 누릅니다.

❷ [삭제] 메뉴를 선택합니다.

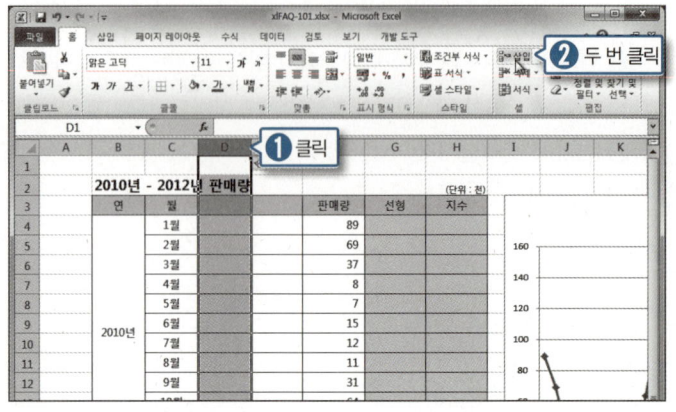

09 X축 항목 일련번호 추가하기 (1)

추세선의 회귀 방정식을 풀기 위해 X축의 값을 1, 2, 3, …과 같은 일련번호로 대체했듯이 이번 작업 역시 일련번호를 추가해 작업합니다. 2차 방정식으로 푼다고 했으니 X 값이 2개 필요합니다.

❶ D열 머리글을 선택합니다.

❷ [홈] 탭-[셀] 그룹-[삽입]을 두 번 클릭해 2개의 빈 열을 추가합니다.

10 X축 항목 일련번호 추가하기 (2)

일련번호를 추가하겠습니다.

❶ D3셀을 선택하고 **기간**을 입력합니다.

❷ D4셀을 선택하고 다음을 입력합니다.
=ROW(A1)

❸ D4셀의 **채우기 핸들**을 더블 클릭해 수식을 복사합니다.

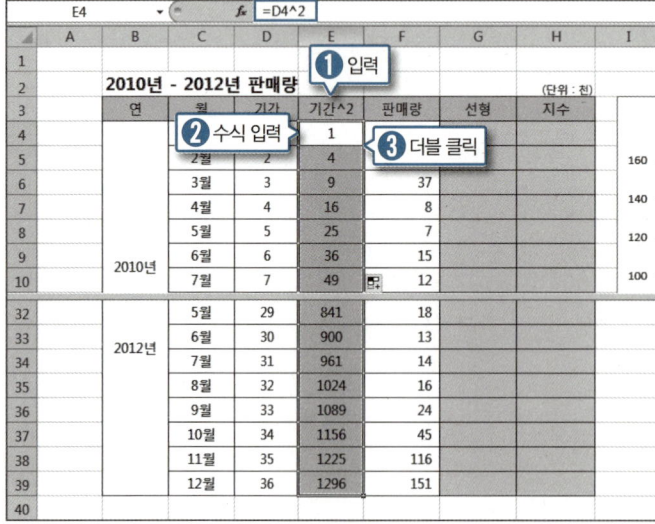

11 X축 항목 일련번호 추가하기 (3)

❶ X의 제곱 값을 계산해 넣기 위해 E3셀을 선택하고 **기간^2**를 입력합니다.

❷ E4셀을 선택하고 다음을 입력합니다.
=D4^2 Note 2

❸ E4셀의 **채우기 핸들**을 더블 클릭해 수식을 복사합니다.

Note 2 … x의 제곱 값이 필요한 이유 알아보기

선형 회귀 방정식은 y=mx+b입니다. 2차 다항식 회귀 방정식의 경우는 y=m_1x^2+m_2x+b입니다. 그러므로 2차 다항식 회귀 방정식을 계산하기 위해서는 x 값과 x^2 값이 필요합니다. 물론 D열의 일련번호를 제곱하는 연산을 회귀 방정식 계산식에 넣어도 되지만, TREND 함수와 GROWTH 함수를 사용할 것이기 때문에 미리 x^2 값을 E열에 추가하는 것입니다.

12 선형 추세로 계산하기

먼저 선형 추세 방식으로 기존 판매량 범위의 값을 계산해 보겠습니다.

TREND 함수를 사용해 결과를 되돌려 받기 위해 **G4:G39** 범위를 선택합니다.

수식 입력 줄에 다음과 같은 수식을 작성하고 Ctrl + Shift + Enter 를 눌러 입력합니다.

=TREND(F4:F39, D4:E39)

수식 설명 =TREND(F4:F39, D4:E39)

TREND 함수는 선형 추세의 값을 계산할 때 사용합니다. TREND 함수의 인수는 총 4개이지만, 기존 데이터 구간의 선형 추세 값을 계산할 때는 첫 번째와 두 번째 인수만 사용합니다. 단, 선형 추세의 예측 값을 계산할 때는 세 번째 인수까지 사용해야 합니다. 예를 들어 추세선을 이용해 예측 작업할 때 원본 데이터의 추이와 유사한 추세선을 선택하면 차트에 추세선이 표시되고, 선택된 추세선을 확장해 미래 구간의 값이 표시되었습니다. 이런 방법은 TREND 함수를 사용할 때도 동일합니다. 첫 번째와 두 번째 인수만 사용하는 것은 선택한 추세선을 차트에 표시하는 것과 동일하며, 세 번째 인수를 함께 사용하는 것은 추세선을 확장하는 것과 동일합니다.

TREND 함수는 전체 기간의 값을 한 번에 계산해 반환하는 배열 함수이므로 반환 받을 범위(G4:G39)를 선택하고 수식을 작성한 다음 Ctrl + Shift + Enter 를 눌러 입력해야 합니다. 제대로 입력하면 수식 입력줄의 수식 앞뒤에 중괄호({ })가 표시됩니다.

13 지수 추세로 계산하기

지수 추세 방식으로 기존 판매량 범위의 값을 계산하겠습니다.

H4:H39 범위를 선택합니다.

다음 수식을 작성한 다음 Ctrl + Shift + Enter 를 눌러 입력합니다.

=GROWTH(F4:F39, D4:E39)

수식 설명 =GROWTH(F4:F39, D4:E39)

GROWTH 함수는 TREND 함수와는 달리 지수 추세 값을 계산한다는 점만 다르며, TREND 함수와 구성 및 사용 방법이 모두 동일합니다.

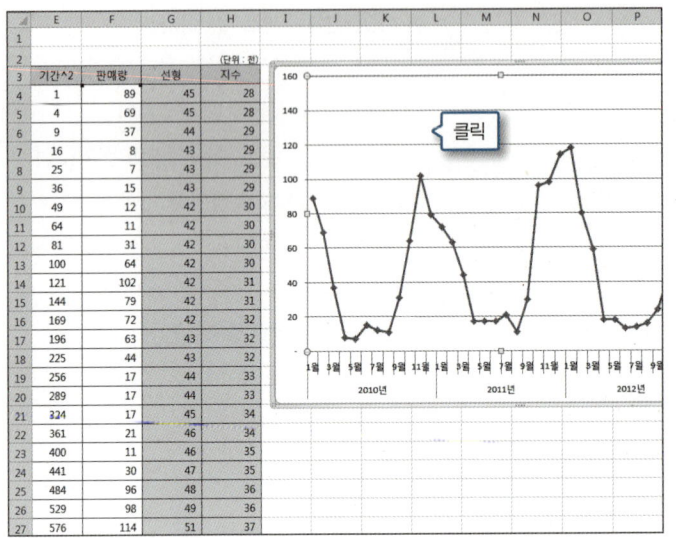

14 꺾은선형 차트에 계열 추가하기 (1)
과정 12~13에서 계산된 값을 차트에 추가하기 위해 차트를 선택합니다.

15 꺾은선형 차트에 계열 추가하기 (2)
F4:F39 범위의 파란색 실선 우측 상단의 크기 조정 핸들(■)을 H4셀로 드래그합니다.
이 방법이 어렵다면 G3:H39 범위를 선택하고 복사한 다음, 차트를 선택하고 붙여도 됩니다.

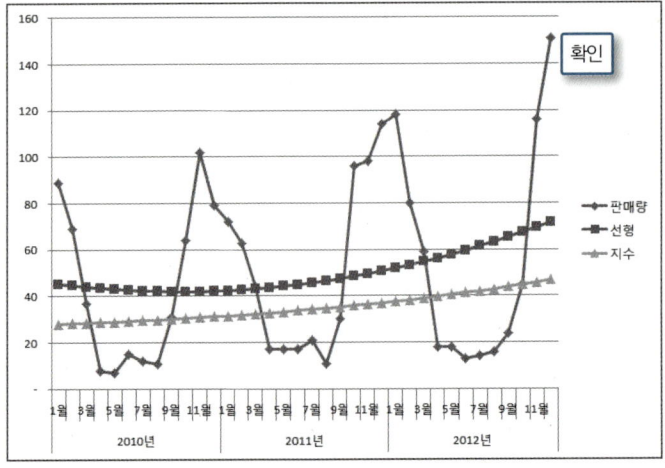

16 꺾은선형 차트에 계열 추가하기 (3)
차트에 추가된 계열을 보면 꺾은선 그래프와 흐름이 일치하지 않는 것을 확인할 수 있습니다.
선형과 지수 추세로 계산된 값이 꺾은선 그래프와 같은 변화를 보이도록 하려면, 월별 지수를 계산해 반영하면 됩니다.

질문 102
월별 지수를 어떻게 계산하고 반영하나요?

선형 추세와 지수 추세로 구한 결과가 기존 선 그래프와 유사해지려면 월별 지수라는 것을 반영하면 된다고 합니다. 월별 지수가 무엇인가요?

답변 102

• 예제 파일 〉 Part3 : xlFAQ-102.xlsx   • 완성 파일 〉 Part3\완성 : xlFAQ-102완성.xlsx

월별 지수는 계산된 선형 추세와 지수 추세의 결과로 실제 판매량을 나눈 다음, 해당 월의 평균을 구한 값입니다. 보통 월별로 계산하면 월별 지수, 분기별 데이터인 경우에는 분기별 지수라고도 하며, 일반적으로 계절 지수라고 부릅니다. 이렇게 계산된 값을 다시 기존 선형 추세와 지수 추세 값에 반영하면, 월별 평균치가 반영되어 TREND 함수와 GROWTH 함수로 구한 결과가 일정한 사이클 패턴을 보이게 됩니다.

실무실습 월별 지수(계절 지수) 계산하기

다음 실무실습을 통해 월별 지수(계절 지수)를 계산하는 방법을 알아보겠습니다.

01 예제 확인하기

G열과 J열의 선형과 지수 추세 계산 결과 값과 F열의 판매량으로 H열과 K열의 비율을 계산하고 O:P열에는 월별 비율의 평균을 계산하겠습니다.

계산된 월별 비율 평균을 기존 TREND, GROWTH 계산 결과에 반영하는 작업을 진행합니다.

02 선형 비율 계산하기

먼저 판매량을 선형 추세 값으로 나눈 비율을 계산하겠습니다.

❶ H4셀을 선택하고 다음 수식을 입력합니다.

`=F4/G4`

❷ H4셀의 **채우기 핸들**을 더블 클릭해 수식을 복사합니다.

03 월 평균 선형 비율 계산하기

❶ H열에 계산된 비율의 월별 평균 값을 계산해 넣기 위해 O4셀을 선택하고 다음 수식을 입력합니다.

`=AVERAGEIF($C$4:$C$39, N4, $H$4:$H$39)`

❷ O4셀의 **채우기 핸들**을 더블 클릭해 수식을 복사합니다.

수식 설명 `=AVERAGEIF($C$4:$C$39, N4, $H$4:$H$39)`

AVERAGEIF 함수는 평균을 구할 때 사용하는 AVERAGE 계열 함수 중 하나로, 조건을 하나 처리해 평균을 계산하고 싶은 경우에 사용합니다. AVERAGEIF 함수의 구문은 다음과 같습니다.

AVERAGEIF(범위, 조건, 평균 범위)

이번 작업은 월별 비율의 평균을 구하는 작업이므로, 월이 조건이 되고, 비율이 평균을 구할 대상 범위가 됩니다. 그러므로 월별 비율의 평균을 계산하려면 왼쪽 표의 C4:C39 범위에서 N4셀의 값을 찾아, 오른쪽의 H4:H39 범위의 값의 평균을 계산하도록 구성해야 합니다. 이때, 수식은 복사해 사용할 것이므로 AVERAGEIF 함수의 첫 번째 인수와 세 번째 인수는 절대 참조 방식으로 참조합니다.

04 선형 추세에 선형 비율 적용하기

O열에 계산된 월별 지수(선형 비율)를 G열의 선형 추세 값에 곱해 선형 추세 값을 완성하겠습니다.

❶ I4셀을 선택하고 다음 수식을 입력합니다.

`=G4*VLOOKUP(C4, $N$4:$O$15, 2, FALSE)`

❷ I4셀의 **채우기 핸들**을 더블 클릭해 수식을 복사합니다.

수식 설명 `=G4*VLOOKUP(C4, $N$4:$O$15, 2, FALSE)`

이번 수식은 VLOOKUP 함수만 사용할 수 있다면 손쉽게 작성할 수 있는 수식으로, G열의 TREND 함수로 계산한 선형 추세의 값과 O열의 월별 선형 비율 평균을 곱하는 수식입니다. 이 수식에서 O열의 월별 선형 비율 평균을 참조하기 위해 사용한 VLOOKUP 함수의 구문은 다음과 같습니다.

VLOOKUP(찾을 값, 표, 열 번호, 찾기 옵션)

VLOOKUP 함수는 [찾을 값]을 [표] 왼쪽 첫 번째 열의 [찾기 옵션]에서 지정해 놓은 방법(FALSE면 정확하게 일치하는 첫 번째 값의 위치 찾기)으로 찾습니다. 위치를 찾았다면 [표]의 [열 번호] 순서의 열에서 [찾을 값]과 동일한 행에 입력된 값을 참조해 옵니다.

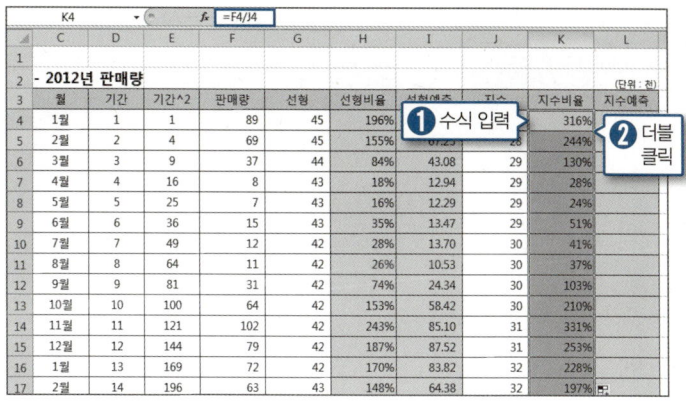

05 지수 비율 계산하기

같은 방법으로 지수 비율을 계산하겠습니다.

❶ K4셀을 선택하고 다음 수식을 입력합니다.

=F4/J4

❷ K4셀의 **채우기 핸들**을 더블 클릭해 수식을 복사합니다.

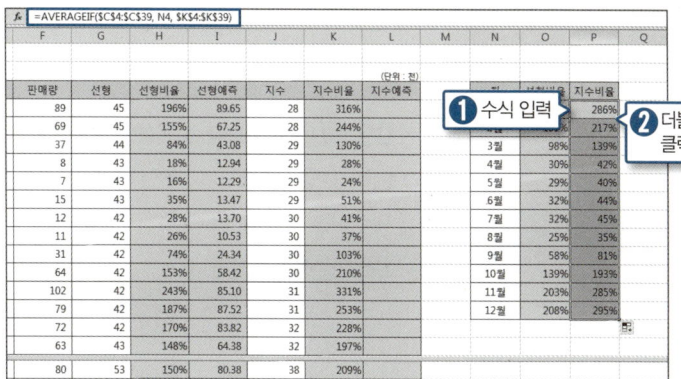

수식 설명 =AVERAGEIF($C$4:$C$39, N4, $K$4:$K$39)

과정 **03**의 수식과 동일하며, 자세한 설명은 과정 **03**의 수식 설명을 참고합니다.

06 월 평균 지수 비율 계산하기

❶ 지수 추세의 월별 지수를 계산하기 위해 P4셀을 선택하고 다음 수식을 입력합니다.

=AVERAGEIF($C$4:$C$39, N4, $K$4:$K$39)

❷ P4셀의 **채우기 핸들**을 더블 클릭해 수식을 복사합니다.

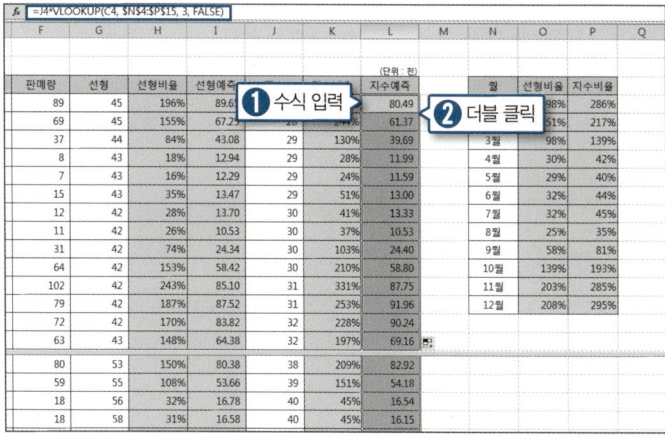

수식 설명 =J4*VLOOKUP(C4, $N$4:$P$15, 3, FALSE)

과정 **04**의 수식과 동일하며, 자세한 설명은 과정 **04**의 수식 설명을 참고합니다.

07 지수 추세에 월 평균 지수 비율 적용하기

P열에 계산된 월별 지수를 반영해 J열의 지수 추세 값을 변경하겠습니다.

❶ L4셀을 선택하고 다음 수식을 입력합니다.

=J4*VLOOKUP(C4, $N$4:$P$15, 3, FALSE)

❷ L4셀의 **채우기 핸들**을 더블 클릭해 복사합니다.

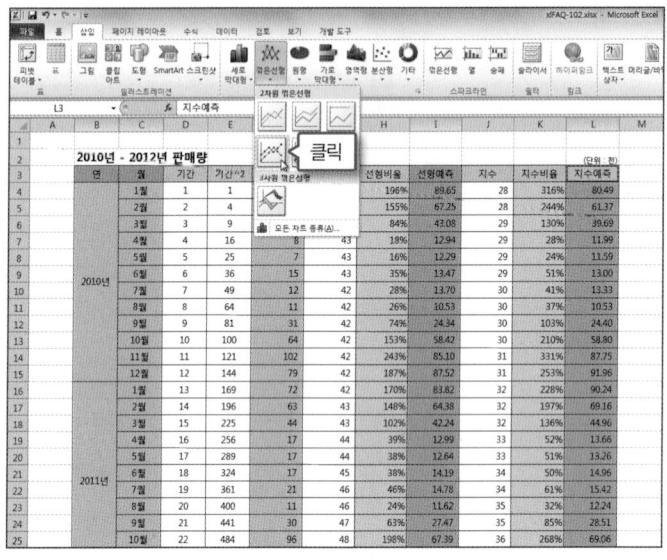

08 꺾은선형 차트로 추이 확인하기 (1)
계산된 결과가 눈으로 확인되지 않기 때문에 꺾은선형 차트를 만들어 추이를 표시하겠습니다.
B3:C39 범위를 선택하고 Ctrl 을 누른 상태에서 F3:F39 범위와 I3:I39 범위, L3:L39 범위를 연속해서 선택합니다.

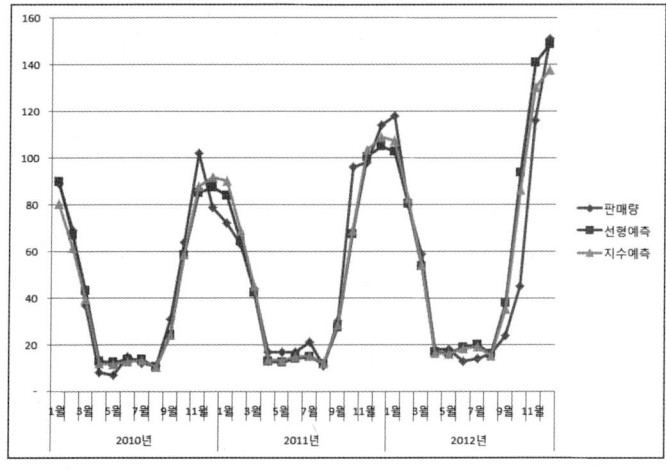

09 꺾은선형 차트로 추이 확인하기 (2)
[삽입] 탭-[차트] 그룹-[꺾은선형]-[2차원 꺾은선형] 항목-[**표식이 있는 꺾은선형**]을 클릭합니다.

10 꺾은선형 차트로 추이 확인하기 (3)
만들어진 차트를 살펴보면 선형예측과 지수예측 계열이 판매량 계열과 유사한 흐름을 보이고 있음을 확인할 수 있습니다.

질문 103. 선형과 지수 추세를 확인한 후 예측은 어떻게 하나요?

조정된 선형 추세 값과 지수 추세 값을 확인했습니다. 예측은 어떤 방법을 사용해야 하나요?

• 예제 파일 〉 Part3 : xlFAQ-103.xlsx   • 완성 파일 〉 Part3\완성 : xlFAQ-103완성.xlsx

답변 103.

기존 추세선을 이용한 예측 작업과 동일하게 월별 지수(비율의 평균)를 반영한 선형 추세와 지수 추세 값과 매출의 연관성을 확인해 연관성이 높은 쪽을 선택하면 됩니다. 연관성도 추세선과 마찬가지로 결정계수 값으로 확인하며, 결정계수 값은 RSQ 함수로 계산합니다.

실무실습 추세로 미래 값 예측하기

다음 실무실습을 통해 선형과 지수 추세의 결정계수 값을 확인하고, 선택된 추세로 미래 값을 예측하는 방법을 알아보겠습니다.

01 예제 이해하기

수정된 선형 추세 값과 지수 추세 값의 결정계수 값을 확인해 추세를 선택하고, 선택된 추세로 2013년 판매량을 예측하는 작업을 진행하겠습니다.

02 결정계수 값으로 추세 선택하기 (1)

❶ 선형 추세 값의 결정계수 값을 계산해 보기 위해 I1셀을 선택하고 다음 수식을 입력합니다.

=RSQ(F4:F39, I4:I39)

❷ 0.90961407이 반환됩니다. 상당히 높은 연관성이 있다는 것을 확인할 수 있습니다.

수식 설명 =RSQ(F4:F39, I4:I39)

RSQ 함수는 결정계수 값을 반환하는 함수로 Y 데이터 범위와 X 데이터 범위를 순서대로 전달하면 됩니다. 여기서는 판매량과 선형예측 값 사이의 결정계수를 구할 것이므로 F4:F39 범위와 I4:I39 범위를 순서대로 전달했습니다.

03 결정계수 값으로 추세 선택하기 (2)

❶ 지수 추세 값의 결정계수 값을 확인하기 위해 **L1**셀을 선택하고 다음 수식을 입력합니다.

`=RSQ(F4:F39, L4:L39)`

❷ 반환된 0.9244092 값이 I1셀의 선형 추세의 결정계수 값보다 높은 것을 확인할 수 있습니다.

그러므로 이번에는 지수 추세 방법을 이용해 2013년 판매량을 예측합니다.

04 X축 일련번호 확장하기

먼저 X축의 일련번호 값을 입력해 넣어야 합니다. 이전에 수식을 사용해 일련번호를 넣었으므로 수식을 복사해 사용하면 됩니다.

❶ **D39:E39** 범위를 선택합니다.

❷ 채우기 핸들을 **51**행까지 드래그해 복사합니다.

05 지수 추세로 예측하기 (1)

지수 추세 값을 계산하겠습니다.

J40:J51 범위를 선택합니다.

수식 입력줄에 다음 수식을 작성한 다음, Ctrl+Shift+Enter를 눌러 입력합니다.

`=GROWTH(F4:F39, D4:E39, D40:E51)`

수식 설명 =GROWTH(F4:F39, D4:E39, D40:E51)

GROWTH 함수는 지수 추세 방정식을 계산할 수 있는 함수로, 인수는 다음과 같습니다.

GROWTH(기존 Y축 범위, 기존 X축 범위, 새 X축 범위)

위 인수 구성에 맞게 판매량 범위(F4:F39)와, 일련번호 범위를 기존(D4:E39)과 새 구간(D40:E51)으로 나눠 입력한 것으로, GROWTH 함수가 배열 함수이기 때문에 값을 반환 받을 전체 범위(J40:J51)를 선택하고 Ctrl + Shift + Enter 를 눌러 입력한 것입니다.

이렇게 GROWTH 함수를 구성해 사용하면, 추세선으로 미래 구간의 값을 예측하기 위해 앞으로란을 설정해 사용하는 것과 동일하게 지수 추세 방정식을 이용해 미래 구간의 값을 얻을 수 있습니다.

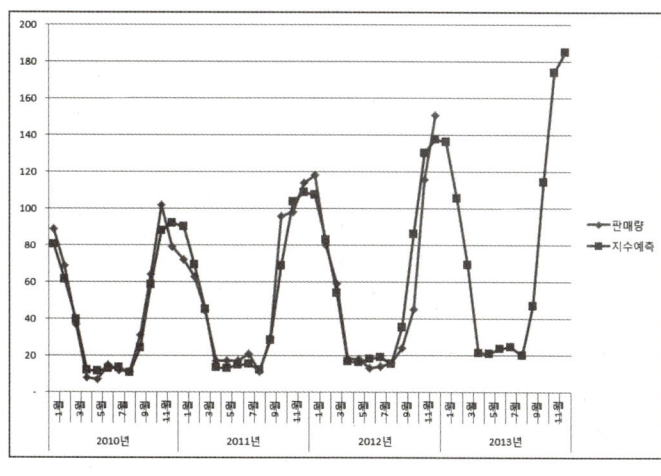

06 지수 추세로 예측하기 (2)

N3:P15 범위의 월별 지수(월 평균 비율)를 반영해 과정 **05**에서 계산된 지수 추세 값을 변경하겠습니다.

이전에 작성해 놓은 수식을 복사해 사용하면 되므로 **L39**셀의 **채우기 핸들**을 **L51**셀까지 드래그해 복사하면 됩니다.

07 꺾은선 그래프로 추이 확인하기

예측된 구간을 꺾은선 그래프로 표시해 추세를 확인하겠습니다.

B3:C51 범위를 선택하고, Ctrl 을 누른 상태에서 **F3:F51**, **L3:L51** 범위를 순서대로 선택합니다.

[삽입] 탭-[차트] 그룹-[꺾은선형] -[2차원 꺾은선] 항목-**[표식이 있는 꺾은선형]**을 클릭합니다.

Tip … 그래프 이해하기

선택한 지수 추세의 미래 값이 이전의 사이클을 유지하면서 상승하는 것을 확인할 수 있습니다. 다만, 2012년 12월의 판매량이 계산된 지수 추세 값보다 높은 것을 확인했다면, 2013년의 판매량이 좀 더 높지 않을까 하는 생각을 할 수도 있을 것입니다. 선형 추세의 결정계수 값도 0.9096이었으므로 선형 추세의 결과도 확인해서, 2013년 판매량의 예측 값을 추가로 얻어 사용해 봅니다.

08 선형 추세로 예측하기

❶ 선형 추세 값을 계산하겠습니다. **G40:G51** 범위를 선택합니다.
수식 입력 줄에 다음 수식을 작성한 다음, Ctrl + Shift + Enter 를 눌러 입력합니다.

`=TREND(F4:F39, D4:E39, D40:E51)`

❷ **I39**셀의 **채우기 핸들**을 **I51**셀까지 드래그해 수식을 복사합니다.

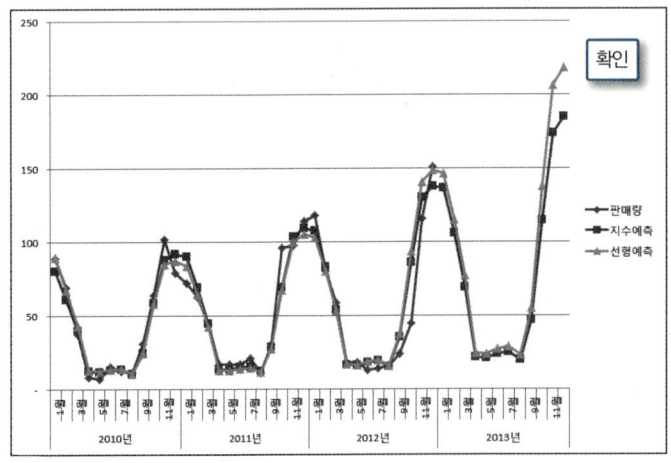

수식 설명 =TREND(F4:F39, D4:E39, D40:E51)

TREND 함수와 GROWTH 함수는 동일한 인수와 사용 방법을 가지므로 이번 수식은 선형 추세의 예측 값을 계산하기 위한 것만 다르고 과정 **05**에서 작성한 수식과 동일합니다. 자세한 설명은 과정 **05**의 수식 설명을 참고하세요.

09 꺾은선 그래프로 추이 확인하기

선형 추세를 꺾은선 차트에 추가하기 위해 **I3:I51** 범위를 선택하고 Ctrl + C 글쇠를 눌러 복사합니다. 그런 다음, 차트를 선택하고 Ctrl + V 를 눌러 붙입니다. 그러면 지수 추세보다 선형 추세가 좀 더 높은 판매량을 보일 것으로 예측한 것을 확인할 수 있습니다.

Tip … 그래프 이해하기

계산된 선형 추세의 값이 지수 추세보다 좀 더 높은 결과를 반환하는 것과, 2012년 12월의 실적과 선형 추세의 결과가 유사한 것을 확인해 볼 수 있습니다. 이렇게 되면, 2013년 예상 판매량을 어떤 것으로 선택해야 할지 난감할 것입니다. 결정계수 값은 단순히 현재 실적과 계산된 추세 값의 연관성을 표시해 주는 것이므로 꼭 결정계수 값이 높은 것만 선택하는 것이 옳다고 하기는 어렵습니다. 그러므로 예측된 결과와 시장 상황을 판단해 적절한 값을 선택하거나, 얼마부터 얼마까지로 구간별로 두 예측 값을 사용하는 것도 좋습니다. 참고로 항상 선형 추세가 지수 추세보다 높은 값을 반환하는 것은 아니므로 결정계수 값이 차이가 많이 나지 않고, 0.7 이상이라면 두 값을 모두 계산해 보는 것이 좋습니다.

질문 104 더미변수를 사용하는 방법이 있다고 합니다. 더미변수가 무엇인가요?

일정 사이클을 반복하는 데이터를 예측할 때 사용하는 더미변수는 무엇인가요? 그리고 어떻게 사용해야 하는지 알고 싶습니다.

• 예제 파일〉Part3 : **xlFAQ-104.xlsx**   • 완성 파일〉Part3\완성 : **xlFAQ-104완성.xlsx**

답변 104 더미변수에서 더미(Dummy)는 있다, 없다를 의미하는 1, 0 값을 사용하는 변수로, 숫자가 아닌 항목을 1, 0의 더미 값을 이용해 분석하는 방법입니다. 일정 사이클을 반복하는 회귀 분석에서도 유용하게 사용할 수 있는 방법으로, 구분하려는 계절(또는 월)을 1로 지정하고 나머지는 모두 0으로 변경해 지정하는 방법을 사용합니다.

실무실습 더미변수 사용하기

다음 실무실습을 통해 더미변수를 사용하는 방법을 알아보겠습니다.

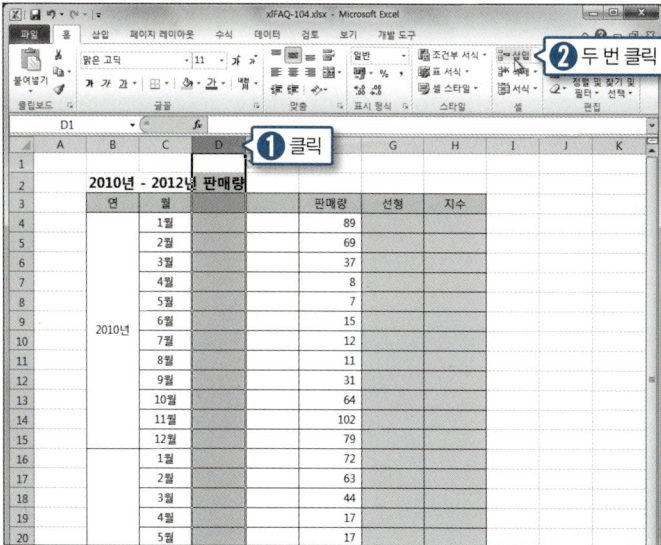

01 X 변수 값 입력하기 (1)

더미변수를 사용해 2013년 판매량을 예측하는 작업을 진행합니다.

먼저 일정 사이클을 반복하는 데이터는 2차 다항식을 사용하므로, 회귀 방정식의 x와 x^2에 해당하는 값을 미리 입력해 놓겠습니다.

❶ **D열 머리글**을 클릭합니다.

❷ [홈] 탭-[셀] 그룹-[**삽입**]을 두 번 클릭해 2개의 열을 새로 추가합니다.

02 X 변수 값 입력하기 (2)

D3셀에 **기간**, D4셀에 **=ROW(A1)**, E3셀에 **기간^2**, E4셀에 **=D4^2**를 입력합니다. D4셀과 E4셀의 경우는 **채우기 핸들**을 더블 클릭해 수식을 복사해 넣습니다.

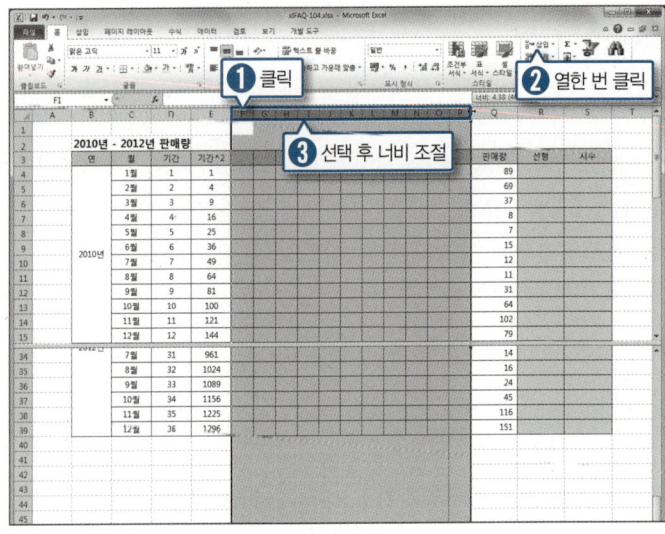

03 더미변수 입력하기 (1)

더미변수 값을 입력하겠습니다. 더미변수는 맞다, 틀리다를 의미하는 1, 0 값을 사용한다고 했고, 현재 예제는 월별이므로 12개에서 1개 적은 11개의 열을 추가하면 됩니다.

❶ F열을 선택하고 ❷ [홈] 탭-[셀] 그룹-[삽입]을 열한 번 클릭합니다.
❸ 삽입된 F:P열 머리글을 선택하고 열 너비를 40픽셀로 조정합니다.

Tip ... 12개가 아닌 11개 열을 삽입하는 이유 알아보기

이번에 더미변수를 사용한다고 했고, 판매량 데이터는 1년을 주기로 반복하므로 사이클을 정확하게 반영하기 위해서는 각 판매량이 1년의 12개월 중 어느 월에 해당하는 것인지 표시해야 합니다. 표시한다는 것을 정확하게 설명하면, 1월 판매량인 경우 1월 열에 1을 입력하고, 2월 이후는 모두 0을 입력해 1월을 다른 월과 구분한다는 것을 의미합니다.

1년은 12개월이므로 1과 0으로 구분하기 위해서는 총 개수보다 1개 적은 열이 필요합니다. 이유는 모두 0이 되는 것으로 나머지 하나를 설명할 수 있기 때문입니다. 즉, 1월부터 11월까지는 각 월에 1을 입력해 구분하고, 모두 0이 입력되는 마지막을 12월로 구분하면 됩니다.

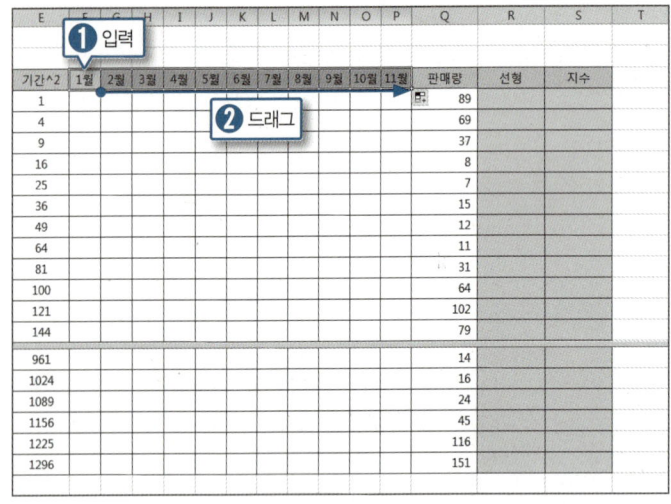

04 더미변수 입력하기 (2)

❶ 더미변수의 머리글을 입력하기 위해 F3셀에 **1월**을 입력합니다.
❷ F3셀의 **채우기 핸들**을 P3셀까지 드래그해 11월까지 값을 채워 넣습니다.

05 더미변수 입력하기 (3)

❶ 더미변수는 1과 0만 사용해야 하므로, **F4**셀을 선택하고 다음 수식을 입력합니다.

`=IF($C4=F$3, 1, 0)`

❷ **F4**셀의 **채우기 핸들**을 P4셀까지 드래그하고 ❸ 다시 39행까지 드래그합니다.

연	월	기간	기간^2	1월	2월	3월	4월	5월	6월	7월	8월	9월	10월	11월	판매량	선형
2010년	1월	1	1	1	0	0	0	0	0	0	0	0	0	0	89	
	2월	2	4	0	1	0	0	0	0	0	0	0	0	0	69	
	3월	3	9	0	0	1	0	0	0	0	0	0	0	0	37	
	4월	4	16	0	0	0	1	0	0	0	0	0	0	0	8	
	5월	5	25	0	0	0	0	1	0	0	0	0	0	0	7	
	6월	6	36	0	0	0	0	0	1	0	0	0	0	0	15	
	7월	7	49	0	0	0	0	0	0	1	0	0	0	0	12	
2012년	7월	31	961	0	0	0	0	0	0	1	0	0	0	0		
	8월	32	1024	0	0	0	0	0	0	0	1	0	0	0		
	9월	33	1089	0	0	0	0	0	0	0	0	1	0	0	24	
	10월	34	1156	0	0	0	0	0	0	0	0	0	1	0	45	
	11월	35	1225	0	0	0	0	0	0	0	0	0	0	1	116	
	12월	36	1296	0	0	0	0	0	0	0	0	0	0	0	151	

수식 설명 `=IF($C4=F$3, 1, 0)`

이번 수식은 F열부터 P열까지 3행에 입력된 각 월별 머리글 값을 C열의 값과 확인해 맞으면 1, 틀리면 0을 반환하는 역할을 합니다. 이렇게 하면 더미변수 값을 빠르게 입력할 수 있습니다. 이번 수식의 핵심은 참조 방식에 있습니다. F4셀에 작성한 수식에서 아래 수식은 사용에 문제가 없습니다.

`=IF(C4=F3, 1, 0)`

다만, G, H, …, P열로 복사하고, 39행까지 추가로 복사해 사용할 것이기 때문에 위 수식에서 참조한 C4셀과 F3셀의 참조 방식이 달라야 합니다. 구체적으로는 C4셀은 열 방향(오른쪽)으로 복사할 때는 위치가 바뀌면 안 되고 행 방향(아래쪽)으로 복사할 때는 행 주소가 바뀌어야 하므로, $C4와 같이 열 주소만 고정한 것이고 F3셀의 경우는 C4셀과 입장이 반대이므로 F$3과 같이 행 주소만 고정한 것입니다.

06 선형 추세 계산하기

R4:R39 범위를 선택하고 수식 입력줄에서 다음 수식을 작성한 다음 `Ctrl`+`Shift`+`Enter`를 누릅니다.

`=TREND(Q4:Q39, D4:P39)`

연	월	기간	기간^2	1월	2월	3월	4월	5월	6월	7월	8월	9월	10월	11월	판매량	선형	지수
2010년	1월	1	1	1	0	0	0	0	0	0	0	0	0	0	89	87	
	2월	2	4	0	1	0	0	0	0	0	0	0	0	0	69	65	
	3월	3	9	0	0	1	0	0	0	0	0	0	0	0		41	
	4월	4	16	0	0	0	1	0	0	0	0	0	0	0		9	
	5월	5	25	0	0	0	0	1	0	0	0	0	0	0	8	8	
	6월	6	36	0	0	0	0	0	1	0	0	0	0	0	15	9	
	7월	7	49	0	0	0	0	0	0	1	0	0	0	0	12	10	
	8월	8	64	0	0	0	0	0	0	0	1	0	0	0	11	7	
	9월	9	81	0	0	0	0	0	0	0	0	1	0	0	31	22	
	10월	10	100	0	0	0	0	0	0	0	0	0	1	0	64	62	
	11월	11	121	0	0	0	0	0	0	0	0	0	0	1	102	99	
	12월	12	144	0	0	0	0	0	0	0	0	0	0	0	79	108	

수식 설명 `=TREND(Q4:Q39, D4:P39)`

TREND 함수는 선형 추세 값을 계산할 수 있습니다. 더미변수를 사용할 경우 더미변수 범위까지를 기존 X 데이터 범위로 설정해야 하고, 나머지 사용 방법은 모두 동일합니다. 월별(또는 계절) 지수를 사용할 때와 다른 점은 월별 지수를 사용할 때의 계산은 TREND 함수의 결과가 상승과 하락 패턴을 반복하는 패턴을 보이지 않아, 월별 지수를 사용해 보정해 주는 작업을 해야 했지만, 더미변수를 사용할 경우에는 판매량(기존 Y 데이터 범위)과 동일한 상승, 하락 패턴을 바로 표시합니다. 이 설명이 잘 이해되지 않는 분들은 B3:C39, Q3:R39 범위를 선택하고 꺾은선형 차트를 그려 보기 바랍니다.

07 지수 추세 계산하기

지수 추세의 값을 계산하겠습니다. **S4:S39** 범위를 선택합니다.

수식 입력줄에 다음 수식을 작성하고 Ctrl + Shift + Enter 를 눌러 입력합니다.

`=GROWTH(Q4:Q39, D4:P39)`

08 꺾은선 그래프로 계산 결과 확인하기 (1)

❶ 계산된 추세 값을 확인하기 위해 **B3:C39** 범위를 선택하고 ❷ Ctrl 을 누른 상태에서 **Q3:S39** 범위를 추가로 선택한 다음, ❸ [삽입] 탭-[차트] 그룹-[꺾은선형] -[2차원 꺾은선형] 항목-[표식이 있는 꺾은선형] 을 클릭합니다.

09 꺾은선 그래프로 계산 결과 확인하기 (2)

꺾은선 그래프로 계산 결과를 확인합니다.

질문 105. 더미변수로 구한 추세 값에서 추세를 선택하는 방법은 이전과 동일한가요?

더미변수를 삽입해 계산한 표에서 올바른 추세를 선택하는 것은 결정계수를 사용해 해당 추세를 확장하는 방법을 사용하나요?

• 예제 파일 〉 Part3 : xlFAQ-105.xlsx   • 완성 파일 〉 Part3\완성 : xlFAQ-105완성.xlsx

답변 105.

더미변수는 추세 계산에 필요한 값이긴 하지만, 예측 과정 자체는 회귀 분석을 이용하므로 이전과 다르지 않습니다. 이번에도 결정계수를 이용해 선형 추세와 지수 추세 중에서 적합한 추세를 선택하고, 선택된 추세 계산 방법을 이용해 미래 값을 계산하면 됩니다.

실무실습 더미변수로 미래 값 예측하기

다음 실무실습을 통해 더미변수를 사용해 미래 값을 예측하는 방법을 알아보겠습니다.

01 데이터 이해하기

더미변수를 이용해 선형과 지수 추세 값을 계산해 놓은 표에서 미래를 예측하기 적합한 추세를 선택하고, 선택된 추세 계산 방법으로 2013년 판매량을 계산하는 작업을 진행하겠습니다.

연	월	기간	기간^2	1월	2월	3월	4월	5월	6월	7월	8월	9월	10월	11월	판매량	선형	지수
2010년	1월	1	1	1	0	0	0	0	0	0	0	0	0	0	89	87	70
	2월	2	4	0	1	0	0	0	0	0	0	0	0	0	69	65	55
	3월	3	9	0	0	1	0	0	0	0	0	0	0	0	37	41	37
	4월	4	16	0	0	0	1	0	0	0	0	0	0	0	8	9	11
	5월	5	25	0	0	0	0	1	0	0	0	0	0	0	7	8	11
	6월	6	36	0	0	0	0	0	1	0	0	0	0	0	15	9	13
	7월	7	49	0	0	0	0	0	0	1	0	0	0	0	12	10	13
	8월	8	64	0	0	0	0	0	0	0	1	0	0	0	11	7	11
	9월	9	81	0	0	0	0	0	0	0	0	1	0	0	31	22	25
	10월	10	100	0	0	0	0	0	0	0	0	0	1	0	64	62	58
	11월	11	121	0	0	0	0	0	0	0	0	0	0	1	102	99	96
	12월	12	144	0	0	0	0	0	0	0	0	0	0	0	79	108	103
	10월	34	1156	0	0	0	0	0	0	0	0	0	1	0	45	75	68
	11월	35	1225	0	0	0	0	0	0	0	0	0	0	1	116	112	108
	12월	36	1296	0	0	0	0	0	0	0	0	0	0	0	151	121	112
2013년	1월																
	2월																
	3월																
	4월																
	5월																
	6월																
	7월																
	8월																
	9월																
	10월																
	11월																
	12월																

(결정계수)

02 결정계수 계산하기

먼저 이전에 계산해 놓은 선형과 지수 추세의 결정계수 값을 계산해 적합한 추세를 선택하겠습니다.

❶ **R1**셀을 선택하고 다음 수식을 입력합니다.

`=RSQ($Q$4:$Q$39, R4:R39)`

❷ **R1**셀의 **채우기 핸들**을 S1셀로 드래그해 수식을 복사합니다. **Note 3**

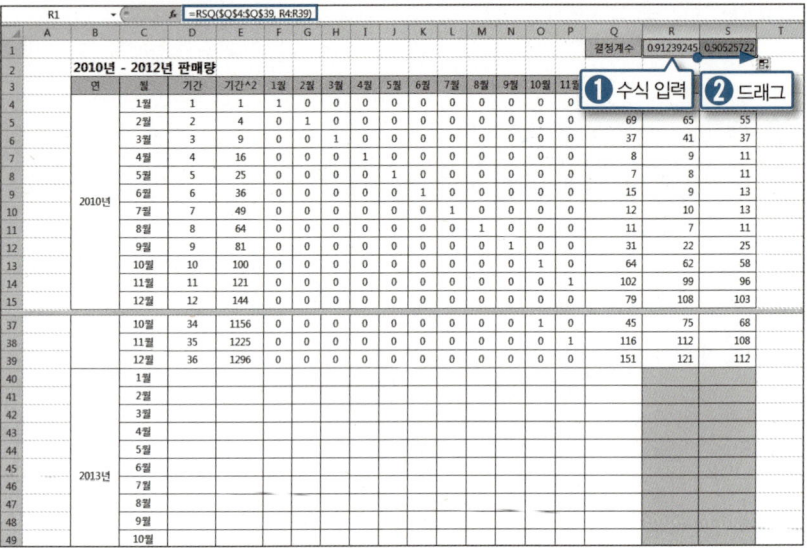

03 X와 더미변수 입력하기

선택된 선형 추세로 판매량을 예측하기 위해서는, 판매량을 예측할 구간의 X 데이터 범위와 더미변수를 먼저 입력해 둬야 합니다. X 값과 더미변수는 이전에 모두 수식을 사용했으므로 이전 수식을 복사해 사용하겠습니다.

❶ **D39:P39** 범위를 선택합니다. ❷ **채우기 핸들**을 51행까지 드래그해 수식을 복사합니다.

> **Note 3 ... 결정계수 이해하기**
>
> R1:S1 범위에 계산된 결정계수 값은 0.91239245와 0.90525722로 선형 추세의 결과가 좀 더 2010년~2012년 판매량과 연관성이 높은 것을 확인할 수 있습니다. 다만 그 차이가 크지 않기 때문에 이런 경우 업무를 담당하는 담당자의 직관이 좀 더 많이 요구됩니다. 선형 추세는 덧셈 또는 뺄셈을 이용하는 방식이고, 지수 추세는 곱셈 또는 나눗셈을 이용하는 방식이므로 급격한 변화가 예상된다면 지수 추세를, 일정한 변화가 예상된다면 선형 추세를 선택하는 것이 좋습니다. 단, 예제에서는 결정계수 값이 높게 반환된 선형 추세의 방법을 이용해 데이터를 예측하는 작업을 진행합니다.

04 선형 추세로 판매량 예측하기

R40:R51 범위를 선택합니다.

수식 입력줄에서 다음 수식을 작성하고 Ctrl + Shift + Enter 를 눌러 입력합니다.

`=TREND(Q4:Q39, D4:P39, D40:P51)`

연	월	기간	기간^2	1월	2월	3월	4월	5월	6월	7월	8월	9월	10월	11월	판매량	선형	지수
															결정계수	0.91239245	0.90525722
2010년 - 2012년 판매량																	
	1월	1	1	1	0	0	0	0	0	0	0	0	0	0	89	87	70
	2월	2	4	0	1	0	0	0	0	0	0	0	0	0	69	65	55
	3월	3	9	0	0	1	0	0	0	0	0	0	0	0	37	41	37
	4월	4	16	0	0	0	1	0	0	0	0	0	0	0	8	9	11
	5월	5	25	0	0	0	0	1	0	0	0	0	0	0	7	8	11
2010년	6월	6	36	0	0	0	0	0	1	0	0	0	0	0	15	9	13
	7월	7	49	0	0	0	0	0	0	1	0	0	0	0	12	10	13
	8월	8	64	0	0	0	0	0	0	0	1	0	0	0	11	7	11
	9월	9	81	0	0	0	0	0	0	0	0	1	0	0	31	22	25
	10월	10	100	0	0	0	0	0	0	0	0	0	1	0	64	62	58
	11월	11	121	0	0	0	0	0	0	0	0	0	0	1	102	99	96
	12월	12	144	0	0	0	0	0	0	0	0	0	0	0	79	108	103
	10월	34	1156	0	0	0	0	0	0	0	0	0	1	0	45	75	68
	11월	35	1225	0	0	0	0	0	0	0	0	0	0	1	116	112	108
	12월	36	1296	0	0	0	0	0	0	0	0	0	0	0	151	121	112
	1월	37	1369	1	0	0	0	0	0	0	0	0	0	0		106	
	2월	38	1444	0	1	0	0	0	0	0	0	0	0	0		84	
	3월	39	1521	0	0	1	0	0	0	0	0	0	0	0		60	
	4월	40	1600	0	0	0	1	0	0	0	0	0	0	0		28	
	5월	41	1681	0	0	0	0	1	0	0	0	0	0	0		28	
2013년	6월	42	1764	0	0	0	0	0	1	0	0	0	0	0		29	
	7월	43	1849	0	0	0	0	0	0	1	0	0	0	0		30	
	8월	44	1936	0	0	0	0	0	0	0	1	0	0	0		27	
	9월	45	2025	0	0	0	0	0	0	0	0	1	0	0		43	
	10월	46	2116	0	0	0	0	0	0	0	0	0	1	0		83	
	11월	47	2209	0	0	0	0	0	0	0	0	0	0	1		120	
	12월	48	2304	0	0	0	0	0	0	0	0	0	0	0		130	

> 배열 수식 입력

수식 설명 `=TREND(Q4:Q39, D4:P39, D40:P51)`

이번 수식은 선택한 선형 추세의 미래 값을 계산하기 위한 수식으로, TREND 함수를 사용해 계산합니다. TREND 함수는 배열 함수이므로 계산된 결과 값이 한 번에 반환되므로 R40:R51 범위를 선택하고 Ctrl + Shift + Enter 를 눌러 입력해야 올바른 결과를 반환합니다. 이번에 사용한 TREND 함수의 구성은 이전과 동일하며, 범위만 아래 구문에 맞게 설정된 것입니다.

`TREND(기존 Y 범위, 기존 X 범위, 새 X 범위)`

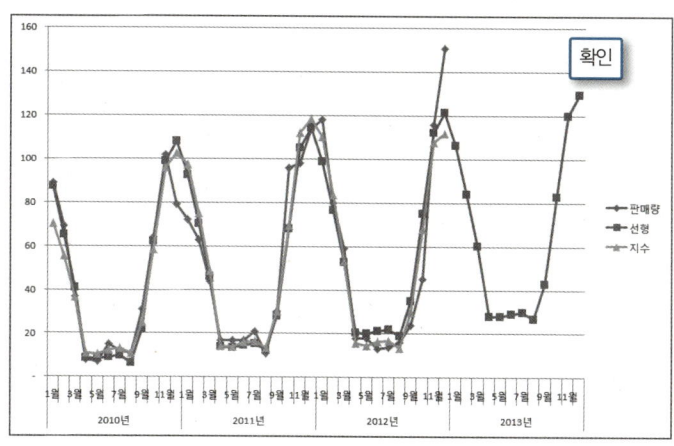

> 확인

05 예측된 판매량을 차트로 확인하기

B3:C51 범위를 선택하고, Ctrl 을 누른 상태에서 **Q3:S51** 범위를 선택합니다. 그런 다음, [삽입] 탭-[차트] 그룹-[꺾은선형] -[2차원 꺾은선형] 항목-**[표식이 있는 꺾은선형]** 을 클릭합니다.

만들어진 차트로 예측된 판매량을 확인합니다.

Section 02 목표 달성을 위한 다중 회귀 분석으로 데이터 예측하기

▶ 다중 회귀 분석 기법   ▶ 상관관계(상관계수) 표   ▶ 변수 모형 구성   ▶ 조정 결정계수

모든 회사는 매년 새로운 목표를 결정하고 이를 달성하기 위한 사업 계획을 작성하며 사업 계획에는 부서별로 다양한 계획이 정리됩니다. 예를 들면 새로운 목표에 맞춘 직원 채용 계획이라든지, 고객 관리, 생산 관리, 제품 관리, 광고 집행 계획 등이 포함됩니다.

그런데 이런 계획 수립 방법에는 사실 문제가 많습니다. 계획을 수립할 때는 계획에 포함되는 변수(광고비, 광고, 횟수, 관리 제품 수, 목표 고객 수 등)가 실제 매출과 연관성이 있는지, 있다면 얼마나 있는지 그렇다면 예상되는 매출은 얼마인지 먼저 계산할 필요가 있습니다. 그래야 계획은 신뢰를 얻을 수 있고, 만약 목표와 차이가 있다면 계획을 적합하게 수정할 수 있기 때문입니다.

목표를 결정하고 사업 계획을 수립하는 단계는 다음과 같아야 합니다. Section 02에서는 위와 같은 방법을 진행하기 위해 필요한 다중 회귀 분석 기법에 대해 먼저 설명합니다.

① 매출에 영향을 끼치는 변수를 확인합니다.
② 해당 변수들을 관장하는 부서에서 내년도 계획을 수립합니다.
③ 수립된 계획에 따른 매출을 예측합니다.
④ 회사의 목표와 예측된 결과와의 오차를 확인해, 목표를 달성하기 위해 계획을 수정합니다.
⑤ 실행 가능한 계획안을 시나리오로 정리해 보고합니다.

질문 106 매출에 영향을 끼치는 변수를 어떻게 수집하나요?
내년 한 해 설정된 목표를 달성하기 위해, 매출을 예측하려고 합니다. 이전에 사용했던 추세선과 같은 단순한 방법 대신, 매출에 영향을 주는 요소를 선별해 예측 작업을 하고 싶은 경우 어떤 방식으로 작업해야 하는지 알려 주세요.

• 예제 파일 〉 Part3 : xlFAQ-106.xlsx   • 완성 파일 〉 Part3\완성 : xlFAQ-106완성.xlsx

답변 106 추세선을 이용해 예측하는 기법은 시간의 흐름(시계열)에 따른 변화를 주로 측정하는 방식으로 단순 회귀 분석이라고 합니다. 이런 방법은 매출과 같이 영향을 주는 요소(변수)가 다양한 경우에는 적합하지 않습니다. 실제 매출에 영향을 끼치는 변수는 매우 다양하기 때문에, 확인된 다양한 변수를 사용해 예측 작업을 할 때는 다중 회귀 분석 기법을 사용합니다.

다중 회귀 분석 기법을 이용하려면 먼저 매출에 영향을 주는 변수를 정리해야 하며, 이런 변수는 다양한 내부, 외부 변수가 있습니다. 이때 통제하기 힘든 외부 변수는 제외하고 내부에서 관리 가능한 변수를 먼저 정리해 예측에 필요한 자료로 사용합니다.

> **실무실습** 매출에 영향을 끼치는 내부 변수 집계하기

다음 실무실습을 통해 매출에 영향을 끼치는 내부 변수들을 집계하는 방법을 알아보겠습니다.

01 데이터 이해하기 (1)

[sample] 시트에서 2011년 3월부터 2012년 12월 동안의 판매대장 표를 확인할 수 있습니다. 이 표에는 매출 외에도 다양한 정보를 분석할 수 있는 항목이 많이 있으므로 매출에 영향을 줄만한 변수를 집계하는 용도로 사용합니다.

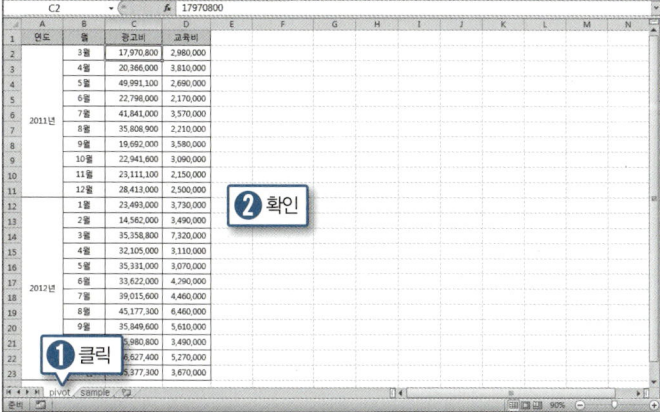

02 데이터 이해하기 (2)

❶ [pivot] 시트로 이동합니다.
❷ 판매대장 표와 동일 기간 동안 월별로 사용된 광고비와 교육비 내역을 확인할 수 있습니다.
이렇게 거래 내역 시트에서 얻을 수 없는 별도의 데이터는 타 부서에서 지원을 받거나 데이터를 받아 따로 집계해 준비합니다.

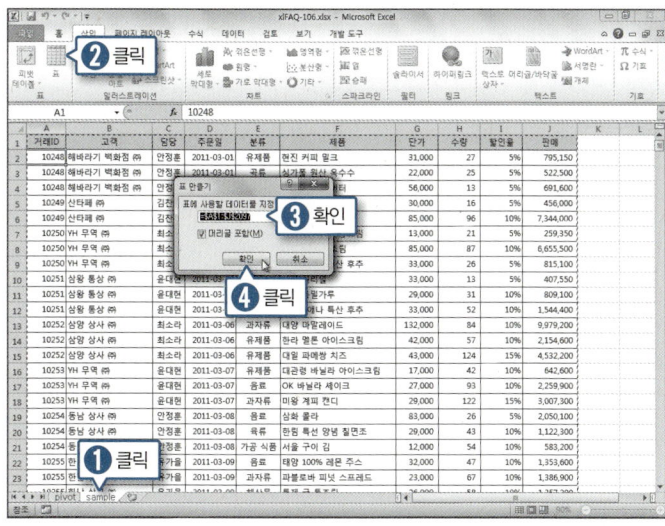

03 엑셀 표로 변환하기 (1)

피벗 테이블 보고서를 만들기 전에 판매대장 표를 엑셀 표로 변환하는 작업을 진행하겠습니다.

❶ [sample] 시트로 이동하고 표 내부의 셀을 선택합니다.
❷ [삽입] 탭-[표] 그룹-[표]를 클릭하고 ❸ 표 만들기 대화상자에서 표 범위란이 제대로 지정됐는지 주소를 확인합니다.
❹ [확인]을 클릭합니다.

Tip ... 판매대장 표를 엑셀 표로 변환하는 이유 알아보기

판매대장 표를 엑셀 표로 변환하는 이유는, 판매대장 표에 추가할 행 또는 열 데이터를 피벗 테이블 보고서에서 바로 인식할 수 있도록 하기 위함입니다. 엑셀 표를 사용하는 방법이 아직 익숙하지 않은 분들은 이 책의 Part 1 〉 Chapter 1 〉 Section 02를 먼저 참고하세요.

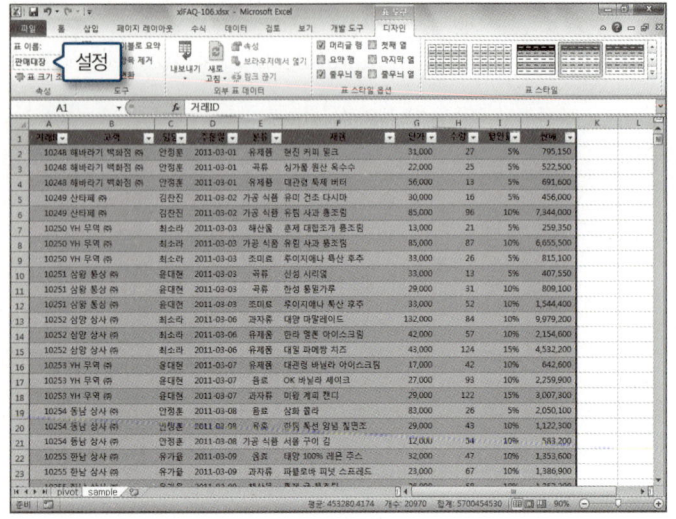

04 엑셀 표로 변환하기 (2)

판매대장 표가 엑셀 표로 변환되면서 기본 서식이 변경됩니다.

엑셀 표 이름을 변경하기 위해 [디자인] 탭-[속성] 그룹에서 **[표 이름]**란을 **판매대장**으로 지정합니다. Note 4

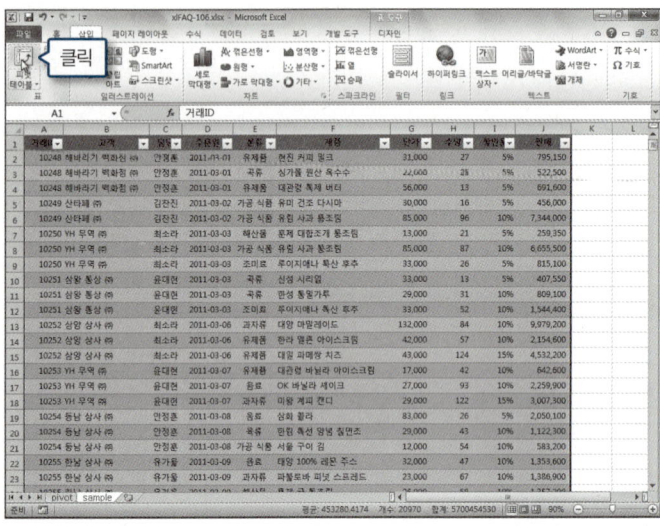

05 피벗 테이블 보고서 만들기 (1)

판매대장 표의 데이터로 피벗 테이블을 만들어 월별로 판매 수량, 매출, 거래 고객 수, 거래 제품 수를 요약하는 작업을 진행하겠습니다.

피벗 테이블 보고서를 만들기 위해, 엑셀 표가 선택된 상태에서 [삽입] 탭-[표] 그룹-[**피벗 테이블**]을 클릭합니다.

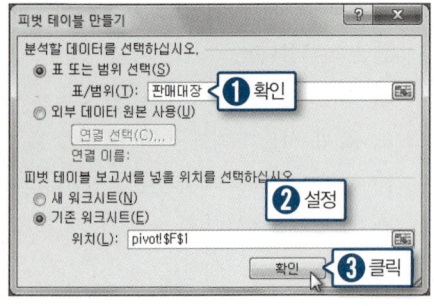

06 피벗 테이블 보고서 만들기 (2)

❶ 피벗 테이블 만들기 대화상자가 표시되면 표/범위란에서 엑셀 표 이름인 **판매대장**을 확인할 수 있습니다.

❷ 피벗 테이블 보고서를 [pivot] 시트에 추가하기 위해 **기존 워크시트**를 선택하고 위치란을 [pivot] 시트의 F1셀인 **pivot!$F$1**로 지정합니다.

❸ **[확인]**을 클릭합니다.

Note 4 ... 엑셀 표 스타일 그대로 표시하기

엑셀 표로 변환하면, 기존 표에 적용된 서식에 엑셀 표 스타일이 덧씌워져 깔끔한 엑셀 표 스타일이 표시되지 않습니다. 엑셀 표 스타일을 깔끔하게 표시하려면, 엑셀 표 전체 범위가 선택된 상태에서 다음 2개의 명령을 클릭해 적용합니다.

〔1〕기존 표 서식의 배경색을 없애기 위해, [홈] 탭-[글꼴] 그룹-[채우기 색]-**[채우기 없음]**을 클릭합니다.

〔2〕기존 표 서식의 테두리를 없애기 위해, [홈] 탭-[글꼴] 그룹-[테두리]-**[테두리 없음]**을 클릭합니다.

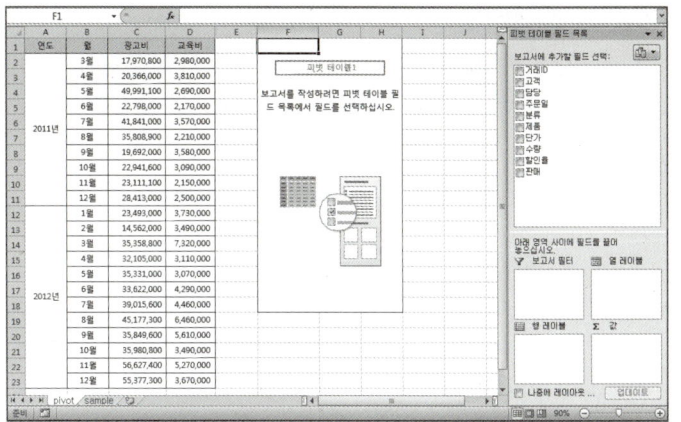

07 피벗 테이블 보고서 구성하기 (1)

[pivot] 시트로 화면이 전환되면서 [pivot] 시트의 F1셀에 피벗 테이블 보고서를 구성할 수 있는 레이아웃과 필드 목록 작업 창이 표시됩니다.

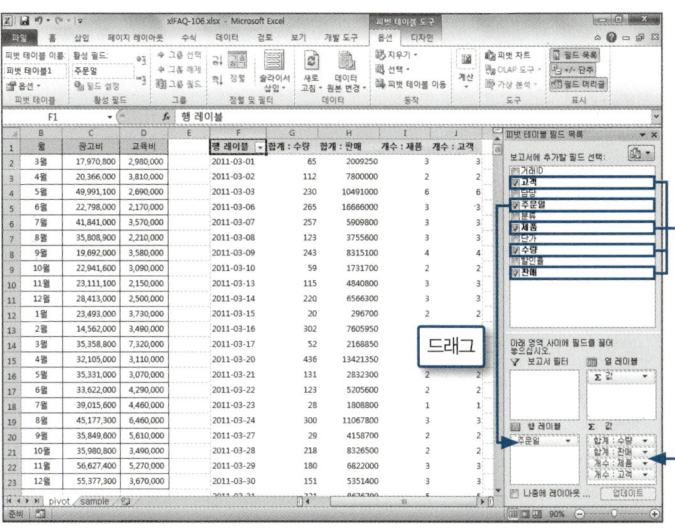

08 피벗 테이블 보고서 구성하기 (2)

피벗 테이블 필드 목록 창에서 **주문일** 필드를 행 레이블 영역, **수량, 판매, 제품, 고객** 필드를 값 영역으로 드래그하여 피벗 테이블 보고서를 구성합니다.

Tip ... 피벗 테이블 구성 목적 이해하기

피벗 테이블 보고서를 구성하는 것은 내년의 월별 매출을 예측하기 위해, 매출과 매출에 영향을 주는 요소(변수)를 판매대장 표에서 집계하기 위한 것입니다. 예측하려는 값이 2013년의 월별 매출이므로 피벗 테이블 역시 월별로 집계해야 합니다. 그러기 위해 주문일 필드를 행 레이블 영역에 넣어 놓고, 뒤에서 그룹 필드 기능을 이용해 월별로 피벗 테이블 보고서를 요약합니다. 수량과 판매는 매출 실적을 집계하기 위해 가장 기본이 되는 필드이므로 값 영역에 삽입해 집계하며, 제품과 고객은 월별 거래 제품 수와 거래 고객 수를 확인하기 위해 추가한 것입니다.

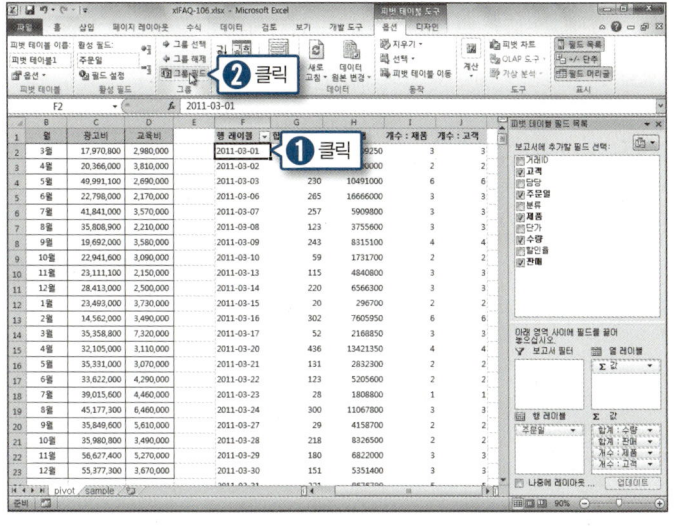

09 날짜 그룹 필드 이용하기 (1)

피벗 테이블 역시 월별로 데이터를 요약합니다. 그러기 위해 행 레이블 영역에 추가한 주문일 필드를 그룹 필드로 구성하겠습니다.

❶ F2셀을 선택해 주문일 필드의 항목을 하나 선택합니다.

❷ [옵션] 탭-[그룹] 그룹-[**그룹 필드**]를 클릭합니다.

10 날짜 그룹 필드 이용하기 (2)

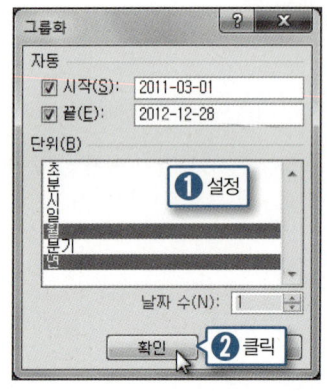

❶ 그룹화 대화상자가 표시되면 월별로 보고서를 요약하기 위해 단위 목록에 있는 **월**과 **연**을 선택합니다.

❷ [확인]을 클릭합니다.

연 필드가 새롭게 만들어지며, 월 값은 주문일 필드에 표시됩니다.

11 요약된 피벗 테이블 보고서 이해하기

이제 피벗 테이블 보고서가 월별로 집계 됩니다.

값 영역에 있는 필드 중 개수 : 제품과 개수 : 고객 필드를 보면, 집계 결과가 동일한 것을 확인할 수 있습니다.

이것으로 두 필드(제품, 고객)의 집계 결과가 원하던 월 거래 제품 수와 거래 고객수가 아니라는 것을 확인할 수 있습니다.

Tip ... 피벗 테이블로 고유 항목 개수 요약하기

피벗 테이블의 값 영역에 집계되는 데이터 개수는 단순하게 해당 필드의 행 데이터가 몇 건 있느냐는 것이지 중복되지 않는 고유 건수가 몇 건인지를 알려 주는 것은 아닙니다. 고유 항목 개수를 알기 위해서는 원본 표에 새로운 열을 추가한 다음, 수식을 사용해 월 고유 항목 건을 계산한 다음 계산된 값을 피벗 테이블에서 합계를 구하는 방식으로 작업해야 합니다.

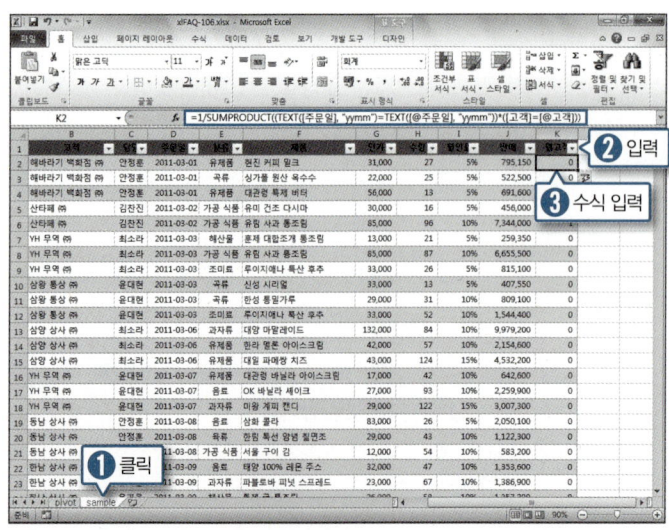

12 원본 표에 월 고객 수 계산하기 (1)

먼저 월별로 거래한 고객 수를 확인하기 위해, 열을 추가하겠습니다.

❶ [sample] 시트를 표시합니다.

❷ K1셀에 **월고객**을 입력합니다.

❸ K2셀에 다음과 같이 입력합니다.

=1/SUMPRODUCT((TEXT([주문일], "yymm")=TEXT([@주문일], "yymm"))*([고객]=[@고객]))

수식 설명 =1/SUMPRODUCT((TEXT([주문일], "yymm")=TEXT([@주문일], "yymm"))*([고객]=[@고객]))

월별로 거래한 고객의 중복되지 않은 건수를 세기 위해서는 해당 월의 고객별 거래 건수를 계산할 수 있어야 합니다. 이 경우 조건이 월과 고객이 되므로 다중 조건을 집계할 수 있는 COUNTIFS 함수를 사용합니다. 다만, 월을 따로 계산해 놓은 열이 없으므로, D열의 주문일 필드의 값에서 월 값을 반환해 계산하도록 합니다. 이런 경우라면 SUMPRODUCT 함수를 사용하는 다음과 같은 배열 수식을 사용해 다중 조건의 건수를 계산합니다.
SUMPRODUCT 함수는 배열 함수로 자체적으로 배열을 활용할 수 있으므로 입력은 배열 수식의 입력 방식인 Ctrl + Shift + Enter 를 사용하지 않고, 일반 수식처럼 Enter 를 사용하면 됩니다.

=SUMPRODUCT((범위1=조건1)*(범위2=조건2)*…*(범위n=조건n))

이번 수식의 조건은 다음 2가지입니다.

① 동일한 월(月)

판매대장 표에서 일(日) 값을 갖는 필드(주문일 필드)에서 월(月) 값을 변환하도록 하려면 TEXT 함수를 사용합니다. 그러므로 SUMPRODUCT 함수의 첫 번째 괄호 안에는 다음과 같은 수식 조건을 구성합니다.

TEXT([주문일], "yymm")=TEXT([@주문일], "yymm")

주문일은 판매대장 엑셀 표의 주문일 필드의 데이터 범위를 가리키며, 셀 주소로는 D2:D2097 범위를 의미합니다. 해당 범위의 날짜 값에서 TEXT 함수를 사용해 연도와 월을 2자리씩 반환하도록 한 다음, @주문일 셀(판매대장 엑셀 표의 주문일 필드에서 같은 행에 위치한 셀, 주소로는 D2셀)의 값과 같은지 확인합니다. 이렇게 하면 동일한 월에 대한 조건을 완성할 수 있습니다.

② 동일한 고객
동일한 고객의 조건은 다음과 같이 구성합니다.

([고객]=[@고객])

고객 데이터 범위의 수식과 동일한 행에서 고객 열의 셀 값이 동일한지 확인하면, 동일한 고객을 의미합니다. 그러므로 두 조건을 모두 만족하는 데이터가 몇 건인지를 알려면 다음과 같은 수식을 작성할 수 있습니다.

=SUMPRODUCT((TEXT([주문일], "yymm")=TEXT([@주문일], "yymm"))*([고객]=[@고객]))

위 수식을 판매대장 표에 바로 적용하면 같은 월의 같은 고객업체의 경우는 모두 동일한 값을 가집니다. 예를 들어, A업체가 1월에 4건의 거래가 있었다면 모두 4라는 값을 갖습니다. 우리는 이 값이 피벗에서 1이 되어야 하므로, 수식 앞에 1/ 부분을 추가해 모두 1/4라는 값을 갖도록 합니다. 그런 다음, 이 값을 피벗 테이블에서 합하면 1/4+1/4+1/4+1/4가 되어 1이 반환됩니다.

이런 계산 방식은 피벗 테이블에서 고유 항목 건수를 계산할 때 아주 유용하게 사용하는 계산 방법입니다.

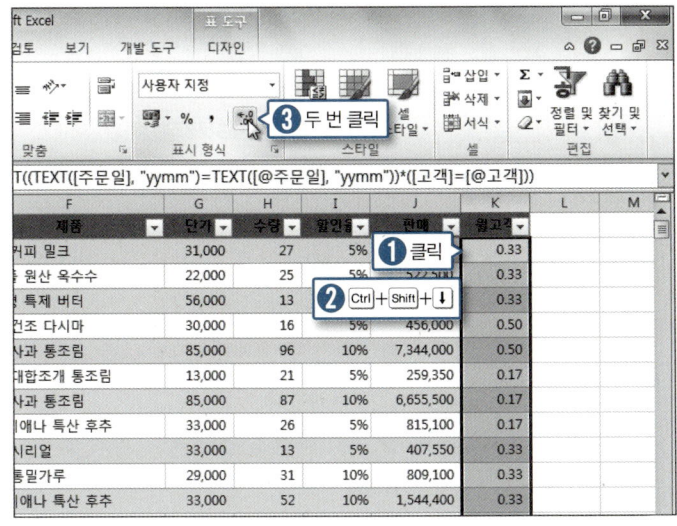

13 원본 표에 월 고객 수 계산하기 (2)
계산된 결과 값이 제대로 표시되지 않으므로 소수점 2자리까지 표시하도록 설정하겠습니다.

❶ K2셀을 선택합니다.
❷ Ctrl + Shift + ↓ 를 눌러 K2셀부터 아래 수식이 입력된 전체 데이터 범위를 선택합니다.
❸ [홈] 탭-[표시 형식] 그룹-**[자릿수 늘림]** 을 두 번 클릭합니다.

14 원본 표에 월 제품 수 계산하기

❶ L1셀에 **월제품**을 입력합니다.

❷ L2셀을 선택하고 다음을 입력합니다.
=1/SUMPRODUCT((TEXT([주문일], "yymm")=TEXT([@주문일], "yymm"))*([제품]=[@제품]))

❸ L1셀을 선택하고 Ctrl+Shift+↓를 눌러 아래 수식이 입력된 전체 데이터 범위를 선택한 다음 ❹ [홈] 탭-[표시 형식] 그룹-[자릿수 늘림]을 두 번 클릭합니다.

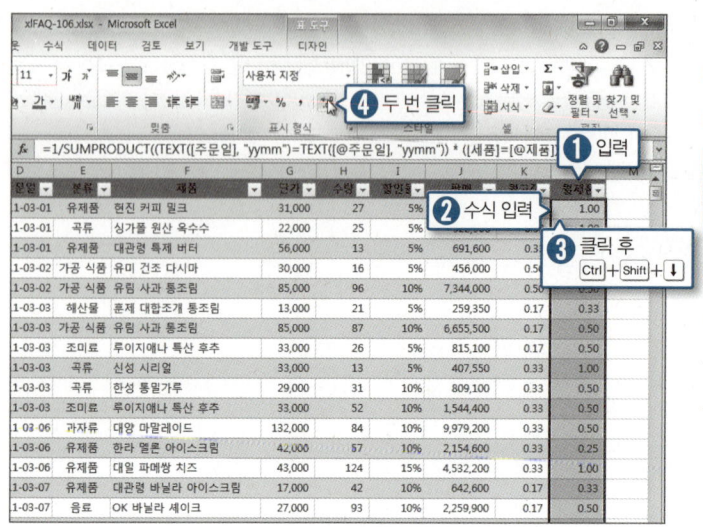

수식 설명 =1/SUMPRODUCT((TEXT([주문일], "yymm")=TEXT([@주문일], "yymm")) * ([제품]=[@제품]))

이번에 작성한 수식은 과정 12에서 작성한 수식과 동일한 수식입니다. SUMPRODUCT 함수의 두 번째 조건 부분만 고객 열이 아니라 제품 열을 대상으로 하도록 변경한 점만 다르므로, 수식에 대한 자세한 설명은 과정 12의 수식 설명을 참고하세요.

15 수식을 값으로 변경하기

K, L열에 작성한 수식은 데이터가 많을수록 계산 속도가 떨어지는 단점이 있습니다. 그러므로 계산 결과만 사용하려면 수식을 값으로 변환하는 것이 좋습니다.

❶ K2:L2097 범위를 선택하고 ❷ Ctrl+C를 눌러 복사합니다. ❸ [홈] 탭-[클립보드] 그룹-[붙여넣기]의 **옵션** 단추를 클릭합니다. ❹ [값]을 클릭합니다.

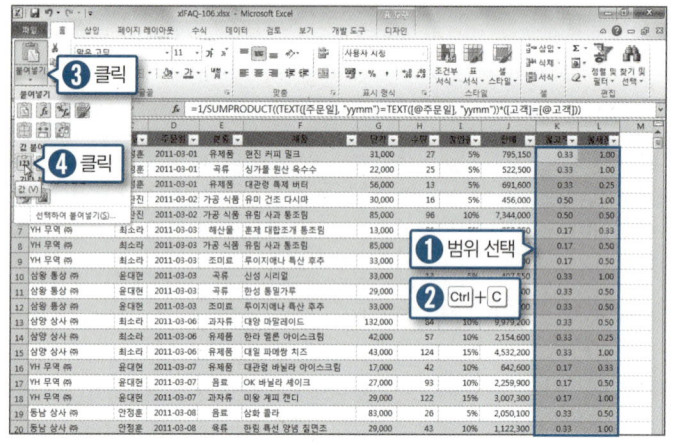

16 피벗 테이블 보고서 갱신하기

이제 원본 표에 추가된 2개의 필드를 이용해 피벗 테이블에서 집계하겠습니다.

❶ [pivot] 시트를 표시하고 피벗 테이블 보고서 내부의 임의의 셀을 선택합니다.

❷ [옵션] 탭-[데이터] 탭-**[새로 고침]**을 클릭합니다.

❸ 피벗 테이블 필드 목록 창의 **월고객**, **월제품** 필드를 확인할 수 있습니다.

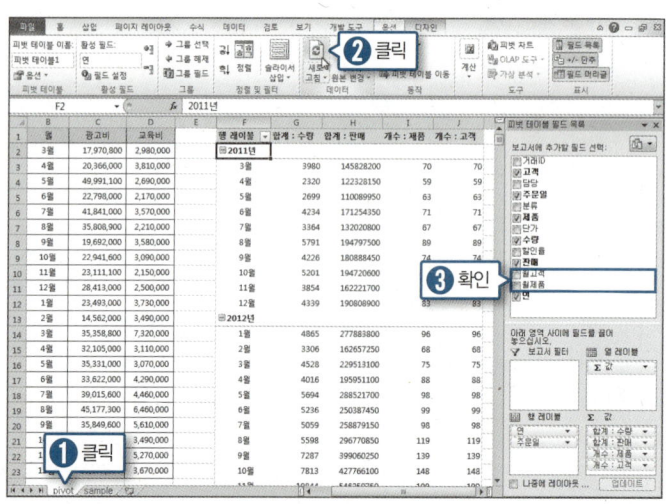

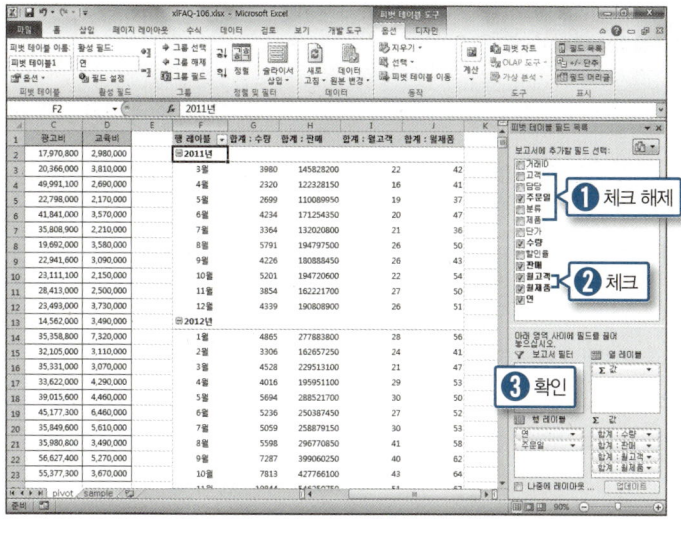

17 피벗 테이블 보고서 구성 변경하기

① 피벗 테이블 보고서 구성을 변경하기 위해 피벗 테이블 필드 목록 창에서 **고객**, **제품** 필드에 체크 표시를 해제합니다.

② **월고객**, **월제품** 필드에 체크합니다.

③ 월별 거래 고객과 제품 수를 피벗 테이블 보고서에서 바로 확인할 수 있습니다.

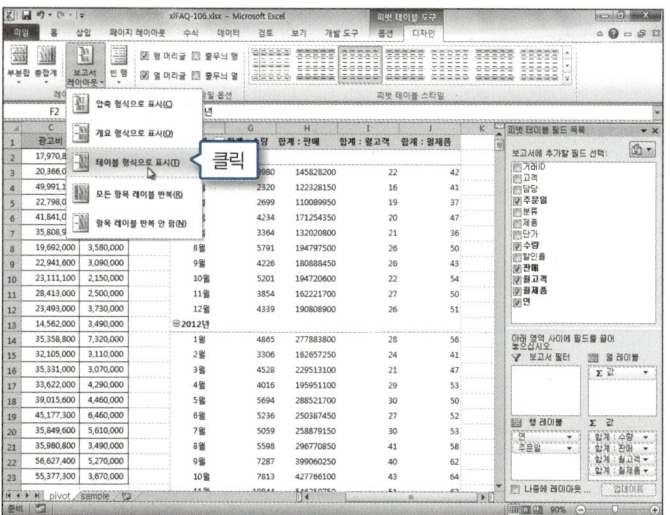

18 피벗 보고서 레이아웃 변경하기 (1)

피벗 테이블 보고서에서 집계된 결과를 월별로 집계된 다른 표와 합치려면 피벗 테이블 보고서의 레이아웃을 변경하는 것이 좋습니다.

피벗 테이블 보고서 내부의 셀이 선택된 채로, [디자인] 탭-[레이아웃] 그룹-[보고서 레이아웃] -**[테이블 형식으로 표시]**를 클릭합니다.

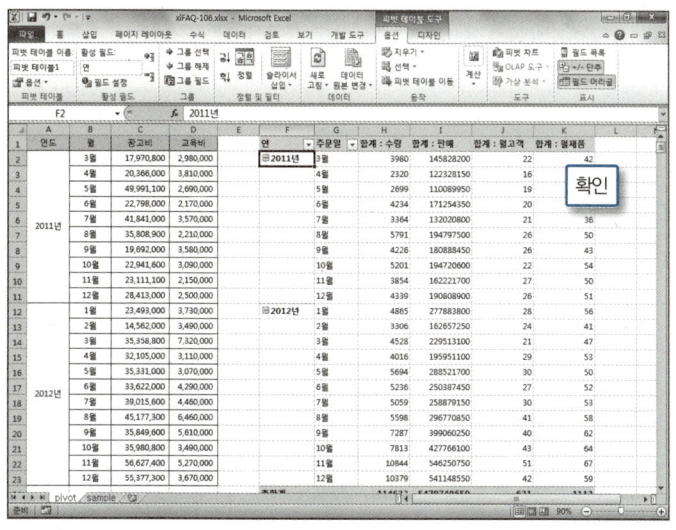

19 피벗 보고서 레이아웃 변경하기 (2)

피벗 테이블 보고서가 엑셀 2003 레이아웃으로 변경됩니다.

이런 구성은 피벗 테이블 바깥의 표와 합칠 때와 유사한 구성이기 때문에 데이터를 쉽게 복사해 사용할 수 있습니다.

질문 107 | 피벗 테이블 보고서와 외부에 집계한 데이터로 매출을 예측할 수 없나요?

매출에 영향을 줄만한 항목을 모두 월별로 집계해 놓았습니다. 이 데이터로 바로 매출을 예측할 수 없나요?

• 예제 파일 〉 Part3 〉 **xlFAQ-107.xlsx**　　• 완성 파일 〉 Part3\완성 〉 **xlFAQ-107완성.xlsx**

답변 107

매출에 영향을 줄만한 항목(변수, 정확하게는 독립변수)을 모두 수집했다고 해서 바로 매출을 예측할 수 있는 것은 아닙니다. 이번에는 수집된 변수 사이의 상관관계 분석을 통해 비슷한 패턴을 보이는 변수를 찾아 하나씩 배제하는 작업을 진행합니다.

이 작업을 할 때 반드시 이해해야 하는 것은, 매출에 영향을 주는 변수를 많이 정리한다고 해서 예측의 정확도가 높아지지 않는다는 것입니다. 사실 매출에 영향을 주는 변수는 그 숫자보다 수집된 변수의 질이 더 중요합니다. 질이라는 것은 서로 상호 보완적인 성격을 갖는 변수로 구성해야 한다는 것을 의미합니다. 이렇게 해야 적은 변수로도 예측 정밀도를 높일 수 있습니다.

그러므로 비슷한 패턴을 보이는 변수를 찾아 내년도 계획 수립을 위해 꼭 필요한 것만 남기고 나머지는 빼내는 작업을 진행합니다. 이 작업을 진행하기 위해 수집된 데이터 사이 상관관계를 측정하는 상관관계(상관계수) 표를 만드는 작업을 하며, 두 데이터 사이의 값이 1(또는 -1)에 가까운 변수를 확인해 둘 중 하나를 배제합니다.

> **실무실습**　상관관계 분석으로 예측에 필요한 변수 선별하기

다음 실무실습을 통해 집계된 변수 사이 상관관계 분석을 통해 예측에 필요한 변수를 선별하는 방법을 알아보겠습니다.

	A	B	C	D	E	F	G	H	I	J	K
1	연	월	기간	광고비	교육비	판매수량	고객	제품수	직원수	매출	
2	2011년	3월	1	17,970,800	2,980,000	3,980	22	42	20	145,828,200	
3		4월	2	20,366,000	3,810,000	❶ 범위 선택	16	41	21	122,328,150	
4		5월	3	49,991,100	2,690,000		19	37	21	110,089,950	
5		6월	4	22,798,000	2,170,000	❷ Ctrl + C	20	47	22	171,254,350	
6		7월	5	41,841,000	3,570,000		21	36	25	132,020,800	
7		8월	6	35,808,900	2,210,000	5,791	26	50	25	194,797,500	
8		9월	7	19,692,000	3,580,000	4,226	26	43	25	180,888,450	
9		10월	8	22,941,600	3,090,000	5,201	22	54	25	194,720,600	
10		11월	9	23,111,100	2,150,000	3,854	27	50	25	162,221,700	
11		12월	10	28,413,000	2,500,000	4,339	26	51	30	190,808,900	
12	2012년	1월	11	23,493,000	3,730,000	4,865	28	56	33	277,883,800	
13		2월	12	14,562,000	3,490,000	3,306	24	41	36	162,657,250	
14		3월	13	35,358,800	7,320,000	4,528	21	47	38	229,513,100	
15		4월	14	32,105,000	3,110,000	4,016	29	53	34	195,951,100	
16		5월	15	35,331,000	3,070,000	5,694	30	50	38	288,521,700	
17		6월	16	33,622,000	4,290,000	5,236	27	52	38	250,387,450	
18		7월	17	39,015,600	4,460,000	5,059	30	53	35	258,879,150	
19		8월	18	45,177,300	6,460,000	5,598	41	58	41	296,770,850	
20		9월	19	35,849,600	5,610,000	7,287	40	62	42	399,060,250	
21		10월	20	35,980,800	3,490,000	7,813	43	64	41	427,766,100	
22		11월	21	56,627,400	5,270,000	10,844	51	67	40	546,250,750	
23		12월	22	55,377,300	3,670,000	10,379	42	59	43	541,148,550	

01 상관관계 표 만들기 (1)

예측 작업에서 해당 값에 영향을 주는 변수가 3개 이상인 경우에는 다중공선성 여부를 확인해 변수를 줄이는 작업을 진행하겠습니다.

❶ 상관관계 표를 구성하기 위해 **C1:I1** 범위를 선택하고 ❷ Ctrl + C 를 눌러 복사합니다.

> **Tip ...**　다중공선성과 추가된 변수 알아보기
>
> 다중공선성이란 예측할 값에 영향을 주는 변수가 여러 개일 때 그 중에서 서로 밀접한 관계(비슷한 데이터 흐름)를 갖는 변수가 있는 경우를 말합니다. 변수가 서로 밀접한 연관이 있는 경우는 모두 사용하는 것보다 그 중 하나만 선택해서 예측을 하는 것이 같이 사용할 때보다 예측의 정밀도를 높여 줍니다. 그러므로 예제와 같이 상관관계 표를 구성해 변수 사이의 다중공선성 문제를 확인합니다.
>
> 그리고, 이전 예제에 없는 두 개의 변수(기간, 직원수)가 추가되었습니다. 기간은 추세선과 같은 예측 작업을 할 때 확인했듯이, 시간의 흐름을 일련번호로 표시한 것입니다. 그리고 직원수는 월별 직원 수로 인사부 등에서 확인해 정리하면 됩니다.

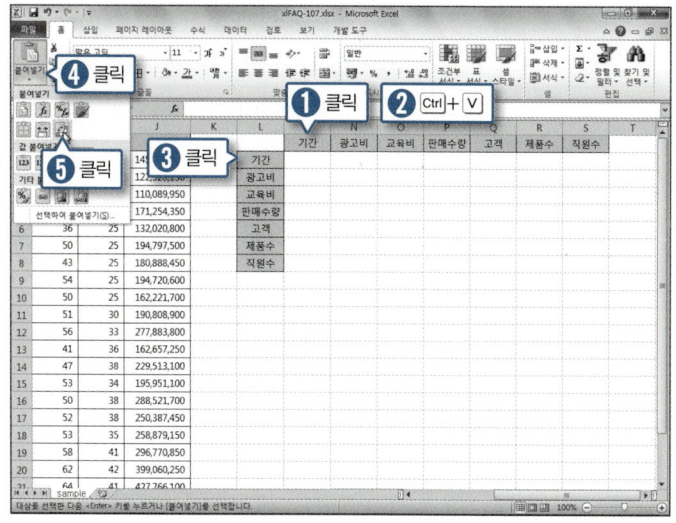

02 상관관계 표 만들기 (2)

❶ M1셀을 선택합니다.

❷ Ctrl+V를 눌러 붙입니다.

❸ L2셀을 선택하고 ❹ [홈] 탭-[클립보드] 그룹-[붙여넣기]의 **옵션** 단추를 클릭합니다.

❺ [바꾸기]를 클릭하여 표를 구성합니다.

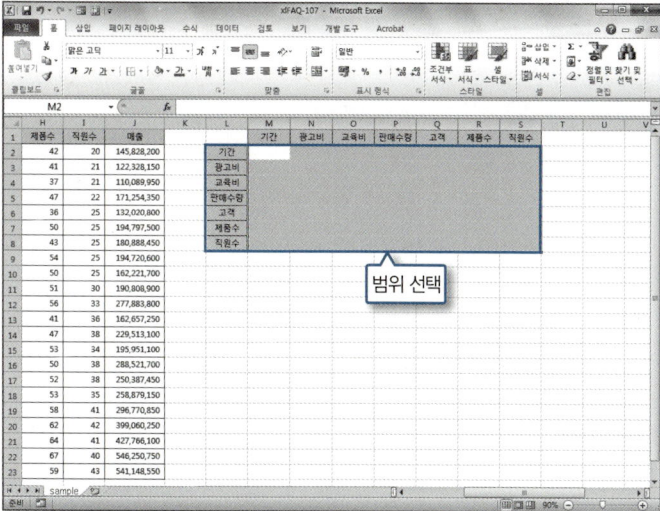

03 상관관계 표 만들기 (3)

테두리를 설정해 표를 완성하겠습니다.
L1:S8 범위를 선택합니다.

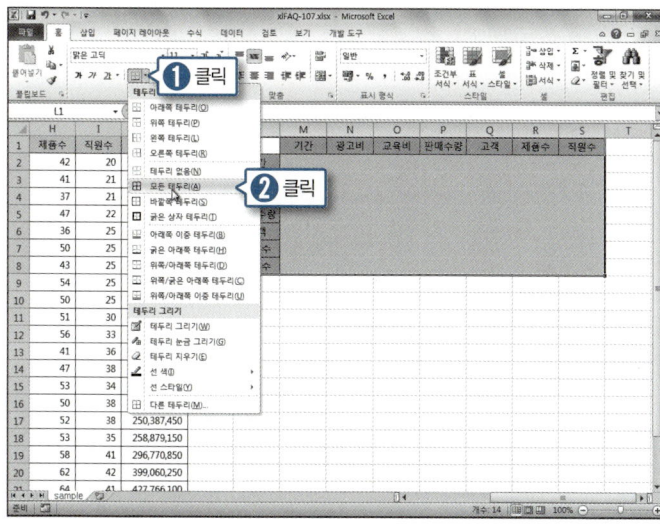

04 상관관계 표 만들기 (4)

❶ [홈] 탭-[글꼴] 그룹-[테두리]의 **옵션** 단추를 클릭합니다.

❷ [**모든 테두리**]를 클릭합니다.

Section 02 목표 달성을 위한 다중 회귀 분석으로 데이터 예측하기 • **463**

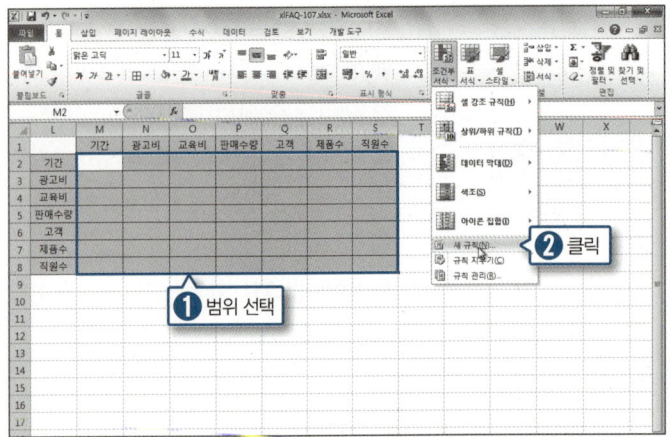

05 상관관계 표 만들기 (5)

표가 구성됐다면, 두 머리글이 교차하는 부분은 사용하지 않으므로, 별도 서식을 지정하는 작업을 하겠습니다.

이 작업은 하나씩 셀을 선택해 서식을 지정할 수도 있지만, 조건부 서식을 이용해 적용해 보겠습니다.

❶ M2:S8 범위를 선택합니다.

❷ [홈] 탭-[스타일] 그룹-[조건부 서식]圖-[새 규칙]을 클릭합니다.

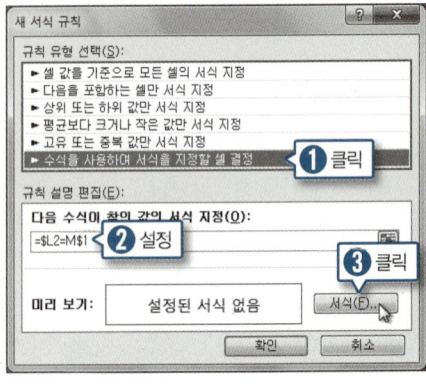

06 상관관계 표 만들기 (6)

❶ 새 서식 규칙 대화상자가 표시되면 규칙 유형 선택 목록에서 **수식을 사용하여 서식을 지정할 셀 결정**을 선택합니다.

❷ 서식 지정란에 수식을 다음과 같이 입력합니다.
=$L2=M$1

❸ [서식]을 클릭합니다.

수식 설명 =$L2=M$1

상관관계 표에서 머리글이 교차하는 위치인 M2, N3, O4, P5, Q6, R7, S8셀은 상관계수를 계산하지 않습니다. 셀을 선택해 서식을 직접 지정할 수 있지만, 조건부 서식을 이용하면 한 번에 원하는 결과를 적용할 수 있습니다. 조건부 서식의 수식 조건은 과정 **05**에서 선택한 범위의 첫 번째 셀(M2셀)에서 수식을 작성한다고 이해해야 하며, 나머지 셀에 수식 조건을 복사해 사용한다고 생각해야 합니다.

M2셀에서는 L2셀과 M2셀의 값이 같은지 확인하기 위해 수식 조건을 다음과 같이 설정한 것입니다.

=L2=M1

다만, 다른 셀은 위 수식 조건을 복사해 적용합니다. 행 머리글은 모두 L열에 입력되어 있으므로 수식이 복사돼도 L열의 위치는 바뀌면 안 되며, 열 머리글은 모두 1행에 입력되어 있으므로 수식이 복사될 때, 1행의 위치가 바뀌면 안 됩니다. 이런 조건을 참고해 위 수식의 참조 방식을 결정한 것이 이번 수식입니다.

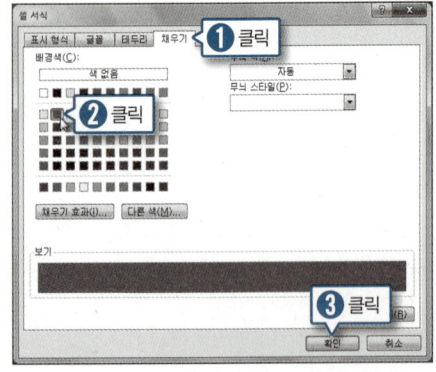

07 상관관계 표 만들기 (7)

❶ 셀 서식 대화상자가 표시되면 [**채우기**] 탭을 선택합니다.

❷ 원하는 색상을 선택합니다. 예제에서는 2열 2행에 위치한 **검정, 텍스트 1, 50% 더 밝게**를 선택했습니다.

❸ [확인]을 클릭하고, 새 서식 규칙 대화상자도 [확인]을 클릭하여 닫습니다.

08 상관관계 계산하기 (1)

M2, N3, O4, P5, Q6, R7, S8셀에 지정한 서식이 나타납니다. 상관관계 표에서 서식이 나타난 오른쪽 흰색 셀 또는 왼쪽 흰색 셀에만 상관계수를 계산해 넣으면 됩니다. 오른쪽 셀에만 상관계수를 계산하겠습니다.

❶ N2셀을 선택하고 다음 수식을 입력합니다.

`=CORREL($C$2:$C$23, D2:D23)`

❷ N2셀의 **채우기 핸들**을 S2셀까지 드래그하여 복사합니다.

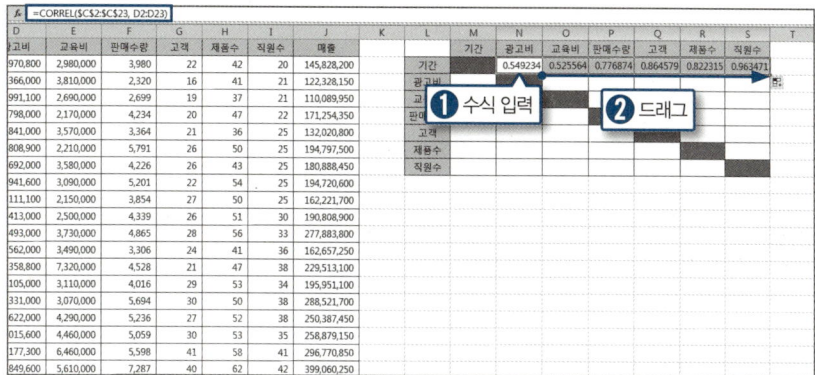

수식 설명 `=CORREL($C$2:$C$23, D2:D23)`

결정계수를 구할 때는 RSQ 함수를 사용했지만 상관계수를 함수를 사용해 구하려면 CORREL 함수나 PEARSON 함수를 사용하면 됩니다. CORREL 함수의 구문은 다음과 같습니다.

`=CORREL(기존 Y 범위, 기존 X 범위)`

PEARSON 함수도 위 구문과 동일하며, 사용 방법은 이전의 RSQ, TREND, GROWTH 함수 등과 동일합니다. 과정 **08**에서 사용한 수식을 보면 C2:C23 범위와 D2:D23 범위를 순서대로 전달한 것을 확인할 수 있습니다. 이것은 N2셀 위치의 머리글이 각각 기간과 광고비이기 때문에 해당 범위를 전달한 것입니다.

물론 2행의 머리글은 기간이기 때문에 기간 데이터 범위인 C2:C23 범위는 절대 참조 방식으로 사용했고, D2:D23 범위는 복사되는 위치의 주소로 바뀌도록 상대 참조로 지정했습니다. 이렇게 하면 같은 행에 위치한 상관계수를 한 번에 계산할 수 있어 편리합니다.

09 상관관계 계산하기 (2)

과정 **08**과 같은 방법으로 O3:S3 범위의 상관계수를 계산하겠습니다.

❶ O3셀을 선택하고 다음 수식을 입력합니다.

`=CORREL($D$2:$D$23, E2:E23)`

❷ O3셀의 **채우기 핸들**을 S3셀까지 드래그해 복사합니다.

10 상관관계 계산하기 (3)

나머지 셀도 같은 방법으로 수식을 복사합니다.

다음 각 셀에 아래와 같은 수식을 입력한 다음, **채우기 핸들**을 S열까지 드래그해 수식을 복사하면 상관관계 표가 완성됩니다.

P4 : =CORREL($E$2:$E$23, F2:F23)
Q5 : =CORREL($F$2:$F$23, G2:G23)
R6 : =CORREL($G$2:$G$23, H2:H23)
S7 : =CORREL(H2:H23, I2:I23)

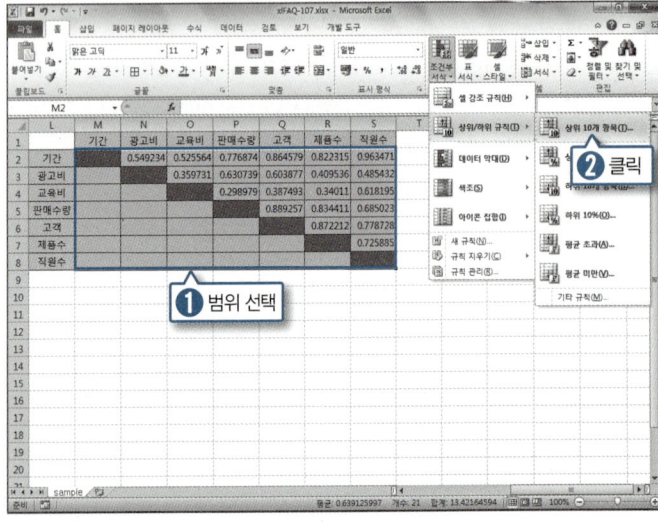

11 상관계수가 높은 변수 제외하기 (1)

완성된 상관관계 표에서 상관계수가 높은 변수를 표시하겠습니다.

❶ M2:S8 범위를 선택합니다.

❷ [홈] 탭-[스타일] 그룹-[조건부 서식]-[상위/하위 규칙]-[상위 10개 항목]을 클릭합니다.

12 상관계수가 높은 변수 제외하기 (2)

❶ 상위 10개 항목 대화상자가 표시되면 첫 번째 입력란의 값을 **5**로 설정합니다.

❷ [**확인**]을 클릭합니다.

Tip ... 조건부 서식을 이용할 때 참고할 만한 사항 알아보기

상관계수를 계산하게 되면 -1과 1 사이의 값이 반환됩니다. 이번과 같은 경우는 양의 상관관계를 갖는 값들로 구성이 되어, [상위 10개 항목] 조건으로 서식을 표시했지만, 만약 음의 상관관계를 갖는 값들이 존재한다면 조건부 서식의 [하위 10개 항목]을 추가로 선택해 표시해야 합니다. 그리고 꼭 상위 5개 값만 확인해야 하는 것은 아니고, 상관계수 값이 0.7 이상이 매우 높은 연관성을 갖는다는 점을 잊지 않았다면 해당 값을 반환하는 전체 데이터를 확인해 봐야 합니다. 이 경우 조건부 서식의 [셀 강조 규칙]-[보다 큼]을 클릭해 조건을 설정하는 것이 좋습니다.

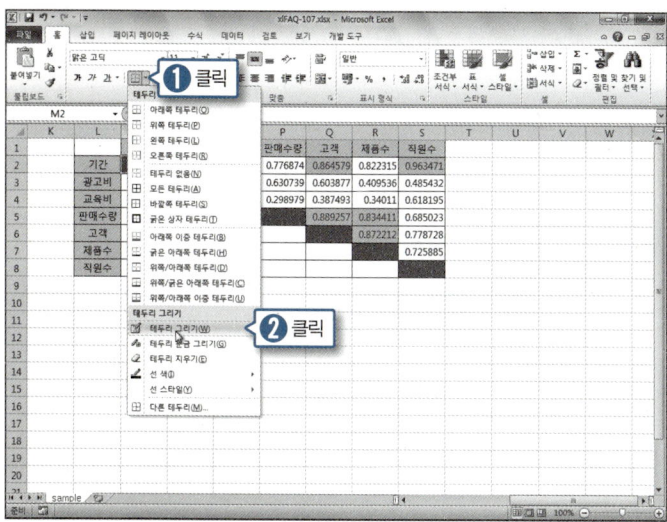

13 상관계수가 높은 변수 제외하기 (3)

배경색이 연한 빨강색인 셀이 상위 5개 상관계수 값을 갖는 셀입니다. 이 값을 확인해 예측에서 배제할 머리글을 표시하겠습니다.

❶ 머리글에 사선을 넣기 위해 [**홈**] 탭-[**글꼴**] 그룹-[**테두리**]의 **옵션** 단추를 클릭합니다.

❷ [**테두리 그리기**]를 클릭합니다.

Tip ... 테두리 그리기 취소하기

테두리 그리기는 마우스 커서를 연필 모양으로 변경해 드래그한 위치에 테두리를 삽입하는 역할을 합니다. 취소하려면 Esc 를 한 번 눌러 주면 됩니다.

14 상관계수가 높은 변수 제외하기 (4)

마우스 포인터가 연필 모양으로 변경됩니다. 먼저 L2셀의 기간과 상관관계가 높은 변수로 고객과 직원수가 있습니다. 기간은 일정하게 증가하는 일련번호 값이며, 계획을 수립하기 어려운 값이므로 기간과 상관관계가 높은 변수가 있다면 해당 변수를 선택해 사용하는 것이 좋습니다.

L2셀을 왼쪽 윗부분에서 오른쪽 아랫부분으로 드래그하여 사선을 삽입합니다.

K	L	M	N	O	P	Q	R	S	T
		기간	광고비	교육비	판매수량	고객	제품수	직원수	
	기간		0.549234	0.525564	0.776874	0.864579	0.822315	0.963471	
	광고비			0.359731	0.630739	0.603877	0.409536	0.485432	
	교육비				0.298979	0.387493	0.34011	0.618195	
	판매수량					0.889257	0.834411	0.685023	
	고객						0.872212	0.778728	
	제품수							0.725885	
	직원수								

15 상관계수가 높은 변수 제외하기 (5)

L5셀의 판매수량은 고객과 제품수와 상관관계가 높은 것으로 나옵니다. 여기서 선택할 기준은 어떤 변수 값을 목표로 설정하기에 적합한지 여부입니다. 이번에는 고객과 제품수가 더 적합한 것으로 가정해, 판매수량을 사용하지 않기로 합니다.

L5셀을 왼쪽 윗부분에서 오른쪽 아랫부분으로 드래그하여 사선을 삽입합니다.

K	L	M	N	O	P	Q	R	S	T
		기간	광고비	교육비	판매수량	고객	제품수	직원수	
	기간		0.549234	0.525564	0.776874	0.864579	0.822315	0.963471	
	광고비			0.359731	0.630739	0.603877	0.409536	0.485432	
	교육비				0.298979	0.387493	0.34011	0.618195	
	판매수량					0.889257	0.834411	0.685023	
	고객						0.872212	0.778728	
	제품수							0.725885	
	직원수								

16 상관계수가 높은 변수 제외하기 (6)

Q1셀의 고객과 상관관계가 높은 기간과 판매수량 변수는 사용하지 않으며, R1셀의 제품수는 판매수량과 고객 변수와 상관관계가 높습니다. 제품수보다는 고객 변수의 계획을 수립하기 적합하다고 가정하고 제품수 변수를 사용하지 않기로 합니다.

R1셀의 왼쪽 윗부분에서 오른쪽 아랫부분으로 드래그해 사선을 삽입합니다. S1셀의 직원수는 기간과 상관관계가 높지만, 기간 변수를 사용하지 않기로 했으므로 그대로 사용합니다.

K	L	M	N	O	P	Q	R	S	T
		기간	광고비	교육비	판매수량	고객	제품수	직원수	
	기간		0.549234	0.525564	0.776874	0.864579	0.822315	0.963471	
	광고비			0.359731	0.630739	0.603877	0.409536	0.485432	
	교육비				0.298979	0.387493	0.34011	0.618195	
	판매수량					0.889257	0.834411	0.685023	
	고객						0.872212	0.778728	
	제품수							0.725885	
	직원수								

질문 108: 정리된 변수로 매출을 예측하면 안 되나요?

상관관계 표를 만들고, 상관계수가 높은 변수를 찾아 제외했습니다. 그러면 나머지 변수들로 이전과 같이 선형과 지수 추세로 계산하면 안 되나요?

• 예제 파일 〉 Part3 : xlFAQ-108.xlsm   • 완성 파일 〉 Part3\완성 : xlFAQ-108완성.xlsm

답변 108

상관관계 표를 만들고, 상관계수가 높은 변수를 찾아 제외했다고 해도 아직 매출을 예측할 수 없습니다.

매출을 예측하기에 앞서 정리한 변수 사이 조합을 구성해 어떤 조합이 가장 매출과 연관성이 높은지 정리해야 합니다. 이렇게 만들어진 조합을 모형이라고 하며, 매출과 연관성이 가장 높은 모형을 선별해 매출을 예측합니다.

추세선을 이용해 데이터를 예측하는 작업을 생각해 보면 X축에는 기간 하나만 있었기 때문에 모형을 구성할 필요가 없었지만, 이번에는 광고비, 교육비, 직원수, 고객과 같은 총 4개의 변수가 있으므로 어떤 조합이 가장 매출을 잘 설명하는지 확인할 필요가 있습니다.

이때 어떤 모형이 매출을 가장 잘 설명하는지 확인하는 방법으로 결정계수(R^2) 값을 확인합니다. 그러나 이 결정계수에는 한 가지 단점이 존재합니다. 그것은 바로 매출에 영향을 주는 변수가 많으면 많을수록 결정계수가 1에 더 가까운 값을 반환한다는 점입니다.

그렇기 때문에 그런 단점을 해결할 수 있는 조정 결정계수 값(조정 결정계수 값은 결정계수의 단점을 보완하는 것으로 변수의 수와 상관없이 최적의 모형을 선택할 수 있도록 하며, 이 값을 구하려면 분석 도구 추가 기능을 사용해야 합니다)을 구해, 이 값이 1에 가까운 모형을 선택합니다.

실무실습 | 변수의 모형 구성하고 조정 결정계수 확인하기

다음 실무실습을 통해 각 변수의 모형을 구성하고, 조정 결정계수 값을 확인하는 방법을 알아보겠습니다.

01 매크로 사용하기

이 파일에는 모형을 구성해 주는 매크로가 포함되어 있으므로 [콘텐츠 사용]을 클릭하여 예제를 따라할 수 있도록 합니다.

02 예제 이해하기

[sample] 시트에는 다중공선성에 의거해 기간, 제품수 열을 제외한 표를 확인해 볼 수 있습니다. 이번에는 남은 광고비, 교육비, 직원수, 고객 등의 변수 사이 조합에서 매출 데이터를 가장 설명할 수 있는 모형을 찾는 작업을 진행합니다. Note 5

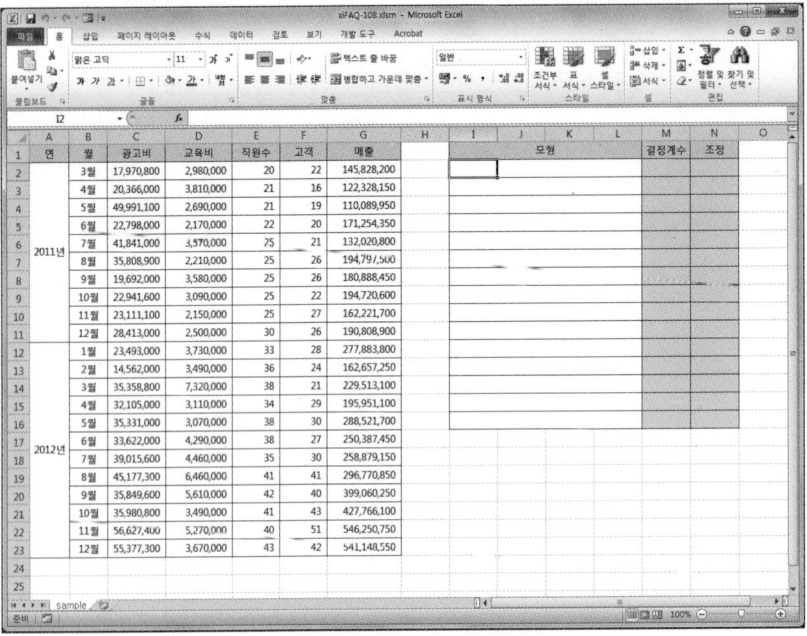

03 모형 만들기 (1)

모형은 광고비, 교육비, 직원수, 고객 이렇게 4개의 변수를 조합합니다. 중복된 모형이 없도록 변수 이름을 **I2:L15** 범위에 그림과 같이 입력합니다. Note 6

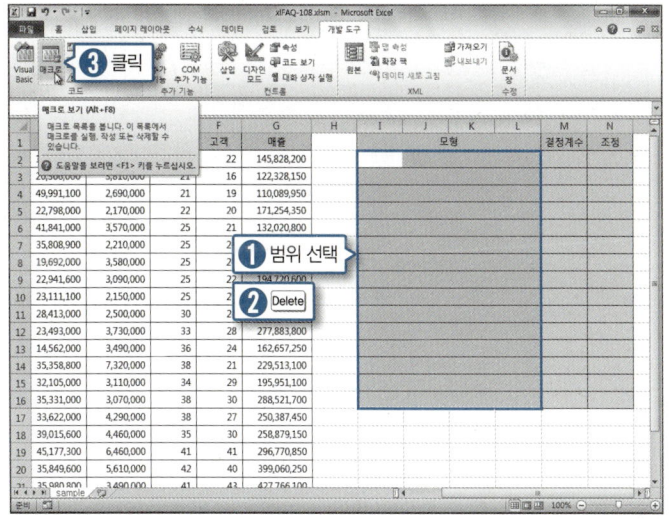

04 모형 만들기 (2)

파일에 포함된 매크로를 동작시켜 모형을 쉽게 구성할 수 있는 방법을 설명합니다.

❶ 입력해 놓은 모형을 지우기 위해 **I2:L16** 범위를 선택합니다.

❷ Delete 를 눌러 지웁니다.

❸ 매크로를 실행하기 위해 [개발 도구] 탭-[코드] 그룹-**[매크로]** 를 클릭합니다.

Tip ... [개발 도구] 탭 표시하기

[개발 도구] 탭은 기본 설정에서는 표시되지 않습니다. [개발 도구] 탭은 Excel 옵션 대화상자의 [리본 사용자 지정] 범주에서 추가할 수 있고 [개발 도구] 탭을 추가하지 않고도 Alt + F8 을 눌러 매크로 대화상자를 표시할 수 있습니다.

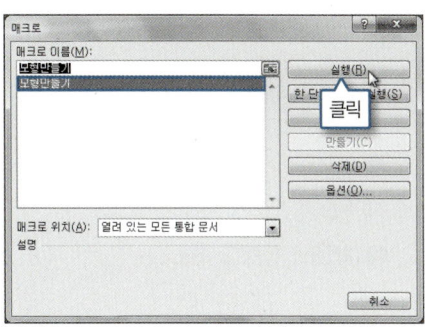

05 모형 만들기 (3)

매크로 대화상자가 표시되면 **모형만들기** 매크로를 선택합니다.

[실행]을 클릭합니다.

Note 5 ... I1:N16 범위의 모형 표 이해하기

변수가 4개(광고비, 교육비, 직원수, 고객)라면, 모형은 몇 개를 만들 수 있을까요? 총 4개의 변수로 1, 2, 3, 4개씩 중복되지 않도록 조합을 만들면 총 몇 개의 조합이 만들어지는지 수식을 통해 확인하려면 빈 셀에 다음과 같은 수식을 작성합니다.

`=SUM(COMBIN(4, {1,2,3,4}))`

그러면 4개의 변수로 구성할 수 있는 조합의 개수인 15가 반환됩니다. COMBIN 함수는 조합을 몇 개 만들 수 있는지 계산해 주는 함수로 구문은 다음과 같습니다.

`=COMBIN(변수 개수, N)`

위와 같이 구성하면, 첫 번째 변수 개수로 N개의 개수를 갖는 조합 수를 반환해 줍니다. 위 수식에서 두 번째 인수를 {1, 2, 3, 4}로 지정한 것은, 배열 상수를 사용해 1개, 2개, 3개, 4개씩 조합을 만들 때의 개수를 한 번에 반환하도록 하기 위한 것입니다. 그렇게 반환된 값을 SUM 함수로 합계를 내면 만들 조합의 개수를 한 번에 확인할 수 있습니다.

이렇게 계산된 15개의 모형을 기록할 수 있는 표를 오른쪽 I1:N16 범위에 미리 구성해 놓은 것입니다.

Note 6 ... 모형 구성하기

모형은 변수 1개씩, 2개씩, 3개씩, 4개씩 이렇게 중복되지 않는 짝을 짓는 작업을 통해 구성합니다. 왼쪽 표의 C1:F1 범위의 열 머리글을 참조해 총 15개의 모형을 위와 같이 입력해 준비합니다. 모형을 구성할 때는 변수의 열 머리글을 하나씩 입력한 다음, 광고비, 교육비 그리고 광고비, 직원수와 같이 둘씩 짝을 지어 입력하면 됩니다. 그런 다음, 셋씩, 넷씩 짝을 지어 주면 되지만 이렇게 중복되지 않은 변수 사이의 조합을 구성하는 것은 쉽지 않은 일이므로 과정 **04~08**을 통해 미리 개발해 놓은 매크로를 사용하는 방법을 설명합니다.

	C	D	E	F	G	H
1	광고비	교육비	직원수	고객	매출	
2	17,970,800	2,980,000		22	145,828,200	
3	20,366,000	3,810,000	❶ 범위 선택	16	122,328,150	
4	49,991,100	2,690,000	21	19	110,089,950	
5	22,798,000	2,170,000				
6	41,841,000	3,570,000				
7	35,808,900	2,210,000				
8	19,692,000	3,580,000				
9	22,941,600	3,090,000				
10	23,111,100	2,150,000	25	27		
11	28,413,000	2,500,000	30	26	190,808,900	
12	23,493,000	3,730,000	33	28	277,883,600	
13	14,562,000	3,490,000	36	24	162,657,250	
14	35,358,800	7,320,000	38	21	229,513,100	
15	32,105,000	3,110,000	34	29	195,951,600	

모형 만들기
변수 머리글 범위를 선택하세요!
$C$1:$F$1

06 모형 만들기 (4)

모형 만들기 대화상자가 표시되면 변수 머리글 범위를 지정해 주면 됩니다.

❶ 입력란에 커서를 위치하고 **C1:F1** 범위를 선택하면 드래그한 범위의 주소가 입력됩니다.

❷ [확인]을 클릭합니다.

모형 만들기
기록할 첫 번째 셀 위치를 선택하세요!
$I$2

07 모형 만들기 (5)

두 번째 모형 만들기 대화상자가 표시되면 모형을 기록할 첫 번째 셀 위치를 선택해야 합니다.

❶ 입력란에 커서를 위치하고 **I2**셀을 클릭하면 클릭한 셀 주소가 입력됩니다.

❷ [확인]을 클릭합니다.

	H	I	J	K	L	M	N	O
			모형			결정계수	조정	
		광고비						
		교육비						
		직원수						
		고객		확인				
		광고비	교육비					
		광고비	직원수					
		광고비	고객					
		교육비	직원수					
		교육비	고객					
		직원수	고객					
		광고비	교육비	직원수				
		광고비	교육비	고객				
		광고비	직원수	고객				
		교육비	직원수	고객				
		광고비	교육비	직원수	고객			

08 모형 만들기 (6)

과정 **03**에서 입력했었던 모형과 동일한 모형이 한 번에 입력이 되는 것을 확인할 수 있습니다.

이 매크로는 중복되지 않는 조합을 구성해 반환해 주는 역할을 하므로, 모형을 편리하게 구성할 수 있습니다.

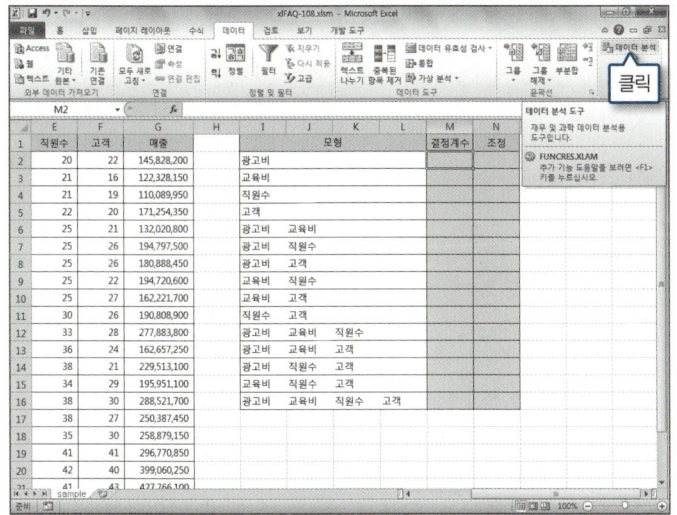

09 모형별 결정계수 확인하기 (1)

모형이 구성됐으면, 결정계수와 조정 결정계수를 구하겠습니다. 조정 결정계수는 함수로는 계산할 수 없어 분석 도구 추가 기능의 명령을 이용해야 합니다.

Note 7

광고비에 대한 결정계수 값을 구하기 위해 [데이터] 탭-[분석] 그룹-[**데이터 분석**]을 클릭합니다.

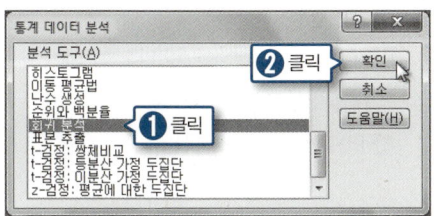

10 모형별 결정계수 확인하기 (2)

❶ 통계 데이터 분석 대화상자가 표시됩니다. 분석 도구 목록에서 **회귀 분석**을 선택합니다.

❷ [**확인**]을 클릭합니다.

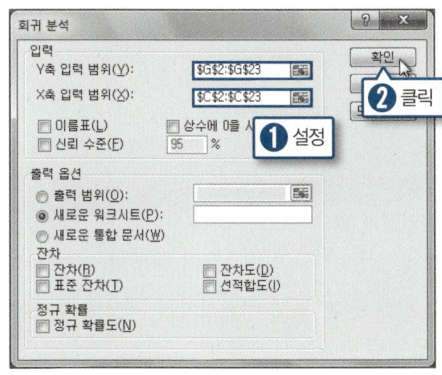

11 모형별 결정계수 확인하기 (3)

회귀 분석 대화상자가 표시됩니다.

❶ Y축 입력 범위란을 $G$2:$G$23, X축 입력 범위란을 $C$2:$C$23으로 지정합니다.

❷ [**확인**]을 클릭합니다.

Tip ... 회귀 분석 대화상자 설정하기

Y축 입력 범위는 예측할 대상 데이터 범위(여기서는 매출)가 되어야 하며, X축 입력 범위는 예측할 대상에 영향을 미치는 모형의 데이터 범위(첫 번째 모형은 광고비이므로 C2:C23 범위)여야 합니다.

이때 사용자가 주의해야 할 점은 X축 입력 범위입니다. 이 옵션의 범위는 연속된 데이터 범위만 지정할 수 있습니다. 그렇기 때문에 모형으로 구성된 변수들 사이의 데이터 범위가 떨어져 있는 경우라면 회귀 분석 대화상자를 실행하기 전에 집계표에서 해당 모형에 속한 변수의 열 위치를 조정해 열이 연속해서 나타나도록 변경해야 합니다. 이때, 열의 순서는 연속되기만 하면 되며 모형에 입력된 머리글 순서와 일치하지 않아도 됩니다.

Note 7 ... 데이터 분석 명령 표시하기

분석 도구 추가 기능을 사용하도록 구성하지 않았다면 [**데이터 분석**]도 표시되지 않습니다. 해당 명령이 없는 경우에는 다음 과정을 참고하세요.

[1] [개발 도구] 탭-[추가 기능] 그룹-[**추가 기능**]을 클릭합니다.

[2] 추가 기능 대화상자에서 **분석 도구**에 체크하고 [**확인**]을 클릭합니다.

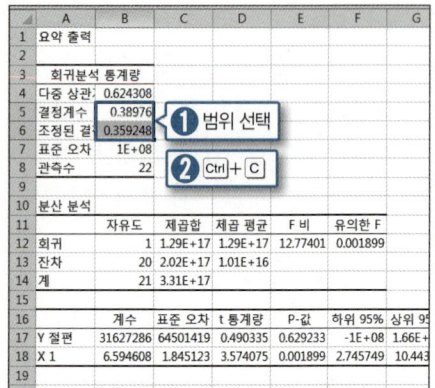

12 모형별 결정계수 확인하기 (4)

새 워크시트가 하나 삽입되면서 결과 보고서가 표시됩니다. 보고서의 A5:B6 범위를 보면 결정계수 값과 조정된 결정계수 값을 확인할 수 있습니다. 이 값을 복사해 [sample] 시트에 작성해 놓은 모형 표에 붙이겠습니다.

❶ B5:B6 범위를 선택합니다.
❷ Ctrl + C 를 눌러 복사합니다.

Tip ... 값을 복사해 넣는 이유 알아보기
여러 개의 모형은 매출을 가장 잘 설명하는 것을 고르기 위한 것이므로, 결정계수 값과 조정된 결정계수 값을 [sample] 시트의 모형 표에 붙여 비교하기 위한 것입니다.

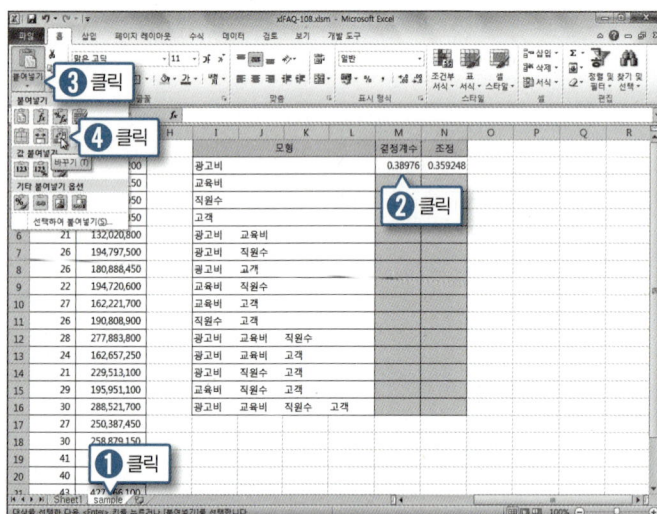

13 모형별 결정계수 확인하기 (5)

❶ [sample] 시트를 표시합니다.
❷ M2셀을 선택합니다.
❸ [홈] 탭-[클립보드] 그룹-[붙여넣기] 의 옵션 단추 를 클릭합니다.
❹ [바꾸기] 를 클릭합니다.

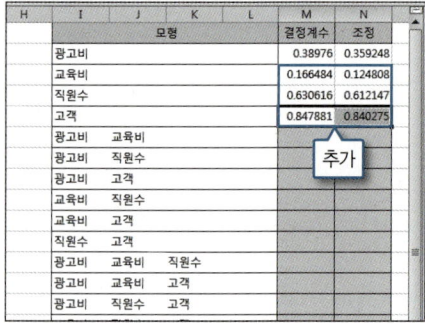

14 모형별 결정계수 확인하기 (6)

과정 09~13을 참고해 교육비, 직원수, 고객 변수의 결정계수 값과 조정된 결정계수 값을 회귀 분석 대화상자를 구성해 추가합니다. Note 8

Note 8 ... 회귀분석 대화상자 입력 범위 알아보기

다음은 각 변수의 회귀 분석 대화상자의 Y축 입력 범위와 X축 입력 범위의 설정 값입니다.

변수	Y축 입력 범위	X축 입력 범위
교육비		D2:D23
직원수	G2:G23	E2:E23
고객		F2:F23

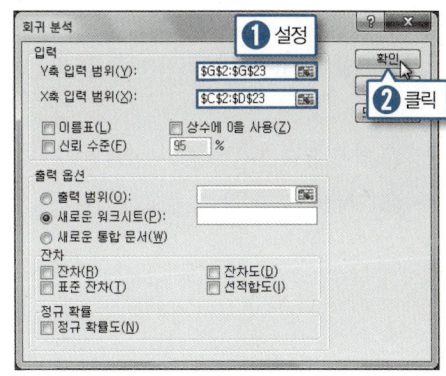

15 모형별 결정계수 확인하기 (7)

I6:J6 범위의 광고비, 교육비 모형의 결정계수 값과 조정 결정계수 값을 구하겠습니다.

❶ 과정 09~10을 참고해 회귀 분석 대화상자를 표시한 다음 Y축 입력 범위란을 $G$2:$G$23, X축 입력 범위란을 $C$2:$D$23으로 지정합니다.

❷ [확인]을 클릭합니다.

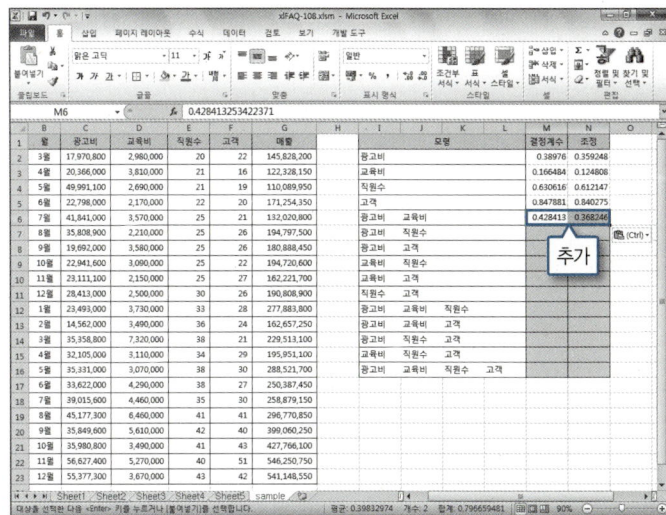

16 모형별 결정계수 확인하기 (8)

반환된 결정계수와 조정된 결정계수를 과정 12~13을 참고해 [sample] 시트의 모형 표에 붙입니다.

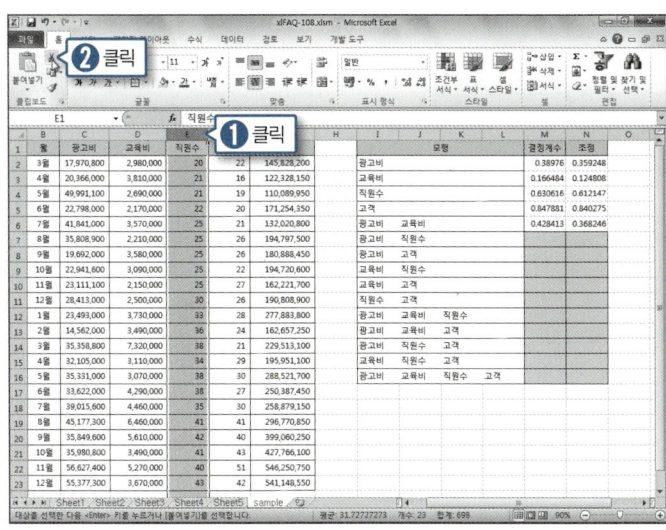

17 모형별 결정계수 확인하기 (9)

I7:J7 범위의 광고비, 직원수 변수는 왼쪽 표에서 C열과 E열에 있으므로 회귀 분석 대화상자에서 X축 입력 범위를 연속해서 지정할 수 있도록 직원수 변수의 데이터 위치를 옮기겠습니다.

❶ E열 머리글을 클릭하여 전체를 선택합니다.

❷ [홈] 탭-[클립보드] 그룹-[잘라내기]를 클릭합니다.

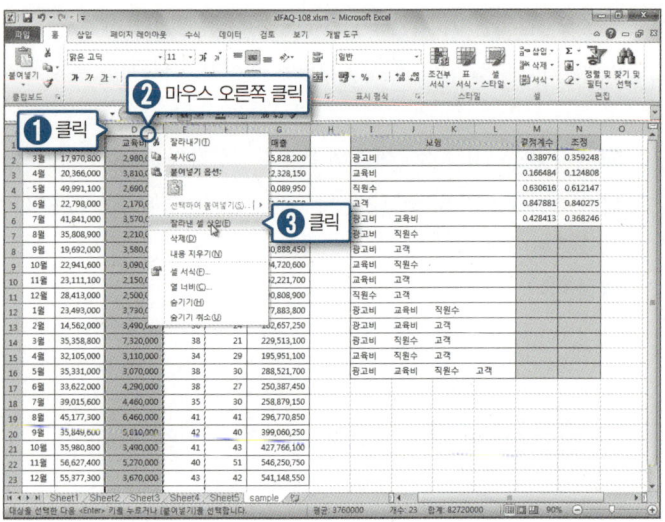

18 모형별 결정계수 확인하기 (10)

❶ D열 머리글을 클릭하여 전체를 선택합니다.

❷ 마우스 오른쪽 버튼을 누릅니다.

❸ [잘라낸 셀 삽입] 메뉴를 선택합니다.

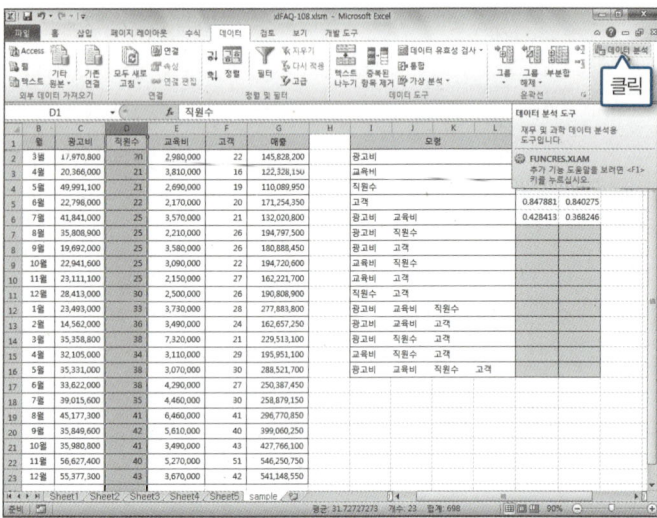

19 모형별 결정계수 확인하기 (11)

이렇게 하면 광고비와 직원수 변수의 데이터 범위가 연속되게 됩니다.

[데이터] 탭-[분석] 그룹-[**데이터 분석**]을 클릭합니다.

과정 10~14를 참고해 결정계수와 조정된 결정계수 값을 구합니다.

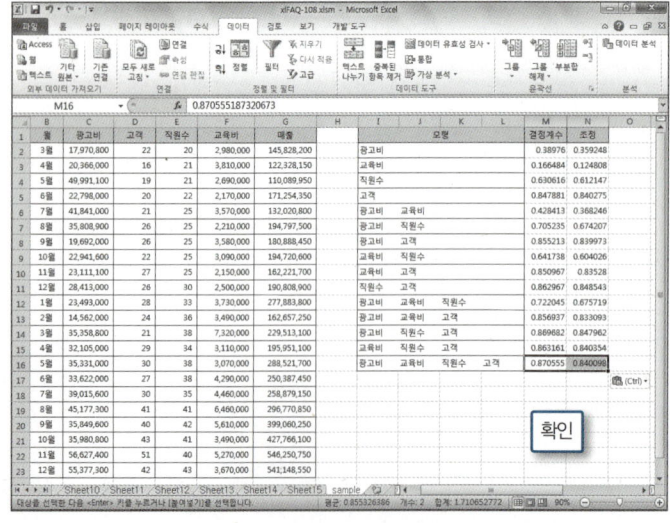

20 모형별 결정계수 확인하기 (12)

앞의 과정을 참고해 모든 모형의 결정계수와 조정된 결정계수 값을 모형 표에 붙여 넣으면 그림과 같은 결과를 얻게 됩니다. 전체적으로 M열의 결정계수 값보다 N열의 조정된 결정계수 값이 더 낮게 나오는 것을 확인할 수 있습니다.

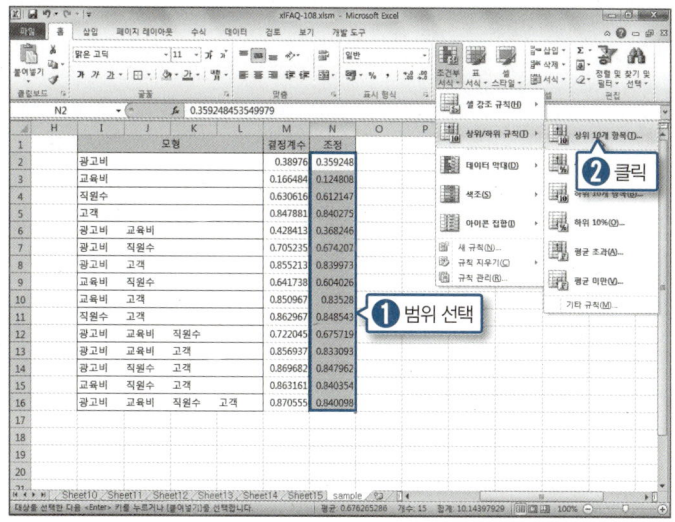

21 모형 선택하기 (1)

조정된 결정계수 값에서 1에 가까운 모형을 확인하겠습니다.

❶ N2:N16 범위를 선택합니다.
❷ [홈] 탭-[스타일] 그룹-[조건부 서식] 圖 -[상위/하위 규칙]-**[상위 10개 항목]**을 클릭합니다.

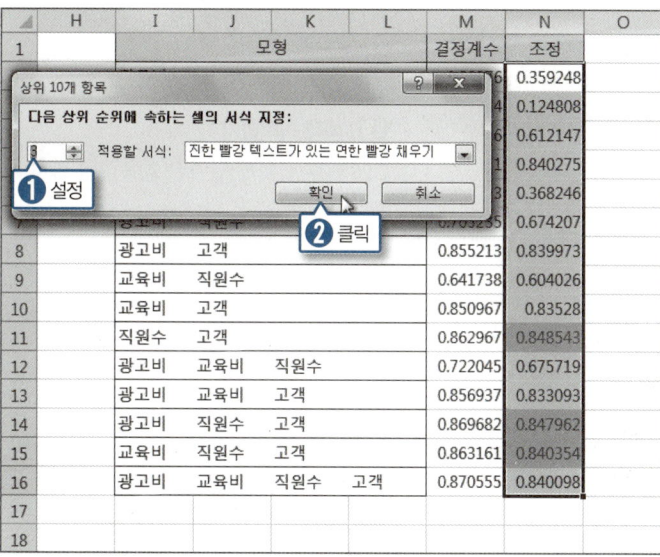

22 모형 선택하기 (2)

❶ 상위 10개 항목 대화상자가 표시되면 첫 번째 입력란의 값을 **3**으로 설정합니다.
❷ **[확인]**을 클릭합니다.

이렇게 하면 조정된 결정계수 값이 높은 상위 3개 모형을 쉽게 확인할 수 있습니다.

Tip ... 모형 선택하기

모형을 선택할 때는 조정 결정계수가 1에 가까운 모형을 선택해 작업하는 것이 좋습니다. 다만 이것은 필수적인 것이 아니라 사용자의 판단에 도움이 되는 지표로 활용될 때 가치가 있습니다. 그러므로 조정 결정계수 값이 크게 차이가 나지 않는다면, 해당 모형 중에서 계획 수립과 관리에 가장 도움이 되는 모형을 선택해도 됩니다. 이번 역시 직원수, 고객 모형과 광고비, 직원수, 고객 모형, 그리고 교육비, 직원수 고객 모형이 유사한 조정 결정계수 값을 보이므로 광고비, 직원수, 고객 모형이 계획 수립 및 관리에 유리하다고 판단해 이 모형을 이용해 내년도 매출을 예측하는 작업을 진행합니다.

질문 109 선택된 모형으로 어떻게 매출을 예측할 수 있나요?

질문 108을 통해 모형을 확정했습니다. 이제 매출을 어떻게 예측해야 하나요?

답변 109

• 예제 파일 〉 Part3 \ xlFAQ-109.xlsx   • 완성 파일 〉 Part3 \ 완성 \ xlFAQ-109완성.xlsx

모형을 선택했으면 선택된 모형으로 매출을 예측할 수 있으며, 예측에 사용되는 방법은 이전과 동일하게 선형 추세나 지수 추세 중에서 하나를 선택해 예측합니다.

구체적인 방법은 다음 단계를 참고합니다.
① 해당 변수에 대한 예측할 연도의 월별 계획안을 수립한 다음 이를 표에 추가합니다.
② TREND 함수와 GRWOTH 함수를 이용해 선형과 지수 추세 값을 구합니다.
③ RSQ 함수를 이용해 결정계수 값을 확인해, 선형과 지수 추세 중에서 하나를 선택합니다.
④ 선택된 추세 방법으로 매출을 예측합니다.

실무실습 다중 회귀 분석을 이용해 매출 예측하기

다음 실무실습을 통해 다중 회귀 분석을 이용해 매출을 예측하는 방법을 알아보겠습니다.

01 예제 이해하기

C26:E37 범위에 입력된 값을 확인합니다. 이 값은 매출을 예측할 연도(여기서는 2013년)에 진행할 계획에 의한 값으로 이 계획에 따른 매출을 예측하는 작업을 진행하겠습니다.

02 선형 추세 값 계산하기

먼저 기존 연도(2011년~2012년)의 선형 추세 값을 계산하겠습니다.
G4:G25 범위를 선택합니다.
수식 입력줄에 다음 수식을 작성하고 Ctrl + Shift + Enter 를 눌러 입력합니다.
=TREND(F4:F25, C4:E25)

수식 설명 =TREND(F4:F25, C4:E25)

기존 데이터 범위의 선형 추세 값을 계산하므로 TREND 함수를 사용합니다. 예측하는 것이 아니므로 첫 번째와 두 번째 인수만 구성하면 되며, 첫 번째와 두 번째 인수는 기존 Y 범위, 기존 X 범위이므로 F4:F25 범위와 C4:E25 범위(다중 회귀 분석에서는 독립변수가 여러 개이므로 해당 범위를 한 번에 전달해야 합니다)를 지정해 사용합니다.

03 지수 추세 값 계산하기

지수 추세 값을 같은 방법으로 계산하겠습니다.

H4:H25 범위를 선택합니다.

수식 입력줄에 다음 수식을 작성하고 Ctrl + Shift + Enter 를 눌러 입력합니다.

=GROWTH(F4:F25, C4:E25)

수식 설명 =GROWTH(F4:F25, C4:E25)

GROWTH 함수는 TREND 함수와 사용 방법이 동일하며, 선형 추세가 아닌 지수 추세 값을 계산한다는 점만 차이가 있습니다. 자세한 설명은 과정 02의 수식 설명을 참고합니다.

04 결정계수 값 확인하기

❶ 선형과 지수 추세의 결정계수 값을 확인하기 위해 G1셀에 다음 수식을 입력합니다.

=RSQ($F$4:$F$25, G4:G25)

❷ G1셀의 **채우기 핸들**을 H1셀까지 드래그해 수식을 복사합니다.

수식 설명 =RSQ($F$4:$F$25, G4:G25)

RSQ 함수는 결정계수 값을 반환하는 함수이므로, 선형 추세와 지수 추세 중 어느 계산 결과가 매출과의 연관성이 높은지 측정하기 위해 사용합니다. RSQ 함수도 Y 범위와 X 범위를 순서대로 전달하면 되므로 F4:F25 범위와 G4:G25 범위를 순서대로 전달해 계산합니다. 참고로 수식을 복사해 사용하기 위해 F4:F25 범위는 절대 참조 방식으로 참조 위치가 변경되지 않도록 합니다.

05 2013년 매출 예측하기 (1)

선택된 지수 추세 방식으로 2013년 매출을 예측하겠습니다.

H26:H37 범위를 선택합니다.

수식 입력줄에 다음 수식을 작성하고 Ctrl + Shift + Enter 를 눌러 입력합니다.

=GROWTH(F4:F25, C4:E25, C26:E37)

수식 설명 =GROWTH(F4:F25, C4:E25, C26:E37)

RSQ 함수로 계산된 결정계수 값에 의해 지수 추세 방식을 선택했으므로 GROWTH 함수를 사용해 2013년 매출을 예측합니다. 예측할 때는 GROWTH 함수의 세 번째 인수를 추가로 지정하면 됩니다. 세 번째 인수는 새 X 범위이므로 과정 03에서 작성한 수식에서 마지막 C26:E37 범위를 추가로 전달해 사용합니다.

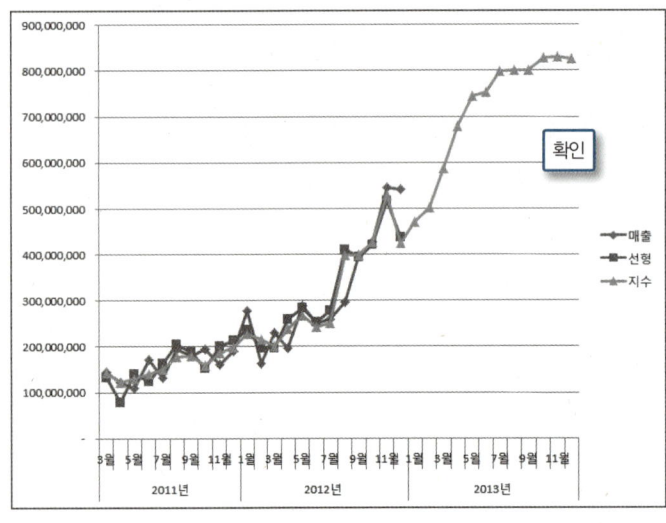

06 2013년 매출 예측하기 (2)

예측된 결과를 차트로 확인하기 위해, A3:B37 범위를 선택하고 Ctrl을 누른 상태에서 F3:H37 범위를 선택한 다음, [삽입] 탭-[차트] 그룹-[꺾은선형] - [2차원 꺾은선형] 항목-**[표식이 있는 꺾은선형]** 을 선택합니다.

Section 03 목표 달성을 위한 시나리오 설계하기

▶ 목표값 찾기   ▶ 해 찾기   ▶ 시나리오   ▶ 시나리오 요약

예측을 통해 얻은 결과는 항상 기업의 목표와 차이가 발생하게 됩니다. 이 경우, 목표 달성을 위해 계획을 적절하게 수정할 수 있어야 합니다. 이렇게 계획을 수정하기 위해서는 많은 계산 작업이 필요하지만 이런 것은 사람이 일일이 계산하기 어렵습니다.

엑셀에는 원하는 결과를 얻기 위해 계산에 사용된 데이터를 수정할 때 사용할 수 있는 목표값 찾기와 해 찾기 기능을 제공합니다. 목표값 찾기 명령은 수정할 데이터가 하나인 경우에 사용하며 [해 찾기] 명령은 수정할 데이터가 2개 이상, 복잡한 조건을 지정해야 하는 경우에 사용합니다.

> **질문 110** 예측된 결과와 목표가 다릅니다. 목표를 어떻게 수정하나요?
> 예측된 매출과 회사에서 달성하고자 하는 목표와 차이가 있습니다. 목표를 달성하기 위해 월 거래 고객에 대한 계획을 얼마로 조정하면 되는지 알 수 있을까요?

• 예제 파일〉Part3 : **xlFAQ-110.xlsx**   • 완성 파일〉Part3\완성 : **xlFAQ-110완성.xlsx**

답변 110 목표와 예측된 결과가 차이가 있고, 계획을 일부 변경할 필요가 있다면 [목표값 찾기] 기능을 이용해 목표를 달성하기 위해, 계획을 어떻게 변경해야 하는지에 대한 답을 구할 수 있습니다.

목표값 찾기는 수식으로 얻은 결과가 A가 되어야 할 때, 계산에 사용했었던 값 B를 얼마로 수정해야 하는지에 대한 답을 찾아 주는 역할을 하는 기능으로 이런 경우에 효율적으로 사용하면 효율적입니다.

실무실습 목표값 찾기로 계획 수정하기

다음 실무실습을 통해 목표값 찾기 기능을 이용해 목표를 달성하기 위해 계획을 수정하는 방법을 알아보겠습니다.

01 예제 이해하기

다중 회귀 분석을 통해 얻은 매출 예측 결과를 확인할 수 있습니다. 이번 예제는 매출 목표가 100억일 때, 예측된 결과가 100억이 되도록 하기 위해 F열의 월 거래 고객 수를 어떻게 변경해야 하는지에 대한 답을 목표값 찾기를 이용해 처리하는 작업을 진행합니다.

02 그룹 명령을 이용해 표 축소하기 (1)

표가 너무 길어 한눈에 보기 어려우므로 과거 데이터 부분을 그룹 명령을 이용해 숨기겠습니다.
4행부터 25행까지 드래그하여 선택합니다.

03 그룹 명령을 이용해 표 축소하기 (2)

[데이터] 탭-[윤곽선] 그룹-[**그룹**]을 클릭합니다.

Tip ... 리본 메뉴가 다르게 표시되는 이유 알아보기
리본 메뉴 명령은 표시할 수 있는 너비에 따라 다르게 표시될 수 있습니다.

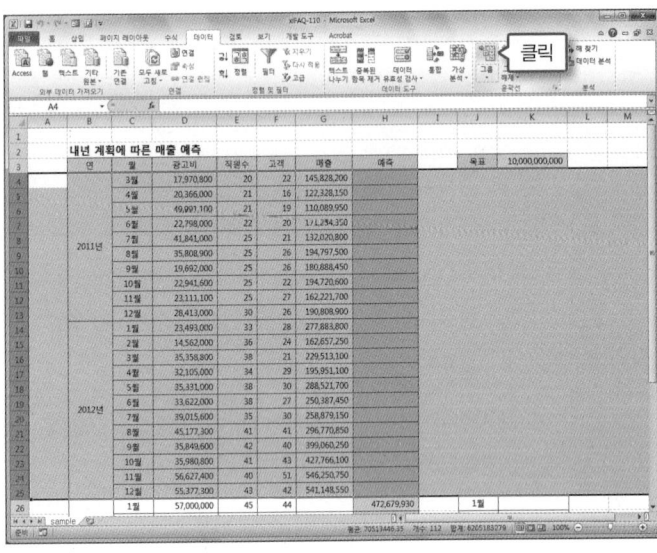

04 그룹 명령을 이용해 표 축소하기 (3)

행 머리글 왼쪽에 윤곽 기호가 표시됩니다. 축소 아이콘 ■을 클릭하거나, [1] 윤곽 기호 ■을 클릭합니다. 선택된 행(4:25행)이 모두 숨겨집니다.

Tip ... 다시 표시하고 싶을 때는 확장 아이콘 ■을 클릭하거나 [2] 윤곽 기호 ■를 클릭합니다.

05 예측된 결과의 요약 값 구하기

D38:H38 범위에 요약 값을 구하는 작업을 진행하겠습니다.

❶ 다음 각 셀에 아래와 같은 수식을 입력해 요약합니다.

D38 : =SUM(D26:D37)

E38 : =AVERAGE(E26:E37)

F38 : =AVERAGE(F26:F37)

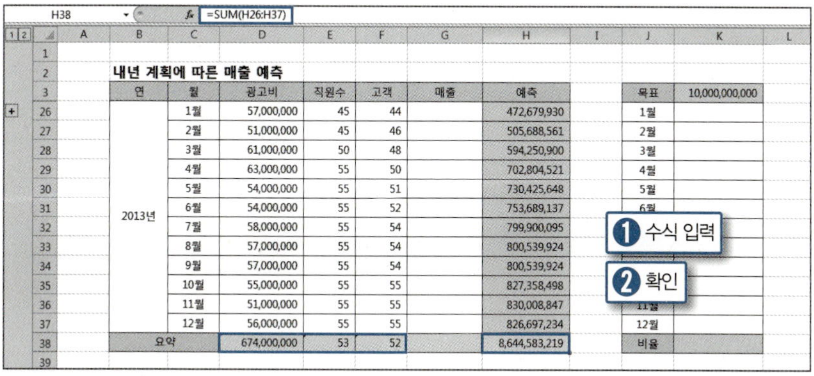

H38 : =SUM(H26:H37)

❷ 예측된 매출 총액은 86억 4천만 원이고, 월 평균 거래 고객 수가 52개가 되어야 한다는 사실을 확인할 수 있습니다.

행	연	월	광고비	직원수	고객	매출	예측		목표	10,000,000,000
26	2013년	1월	57,000,000	45	44		472,679,930		1월	
27		2월	51,000,000	45	46		505,688,561		2월	
28		3월	61,000,000	50	48		594,250,900		3월	
29		4월	63,000,000	55	50		702,804,521		4월	
30		5월	54,000,000	55	51		730,425,648		5월	
31		6월	54,000,000	55	52		753,689,137		6월	
32		7월	58,000,000	55	54		799,900,095			
33		8월	57,000,000	55	54		800,539,924			
34		9월	57,000,000	55	54		800,539,924			
35		10월	55,000,000	55	55		827,358,498			
36		11월	51,000,000	55	55		830,008,847		11월	
37		12월	56,000,000	55	55		826,697,234		12월	
38	요약		674,000,000	53	52		8,644,583,219		비율	

수식 설명 D열과 H열은 광고비와 매출 예측한 값이므로 연간 총액을 집계해야 하므로 SUM 함수를 사용해 집계하고, E열과 F열은 직원 수와 월 거래 고객 수이므로, 월 평균 값을 집계하기 위해 AVERAGE 함수를 사용합니다.

06 목표와 매출 비율 계산하기

K3셀에 입력된 100억 목표를 달성하기 위해 월별 매출 목표액을 계산하려면, 예측된 매출 대비해서 목표가 어느 정도인지 비율을 먼저 계산합니다.

K38셀을 선택하고 다음 수식을 입력하여 비율을 표시합니다.

=K3/H38

행	연	월	광고비	직원수	고객	매출	예측		목표	10,000,000,000
26	2013년	1월	57,000,000	45	44		472,679,930		1월	
27		2월	51,000,000	45	46		505,688,561		2월	
28		3월	61,000,000	50	48		594,250,900		3월	
29		4월	63,000,000	55	50		702,804,521		4월	
30		5월	54,000,000	55	51		730,425,648		5월	
31		6월	54,000,000	55	52		753,689,137		6월	
32		7월	58,000,000	55	54		799,900,095		7월	
33		8월	57,000,000	55	54		800,539,924		8월	
34		9월	57,000,000	55	54		800,539,924		9월	
35		10월	55,000,000	55	55		827,358,498		10월	
36		11월	51,000,000	55	55		830,008,847		11월	
37		12월	56,000,000	55	55		826,697,234		12월	
38	요약		674,000,000	53	52		8,644,583,219		비율	116%

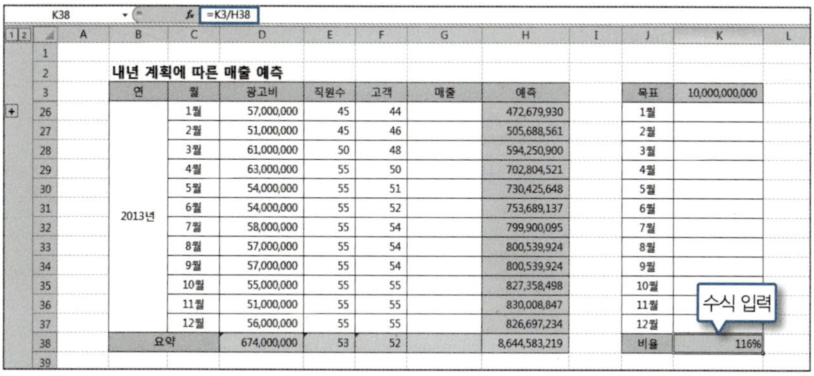

07 수정된 월별 목표액 계산하기 (1)

과정 06에서 계산된 비율을 참고해 월별 매출 목표액을 계산하겠습니다.

❶ K26셀을 선택하고 다음 수식을 입력합니다.

`=H26*$K$38`

❷ K26셀의 **채우기 핸들** ➕을 K37셀까지 드래그해 수식을 복사합니다.

❸ 상태 표시줄의 자동 요약 결과 값 중 합계 결과가 100억인 것을 확인할 수 있습니다.

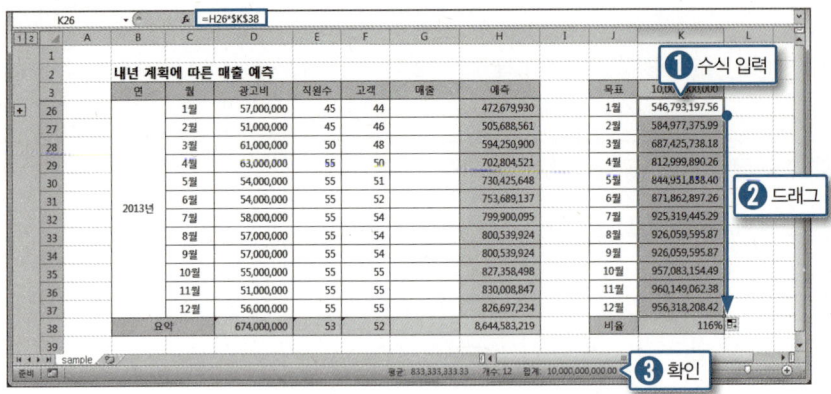

08 수정된 월별 목표액 계산하기 (2)

H열의 예측된 결과 값은 100억을 달성하기 위해 수정할 것이므로 K26:K37 범위의 수식을 그대로 두면 H열이 수정될 때마다 함께 수정되므로 K26:K37 범위의 수식을 값으로 변경해야 합니다.

❶ K26:K37 범위를 선택하고 ❷ Ctrl + C 를 눌러 복사합니다. ❸ [홈] 탭-[클립보드] 그룹-[붙여넣기] 📋의 **옵션 단추** ▼를 클릭합니다. ❹ [값] 🔢을 클릭해 붙입니다.

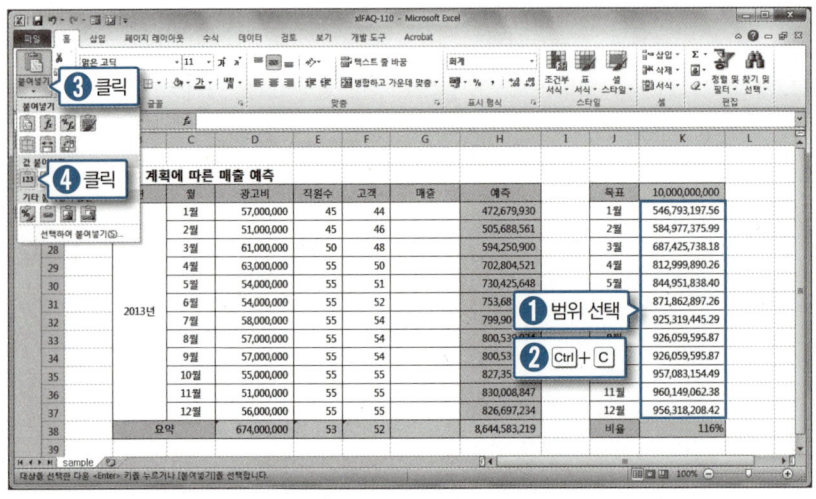

Tip 붙인 값 확인하기

K26:K37 범위에 값을 붙인 다음, 각 셀을 선택하고 수식 입력줄을 확인해 보면, 셀에 저장된 모든 값이 화면에 표시되지 않는 걸 확인할 수 있습니다. 예를 들어 K26셀의 경우 화면에는 546,793,197.56으로 표시되지만, 선택하고 수식 입력줄에서 확인해 보면 546,793,197.563426입니다.

이것으로 K26:K37 범위에서 사용한 수식이 K38셀의 비율을 사용해 계산했기 때문에 계산된 결과 값에 소수점 이하 값이 더 존재한다는 사실을 확인할 수 있습니다.

09 목표 달성을 위한 계획 수정하기 (1)

목표값 찾기를 이용해, H열의 예측된 값을 K열에 수정된 값으로 수정하는 작업을 진행하겠습니다.

[데이터] 탭-[데이터 도구] 그룹-[가상 분석]-**[목표값 찾기]**를 클릭합니다.

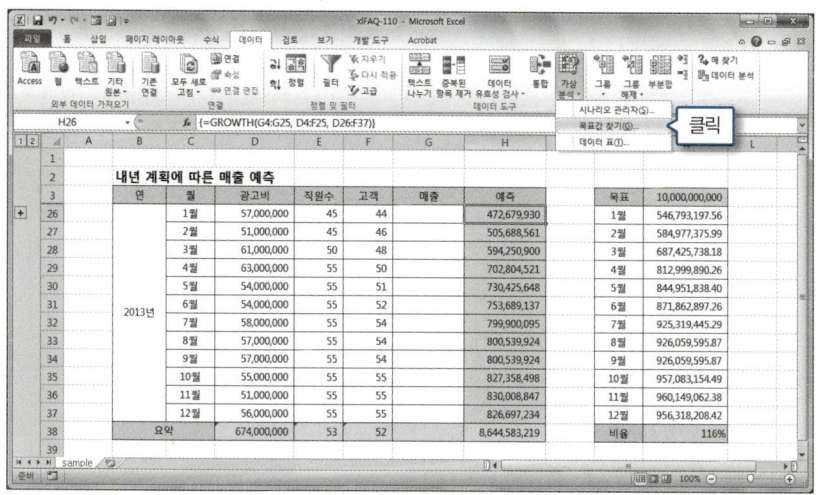

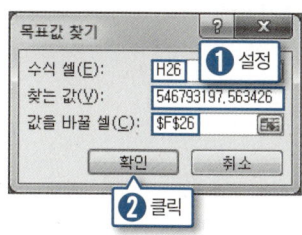

10 목표 달성을 위한 계획 수정하기 (2)

❶ 목표값 찾기 대화상자가 표시되면 수식 셀란을 **H26**, 값을 바꿀 셀란을 **$F$26**, 찾는 값란을 K26셀의 소수점 이하를 포함한 값으로 지정합니다.

546793197.563426

❷ [확인]을 클릭합니다.

11 목표 달성을 위한 계획 수정하기 (3)

목표값 찾기 상태 대화상자가 표시되면서 답을 찾았다는 내용이 있으면 제대로 된 값을 찾은 것입니다.

❶ F26셀의 월 거래 고객 수가 44에서 49로 변경된 것을 확인할 수 있습니다. 이것은 예측된 값이 100억을 달성하기 위해, 월 거래 고객을 44에서 49로 증대시켜야 한다는 것을 의미합니다.

❷ [확인]을 클릭해 창을 닫습니다.

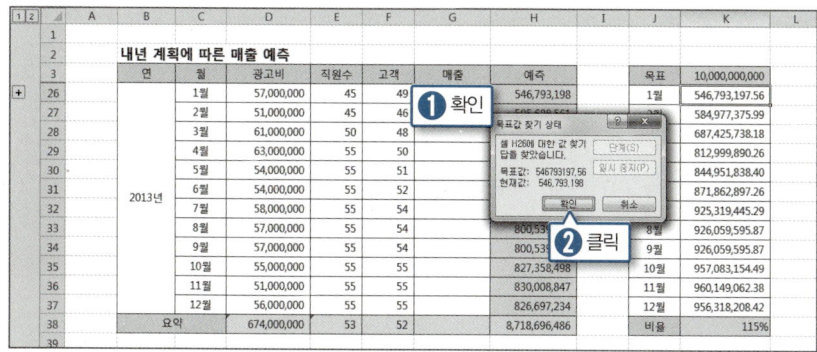

12 목표 달성을 위한 계획 수정하기 (4)

과정 **09~11**을 참고해 H27:H37 범위에 각 셀에서 목표값 찾기를 사용해 K27:K37 범위의 값이 되도록 실행하면 화면과 같은 결과를 얻을 수 있습니다. H38셀의 결과가 100억이 되면 제대로 수행한 것입니다. **Note 9**

Note 9 ... 매크로 사용자를 위한 목표값 찾기 한 번에 실행하는 방법 알아보기

목표값 찾기를 사용하면 계획을 어떻게 수정해야 하는지에 대한 답을 얻을 수 있어 편리하지만 예측된 결과를 수정하기 위해 목표값 찾기 명령을 여러 번 실행하는 것은 매우 비효율적입니다. 그렇기 때문에 매크로를 사용할 수 있는 사용자라면 아래와 같은 코드를 사용하면 보다 빠르게 원하는 결과를 얻을 수 있습니다.

```
Sub 목표값찾기()

    Dim r예측 As Range
    Dim cell As Range

    Set r예측 = Range("H26:H37") ─ⓐ

    For Each cell In r예측

        cell.GoalSeek Goal:=cell.Offset(, 3).Value, ChangingCell:=cell.Offset(, -2) ─ⓑ

    Next

End Sub
```

ⓐ r예측 변수에 H26:H37 범위를 할당합니다. 만약 이 위치가 다르다면 주소를 변경해 사용합니다.
ⓑ 목표값 찾기 명령을 실행할 때, 찾는 값과 값을 바꿀 셀을 지정합니다. 찾는 값은 Goal 매개변수에 설정하며, 값을 바꿀 셀 옵션은 ChangingCell 매개변수에 설정합니다. cell.Offset(, 3)은 예측된 결과가 있는 H26셀에서 오른쪽 세 번째 셀(K26)을 의미하며, cell.Offset(, -2)은 왼쪽 두 번째 셀(F26)을 의미합니다. Offset 속성을 표 구성에 맞게 수정해 사용합니다.

질문 111	매출 목표를 달성하기 위해 계획을 수정할 필요가 있는 경우에는 어떻게 하나요?
	앞에서 설명한 목표값 찾기를 이용하면, 한 번에 한 개의 값만 수정할 수 있습니다. 만약 월 거래 고객 수에 대한 목표뿐만 아니라, 광고비, 직원 수 등에 대한 계획을 함께 조정하고 싶은 경우에는 어떻게 해야 하나요?

・예제 파일 〉 Part3 : **xlFAQ-111.xlsx**   ・완성 파일 〉 Part3\완성 : **xlFAQ-111완성.xlsx**

답변 111	원하는 결과를 얻기 위해 여러 개의 값을 조건에 맞게 수정할 필요가 있는 경우에는 목표값 찾기보다 [해 찾기] 기능을 이용해야 합니다. 해 찾기는 추가 명령으로, 먼저 명령을 등록하고 사용해야 합니다.

> **실무실습** 해 찾기로 계획 수정하기

다음 실무실습을 통해 해 찾기를 이용해 목표를 달성하기 위한 계획을 수정하는 방법을 알아보겠습니다.

01 예제 이해하기

2013년 매출을 예측한 값이 정리된 표를 확인할 수 있습니다.

예측된 매출 총액은 H38셀의 86억 가량입니다. 이 값이 H40셀의 100억이 될 수 있도록, 해 찾기를 이용해 아래 **Note**의 맞추어 D26:F37 범위에 작성된 계획을 수정합니다. **Note 10**

Note 10 ... 목표 100억을 달성하기 위한 계획 수정안 이해하기

목표 100억을 달성하기 위해, 광고비, 직원 수, 월 거래 고객 수를 다음과 같은 조건에 맞게 수정합니다.

(1) **광고비** : 월 5,000만 원 이상 사용할 수 있으며, 연 총액은 8억 원 이내로만 사용할 수 있습니다.
(2) **직원 수** : 1사분기는 현재 계획을 유지하고, 2사분기부터 50명 이상으로 공격적으로 모집합니다.
(3) **고객** : 직원 수와 연동하도록 하며, 직원이 최소 하나의 고객을 관리하도록 목표를 조정합니다.

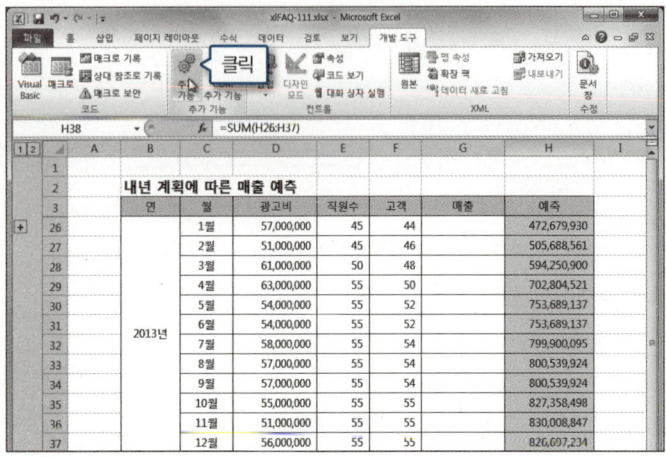

02 해 찾기 명령 추가하기 (1)

해 찾기 명령은 추가해야 사용할 수 있습니다.

[개발 도구] 탭-[추가 기능] 그룹-**[추가 기능]**을 클릭합니다.

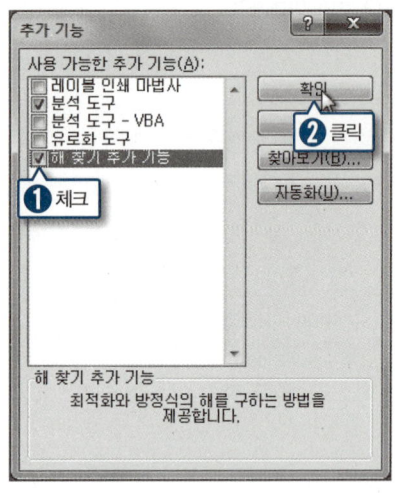

03 해 찾기 명령 추가하기 (2)

❶ 추가 기능 대화상자가 표시되면 **해 찾기 추가 기능**에 체크합니다.

❷ [확인]을 클릭합니다.

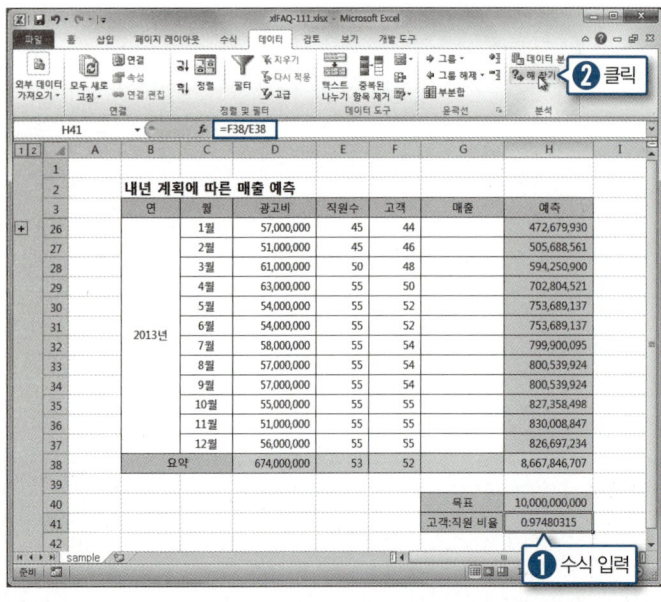

04 해 찾기 명령 실행해 계획 수정하기 (1)

계획을 수정할 때, 직원이 최소 하나의 고객을 담당하고 있는지 평가하기 위해 고객:직원 비율을 계산하겠습니다.

❶ H41셀을 선택하고 다음 수식을 입력합니다.

`=F38/E38`

❷ [데이터] 탭-[분석] 그룹-[해 찾기]를 클릭합니다.

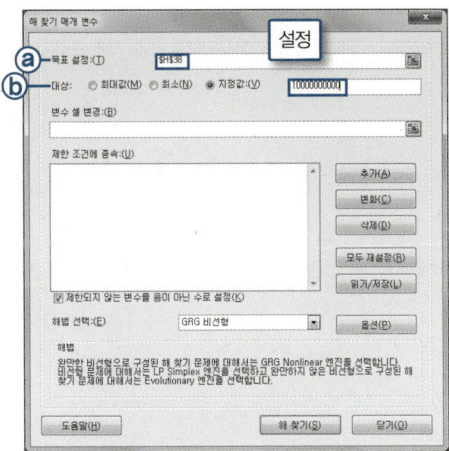

05 해 찾기 명령 실행해 계획 수정하기 (2)

해 찾기 매개 변수 대화상자가 표시되면, 100억 매출을 달성하기 위한 조건을 등록해야 합니다.

매출을 100억 달성해야 하므로, 목표 설정란을 $H$38로 지정합니다.

대상에서 **지정값**을 선택하고 지정값에 100억을 다음과 같이 입력합니다.

10000000000

Tip ... 해 찾기 설정 이해하기

ⓐ 목표 설정 : 수식이 사용된 셀로, 수식의 결과 값을 변경할 셀을 선택합니다. 이번에 선택한 H38셀은 예측된 매출을 집계한 셀로 86억의 결과를 반환합니다.

ⓑ 대상 : 목표 설정에서 선택한 셀의 값이 얼마가 되어야 하는지 선택합니다. 선택할 수 있는 옵션은 다음 3가지입니다.
- 최대값 : 조건에 맞는 최대값을 계산해 반환합니다. 최대 매출 등을 산정할 때 선택합니다.
- 최소값 : 조건에 맞는 최소값을 계산해 반환합니다. 최소 비용 등을 산정할 때 선택합니다.
- 지정값 : 지정된 값이 되도록 조건 값을 수정합니다. 원하는 값을 지정할 때 선택합니다.

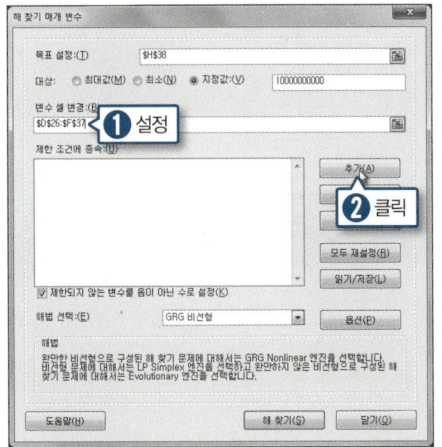

06 해 찾기 명령 실행해 계획 수정하기 (3)

앞에서 달성해야 할 매출 목표 금액을 설정했으므로, 이번에는 목표 금액이 되기 위해 수정해야 할 조건 범위를 지정하겠습니다.

❶ 변수 셀 변경란을 2013년 계획이 입력된 $D$26:$F$37로 지정합니다.

❷ D26:F37 범위의 값을 수정할 때 확인해야 할 조건을 아래 **Note**를 참고하여 등록하겠습니다. **Note 11**

[**추가**]를 클릭합니다.

Note 11 ... 제한 조건 설정하기

매출 목표인 100억을 달성하기 위한 조건은 과정 **01**의 **Note 10**에서 설명한 바 있습니다. 해당 조건을 제한 조건 추가 대화상자에 다음과 같은 순서로 등록합니다.

[1] 광고비 : 월 5,000만 원 이상 사용할 수 있으며, 연 총액은 8억 원 이내로만 사용할 수 있습니다.

광고비는 항상 정수 값만 반환하도록 조건을 설정합니다(이 조건을 설정하지 않으면, 소수점 이하 값이 포함될 수 있습니다). 셀 참조란을 광고비가 입력된 **$D$26:$D$37**로 지정하고, int를 선택한 다음, 제한 조건란을 **정수**로 지정합니다. [**추가**]를 클릭합니다.

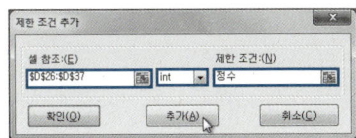

매달 5,000만 원 이상을 사용할 수 있다고 했으므로, 셀 참조란을 **$D$26:$D$37**로 지정하고, 크거나 같다(>=) 연산자를 선택한 다음, 제한 조건란을 50000000으로 설정합니다. [**추가**]를 클릭합니다.

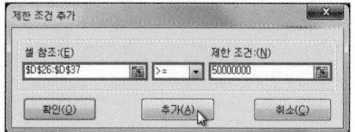

연 광고비는 8억 원을 넘지 못한다고 했으므로, 해당 조건을 설정합니다. 셀 참조란에 **$D$38**셀을 지정하고, 작거나 같다(<=) 연산자를 선택한 다음, 제한 조건란을 800000000으로 설정합니다. [**추가**]를 클릭합니다.

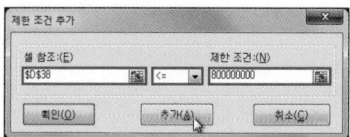

(2) 직원 수 : 1사분기는 현재 계획을 유지하고, 2사분기부터 50명 이상으로 공격적으로 모집합니다.

1사분기는 현재 계획대로 진행한다고 했으므로, 해당 조건을 등록합니다. 셀 참조란을 **$E$26:$E$28**로 지정하고, 같다(=) 연산자를 선택합니다. 마지막으로 제한 조건란을 **$E$26:$E$28**로 지정하고 [**추가**]를 클릭합니다.

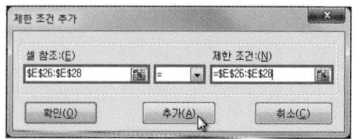

2사분기 이후에 50명 이상 공격적으로 직원 채용을 한다고 했으므로, 먼저 직원 수는 항상 정수여야 하므로 해당 조건을 먼저 등록합니다. 셀 참조란을 **$E$29:$E$37**로 지정하고, int를 선택한 다음 [**추가**]를 클릭합니다.

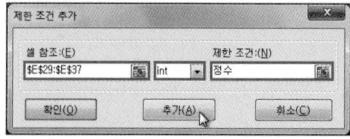

2사분기 이후의 직원 수는 50명 이상 채용한다고 했으므로, 해당 조건을 등록합니다. 셀 참조란을 **$E$29:$E$37**로 지정하고, 크거나 같다(>=) 연산자를 선택합니다. 제한 조건란을 50으로 설정하고 [**추가**]를 클릭합니다.

(3) 고객 : 직원 수와 연동하도록 하며, 직원이 최소 하나의 고객을 관리하도록 목표를 조정합니다.

월 거래 고객 수는 정수여야 하므로, 해당 조건을 먼저 등록합니다. 셀 참조란을 **$F$26:$F$37**로 지정하고, int를 선택한 다음 [**추가**]를 클릭합니다.

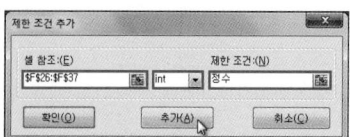

고객 수와 연동하되, 직원이 최소 하나의 고객을 관리하도록 한다고 했으므로, H41셀에서 계산된 직원:고객 비율이 1이상이 되도록 설정합니다. 셀 참조란을 **$H$41**로 지정하고, 콤보상자에서 크거나 같다(>=) 연산자를 선택합니다. 제한 조건란을 1로 설정하고 [**추가**]를 클릭합니다.

마지막 조건을 모두 입력한 다음에는 [**취소**]를 클릭해 닫습니다.

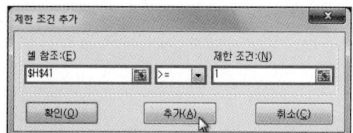

07 해 찾기 명령 실행해 계획 수정하기 (4)

❶ 조건을 모두 등록하면 제한 조건에 종속 목록에 등록한 조건이 모두 표시됩니다.

❷ 이제 지정한 조건에 맞게 100억을 달성할 수 있는 계획을 찾기 위해 [해 찾기]를 클릭합니다.

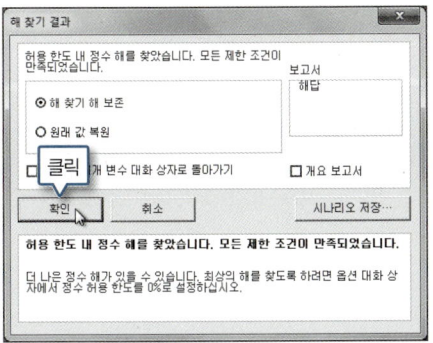

08 해 찾기 명령 실행해 계획 수정하기 (5)

해 찾기 결과 대화상자가 표시되면서 '허용 한도 내 정수 해를 찾았습니다.'라는 메시지를 확인할 수 있습니다.

[확인]을 클릭해 결과를 확인합니다.

Tip ... 해를 찾지 못한 경우 해 찾기
설정된 제한 조건을 모두 만족하는 해가 없다면, 해당 메시지가 표시됩니다. 이런 경우에는 [취소]를 클릭하고, 제한 조건에서 문제가 될 수 있는 것을 수정한 다음 다시 [해 찾기]를 클릭하면 됩니다.

09 결과 확인하기

100억보다 142원(오차 범위 이내) 크지만, 100억에 근접한 매출을 달성하기 위해, 광고비, 직원수, 고객을 어떻게 변경해야 하는지에 대한 답을 얻을 수 있습니다.

	A	B	C	D	E	F	G	H	I
1									
2		내년 계획에 따른 매출 예측							
3		연	월	광고비	직원수	고객	매출	예측	
26			1월	56,948,321	45	46		502,927,256	
27			2월	50,955,580	45	48		538,967,136	
28			3월	60,924,751	50	51		657,625,298	
29			4월	62,904,790	55	53		772,176,057	
30			5월	53,923,597	55	56		854,444,289	
31		2013년	6월	53,922,489	55	56		854,445,046	
32			7월	57,903,306	55	59		935,729,951	
33			8월	56,905,221	55	59		936,476,995	
34			9월	56,903,331	55	59		936,478,410	
35			10월	54,904,045	55	60		967,850,453	
36			11월	50,910,318	56	61		1,023,473,618	
37			12월	55,891,272	56	61		1,019,405,633	
38		요약		672,997,021	53	56		10,000,000,142	
39									
40							목표	10,000,000,000	
41							고객:직원 비율	1.049657006	

질문 112 목표를 달성하기 위한 시나리오를 필요에 따라 선택하는 방법이 있나요?

기존 계획과 목표를 달성하기 위해 변경된 계획을 필요에 따라 선택하고 표시하는 것이 가능한가요?

• 예제 파일 〉 Part3 : **xlFAQ-112.xlsx**   • 완성 파일 〉 Part3\완성 : **xlFAQ-112완성.xlsx**

답변 112 엑셀에는 [시나리오]라는 기능이 제공됩니다. 이 기능을 이용하면 특정 범위의 값을 저장해 뒀다가 필요할 때 저장된 값을 반영해 수식 결과를 확인할 수 있습니다. 여러 가지 시나리오를 만들어 놓고 필요할 때 선택하면 다양한 시나리오의 결과를 비교해 볼 수 있어 유용합니다.

다만, 시나리오는 셀 값을 직접 참조할 수 없기 때문에 구성하는 것이 조금 불편합니다. 그렇기 때문에 경우에 따라서는 수식을 사용하는 것이 좀 더 편리합니다.

실무실습 시나리오 선택에 따른 계획 확인하기

다음 실무실습을 통해 선택에 따라 현재 계획과 수정할 계획 결과를 빠르게 확인할 수 있는 방법을 알아보겠습니다.

01 시나리오 등록하기 (1)

내년도 매출 예측과 목표를 정리한 표를 확인할 수 있습니다. 오른쪽 J3:K38 범위의 표는 연 매출 100억 원을 달성하기 위해, 월 거래 고객 수의 원래 계획은 어떠했고 변경할 목표 값은 얼마인지 목표값 찾기를 이용해 찾은 결과를 의미합니다.

월 거래 고객 수의 계획과 변경 데이터를 시나리오 기능을 이용해 등록해 놓고, 필요할 때 빠르게 확인할 수 있도록 구성하겠습니다.

[데이터] 탭-[데이터 도구] 그룹-[가상 분석]-[**시나리오 관리자**]를 클릭합니다.

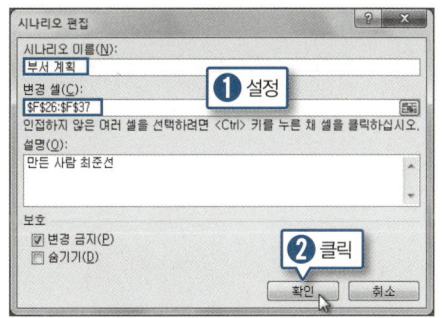

02 시나리오 등록하기 (2)

시나리오 관리자 대화상자가 표시되면 새로운 시나리오를 등록하기 위해 [추가]를 클릭합니다.

❶ 시나리오 편집 대화상자가 표시되면 시나리오 이름란을 **부서 계획**, 변경 셀란을 $F$26:$F$37로 지정합니다.

❷ [확인]을 클릭합니다.

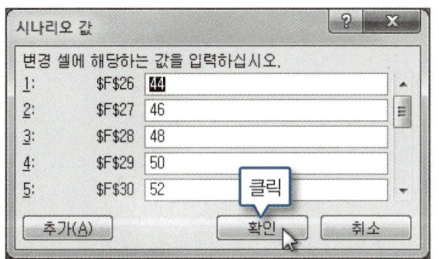

03 시나리오 등록하기 (3)

시나리오 값 대화상자가 표시되면 시나리오 편집 대화상자의 변경 셀란에 지정된 범위의 값이 표시됩니다.

이번에는 현재 계획을 그대로 시나리오로 저장하기 위한 것이므로 변경 없이 [확인]을 클릭합니다.

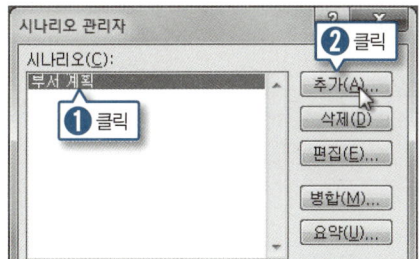

04 시나리오 등록하기 (4)

❶ 시나리오 관리자 대화상자로 다시 돌아옵니다. 시나리오 목록에서 등록한 시나리오를 확인할 수 있습니다.

이번에는 목표값 찾기로 계산된 고객 수를 별도의 시나리오로 등록하겠습니다.

❷ [추가]를 클릭합니다.

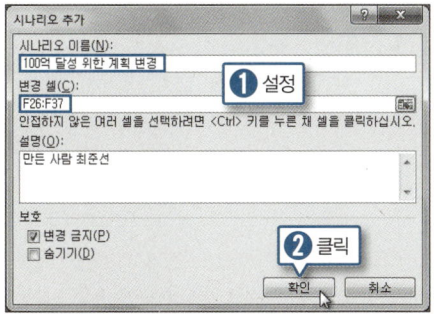

05 시나리오 등록하기 (5)

❶ 시나리오 추가 대화상자가 표시되면 시나리오 이름란을 **100억 달성 위한 계획 변경**, 변경 셀란을 F26:F37로 지정합니다.

❷ [확인]을 클릭합니다.

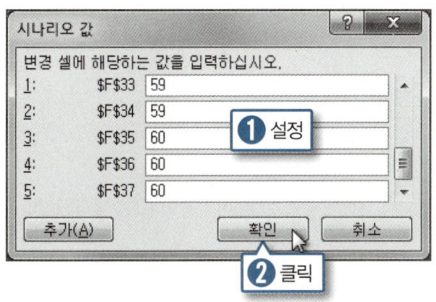

06 시나리오 등록하기 (6)

❶ 시나리오 값 대화상자가 표시되면, F26:F37 범위의 각 셀 값을 K26:K37 범위의 값으로 대체해 입력합니다.

예를 들면, F26셀의 값은 49, F27셀의 값은 50 이렇게 순서대로 K26:K37 범위의 셀 값을 입력하면 됩니다.

❷ [확인]을 클릭합니다.

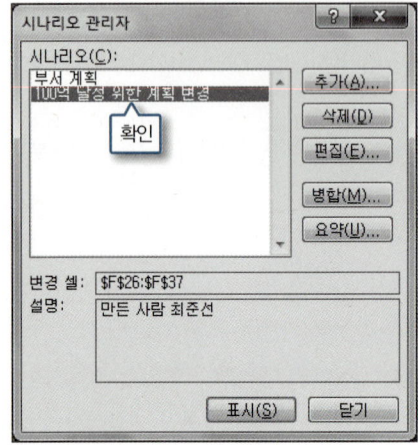

07 시나리오 등록하기 (7)
이렇게 하면 시나리오 관리자 대화상자의 시나리오 목록에서 등록한 2개의 시나리오를 확인할 수 있습니다.

08 선택한 시나리오 표시하기 (1)
❶ 시나리오를 직접 화면에 표시하기 위해 **100억 달성 위한 계획 변경** 시나리오가 선택된 상태에서 [**표시**]를 클릭합니다.
❷ 시나리오에 등록된 값으로 F26:F37 범위의 값이 수정됩니다. 이렇게 하면 H38셀의 예측된 매출도 100억 4,600만 원 정도로 재계산됩니다. **Note 12**

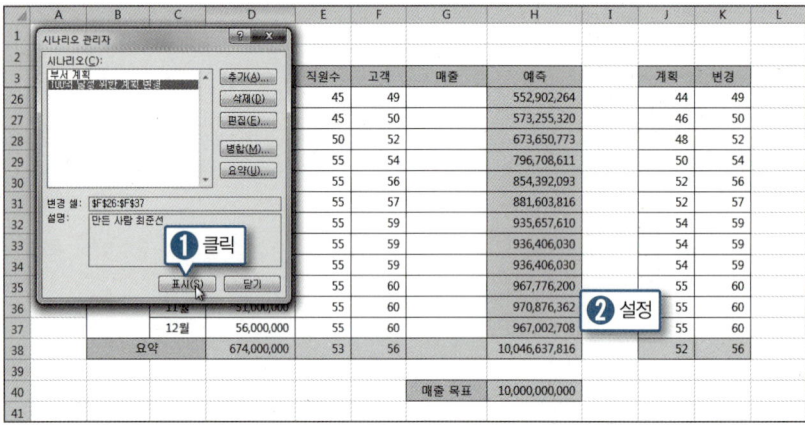

Note 12 ... H38셀의 값이 100억보다 큰 이유 알아보기
K26:K37 범위의 셀을 선택하고, 수식 입력줄을 확인해 보면 셀 값이 모두 표시된 것이 아니라는 것을 알 수 있습니다. 예를 들어 아래 화면과 같이 K26셀에는 49가 표시되지만, 수식 입력줄에서는 48.6030818580622를 확인할 수 있습니다.

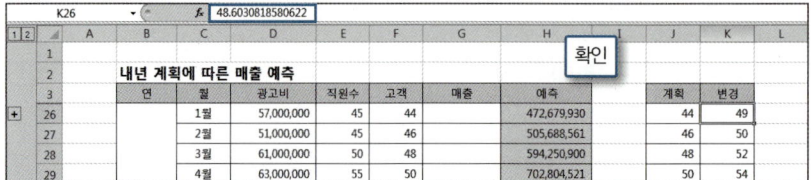

K26:K37 범위의 셀 값은 목표값 찾기 기능을 이용해 찾은 것이어서 소수점 이하 값이 존재합니다. 셀에는 쉼표 스타일이 적용되어 소수 이하 값이 표시되지 않아 입력이 잘못된 것입니다.

정확하게 100억의 계산 결과를 얻으려면 과정 **08**에서 시나리오의 값을 등록할 때, K26:K37 범위의 소수점 이하 값을 모두 확인해 정확하게 입력해야 합니다. 참고로 해 찾기 기능을 이용하면 정수 값 제한 조건을 사용해 처리할 수 있습니다.

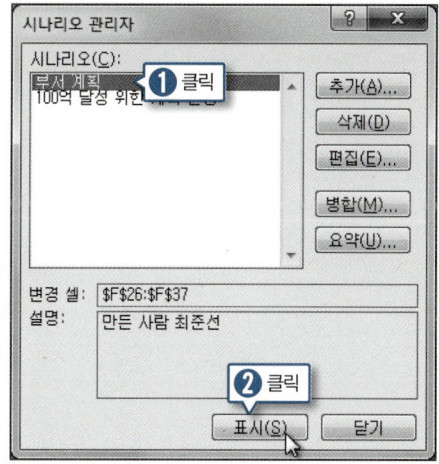

09 선택한 시나리오 표시하기 (2)

❶ 원래 계획을 그대로 표시하기 위해 **부서 계획** 시나리오를 선택하고 ❷ **[표시]**를 클릭합니다.

10 선택한 시나리오 표시하기 (3)

❶ 시나리오에 등록된 값으로 F26:F37 범위의 값이 수정되어 원래 예측했던 결과를 그대로 확인할 수 있습니다.
❷ **[닫기]**를 클릭합니다.

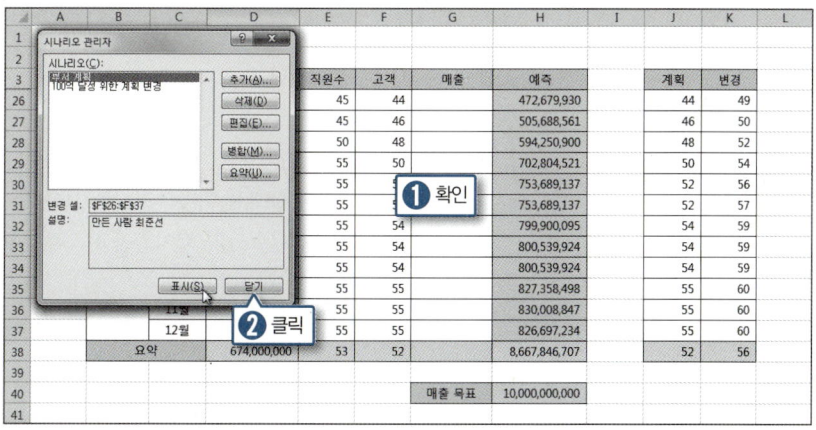

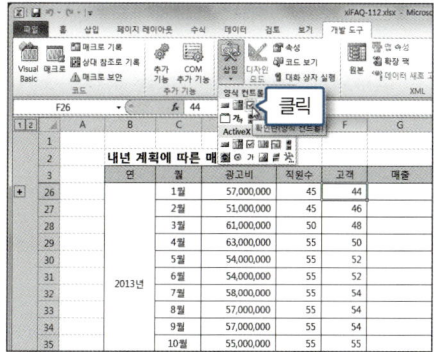

11 양식 컨트롤을 이용해 표시하기 (1)

소수점 이하 값이 포함된 시나리오를 등록하는 것은 쉽지 않으므로 이런 경우에는 양식 컨트롤을 이용하는 것이 좋습니다.

[개발 도구] 탭-[컨트롤] 그룹-[삽입]-[양식 컨트롤] 항목-**[확인란]**을 클릭합니다.

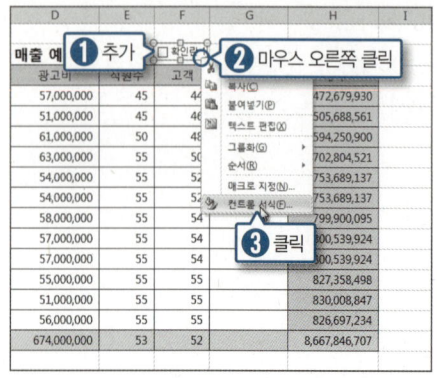

12 양식 컨트롤을 이용해 표시하기 (2)

❶ 선택한 확인란 컨트롤을 F2셀에 드래그하여 추가합니다.
❷ 추가한 컨트롤을 마우스 오른쪽 버튼으로 누릅니다.
❸ [컨트롤 서식] 메뉴를 선택합니다.

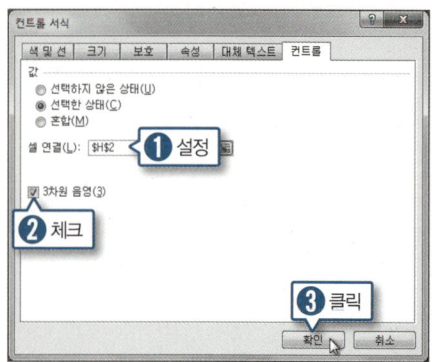

13 양식 컨트롤을 이용해 표시하기 (3)

❶ 컨트롤 서식 대화상자가 표시되면 셀 연결란에 커서를 두고 H2셀을 클릭하여 $H$2로 지정합니다.
❷ 3차원 음영에 체크합니다.
❸ [확인]을 클릭합니다.

확인란 컨트롤을 선택하면, 확인란 컨트롤의 값이 H2셀에 나타나게 됩니다.

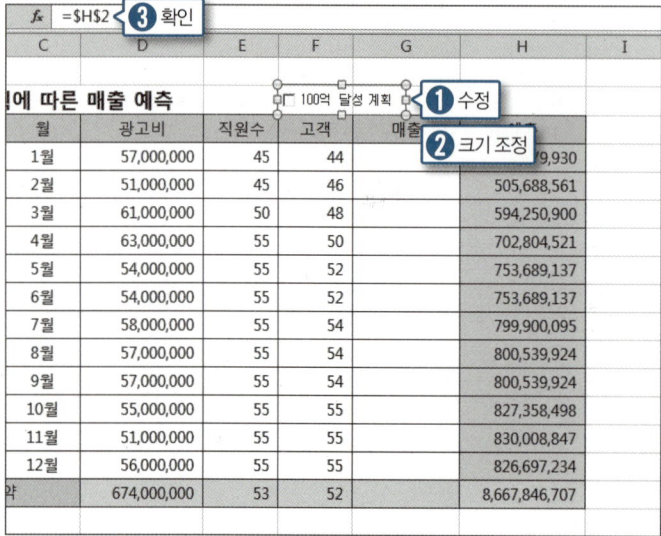

14 양식 컨트롤을 이용해 표시하기 (4)

❶ 확인란 컨트롤의 레이블을 **100억 달성 계획**으로 수정합니다.
❷ 확인란 컨트롤의 크기 조정 핸들을 이용해 컨트롤의 너비를 레이블 크기에 맞게 조정합니다.
❸ 참고로 과정 **13**이 제대로 진행됐으면 확인란 컨트롤을 선택했을 때, 수식 입력줄에서 =$H$2 수식을 확인할 수 있습니다.

15 양식 컨트롤을 이용해 표시하기 (5)

확인란 컨트롤을 조작할 때, F26:F37 범위의 고객 수가 자동으로 변경되도록 하겠습니다.

❶ **F26**셀을 선택하고 다음 수식을 입력합니다.

`=IF($H$2=TRUE, K26, J26)`

❷ **F26**셀의 **채우기 핸들**을 **F37**셀까지 드래그해 복사합니다.

수식 설명 `=IF($H$2=TRUE, K26, J26)`

H2셀은 확인란 컨트롤과 연결된 셀로, 확인란 컨트롤을 체크하면 TRUE, 체크 해제하면 FALSE가 표시됩니다. 그러므로 확인란 컨트롤과 연계해 결과를 다르게 표시하려면 IF 함수를 사용하면 됩니다. 이번 수식은 H2셀의 값이 TRUE이면 K26셀(변경된 계획)의 값을 반환하고, 아니면(FALSE) J26셀(원래 계획)의 값을 반환하라는 수식입니다.

참고로 IF 함수의 첫 번째 인수의 $H$2=TRUE 는 H2셀의 값이 무엇인지를 시각적으로 표시하기 위한 것으로, TRUE 부분은 생략하고 다음과 같은 수식을 사용해도 됩니다.

`=IF($H$2, K26, J26)`

16 양식 컨트롤을 이용해 표시하기 (6)

❶ 제대로 되는지 확인해 보기 위해 **F2**셀에 삽입된 확인란 컨트롤에 체크합니다.

❷ 예측 결과가 자동으로 변경되면서 H38셀의 예측된 결과가 100억으로 변경되는 것을 확인할 수 있습니다.

참고로 H2셀의 TRUE, FALSE 값이 보기 싫다면 글꼴 색을 흰색으로 변경하면 됩니다.

> **질문 113** 시나리오를 자동으로 등록할 수는 없나요?
>
> 시나리오는 상당히 유용하지만 값을 일일이 등록해야 하니 사용상의 제약이 많은 것 같습니다. 좀 더 편리하게 시나리오 기능을 이용할 수 있는 방법은 없을까요?

• 예제 파일 〉 Part3 : **xlFAQ-113.xlsx**   • 완성 파일 〉 Part3\완성 : **xlFAQ-113완성.xlsx**

답변 113 시나리오는 여러 명령과 연계가 됩니다. 특히 [해 찾기] 기능을 사용해 찾는 해 조건은 바로 시나리오로 등록하고 사용할 수 있습니다. 아마 눈썰미가 좋은 분들은 이전 예제에서 [해 찾기]를 실행한 후 나타나는 해 찾기 결과 대화상자의 아랫부분에서 [시나리오 저장]을 보았을 것입니다. [시나리오 저장]을 누르면 해 찾기로 수정된 계획을 시나리오에 저장할 수 있게 해 주기 때문에 값을 입력하지 않고도 다양한 수정안을 시나리오로 등록해 놓고 사용할 수 있습니다.

실무실습 해 찾기로 시나리오 등록하고 사용하기

다음 실무실습을 통해 해 찾기 명령을 이용해 찾은 결과를 시나리오로 등록하고 사용하는 방법을 알아보겠습니다.

	연	월	광고비	직원수	고객	매출	예측
		1월	57,000,000	45	44		502,824,666
		2월	51,000,000	45	46		513,936,479
		3월	61,000,000	50	48		629,660,921
		4월	63,000,000	55	50		739,472,507
		5월	54,000,000	55	52		743,912,150
	2013년	6월	54,000,000	55	52		743,912,150
		7월	58,000,000	55	54		801,663,348
		8월	57,000,000	55	54		797,433,135
		9월	57,000,000	55	54		797,433,135
		10월	55,000,000	55	55		810,472,836
		11월	51,000,000	55	55		793,500,969
		12월	56,000,000	55	55		814,772,222
	요약		674,000,000	53	52		8,688,994,518
						목표	10,000,000,000
						직원:고객 비율	0.97

01 예제 이해하기

2013년도 매출 예측 값과 목표액을 확인할 수 있습니다. 아래 **Note**를 확인하고 개별 시나리오대로 해 찾기를 사용해 해를 구한 다음, 시나리오로 등록하는 작업을 진행하겠습니다. Note 13

Note 13 ... 시나리오 이해하기

항상 목표를 달성하기 위한 여러 개의 시나리오가 필요합니다. 아래는 각 부서별 이해관계에 따라 달라지는 시나리오를 정리해 놓은 것입니다.

〔1〕 **시나리오 1 : 광고비 계획만 수정합니다**
　　월 광고비는 5,000만 원에서 1억 원 사이를 지불합니다.
　　연 광고비는 10억 원 이내로 제한합니다.

〔2〕 **시나리오 2 : 직원 수와 고객 계획을 수정하고, 광고비는 계획대로 집행합니다.**
　　월 평균 직원 수가 고객 수를 넘지 않도록 제한합니다.
　　직원 수는 1사분기부터 조정, 고객 수는 2사분기부터 조정합니다.
　　직원 수는 상반기 50명에서 60명 채용, 하반기 60명 이상 채용합니다.

〔3〕 **광고비와 고객 계획을 수정합니다.**
　　월 광고비는 5,000만 원에서 1억 원 사이를 지불하고, 연 광고비는 8억 원 이내로 제한합니다.
　　고객 수는 최소 45명에서 65명 사이로 결정합니다.

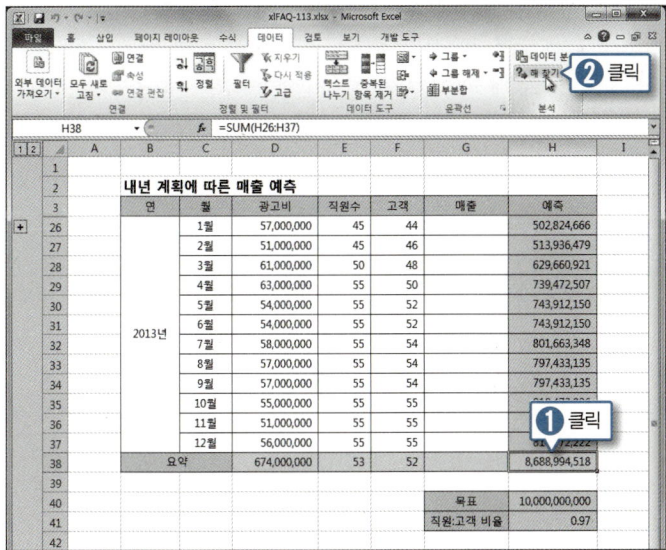

02 광고비 계획만 수정하기 (1)

과정 01에서 확인한 첫 번째 시나리오를 이용해 매출 100억을 달성할 수 있는지 여부를 점검하겠습니다.

❶ H38셀을 선택합니다.

❷ [데이터] 탭–[분석] 그룹–[해 찾기] 를 클릭합니다.

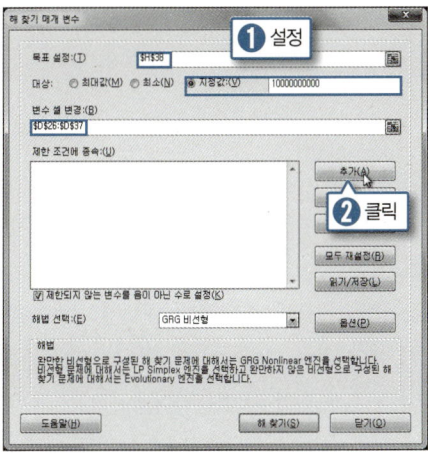

03 광고비 계획만 수정하기 (2)

❶ 해 찾기 매개 변수 대화상자가 표시되면, 목표 설정란을 $H$38, 대상을 **지정값**, 지정값란을 10000000000, 변수 셀 변경란을 $D$26:$D$37로 지정합니다.

❷ [**추가**]를 클릭하고 아래 Note를 확인해 조건을 등록합니다.

Note 14

Note 14 ... 제한 조건 이해하고 추가하기

매출 100억 원을 달성하기 위한 첫 번째 시나리오의 조건은 다음과 같습니다.

시나리오 1 : 광고비 계획만 수정합니다.

첫째, 월 광고비는 5,000만 원에서 1억 원 사이를 지불합니다.

둘째, 연 광고비는 10억 원 이내로 제한합니다.

그러므로, 해 찾기 매개 변수 대화상자의 변수 셀 변경란을 광고비 계획이 입력된 D26:D37 범위로 제한한 것입니다.

제한 조건 추가 대화상자에서 D26:D37 범위의 광고비가 정수로 반환되도록 조건을 먼저 설정합니다. 셀 참조란을 **$D$26:$D$37**로 지정하고, int를 선택한 다음 [**추가**]를 클릭합니다.

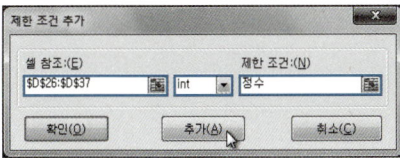

광고비는 5,000만 원에서 1억 원까지 사용할 수 있다고 했으므로, 먼저 5,000만 원 이상 사용할 수 있다는 제한 조건을 설정합니다. 셀 참조란을 **$D$26:$D$37**로 지정하고, 크거나 같다(>=) 연산자를 선택합니다. 제한 조건란을 50000000으로 설정하고 **[추가]**를 클릭합니다.

1억 원 이내 월 광고비 사용을 제한합니다. 셀 참조란을 **$D$26:$D$37**로 지정하고, 작거나 같다(<=) 연산자를 선택합니다. 제한 조건란을 **100000000**으로 설정하고 **[추가]**를 클릭합니다.

연간 광고비 지불은 10억 원 이내로 제한한다고 했으므로 셀 참조란을 **$D$38**로 지정하고, 작거나 같다(<=) 연산자를 선택합니다. 제한 조건란을 **1000000000**으로 설정하고 **[추가]**를 클릭합니다.

마지막 조건을 모두 입력한 다음에는 **[취소]**를 클릭해 닫습니다.

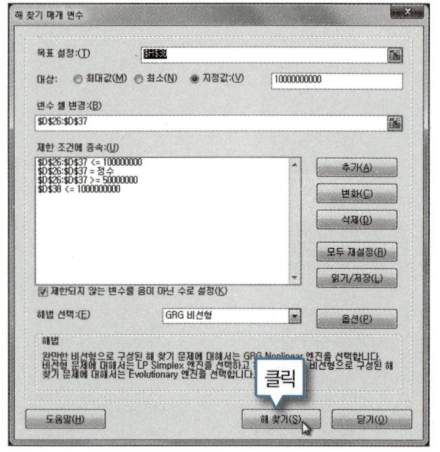

04 광고비 계획만 수정하기 (3)
마지막 제한 조건을 등록하고, 제한 조건 추가 대화상자에서 **[취소]**를 클릭하면 해 찾기 매개 변수 대화상자의 제한 조건에 종속 목록에서 등록한 모든 조건을 확인할 수 있습니다.
이 조건으로 매출 100억 원 달성이 가능한지 **[해 찾기]**를 클릭해 확인합니다.

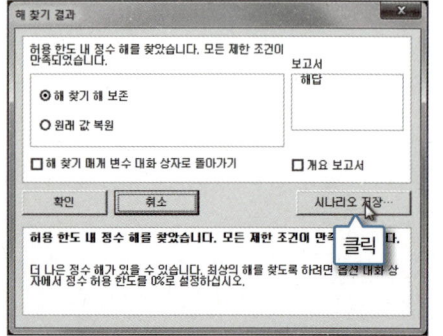

05 광고비 계획만 수정하기 (4)
해를 찾았다면, 매출 100억 원을 달성할 수 있는 광고비 계획을 얻었다는 것을 의미합니다.
[시나리오 저장]을 클릭해 계산된 결과를 시나리오로 등록합니다.

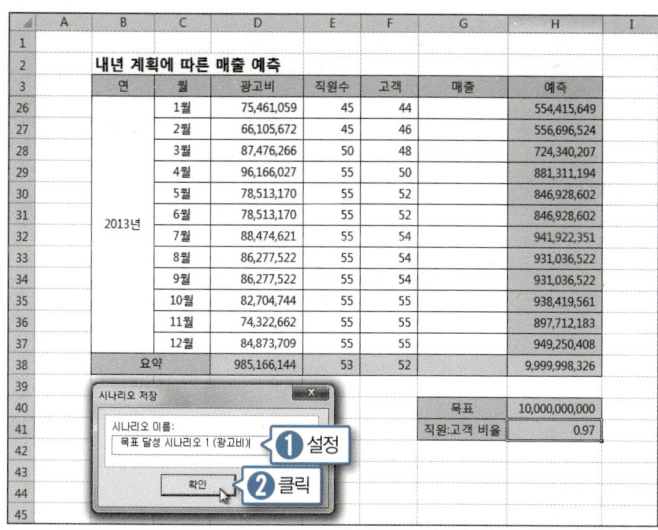

06 광고비 계획만 수정하기 (5)

❶ 시나리오 저장 대화상자가 표시되면 시나리오 이름란을 다음과 같이 지정합니다.

목표 달성 시나리오 1 (광고비)

❷ [확인]을 클릭합니다.

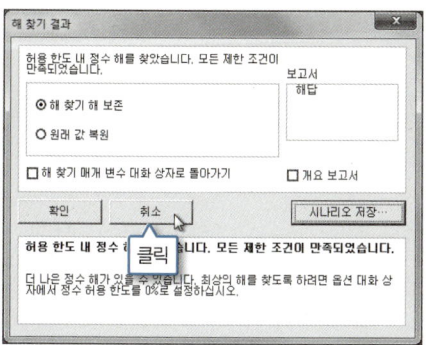

07 광고비 계획만 수정하기 (6)

다시 해 찾기 결과 대화상자가 표시되면, 해 찾기 결과 대화상자를 닫습니다. 이때 [확인]을 클릭하면 찾은 셀로 표의 셀 값이 변경되므로, 다른 시나리오를 적용하기 위해 **[취소]**를 클릭해 대화상자를 닫습니다.

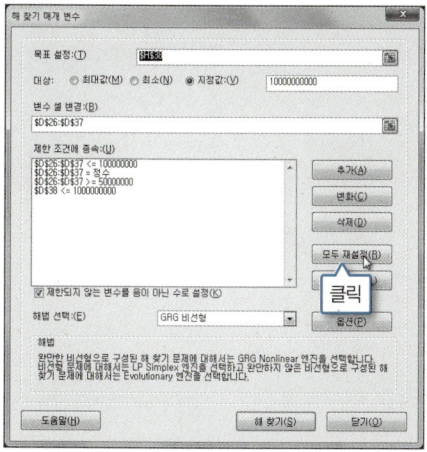

08 해 찾기 조건 초기화하기 (1)

두 번째 시나리오를 등록하기 위해 [데이터] 탭-[분석] 그룹-**[해 찾기]**를 클릭합니다.

앞에서 실행했던 설정이 그대로 표시됩니다. 설정을 초기화하기 위해 **[모두 재설정]**을 클릭합니다.

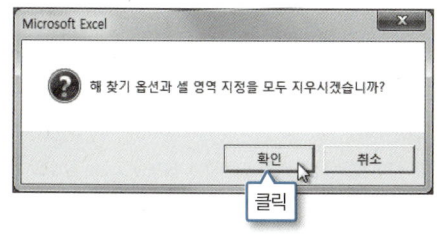

09 해 찾기 조건 초기화하기 (2)

설정을 초기화할지 여부를 묻는 확인 메시지 대화상자가 표시되면 **[확인]**을 클릭해 대화상자를 닫습니다.

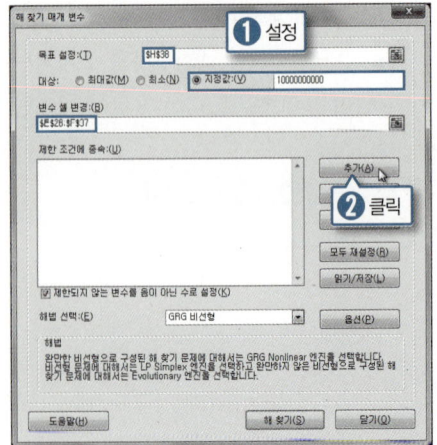

10 직원, 고객 계획 수정하기 (1)

다시 처음부터 해 찾기 매개 변수 대화상자를 설정할 수 있습니다.

❶ 목표 설정란을 **$H$38**, 대상을 **지정값**, 지정값란을 **1000000 0000**, 변수 셀 변경란을 **$E$26:$F$37**로 지정합니다.

❷ [**추가**]를 클릭하고 아래 **Note**를 확인해 조건을 등록합니다.

Note 15

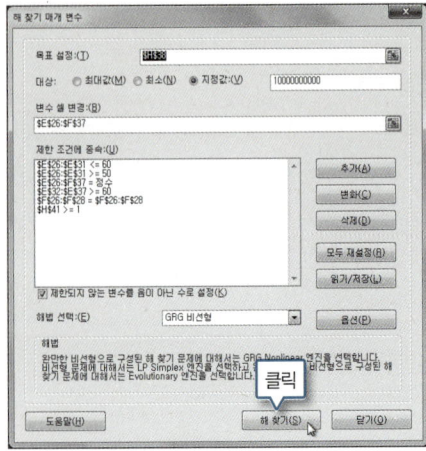

11 직원, 고객 계획 수정하기 (2)

등록된 제한 조건이 올바른지 제한 조건에 종속 목록에서 확인하고 [**해 찾기**]를 클릭합니다.

Note 15 ... 제한 조건 이해하고 추가하기

매출 100억 원을 달성하기 위한 두 번째 시나리오의 조건은 다음과 같습니다.

> **시나리오 2 : 직원 수와 고객 계획을 수정합니다. 광고비는 계획대로 집행합니다.**
> 월 평균 직원 수가 고객 수를 넘지 않도록 제한합니다.
> 직원 수는 1사분기부터 조정, 고객 수는 2사분기부터 조정합니다.
> 직원 수는 상반기 50명에서 60명 채용, 하반기 60명 이상 채용합니다.

조건은 직원 수와 고객 계획을 변경하는 것이므로, 해 찾기 매개 변수 대화상자의 변수 셀 변경 부분을 직원과 고객 계획이 입력된 E26:F37 범위로 지정합니다. 세부 조건은 아래에서 설정합니다.

[1] **월 평균 직원 수가 고객 수를 넘지 않도록 제한합니다.**
제한 조건 추가 대화상자의 셀 참조란을 직원:고객 비율이 계산된 **$H$41**셀로 지정하고, 크거나 같다(>=) 연산자를 선택합니다. 제한 조건란을 1로 설정하고 [**추가**]를 클릭합니다.

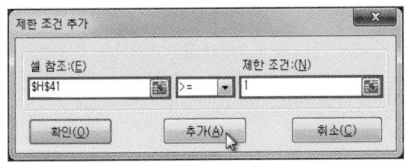

[2] 직원 수는 1사분기부터 조정하고, 고객 수는 2사분기부터 조정합니다.

직원 수는 변경할 조건이 없으며, 고객 수는 2사분기부터 조정한다고 했으므로 1사분기 고객 계획이 변경되지 않도록 합니다. 셀 참조란을 일사분기 고객 계획이 입력된 $F$26:$F$28 범위로 지정하고, 콤보상자에서 같다(=) 연산자를 선택합니다. 제한 조건란을 동일 범위인 =$F$26:$F$28로 지정하고 [**추가**]를 클릭합니다.

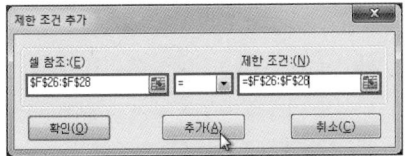

[3] 직원 수는 상반기 50명에서 60명 채용합니다.

직원 수 세부 조건을 지정합니다. 상반기 채용 인원의 조건 중 최소 값 구간을 먼저 지정합니다. 셀 참조란을 $E$26:$E$31로 지정하고, 크거나 같다(>=) 연산자를 선택합니다. 제한 조건란을 50으로 설정하고 [**추가**]를 클릭합니다.

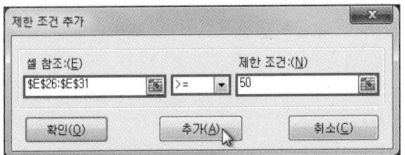

계속해서 상반기 채용 인원의 조건 중 최대값 구간을 지정합니다. 셀 참조란을 $E$26:$E$31로 지정하고, 작거나 같다(<=) 연산자를 선택합니다. 제한 조건란을 60으로 설정하고 [**추가**]를 클릭합니다.

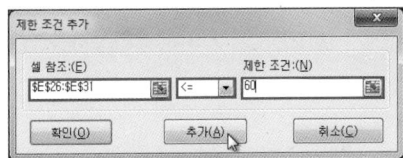

[4] 하반기는 60명 이상 채용합니다.

직원 수 세부 조건 중에서 하반기 채용 세부 계획을 지정합니다. 셀 참조란을 $E$32:$E$37로 지정하고, 크거나 같다(>=) 연산자를 선택합니다. 제한 조건란을 60으로 설정하고 [**추가**]를 클릭합니다.

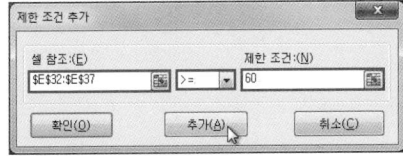

[5] 정수로 계산합니다.

마지막 기타 조건으로 계산된 결과 값이 정수로 계산되도록 조건을 설정합니다. 셀 참조란을 $E$26:$F$37로 지정하고, 콤보상자에서 int 항목을 선택한 다음 [**추가**]를 클릭합니다. 마지막 조건을 모두 입력한 다음에는 [**취소**]를 클릭해 닫습니다.

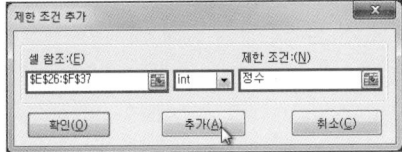

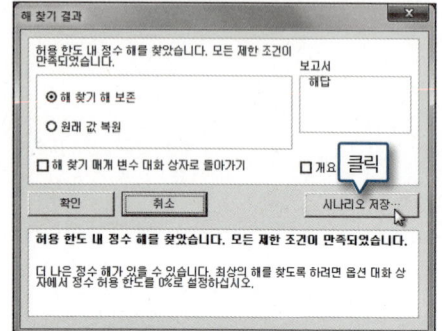

12 직원, 고객 계획 수정하기 (3)

해를 찾았다면, 매출 100억 원을 달성할 수 있는 직원 및 고객 변경 계획을 얻었다는 것을 의미합니다. **[시나리오 저장]**을 클릭해 계산된 결과를 시나리오로 등록합니다.

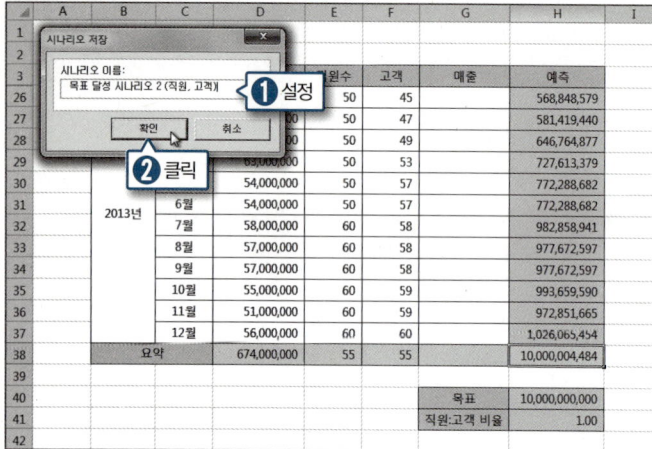

13 직원, 고객 계획 수정하기 (4)

❶ 시나리오 저장 대화상자가 표시되면 시나리오 이름을 다음과 같이 지정합니다.

목표 달성 시나리오 2 (직원, 고객)

❷ **[확인]**을 클릭합니다.

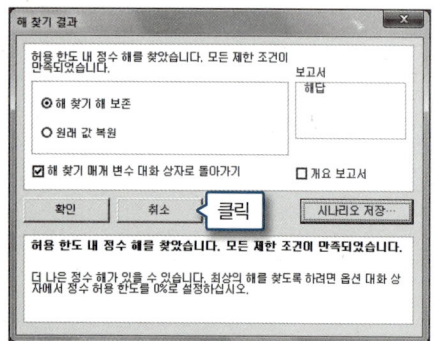

14 직원, 고객 계획 수정하기 (5)

해 찾기 결과 대화상자에서 **[취소]**를 클릭하여 대화상자를 닫습니다.

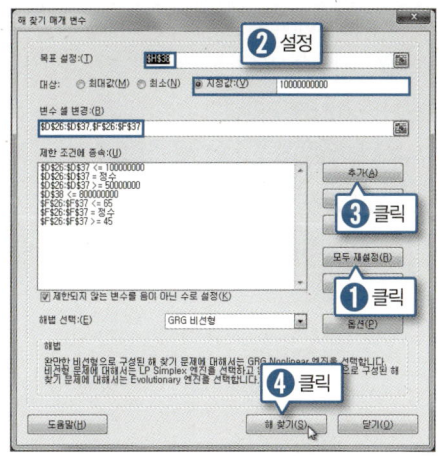

15 광고비, 고객 계획 수정하기 (1)

세 번째 시나리오를 등록하기 위해 [데이터] 탭-[분석] 그룹-[해 찾기]를 클릭합니다.

❶ [모두 재설정]을 클릭하고 [확인]을 클릭해 이전 설정을 초기화합니다.

❷ 목표 설정란을 **$H$38**, 대상을 **지정값**, 지정값란을 **10000000000**, 변수 셀 변경란을 **$D$26:$D$37, $F$26:$F$37**로 지정합니다.

❸ [**추가**]를 클릭하고 아래 **Note**를 확인해 조건을 등록합니다.

Note 16

❹ [**해 찾기**]를 클릭합니다.

16 광고비, 고객 계획 수정하기 (2)

해를 찾았다면, 매출 100억 원을 달성할 수 있는 광고비, 고객 변경 계획을 얻었다는 것을 의미합니다. [**시나리오 저장**]을 클릭해 계산된 결과를 시나리오로 등록합니다.

Note 16 ... 제한 조건 이해하고 설정하기

매출 100억 원을 달성하기 위한 세 번째 시나리오의 조건은 다음과 같습니다.

> 시나리오 3 : 광고비와 고객 계획을 수정합니다.
> 월 광고비는 5,000만 원에서 1억 원 사이를 지불하고, 연 광고비는 8억 원 이내로 제한합니다.
> 고객 수는 최소 45명에서 65명 사이로 결정합니다.

이번 시나리오는 광고비와 고객 계획을 변경하는 것이므로, 해 찾기 매개 변수 대화상자의 변수 셀 변경 부분을 광고비와 고객 계획이 입력된 D26:D37, F26:F37 범위를 지정합니다. 세부 조건은 이전과 동일하게 [추가]를 클릭해 제한 조건 추가 대화상자에서 설정하면 됩니다.

〔1〕월 광고비는 5,000만 원에서 1억 원 사이를 지불합니다.

다음과 같은 조건 2개를 제한 조건 추가 대화상자에서 추가합니다.

$D$26:$D$37 >= 50000000
$D$26:$D$37 <= 100000000

〔2〕연 광고비는 8억 원 이내로 제한합니다.

다음과 같은 조건을 제한 조건 추가 대화상자에서 추가합니다.

$D$38 <= 800000000

〔3〕고객 수는 45명에서 65명 사이로 결정합니다.

다음과 같은 조건 2개를 제한 조건 추가 대화상자에서 추가합니다.

$F$26:$F$37 >= 45
$F$26:$F$37 <= 65

〔4〕모든 조건은 정수 값으로 설정합니다.

다음과 같은 조건 2개를 제한 조건 추가 대화상자의 콤보상자에서 int를 선택하는 방법으로 추가합니다.

$D$26:$D$37 = 정수
$F$26:$F$37 = 정수

마지막 조건을 모두 입력한 다음에는 [**취소**]를 클릭해 닫습니다.

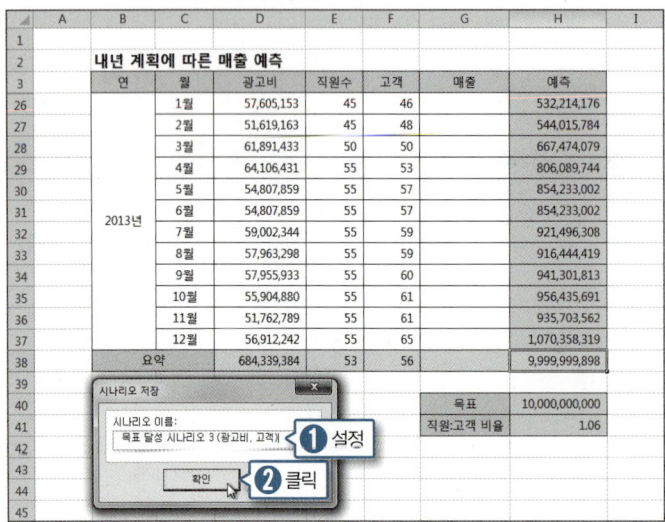

17 광고비, 고객 계획 수정하기 (3)

❶ 시나리오 저장 대화상자가 표시되면 시나리오 이름을 아래와 같이 입력합니다.

목표 달성 시나리오 3 (광고비, 고객)

❷ [확인]을 클릭합니다.

해 찾기 결과 대화상자에서 [취소]를 클릭해 대화상자를 닫습니다.

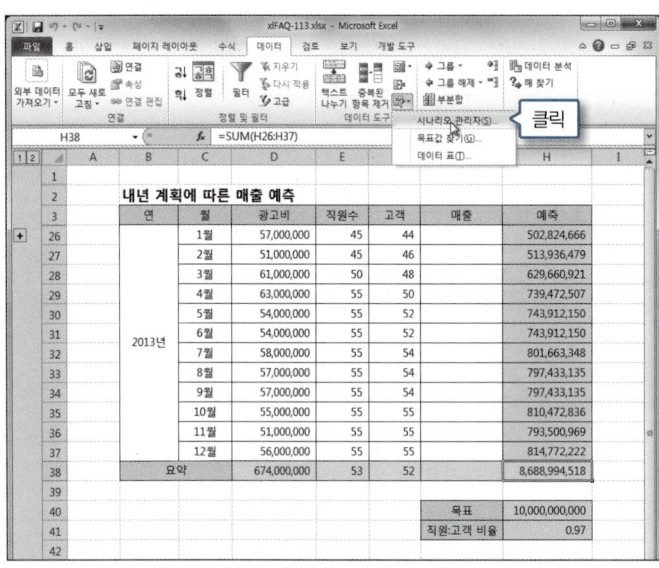

18 등록된 시나리오 확인하기 (1)

등록된 시나리오를 확인하기 위해 [데이터] 탭-[데이터 도구] 그룹-[가상 분석]-[시나리오 관리자]를 클릭합니다.

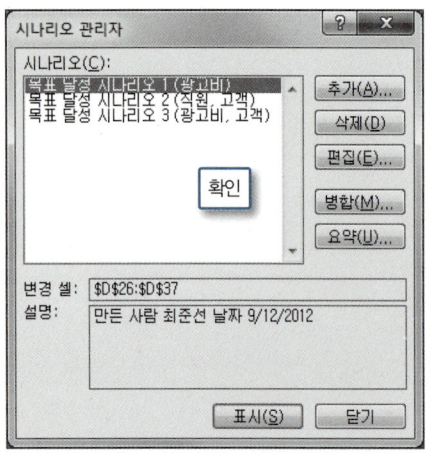

19 등록된 시나리오 확인하기 (2)

시나리오 관리자 대화상자가 표시되면, 앞에서 해 찾기로 찾은 3개의 시나리오를 모두 확인할 수 있습니다.

원하는 시나리오를 선택하고 [표시]를 클릭하면 시나리오에 따라 D26:F37 범위의 값이 자동으로 변경됩니다.

질문 114 **등록된 시나리오를 보기 좋게 정리하려면 어떻게 해야 하나요?**
시나리오를 여러 개 등록할 경우 한 번에 하나 밖에 확인할 수 없어 불편합니다. 등록된 내용을 보기 좋게 정리할 수 있는 방법은 없을까요?

• 예제 파일 〉 Part3 : xlFAQ-114.xlsx   • 완성 파일 〉 Part3\완성 : xlFAQ-114완성.xlsx

답변 114 시나리오는 시나리오를 하나의 요약 보고서로 만들 수 있는 기능을 제공합니다. 이 기능을 이용해 요약 보고서를 만들고 수정하면 좀 더 편리하게 시나리오별 내역을 확인할 수 있습니다.

실무실습 등록된 시나리오로 요약 보고서 만들기

다음 실무실습을 통해 등록된 시나리오를 하나의 요약 보고서로 만드는 방법을 알아보겠습니다.

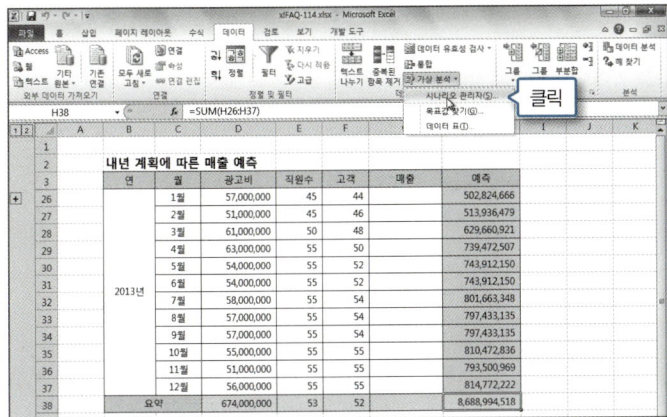

01 시나리오 요약하기 (1)

이번 작업은 이전 예제에서 이어 작업합니다. 이번에는 등록된 시나리오를 하나의 요약 보고서에 정리하는 작업을 진행합니다.

등록된 시나리오를 확인하기 위해 [데이터] 탭-[데이터 도구] 그룹-[가상 분석] -[**시나리오 관리자**]를 클릭합니다.

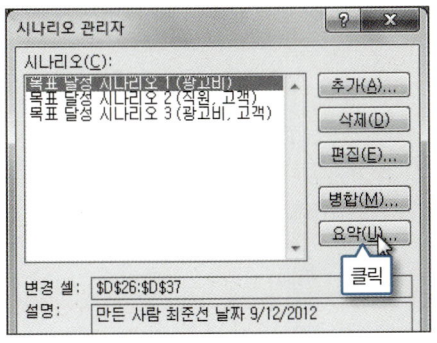

02 시나리오 요약하기 (2)

시나리오 관리자 대화상자가 표시되면 3개의 등록된 시나리오를 확인할 수 있습니다.

등록된 시나리오를 하나의 요약 보고서로 만들기 위해 [**요약**]을 클릭합니다.

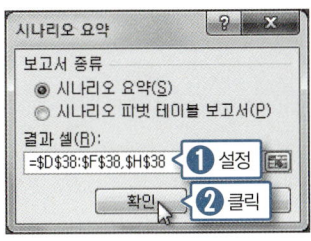

03 시나리오 요약하기 (3)

❶ 시나리오 요약 대화상자가 표시되면 결과 셀란을 =D38$:$F$38, $H$38 로 지정합니다.

❷ [**확인**]을 클릭합니다.

Tip … 결과 셀 이해하기
요약 보고서 아랫부분에 정리해 표시하고 싶은 셀을 지정합니다. D38:F38 범위와 H38셀은 모두 집계표의 요약 행의 셀들로 광고비 총액과 직원, 고객 수 평균, 그리고 매출입니다. 이 셀들의 값을 요약 보고서 아랫부분에 표시하게 되면, 시나리오별 계획을 보다 자세하게 이해할 수 있습니다.

04 시나리오 요약 보고서 수정하기

보고서가 나타납니다. D열은 현재 집계표의 값을 표시하며, E:G열은 시나리오별로 변경되는 값을 표시합니다. 43:46행은 과정 **03**의 결과 셀란에서 선택했던 셀들의 값이 표시됩니다.

요약 보고서를 좀 더 이해하기 쉽게 하기 위해 **B6:C46** 범위의 셀 주소를 머리글로 변경합니다.

C6:C41 범위는 **1월**부터 **12월**까지 반복해서 표시하며, 순서대로 광고비, 직원, 고객에 대한 값의 변화를 표시합니다.

C43:C46범위는 결과 셀의 머리글로, **광고비**, **직원**, **고객**, **매출**을 입력합니다.

D3셀을 **현재 계획**으로 수정하면 보고서를 이해하기 쉽습니다.

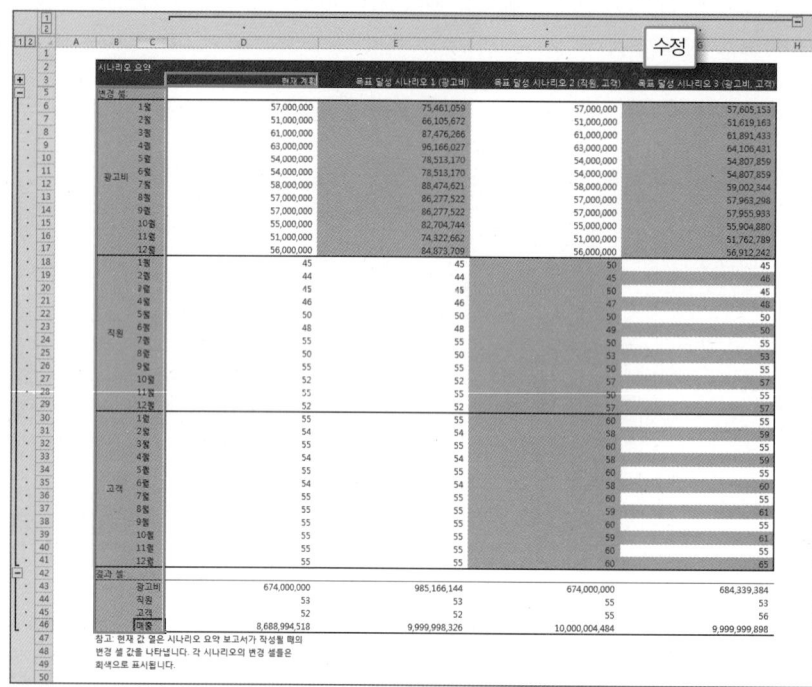

Tip ... 요약 보고서의 회색 배경 셀 이해하기

E6:G41 범위를 보면 회색 배경색으로 표시되는 셀과 흰색으로 표시되는 셀이 있습니다. 흰색은 변경되지 않는 셀을 의미하며, 회색 배경색으로 표시되는 셀은 원래 값에서 수정된 결과가 존재하는 셀을 의미합니다.

05 시나리오 요약 보고서 이해하기

요약 보고서는 43:46행의 결과만 봐도 대략적인 시나리오별 상황을 이해할 수 있습니다.

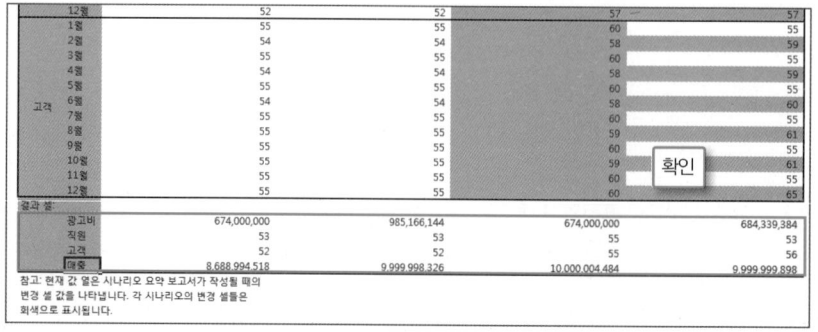

부록

- **부록 01** OFFSET 함수를 사용한 동적 범위 참조하기
- **부록 02** 해 찾기 제대로 활용하기

부록 01 OFFSET 함수를 사용한 동적 범위 참조하기

▶ OFFSET 함수 ▶ COUNT 계열 함수 ▶ MATCH 함수 ▶ 동적 범위 참조 이름 정의 예

수식을 작성하거나 차트를 만드는 경우 또는 피벗 테이블을 이용해 분석 보고서를 작성하는 경우 모두 참조할 원본 데이터가 있어야 합니다. 원본 데이터 범위가 변경되지 않는 경우라면 상관없지만, 신규 데이터가 추가되거나, 기존의 데이터가 삭제되는 경우가 발생하면 해당 데이터를 참고해서 작성한 수식, 차트, 피벗 테이블 등은 모두 원본 데이터 범위를 수정하는 작업이 필요합니다.

이렇게 참조할 데이터 범위가 변하는 경우, 이런 범위를 [동적 범위]라고 하며, 동적 범위를 참조하는 방법을 [동적 범위 참조]라고 합니다. 엑셀 2007 이상을 사용한다면 엑셀 표의 [구조적 참조] 기능을 이용하여 쉽게 동적 범위를 참조할 수 있지만, 구조적 참조를 모든 곳에서 사용할 수는 없기 때문에, 함수를 사용해 동적 범위를 참조하는 방법을 이해하고 있어야 합니다.

1. 동적 범위를 참조할 경우 필요한 함수 알아보기

동적 범위를 참조하는 경우 대게 이름을 정의해 사용합니다. 수식을 사용할 경우 수식이 너무 길어지게 되어 불편하기 때문입니다. 동적 범위 참조 방식은 OFFSET 함수와 COUNT 계열 함수를 이용하는 것이 일반적이지만 상황에 따라서는 COUNT 계열 함수 대신 MATCH 함수가 사용되기도 하고, OFFSET 함수 대신 INDIRECT 함수가 사용되기도 합니다.

● **OFFSET 함수**

초보자보다는 중급 사용자들에게 더 많은 사랑을 받는 함수로 한 번에 이해하기는 조금 어렵지만, 이해만 되면 그 무궁무진한 활용도에 자주 사용하게 되는 함수입니다. 이 함수는 기준이 되는 셀 또는 범위에서 지정한 행 수, 열 수만큼 이동한 다음 해당 위치에서 포함할 행 수, 열 수만큼의 범위를 참조합니다.

=OFFSET(기준 셀, 이동할 행 수, 이동할 열 수, 포함할 행 수, 포함할 열 수)

예를 들어, 다음과 같이 A1셀을 기준 셀로 지정한 다음, B1:B10 범위를 참조하도록 OFFSET 함수를 구성하면 다음과 같습니다.

=OFFSET(A1, 0, 1, 10, 0)

위 수식은 A1셀에서 열 방향으로 1칸(B1셀) 이동한 후, 행 방향으로 10개의 셀(B1:B10)을 포함하라는 의미이므로 B1:B10 범위가 참조되게 됩니다.

● **COUNT 계열 함수**

원하는 조건에 맞는 셀의 개수를 셀 때 사용하는 COUNT 계열 함수는 COUNT, COUNTA, COUNTBLANK, COUNTIF, COUNTIFS 등이 있습니다. 각 함수는 다음과 같은 조건에 맞는 셀의 개수를 셀 때 사용합니다.

함수	설명
COUNT	인수로 전달된 범위에서 숫자가 입력된 셀의 개수를 셉니다.
COUNTA	인수로 전달된 범위에서 값이 입력된 셀의 개수를 셉니다.
COUNTBLANK	인수로 전달된 범위에서 빈 셀의 개수를 셉니다.
COUNTIF	지정한 한 개의 조건을 만족하는 셀의 개수를 셉니다.
COUNTIFS	지정한 여러 개의 조건을 모두 만족하는 셀의 개수를 셉니다.

● MATCH 함수

MATCH 함수는 범위에 찾고자 하는 값이 몇 번째 셀에 있는지 위치를 찾는 함수로 구문은 다음과 같습니다.

=MATCH(찾을 값, 범위, 찾기 옵션)

* 찾기 옵션 : 1, 0, -1을 사용할 수 있으며, 다음 설명을 참고합니다.

찾기 옵션	설명
1	기본 값으로, 생략할 수 있습니다. 범위의 값이 오름차순으로 정렬되어 있다고 가정하고 찾으며, 찾을 값보다 큰 값을 만날 때까지 동일한 값을 찾지 못하면 작은 값 중에서 가장 큰 값의 위치를 찾습니다.
0	범위 내 값의 정렬 유무와 상관없이 찾을 값과 동일한 값을 찾는 첫 번째 셀의 위치를 찾습니다.
-1	범위 내 값이 내림차순으로 정렬되어 있다고 가정하고 찾으며, 찾을 값보다 작은 값을 만날 때까지 동일한 값을 찾지 못하면 큰 값 중에서 가장 작은 값의 위치를 찾습니다.

예를 들어, A1:A100 범위에서 A1셀부터 "엑셀"이 입력된 위치까지 참조하고 싶다면 다음과 같은 수식을 사용합니다.

=OFFSET(A1, 0, 0, MATCH("엑셀", A1:A100, 0), 0)

● INDIRECT 함수

인수로 전달된 텍스트 값을 참조로 변환합니다. 예를 들어 "A1"은 텍스트이지만 =INDIRECT("A1")은 A1셀에 대한 참조를 의미합니다. 이 함수는 참조할 셀 주소를 기타의 함수와 연동해 만들려고 할 때 많이 사용됩니다. 다음은 COUNTA 함수를 사용해 A열의 입력된 데이터 전체 범위를 참조하는 예입니다.

=INDIRECT("A1:A"&COUNTA($A:$A))

2. 동적 범위를 참조하는 이름 정의 예 알아보기

가장 일반적으로 많이 사용되는 OFFSET 함수와 COUNTA 함수를 이용한 방법에 대해 설명합니다. 이 두 함수의 조합을 사용한 수식은 거의 공식과도 같이 사용되기 때문에 다음 수식을 잘 이해한 다음 상황에 맞게 수정해서 사용하면 됩니다.

다음 수식에서 두 번째, 세 번째 인수가 모두 0인 것은 동적 범위를 참조하는 수식의 대표적인 특성으로, 기준 셀이 표의 왼쪽 첫 번째 셀을 제대로 지정했다면 해당 위치에서 다른 셀 위치로 이동할 필요가 없기 때문입니다.

=OFFSET(기준 셀, 0, 0, COUNTA(열 범위), COUNTA(행 범위))

① 기준 셀 : 동적 범위로 참조할 왼쪽 상단 첫 번째 셀입니다.
② 열 범위 : 데이터가 연속적으로 입력된 열의 전체 범위로 $A:$A와 같이 사용합니다.
③ 행 범위 : 데이터가 연속적으로 입력된 행의 전체 범위로 $1:$1 과 같이 사용합니다.

* 주의 : 이 수식에서 사용하는 참조는 모두 절대 참조 방식으로 지정합니다.

다음과 같은 직원 명부 표에서 직원 수를 세기 위해, A열인 사번 열의 범위를 동적 범위로 참조하는 경우를 예로 들어 보겠습니다.

동적 범위를 이름으로 정의하기 위해 [수식] 탭-[정의된 이름] 그룹-[**이름 정의**]를 클릭하고 새 이름 대화상자가 표시되면 이름란을 **사번**, 참조 대상란을 다음과 같이 지정합니다.

=OFFSET($A$2, 0, 0, COUNTA($A:$A)-1)

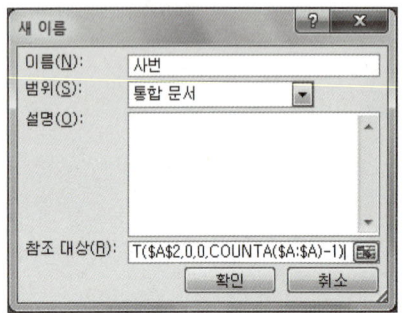

❶ 기준 셀 (첫 번째 인수)

직원 수를 세는 작업을 한다고 할 때, A열의 사번이 반드시 입력된다면, A열에 입력된 사번 수를 세면 됩니다. 사번은 현재 A2:A10 범위에 기록되어 있으므로 참조할 위치 역시 A2:A10 범위가 됩니다. 기준 셀은 참조할 대상 범위의 왼쪽 윗부분 첫 번째 셀이라고 했으므로 A2셀이 됩니다.

❷ 행 범위 (네 번째 인수)

기준 셀로부터 행 방향으로 몇 개의 셀을 포함해야 하는지를 지정합니다. 이번에는 COUNTA 함수를 이용해 A열에 입력된 데이터 전체 개수에서 1을 뺀 수만큼 포함하면 됩니다. 이것은 A1셀의 머리글은 포함할 셀 개수에서 제외해야 하기 때문입니다. 사번은 숫자로만 입력되어 있으므로, COUNTA 함수 대신 숫자 값을 갖는 셀의 개수를 세는 COUNT 함수를 사용해 다음과 같이 구성해도 됩니다.

OFFSET($A$2, 0, 0, COUNT($A:$A))

만약 피벗 테이블이나 고급 필터와 같은 기능을 사용할 때와 같이 표 전체 범위가 필요한 경우에는 다음과 같이 동적 범위를 참조하는 수식을 작성할 수 있습니다. 첫 번째 작성한 수식과 이번 수식의 차이를 잘 기억해 놓으면 여러 가지로 활용할 수 있습니다.

=OFFSET($A$1, 0, 0, COUNTA($A:$A), COUNTA($1:$1))

부록 02 해 찾기 제대로 활용하기

▶ 해 찾기 대화상자   ▶ 해 찾기 활용

엑셀에는 복잡한 문제의 가장 최적화된 해(답)를 찾아 주는 [해 찾기] 추가 기능이 제공됩니다. 해 찾기는 사용자가 지정한 조건에 맞는 답을 얻기 위해 수많은 연산을 한 다음 가장 적합한 답을 사용자에게 제공합니다. 다만 해 찾기 기능은 기능을 추가해야 사용할 수 있어서 이런 기능이 제공되는 것을 모르는 분들이 많고, 해 찾기 기능을 전문적으로 설명하는 책도 별로 없기 때문에 어렵게 생각하는 분이 많습니다. 이 책에서는 해 찾기 기능을 이용해 목표와 예측치의 값을 일치시키기 위한 최적의 계획을 수립하는 방법을 설명한 바 있습니다. 본문에서 설명하지 못한 옵션 설정 부분을 알아보고, 다른 예제를 하나 추가해 해 찾기를 제대로 활용하는 방법에 대해 설명하겠습니다.

1. [해 찾기] 명령 추가하고 해찾기 매개 변수 대화상자 살펴보기

[해 찾기] 명령을 추가하는 방법은 이 책에 487~488쪽에서 설명한 바 있습니다. 기능을 추가한 후 [데이터] 탭-[분석] 그룹-[해 찾기]를 클릭하면 해 찾기 매개 변수 대화상자가 표시됩니다.

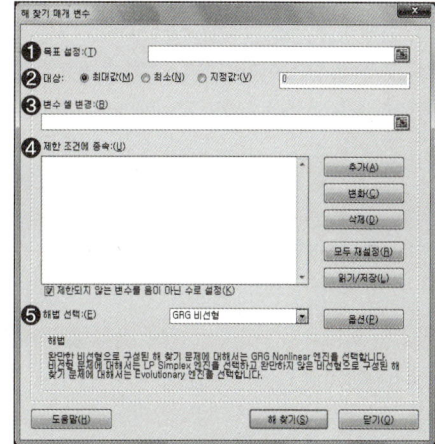

❶ 목표 설정 : 원하는 해를 찾기 위해 수식이 입력된 셀을 지정합니다. 셀 참조 또는 정의된 이름을 사용할 수 있습니다.

❷ 대상 : 목표 셀이 최적의 값이 되기 위한 조건을 지정합니다.
  ⓐ 최대값 : 목표 설정 셀의 값이 제한 조건을 모두 만족하는 가장 큰 값을 찾습니다. 예를 들면 최대 매출을 달성하기 위한 계획 수립을 할 때 사용합니다.
  ⓑ 최소값 : 목표 설정 셀의 값이 제한 조건을 모두 만족하는 가장 작은 값을 찾게 됩니다. 예를 들어 비용을 최소화하는 운영 계획을 수립할 때 사용합니다.
  ⓒ 지정값 : 목표 셀의 값이 특정 값이 되어야 할 때 사용합니다. 예를 들어 매출 10억을 달성하기 위한 지원 계획을 수립할 때 사용합니다.

❸ 변수 셀 변경 : 목표 셀이 지정한 조건에 맞는 값을 갖도록 하기 위해 변경해야 할 값이 입력된 데이터 범위를 의미합니다. 셀 참조 또는 정의된 이름을 사용할 수 있고 최대 200개의 셀을 지정할 수 있으며 목표 셀과 직간접적으로 연결된 범위를 지정해야 합니다.
[추정]을 클릭하면 값을 바꿀 셀 범위를 자동으로 지정해 줍니다.

❹ 제한 조건에 종속 : 목표 셀, 값을 바꿀 셀 또는 지정된 셀들과 연관된 셀이 꼭 지켜야 하는 규칙을 지정합니다.
최대 100개의 조건을 적용할 수 있고 엑셀 2010의 경우 해법 선택 목록에서 **단순 LP** 해법을 선택하면 조건 개수의 영향을 받지 않지만 조건이 많으면 최적의 값을 찾는 과정이 길어질 수 있습니다.

❺ 해법 선택 : 해를 찾는 방법을 계산 방법을 선택합니다. 해 찾기 추가 기능은 Frontline Systems에서 개발한 것으로 자세한 사항은 http://www.solver.com/를 참고하세요.
  ⓐ GRG 비선형 : 곡선으로 구성된 비선형 문제에 사용합니다.
  ⓑ 단순 LP : 선형 문제에 사용합니다.
  ⓒ Evolutionary : 완만하지 않은 비선형 문제에 사용합니다.

2. 생산 관리 계획을 수립할 때 해 찾기 활용 예제 살펴보기

해 찾기를 실무에 어떻게 적용하는지 확인하기 위해 간단한 예제를 하나 진행하겠습니다. 부록 폴더에서 **SOLVSAMP.XLS** 파일을 엽니다. 이 파일은 오피스를 설치할 때 전체 설치를 한 경우 Office 설치 폴더 하위인 다음 경로에서도 찾을 수 있습니다.

`C:\Program Files\Microsoft Office\Office14\SAMPLES`

[생산 관리] 시트를 선택하면 다음 화면이 표시됩니다. A2:G5 범위에 입력된 내용을 만족하면서 이익을 최대화하는 생산량을 구하는 예제입니다. 이런 작업을 해야 할 때 해 찾기 기능을 이용하면 됩니다. 해 찾기를 염두에 두고 각 부분의 조건을 어떻게 설정할지 하나하나 확인해 보겠습니다.

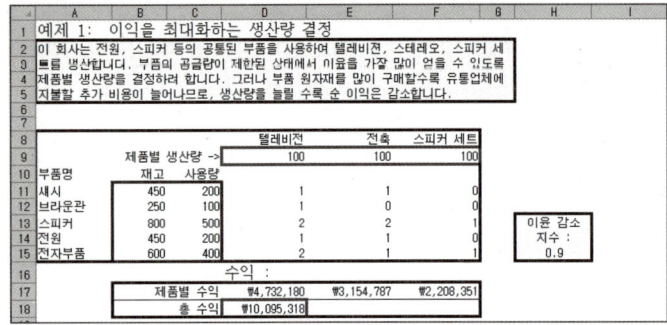

● 1단계 : 목표 설정과 대상 지정하기

이 예제의 경우는 이익을 최대화하는 생산량을 결정하는 것이므로 목표 설정은 총 수익을 계산한 D18셀이 됩니다. 또한 대상은 이익이 최대화해야 하므로 **최대값**이 선택되어야 합니다.

목표 설정 : $D$18

대상 : 최대값

● 2단계 : 변수 셀 변경 범위 지정하기

변수 셀 변경 범위는 목표 설정에서 설정한 D18셀에서 참조하는 범위 중에서, 변경할 값이 입력된 범위로 이번 작업이 이익을 최대화하기 위한 생산량을 계산하는 작업이므로 각 제품의 생산량 값이 입력되어 있는 **D9:F9** 범위를 설정합니다.

변수 셀 변경 : $D$9:$F$9

● 3단계 : 제한 조건에 종속 지정하기

제한 조건은 목표 설정과 변수 셀 설정 범위 또는 그와 연관된 셀들에 적용할 조건을 지정합니다. 그러므로 이익을 최대화하기 위해 지켜야 하는 몇 가지 조건을 지정합니다. 이런 작업은 A2:G5 범위의 설명 글을 잘 참고해야 합니다.

첫째, 부품의 공급량이 제한된 상태에서 이윤을 가장 많이 얻을 수 있도록 제품별 생산량을 결정하려 한다고 했으므로 부품의 사용량은 현 재고량을 초과하지 않아야 합니다. 그러므로 첫 번째 조건은 다음과 같이 설정할 수 있습니다.

$C$11:$C$15 <= $B$11:$B$15

둘째, 각 제품의 생산량은 당연히 양수로 음수가 나올 수 없습니다. 그러므로 두 번째 조건은 다음과 같이 설정할 수 있습니다.

$D$9:$F$9)= 0

● 4 단계 : 해 찾기 실행하기

해 찾기 대화상자의 각 부분을 어떻게 설정해야 하는지 모두 결정했다면 [데이터] 탭-[분석] 그룹-**[해 찾기]**를 클릭해 해를 얻습니다.

다음 대화상자와 같이 설정한 다음 **[해 찾기]**를 클릭하여 D18셀의 총 수익이 최대값이 되는 제품별 생산량을 D9:F9 범위에 구합니다.

참고로 모든 해 찾기 예제 파일은 해 찾기 대화상자의 설정 값이 미리 입력되어 있습니다. 직접 해 보고 싶다면 해 찾기 매개 변수 대화상자에서 **[모두 재설정]**을 클릭해 기존 설정 값을 초기화하고 다시 작업하면 됩니다.

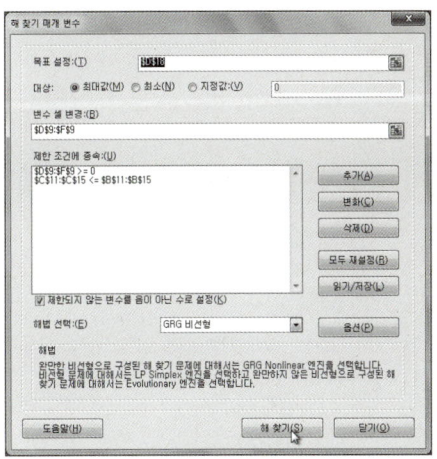

첨부된 예제 파일의 다른 시트를 확인해 보면 비용을 최소화하는 운송량을 결정하는 작업, 급여를 최소화하는 종업원의 근무조를 편성하는 작업, 이자 수익을 최대화하기 위한 유동 자본을 관리하는 작업, 위험 수준에 따라 수익률을 최대화하기 위한 증권 투자 비율을 결정하는 작업 등에 해 찾기 기능을 사용하는 예제를 접할 수 있습니다.

각 시트를 선택하고 [데이터] 탭-[분석] 그룹-**[해 찾기]**를 클릭하면 해당 시트의 표에서 최적의 결과를 얻기 위해 해 찾기 대화상자를 어떻게 설정해야 하는지 설정 값이 자동으로 지정되어 있으므로, 앞에서 설명한 내용을 참고해 해 찾기 기능을 설정하는 방법을 학습하기 바랍니다.

다음 화면은 해 찾기로 이익이 최대화되는 생산량을 구한 결과입니다.

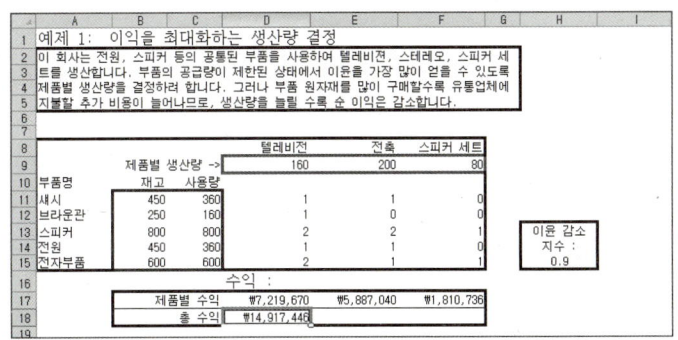

찾아보기

Part 01
엑셀 데이터 관리 기술 익히기

▶ㄱ

개발 도구 023
계산된 열 046
계산된 열 실행 취소 047
공백 무시 082
관계 139
구조적 참조 043, 046, 049, 054
규칙 관리 092
규칙 지우기 089
규칙 편집 101
그룹 필드 022
기존 연결 111
기타 명령 038
기타 규칙 086

▶ㄴ

나누기 019
날짜 059
날짜 조건 064

▶ㄷ

디자인 042
데이터 막대 088
데이터 유효성 검사 058
동적 범위 참조 050

▶ㄹ

레코드 관리 038
레코드 관리 폼 040
리본 메뉴에 없는 명령 039
리본 사용자 지정 023

▶ㅁ

막대만 표시 090

매크로 023, 157
매크로 기록기 147
머리글 포함 042
모두 선택 053
모두 바꾸기 030
목록 067

▶ㅂ

바꾸기 032
배열 수식 029
범위로 변환 045
보다 큼 102
보다 작음 103
병합하고 가운데 맞춤 027
병합 기능 017
병합 해제 028
보안 경고 113
복사 019
붙여넣기 032
비주얼 베이직 편집기 024
빠른 실행 도구 모음 038
빠른 실행 도구 모음에서 제거 039
빠른 실행 039

▶ㅅ

사업자등록번호 065
사용자 지정 034
상위/하위 규칙 094
상위 10개 항목 094
새 규칙 095
색조 086
서식 규칙 편집 101
서식 스타일 087
서식 코드 034
서식 표 017
선택한 셀의 규칙 지우기 089
선택 영역에서 만들기 073
셀 서식 034
소수점 059

쉐어포인트 041
시간 059
시트 탭 018
시트 전체에서 규칙 지우기 098

▶ㅇ

아이콘 집합 091
액세스 134
엑셀 표 041
연결 111
연결 목록 072
열 머리글 016
열 너비 자동 맞춤 020
오류 메시지 061
외부 데이터 가져오기 111
요약 행 051
워크시트 삽입 019
웹 쿼리 143, 147, 154
유효성 검사 058
이동 083, 107
이동 옵션 028
이름 114
이름 관리자 055
이중 유효성 검사 072

▶ㅈ

자동 고침 옵션 단추 047
자동 필터 051
정의된 이름 055
정렬 및 필터 053
제한 대상 059
제외 범위 060
조건부 서식 085, 088
주민등록번호 065
중복 077, 097
중복 값 097
집계 범위 052

▶ ㅊ
찾기 및 선택 028
채우기 096
채우기 색 043
채우기 핸들 031

▶ ㅋ
콘텐츠 사용 023
크로스 탭 표 017
클립보드 019

▶ ㅌ
테두리 043
테두리 없음 043
테이블 표 016
텍스트 길이 065
텍스트 파일 121
통합 019

▶ ㅍ
평균 미만 100
표 016, 041
표 스타일 043
표 스타일 옵션 051
피벗 테이블 021

▶ ㅎ
함수 번호 052
해당 범위 060
환율 143

▶ A
AND 078
AVERAGE 101

▶ C
COUNT 050, 056
COUNTIF 078, 099
COUNTIFS 080

▶ D
DATE 063

▶ F
FIND 031

▶ I
IFERROR 048
INDIRECT 075

▶ L
LARGE 096
LEFT 031

▶ M
Microsoft Query 118, 128, 139
MID 031

▶ O
ODBC 127
OFFSET 056

▶ S
SMALL 095
SUBTOTAL 052
SUM 037

▶ T
TODAY 063

▶ V
VBA 151

▶ Y
YEAR 064

▶ 기호-숫자
#DIV/0! 오류 048
3방향 화살표 091

Part 02
데이터 집계&분석 실무 익히기

⋮

▶ ㄱ
가로 막대형 차트 272
가로축 옵션 299
가운데 맞춤 257
간단한 날짜 247
값 162
값 표시 형식 230, 234
개발 도구 352
계열 옵션 274
계산 필드 삽입 215
계산 필드 214
계산 항목 214, 217, 219
꺾은선형 차트 278
그림 또는 질감 채우기 301
그림으로 복사 263
그룹 선택 204
그룹 필드 197
글꼴 크기 작게 281
기본 세로 눈금선 280
기본 세로 축 270
기술 통계법 331
기존 워크시트 168
[기준값]과의 차이 236
[기준값]에 대한 비율 237
[기준값]에 대한 비율 차이 238
기타 데이터 레이블 옵션 287
기타 표시 형식 276

▶ ㄴ
내림차순 정렬 258
내림차순 순위 지정 243
높은 점 297
누계 240

누계 비율 241
누적 세로 막대형 270
눈금선 280
눈금에서 필드 끌기 사용 175

▶ ㄷ
다음 배율에 맞게 쌓기 303
다중 통합 범위 171
달성률 320
데이터 레이블 269
데이터 원본 변경 193
도넛형 차트 282
도수 분포(Frequency Distribution) 344
도형 윤곽선 281

▶ ㄹ
레이블 268
로그 눈금을 사용하여 축 표시 308
로그 차트 308
리본 메뉴에 없는 명령 171

▶ ㅁ
매크로 사용 통합 문서 196
모든 검색 결과 선택 165
모든 항목 레이블 반복 179
모집단(Population) 331
목표값 찾기 227
목표 대비 달성률 253
묶은 세로 막대형 263

▶ ㅂ
바깥쪽 끝에 269
반기 200
백만 단위로 축 표시 270
백분율 스타일 255
보고서 필터 162
보기 설정 177
보다 큼 258
보조 축 312
부가세 214
부분합 199
분산(Variance) 337
분산형 차트 289, 341
분석 도구 352
비율 230, 318

비주얼 베이직 편집기 195
빠른 레이아웃 272
빠른 실행 도구 모음 170

▶ ㅅ
사용자 지정 서식 257, 276
산포도 340, 341
상위 10 184
상위 합계 비율 234
상위 행 합계 비율 233
새로 고침 192
서식 코드 202
세로 막대형 263
선택 영역 서식 274
선형 추세선 291
셀 서식 256
성장률 328
수식 보고서 225
스파게티 차트 294
스파크라인 293
슬라이서 187
슬라이서 삽입 188
승패 298
실행 취소 212

▶ ㅇ
액세스 166
연평균 성장률 329
여러 항목 선택 165
열 레이블 162
열의 총합계만 설정 218
열 합계 비율 232
영역 옵션 단추 173
영역형 279
영역형 차트 278
오름차순 순위 지정 243
외부 데이터 원본 사용 167
요일 202
원형 대 원형 차트 282
원형 차트 282
음수 276, 325
이중 물결 310
이중 축 혼합형 311

▶ ㅈ
자동 필터 180
자릿수 늘림 169
재고 217
조건부 서식 258
주 201
주 눈금선 280
중앙값 334
증감률 235, 324

▶ ㅊ
차트 266
차트 레이아웃 272
차트 서식 314
차트에 단위 레이블 표시 309
총합계 218
총합계 비율 231
최빈도 335
최소값 246
추세선 291
축 표시 299
최대값 247

▶ ㅋ
코드 보기 195
클래식 피벗 테이블 175

▶ ㅌ
테이블 선택 167

▶ ㅍ
평균 333
표 192
표 이름 217
표본(Sample) 331
표준 편차(Standard Deviation) 337
표시 형식 247, 276
표식이 있는 꺾은선형 261, 278
표식만 있는 분산형 289
피벗 차트 261
피벗 테이블 160
피벗 테이블 마법사 170
피벗 테이블 보고서 160
피벗 테이블 옵션 175
피벗 테이블 필드 목록 창 162
필드 구역만 표시 176

필드 목록 **177**
필드 설정 **205**
필드, 항목 및 집합 **219**
필드 확인란 **162**
필터 **181**
필터 지우기 **190**
필터 해제 **183**

▶ ㅎ

하나의 페이지 필드 만들기 **171**
하위 수준 표시 **178**
할인율 **323**
합계 제거 **173**
행 및 열의 총합계 해제 **229**
행 레이블 **162**
행/열 전환 **267**
히스토그램 차트 **348**

▶ 기타-숫자

100% 기준 누적 세로 막대형 **271**
2차원 꺾은선형 **261**
2차원 세로 막대형 **270**

▶ A

ABS **326**
AVERAGE **333**

▶ C

COUNTIF **254**
COUNTIFS **252**

▶ D

DATEDIF **248**
DAY **201**

▶ F

FREQUENCY **345**

▶ I

INT **213**

▶ M

MEDIAN **334**
MODE.MULT **336**
MODE.SNGL **335**
MONTH **250**

▶ R

R-제곱 값을 차트에 표시 **292**

▶ S

SERIES **343**
SQRT **340**
STDEV **340**

▶ T

TEXT **202**

▶ V

VAR **339**
VLOOKUP **254**

▶ W

WEEKNUM **201**

Part 03
데이터 분석&예측 실무 익히기

⋮

▶ ㄱ

값 요약 기준 **377**
거듭제곱 추세선 **394**
결정계수 **396**
계절 지수 **439**
그룹 **482**
글꼴 색 **371**
굵게 **371**
기타 보조 세로 축 옵션 **369**
기타 추세선 옵션 **410**

▶ ㄷ

다중공선성 **462**
다중 회귀 분석 **454**
다항식 추세선 **393**
더미변수 **447**
데이터 분석 **473**
도형 효과 **370**

▶ ㄹ

로그 추세선 **393**

▶ ㅁ

매크로 **486**
모형 만들기 **472**
목표값 찾기 **485**
목표 설정 **489**

▶ ㅂ

범례 **368**
보간법 **421, 428**
보고서 레이아웃 **461**
보조 세로 축 **369**
분석 도구 **469**
비율 누계 **360**
빌프레도 파레토 **358**

▶ ㅅ

산점도 **409**
상관계수 **396**
상관관계 **409**

상관관계(상관계수) 462
새 서식 규칙 464
선택하여 붙여넣기 418
선형 보간법 421
선형 비율 439
선형 추세선 392, 411
수식을 차트에 표시 405
시나리오 481

▶ㅇ
아래쪽에 범례 표시 368
월별 지수 439
이동 평균 추세선 395
이중 축 혼합형 차트 366

▶ㅈ
자릿수 늘림 459
조정 결정계수 469
주 단위 369
직사각형 370
지수 추세선 393

▶ㅊ
차트 위 368
차트 제목 368
찾기 옵션 365
추가 기능 488
추세선 390
추세선 레이블 서식 407
추세선 서식 392
추세선 옵션 392
축 서식 369

▶ㅌ
테두리 463
테이블 형식으로 표시 461
텍스트 상자 371

▶ㅍ
파레토 차트 366
표시된 정밀도 363

▶ㅎ
해 찾기 487
해 찾기 매개 변수 489
회귀 방정식 404
회귀 분석 390

▶A
ABC 분석 358
AVERAGEIF 440

▶C
COMBIN 471
CORREL 465
COUNTIF 377
CRM 373

▶E
EXP() 404

▶F
FORECAST 427
Frequency 373

▶G
GROWTH 432, 445

▶I
INTERCEPT 426

▶M
Monetary 373

▶P
PEARSON 465

▶R
Recency 373
RFM 분석 373
ROUND 364
RSQ 414, 443
R-제곱값 396

▶S
SERIES 402
SLOPE 426
SUMPRODUCT 459

▶T
TEXT 459
TREND 432, 453

▶V
VLOOKUP 365, 386, 440

▶기호-숫자
2차 다항식 보간법 428
80 대 20 법칙 358